HEYNE
BÜCHER

MAFIA

Der Machtkampf in der ehrenwerten Gesellschaft geht weiter

Drei ungekürzte Romane

WILHELM HEYNE VERLAG
MÜNCHEN

HEYNE ALLGEMEINE REIHE
Nr. 01/8778

Printed in Germany 1993
Quellenverzeichnis s. Anhang
Umschlagillustration: Bildagentur Mauritius/ACE, Mittenwald
Umschlaggestaltung: Atelier Ingrid Schütz, München
Gesamtherstellung: Elsnerdruck, Berlin

ISBN: 3-453-06416-X

DIE EHRE DER PRIZZIS

»Schrecklich aber ist die geheimnisvolle Macht des Schicksals; vor ihr gibt es kein Entrinnen, nicht durch Reichtum oder Krieg, nicht durch die ummauerte Stadt noch die dunklen, wetterharten Schiffe.«

Chor, Antigone

DIE FAMILIE PRIZZI
(1918 –   )

CORRADO PRIZZI

→ **ANGELO PARTANNA**
Consigliere

→ **VINCENT PRIZZI**
Chef

↓

CHARLES PARTANNA
Stellvertreter

↓

SOLDATEN
(Organisiert unter Capriregimes) 980 Aktive, 1120 Inaktive

→ **CAPRIREGIMES**
Rocco Sestero
Salvatore Prizzi
Tarquin Garrone

Glücksspiel, Buchmacher-, Wett- und Lotteriegeschäft, Spielcasinos in Nevada, Atlantic City, Florida, Bahamas, Aruba, London, Drogenhandel, Kreditwucher, Beherrschung von Gewerkschaften, Erpressung, Pornographie, Alkohol, andere

↓

BRUTTOJAHRESEINKOMMEN
(steuerfrei)
$ 490 000 000

↓

AN AUSLÄNDISCHE BANKEN
Schweiz, Panama, Bahamas, Nigeria

→ **EDUARDO PRIZZI**
Rechtmäßige Unternehmen und politische Betätigung

↓

Beniamino Sestero, Arrigo Garrone
Stellvertreter

↓

REINVESTITION VON EINKOMMEN AUS ILLEGALEN QUELLEN

Bankgeschäfte, Versicherungen, Speditionsfirmen, Elektronik, Hoch- und Tiefbau, Immobilienbesitz und -verwaltung (81 Geschäftshäuser in 9 Städten), Kabelfernsehen, Maklergeschäfte und Seeversicherungen, Kreditbüros, Weinkellereien, Herstellung und Import von Lebensmitteln, Belieferung von Schnellrestaurants, Film- und Fernsehproduktion, Schallplatten, Videokassetten, Verlagsgeschäft mit Büchern und Zeitschriften, 3 Anwaltsfirmen (New York, Los Angeles, Zürich), 11 Krankenhäuser, 1 Blumengärtnerei, 137 Hotels, 23 Wäschereien

↓

BRUTTOJAHRESEINKOMMEN
$ 1 770 000 000

↓

Polizei, Justiz, Gesetzgeber, Politik und Verwaltung auf Bundes-, Landes- und Gemeindeebene

1.

Corrado Prizzis Enkelin wurde vor dem Barockaltar von Santa Grazia di Traghetto vermählt, der Glückskirche der Familie. Die Braut sonnte sich im Glanz jubelnder Chorklänge und des liturgischen Gesangs, den der Bischof intonierte. Der Bräutigam, kleiner, aber leidenschaftlicher als die Braut, war ihr Vetter Patsy Garrone, der dem engsten Familienkreis angehörte.

Das Kircheninnere war erfüllt von gleißendem Licht und den Wogen frommer Musik. Don Corrado Prizzi, vierundachtzig, saß in der vordersten Kirchenbank rechts neben dem Mittelgang. Er schlief, doch selbst in der Ruhe war sein Gesicht so subtil verzogen und geglättet wie das eines räuberischen Dornenkronen-Seesterns. In kurzen Abständen öffneten sich seine kleinen scharfen Augen, so vergnügt wie zwei Eiswürfel, sondierten die Lage und schlossen sich wieder.

Neben Don Corrado saß sein ältester Sohn Vincent, der Brautvater, ein schwerer, vierschrötiger Mann. Er hatte mit beiden Händen seine Kniescheiben umfaßt, die Stirn gerunzelt und summte ganz leise ›The Stars and Stripes Forever‹. Neben Vincent saßen sein Bruder Eduardo und dessen dritte ›natürliche‹ Frau, Baby. Eduardo nannte seine Frauen Baby, nicht um sich der amerikanischen Umgangssprache anzupassen, wie er seiner Mutter einmal erklärt hatte, sondern weil Cristoforo Colombo sein erstes Entdeckungsschiff Niña genannt hätte, was Baby bedeutete. »Sie sind alle kleine Frauen«, hatte seine Mutter gesagt. »Wie kommt es, daß du sie nicht *Pinta* nennst?« Eins war sicher, so lautete die Familienweisheit, niemand würde je auf den Gedanken kommen, eine von ihnen *Santa Maria* zu nennen. Eduardo war die einzige elegante Erscheinung in der Familie: silberweißes Haar in gepflegten Wellen, Maßkleidung von Cifonelli (Rom) und Schuhe von Gucci.

Unmittelbar hinter Don Corrado saß Angelo Partanna, sein ältester Freund und Ratgeber der Familie. Er war ein hochgewachsener, hagerer, kahlköpfiger und unermüdlich flinker Mann Anfang Siebzig.

Hinter den ersten beiden Kirchenbänken auf der rechten Seite hatten sich in dichtgedrängten Reihen, eingefangen wie Pheromone im sich verdichtenden Duft Hunderter Bienenwachskerzen, weniger bedeutende Prizzis versammelt, ein weiterer Partanna und viele, viele Sesteros und Garrones. Diese Bankreihen waren auch gespickt mit Verwandten von den meisten wichtigen Familien der *fratellanza* in den Vereinigten Staaten. Sal Prizzi hatte Virgie Licamarito geheiratet, die Schwester von Augie ›Angler‹ Licamarito, dem Chef der Detroiter Familie. Zwei Garrone-Töchter waren die Ehefrauen der Söhne von Gennaro Fustino, dem Oberhaupt der New-Orleans-Familie, die den gesamten südlichen Rand der Vereinigten Staaten kontrollierte. Don Corrados Nichte Caterina war mit dem Sohn Religio Carramazzas verheiratet, dem Oberhaupt der Chicagoer Familie, und Don Corrado selbst war Vetter zweiten Grades von Sam Benefice, dem Chef der Neuengland-Familie, und Carlo ›Großmaul‹ Viggone, dem Chef der Cleveland-Sippe.

Insgesamt bildeten alle Unternehmen der *fratellanza* ein loses Konglomerat, das nur arbeitsfähig blieb, solange auf der einen Seite die Exekutive neutralisiert und auf der anderen fortdauernd herzliche Beziehungen zu den Kunden-Opfern aufrechterhalten werden konnten. Die geschäftlichen Interessen der Familie Prizzi hingen zudem in einem Maße, wie es keine andere Geschäftsorganisation nötig hatte, von engen Beziehungen zu den nichtkriminellen Sektoren der Gesellschaft ab. Diese einträglichen Kontakte wurden von beiden Seiten gepflegt. Es wäre ein Fehler, die Familie Prizzi als ›verschieden‹ von der ›gesetzestreuen‹ Gesellschaft zu betrachten – kontinuierliche Gewinne und beiderseitige Vorteile wurden von allen Beteiligten angestrebt. Die Prizzis waren keine ›Übeltäter‹, die ihre Geschäfte mit gänzlich wesensverschiedenen Vertretern einer gleichwie gearteten ›Ehrbarkeit‹ machten. Tatsächlich hatten beide Seiten sich in der langen Nacht der Profitgesellschaft nebeneinander entwickelt, halfen einander, wo das Gebot der Nützlichkeit es erforderte, und machten zusammen den bedeutendsten Teil der politischen und wirtschaftlichen Organisation der Gesellschaft aus.

Links vom Mittelgang und in der hinteren Hälfte des Kirchenschiffes saßen mit ausdruckslosen Mienen die Arbeitstruppen der Prizzis und ihrer *capiregimes,* eine Ehrengarde von annähernd siebenhundert Männern, einem Drittel der verfügbaren *soldati*. Vor ihnen waren die Kassierer und Verbindungsleute der einschlägigen New Yorker Polizeidezernate plaziert, alle in Zivil. Neben ihnen saßen der Generaldirektor eines multinationalen Unternehmens, der päpstliche Nuntius, die Vorsitzenden der bundesweit organisierten Gewerkschaften sowie die Größen von Film und Fernsehen, Oper, Theater und aus der Welt des Sports. Trauzeuge des Bräutigams war der derzeitige Boxweltmeister im Halbschwergewicht, die Ehrendame der Braut war die regierende Miß Amerika, die sie am gleichen Morgen kennengelernt hatte. In den drei vordersten Bänken saßen Senatoren und Kongreßabgeordnete Seite an Seite mit hohen Polizeibeamten, den führenden Meinungsmachern der Medien, Vertretern der Staatsanwaltschaft und der Generalstaatsanwaltschaft und Stabsangehörigen des Weißen Hauses.

Auf der Höhe der Orgelempore teilten sich Kamerateams des Fernsehens den Raum mit Videofilmern der Prizzis und Hörfunkreportern, deren gedämpftes Gemurmel sich mit dem Brausen der Orgel, den prachtvoll vorgetragenen Kirchenliedern des Chores, dem liturgischen Wechselgesang des Bischofs und der Meßdiener und dem Kameraklicken vereinigte. Eine Enkelin von Corrado Prizzi wurde verheiratet.

Charley Partanna saß in der elften Reihe der rechten Seite neben seinem Vetter, dem Film- und Fernsehproduzenten Paulie Sestero. Charley war ein kräftig gebauter, schlanker Mann von zweiundvierzig, der mit seinen ausgeprägten Backenknochen, dem vorgeschobenen Kinn und den blitzenden grauen Augen unter überhängenden Brauen dem verstorbenen Phar Lap ähnelte. Seit seinem siebzehnten Jahr, dem Alter, in dem auch sein Vater vor ihm in die ehrenwerte Gesellschaft aufgenommen worden war, galt er als ›gemachter Mann‹.

Charley Partanna war Angelos Sohn, Vincents *sottocapo* und der starke Arm der Prizzis. Als Dreizehnjähriger hatte er auf der Gun Hill Road in der Bronx, wo er vor jenem Nachmittag noch nie gewesen war, seine Feuerprobe bestanden. Sein Vater hatte kein anderes Mittel finden können, Little Phil Terrone kaltzumachen, den schwersten Drogendealer in der nördlichen Bronx, der immer in der Mitte einer Menschenmenge zu sein schien. Charley war ein Junge in kurzen Hosen. Viele andere Kinder, vielleicht dreißig oder mehr, trieben sich in der Nähe herum, um etwas von dem Silbergeld zu erwischen, mit dem Terrone immer um sich warf, und Charley kam einfach hinter einem geparkten Wagen hervor und pustete Terrone den Kopf weg. Dann ließ er die Waffe fallen und tauchte in der Menge der anderen Kinder unter.

Charley war gründlich. Nichts regte ihn auf. Er machte seinen Plan, dann führte er ihn umsichtig und zielbewußt durch, ohne etwas zu übersehen. Einmal hatte die Polizei eine Wohnung umstellt. Sie hatten Suchscheinwerfer und Lautsprecher und Scharfschützen auf Dächern und in den Fenstern postiert und das ganze Kinospektakel inszeniert, um einen Strolch namens Dimples Tancredi zu erwischen, der nicht nur für die Prizzis arbeitete, sondern auch zwei Polizisten erschossen hatte. Tancredi spielte den Prizzis eine Botschaft zu, nach der er zu seinem Leidwesen gezwungen wäre, einen Handel abzuschließen und das ganze Shitgeschäft der Prizzis an der Ostküste hochgehen zu lassen, um Zeit zu gewinnen und nicht von den Bullen abgeknallt zu werden. Wenigstens so viel Zeit, daß sein Anwalt das Gröbste regeln konnte. Don Corrado war niedergeschmettert, als er von Tancredis Absichten erfuhr. Er besprach die Sache mit Angelo Partanna, und der sagte: »Wieso, mein Charley wird hingehen und diesen kleinen Lumpen durchlöchern.« Charley war zwanzig. Es sollte sein vierter Erfolg werden.

Eduardo Prizzi arrangierte mit der Polizeiführung von Brooklyn ein Gespräch am runden Tisch. Man tauschte Versicherungen aus, bis jeder verstand, daß alle miteinander keinen anderen Wunsch hatten, als diesen niederträchtigen Polizistenmörder tot zu sehen, und daß die Polizei in den Medien das Verdienst daran beanspruchen konnte, ohne noch mehr Polizistenleben aufs Spiel zu setzen.

Charley bekam vorübergehend einen anderen Namen. In den Zeitungen des nächsten Tages wurde er, ohne irgendwelche Abbildungen, zum Kriminalbeamten George Fearons ernannt, ausgerüstet mit einem schweren Polizei-Sturmgewehr. Er fuhr mit dem Lastenaufzug zur Hintertür der Wohnung, in der Tancredi in der Falle saß, und lockte ihn zur Tür, so daß Tancredi den Vorschlag hören konnte, den die Prizzis ihm machen wollten. Das brachte die Tür nicht auf, aber Tancredi nahe genug heran, daß er das Angebot hören konnte, und Charley erschoß ihn durch die Tür. Dann fuhr er mit dem Lastenaufzug hinunter, gab das Gewehr zurück und erzählte den Polizisten, wie die Dinge oben lagen. Darauf stürmten vier von ihnen hinauf, traten den freundlichen Fernsehleuten zuliebe die vordere und die rückwärtige Wohnungstür ein und durchsiebten den sterbenden Tancredi mit elf Kugeln.

»Es sind sogar Leute aus Agrigent hier, Charley«, sagte Paulie. Er war sehr klein, wenn er stand, aber ein Sitzriese. »Siehst du den Kerl da drüben, der wie eine Schildkröte aussieht? Vier Reihen vor uns? Das ist Pietro Spina. Da kann man wahrhaftig von *fratellanza* mit der alten Heimat sprechen.«

»Kümmere dich nicht darum«, erwiderte Charley. »Wem gehört der großartige Kopf auf der anderen Seite, zwei Reihen weiter vorn?«

Sie blickten über den Mittelgang zu der Frau hin. »Großartig?« sagte Paulie. Sie war in Ordnung. Er würde ihr ungefähr sieben Punkte geben.

»Mein Gott, Paulie, die ist prachtvoll!« Charley starrte die Frau unverwandt an. Sie war aus verschiedenen Blickwinkeln hübsch anzusehen, aber für Charley war sie klassisch, wie Trumans Sieg über Dewey. Sie war dunkelhaarig und saß so ruhig und gelöst da wie ein Schwan.

»Den Namen weiß ich nicht«, sagte Paulie, »aber sie muß es dick mit der Familie haben oder eine große Nummer in den Medien sein.«

»Wenn sie eine Freundin der Familie ist, sitzt sie auf der falschen Seite des Mittelgangs.«

Der Chor setzte für ein paar Takte aus, und Charley vernahm das Surren der Filmkameras. Vier Kamerateams! wunderte er sich. Paulie hatte ihm erzählt, daß die ganze Hochzeit zu einem einstündigen Programm mit Musik, Titeln und Spezialeffekten von Scott Miller verarbeitet werden sollte. Toni Muto, mit drei Nummern unter den ersten fünfzig der Hitliste vertreten, war die Zugnummer. Sie sollte im sizilianischen Dialekt ihrer Wahl *It had to be you* singen. Der Film sollte auf Videokassetten herausgebracht werden, und alle Teilnehmer an der Hochzeit würden eine bekommen, um sich in späteren Jahren daran zu erfreuen.

»Paß auf, Paulie«, sagte Charley, »ich brauch' was.«

»Was?«

»Sobald die Messe vorbei ist, mußt du dem Hauptkerl an den Kameras sagen, daß er dieses Mädchen für mich filmen soll.«

»Warum nicht? Nichts leichter als das. Hier!« Paulie zog eine Karte aus der Seitentasche und kritzelte etwas darauf. »Gib ihm das. Er wird dir besorgen, was du willst.«

In der Reihe vor ihnen wandte sich Amalia Sestero um und lächelte. »He, Paulie!«

»Ja?«

»Sei still und gib acht auf die Trauung.«

Während sich die Menge aus der Kirche schob, trat Charley blitzschnell in Aktion und bekam den Kameramann zu fassen. Er drückte ihm eine Hundertdollarnote in die Hand, weil er dachte, das würde besser wirken als Paulies Karte. »Ich will nur, daß der Film Erfolg hat«, sagte er. »Sehen Sie das Mädchen da drüben? Die Schönheit in dem grüngelben Kleid?«

Der Mann schaute hin. »Die Schönheit?«

»Mit den kleinen weißen Handschuhen! Die jetzt in den Mittelgang kommt!«

»Ach, die da. Ja.«

»Schießen Sie von ihr, soviel Sie können, wenn wir zum Hotel hinübergehen, verstehen Sie? Und bewahren Sie alles für mich auf.« Charley hatte eine rauhe, metallische Stimme – metallisch wie die Gänge eines Schwerlasters, wenn Sand im Getriebe ist. Selbst wenn er Weihnachtslieder sang, hörte es sich bedrohlich an. Seine Stimme, seine Größe und seine Kugellageraugen verfehlten keineswegs ihre Wirkung, aber der Kameramann war verwirrt, und so zögerte er.

»Sehen Sie, lieber Freund, ich würde das gern tun, aber ...«

»Wollen Sie diese Karte essen?«

Charley steckte ihm Paulies Karte zwischen die Finger. Der Mann nickte eifrig. »Selbstverständlich«, sagte er. »Mit Vergnügen. Dann wird der Film eben ein bißchen länger.«

»Und das ist kein Spaß«, sagte Charley.

Die Dekorateure hatten den Ballsaal des Hotels in eine Nachbildung der alten Palermo Gardens verwandelt. Alle aus der alten

Nachbarschaft waren wie vor den Kopf geschlagen, denn was sie sahen, versetzte sie zurück in ihre Jugendzeit. Die Wirkung war so überwältigend, daß drei alte Damen zugleich lachten und weinten.

»He, Gottsverdammich, seht euch das an!« schrie das Oberhaupt der Familie Bocca. »Was sagt ihr dazu, was diese Leute hier getan haben?«

Über den Köpfen der drängelnden Menge war die ganze Decke mit Girlanden aus farbigem Kreppapier behangen – rot, weiß und blau von einer Seite des Saales bis zum zentralen Kronleuchter, und rot, weiß und grün vom Kronleuchter bis zur anderen Seite. Luftballons stießen an der Decke gegeneinander und bewegten sich in der aufsteigenden warmen Luft. Alle gerieten in Hochstimmung. Was eine feierliche Trauung gewesen war, wurde nun zu einer heiteren Party. Plötzlich mochten die Leute einander. Einige fielen sich in die Arme. So viel überströmende Liebe beherrschte den Saal, daß Charleys Herz sich mit dem Schaum davon füllte, wie ein zu schnell eingeschenkter Bierkrug.

Zwei lange Tische erstreckten sich zu beiden Seiten des Saales, mit Bergen von belegten Broten. Zahllose Bierkrüge wurden von jüdischen Kellnern aus der Prizzi-Feinkostladenkette vollgegossen, die Ed Prizzi für die Familie übernommen hatte, weil er anscheinend, wo immer er auch war, kein gutes Stück Corned Beef (Trokkenmethode) bekommen konnte. Das hatte die Prizzis bald veranlaßt, in die Bäckereibranche einzusteigen, und zu landesweiter Expansion geführt, denn wie es schien, konnte niemand Roggenbrot kriegen, das eine Kruste hatte. Und ehe man sich's versah, war die Palermo-Maven-Feinkostladenkette auf Konzessionsbasis weit verbreitet, einschließlich der jüdischen Kellner.

Eine Menge sizilianischsprechender Kellner füllte Krüge mit Holunderbeerwein aus einem großen Faß. Auf den Tischen gab es neun verschiedene Salate, Berge von *farfalline,* Hügel aus kaltem Fleisch, Stapel von *salsiccia* und Wälle aus Pasteten, dazu vierzehn verschiedene Arten von sizilianischen Süßspeisen, Zuckerwerk und Eis. Gott, staunte Charley, sogar das Orchester war richtig – ein Klavier, ein Akkordeon, eine Klarinette und eine Baßgeige, und die Musiker spielten ein Rockarrangement der *Giovanezza.* Über der Bühne und hinter dem Orchester hingen zwei mal drei Meter große sepiabraune Fotografien von Arturo Toscanini, Papst

Pius XII., Enrico Caruso und Richard M. Nixon in massiven vergoldeten Rahmen.

Viele ältere Männer waren richtig angezogen, in Smokings, und die älteren Frauen trugen alle die richtige Farbe für eine Hochzeit, nämlich Schwarz, aber die jungen Leute und die Zivilisten waren billig und grell herausgeputzt. Charley trug einen Smoking. Es war drei Uhr an einem Sommernachmittag, aber hier handelte es sich um eine Prizzi-Hochzeit, und die Leute sollten wissen, daß man einem solchen Ereignis Respekt zollen mußte.

Und noch etwas war richtig. Don Corrados dreiundachtzigjährige Schwester saß in einem schwarzen Kleid an der Tür und weinte vor Glück. Die eintretenden Gäste ließen entweder verschlossene Umschläge oder Bargeld für die Braut in die schwarze Tasche mit den Zugschnüren fallen, die sie zwischen den Füßen stehen hatte. Die Gesamtsumme schien sich auf sechzig Dollar zu belaufen. Eingeweihte aus der Branche sprachen gern von einem Dollar, wenn sie tausend meinten, um die Touristen in Las Vegas zu verwirren, aber die Ausdrucksweise hatte mittlerweile allgemeine Verbreitung gefunden, weil soviel Geld in Haufen herumlag und einlud, mitgenommen zu werden. Sechzig Dollar waren sechzigtausend Dollar.

Charley hatte sich in einem Streifenwagen von der Kirche mitnehmen lassen, um sicherzugehen, daß er als einer der ersten an Ort und Stelle sein würde. Er gab dem Sergeanten, der das organisierte, einen Gutschein für sechs von der Prizzi-Fleischfabrik in Eis gepackte Kalbssteaks. Im Ballsaal angekommen, stellte er sich knapp hinter der Tür auf und wartete auf sie.

Sie kam nach ungefähr zwanzig Minuten, wahrscheinlich war sie inzwischen auf der Toilette gewesen. Er sah, wie sie einen Umschlag in die Tasche fallen ließ, und dann bemerkte er, daß sie in Begleitung von Maerose Prizzi war, der Schwester der Braut. Er schob sich durch die Menge und stellte sich so auf, daß sie nicht an ihm vorbei konnten. Welch ein Gesicht! Sie sah nicht gerade italienisch aus, aber sie war schön. Sie hatte einen Mund wie ein Strauß Mohnblumen und eine Haut, wie er sie nie gesehen hatte. Er brachte es fertig, so dazustehen, als wäre er ihnen vom Gedränge der Leute beim Eingang in den Weg gestoßen worden.

Maerose war eine großartige Frau, wenn sie auch Mist gebaut hatte. Sie war eine sehr italienisch aussehende Schönheit, beinahe so groß wie Charley, mit riesengroßen Augen und feingliedrigen Knochen zwischen den Rundungen, mit traurigem Blick und langen Fingern – eine Frau, die alles richtig gemacht hatte – nur einmal nicht.

»He, Charley!« rief sie ihm zu. »Das ist wunderbar. Darf ich dich mit meiner Freundin Irene Walker bekannt machen? Dies ist Charley Partanna.«

Sie wartete, bis er zu sprechen begann, wollte sich von ihm das Stichwort geben lassen, was er sehr klug fand. Wie konnte eine Frau solch ein Gesicht und (wahrscheinlich) solch einen Körper haben und außerdem so schlau sein? Er glaubte eine Veränderung in ihren Augen zu erkennen, als sie ihn ansah. Charleys eigener Ausdruck mußte etwa demjenigen gleichen, der in Pizarros Gesicht gekommen war, als er einen ersten Blick auf das Gold der Inkas geworfen hatte. Es war ein Ausdruck, wie er einer historischen Entdeckung angemessen war.

Mein Gott, dachte Charley, noch nie habe ich eine Frau wie diese Biene gesehen.

Maerose verschwand in der Menge.

»Wie wär's mit einem Gläschen?«, fragte Charley.

»Vielleicht ein Glas Wein auf die Braut und den Bräutigam«, antwortete Irene Walker. Sie hatte eine Stimme wie ein Krug voll Rauch! Es wehte aus ihr heraus und Charley zu. Es war sichtbar. Es hatte eine Farbe wie florentinisches Gold, mit einer rosafarbenen Untermalung aus dem Rauch einer Leuchtkugel am Nationalfeiertag. Ihre Augen überwältigten ihn. Jesus! Sie hatte *gesunde* Augen. Sie hatten Fransen wie die Lampenschirme, die seine Mutter immer gemacht hatte, als er ein kleiner Junge gewesen war. Das Weiße darin war makellos und hob die braunen Pupillen so hervor, daß die Augen geheimnisvollen Seerosen auf einem stillen Teich glichen. Das Braun war wie Ahornsirup, in dem winzige Stückchen Tangerinenschalen wie kleine Goldfische schwammen, und sie veränderten sein Leben. Was würde geschehen, wenn er imstande wäre, sich von den Augen loszureißen und den Rest von ihr anzusehen? Wahrhaftig, diese Frau überwältigte ihn.

»Kann ich Sie nach Haus bringen? Ich meine – wenn Sie fertig sind.«

Sie hielt einen Kellner an, der ein mit Champagnergläsern beladenes Tablett trug. Charley nahm zwei Gläser vom Tablett. »Ich wohne in Los Angeles«, sagte sie.

»Ich meinte, zu mir nach Hause.«

Vincent Prizzi hatte das Mikrophon auf der Bühne ergriffen und begann zu sprechen. Sein Gesicht war wie aus Zement gemeißelt. Er hatte drahtig gelocktes graues Haar und etwas vom Akzent der alten Heimat bewahrt. Mit seinem kräftigen Körperbau hätte er der morganatische Mann von Mutter Erde sein können. Er stellte den Gästen Don Corrado Prizzi vor. Charley nahm Haltung an. Er hatte Don Corrado seit bald zwei Jahren nicht gesehen. Stille senkte sich über das von Ehrfurcht ergriffene Publikum im Ballsaal. Nicht einmal die jüdischen Kellner gaben einen Laut von sich, während der uralte geschwächte Körper langsam über die Plattform zum Mikrophon schlurfte – eine so stark nachzitternde Essenz von gewaltsamem Tod und Korruption, daß die Versammelten gleichsam einen kollektiven Seufzer der Erleichterung auszuhauchen schienen, weil dieses sine qua non der Gefangene solch dahinwelkenden Fleisches war.

Von allen Führern der *fratellanza* hatte allein Corrado Prizzi einen gleichmäßigen Zuwachs an Macht und Prestige erleben können, da er niemals gegen das Gesetz der *omertá* verstoßen hatte. Dafür hatte es ihn erhalten und geschützt. Er war der einzige, der sowohl an der berühmten Zusammenkunft von Cleveland im Jahre 1928 und der Zusammenkunft in den Appalachen 1957 teilgenommen hatte. Von allen, die man bei der ersteren Zusammenkunft verhaftet hatte, war er der einzige, dessen Foto nicht mehr bei den Polizeiakten lag. Seit mehr als sechzig Jahren hatten sein Ruhm und seine Macht in der *fratellanza* stetig zugenommen, während sein Einfluß auf die Regierung der Vereinigten Staaten immer breiter und vielschichtiger geworden war. Als einziger ›Freund‹ aus den Vereinigten Staaten hatte er sich einer persönlichen Bekanntschaft mit dem verstorbenen Don Carlo Vizzini erfreuen können, der dem Machtzentrum so nahe gestanden hatte, daß er tatsächlich bei der Familie des gegenwärtigen *Capo di tutti capi* von Sizilien, Don Pietro Spina, aus- und eingegangen war, dessen Sohn zu den Hochzeitsgästen gehörte.

Don Corrado zupfte am Ärmel seines Sohnes und bedeutete ihm, den Kopf zu neigen. Vincent gehorchte, lauschte und nickte, wandte sich dann wieder zum Mikrophon.

»Mein Vater heißt Sie alle, liebe Freunde und Gäste, zu dieser großen Familienfeier willkommen«, dolmetschte er. »Ihnen allen wünscht er angenehme Stunden. Er bringt einen liebevollen Toast auf das Glück von Braut und Bräutigam aus und wünscht ihnen viele Kinder.«

Vincent hob sein Glas. Die achthundert Gäste folgten seinem Beispiel. Alles trank. Der alte Mann schlurfte von der Bühne und verschwand hinter dem Klavier in den Falten des Vorhangs. Ein Mann machte ihm den Weg frei, ein zweiter folgte ihm.

Die Musik setzte wieder ein. Das Stück war *You're driving me crazy,* ein echter Ohrwurm aus der Zeit, wo sich Charley das letzte Mal mit einer Frau auf den Tanzboden gewagt hatte. »He, wie wär's mit einem Tanz?« fragte er.

Gerade als er Irene zur Tanzfläche führte, kam Maerose Prizzi und nahm sie beim Arm. »Ein Anruf, Irene«, sagte sie.

»Anruf?« wiederholte Charley verständnislos. Aber Irene ging schon mit Maerose fort, und sie tauchten in der Menge unter. Er blieb stehen, wo er war, und fragte sich, ob sie zurückkommen und wie er es verkraften würde, wenn sie nicht zurückkäme. Benommen fing er an, Pläne zu machen, um seine Gedanken zu beschäftigen. Sobald Braut und Bräutigam das Fest verließen, würde er Irene mitnehmen und über die Straße in den Park gehen. Dort würden sie sich auf eine Bank setzen, und wenn ihnen dies zu langweilig würde, könnten sie um den Block gehen, sich dann wieder auf die Bank setzen und beratschlagen, wohin sie zum Abendessen gehen sollten.

Nachdem er zwanzig Minuten gewartet hatte, ging er sie suchen und konnte sie nicht finden. Er sah Maerose mit Al Melvini tanzen und bewegte sich in der Richtung, in die sie tanzten, um die Tanzfläche herum, bis die Musik verstummte. Er wollte die beiden nicht stören, weil Irene zurückkommen und den Eindruck gewinnen könnte, er interessierte sich für eine andere Frau. Als Maerose die Tanzfläche verließ, hielt er sie an. »Wo ist Irene?«

»Irene?«

»Du hast sie zum Telefon abgeschleppt.«

»Charley, wie sollte ich wissen, wo sie steckt?«

Charley war der letzte Hochzeitsgast, der das Fest verließ. Er stand an der Tür, starrte den Leuten in die Gesichter und hatte keine Ahnung, was er zu ihr sagen könnte, wenn sie mit irgendeinem Kerl vorbeiginge. Na, jedenfalls würde er sie ansprechen. Er hatte ein Recht, sie anzusprechen, und wenn der betreffende Kerl irgendwelche Einwände erhob, würde er ihm alle Finger brechen. Wie aber, wenn sie nicht mit ihm sprechen wollte? Wie, wenn sie ihm bloß zuwinken und weitergehen würde – oder wenn er sie anzuhalten versuchte und sie ihn mit einem Blick abfertigen würde?

Als alle gegangen waren, gab er der Wärterin in der Damentoilette fünf Dollar, damit sie hineinginge und sich vergewisserte, daß Irene nicht drinnen war und sich übergab oder sonstwas. Nichts. Er machte sich auf die Suche nach dem Chefkameramann.

»Haben Sie sie gekriegt?«

»Was gekriegt?«

Charley packte den Mann am Kragen und hob ihn auf die Zehenspitzen. »Wollen Sie in einem Abfalleimer landen?« fragte er in klagendem Ton.

»Ah, ich erinnere mich. Ich habe die Aufnahmen für sie. Sehr gut. Sie werden zufrieden sein.«

Charley ließ ihn los. »Wann kriege ich sie zu sehen?«

»Wir filmen nur, Mister. Das heißt, wir schicken die Filme ins Labor, wo sie entwickelt werden. Sie müssen das mit der Firma ausmachen.«

»In Ordnung« entgegnete Charley. »Das kann ich tun.«

Er stieg in seinem Smoking in den verbeulten schwarzen Chevrolet-Lieferwagen und fuhr hinaus zum Strand. Vielleicht war es ganz gut, daß sie verschwunden war, weil er sie sonst in diesem lumpigen Schrotthaufen hätte fahren müssen. Aber was zum Teufel, sagte er sich, er hätte ohne weiteres zum Empfangschef gehen und einen anderen Wagen mieten können. Er hätte den Chevy stehen und morgen von jemandem abholen lassen können. Als er in seine Vierzimmerwohnung kam, die Maerose für ihn eingerichtet hatte – ohne Bücher, obwohl ihm diese Unterlassung in den neun Jahren, die er hier gewohnt hatte, noch nicht aufgefallen war –, band er die Fliege los, setzte sich auf seine kleine Terrasse mit Blick auf die Bucht und ließ sich die ganze Angelegenheit durch den Kopf gehen. Er mußte sie ausfindig machen. Das war alles. Das war alles, was es damit auf sich hatte. Er dachte nicht daran, den Rest seines Lebens wie ein dummer Junge mit Träumen davon zu verbringen, wie sein Leben wohl ausgesehen hätte, wenn sie nicht verschwunden wäre. Deshalb mußte er sie finden. Es war nicht gerade koscher, aber er mußte Maerose anrufen und sie fragen. Das konnte zu allerlei Verdrießlichkeiten führen, doch sie war seine einzige Verbindung zu Irene. Er hob das Telefon auf seinen Schoß und wählte ihre Nummer.

»Maerose?«

»Sie ist nicht hier. Möchten Sie eine Nachricht hinterlassen?«

»Wer ist da?«

»Das Hausmädchen.«

»Haben Sie einen Bleistift?«

»Warten Sie. Ich hole einen.« Sie kam zurück. »Okay.«

»Hier ist Charley Partanna. Soll ich es buchstabieren?«

»Nein. Ich weiß schon.«

»Dann buchstabieren Sie.«

Sie buchstabierte seinen Namen. »Gut«, sagte er. »Geben Sie mir Ihren Namen, und ich werde Ihnen zehn Dollar schicken.«

»Zehn Dollar?«

»Ja. Wie heißen Sie?«

»Miß Peaches Altamont.«

»In Ordnung, Peaches. Sagen Sie Miß Prizzi, daß sie mich anrufen soll, ganz gleich, wie spät es ist. Sie hat die Nummer.«

»Ja, Sir.«

Charley legte auf und rief Paulie in seinem Hotel an. Niemand meldete sich. Er ging zum Tisch und öffnete eine Schublade, nahm einen Umschlag heraus, steckte eine Zehndollarnote hinein, klebte ihn zu und adressierte ihn. Dann ging er aus der Wohnung zum Postschacht gegenüber vom Aufzug und nahm eine Briefmarke aus seiner Brieftasche. Er klebte die Marke auf den Umschlag und steckte ihn in den Abwurfschacht.

Die Aufzugtür ging auf, und zwei Männer traten heraus.

»He, Partanna«, sagte der Große.

Charley fühlte eine Anwandlung von Panik, kam sich ohne Waffe im Korridor wie nackt vor. Der Mann hielt ihm seine Plakette vor die Nase. »Gallagher, Mordkommission«, sagte er.

Charley atmete auf. »Was ist los?«

»Hier draußen werden Sie nicht darüber reden wollen.«

»Gut. Kommen Sie rein.«

Sie gingen in die Wohnung.

»Also?«

»Jemand hat heute nachmittag Sal Netturbino erschossen.«

»Ja?«

»In seinem Hotel.«

»Wer war es?«

»Wo waren Sie heute zwischen vierzehn und siebzehn Uhr?«

»Bei der Hochzeit. Corrado Prizzis Enkelin hat geheiratet.«

»Was hab' ich dir gesagt?« sagte Gallagher zu dem anderen. »Es wird sich herausstellen, daß sie alle bei der Hochzeit waren.«

2.

Einer von Ed Prizzis Anwälten bekam Charley um zehn Uhr abends frei. Die Polizisten hatten ihn länger als drei Stunden verhört, aber er hatte ihnen nichts zu sagen, und seine Gedanken waren sowieso nur mit der Frage beschäftigt, wie er Irene finden könnte. Durch ihr Verhalten hatte Maerose den Eindruck erweckt, daß sie Irene gut kannte, aber angenommen, das war nicht der Fall? Dann würde sie sich erinnern müssen, wer sie mit Irene bekannt gemacht hatte, und ganz gleich, wieviel Zeit und Mühe es ihn kostete, er war entschlossen, Mittel und Wege zu finden. Nachdem er das Polizeipräsidium verlassen hatte, ging er in einen Drugstore, betrat die Telefonzelle und rief Paulie in seinem Hotel an.

»Ich wollte gerade zum Flughafen fahren«, wunderte sich Paulie. »Eine verrückte Geschichte. Ich gehe am Telefon vorbei, um ein Taxi zum Flughafen zu nehmen, und es läutet.«

Paulie war ein Hysteriker und deshalb im Filmgeschäft. Er tat immer so, als hätte Gott alles so geplant, daß es nur ihn träfe.

»Paß auf, Paulie«, sagte Charley. »Du erinnerst dich an die Aufnahmen, die ich von diesem Mädchen wollte, und du gabst mir deine Karte, als Empfehlung für den Kameramann.« Am Telefon hörte Charley sich wie ein sprechendes Brauereipferd an.

»Ja?«

»Die Sache ist die: Wie kann ich die Filmaufnahmen auf eine Kassette bekommen?«

»Wenn du willst, machen wir es.«

»Großartig. Danke, Paulie.«

»Ist das Mädchen Schauspielerin? Meinst du, sie würde uns interessieren?«

»Du hast sie schon gesehen. Das Mädchen in der Kirche, mit dem grüngelben Kleid.«

»Ach, die. Nun, wie auch immer, die Sache ist die, du mußt dir den Film selbst anschauen, Charley. Wer kann sonst wissen, was du willst?«

»Wann kann ich ihn sehen?«

»Übermorgen. Aber im Studio. Das ist die einzige Möglichkeit.«

»Sieh zu, daß du ihn bis dahin hast. Ich nehme ein Flugzeug und komme übermorgen. Und noch was will ich dir sagen, Paulie. Ich bin froh, daß wir zwei nicht den gleichen Typ von Frau mögen, denn mir gefällt auch nicht, was dir gefällt.«

»Charley!« rief Paulie. »Habe ich was gesagt? Ich habe kein Wort gesagt!« Charley hatte aufgelegt.

Als er zum Strand zurückkam, war es fast Mitternacht. Der Anrufbeantworter verzeichnete eine Nachricht von Maerose. Er rief sie an. Ihre Stimme klang ziemlich schwach, also war sie vielleicht mit Pillen zu Bett gegangen.

»Charley, was ist mit dir? « fragte sie müde. » Du bist unbeschreiblich, weißt du? Ich bin völlig erledigt.«

»Sieh mal, Maerose, es ist wichtig, sonst würde ich dich nicht stören. Ich muß wissen, wo ich das Mädchen finden kann, weißt du, Irene Walker.«

»Charley, ich kenne sie nur eine Stunde länger als du.«

»Wer hat dich mit ihr bekannt gemacht?«

»Irgendwelche Leute.«

»Also gut. Kannst du diese Leute anrufen und feststellen, wo sie wohnt?«

»Ich weiß nicht, Charley.«

»Wie meinst du das – du weißt nicht?«

Sie seufzte. »Es ist, als wenn ich mir selbst die Kehle durchschnitte. Es stößt dich weiter fort.«

»Wer hat wen fortgestoßen? Ich? Nein, du. Das ist erledigt. Das war vor fast zehn Jahren.«

»Schon gut, schon gut. Ach, Scheiße. Ich hatte meinen Schuß, aber jemand stieß mich an den Arm.«

»Ich werde es zu würdigen wissen.«

»Heute abend kann ich es nicht machen, Charley.«

»Okay. Morgen.«

»Werd's versuchen.«

»Dann kann ich dich morgen mittag anrufen?«

»Ich werde dich anrufen. Aber ich weiß nicht, wie ich das schaffen soll.«

Nachdem sie aufgelegt hatte, ließ sie sich aufs Bett zurückfallen, dann wälzte sie sich herum und starrte die Wand an. Sie war einmal mit Charley verlobt gewesen und hatte so gut wie ausgesorgt gehabt, aber dann war es zu diesem Streit gekommen – sie hatte einen Streit daraus gemacht. Und sie war mit diesem Kerl auf und davon, und schließlich waren sie in Mexiko gelandet, betrunken. Sie wußte nicht, was sie tun sollte, also blieb sie bei dem Kerl, und sie blieben betrunken. Dann kamen eines Morgens zwei von ihres Vaters Leuten zur Tür herein und schlugen den Mann windelweich, während der verdammte Geschäftsführer des Hotels dabeistand und glotzte. Sie zwangen sie, sich anzuziehen, führten sie wie ein paar Polizisten aus dem Hotel ab und flogen sie zurück nach New York. Die ganze Zeit sprachen sie kein Wort mit ihr. Sie führten sie in ein Zimmer, wo ihr Vater wartete, und gingen hinaus. Sie setzte sich, und ihr Vater starrte sie an, bis sie drauf und dran war, ihn anzuschreien. Er musterte sie, als ob sie ein Haufen Unrat wäre.

»Du hast Schande über deine Familie gebracht«, sagte er. »Du hast gezeigt, was dich die Ehre der Prizzis kümmert. Du solltest den Sohn des ältesten Freundes deines Großvaters heiraten, aber du zogst es vor, eine *passeggiatrice* zu werden. Gott sei es gedankt, daß deine Mutter nicht mehr erleben mußte, was du getan hast! Sie ist bei den Engeln sicher vor dir. Hör mich an! Ich werde nach diesem Gespräch niemals wieder zu dir sprechen. Angelo Partanna sagt, daß er dir vergibt, aber Charley vergibt dir nicht, du hast ihn entehrt. Du kannst den Anschein erwecken, du seist nach wie vor ein Mitglied dieser Familie und meine Tochter, denn so wünscht es dein Großvater, oder du kannst fortgehen. Denn in Wahrheit gehörst du nicht zu dieser Familie, bist nicht meine Tochter, und ich werde Sorge tragen, daß du für den Rest deines Lebens eine alte Jungfer bleibst.«

Erst fünf Monate später traf sie zufällig Charley. Er sagte hallo, wie geht's, als ob nichts geschehen wäre. Er war nicht einmal kalt zu ihr. Aber sie hatte ihn verloren. Sie liebte ihn, und sie hatte ihn verloren, und er kam ihr nie wieder nahe.

3.

Charley und sein Vater mußten den größten Teil des Tages bei dem Chemiker verbringen, der Stichproben aus einer Sendung *cinnari* analysierte, die gerade über Kolumbien aus Asien eingetroffen war. Es war Heroin erster Qualität Nummer vier, und sie blieben beim Chemiker, während er die Sendung in Großhandel- und Dealermengen aufteilte. Um die Mitte des Nachmittags, als sie durch Long Island City zurückfuhren, erinnerte sich Charley, seinem Vater mitzuteilen, daß er wegen der Netturbino-Geschichte hochgenommen und verhört worden war.

»Ja, Ed sagte es«, antwortete sein Vater. »Aber du hättest nicht sauberer sein können, stimmt's?«

»Wer hat den Treffer angebracht, Pop?«

»Wir.«

»Wir? Wieso das? Ich wußte nichts davon.«

»Nun, so ist es am besten, nicht?«

»Wer hat ihn umgelegt?«

»Ein auswärtiges Talent. Es war ein Spezialistenjob.«

»Wieso?«

»Vincent sagte mir, es sollte so aussehen, daß wir nichts damit zu tun haben könnten. Es wird deswegen einigen Stunk geben, aber das braucht uns nicht zu interessieren. Wir waren alle bei der Hochzeit und haben uns filmen lassen, nicht wahr? Also reg dich nicht auf. Es war gut geplant.«

»Geradezu genial«, meinte Charley.

Abends um halb zehn kam er nach Hause, setzte sich auf die Terrasse und rief Maerose an. Es war ein lausiger Abend. Der Regen prasselte, und er mußte im geschützten Winkel zwischen Wand und Markise bleiben, aber er war immer der Meinung gewesen, daß jemand, der eine Terrasse mit solch einer Aussicht hatte, sie auch benutzen sollte. Sonst könnte man genausogut wieder in die alte Gegend ziehen und eine Mietwohnung im westlichen Brooklyn nehmen.

Maerose hatte Irenes Nummer. »Es war verdammt schwierig, sie zu bekommen, Charley, das kann ich dir sagen. Es wäre einfacher gewesen, die Nummer der Telefonzelle auf dem Mount Everest zu erfahren.«

»Ich möchte dir etwas Hübsches dafür schicken, Maerose. Was brauchst du? Sag es mir, egal, was es ist.«

Sie ließ ihr trauriges Lachen hören. »Schick mir einen Valentinsgruß«, sagte sie. »Das ist, was ich brauche.«

Es war kurz vor halb zehn. Also war es in Kalifornien kurz vor halb sieben, eine gute Zeit. Irene nahm nach dem dritten Läuten ab.

»Hier Charley Partanna«, sagte er und hielt den Atem an.

»Charley Partanna?«

»Ja.«

»Nicht zu glauben! Wie sind Sie zu meiner Nummer gekommen?«

»Ich habe jemanden danach gefragt. Sie sind mir deswegen nicht böse?«

»Böse? Ich bin geschmeichelt. Wo sind Sie?«

»In Brooklyn.«

»Oh.«

»Aber ich habe morgen in Los Angeles zu tun, wenn auch nur kurze Zeit. Ich dachte, wir könnten morgen abend vielleicht zusammen essen.«

Darauf folgte eine Pause von sieben Herzschlägen. »Gut«, sagte sie. »Ich glaube, das läßt sich machen.«

»Sensationell. Okay. Dann werde ich Sie abholen. Welche Zeit paßt Ihnen am besten?«

»Sieben?«

»Großartig.«

»Aber nicht hier. Sagen wir – hm – wie wär's mit der Eingangshalle des Beverly Wilshire?«

»Sicher. Fein. Das ist großartig. Schlafen Sie gut.«

Er legte auf, blieb aber noch lange sitzen und starrte gedankenverloren das Telefon an. Sein Leben lang hatte er Telefone für eine Selbstverständlichkeit gehalten, für einen Teil des Mobiliars, in Gottes Namen. Angenommen, man brauchte einen Anwalt oder einen Arzt? Und was es gerade eben für ihn getan hatte, als wäre es nichts, als wäre es die Uhrzeit oder das Horoskop, Teufel noch mal. Dieses Telefon hatte seine ganze Weltanschauung verändert. Dieses Telefon hatte die Verbindung mit Irene hergestellt. Sollte er wieder mal hören, daß irgendwelche nichtsnutzigen Jungen eine Telefonzelle verwüsteten, wie sie es in der Nachbarschaft gelegentlich taten, wollte er den Burschen die dreckigen Felle gerben, daß es ihnen die Scheiße heraustrieb.

Allein dadurch, daß sie unter einem ausladenden grünen Hut, der schon für sich geeignet war, dem Putzmacherhandwerk einen führenden Platz zurückzuerobern, in der Hotelhalle saß, hatte sie das Kommen und Gehen in der Halle erheblich verlangsamt. Charley beobachtete alle, die außer ihr noch im Raum saßen, bemitleidete den armen Paulie und stellte sich vor, wie die Augen der alten Männer sich wehmütig umflorten, wie Hoteldiener und Umstehende Erektionen entwickelten und jede Frau, die sie sah, in der nächsten Nacht zu feindseligen Träumen verurteilt war. Charley hatte weiche Knie bekommen, als er das Foyer betreten und sie dort hatte sitzen sehen. Er stützte sich auf eine Sessellehne, als er sie anstarrte. Sie blickte auf, hob zwei Finger und winkte ihm zu. Er ging hinüber und beugte sich mit den Worten »Ich hatte Angst, ich würde Sie nicht wiedersehen« über sie.

»Ich habe Sie angerufen« sagte sie. »Maerose gab mir Ihre Nummer. Aber Sie waren nicht da. Ich wollte Sie am Sonntagmorgen wieder anrufen.« Sie log, aber es war eine nette Lüge.

»Wirklich?« Das bewies ihm etwas – nämlich, daß dies nicht die einseitige Sache zu werden versprach, die er befürchtet hatte. »Gehen wir irgendwohin«, schlug er vor.

Irene stand auf. Sie war genau richtig, zehn Zentimeter kleiner als er, aber er hatte sie nicht so groß in Erinnerung. »Haben Sie höhere Absätze?« fragte er.

»Höher als was?«

»Höher als bei der Hochzeit.«

»Ach! Ja, das stimmt.«

»Ich habe einen Wagen vom Studio draußen, mit Chauffeur.«

»Nehmen wir meinen Wagen. Sie fahren ihn.

Solch eine Stimme hatte er noch nie gehört. Bevor er zurückflog, wollte er sehen, daß Paulie ihm ein paar alte Garbo-Filme vorführte, denn Irene Walker mußte eine Stimme wie die Garbo haben. Er hatte irgendwo gelesen, jemand hätte fünfzehnhundert Dollar für eine getrocknete Rose bezahlt, die Greta Garbo vielleicht vor zwanzig Jahren geküßt hatte, und er hatte diesen Kerl für übergeschnappt gehalten. Jetzt aber verstand er ihn. Er wäre bereit, fünfzehnhundert Dollar für jede Rose zu bezahlen, die jemals in Irene Walkers Zimmer gestanden hatte. Nun war er mit ihr im selben Raum, und sie mochte ihn, und bald würde sie ihn küssen, und eines Tages würde man vielleicht ihn versteigern, und Gott allein konnte wissen, wieviel er bringen würde.

Sie gingen langsam an den Aufzügen und den Vitrinen und dem Restaurant vorbei zum Ausgang und zur breiten, überdachten Auffahrt. Sie sagte etwas zu einem Hoteldiener, und ein amethystfarbener ausländischer Wagen, ein offener Zweisitzer, wurde vorgefahren. Charley öffnete Irene den Schlag, gab dem Hoteldiener etwas Geld und sagte ihm, daß er den Wagen vom Studio wegschicken sollte, dann ging er auf die andere Seite und stieg ein.

»Was für ein Wagen ist das?«

»Ein Gozzy.«

»Ein Gozzy?«

»Ein Nachbau eines Mercedes von 1929. Die Japaner bauen sie in England für den arabischen Markt. Ein großartiger Wagen für das kalifornische Klima.«

»Ein Wagen, der überall großartig ist«, meinte Charley, als sie wie auf einer Wolke hinausglitten. »Mann, der muß kosten!«

»Nun«, sagte Irene, »er war nicht umsonst, aber mein Gott, stellen Sie sich vor, was er in zwei Jahren kosten wird! Welche Art von Essen mögen Sie gern?«

»Essen?«

»Was für ein Restaurant?«

»Außerhalb vielleicht? Das wäre etwas Neues für mich.«

»O ja, da habe ich das Richtige für Sie.«

Sie fuhren zum Meer, dann die Küstenstraße entlang, und Charley fühlte sich größer, besser, klüger und freundlicher als je zuvor in seinem Leben. Im Überschwang seiner Gefühle erzählte er ihr von seinem Erlebnis in Lansing, Michigan, weil es neben Irene Walker die einzige Erfahrung in seinem Leben war, die immer ein angenehmes Gefühl in ihm erzeugte.

»Ich hatte da geschäftlich zu tun, und es gab einen Schneesturm. Soviel Schnee kam herunter, daß die meisten Motelangestellten nicht zur Arbeit kommen konnten. Nur der stellvertretende Direktor und der Nachtportier waren da, das war alles. Die Gäste mußten ihre Betten selber machen und kochen und das Foyer sauberhalten, und manche von ihnen stellten sich ziemlich schäbig an, als ob sie das Ganze nichts anginge. Ich sah, wie schwierig alles war, und außerdem mag ich Hausarbeit und Kochen. Ich lebe allein, und man kann nicht wie ein Bauer vor hundert Jahren leben, also sage ich zum Direktor, ich möchte aushelfen. Dieser Bursche schenkte mir ein Lächeln, das ich immer noch vor mir sehe, ein wirklich schönes Lächeln.

Ich machte die Telefonvermittlung, ich arbeitete in der Küche, ich machte den Barmann – alles, wo ich aushelfen konnte. Zum Großteil fanden sich die Gäste ziemlich gut damit ab, daß sie eingeschneit waren, liehen einander Zeitungen und so weiter, aber die anderen, die Nörgler, hingen bloß im Foyer herum und starrten zu den Fenstern hinaus, wo der Schnee höher und höher wurde, und machten Schwierigkeiten.

Am dritten Tag kam ein selbständiger Schneepflugfahrer zur Tür und erbot sich, den ganzen Parkplatz und die Zufahrt zur Hauptstraße zu räumen, und dafür verlangte er vierhundert Dollar. Der stellvertretende Direktor sagte natürlich, er wäre nicht berechtigt, soviel Geld auszugeben, und außerdem hätten sie einen Schneepflugfahrer unter Vertrag. Die Leute im Foyer machten ein großes Geschrei, weil er nicht einwilligte. Zwei Kerle fingen an, ihn herumzuschubsen, so daß ich sie in den Salon schleppen und ihnen eine kleine Abreibung geben mußte. Danach gaben sie Ruhe, aber sie waren sauer, und die anderen Leute, die guten Leute, ließen sich von ihnen anstecken und wollten nichts mehr tun, saßen nur noch im Foyer herum und jammerten.

Ich machte alle Betten. Dann ging ich in der Kaffeebar hinter die

Theke, darauf in die Küche und kochte für alle das Essen. Als es schon dunkel war, kam der Vertragsschneepflug zur Tür, und der Fahrer sagte uns, er hätte den Schnee weggeräumt, und wir könnten auf die Straße hinaus. In zehn Minuten war das Motel leer, aber nur drei von diesen Schweinehunden – Verzeihung – wollten für ihren Aufenthalt bezahlen, worauf der stellvertretende Direktor ihnen sagte, es würden sowieso keine Rechnungen geschrieben. Als alle gegangen waren, hielt mir der stellvertretende Direktor, sein Name ist Francis M. Winikus, einen Vortrag und erklärte, daß ich richtig gehandelt hätte und so weiter. Ich weiß, daß ich das Richtige getan hatte, aber seine Worte gingen mir trotzdem glatt hinunter. Jedes Jahr zu Weihnachten rufe ich ihn an. Es ist ein gutes Gefühl.«

»Ich bin stolz auf Sie, Charley«, sagte Irene. »Sie haben das gute Gefühl verdient.«

Er war überglücklich. Ein gutes Werk findet tausendfache Vergeltung, dachte er. »Nun, man muß tun, was man kann.«

Sie bogen in die Hügel ab, und da war das Lokal, das sich – Charley wußte es – in sein Gedächtnis einbrennen würde, weil er es nie würde wiederfinden können. Nicht daß er an der Existenz dieses Restaurants zweifelte, aber er fühlte sich so rasch davongetragen, daß es nie wieder irgendeinen Ort geben konnte, wohin er zurückkehren könnte.

Es muß ein vornehmes Haus sein, dachte er, weil der Kellner danach aussieht. Und Irene bestellte etwas, das puertoricanisch sein mußte. Blitzschnell rasselte sie's herunter.

»Was bringt er uns?«

»Sie sollten Ihr Gesicht sehen, Charley. Es hat sich entschlossen, allem Ausländischen zu widerstehen.«

»Ja? Nun, was gibt es?« Er versuchte, unbesorgt dreinzuschauen. Sie sollte ihn nicht für einen Nörgler halten.

»Frischen Ananassaft und Rum.«

»Sagen Sie noch mal den Namen.«

»Jugo de piñas con Bacardi.«

»Ein puertoricanisches Getränk?«

»Kann sein. Ich kenne es von Kuba.«

»Das war Kubanisch, was Sie dem Kellner sagten? Hört sich genau wie Puertoricanisch an.«

Sie tranken noch einen. Köstlich, dachte Charley, und es schmeckt so gesund. Irene bestellte ihm etwas zu essen, was *combo machos* hieß und ihm großartig mundete. Sie lachten viel, was Charley zu einem ganz neuen Selbstgefühl verhalf, weil niemand sonst jemals auf den Gedanken gekommen war, er wäre amüsant. Ganz im Gegenteil. Nach einer Weile klopfte er auf den Busch.

»Sind Sie verheiratet?«

»Nicht wirklich.«

»Selbst wenn es eine Ehe ohne Trauschein ist, möchte ich es wissen.«

Sie zuckte mit den Schultern. »Ich war einmal verheiratet. Vor ungefähr vier Jahren. Dann verließ er mich, und ich weiß nicht, wo er ist. Und will es auch nicht wissen.«

»Er verließ Sie?«

»Verrückt, nicht? Sein Interesse an mir war nur von kurzer Dauer.«

»Wieso?«

»Ich nehme an, er hat sich mit mir gelangweilt.«

»Unmöglich!« rief Charley so laut, daß die Tische und Stühle auf der Terrasse zu vibrieren schienen. Andere Leute hörten auf zu essen und sahen sich um.

Irene fing an zu kichern, dann legte sie ihre Hand auf seine und blickte ihm in die Augen. »Ich hatte Glück, daß es so ausging.«

»Ich könnte ihn finden.«

»Lassen Sie ihn sein, wo er ist.«

»Sie könnten eines Tages wieder heiraten wollen.«

»Schon möglich. Aber bis dahin möchte ich nichts von ihm wissen.«

»So sollte eine Ehe nicht sein«, sagte Charley. »Ich weiß, daß es oft so ist, aber das ist nicht die richtige Art. Ich meine, meine Mutter und mein Vater führten eine gute Ehe. Es machte mich richtig glücklich, solange sie noch lebte. Ich werde wütend, wenn ich von der anderen Art höre, und nachdem es Ihnen passiert ist, reißt es für mich die ganze Straße auf. Das heißt, ich hasse den Kerl, weil er Sie hat sitzenlassen, aber ich bin froh, daß er es getan hat.«

»Ich verstehe, wie Sie über die Ehe denken. Meine Mutter und mein Vater hatten eine schreckliche Ehe, aber selbst damals konnte ich sehen, daß es anders hätte sein können. Wie dem auch sei, mir gefällt ihr Jackett, Charley.«

»Tatsächlich? Es ist vom Schneider meines Cousins Paulie. Der ist in der Filmbranche, also dachte ich mir, er müßte Bescheid wissen. Nicht, daß ich es oft trage. In New York, nun, da ziehen die Leute sich anders an. Ein Jackett wie dieses würde in New York auffallen. Dafür sind Kleider nicht da. Überhaupt ist alles schlecht, was auffallend und aufgedonnert wirkt. Das sagte mir mein Vater zweimal in der Woche, als ich ein junger Bursche war. Er sagte zu mir, es sei besser, sich durch das hervorzutun, was man ist und wie ernst man seine Aufgaben nimmt, als es durch Kleider oder Autos und Brillantringe zu versuchen. Das heißt, als Mann«, setzte er schnell hinzu.

»Er hat recht, Charley.«

»Wie kommt es, daß Sie keine Italienerin sind und ich Sie bei Theresa Prizzis Hochzeit kennengelernt habe?«

»Der Bischof, der die Trauung vornahm, ist auch kein Italiener.«

»Nein? Ach ja. Er ist ein Polacke.«

»Vielleicht denken Sie, ich sei nicht italienisch, weil mein Vater Pole war?« Sie strahlte ihn an.

Er war erstaunt. »Walker ist ein polnischer Name?«

»Es war eigentlich Walcewicz. Ich bin als Maida Walcewicz geboren, ließ den Namen aber später ändern.«

»Ich dachte mir, daß Sie vielleicht mit Maerose ins College gegangen sind.«

»So ähnlich. Wie lange werden Sie in Los Angeles sein?«

»Vielleicht bis Dienstag.«

»Müssen Sie zurück?«

»Ja, leider. Ich handle mit Olivenöl und Käse.« Er glaubte ein erheitertes Aufblitzen in ihren Augen zu sehen, als er das sagte, und er fragte sich flüchtig, wie gut sie die Familie kannte. »In welcher Branche sind Sie? Wenn Sie sich solch einen Wagen leisten können ...«

»Steuern.«

»Steuern?«

»Sie wissen schon – Einkommenssteuer, Erbschaftssteuer und so weiter. Ich bin Steuerberaterin.«

»Was tun Sie so, wenn Sie beraten?«

Sie gab ihm ihre erprobte Antwort. »Nun, gestern hatte ich einen Klienten, der an einer Bank beteiligt ist und Geld im Ausland hat.

Also sagte ich ihm, daß er für das Finanzamt Formular neun-null-zwei-zwei-null ausfüllen muß.«

»Tatsächlich?«

»Ich helfe den Leuten Geld sparen. Angenommen, eine Gesellschaft zahlt Lösegeld an einen Entführer, um einen Direktor freizubekommen, dann gilt die Summe als ein Verlust durch Diebstahl und ist steuerabzugsfähig. Es ist ziemlich technisch, aber in dieser Art.«

»Das finde ich einfach fantastisch, Irene. Wirklich.«

Die nächsten zwei Tage aß er zu Mittag und zu Abend mit ihr, Sonntag und Montag. Am Sonntagabend küßte er sie. Ich bin zweiundvierzig Jahre alt, sagte er sich, und diese Frau muß fünfunddreißig sein, und ein Kuß von ihr macht mich besoffen. Am Montag beim Mittagessen machte er ihr seine Liebeserklärung. »Ich muß es sagen, Irene. Ich kann nicht schlafen. Ich kann nicht essen. Ich liebe dich. Ich bin ein erwachsener Mann. Die Versicherungsgesellschaften werden mir nachweisen, daß ich in mittleren Jahren bin, aber nichts und niemand in meinem Leben hat mich so aus der Fassung gebracht wie du. Ich liebe dich. Das ist es. Das ist alles. Ich liebe dich.«

Sie berührte seine Lippen mit ihren Fingerspitzen, dann drückte sie die Finger an ihre Lippen. »Ich glaube, ich bin in dich verliebt.«

»Nicht verliebt«, entgegnete er heftig. »Verliebtheit vergeht, dann verliebt man sich von neuem. Jeder ist immer wieder verliebt. Ich kenne das. Ich erinnere mich an alles, was ich in den Illustrierten darüber gelesen habe. Verliebtheit, das sind nur Exohormone, das heißt – warte mal! – eine hormonale Sekretion von einem Organismus, die einen anderen Organismus durch den Geruchssinn beeinflußt und in einer bestimmten Art und Weise verändert. Ich habe das nie vergessen. Ich schrieb es mir auf und las es, bis ich es auswendig wußte. Oder es ist Rückkopplung, das heißt, eine wechselseitige Wirkung zwischen zwei Personen. Das ist Liebe. Aber wer braucht solche Erklärungen?«

»Liebe«, sagte sie. »Ich meine – ich liebe dich, glaube ich.«

»Das ist nicht bloß gut genug, das ist unglaublich.«

»Es hört sich so an, als hätte ich es mir gerade ausgedacht. Ich weiß einfach nicht, wie ich es sagen soll, weil ich es nie gesagt habe.«

»Nie?«

»Ich habe nie jemanden geliebt. Ich mußte mich immer selbst schützen, und man kann sich nicht mehr schützen, wenn man jemanden liebt. Ich liebe dich, Charley.«

»Ich habe die ganze Zeit daran gedacht, wie es sein würde, wenn du das zu mir sagst. Tag und Nacht. Nun, da ich weiß, wie du es siehst, muß ich dir sagen, daß jetzt alles anders ist. Du brauchst dich nicht mehr selbst zu schützen. Ich beschütze dich.«

»Wir werden einander beschützen.«

»Mußt du in Los Angeles leben?«

»Es wird mich einige Zeit kosten, aus allem herauszukommen. Mein Haus, mein Geschäft – ich bin ziemlich tief verwurzelt.«

»Dann werde ich hierherkommen und dich immer wieder besuchen, bis wir alles geregelt haben. Ich werde ein paar Tage in New York arbeiten, dann den Siebenuhrflug hierher nehmen und am Sonntagabend den Nachtflug zurück.«

»Das wäre himmlisch.«

»Kannst du dich manchmal freimachen und nach New York kommen?«

»Manchmal.«

»Hör zu, Irene, nachdem alles klar ist – würdest du mich heiraten?«

»Nachdem alles klar ist? Da gibt es noch einen Haufen zu tun.«

»Nur angenommen.«

»Ja, ich würde dich heiraten, Charley.«

Am Montag schliefen sie in seinem Hotelzimmer miteinander. So etwas hatte es noch nicht gegeben. Für niemanden. In der ganzen Geschichte nicht, dachte Charley.

Im Studio führte Paulie ihm die Filmaufnahmen mit Irene vor. Es war absolut sensationelles Zeug, und Paulie verzichtete ausnahmsweise auf Kommentare. Sie schnitten die knapp drei Minuten auf zwei Minuten neunundvierzig Sekunden zusammen. Eine Szene zeigte sie, wie sie beisammenstanden. Es ist wie aus einem Film mit John Gilbert und Greta Garbo und hätte es mit jeder Liebesszene aufnehmen können, die je gedreht worden ist, dachte Charley.

Er war ganz außer sich über die Art und Weise, wie Irene ihn anschaute. Wieso hatte er es nicht gemerkt, als es passierte? Nun, vielleicht hatte er es sogar gesehen, aber eben nicht alles. Dies waren kostbare Augenblicke, auf Film festgehalten, und Charley wartete darauf, daß Paulie ihn fragen würde, ob er alle Filmdirektoren auf dem Gelände hereinholen sollte, damit sie sehen könnten, wie es geschehen war. Dieser Kerl ist ein sensationeller Fotograf, dachte Charley. Wie er mich zur Geltung bringt, einfach riesig! Diese prächtigen Farben ... Die Fliege war die elf Dollar wert, die er dem Preistreiber dafür gegeben hatte. Der Ton brachte natürlich eine Menge Lärm von der Menge, aber Paulie meinte, sie könnten das herausfiltern. Unter den herausgeschnittenen Bildern war eine verwirrende Einstellung von Irene, aus der Charley nicht schlau wurde. Sie war ganz kurz, so daß man sie leicht übersehen konnte: Maerose brachte Irene zu seinem Vater. Dann war die Szene zu Ende.

Charley nahm die Kassette mit nach New York. Am Dienstagmorgen holte ihn ein Wagen des Studios vom Hotel ab. Sie fuhren durch Watts, als das Autotelefon läutete. Es war sein Vater in New York.

»He, Charley!« sagte Pop. »Was macht die Faulenzerei?«

»Ungeheuer, Pop. Deine Stimme hört sich an, als ob du im Nebenzimmer wärst.«

»Haben sie in den Hollywoodautos Zimmer?« fragte Pop, und dann legte er los und brüllte für die nächste halbe Meile hahaha ins Telefon. »Hör zu, Charley, wir haben hier ein kleines Problem, also komm gleich ins Büro, wenn du da bist.«

4.

Charley fuhr vom La Guardia-Flughafen zur S.-Gabbione-Hotelwäscherei, wo Vincent Prizzi seinen Teil der Familiengeschäfte steuerte. Pop erwartete ihn bereits.

»Bevor ich's vergesse«, sagte Charley, »ich habe einen Kniff, den ihr oder Ed vielleicht gebrauchen könnt.« Und er erzählte seinem Vater von dem Steuervorteil bei Lösegeldzahlungen, über den Irene ihn aufgeklärt hatte.

»Das ist nicht übel«, sagte Pop. »Wo hast du den Tip her?«

»Von einer Steuerexpertin. Also – was ist das Problem?«

»Marty Gilroy kürzt wieder seine Zahlungen.«

»Was?«

»Also brich ihm die Beine.«

»Nein, Pop. Das ist der Beweis. Marty muß ein Dummkopf sein. Wenn ich mit ihm rede, wird es das zweitemal sein, und das ist nicht richtig. Es kümmert ihn einen Scheißdreck. Wir brechen ihm bloß die Beine, und die anderen Banken werden glauben, er käme damit durch.«

»Willst du ihn im Müll verstecken?«

»Ich will ihm einen *bruciatore* in den Mund stecken und drinlassen, bis er einen Scheck über jeden Cent unterschreibt, den er hat. Anschließend nehme ich ihn mit hinaus, bis die Schecks eingelöst sind, dann brech' ich ihm die Gräten und laß ihn per Anhalter nach Haus fahren.«

»Was ist daran anders?«

»Weil wir seinen unterschriebenen Scheck jedem Geldverleiher und Kassierer in Brooklyn und Queens zeigen werden, damit sie wissen, daß Marty nicht bloß mit gebrochenen Beinen davonkommt.«

»Das ist sehr gut. Es wird Marty bei der Stange halten. Ich mag ihn, er ist ein echter Treffer.«

»Pop?«

»Was?«

»Wer war das Mädchen, mit dem du bei der Hochzeit gesprochen hast?«

»Welches Mädchen? Fünfzig Prozent waren Mädchen.«

»Eine echte Schönheit in einem grüngelben Kleid.«

»Eine echte Schönheit?«

»Ja – klar.«

»He! Na, ich bin ein alter Kerl. Ich erinnere mich an solche Sachen nicht so gut wie du.«

»Vielleicht – wenn ich dir Bilder zeigen würde?«

»Warum nicht? Aber wieso ist das so wichtig?«

»Sie ist eine ganz besondere Frau, und ich muß alles über sie wissen, was ich in Erfahrung bringen kann. Paulie hat Filmaufnahmen von dir und ihr.«

»Von wo?«

»Von Theresas Hochzeit. Von danach – im Hotel.«

»Ja? Die würde ich gern sehen.«

»Kannst du heute abend zu mir kommen? Ich werde dir ein Essen kochen. Es ist auf Video, der Film, meine ich. Man braucht eine Maschine.«

»Heute abend bin ich verabredet.«

»Na, dann eben, so bald du kannst.«

»Sicher, Charley.«

»Ich werde mit Marty Gilroy sprechen.«

Charley ging zum Telefon und rief Al Melvini an, der ›Klempner‹ genannt wurde, weil er immer damit drohte, Leute durch Toiletten zu spülen, wenn er auf einem Job war. Charley sagte ihm, daß er in einer halben Stunde an ›Der Ecke‹ sein und Werkzeug mitbringen sollte.

Es war noch zu früh, um Irene in Kalifornien anzurufen. Er verließ die Wäscherei durch den Hinterausgang, stieg in seinen anonymen schwarzen Chevy-Lieferwagen und fuhr die vier Blocks zu ›Der Ecke‹. Dort ging er in den Schnellimbiß, um zu sehen, wer da war. Phil Vittimizzare stand am Flipper und aß ein Smörrebröd, und zwei Dealer saßen an einem Tisch und zählten Heroinportionen.

»He, Charley!« schrie Mrs. Latucci hinter der Theke. »Komm her, trink eine Tasse Kaffee, und gib mir ein gutes Pferd für heute.«

Charley winkte ihr zu und blieb angelegentlich neben Phil stehen. »Ich warte draußen im Wagen«, sagte er. »Laß dir Zeit. Wir müssen warten, bis der Klempner kommt.«

Er schickte sich an, wieder hinauszugehen.

»He, Charley!« schrie Mrs. Latucci. »Vorher mußt du mir ein Pferd geben.«

»Lady Carrot auf Platz drei in Pimlico«, sagte Charley, schon im Gehen. Die beiden Dealer und Mrs. Latucci notierten die Information.

Charley stieg in den Lieferwagen und las eine Zeitung. Die machten immer noch ein Aufhebens um die Netturbino-Geschichte. Für Charley war der Artikel ein Teil der Geschäftsnachrichten. Netturbino hatte die lebenslange Gewohnheit gehabt, sich jeden Nachmittag um drei eine neue Schnalle in seine Hotelsuite schicken zu lassen, außer an Sonntagen, die er mit drei Onkeln verbrachte, die in New Jersey vom Bocciaspielen lebten. Die Polizei sagte, der oder die Täter müßten von Netturbino willkommen geheißen worden sein, weil er allein gewesen war und nur einen Bademantel und eine Schlafanzugjacke getragen hatte. Charley grinste. So muß man es machen, dachte er.

Phil und Al stiegen ein. Charley fuhr los.

»Manischewitz! Was für ein schöner Tag!«, sagte Al Melvini. »Wenn der Wind aus der richtigen Ecke kommt und die Sonne scheint, geht nichts über Brooklyn. Wohin fahren wir?«

»Marty Gilroy«, sagte Charley.

Marty Gilroy war ein riesiger Neger mit einem buschigen Schnurrbart, der in seinen Backenbart überging. Er erfreute sich des sonnigsten Gemüts von ganz New York. »Ein regelrechter Ronnie Reagan«, sagte Pop mit Vorliebe, weil er eine liebenswürdige Natur bewunderte. Marty war Kassierer und Bankhalter für die Prizzis, also machte es keine Schwierigkeiten, zu seinem inneren Büro in der Garage vorzudringen, wo er arbeitete. Aber Charley wußte, daß sie es sogar zu dritt schwer mit ihm haben würden, deshalb blieb er in Bewegung, lächelte eine Begrüßung und knallte Gilroy eine Faustvoll Kleingeld in den Backenbart, als Gilroy halb aufgestanden war, um ihn zu begrüßen. Als Marty zu Boden ging, war es wie ein Komet, der auf einen Planeten prallt. Alles zitterte und bebte. Phil und Al holten ihn wieder in seinen Drehsessel und banden ihn mit doppelten Knoten daran fest.

»Laßt niemanden rein«, sagte Charley. Phil ging. Charley und Al warteten, bis Gilroy zu sich kam. Es dauerte nicht lange.

»Wo ist dein Scheckbuch, Marty?« fragte Charley.

»Oberste Schublade«, stöhnte der schwarze Mann. »Hör zu, Charley ...«

Charley stieß den Drehsessel zurück, um an die Schublade heranzukommen. Er nahm ein Scheckbuch und eine .38er Pistole heraus. »Auf dich registriert?« fragte er. Marty schüttelte den Kopf. Charley steckte die Waffe in die Seitentasche und nahm sich Martys ledergebundenes Notizbuch vor. Als er gefunden hatte, was er suchte, verkündete er: »Du hast 208 439,21 Dollar auf Konto A, Marty. Stell mir einen Barscheck über diese Summe aus.«

»Hör zu, Charley – dies ist ein Irrtum. Willst du vielleicht sagen, ich hätte die Prizzis verschaukelt? In keiner Weise, Mann. Wozu sollte ich das tun, Mann, ich bin mit den Prizzis gut im Geschäft!«

»Du hast die Zahlungen wieder gekürzt. Du weißt es, und wir wissen es, und du weißt, daß wir es wissen. Also schreib den Scheck aus. Binde ihm den Arm los, Klempner. Bist du Rechtshänder?«

»Links«, ächzte Gilroy.

Charley trat hinter ihn und stieß ihm die Pistolenmündung in den Nacken. Melvini band ihm den linken Arm los. »Mach keinen Scheiß«, sagte er zu Gilroy, »oder ich steck' dich ins Klosett und spül' dich glatt runter.«

Marty stellte den Scheck aus, während Al ihm das Scheckbuch hielt.

Charley warf wieder einen Blick in das kleine ledergebundene Buch. »Auf dem B-Konto hast du 86 392,17. Schreib den Scheck, Marty.«

»Charley, das ist das Geld meiner Kinder. Das ist der Notgroschen.«

»Willst du Putz haben, Marty? Schreib ihn schon aus!«

Während Al den Schwarzen wieder an den Stuhl band, riß Charley die unterzeichneten Barschecks aus dem Buch. »He, Phil«, schrie er. Vittimizzare steckte den Kopf zur Tür herein. »Bring das da zu Angelo Partanna«, sagte er. »Okay, schaffen wir ihn raus.«

Sie mußten zu dritt anfassen, um Gilroy mit seinem Stuhl durch die Hecktür in den Lieferwagen zu bringen. Vier von Gilroys Verteilern sahen ihnen zu. Sie standen still da und fragten sich, warum sie Zeugen sein mußten. »Wenn ihr die Schnauzen haltet, passiert euch nichts«, sagte Melvini. »Wenn ihr anfangt zu quatschen, werdet ihr ohne Wasser ins Klosett runtergestopft.«

Phil ging mit den Schecks zurück zur Wäscherei. Charley und Al steuerten ungefähr eineinhalb Stunden lang auf Long Island nach Osten. Hinter Brentwood fuhren sie den Lieferwagen auf einer Nebenstraße durch die Felder zu einem Holzhaus. Gilroy blieb unter seiner Decke auf dem Drehsessel im Laderaum des Lieferwagens, den sie in die Garage stellten, während sie selbst der Kühle wegen ins Haus gingen, Karten spielten und auf Pops Anruf warteten. Er rief zwei Stunden später an. »Alles ausbezahlt«, sagte er und legte auf.

Charley sagte: »Okay – jetzt bringen wir Marty an die Südküste zum Erholungspark. Es wird dunkel sein, bis wir hinkommen. Bringt mir eine Brechstange aus dem Schuppen. Marty wird nicht zu Fuß nach Haus gehen.«

Als Charley am Abend zum Strand zurückkam, setzte er sich auf die Terrasse und rief Paulie in Kalifornien an. »He, Paulie«, sagte er, »ich habe meinem Vater erzählt, daß er auf deinem Film ist, und das interessiert ihn. Er will die Bilder sehen. Hast du noch eine Kassette?«

»Charley?«

»Ja.«

»Charley, werd nicht sauer.«

»Warum sollte ich sauer werden?«

»Dein Vater rief mich heute früh zu Haus an und sagte mir, ich sollte den Filmstreifen mit ihm und dem Mädchen verbrennen.«

»Was?«

»Das hat er mir gesagt, Charley. Also mußte ich es tun. Ich meine – was sonst?«

»Du hast es richtig gemacht, Paulie«, sagte Charley und legte auf.

Charley war seit seinem siebzehnten Lebensjahr ein Mitglied der ehrenwerten Gesellschaft. Als Dreizehnjähriger hatte er mit Little Phil Terrone seinen ersten Job erledigt, und danach hatte sein Vater Corrado Prizzi wegen seiner frühzeitigen Einweihung bedrängt. Don Corrado hatte alle Neuaufnahmen für fünf Jahre suspendiert. Charley war zwölf gewesen, als die letzten Mitglieder aufgenommen worden waren, und sein Vater sprach zu Hause so viel darüber, daß die feierliche Aufnahme in die *fratellanza* für den Jungen allmählich zu einem Ereignis von mystischer Bedeutung wurde.

Beim Tode seiner Mutter war Charley zwölf. Hätte sie noch gelebt, wäre Angelo Partanna niemals mit der Idee durchgedrungen, dem dreizehnjährigen Charley den Auftrag in der Gun Hill Road zu geben. Mit dieser Tat aber erwarb Charley sich das besondere Vertrauen seines Vaters und auch Corrado Prizzis, obwohl der Don es besser zu verbergen wußte.

Charley lebte und aß mit seinem Vater, sprach wie sein Vater, dachte wie sein Vater. Angelo Partanna kannte nur die nähere Umgebung, aber er schien alles zu wissen, was zwischen beiden Küsten geschah, wer die besten Geschäfte für sie einfädelte, wie die täglichen Abrechnungen der Buchmacher aussahen, welche Gewerkschaft im Begriff war, welcher Familie in die Arme zu fallen, wer wen und warum getötet hatte. Das war Angelos Job bei den Prizzis – als *consigliere* wurde von ihm erwartet, daß er über all diese Dinge im Bilde war. Aber er kannte auch Techniken und brachte Charley bei, wie man jemanden im Handumdrehen erdrosseln konnte, die richtige und die falsche Art, ein Messer zu werfen, und alle Methoden der Bestechung, die den Schlauesten unter den Freunden der Freunde seit siebenhundert Jahren bekannt waren.

Mit vierzehn war Charley ein großer, kräftiger Junge, mit siebzehn noch größer. Er hatte die Schule verlassen und für die Familie gearbeitet, wo er das Heroingeschäft von der Pike auf lernte, vom Import über die Analyse und Aufteilung bis zum Vertrieb und der Preisfestsetzung. Er lernte die Finanzierung von Unterverteilern und Dealern sowie die Feinheiten der Marktforschung, mit deren Hilfe der Gebrauch des Produkts überall im Land ausgeweitet werden konnte. Obwohl man später Vincent Prizzi das Verdienst zurechnete, die unstabile und emotional noch gefährlichere Droge Kokain eingeführt zu haben, war dies auf Charleys aktive Marktforschung zurückzuführen, die er mit Paulies Hilfe innerhalb der Unterhaltungsbranche betrieb. Damit überzeugte er die Familie in den frühen sechziger Jahren, daß die Zeit des Kokains als des Narkotikums gekommen war, das ihr den Griff in die wohlgefüllten Taschen der amerikanischen Mittelklasse ermöglichen konnte.

Charley war dreißig, als er die Prizzis mit beiden Beinen ins Kokaingeschäft stellte und damit Don Corrado Anlaß gab, noch fester an Charleys glücklichen Stern zu glauben. Sein geschäftlicher Weitblick trug Charley schon mit zweiunddreißig Jahren die Ernennung zu Vincents Stellvertreter auf der arbeitenden Seite der Familie ein.

Am Abend seiner Einweihung und Aufnahme in die Gemeinschaft respektabler Männer hatten die Prizzis vierzig ›gemachte Leute‹ im Sortierraum der S.-Gabbione-Hotelwäscherei versammelt, die sich im Keller befand. Charley hatte in einem Vorraum gewartet, umgeben von den kräftigen, reinigenden Gerüchen von Seife und Waschlauge und seinen Mitkandidaten – Dimples Tancredi, neunundzwanzig; seinem besten Freund Gusto, dreiundzwanzig; Momo ›Die Kobra‹ Ginafonda, vierunddreißig; und zwei anderen, die im Laufe des folgenden Jahres an der asiatischen Grippe sterben sollten.

Charley hatte es für selbstverständlich gehalten, daß sein Vater den Paten für ihn machen würde, und so war er ebenso wie alle anderen, einschließlich der Mitglieder, verblüfft, als Don Corrado selbst aus dem Versammlungsraum kam und Charley in die Gegenwart der Bruderschaft geleitete, wo er eingeschworen wurde.

Don Corrado war ein robuster Endfünfziger, als Charley siebzehn war. Außerdem war er im Begriff, innerhalb der *fratellanza* zu einer legendären Gestalt zu werden, und gehörte bereits zu den neun reichsten Männern in den Vereinigten Staaten. Feierlich trieb er einen Dolch in die hölzerne Tischplatte und sagte, das Heft umfassend: »Das erste neue Mitglied, das seit fünf Jahren innerhalb der Prizzi-Familie in die ehrenwerte Gesellschaft aufgenommen werden soll, ist der Sohn meines ältesten Freundes, Angelo Partanna, meines *consigliere*. Dieser Sohn, der nun neben mir steht, ist siebzehn Jahre alt, im selben Alter, das sein Vater hatte, als er in die Mitgliedschaft eingeschworen wurde, bevor er Agrigent verließ, und im selben Alter wie ich, als ich den Heiligen Eid leistete.«

Er legte einen Revolver neben den im Tisch steckenden Dolch. »Charley«, sagte er in seiner durchdringenden Stimme, »du trittst ein in die ehrenwerte Gesellschaft der Bruderschaft, der Männer von größtem Mut und unerschütterlicher Treue angehören. Du trittst als Lebender in unsere Gemeinschaft ein und verläßt sie als Toter. Du wirst durch die Kugel und das Messer leben und sterben. Nimm meine Hand über dem Messer.«

Charley streckte den Arm über den Tisch. Er überragte den kleinen Don Corrado, der mit sichtlicher innerer Erregung zu ihm sagte: »Kommt die *fratellanza* vor allem anderen in deinem Leben?«

»Ja«, sagte Charley.

»Vor der Familie, vor dem Land, vor Gott?«

»Ich schwöre es«, sagte Charley.

»Es gibt drei Gesetze der Bruderschaft, die ein Teil von dir werden müssen. Das erste – du mußt deinen Vorgesetzten bedingungslos gehorchen, bis zum Tode, wenn nötig, denn es wird zum besten der Bruderschaft sein. Schwörst du es?«

»Ich schwöre es«, sagte Charley mit leuchtendem Blick.

»Du darfst niemals irgendein Geheimnis unserer gemeinsamen Sache verraten und keinen anderen Trost suchen, sei es von der Kirche oder von einer Regierung, als die Stärke, den Schutz und die Fürsorge dieser *fratellanza*. Schwörst du es?«

»Ich schwöre es!« sagte Charley mit erhobener Stimme.

»Schließlich darfst du niemals der Frau oder den Kindern eines anderen Mitglieds Schaden zufügen.«

»Ich schwöre es«, sagte Charley demütig.

»Die Verletzung dieser Eide wird deinen sofortigen Tod ohne Anhörung oder Warnung zur Folge haben.«

Angelo Partanna forderte ihn auf, den rechten Zeigefinger zu erheben. Er stach mit einer Nadel hinein, und ein Blutstropfen kam hervor. »Dieser Blutstropfen symbolisiert, daß du in unsere Familie hineingeboren wurdest. Wir sind eins bis zum Tode«, sagte Don Corrado und erhob sich auf die Zehenspitzen, um Charley zu umarmen.

»Wie wir dich schützen, so mußt du die Ehre der Prizzis schützen. Schwörst du es?«

»Ich schwöre es vor Gott«, sagte Charley.

Er küßte den Don, dann seinen Vater. Die Mitglieder applaudierten. Der große Raum erstrahlte in ihrer Bewunderung.

5.

Die unverständliche Anweisung, die sein Vater Paulie gegeben hatte, machte Charley so nervös, daß er zur Beruhigung den Küchenboden schrubben mußte. Er füllte einen Eimer mit Seifenwasser und fügte nach eigenem Rezept Alkohol und Salmiakgeist hinzu. Den letzteren hatte er vom Prizzi-Chemiker, der die Tests vornahm und den *cinnari* schnitt, und sein Salmiakgeist war stärker als die übliche Haushaltsware, weshalb Charley ihn bevorzugte. Er legte Wert auf makellose Sauberkeit. Er war immer ein Saubermann gewesen. Seine Mutter hatte den saubersten Haushalt in Brooklyn geführt, und niemand brauchte ihm zu erklären, warum der Wahlspruch rein, reiner, am reinsten lautete – denn das war selbstverständlich. Er krempelte die Hose auf, ließ sich mit Putzkübel und Bürste auf alle viere nieder und rächte sich am Küchenboden.

Damit fertig, putzte er alle Fenster auf der Seeseite der Wohnung, während der Küchenboden trocknete. Als er wieder hineingehen konnte, um das Abendessen vorzubereiten, nahm er die selbstgemachte *cuddiruni*-Pizza mit den Sardinen, dem Käse, den Tomaten, dem Knoblauch, dem Oregano und einer gefüllten Artischocke aus dem Tiefkühlfach, um sie ein wenig aufwärmen zu lassen, bevor er sie in den Mikrowellenherd schob. Die anstrengende Hausarbeit hatte bewirkt, daß er nicht mehr über seines Vaters Anweisung an Paulie grübelte. Er war hungrig.

Er nahm die *fungi 'Ncartati* aus dem Kühlschrank und betrachtete sie liebevoll: die besten Pilzkappen auf dem Markt, die er selbst mit Semmelbröseln, kleingehackten Anchovis, *pecorino,* Knoblauch, Zitrone und Öl – und ein wenig *prezzemolo* gegrillt hatte. Selbst Pop, ein wahrhafter Feinschmecker, aß vorzugsweise bei Charley, weil das Essen bei ihm wie aus Mutters Küche kam.

Er schob die Pizza in den Mikrowellenherd, entkorkte eine halbgeleerte Rotweinflasche, deckte den Küchentisch für eine Person, lehnte die *Daily News* gegen die Weinflasche und genoß wieder einmal ein großartiges Abendessen. Wie können Restaurants sich halten, wunderte er sich, wenn doch jeder, der lesen kann, auch zu kochen versteht?

Er aß langsam und kaute bedächtig. Seine Mutter hatte ihn kritisch dazu erzogen, daß er jeden Bissen sorgfältig kaute, und er wußte insgeheim, daß er die besten Gedärme in der Prizzi-Familie hatte. Er fragte sich, ob Irene ihr Essen sorgfältig kaute, versuchte sich zu erinnern, wie sie in dem feinen Restaurant gegessen hatte, brachte es aber nicht fertig. Sie hatte eine fantastische Haut und einen gesunden, kräftigen Brustkorb. Ihre Zähne gehörten nach den Augen zu ihren Hauptvorzügen. Sie waren quadratisch und weiß, das Zahnfleisch von einem gesunden Rosa, so daß, bis er es tatsächlich überprüfen könnte, kein Grund zur Sorge bestand. Es war offensichtlich, daß sie diese Zähne ihr Leben lang entsprechend gebraucht und gepflegt hatte, also mußte sie großartige Eingeweide haben.

Aber nach dem Essen, während er aufräumte und Geschirr spülte, beschäftigten seine Gedanken sich wieder mit der Frage, warum Pop Paulie angerufen hatte. Er hatte das Bild von Pop und Irene sehr klar vor Augen. Sie hörte Pop zu, konzentriert auf etwas, was er ihr sagte, und Pop schien keine Hochzeitsparty-Konversation zu treiben. Sie standen abseits und allein in einem Alkoven, und wenn Charley den Kameramann nicht mit dem Schein und Paulies Karte herumgekriegt hätte, wäre dieses Gespräch völlig unbemerkt geblieben. Wie konnte Pop ihm sagen, er erinnerte sich nicht daran, mit Irene gesprochen zu haben, wenn es ein so eindringliches Gespräch gewesen war? Und überhaupt, wie konnte jemand sagen, er könne sich nicht an Irene erinnern?

Als er das Tafelsilber weggeräumt hatte, ging Charley wieder auf die Terrasse, setzte sich, nahm das Telefon auf den Schoß, starrte zur Bucht hinab und versuchte sich darüber klarzuwerden, wie er die Sache mit Irene anfassen sollte. Schließlich war er in einer anderen Branche. Man konnte erwarten, daß Frauen seinen Beruf ablehnten, wenn sie nicht wie Maerose selbst hineingeboren worden waren. Wäre Irene ihr Leben lang mit der Familie verbunden gewesen, so würde sie verstehen, daß es bloß ein Geschäftszweig unter vielen war, die den Leuten verschafften, was sie wollten – aber in diesem Fall Dinge, die ihnen von den Gesetzen verrwehrt wurden. Und warum? Weil Gesetze dieser Art den Politikern die Wiederwahl garantierten.

Die Leute hatten immer schon gespielt. Zu allen Zeiten hatten sie sich auf Dinge und Sensationen gestürzt, die man ihnen vorenthalten wollte. Manche Leute hatten ihre Gründe dafür, daß sie keine Kredite bei Banken nehmen wollten. Alles das brachte eine Menge Geld, und es gab viele Strolche, die sich einbildeten, sie könnten etwas von diesem Geld stehlen, also brauchte das System Männer wie ihn, um diese Leute im Zaum zu halten, wenn sie versuchten, sich etwas anzueignen. Er war wie der Chef der Sicherheitspolizei für das große Geschäft, das den Leuten einbrachte, was sie wollten, und das war alles. Wäre Irene damit aufgewachsen, so würde sie es verstehen und akzeptieren, wie Maerose es akzeptierte.

Aber sie war nicht damit aufgewachsen, also erhob sich die Frage, was er tun sollte. Sich nach einer anderen Arbeit umsehen? Niemand in der Familie würde auch nur das geringste Verständnis dafür haben. Sie würden durch ihn hindurchschauen, als ob er nicht mehr da wäre, und niemand würde ihm je wieder vertrauen können.

Außerdem, in welchem Geschäftszweig könnte er arbeiten? Wo er war, hatte er eine Zukunft. Vincent Prizzi war vielleicht fünfundsechzig, sein eigener Vater vierundsiebzig. Charley kam als nächster an die Reihe, weil er die Organisation kannte und alle ihn fürchteten und respektierten. Die anderen Prizzis auf Vincents Seite des Geschäfts waren entweder Nieten oder Minderjährige. Die meisten Prizzis standen auf der legitimen Seite des Geschäfts, oder sie hatten die Familie verlassen, um Ärzte, Ingenieure oder Sportreporter zu werden. Don Corrado konnte nicht ewig weitermachen, mit vierundachtzig, aber selbst wenn er es täte, würde er ihn, Charley Partanna, nach Vincents Ausscheiden an die Spitze des ganzen Unternehmens stellen. Sollte er seinem Leben den Rücken kehren, nur weil er sich keine andere Möglichkeit ausdenken konnte, eine Frau zu heiraten?

Er saß still und schwitzte in der kühlen Sommernacht, weil er nicht wußte, was er tun sollte. Sie war eine verheiratete Frau ohne Ehemann. Kümmere dich nicht um ihn, sagte sie.

Er dachte darüber nach. Sie würden wenigstens ein paar Jahre zusammen brauchen, bis sie so weit erzogen wäre, um zu verstehen, warum er bleiben mußte, wo er war. Früher oder später würde sie herausfinden, was er machte. Sie würde zwei und zwei zusammenzählen. Die Frauen würden sie aufklären. Sie war Amerikanerin und wußte, daß das Land Organisationen wie die Prizzi-Gemeinschaft brauchte, um ein bißchen angenehme Abwechslung zu haben – warum sonst würden sie soviel Aufwand im Fernsehen treiben, in den Büchern und Filmen, in denen sie die Leute aus der Branche immer als ungemein glanzvoll und wohlhabend hinstellten.

Maerose würde Irene schon zurechtbiegen. Schließlich brauchte Irene nicht genau zu wissen, was er tat. Sie würde wissen, daß er in der Branche war und in der Familie Prizzi einen Namen hatte. Es gab ohnehin nur sehr wenige Leute, die beweisen konnten, was er tat. Wenn er sich mit dieser ganzen Geschichte Zeit ließ und Irene allmählich in das Milieu einführte, könnte sie sich einleben, ohne einen Schock zu erleiden. Nach und nach würde sie alle die Prizzis, Sesteros und Garrones kennenlernen und sehen, was für großartige Leute sie waren – herzlich, realistisch, aufrecht.

Aber angenommen, der Ehemann tauchte auf, bevor Irene bereit wäre, sich in das Milieu einzufügen? Das könnte unangenehm werden. Genauso schlecht wäre es, wenn der Ehemann nicht auf der Bildfläche erschiene. Er konnte der Familie keine Frau vorstellen, solange nicht feststand, daß er sie heiraten würde. Don Corrado war ein religiöser Mann. Sie könnten unmöglich heiraten, wenn der Mann verschwunden blieb. Eine Scheidung taugte nicht, weil die Prizzis, Sesteros und Garrones nichts von Scheidung hielten. Sie waren altmodisch.

Irene mußte zur Witwe gemacht werden. Das war es. Sie hatte selbst gesagt, daß sie für den Kerl keinen Bedarf hätte. Seit vier Jahren hatte sie ihn nicht gesehen. Wenn sie Witwe wurde, konnte es ihr nichts anhaben. Er brauchte nur den Namen des Mannes und ein paar grundlegende Informationen, damit seine Leute ihn finden könnten. Aber er mußte vorsichtig sein. Irene war klug. Vielleicht konnte Maerose es aus ihr herausbringen und dann weitergeben. Es wäre ihm ein leichtes, den Mann abservieren zu lassen, wo immer er auch steckte. Niemand würde ihn mit der Sache in Verbindung bringen. Dann könnte er Irene in Santa Grazia heiraten, wie es der Familientradition entsprach, und alle würden sich eine Ehre daraus machen, ihnen Glückwünsche zu schicken.

Er war so erfreut, daß er Irene anrief.

»Charley hier.«

»Aaah.«

»Ich bin ein Wrack.«

»Kannst du dieses Wochenende kommen?«

»Gott, nein, ich glaube nicht.«

»Sag es mir.«

»Ich liebe dich.«

»Wirklich?«

»Wirklich.« Es war ihm so ernst, daß er hilflos war. »Vielleicht ist es nicht wissenschaftlich, aber es ist echt.«

»Wissenschaftlich?«

»In einer Illustrierten habe ich etwas von einem Doktor gelesen, der gesagt hat, wenn zwei Leute versuchen, ein stabiles Paar zu werden, würden sie nach dem streben, was sie von ihren Müttern bekommen wollten.«

»Charley!« rief Irene.

Er fragte sich, ob er irgendeinen schrecklichen Fehler gemacht hatte.

»Ich kann mich an meine Mutter nicht einmal erinnern«, fügte sie hinzu.

»Aber das ist der wissenschaftliche Teil. Dein Kopf weiß noch, was du von deiner Mutter haben wolltest, ob du dich an sie erinnern kannst oder nicht. Das ist dein Bedürfnis, tief im Innersten, eine emotionale Sache. Und wenn du denkst, du siehst in anderen, daß sie dir geben können, was du von deiner Mutter wolltest – das ist dann Liebe. In diesem Artikel kam das ganz klar zum Ausdruck. Ein Doktor hat ihn geschrieben.«

»Aber Charley, ich kann mir nicht denken, daß ich mir bewußt oder unbewußt eine Mutter wünschte, die einssechsundachtzig groß ist – mit einer Stimme wie ein Taxi und einem Appetit auf Pasta, dem nicht einmal die gesamte Pfadfinderschaft Italiens gewachsen wäre.«

»Nein, nicht das. Nicht, was du mit den Augen sehen kannst. Es kommt nur drauf an, was du fühlst ... Du sehnst dich nach jemandem, der dich immer beschützen und für dich sorgen wird, der gut zu dir sein und dich nicht anschreien wird, der niemanden außer dir mag. Es ist möglich, in der Theorie.«

»Ob ich es zu wissen glaube oder zu wissen weiß, ich muß wissen, wann ich dich wiedersehen werde.«

»Dieses Wochenende. Unbedingt. Ich muß das auch wissen. Wir müssen dieses Wochenende zusammen sein.«

Um elf legte er sich ins Bett. Bevor er einschlief, dachte er darüber nach, wie er Ed Prizzi einen Vorrat an Blankoflugkarten abluchsen könnte, um sich und Irene für die häufigen Hin- und Rückflüge zu versorgen.

Um Viertel vor zwölf weckte ihn das Telefon. Es war Pop.

»Charley?«

»Ja, Pop.«

»Vincent möchte dich sprechen.«

»Heute nacht?«

»Morgen. Zwei Uhr.«

»Okay.«

»Nicht in der Wäscherei. Bei Ben.«

In Ben Sesteros Haus wohnte Corrado Prizzi.

»Was zum Henker ist los, Pop?«

»Was es auch ist«, sagte Pop, »es ist heute abend explodiert.«

6.

Corrado Prizzi wohnte bei seiner Lieblingstochter Amalia Sestero, die sich um ihn ebenso kümmerte wie um all ihre Kinder, ihre Küche, ihre Kirche und ihr Familienleben. Das Haus lag in Brooklyn Heights, wie es sich für einen Geschäftsmann mit Einkünften, die seiner Verantwortung entsprachen, ziemte. Man hatte einen prächtigen Blick über den südlichen Teil Manhattans, das für Don Corrado ebensogut hätte Ausland sein können.

Weder der Don noch sein Sohn Vincent besaßen etwas. Häuser, Wagen, Mobiliar, Schmuck und Anlagen befanden sich sämtlich im Eigentum verschiedener Gesellschaften. Als traditionsbewußte Männer von Ehre und Respekt fanden sie, daß es wichtiger wäre, die Regeln der Bescheidenheit und Sparsamkeit zu beachten – und den Steuerbehörden vielleicht keinen Grund zu der Annahme zu geben, daß sie sich einen Luxus leisten könnten, der mehr als ihre mageren Einkommen benötigt hätte.

Amalia öffnete heiter die Tür, als ob der bewaffnete Türhüter nicht da wäre, und küßte Charley auf beide Wangen. »Ich habe *gelu i muluni* für dich, Charley«, sagte sie leise auf sizilianisch. »Wenn Papa zu Bett gegangen ist.« Sie führte ihn zu zwei eichenen Schiebetüren und klopfte leise. Eine gedämpfte Stimme von der anderen Seite forderte sie zum Eintreten auf. Sie schob die Türen auseinander. Charley trat ein, und sie zog die Schiebetür hinter ihm zu. Der Raum war mit dunklem Holz getäfelt. Die Möbel waren schwer und düster, weil es ein Raum für ernsthafte Beschäftigungen war – Essen und Beraten. Die Vorhänge waren zugezogen. Die gewachsten Früchte in dem Korb in der Mitte des Tisches glänzten matt im Licht einer Deckenlampe, die einen roten Seidenschirm mit pfirsichfarbenen Fransen hatte und die Gesichter, deren Eigentümer, soweit es ihre geschäftlichen Zusammenkünfte betraf, Schatten oder Dunkelheit vorzogen, nur halb erhellte.

Vincent Prizzi und Pop saßen am leeren Eßtisch. Sie waren zwei betagte italoamerikanische Geschäftsleute in schwarzen Anzügen, schwarzen Krawatten, weißen Hemden und blankgeputzten Schuhen. Ihre ständig zur Schau getragenen Mienen – freundlich, ehrerbietig und höflich – hatten sich zu einer Grimmigkeit verfestigt, die den Respekt verständlich machte, der ihnen überall in ihren Gemeinschaften gezollt wurde. Zu diesen gehörten Brooklyn, Queens, Long Island, Miami, Las Vegas, Atlantic City, Phoenix und Los Angeles, der Columbia-Distrikt, London, Sizilien, die Türkei, der Iran, Laos, Kolumbien, Mexiko und Südfrankreich, obwohl keiner von ihnen jemals über Brooklyn oder Las Vegas hinausgekommen war.

Vincent Prizzi war gebaut wie ein Traktor. Alles an ihm war massig und schwerfällig: seine Redeweise, sein Doppelkinn und seine Justiz. Er war ein Mann, der ernste Dinge ernst nahm. Wenn er etwas trank, spülte er es stets sorgfältig im Mund und durch die Zähne, bevor er es hinunterschluckte. Er war einmal ausführendes Organ seines Vaters gewesen, als dieser in allen Operationen aktiv gewesen war, genauso wie Charley Partanna jetzt Vincents ausführendes Organ war. Doch er sah ihn so wenig wie möglich, wegen der Demütigung, die seine Tochter vor bald zehn Jahren Charley und ihm selbst angetan hatte. Er wußte, daß es falsch war, aber er konnte auch Charley nicht vergeben, und zwar aus drei Gründen: erstens, weil er zu dieser Befleckung der Familienehre den Anlaß gegeben hatte – zweitens, weil er nicht irgendeine andere Frau geheiratet hatte, so daß die ganze Geschichte längst begraben und vergessen gewesen wäre – und drittens, weil er nicht mit seiner Tochter sprechen und ihr keine Eheschließung erlauben durfte, solange der Mann, dem sie Unrecht getan hatte, unverheiratet blieb.

Vincents Verhalten Charley gegenüber war völlig korrekt, aber förmlich und etwas angespannt, weil jeder, der ihre Beziehung kannte, recht gut wußte, daß Vincent unfähig war, tatsächlich das Ausmaß von Fürsorglichkeit für Charley zu empfinden, das auszustrahlen er bemüht war – wobei er nicht selten übers Ziel hinausschoß und den Eindruck zu erwecken suchte, daß er von ganzem Herzen und aus tiefster Seele wünschte, er könnte an Charley wiedergutmachen, was seine Tochter ihm zugefügt hatte. Da ihm gleichzeitig nur zu bewußt war, daß dies eine schwache Position für einen Vorgesetzten war, ärgerte er sich über Charley als die Ursache seiner Schwierigkeiten. Und das gehörte zum dritten Grund. Infolgedessen arbeitete er nicht durch Charley, seinen Stellvertreter, sondern durch Angelo Partanna, was die Macht der beiden Partannas in der ganzen Familie nur mehren konnte. Aber wenn er Charley brauchte oder wenn sein Vater sagte, daß sie Charley brauchten, ließ er ihn kommen und erlitt seine Anwesenheit.

Vincents durchbohrender Blick war beängstigend wie ein Laserstrahl, wie ein Donnerkeil, jenes prähistorische Werkzeug, von dem man einst geglaubt hatte, es wäre vom Himmel gefallen. Tatsächlich aber rührte Vincents furchteinflößender Blick von seiner Kurzsichtigkeit und seiner Eitelkeit her, die ihm verbot, eine Brille zu tragen. Er bewegte sich mühsam, manchmal mit einem leichten, manchmal mit einem ausgeprägteren Hinken. Es gab Zeiten, da er überhaupt nicht gehen konnte. Jede Woche überwies er den Kleinen Schwestern von den Sieben Schmerzen Mariens hundert Dollar, damit sie für ihn beteten und San Gerardo, den Schutzheiligen der Gichtbrüchigen, für ihn anriefen.

Angelo Partanna war viel größer (und zehn Jahre älter) als Vincent, und Charley Partanna war wiederum größer als Angelo. Angelos Gabe, in Fragen von Mord und Korruption liebenswürdig und guter Dinge zu sein, war im Milieu legendär. Er war ein Mann von brutaler Loyalität. Anderer Menschen Schmerzen, Begierden und Strafen waren für Angelo Partanna einfache Gebrauchsartikel. Er war in seiner Weise stattlich. Nach dem Tode seiner Frau, Charleys Mutter, im Jahre 1950 hatte er sich zu einem Frauenhelden entwickelt. Er hatte seine grauen Schläfen unter dem geierartig kahlen Schädel gepflegt und sich nach dem Vorbild Puccinis einen weißen Schnurrbart zugelegt. Seine Hautfarbe war wie dunkler, klumpiger Kakao. Seine Nase glich einem Papageienschnabel, eine Nase, deren Form vor vielen Jahrhunderten in der DNS irgendeines arabischen Eroberers von Westsizilien eingeschleppt worden war.

Charleys Ähnlichkeit mit seinem Vater war mehr eine Sache der Gebärden und der Ausdrucksweise als einer körperlichen Übereinstimmung – Pferde sehen nicht wie Papageien aus. Aber sie hatten die gleichen Kugellageraugen, undurchlässig für Gefühle. Beide Männer, Vater und Sohn, waren gezüchtet, um ihren Feudalherren zu dienen. Die Zeit hatte für Sizilianer nur scheinbar Veränderungen gebracht.

Die Partannas, Vater und Sohn, waren die *condottieri* der Familie Prizzi und hüteten, was die Prizzis hatten, denn was die Prizzis hatten, teilten sie mit den Partannas, den Sesteros und den Garrones – in dieser Reihenfolge. »Setz dich, Charley«, sagte Onkel Vincent.

Charley zog mit unerschütterlicher Ruhe einen Stuhl zurück und setzte sich. Er war es gewohnt, Vincents Leiden an ihm zu ertragen.

»Ich habe diesen Tip über die Lösegeldversicherung an Eduardo weitergegeben, Charley«, sagte Pop. »Er hat es von den Versicherungsanwälten überprüfen lassen, und sie sagten, es würde gehen.«

»Gut«, antwortete Charley.

»Mein Gott, diese Gicht bringt mich um«, sagte Vincent.

Charley lauschte nur mit halber Aufmerksamkeit. Er mußte an Irene denken und konnte nichts dagegen tun. Der Doktor in der Illustrierten muß recht haben, dachte er. Wie sonst könnte man erklären, daß solch ein ungeheures Gefühl von zwei Leuten Besitz ergreift, egal ob der Zeitpunkt ihnen paßt oder nicht? Es mußte so sein, daß Irene und jede andere Frau, die er geliebt hatte, ihm irgendwie signalisiert hatten, sie könnte ihm geben, was er in seiner gestaltlosen Einbildung von seiner Mutter gewollt hatte. Nicht, daß seine Mutter ihm diese Dinge vorenthalten hätte, er war weder körperlich noch emotional vernachlässigt worden. Sie war die großartigste Frau in seinem Leben gewesen. Er wollte bewundert sein, und seine Mutter hatte ihn bewundert, und nun wollte er erst recht von den Frauen bewundert sein, nachdem sie nicht mehr lebte. Seine Mutter war den ganzen Tag beschäftigt gewesen, also hatte er vielleicht ebenso wie ihre Liebe und Bewunderung ihre ungeteilte Aufmerksamkeit und Zeit gewünscht, wann immer er sie wollte. Solche Dinge.

Diese Signale waren vom ersten Augenblick ihrer Begegnung an von Irene ausgegangen. Die gleichen Vibrationen hatte er vor zwanzig Jahren von Mardell Dupont empfangen, der verrückten Stripperin in Jersey City. Er war wegen dieses Mädchens außer sich gewesen, und es hatte fünfzehn Monate gedauert, bis sie sich umgebracht hatte. In ihrem Abschiedsbrief hatte sie geschrieben, sie hätte es getan, weil man ihr nur die zweitbeste Gage zahlen wollte. Aber er hatte sich immer gefragt, ob es der wahre Grund gewesen wäre, denn einen Tag, bevor es geschehen war, hatte man ihn des Mordes an Bummy Fein und Binky Soundso angeklagt. Damals hatte er sich alles zurechtgelegt und war zu dem Schluß gekommen, daß Mardell wie alle Selbstmörder schon als Selbstmörderin geboren und aufgewachsen war. Aber sie war schon eine bemerkenswerte Frau gewesen – die schöne Art und Weise, wie sie sprach, wie Musik, was seine Mutter bei all ihren Vorzügen nie getan hatte, weil sie in der alten Heimat aufgewachsen war. Mardell hatte ihn geliebt und ihn bewundert, und sie war klüger gewesen als der ganze Oberste Gerichtshof.

Mehr als alle anderen bewies Maerose, daß der Doktor in der Illustrierten recht hatte, denn Maerose war alles, was seine Mutter gewesen war, und noch mehr. Es war eine mächtige Kombination. Maerose war eine heißblütige Sizilianerin, die nur von der ganzen Stärke eines Mannes im Zaum gehalten werden konnte, weil sie sich manchmal für ihren Großvater hielt. Aber sie trank gern, und das war nicht gut. Eines Abends, als sie müde gewesen war, hatte sie zuviel getrunken und einen Streit mit ihm angefangen, weil er viel mit Vera Bendichino getanzt hatte, die als Siegerin aus einem Schönheitswettbewerb hervorgegangen war. Dann, um es ihm richtig heimzuzahlen, hatte sie die Party mit irgendeinem Kerl verlassen, den niemand je zuvor gesehen hatte, auch er einer, der an der Flasche hing, und das war das Ende ihres gemeinsamen Lebens gewesen. Einige Zeit später hatte man sie betrunken in Mexiko aufgegabelt. Ihr Vater hatte sie für fünf Monate in eine Entziehungsanstalt geschickt, und dort hatten sie ihr etwas gegeben, wovon ihr speiübel geworden war, bis sie den Geschmack am Fusel verloren hatte. Jetzt stand sie auf Gras.

Maerose war in jeder Weise eine fantastische Frau, aber Charley wußte, daß er, selbst wenn er sie wieder gewollt hätte (ein paar Jahre lang hatte er es nicht recht gewußt), sie nicht haben konnte, weil die Prizzis sich ihres Verhaltens als seiner Verlobten zu sehr schämten. Aber er liebte sie in jeder Art und Weise, außer der wichtigsten. Sie war mutig wie seine Mutter, und sie hatte eine weiche Stimme und ein großes Herz. Die Prizzis hatten sie beinahe zehn Jahre lang wie eine zerbrochene Flasche liegengelassen, aber niemand hatte sie in dieser Zeit mit einem Mann gesehen, was vielleicht nicht bedeutete, daß sie niemals Umgang mit Männern hatte. Doch in ihren Augen lag soviel Traurigkeit, daß er dachte, die Prizzis hätten sie zu hart bestraft.

Die vier Frauen seines Lebens, Mama mit eingeschlossen, hatten alle eine bestimmte Klasse und ironische Heiterkeit gehabt, weil sie stolz auf sich gewesen waren, aber auch einen Schmerz in sich getragen hatten, wie er es ebenfalls tat. In Irene sah er ihren Stolz und ihre Lebensfreude, doch konnte er auch den Schmerz sehen. Vielleicht hatte der Doktor in der Illustrierten nur nicht davon reden wollen, daß Leute, zwischen denen es Liebe auf den ersten Blick gab, in einander die Hoffnung sahen, der jeweils andere Teil würde imstande sein, den Schmerz fortzunehmen – eine unmögliche Aufgabe, aber immerhin. Das könnte es sein. Das könnte erklären, warum er Irene liebte und wiedergeliebt wurde.

Die Schiebetüren auf der anderen Seite des Raumens wurden geöffnet. Amalia kam herein und stützte die kleine, hinfällige Gestalt Corrado Prizzis – gefolgt von einem stark gebräunten Mann in sportlicher Kleidung, die neben den dunklen Anzügen der anderen Anwesenden grell und etwas vulgär wirkte. Amalia führte den alten Mann zu dem leeren Stuhl am Kopfende des Tisches und half ihm behutsam, sich zu setzen. Niemand grüßte den anderen, der sich gegenüber von Vincent und Angelo neben Charley Partanna setzte. Amalia ging hinaus. Don Corrado betrachtete eine gelbe Vase auf einem kleinen Büfett seitwärts vom anderen Ende des langen Tisches.

»Wir alle kennen Cyril Bluestone«, sagte Vincent. »Er ist der Direktor unserer drei Hotels in Vegas, und er wird uns berichten, was sich im Casino Latino zugetragen hat. Die miesen Schweinehunde.«

Bluestone erklärte: »Wir kamen nur darauf, weil die Kassierer im Osten anfingen zu fragen, wo das Geld bliebe. Zehn Tage, nachdem wir einen Schuldschein auszahlen, der von einem Verbindungsmann oder Zwischenhändler mit hundert Prozent Kredit unterzeichnet ist, geht ein Scheck an die Kassierer, wenn der Schuldschein vorher nicht eingelöst wird.« Er griff in seine Brusttasche. »Hier habe ich vierzehn Schuldscheine. Der größte ist über sechzigtausend, der kleinste über dreiundvierzigtausend Dollar. Alle zusammen machen eine Summe von 722 085 Dollar aus. Als die Kassierer nun das Geld wollten, stellte sich heraus, daß die Unterzeichner der Schuldscheine entweder schon an einer schweren Grippe gestorben waren, bevor sie die Unterschrift leisteten, oder sich zu der Zeit in Europa oder anderswo aufgehalten hatten, wo sie die Papiere nicht unterschrieben haben konnten. Und jeder Schuldschein ist entsprechend den Regeln des Hauses von Louis Palo und dem Mann in der Kasse, Marxie Heller, gegengezeichnet. Ohne Ausnahme. Gut, ich ging der Sache nach. Wie sich herausstellte, waren alle Schuldscheine nach den eingetragenen Daten während des zehntägigen Urlaubs ausgestellt worden, den Jack Ramen, der Direktor des Casinos, zum ersten Mal in drei Jahren genommen hatte. Als Ramen in Urlaub ging, übernahm der Schichtleiter, der auch stellvertretender Casinodirektor war, die Leitung. Dieser Mann war Louis Palo, ein Mitglied der Familie. Sehr erfahrener Casinomanager. Aber jeden einzelnen falschen Schuldschein trug er zur Kasse, wo Marxie Heller saß, der dritte Mann in der Rangordnung, der Louis Palos Agent sein mußte. Sie hatten zehn Tage Zeit, bevor Ramen aus dem Urlaub zurückkehrte. Zehn Tage, bevor die Kassierer anfingen, sich zu rühren.«

»Wo sind Palo und Heller?« fragte Charley.

»Louis Palo ist tot«, sagte Vincent, »Heller untergetaucht.«

»Louis lag auf den Vordersitzen seines Wagens, der auf dem Parkplatz hinter Presto Cigliones Bar abgestellt war«, berichtete Bluestone. »Anscheinend hatte er da draußen eine Verabredung, denn Louis war ein sehr mißtrauischer Mann.«

»Wir alle kennen Louis«, sagte Vincent. »Ich kannte ihn schon, als er Helfer bei einem Auslieferungsfahrer für Stangeneis war, vor vierzig Jahren. Er kam zu meinem Vater, bot ihm seine Loyalität und Freundschaft an und bat ihn, ihm zu helfen. Er war ein argwöhnischer Mensch, aber nie vergaß er, wo sein Brot herkam. Wir brachten ihm sein Handwerk bei. Zuletzt hatte er abwechselnd in der Spät- und in der Frühschicht die Oberaufsicht in unserem größten Casino in Vegas, war verantwortlich für alle Tischspiele und hatte das letzte Wort bei Keno und Spielautomaten. In dem ganzen Laden war er unser zweiter Mann, weil er sich auf sein Handwerk verstand. Er arbeitete sich als Trickspieler für die Bank hoch. Darin war er so gut wie Con McCreary. Er war Kassier und Croupier und Kartengeber – und wie viele Geber sind zu dumm aufzusteigen, weil sie sagen, sie verlören mehr Geld bei Tips, als sie zusätzlich einnehmen können? Louis konnte geben, Geschäftsausgaben kalkulieren, das Bankvermögen schützen und jedes Spiel machen. Er hatte großartige Tricks und einen guten Kopf für Zahlen, aber er konnte auch die Verbindungsleute unter Kontrolle halten, so daß sie immer zurückkamen. Aber so gut er in allem war, seine größte Stärke war die Art und Weise, wie er sich auf die Beurteilung von Kundenkrediten verstand. Er war wie eine Maschine, ein Computer ...«

»Ich möchte betonen«, unterbrach ihn Bluestone, »daß Louis, solange er in der Schicht Aufsicht führte, das heißt, während Jack Ramen da war und bevor er seinen Urlaub nahm, niemals den Schuldschein eines Spielers für diesen hätte zur Kasse tragen und das Geld bekommen können. Ramen konnte das als Casinodirektor tun, tat es aber nicht. Er ließ die Spieler, die sich verausgabt hatten, selbst mit ihren Schuldscheinen zur Kasse gehen und sich ausweisen. Hätte Louis es also auf eigene Faust versucht, selbst als amtierender Casinodirektor, hätte es merkwürdig ausgesehen, und jemand hätte mich unterrichtet. Wenn Louis aber seinen Agenten im Kassenkäfig hatte, dann konnte er falsche Schuldscheine auf die Namen von starken Spielern, deren Kreditlinie in den Akten nachzuschlagen war, an der Kasse abgeben, wo er und sein Agent sie gegenzeichneten und zu den anderen eingegangenen Schuldscheinen legten. Der Agent zahlte das Geld dann an Louis aus.«

»Ich erinnere mich jetzt an Marxie Heller«, warf Angelo ein. »Bei der Arbeit trug er ein silberweißes Toupet, und er hatte dunkelbraune Tränensäcke unter den Augen, als ob seine Frau den Kaffeesatz darin aufbewahrte – ein breitarschiger, herrischer Kerl, der für mindestens dreitausend Dollar Goldkronen im Mund hatte.«

»Als ich meinem Vater von Louis Palo erzählt hatte«, sagte Vincent, als wäre sein Vater für ein paar Minuten aus dem Zimmer gegangen, »saß er eine Weile da und erinnerte sich an ihn. ›Er war kein schwacher Mann‹, meinte mein Vater, ›außer wenn Schmeichelei im Spiel war. Louis hatte eine Schwäche für Schmeichelei. Er war vielleicht schlechter als wir anderen.‹ Er mochte gute Kleidung und seine Bequemlichkeit. Aber in all den Jahren, die mein Vater ihn kannte, war er nie ein habgieriger Mensch. Ich persönlich kannte Louis als einen tapferen Mann. Er nahm es in einem Badehaus in Coney Island mit Fufo Sapere auf, einem Verrückten, und er leitete das Crapsspiel auf Pier Neun, als hätte er es mit Schulkindern zu tun. Nun, dachte mein Vater, wenn ein Mann nichts fürchtet und nicht geldgierig ist und trotzdem nicht klug genug ist, um auf einen so guten Trick wie diesen zu kommen, wie konnte es dann passieren? Es muß eine Frau sein, überlegte mein Vater. Eine Frau konnte das für ihn ausknobeln und ihm schmeicheln, bis er hilflos war. Erzähl ihnen von Marxie Heller, Cyril.«

»Marxie Heller kam vor vier Jahren von einem Mann namens Virgil Marowitz«, sagte Cyril Bluestone. »Marowitz ist ein Geldverleiher, kein Kredithai, außer in dem Rahmen, in dem es die Gesetze zulassen. Er besitzt eine Kette von Kredit- und Finanzierungsbüros im westlichen Texas, New Mexico und Arizona, mit der er sehr gute Geschäfte gemacht hat ...«

»Vor ungefähr sieben Jahren«, unterbrach ihn Vincent »beschloß Marowitz, daß er Schutz brauchte, weil sein Geschäft für einige Leute einfach zu gut ging, um ungeschoren zu bleiben. Er kannte Eduardo und verabredete ein Treffen, zu dem er mit einem Haufen Papier erschien. Dabei sagte er, Kabelfernsehen wäre die Sache, in die man einsteigen müßte, und er wollte es mit uns zusammen im Südwesten finanzieren. Vierzig Millionen Dollar kostete der Verkabelungsplan – ein Teil davon war sein Geld, einen Teil bekam er durch eine Kreditvermittlung, die er auf die Beine gebracht hatte. Marowitz und Eduardo arbeiteten einen Vertrag aus und Eduardo sagte ihm, wir würden die Sache für fünfundsechzig Prozent übernehmen. Nun muß man dabei wissen, daß Marowitz glaubt, jeder in unserem Geschäft sei eine Art Berühmtheit, wie ein Filmschauspieler oder so was. Marowitz möchte auf seinem Grabstein als der Mann bekannt sein, der in unserer Umgebung mehr Leute kannte als Jimmy Hoffa. Genausogut hätte Charley sein Lebtag nur den glühenden Wunsch haben können, als der intime Freund aller Mitglieder des nationalen Kirchenrates bekannt zu sein.«

Vincent seufzte. »Marowitz ist ein sehr merkwürdiger Bursche«, sagte er, »und das bringt uns zu Marxie Heller.«

Er nippte von einem Glas Anisette und nickte Cyril Bluestone zu.

»Ja«, sagte Bluestone, »Marxie Heller. Er war früher bei der alten Detroit-Bande, alles Juden. Sie aßen Opium, als ob es das Heldenfrühstück wäre. Mit Zahlen kannte er sich gut aus. Er kriegte TB, aber weil er zuverlässig war, versetzten die Jungens ihn zu Abe nach Phoenix, und er zog dorthin. Aber die Lunge wurde nicht besser, also entließen sie ihn. Er muß dort mit Marowitz in Verbindung gekommen sein und ihm allerhand Märchengeschichten erzählt haben – daß er Capone kannte und dergleichen Lügen. Jedenfalls bestand Marowitz darauf, ihm eine Kur zu bezahlen. Und als Heller aus dem Sanatorium kam, gab Marowitz ihm einen Job im Finanzierungsgeschäft. Das war vor zehn Jahren. Vor vier Jahren schickte Marowitz mir einen Empfehlungsbrief, und darin stand, daß ich Heller in Vegas einstellen solle. Er wäre ein Zahlengenie, schrieb Marowitz, und er ließe ihn ungern gehen, aber Hellers Frau hielte es in Phoenix nicht aus. Wir stellten ihn ein. Der Rest ist bekannt.«

»Wo ist die Frau jetzt?« fragte Charley.

»In Los Angeles«, antwortete Bluestone. »Ich habe Hellers Akte dabei, aus der gehen die Anschrift der Frau und der ganze Hintergrund hervor.«

»Ich glaube, ich sollte mit der Frau anfangen«, sagte Charley.

»Nach Marowitz«, entgegnete Vincent. »Morgen früh fliegst du nach Phoenix zu Marowitz. Mein Vater will das Geld zurück, und er möchte, daß du Marowitz unter Druck setzt, damit er dich zu Heller bringt.«

»Du meinst, Marowitz war in den Schwindel eingeweiht?«

»Wie soll ich das wissen, Charley? Louis konnte sich so was nicht ausgedacht haben, wer also kommt in Frage?«

7.

Um vierzehn Uhr traf Charley in Phoenix ein. Es war heiß. Er mietete einen Wagen, nahm ein Zimmer in einem Motel in der Stadt, und duschte, bevor er Virgil Marowitz anrief.

»Charley Partanna!« tötete Marowitz ins Telefon. »Welch eine Ehre! Sind Sie in der Stadt? Wann kann ich Sie sehen?«

Es war Charley nicht gelungen, sich auf das, was Vincent über diesen Mann gesagt hatte, einen Reim zu machen, aber Marowitz' Stimme verriet alles. Also versuchte er sich gegen seinen eigenen Willen zu erinnern, was Bogart zu tun pflegte, wenn er zeigen wollte, daß er gefährlich wäre. Er kam sich idiotisch vor, sagte aber: »Wir müssen ein Wörtchen miteinander reden, Marowitz. Ich werde Sie in zwanzig Minuten vor Ihrem Büro abholen. Seien Sie zur Stelle.« Er legte auf.

Dann zog er ein schwarzes, kurzärmeliges Sporthemd und eine schwarze Hose an und setzte eine dunkle Brille auf. Er nahm sich den Stadtplan von Phoenix vor, den die Mietwagenfirma ihm gegeben hatte, und legte die Route zur Anschrift des Finanzierungsbüros fest. Schließlich stieg er in den Wagen und fuhr hin. Vor dem Gebäude standen vier Leute, die anscheinend nichts miteinander zu tun hatten, also drückte Charley kurz auf die Hupe, und ein kleiner, rundlicher, grinsender Mann eilte halb gehend, halb laufend zum Wagen. »Mr. Partanna?« fragte er eifrig, mit einer Stimme, die höher war als eine Hundepfeife. Charley nickte.

»Ich bin Virgil Marowitz.« Er öffnete die Tür und stieg ein. »Welch ein Privileg und ein Vergnügen, Mr. Partanna! Darf ich Sie Charley nennen?« Er legte beide Hände an die feisten Wangen und flötete: »Es will mir immer noch nicht in den Kopf, daß ich mit Charley Partanna, dem ›Vollstrecker‹, durch die Straßen von Phoenix fahre. Mein Gott!«

Wie redet man mit so einem Typ, fragte sich Charley. Immerhin ging es um Geschäfte! Die Prizzis waren um eine hübsche Summe betrogen worden! Bogart hatte es in keinem seiner Filme so gemacht, wie Charley es mit Marowitz machte. »Passen Sie auf, Freund«, sagte er. »Ich bin ein paar tausend Meilen weit gereist, um Ihnen zu sagen, daß Ihr Mann, Marxie Heller, meinen Leuten 722 085 Dollar gestohlen hat.«

»Marxie? Ich dachte immer, sein Bandenname sei Moxie.«

»Seien Sie still! Sie werden einen Scheck über die genannte Summe ausstellen, dann werden wir zu Ihrer Bank fahren und ihn einlösen. In Ordnung? Ich werde Sie nur einmal fragen: Wo ist Marxie Heller?«

»Mr. Partanna! Ich habe den Mann seit mehr als vier Jahren weder gesehen noch gesprochen. Wohin fahren wir?«

»Wir fahren, bis es dunkel wird«, erwiderte Charley. »Dann steigen Sie aus und graben mit der Schaufel, die auf dem Rücksitz liegt, ein Loch. Dann legen Sie sich hinein, ich besorge es Ihnen und schaufle das Loch zu.«

Marowitz wandte sich um und blickte über die Schulter zu den Rücksitzen. Dort lag eine neue Schaufel.

»Habe ich irgendeine Wahl? Gott, ist das aufregend! Ich habe davon geträumt, bei einer Exekution mitzugehen, aber ich hätte mir nie träumen lassen, daß ich das Gangsteropfer sein würde.«

»Gangster?« fragte Charley.

»Habe ich eine echte Wahl?«

»Zwei. Geben Sie mir das Geld und Heller, und Sie können heute abend in Ihrem eigenen Bett schlafen.«

»Nun, dann«, sagte Marowitz, »brauchen wir nicht weiter zu fahren. Wir können gleich zu meiner Bank gehen, und ich werde Ihnen einen Scheck ausstellen, den man einlösen wird.«

»Okay. Wo ist Marxie Heller?«

»Ich weiß es wahrhaftig nicht, Charley, also kann ich diese Frage nicht beantworten. Aber ich könnte eine kluge Vermutung anstellen. Ehe ich das tue, muß ich Ihnen allerdings etwas sagen. Ich glaube einfach nicht, daß Sie mich töten werden, und zwar wegen der komplizierten Beteiligungen an der Kabelfernsehgesellschaft. Den Prizzis gehören fünfundsechzig Prozent einer Vierzig-Millionen-Dollar-Investition nur so lange, wie ich gesund und kraftig genug bin, das Kreditkarussell zu schützen, aus dem das Arbeitskapital gespeist wird. Ich machte das Geschäft mit den Prizzis, weil ich dachte, daß ich Schutz benötigen würde. Sollte mir etwas zustoßen, würde dieses Kreditsystem in sich zusammenbrechen. So habe ich es kalkuliert. Ed Prizzi weiß das. Mich blaß zu machen, um es in der anschaulichen Art und Weise auszudrücken, die Sie gebrauchen, würde die Prizzis hundertmal teurer kommen – nicht nur im Hinblick auf ihr Geld, sondern auch auf ihre Ehre – als der lächerlich kleine Betrag, den Heller, wie Sie sagen, gestohlen hat.«

»Mein Gott, Sie sind eine Nummer, Virgil«, meinte Charley aufgebracht, aber bewundernd.

»Oh, ich werde Ihnen den Scheck ausstellen«, versicherte Marowitz. »Ed Prizzi wird niemals zulassen, daß jemand von Ihren Leuten ihn einlöst, aber ich will Ihnen was sagen. Sollte Ihr Onkel Vincent mir das Entzücken bereiten, mich zu einer Aussage vor den Großrat des organisierten Verbrechens zu laden oder auch nur vor die New York-Chicagoer Familienkommission, die beiden letzten Instanzen amerikanischer Kultur, um zu eruieren, ob ich das Geld zahlen soll oder nicht, weil ich Marxie Heller vor vier Jahren für einen Job in Vegas empfohlen habe – dann werde ich die Strafe mit Vergnügen bezahlen, wenn der Rat in meiner Anwesenheit gegen mich entscheidet.«

»Virgil ...«

»Ja, Charles?«

»Ach – Scheiße!« sagte Charley und machte ein Wendemanöver mit dem Wagen. »Wir fahren zurück zu meinem Motel, damit wir aus dieser verdammten Hitze herauskommen, während ich New York anrufe.«

Vincent Prizzi sagte ihm, er sollte bleiben, wo er wäre, er würde gleich zurückrufen. Sieben Minuten später kam sein Rückruf. »Jemand hat Mist gemacht, Charley. Lade den Mann zu einem Gläschen ein.«

Charley ging zu dem ruhigen Tisch in der Ecke der klimatisierten Bar. Virgil begrüßte ihn mit einem sonnigen Lächeln.

»Was für ein Geschäft!« meinte Charley. Er rief einen Ober und bestellte zwei *Jugo de piñas con Bacardi*.

»Was haben Sie zu Hause erfahren?« fragte Virgil.

»Sie haben Ihnen einen lebenslangen Passierschein gegeben«, antwortete Charley. Der Ober brachte die Getränke.

»Ein außerordentlich erfrischendes Getränk«, lobte Virgil. »Ich muß mir das Rezept besorgen.«

»Sind Sie schwul, Virgil?« fragte Charley.

»Oh, ein bißchen.« Sein Gesicht leuchtete auf. »Und Sie?«

»Nein.«

»Na schön. Machen Sie sich nichts draus.«

»Wo ist Marxie Heller?«

»So viel Beharrlichkeit! Nun, wenn ich einer der führenden Leute Ihrer Organisation wäre, würde ich Phoenix vergessen. Das ist eine vier Jahre alte Fährte. Ich würde die einzige Spur zurückverfolgen, der Marxie Heller in all den Jahren, die ich ihn kannte, immer wieder nachgegangen ist.«

»Was für eine Spur?«

»Seine Frau.«

»In Los Angeles?«

»Genau, Charley, dies ist ein großartiges Getränk. Wir müssen es noch mal bestellen.« Er winkte dem Barmann zu. »Marxie sagte, er müßte von Phoenix wegziehen, weil seine Frau es hier nicht ertragen könnte. Es wäre zu trocken für Asthma oder so was. Ich wollte nichts davon wissen. Marxie kannte sich gut mit Zahlen aus. Er sagte, er würde es sehr zu schätzen wissen, wenn ich ihm den Weg durch die Schar meiner Gangsterfreunde – verzeihen Sie den Ausdruck – ebnen und Arbeit in Vegas verschaffen könnte. Natürlich rief ich Cyril Bluestone an. Es klappte, er ging, und ich sah ihn nie wieder.«

»Haben Sie irgendwelche Fotos von ihm, Virgil?«

»Ich habe drei oder vier recht gute Schnappschüsse. Ich führe nämlich eine Art Verbrecheralbum, und es wäre die allergrößte Ehre für mich, wenn Sie geruhen würden, mir für eine Aufnahme Modell zu sitzen.«

»Mein Vater ist gegen Bilder jedweder Art«, sagte Charley.

»Ich verstehe, Charley.«

Der Barmann brachte die neuen Drinks zum Tisch, und Virgil bat ihn um ein Telefon. Sobald es eingesteckt war, tippte er eine Nummer. »Hallo, Killer?« rief er ins Telefon. »Ich bin's. Killer-Liebling, ich möchte, daß du dir Buch sechs des Albums vornimmst und im Inhaltsverzeichnis nachsiehst, dann die Seite mit den Aufnahmen von Marxie Heller herausnimmst und sie bitte jetzt gleich zum John H. Jackson Gusher Motel bringst. Zum Empfangsschalter, Liebster. Bitte, Killer, mach mich nicht ärgerlich.« Er legte auf.

»Er ist gar kein Killer«, sagte Virgil zu Charley. »Ich nenne ihn bloß so, um ihm ein bißchen zu schmeicheln.«

8.

Marxie Hellers Frau wohnte in einem eleganten, unecht klassizistischen Haus in Westwood. Charley stellte den Wagen fünfzig Meter vom Haus entfernt am Straßenrand ab, dann ging er zurück und leise die Einfahrt zur Seitentür hinauf. Er ließ sich ein und schloß lautlos die Tür hinter sich. Die Schatten der Nacht senkten sich herab. Er schlich durch einen Korridor, der von der Küche aus weiterführte, hielt Ausschau nach einem Zimmer, wo Licht brannte, und fand es auch, als er um eine Ecke bog. Es schien durch den Spalt unter einer Tür. Charley öffnete sie und starrte überrascht in die zwischen schweren Lidern und khakifarbenen Tränensäcken hervorblinzelnden Augen Marxie Hellers. Der Mann saß an einem großen Schreibtisch und legte Patience.

Charley sagte nichts.

»Was wünschen Sie, mein Freund?« fragte Heller.

»Die Prizzis schicken mich.«

Heller bewegte die rechte Hand, um die Schreibtischschublade vor ihm zu öffnen, und Charley war mit zwei Sätzen bei ihm, riß Hellers Arm sowohl zur Warnung wie auch als Sicherheitsmaßnahme mit beiden Händen hoch und brach ihm das Handgelenk, indem er es gewaltsam auf die Schreibtischkante schlug. Heller verlor für ein paar Sekunden das Bewußtsein. Charley zog einen Stuhl heran, setzte sich zu ihm und wartete, daß die Augen sich wieder öffneten. Während er wartete, zog er die Schublade auf und nahm ein langes Messer heraus. Es hatte eine wunderbare Balance und würde ein großartiges Wurfmesser abgeben. Er schob es sich am Rücken in den Hosenbund. Heller kam zu sich.

»Wo ist das Prizzi-Geld, Marxie?« fragte Charley.

»Wer sind Sie?«

»Charley Partanna.«

»Oh, Scheiße – der pfeilgerade Charley, der Nationalstrolch. Nun, Charley, ich muß dir sagen, daß ich das Geld nicht habe, und du wirst sagen, daß du mir nicht glaubst, und dann wird es hart für mich, aber so liegen die Dinge. Ich habe das Geld nicht.«

»Wo liegt der Unterschied, Marxie? Nach allem, was du getan hast, mußte es sowieso hart für dich werden. Komm mit.«

»Wohin?«

»Zum Wagen. Komm mit.«

Heller stand auf. Er starrte auf sein rasch anschwellendes Handgelenk. »Mein Gott, tut das weh.«

»Du wirst es nicht brauchen«, sagte Charley. Heller legte das gebrochene Handgelenk in den gesunden Arm und schlurfte um den Schreibtisch.

»An die Wand, Füße auseinander, Hände über den Kopf«, sagte Charley. Er fand die Waffe in Marxies Bademanteltasche, entlud sie, steckte die Kugeln in die Tasche und ließ den Revolver in den Papierkorb fallen. »Raus!«

Sie verließen das Haus durch die Hintertür, und Charley dirigierte Heller zur Doppelgarage. Er befahl ihm, das Schwingtor zu öffnen, dann gingen sie hinein. »Das Licht, Marxie«, sagte Charley und zog das Tor herab. Heller drückte auf einen Schalter. Der Lampenschein fiel auf einen Oldsmobile *Cutlass* und einen leeren Platz für einen zweiten Wagen.

»Du hattest Zeit nachzudenken«, sagte Charley. »Willst du mir sagen, wo das gestohlene Geld ist?«

»Wenn ich es wüßte, würde ich es dir vielleicht sagen, vielleicht auch nicht, aber ich weiß es nicht.«

Charley zog einen Revolver, auf dessen Lauf ein Schalldämpfer befestigt war, aus dem Schulterhalfter, und feuerte dreimal auf Heller – einmal ins Gesicht, einmal in die Brust, und einmal in die Kehle. Er steckte die Waffe wieder ein und öffnete den Kofferraum des Oldsmobile. Dann hob er Heller auf und stopfte ihn in den Kofferraum. Er stieß den Deckel zu, machte das Licht aus, öffnete das Garagentor und ging zurück ins Haus.

Er saß im dunklen Speisezimmer neben der Seitentür zur Küche, die von der Einfahrt ins Haus führte, und wartete. Nach fünfunddreißig Minuten tasteten Scheinwerfer die Einfahrt herauf und zogen einen Wagen hinter sich her. Die Seitentür wurde geöffnet, und die Frau kam herein, Einkäufe in den Armen. Sie schloß die Tür, ging in die Küche und rief: »Ich bin da, Liebling.«

Charley stand auf, trat in die Türöffnung und sagte: »Marxie ist nicht hier, Mrs. Heller.«

Sie fuhr herum, als sie die Stimme hörte.

Sie war Irene Walker.

9.

»Charley!« schrie sie.

Er war sprachlos.

»Was machst du hier?« fragte sie hysterisch. »Warum hast du nicht angerufen? Du rufst immer an. Ach, Scheiße, Charley, du hast alles ruiniert.«

»Wo ist das Geld?«

»Geld?«

»Wo ist es? Heller hat Louis Palo kaltgemacht, um es zu kriegen. Wo ist es?«

»Charley, ich weiß nicht, wovon du redest. Hast du Marxie gefragt? Wo ist Marxie?«

»Er ist tot.«

»Tot?«

»Los jetzt, Irene. Wo ist das Prizzi-Geld, das dein Mann in Vegas gestohlen hat?«

Sie bewegte sich wie in Trance. »Vielleicht weiß ich es. Er hatte eine kleine Tasche. Ich werde sie dir zeigen.« Sie verließ die Küche, und er folgte ihr durch einen Korridor zu einem Wandschrank in der Diele. Sie öffnete ihn und schob mit dem Fuß eine Reisetasche heraus. »Da könnte es drinnen sein. Es ist der einzige Ort, den ich kenne, wo es sein könnte.«

Charley hob die Tasche auf einen Tisch. Er ließ die Schließen aufspringen und öffnete die Tasche. Sie war voll Geld.

»Ich werde es zählen«, sagte er. »Stell dich dort hin. Ich will dich vor mir haben.«

Sie gehorchte.

Er zählte das Geld. Er bedeutete ihr mit einer Handbewegung, sich zu setzen. Sie setzte sich, und er fuhr fort, das Geld zu zählen. »Du hast hier zuwenig«, sagte er.

»*Ich* habe zuwenig?«

»Hier sind dreihundertsechzig. Die Hälfte!«

»Die Hälfte?«

»Mrs. Heller, beantworte meine Fragen nicht mit dem, was ich gerade sagte. Wo ist der Rest von der verdammten Kohle?«

»Charley – ich wußte nicht mal, daß es hier war«, sagte Irene. »Wie konnte ich also wissen, daß was fehlte? Als Marxie vor drei Nächten hierherkam, hatte er einen großen Koffer und diese kleine Tasche bei sich. Er warf die kleine Tasche in diesen Wandschrank und packte den Koffer aus.«

»Dann wußtest du, daß er bleiben wollte.« Seine Stimme war kalt.

»Ja.«

»Hast du ihn danach gefragt?«

»Ja.«

»Und?«

»Er sagte, seiner Lunge ginge es wieder schlecht, und er müßte zurück nach Phoenix, wäre aber so müde, daß ich ihn hier ein paar Tage ausruhen lassen sollte.«

»Und das hast du getan.«

»Ja.«

»Dies ist die schlimmste Nacht meines Lebens«, sagte Charley.

»Ich wollte, daß er blieb, Charley. Es war meine Chance, ihn zur Scheidung zu überreden.«

»Weißt du, woran ich mich erinnere?«

»An was?«

»Ich erinnere mich, daß du vorhin zu dieser Küchentür hereinkamst und riefst: ›Ich bin da, Liebling‹. Nicht bloß, daß du da warst – oder nicht einfach Marxie – du nanntest ihn Liebling.«

»Er war mir lieb«, sagte sie langsam. »Wir waren vierzehn Jahre zusammen. Ich war ein junges Mädchen in Chicago, und er war mein Freund. Nicht ein einziges Mal hat er mich je angeschrien oder geschlagen oder mein Geld genommen. Ich zog mit ihm nach Detroit, und als er dann nach Phoenix gehen mußte, besuchte ich ihn immer wieder, weil er mein Freund war und glaubte, sterben zu müssen. Ich liebte ihn, nicht so, wie ich dich liebe, aber ich liebte ihn, wie ich meinen Vater damals lieben konnte. Marxie war ein komischer, ulkiger Mann. Er hatte einen fantastischen Verstand und kümmerte sich wirklich um mich.«

»Er hat die Prizzis um siebenhundertzweiundzwanzig Dollar betrogen!«

»Wo ist er?«

»Ich werde ihn mitnehmen.«

»Um Himmels willen, Charley! Er war mein Mann! Er war gut zu mir!«

»Du bist überrascht? Siebenhundertzweiundzwanzig Dollar, und du bist überrascht?« fragte er bitter. »Willst du mich immer noch heiraten?«

Sie starrte ihn trotzig an.

»Möchtest du ein wenig Bedenkzeit, Irene?«

»Ich möchte, daß du dir Bedenkzeit nimmst«, sagte sie. »Ich meine, was mit Marxie geschehen ist, überrascht mich nicht. Als er mir erzählte, wie er zusammen mit Louis Palo das Geld genommen hätte, wußte ich, daß er geliefert war. Ich wußte, daß sie dich auf seine Fährte setzen würden. Er wäre genauso tot, selbst wenn du nie etwas anderes als Schuhvertreter gewesen wärst. Nein, zum Teufel –, ich bin nicht überrascht, Charley. Aber du. Du bist derjenige, der überrascht ist. Du sitzt im Haus einer Fremden und wartest, daß sie nach Haus kommt, und es stellt sich heraus, daß sie deine Frau ist. Deine eigene Frau. Das ist die eigentliche Überraschung, und darum sage ich, daß du derjenige bist, der darüber nachdenken muß.«

›Nachdenken‹ war richtig. Also war sie Marxie Hellers Frau. Also wußte sie über die Prizzis Bescheid, wußte, daß Marxie sie bestohlen hatte, wußte, was Charleys wahrer Beruf war. Hatte sogar erwartet, daß er kommen und Marxie zur Strecke bringen würde. Als er sich das klarmachte, beschloß Charley, das Denken für eine Weile zu lassen.

»Ja. Okay. Marxie ist in dem Oldsmobile in deiner Garage. Ich werde ihn zum Flughafen fahren und dort auf dem Parkplatz stehenlassen. Die Bullen werden ihn dann finden. Ist es dein Wagen?«

»Nein. Und er hat ein Nevada-Kennzeichen.«

»Fein.«

»Charley – glaubst du mir, daß ich Marxie seit vier Jahren nicht gesehen habe?«

»Baby – in Vegas war er gleich hinter dem nächsten Berg. Er zieht hier bei dir ein, weil es sein Haus ist. Übrigens hatte er heute abend ein ganzes Arsenal bei sich. Er bringt einen großen Koffer mit, weil er auf der Flucht ist, und du kochst für ihn und legst dich für ihn hin, und wenn du aus freien Stücken zu ihm nach Haus kommst, rufst du ihm zu: ›Ich bin da, Liebling‹. Nein, ich glaube nichts von dem, was du sagtest.« Seine Stimme war rauh vor Bitterkeit. »Wärst du jemand anderer, würde ich dich vielleicht einfach umlegen. Aber es spielt keine Rolle, weil ich nichts tun kann, was meine Gefühle für dich verändern würde, selbst wenn ich es wollte. Aber ich sehe in deine Augen, Irene, und glaube ihnen, weil ich es will. Ich werde nach New York fliegen und Bericht erstatten müssen, und dann ist Marxie Heller für uns beide erledigt. Meine Leute werden nach dir fragen, und ich werde ihnen Lügen erzählen. Und dann werde ich wieder hierherkommen, glaube ich, und dich noch einmal fragen, ob du mich heiraten willst.«

»Ich will dich heiraten, Charley«, sagte sie.

10.

Ihm war, als hätte ihm jemand einen Armvoll stinkender Fische angedreht. Gott, dachte er, das muß die echte Lustige Witwe sein. Ich knall' ihr den Alten ab, während sie im Supermarkt Spezialitäten einkauft, und sie will mich heiraten. Was für eine Frau ist sie?

Und was zum Kuckuck sollte er mit ihr anfangen? Sie hatte den Ehemann regelrecht verraten, weil sie hatte wissen müssen, daß die Prizzis kommen würden, um ihre siebenhundertzwanzig zurückzuholen. Sie war der falsche Fünfziger. So mußte es sein. Sie mußte die Scheiße angerührt haben. Mit ihrem Verstand und mit ihrem Körper hatte sie neben ihrem eigenen Mann Louis Palo organisiert, diesen Hurenbock. Die beiden hatten das Geld stehlen müssen, und sie hatte es dann eingestrichen. Es gab nur eins, was er tun konnte, was die Prizzis von ihm erwarteten – er mußte es ihr besorgen und sie zum Ehemann in den Kofferraum packen. Aber wie sollte er zu den restlichen dreihundertsechzig kommen? Wenn er sie erledigte, würde es niemanden mehr geben, der ihm sagen konnte, wo die dreihundertsechzig Dollar der Prizzis versteckt waren. Was immer für ein Ausdruck in sein Gesicht getreten war, er mußte ihn ablegen, denn sie wurde blaß und begann vor Angst zu zittern.

»Hör zu, Irene«, sagte er heiser. »Ich werde dir erklären, was du tun wirst. Du wirst heute nacht aufbleiben und überlegen, wo die andern dreihundertsechzig Dollar sind, verstanden? Ich muß Marxie und den Wagen loswerden und zurück nach New York. Ich muß etwas tun, und das ist alles, was ich im Moment entscheiden kann.«

Sie nickte. »Okay, Charley. Ich werde dieses ganze Haus auf den Kopf stellen, bis ich herausfinde, wo Marxie das Geld versteckt hat. Wann wirst du mich anrufen? Wann werde ich dich sehen?« Ihre Knie wurden weich, und sie fürchtete, jeden Augenblick zusammenzuklappen. Sie bemühte sich, ihre Schwäche zu überwinden und stehen zu bleiben. Wenn sie sich setzte, könnte er es als eine Art Eingeständnis von Schuld sehen. Und das Bedürfnis, sie zu töten, begann gerade erst aus seinen Zügen zu weichen.

»Ich weiß nicht, Irene«, erwiderte er. »Ich weiß es nicht.«

»Du weißt es nicht, ob du mich wiedersehen wirst?« Sie mußte ihn halten. Sie mußte ihn auf ihrer Seite des verfluchten Sumpfes verankern, denn wenn sie ihn so gehen ließe, würde er zurückkommen, und sie würde tot sein. Das war ihr klar.

»Sei still!« brüllte er. »Den Prizzis fehlen dreihundertsechzig Dollar, und dir ist nichts passiert.«

»Marxie ist tot«, sagte sie einfach. »Er war mein Freund. Was kann den Prizzis ein Verlust von diesem bißchen Geld bedeuten, das ihnen die Versicherungsgesellschaft ersetzen wird, verglichen mit dem Verlust, der mich getroffen hat?«

»Was bist du, eine Berufslügnerin?« rief er. »Vor fünf Minuten sagtest du, du wolltest mich heiraten, und wenn du einen großen Verlust erlitten hast, dann bin ich derjenige, der ihn dir zugefügt hat.«

»Vielleicht stimmt etwas nicht mit deinen Emotionen.« Sie fühlte sich jetzt sicherer, weil sie ihn dazu gebracht hatte zu sprechen und zu bezweifeln, was er zu wissen glaubte. »Marxie war dem Tode nah. Er hatte vielleicht noch eine Woche, vielleicht zehn Tage zu leben. Ich wußte, daß ich ihn verlieren würde. Das sind verständliche und legitime Empfindungen, nicht? Aber du kamst herein und brachtest ihn um. Als ich ihn verließ, war er lebendig. Als ich zurückkam, war er tot. Was weißt du – was kümmern dich die Gefühle einer Frau? Er war so oder so zum Tode verurteilt, aber niemand war auf deine Art vorbereitet, Charley.«

»Aaah, scheiß drauf! Hör zu – treib die dreihundertsechzig auf, das ist alles. Such sie und bring sie mir.«

Er verließ das Haus durch die Küchentür und fuhr den Wagen und Marxies Leichnam zum Flughafen. Den Revolver warf er unterwegs in Watts in einen Abfalleimer. Er ließ den Wagen auf dem Parkplatz des Flughafens stehen und nahm den Abendflug nach New York, tief enttäuscht von allem, was er als das Wichtigste in seinem Leben betrachtet hatte. Irene war eine kalte, harte Person. Wer brauchte solch eine Frau? All dieser Scheiß, sie wäre Steuerberaterin! Es war abscheulich! Sie war wie der mieseste Galgenvogel.

Während er verzweifelt überlegt hatte, wie er ihr seine Arbeit und das Milieu erklären könnte, hatte sie den Schwindel aufgezogen, der die Prizzis um ihr Geld bringen sollte. Außerdem mußte sie mit Louis Palo geschlafen haben, denn anders hätte sie ihn nicht kriegen können. Wer sonst konnte Louis hinter Presto Cigliones Bar abgeknallt haben? Sie hatte das verdammte Geld gestohlen und Louis ein Ding verpaßt, also mußte sie gewußt haben, daß die Prizzis jemanden schicken würden. Also hatte sie sich folgendes ausgerechnet: Wenn sie ihnen Marxie und die Hälfte der siebenhundertzwanzig überlassen und mit einem Arm voll Einkäufen vom Supermarkt und diesem Ich-bin-da-Liebling!-Scheiß kommen würde, müßte ihr jeder die Geschichte abkaufen, daß sie nichts weiter wäre als eine Steuerberaterin, die nichtsahnend in eine geheimnisvolle Sache hineingeraten war. Am schlimmsten erschien ihm die Kaltblütigkeit, mit der sie angenommen haben mußte, daß die Prizzis ihn losschikken würden. Darin hatte sie ihre Lebensversicherung gesehen. Und er hatte es ihr durchgehen lassen.

Verflucht! Wäre er nicht in dieser verdammten 747 irgendwo über Arizona gefangen, er würde sich in den nächstbesten Wagen setzen, zurückfahren und sie durchlöchern wie ein Sieb.

Er ließ sich ein Seven-Up und ein Corned Beef-Sandwich kommen, und bei der Mahlzeit begann er sich unversehens Irenes guter Seiten zu erinnern. Sie war eine prachtvolle Frau, daran gab es nichts zu deuteln. Sie fuhr einen Zweiundfünfzigtausend-Dollar-Wagen, also mußte sie eine erstklassige Steuerberaterin sein. Wie viele Steuerberater, sogar Männer, verdienten genug, um einen Zweiundfünfzigtausend-Dollar-Wagen zu fahren? Sie sprach Puertoricanisch wie eine Einheimische. Sie war verrückt nach ihm. Sie hatte ein kolossales Haus und eine fantastische Garderobe, und wahrscheinlich war sie mit Maerose Prizzi aufs College gegangen, und das war alles sehr hübsch, aber das Wichtigste, das Unglaublichste war, daß sie verrückt nach ihm war. Er hatte es sogar auf dem Videofilm gesehen. Als er Irenes Vorzüge an ihren möglichen Nachteilen maß, begann er sich zu beruhigen.

Konnte es sein, daß Irene eine Frau mit zwei Gesichtern war? Das war möglich. Es hatte mal einen Film darüber gegeben, und er konnte sich unbestimmt an einen Illustriertenbericht erinnern. Tatsache war vor allem, daß sie ein wundervolles Mädchen war. Er wußte, was er wußte. Wie konnte man einer Frau verdenken, daß sie einen Mann geheiratet hatte, der ihr geholfen hatte und lange Jahre gut zu ihr gewesen war? Er sagte sich, er müßte dankbar für diese Ehe sein, hatte sie Irene doch zumindest ein Verständnis für das Milieu vermittelt, das sie andernfalls nicht hätte haben können. Wahrscheinlich hatte sie sich gedacht, daß Marxie, ein sehr kranker Mann, sie brauchte, und darum hatte sie ihn geheiratet. Das gehörte eben dazu, daß sie eine wundervolle Frau war.

Als Charley bedachte, wie nahe er daran gewesen war, sie niederzuschießen und mit Marxie in den Kofferraum zu stopfen, fühlte er sich elend. Aber auch die Überraschung war schrecklich gewesen. Als sie sich umgewandt und er gesehen hatte, wer sie war, hätte ihn beinahe der Schlag getroffen. Er war weiß Gott bereit gewesen, sie ihrem Mann nachzuschicken, aber ihre Güte hatte gesiegt und ihn zur Vernunft gebracht. Ihre Güte, die so zum Durchbruch gekommen war, hatte ihm zu verstehen gegeben, daß er sich Zeit nehmen und nachdenken mußte, bevor er etwas tat, was alles zerstören könnte. Wie richtig war dieser Instinkt gewesen! Nun hatte er Zeit, sich abzukühlen und die ganze Sache wissenschaftlich zu betrachten, und morgen wollte er in Santa Grazia ein paar Zwanzigdollarkerzen anzünden, um seiner Dankbarkeit Ausdruck zu geben.

Vor allem hatte Irene bewiesen, daß sie das Milieu verstand, die Umgebung. Obwohl er ihrem Mann das Lebenslicht ausgeblasen hatte, war sie bereit gewesen, das zu tolerieren, weil sie einsah, daß der Mann die Prizzis übel beschwindelt hatte. Er hatte ihnen ein so dickes Bündel Geld gestohlen, daß niemand, seine eigene Frau mit eingeschlossen, ein Auge zudrücken konnte. Außerdem mußte Heller derjenige gewesen sein, der es Louis Palo besorgt hatte. Wie hatte er sich mit der Wahnvorstellung quälen können, daß Irene das ganze Ding eingefädelt und durchgezogen hätte?

Wie konnte Irene einen Typ wie Louis kaltgemacht haben? Sie verstand das Milieu, ja, aber das machte sie nicht automatisch zu einer *puntatrice*.

Aber – Scheiße! Wenn Heller das Ding mit Louis Palo gedreht hatte, warum waren dann nur dreihundertsechzig Dollar in seiner Reisetasche? In diesem Fall hätte er alles haben müssen. Aber weil nur die Hälfte des Geldes da war, mußte nicht zwangsläufig Irene diejenige sein, die Louis geeist hatte. Das Gegenteil traf zu. Wenn sich die ganzen siebenhundertzwanzig Dollar in diesem Haus befunden hätten, und wenn Heller *tatsächlich* ein todkranker Mann gewesen war, *dann* könnte vielleicht jemand sagen, Irene hätte Louis umgebracht, so verrückt es klingen mußte.

Als die Maschine in New York landete, machte er sich nicht einmal die Mühe, auf die Uhr zu sehen, und rief Irene vom Flughafen aus an.

»Irene? Hier ist Charley.«

»O Charley!«

»Alles in Ordnung?«

»Ist bei dir alles in Ordnung?«

»Ich wollte dir nur sagen, daß ich angekommen bin. Ich bin hier, am La Guardia.«

»Das ist fabelhaft!«

»Ich ruf' dich später wieder an, Schatz«, sagte er und legte auf. Er fuhr mit dem Lieferwagen nach Hause und schlief mit dem Gedanken ein, daß er Pop nach der Besprechung wegen der dreihundertsechzig Dollar zu sich einladen, ihm ein riesiges Essen kochen und die Videokassette mit Irene Walker vorspielen würde. Bei der Gelegenheit könnte er ihm ein paar Fragen stellen und Klarheit gewinnen. Nach einiger Zeit würden sie dann heiraten, und Irene würde natürlich nach New York übersiedeln. Er würde Ed Prizzi bitten, ihr ein erstklassiges Büro in Manhattan zu besorgen und Steuergeschäfte zu vermitteln. Ed hatte so viel laufen, daß sie ihre Einnahmen gegenüber Los Angeles würde verdoppeln können, ganz gleich, wieviel sie dort verdiente.

Als er erwachte, fühlte er sich blendend. Er duschte und sang den alten Schlager *You belong to me.* Als er rasiert und angezogen war, überprüfte er die Lebensmittelvorräte und machte seine Runde durch die Geschäfte, um alles einzukaufen, was sein Vater schätzte.

Nach Hause zurückgekehrt, traf er die ersten Vorbereitungen für das Abendessen, dann stieg er in den Lieferwagen und fuhr zur Wäscherei.

Sein Vater führte ihn in Vincents Büro. Sie schüttelten einander die Hände, und Vincent fragte, wie alles gegangen wäre.

»Nun, es ging zu fünfzig Prozent gut«, antwortete Charley. »Die Hälfte der Siebenhundertzweiundzwanzig haben ich zurückbekommen. Nur die Hälfte.«

»Ja?« sagte Vincent. »Wie siehst du die Zusammenhänge?«

»Louis und Heller teilten die Einnahme in Vegas, dann fuhr Heller zum Haus seiner Frau nach Los Angeles. Louis verabredete sich mit irgendwem auf dem Parkplatz hinter Presto Cigliones Bar. Er hatte seinen Anteil bei sich. Wer immer ihn vernagelte, nahm die dreihundertsechzig und verduftete.«

»Louis soll vierundzwanzig Stunden in Vegas vertrödelt haben? Und dann mit der Hälfte der Beute zu irgendeiner Verabredung gegangen sein?«

»Was sonst? Deshalb sind die anderen dreihundertsechzig Dollar verschwunden«, sagte Charley ruhig.

»Vielleicht.«

»Ich sprach in Los Angeles mit Heller, aber er wollte nichts sagen. Er behauptete, er wüßte nicht, wo das Geld ist. Also zahlte ich ihn aus. Dann kam die Frau nach Haus. Ich redete mit ihr. Kein Problem. Sie führte mich zu dem Geld. Ich zählte es, und es war nur die Hälfte.«

»Mußtest du sie bearbeiten?«

»Sie führte mich gleich zu Hellers Reisetasche, kein Problem. Von dem hatte sie keine Ahnung. Sie wußte nichts von ihrem Mann, hatte ihn seit vier Jahren nicht gesehen.«

»Da ist was faul«, bemerkte Vincent, »und jemand hat unsere dreihundertsechzig Dollar.« Er nagte an seiner Unterlippe. »Aber du hast deine Sache gut gemacht, Charley. Das wird dir ein paar Extrapunkte einbringen.«

Als er nach der Versammlung mit seinem Vater durch den Korridor ging, fragte er: »Glaubst du, Vincent wollte mir etwas durch die Blume sagen, Pop? Als dächte er, es könnte sogar ich gewesen sein, der die dreihundertsechzig eingesteckt hat?«

»Aaah, das ist Vincents Art. Don Corrado wird ihm wegen des Geldes auf den Hut steigen, also muß er in jeder Schachtel nachsehen.«

»Meinst du, ich sollte mir deswegen Sorgen machen?«

»Vorläufig nicht.«

»Hör zu, Pop, wie wär's, wenn du heute abend zu mir zum Essen kämst?«

»Sensationell«, sagte Pop.

»Ich habe alles da, was dir schmeckt, und es ist an der Zeit, daß ich dir etwas wirklich Gutes auftische.«

»Sensationell«, sagte Pop.

»Ich möchte dir die Videoaufnahmen von dieser Frau zeigen, von der ich dir erzählt habe. Du weißt schon, das Mädchen bei der Hochzeit. Ich lasse den Videorecorder heute nachmittag aufstellen.«

»Ich wollte immer schon sehen, wie diese Dinger funktionieren«, erwiderte sein Vater, »aber es darf nicht spät werden.«

Der Videorecorder wurde am selben Nachmittag um drei installiert. Charley sagte dem Mann, er sollte etwas von Kanal 13 aufnehmen, weil er nicht mit Schund anfangen wollte. Also schaltete der Mann den Recorder ein und machte eine Aufzeichnung von der ›Kunstgeschichte englischer Möbel‹ (Robert Adam), die er ungefähr drei Minuten laufen ließ. Charley bedauerte, daß sie abgeschaltet werden mußte, worauf der Mann meinte, sie könnten den Film weiter aufnehmen, während sie sich etwas anderes anschauten. Dann sahen sie einen Schwarzweißfilm von 1937, und nach einigen weiteren Minuten erinnerte der Mann Charley, daß alle Leute in dem Film beinahe fünfzig Jahre älter wären, als sie auf dem Bildschirm aussähen.

»Wenn sie noch leben«, sagte Charley. »Fernsehfilme sind die größten Friedhöfe dieses Landes.«

Die Maschine funktionierte! Sie ließen sich weitere zwei Minuten von der ›Kunstgeschichte englischer Möbel‹ (Robert Adam) vorspielen, und als er verstand, wie man das Gerät bedienen mußte, gab Charley dem Mann einen Fünfer und die Verpackung zum Mitnehmen. »Gib immer das richtige Trinkgeld«, hatte sein Vater ihn gelehrt. »Nie zuviel, nie zuwenig.«

Er steckte die Videokassette mit der Aufschrift ›Irene Walker‹ in den Aufnahmeschlitz und drückte den Abspielknopf. Dann zog er sich schnell zu einem Sessel zurück, ließ sich niedersinken, und sie war mit ihm in prachtvoller Farbe auf dem 66-Zentimeter-Bildschirm. Sie schwebte mit Maerose aus dem Wagen und ging zum Hoteleingang. Dort ließ sie ihren Umschlag in die schwarze Seidentasche fallen, dann nahm er ihre Hand, und sie lächelten einander wie in der Schlüsselszene jedes Liebesfilms an. Er drückte auf die Stoptaste der Fernbedienung und gaffte. Es war das Schönste, was er je gesehen hatte. Dann setzte er Irene wieder in Bewegung, und als er am Ende der zwei Minuten und neunundvierzig Sekunden war, ließ er die Spule zurücklaufen und spielte sie noch einmal ab, restlos begeistert.

Nach drei Durchläufen war seine Brust von machtvollen Gefühlen geschwellt. Er hatte etwas ungemein Wichtiges gesehen – die Art und Weise, wie sie ihn immer wieder berührt hatte, als sie beisammengestanden hatten. Dabei war sie nicht etwa eine, die es aus Gewohnheit tat. Sie hatte Maerose und Pop nicht berührt, nur ihn. Er war noch immer in Hochstimmung, als Pop zum Abendessen kam. »He, Pop«, rief er eifrig, »weißt du, was ich dir heute zum Abendessen gemacht habe? Ich habe *sisizzo ci 'N Cimulu* gemacht. Dein Leibgericht – stimmt's? Und was noch, hah? Dann habe ich noch frische Alsen, genauer gesagt, *alose in camicia,* die ich dir mit *capotina* vorsetzen werde. Was sagst du dazu?«

»Hör zu, das ist besser als bei McDonalds.«

»Du bist Der Mann, Pop.«

Beim Abendessen wurde nicht viel gesprochen, weil sie sich auf die Speisen konzentrierten. Pop sagte mindestens zweimal, er würde bei Gott schwören, daß er nicht wüßte, wie Charley das hinkriegte. »Ich sage dir, Charley, ich schließe meine Augen und denke, deine Mutter hätte gekocht.« Während der Mahlzeiten sprachen sie nie über geschäftliche Dinge.

Anschließend setzte er seinen Vater mit einem Glas Anisette in der einen Hand und einer Zigarre in der anderen vor den Fernseher.

»Jetzt«, sagte Charley, »werde ich dir die Frau zeigen, nach der ich dich gefragt habe.« Er ließ das Videoband laufen und nahm neben seinem Vater Platz. Schweigend betrachteten sie den Film, und

Charley wartete darauf, daß Pop ihm verraten würde, warum er Paulie beauftragt hatte, die Einstellung mit Irene zu vernichten.

»Das ist eine riesige Erfindung«, meinte Pop. »Wer hätte gedacht, man könnte Pete Spina mit der Crème des Polizeipräsidenten auf ein Bild bringen?«

»Ja – richtig. Aber was sagst du zu der Frau? Wie kommt es, daß du sie kennst, Pop?«

»Ich kenne sie eigentlich nicht. Kannte ihren Vater. Bin ihr vielleicht einmal begegnet.«

»Ja? Ihren Vater kanntest du?«

»Er war Mechaniker für Polack Joe Saltis' Bande, den alten Polakkenmob beim Viehhof zur Zeit der Prohibition. Die machten Raubüberfälle und andere Gewaltsachen. War nie viel los mit denen. Nach dem Krieg wurde der Vater erledigt. Kein Mensch hat ihn vermißt.«

Charley war halb bestürzt und halb erleichtert. Nun ja, Gott, dachte er, kein Wunder, daß Irene das Milieu versteht. Dazu brauchte sie keinen Marxie Heller. Ihr eigener Vater war Arbeiter bei den Chicagoer Polacken gewesen. Sie hatte mittendrin gelebt, war darin aufgewachsen, kannte sich aus und war trotzdem eine Klassefrau. Er hatte alles das bloß zu rasch erfahren, so wie alles zu rasch geschah, deshalb war ihm ein wenig übel. Sie kannte das Umfeld und würde alles verstehen.

»He!« platzte er auf einmal heraus. »Warum hast du Paulie befohlen, die Einstellung von dir und dem Mädchen zu vernichten?«

»Ja, was meinst du denn, Charley?« entgegnete Angelo Partanna. »Sie war das auswärtige Talent, das wir für Netturbino kommen ließen.«

Charleys geistiges Mobiliar geriet plötzlich in Bewegung, die Stücke krachten ineinander wie unbefestigte Gegenstände an Bord eines Schiffes, das durch einen Wirbelsturm pflügt. Der riesige Konzertflügel, an dem er mit solcher Hingabe und Selbstvergessenheit gesessen und ihr seine alten Balladen vorgespielt hatte, schleuderte über die Decks seines Geistes, unberechenbar und gefährlich unter den kleineren Stücken, die durch sein Bewußtsein flogen, von ihm abprallten oder ihn quetschten und verwundeten.

Er hatte viele Leute gekannt, die in seinem Beruf arbeiteten und deren Job es war, andere Leute zu töten, und er hatte sie akzeptiert, die einen mit freundschaftlichen Gefühlen, die anderen gleichgültig. Sie waren notwendig. Aber sie waren Männer. Daß sie Männerarbeit getan hatte, war der wichtigste Faktor, der klaffende Löcher in Charleys Hoffnungen auf geordnete Verhältnisse riß. Die Leute, die solche Arbeit taten, waren wie alle anderen Leute, die ihrer Arbeit nachgingen, um die Bequemlichkeiten des Lebens und die Anerkennung von ihresgleichen zu gewinnen. Und wie die anderen Leute entwickelten sie durch ihre Arbeit Anschauungen. Sie mußten ihre Arbeit tun, und zu diesem Beruf gehörte eine Art von kaltblütiger Gleichgültigkeit, die Gott den Frauen niemals zugedacht hatte.

Er kannte sie einerseits seit einer Ewigkeit, andererseits erst seit ein paar Minuten, doch selbst in der Ewigkeit seiner Einschätzung hatte er die Wahrheit über sie in seinen Gedanken verdreht und gegen alle Vernunft mit den wenigen Informationen, die er über sie bekommen hatte, willkürlich vermengt und zu einem Bild geformt, das mit ihr nichts zu tun hatte. Sie tötete Leute auf vertraglicher Basis, gegen Bezahlung. Er durchlitt tiefe Seelenpein. Im Schiff seiner Hoffnung, das in einen Wirbelsturm geraten war, wurde er vom Mobiliar seines Geistes zermalmt, obwohl er wußte, daß sie ihn nicht verraten hatte. Er hatte sich gewünscht, daß sie das Milieu möglichst gut verstünde. Und nun, mit einem Satz aus dem Munde seines Vaters, wußte er, wo all ihr unsichtbarer Schmerz hergekommen war, denn er war in ihr, er war sie geworden, aber um soviel mehr, als er sich gewünscht hatte, daß es ihm alle Freude genommen und ihn wieder leer und unerfüllt zurückgelassen hatte.

»Was ist los, Charley?« fragte Pop.

»Mir ist nicht gut, Pop«, sagte er. »Vielleicht war das Essen verdorben oder so was Ähnliches.«

»Sie gefällt dir.«

Das konnte Charley nicht bestätigen.

»Du liebst sie?« Pops Stimme klang nicht einmal erstaunt. Er war freundlich und verständnisvoll. Er war Pop, der vollendete Berater, der weiseste aller *consiglieri*.

»Pop, ich kann jetzt nicht darüber sprechen.«

»Du brauchst nicht zu sprechen. Ich werde es tun. Sie ist eine kluge Frau, die beste. Sieh mal, Charley«, sagte er schnell, als sein Sohn sich abwandte, »was weißt du über sie, abgesehen davon, was du für sie empfindest?«

»Was ich weiß, ist alles falsch.«

»Was meinst du damit – falsch? Du denkst, du könntest über alle Leute alles wissen? Du kennst sie ein paar Tage, eine Woche vielleicht. Was hast du ihr als deinen Beruf genannt?«

»Olivenöl und Käse. Aber sie wußte Bescheid, Pop. Sie ist, was sie ist, also wußte sie, was ich bin, und sagte nichts. Sie ging zur Hochzeit, um von dir das Zeichen zu bekommen, dann fuhr sie hin und putzte Netturbino weg. Mir erzählt sie, sie sei Steuerberaterin.«

»Charley, angenommen, es war anders herum? Angenommen, ich hätte dir gleich gesagt, daß sie den Vertrag auf Netturbino angenommen hat, und dann triffst du sie, und sie fragt dich, was du tust? Willst du mir erzählen, du hättest ihr gestanden, daß du der Eintreiber für die Prizzis bist?«

»Nein.«

»Wir beide kennen genug Burschen, die herumgehen und erzählen, daß sie diesen und jenen umgelegt hätten, und man weiß, daß sie in Wirklichkeit Hosenscheißer sind. Diese Frau hat Verstand. Sie rechnet damit, daß du früher oder später etwas über sie erfahren wirst, aber sie denkt nicht daran, es von sich aus zu erzählen. Hör zu, Charley – jeder, der wie sie ein Geschäft hat, das ihr für einen Kunden hunderttausend einbringt, kann kein Risiko eingehen und Reklame machen, das weißt du.«

»Welch ein Geschäft für eine Frau!«

»Glaubst du, sie hätte sich entscheiden können, was für ein Geschäft sie anfangen sollte? Ihr Vater war ein Schwein, aber sie blieb bei ihm, bis man ihn in der Städtischen Mülldeponie unter einem Berg von Unrat fand. Sie war eine gute Tochter. Dann fand sie Marxie Heller, und er war gut zu ihr. Sie ging mit ihm nach Detroit und hielt ihm während der ganzen Lungengeschichte die Treue. Dann verließ er sie, weil er eine junge Frau wie sie nicht drängen wollte, sich ihm zuliebe in Phoenix einzugewöhnen. Darauf ging sie nach Chicago und bekam einen Job in der Organisation, Verwaltung von Bargeld. Sie war beliebt und wurde zum Kurierdienst befördert, und während sie über das Meer hin- und herflog, studierte sie die Steuergesetze und war gut darin.«

»Wozu gut darin sein, wenn sie eine *puntatrice* ist?«

»Sie ist Amerikanerin! Sie hatte die Chance, noch mehr zu verdienen, also griff sie zu! Außerdem war ihr Job als Steuerberaterin eine großartige Fassade. Sie kannte das Milieu. Sie hatte die Verbindungen. Sie wußte, daß es immer besondere Situationen geben würde, mit denen eine Frau besser zurechtkommt als Al Melvini oder du. Also verlegte sie sich darauf und vollbrachte großartige Leistungen. Sie ist eine gemachte Frau, Charley.«

»Ich weiß nicht, Pop. Das ist eine ernste Sache. Wir wollen heiraten.«

»Sie wäre eine gute Frau, glaub mir. Aber Don Corrado und die Familie würden das nicht verstehen. Gut, bring sie nach New York. Lebe mit ihr. Aber du kennst die Prizzis. Für sie hat eine Frau zu tun, was sich für eine Frau ziemt.«

»Ich muß darüber nachdenken, Pop.«

»Denk daran, was ich gesagt habe, hörst du, Charley? Und mach keine Dummheiten, verstehst du?«

11.

Nachdem Dom und Phil mit dem Wagen gekommen waren und Pop abgeholt hatten, ging Charley auf die Terrasse hinaus und dachte nach. Er war froh, daß Pops Leibwächter gerade in diesem Augenblick gekommen waren, denn zum ersten Mal in seinem Leben hatte er das Verlangen, Pop durchzuprügeln. Am liebsten hätte er auch noch Dom und Phil verprügelt, aber dabei wäre das Mobiliar zu Bruch gegangen. Und am allerliebsten wäre er zu ›Der Ecke‹ gegangen, um zu sehen, wer im Schnellimbiß war, und um sie zu verprügeln. Was sonst konnte er tun?

Plötzlich wurde ihm schlecht, und er lief mit der Hand vor dem Mund ins Badezimmer und stieß unterwegs einen Kaffeetisch um, so daß eine Vase herunterfiel und zerbrach. Während er sich übergab, beklagte er die zerbrochene Vase. Wie sollte er sie ersetzen? Sie hatte absolut den gleichen grünen Ton wie der Streifen um den Teppich und die Bäume in dem großen Gemälde. Er würde mindestens drei Wochen herumlaufen müssen, um die richtige Vase zu finden, dachte er beim Erbrechen. Vielleicht könnte jemand diese Vase so zusammenkitten, daß man die Sprünge nicht sehen würde. Das war wenigstens eine Hoffnung.

Während er sich wusch, wurde ihm klar, daß ihm nicht aus lauter Ekel vor Irenes Beruf übel geworden war, sondern weil den Prizzis dreihundertsechzig Dollar fehlten, die jemand Louis Palo abgenommen hatte.

Als er sich abtrocknete und mit Kölnisch Wasser erfrischte, schüttelte er mißbilligend den Kopf. Louis Palo, der mißtrauischste Mann, der jemals eine *cuddiruni-Pizza* gegessen hatte, sollte mit den dreihundertsechzig zu einem Misthaufen von einer Bar hinausgefahren sein, wo die Kellnerinnen sich auf dem Parkplatz prostituierten, draußen an der Fernstraße, ausgerechnet zu einer Toilette wie Presto Cigliones Kneipe, um jemanden zu treffen? Nun, Louis wäre niemals dorthin gefahren, es sei denn, irgendeine Biene, hinter der er schon lange her war, hatte ihn mit irgendeinem Schmus da hinausgelockt. Wohl bekomm's!

Charley ging mit wankenden Knien aus der Toilette und stellte den Kaffeetisch auf. Er sammelte die Scherben zusammen, die einmal eine Vase gewesen waren, die zu finden Maerose keine Mühe gescheut hatte, wickelte sie sorgfältig in ein Blatt Zeitungspapier und tat sie in eine Schublade. Er würde Maerose erzählen müssen, was geschehen war, und sie würde ihn ausschimpfen. Wer immer Louis umgelegt hatte, er schien dafür büßen zu müssen.

Er ging auf die Terrasse, um nachzudenken, setzte sich und schaute auf die Bucht hinaus. Nach einer Weile zündete er eine Zigarre an. Er versuchte Rauchringe zu blasen, aber der Wind verwehte den Rauch. Okay. Es war unmöglich, daß Irene Louis erschossen hatte. Aber wenn Marxie Heller dem Tode so nahe gewesen war, mußte er zu schwach gewesen sein, um es mit Louis aufzunehmen. Marxie hätte es sowieso nie mit Louis aufnehmen können, auch nicht am stärksten Tag seines Lebens. Louis war ein harter Bursche, der jedermann mißtraute. Also wer zum Teufel hatte Louis Palo geeist? Er stand auf und ging zurück in die Wohnung. Wozu Ratespiele treiben? Er mußte versuchen, Informationen zu sammeln. Und so öffnete er den Dielenschrank und kramte darin herum, bis er das Telefonbuch von Las Vegas fand. Er suchte die Nummer von Presto Cigliones Bar heraus, ging zum Telefon und wählte.

»Holen Sie Presto an den Apparat. Und sagen Sie ihm, es ist New York.« Er wartete. »Presto? Charley Partanna hier.«

»Sieh einer an! Ich meine – wie geht's?« fragte Ciglione. »Hör zu«, sagte Charley, »an dem Abend, als Louis sich erkältete, kam er da tatsächlich in dein Lokal?«

»Nein. Ich war überrascht. Er hatte sich vorher nicht blicken lassen.«

»In Ordnung. Okay. Das bleibt zwischen uns beiden, klar? Danke.« Er legte auf, ging wieder auf die Terrasse und paffte an der dikken Zigarre. Das war der Beweis. Louis war nicht in die Bar gegangen, um jemanden zu treffen, sondern nur auf den Parkplatz gefahren.

Keine Zeugen. Wer immer Louis überredet hatte, das ganze Stück hinauszufahren, hatte ihn dann in seinem Wagen auf dem Parkplatz vernagelt, hatte im Scheinwerferlicht seines Wagens gestanden, war zu ihm eingestiegen, um ihm das Ding zu verpassen, und hatte die dreihundertsechzig mitgenommen. Es mußte eine Frau gewesen sein.

Wer war die Frau, von der Pop sagte, sie wäre die beste in der Branche? Wer war die Frau, die mit Louis Palos Komplizen verheiratet gewesen war? Wer war die Frau, die den Prizzis dreihundertsechzig Dollar zurückgegeben hatte, ihnen aber die anderen dreihundertsechzig vorenthielt? Wer war so hinreißend, daß Louis, der absolut argwöhnische Louis, seinen Schwanz in die Hand genommen und sein Geld vergessen haben mußte?

Wieder und wieder, und er kam immer zum selben Ergebnis. Zwei Kerle schieben in der Kasse des Spielcasinos gefälschte Schuldscheine hin und her. Sie brauchen für den Schwindel keine dritte Person einzuweihen. Sie können den Prizzis die siebenhundertzwanzig Dollar bequem zu zweit abnehmen. Louis brauchte in Vegas niemanden zu treffen. Er hatte seinen Anteil schon in der Tasche. Marxie Heller war sofort nach dem Coup abgereist. Warum hatte Louis gewartet? Louis hatte auf das einzige gewartet, was ihm je des Wartens wert gewesen war – eine Schnalle. Sie hatte ihm eingeredet, daß sie Marxie verlassen und mit ihm und der ganzen Beute davonlaufen würde, und Louis hatte mit dem Schwanz in der Hand in seinem Wagen gewartet, bis sie aus der Dunkelheit gekommen und neben ihm eingestiegen war und ihm die bittere Pille gegeben hatte.

Das war die einzige Erklärung. Irene hatte Louis geeist und die ganzen siebenhundertsechzig Dollar eingesackt. Dazu paßte, daß sie – vielleicht, weil Marxie gut zu ihr und vor allem sterbenskrank gewesen war – das Geld in zwei Haufen geteilt hatte, damit sie, wenn die Prizzis ihn beauftragten, sie samt Marxie zu kassieren, das Unschuldslamm spielen und ihm die Hälfte zurückgeben konnte.

Er saß in der Ecke der Terrasse, drückte beide Arme gegen den Magen, die Zigarre zwischen den Zähnen, und schaukelte vor und zurück, während ihm die Tränen übers Gesicht rannen. Dann hob er das Telefon vom Boden auf den Schoß und wählte.

»Maerose?« sagte er in den Hörer. »Charley. Charley wer? Charley Partanna, um Gottes willen! Wie viele Charleys rufen dich um diese Zeit an?«

»Charley, was ist los? Es ist Viertel vor eins! Was willst du von mir, wieder eine polnische Nummer?«

»Mae – Mae, hör zu – ich habe die Vase zerbrochen!«

»Welche Vase?«

»Die besondere Vase, die zu dem Randstreifen vom Teppich paßt. Die Vase, nach der du so lange gesucht hattest.«

»Charley, was ist mit dir, bist du nicht bei Trost?«

»Bist du allein?«

»Natürlich bin ich allein, du Klotz.«

»Ich muß mit dir reden, Mae.«

»Wegen einer Vase?« Aber sie hörte die Not in seiner Stimme. »Du mußt mich sprechen, Charley?«

»Ja. Was sagst du dazu?«

»Charley, was ist los? Was ist passiert? Hast du Ärger?« Selbst Charley war an diesem Tiefpunkt seines Lebens klug genug, um zu antworten: »Warum sollte ich Ärger haben, weil ich dich sprechen muß? Ich – ich vermisse dich. Ich muß mit dir reden. Okay?«

»Nach beinahe zehn Jahren vermißt du mich plötzlich?«

»Kann ich zu dir kommen?«

»Gewiß, Charley.«

»In einer halben Stunde. Höchstens vierzig Minuten.«

Er ging zum Badezimmerspiegel und kämmte sich, dann ins Schlafzimmer, wo er sich einen Schlips umband. Danach zog er den Schlips und das weiße Hemd aus und das kurzärmelige schwarze

Sporthemd an, das er in Phoenix getragen hatte, nicht ohne es sorgsam zu beriechen, um sich zu vergewissern, daß es koscher war. Zuletzt, um ganz sicherzugehen, spritzte er sich Kölnisch Wasser unter die Achseln.

Seit ihr Vater sie aus der Familie verstoßen hatte, lebte Maerose in einem Wohnblock, dem Matsonia, in der Siebenunddreißigsten Straße unweit der Park Avenue in Manhattan. Sie hatte eine Vertrauensstellung in einem Geschäft für Inneneinrichtung in der Zweiundsechzigsten Straße, wo sie den Namen Mary Hoover gebrauchte. Sie war eine gute Dekorateurin und beriet die männlichen Kunden der Firma, die anspruchsvollen Leute, die sich die prismatischen Gemälde von James Richard Blake leisten konnten. Angelo Partanna war mit Billigung Corrado Prizzis ihr Bindeglied zur Familie. Sie hatte die Erlaubnis, sie zu Weihnachten und zu bestimmten anderen Festtagen wie San Gennaro zu besuchen, außerdem zu Geburtstagen, Hochzeiten und Begräbnissen. Zuerst redeten alle mit ihr, ausgenommen ihr Großvater, ihr Vater, Eduardo, die Oberhäupter der Familien Sestero und Gennaro und die anderen Männer der Familie Prizzi. Viele von den Frauen redeten nicht mit ihr, bis Don Corrado erwähnte, daß das geändert werden mußte, aber inzwischen wollte Maerose nicht mehr mit ihnen reden.

Charley, der allgemein als die Ursache ihres Exils betrachtet wurde, sagte immer ›Hallo‹, wenn auch nicht viel mehr. Angelo Partanna und Amalia Sestero waren die einzigen in der Familie, die sie willkommen hießen. So war es neun Jahre und zwei Monate lang gewesen – ›beinahe zehn Jahre‹, wie die Leute sagten –, aber Maerose versäumte keine Gelegenheit, den Fluß zu überqueren und sich unter den Prizzis zu zeigen. Ihre Treue brachte ihr im dritten Jahr Don Corrados schweigende Unterstützung ein, so daß nach und nach viele der Männer, einschließlich Eduardo, freundlich mit ihr sprachen, wenn ihr Vater nicht im Zimmer war, aber ihr Vater änderte sein Verhalten nicht. Auch war es ihr nicht möglich, die Erlaubnis zu erhalten, ihre Familie an anderen Tagen als den von ihrem Vater vorgeschriebenen zu besuchen und so auf symbolische Weise nach Brooklyn zurückzukehren.

Maerose Prizzi war eine Prinzessin im Exil, die sich nach ihrer Heimat und nach ihren Leuten sehnte, während sie ungefähr sechs

Kilometer von ihnen entfernt lebte. Die Gegenstände ihrer Sehnsucht waren wie Planeten zu ihrer Sonne – einige weiter von ihrer Wärme entfernt, andere näher –, aber der größte Teil ihrer schmerzlichen Sehnsucht, nach Brooklyn zurückzukehren, galt Charley Partanna, an dessen Seite sie für alle Zeit ihren Platz sah.

Sie war stark. In einer Zeit, als ihr Vater entschlossen gewesen war, sie für immer zu verbannen, hatte sie durch Angelo Partanna ihre Besuchsrechte erkämpft. Unter Aufbietung all ihrer Intelligenz und Zähigkeit und Prizzi-Energie war es ihr gelungen, ihr Recht, Weihnachten mit der Familie zu verbringen, zurückzuerobern. Dann waren die Feiertage dazugekommen, weil sie ihrem Großvater heilig waren, dann die Hochzeiten und Begräbnisse. Mißerfolge erlitt sie beim Neujahrstag, dem Eröffnungstag im Shea-Stadion, das sowieso in Queens lag, wo die Prizzis jedoch wichtige Konzessionen hatten, und beim Vincent Prizzi-Tag in den Palermo Gardens, wo die große Osterparty abgehalten wurde. Und an allen anderen Tagen. Als sie sah, daß sie soviel bekommen hatte, wie sie bekommen konnte, hielt sich Maerose an die Vereinbarung.

Angelo Partanna besuchte sie jeden Freitagvormittag um elf im Matsonia, um eine Stunde mit ihr zu verbringen und ihr die von ihrem Großvater festgesetzte Summe auszuhändigen, die etwa dem entsprach, was er ihr im Geschäft für Restaurantbedarf gegeben hatte. Angelo brachte bei seinen Besuchen alle Familiennachrichten mit. Sein Beruf hing von seinem Gedächtnis ab. Zuletzt, wenn sie mit Angelo zur Tür ging, fragte sie immer nach Charley, und Angelo sagte darauf immer das gleiche in verschiedenen Worten, dessen Sinn ungefähr so lautete. »Ich glaube, er sehnt sich nach dir, Maerose. Aber das war vor bald zehn Jahren – und da ist natürlich die Familie.« Darauf nickte sie schwermütig, Angelo küßte sie auf die Wangen und ging wieder für eine Woche.

Maerose wartete, der Vergebung ihres Vaters und ihres Platzes an Charley Partannas Seite gewiß. Bald zehn Jahre waren vergangen, und er hatte nie geheiratet. Wenn er Umgang mit Frauen hatte, stellte er sie der Familie nicht vor. Sie verstand so gut wie die Männer, daß Ehre wichtiger war als Liebe und auf jeden Fall wichtiger als Ehe und Vaterschaft. Ehre war das Gesicht und das Herz und die Seele einer Familie. Sie wußte nicht, wie sie die verlorene Ehre wiederherstellen konnte, aber sie wartete auf Charley.

In beinahe zehn Jahren hatte sie nur einmal den Mut verloren. Charley, der sie nie angerufen hatte, seit sie aus Mexiko zurückgekommen war, meldete sich plötzlich bei ihr, um die Telefonnummer einer Frau von ihr zu bekommen. Das hatte sie beinahe umgeworfen. Und die Frau war eine Berufskillerin. Sie wußte das nur, weil Charleys Vater sie gebeten hatte, die Frau abzuholen, zur Hochzeit zu begleiten und mit ihr zum Empfang ins Hotel zu kommen, damit Angelo ihr den Auftrag erteilen konnte, Netturbino zu erledigen – wie sich später herausstellte. Eine richtige Eiswasserdame. Gott, es war wie ein Messer gewesen, als Charley angerufen und das von ihr verlangt hatte. Dann erzählte Amalia ihr, daß der Ehemann der Frau zusammen mit Louis Palo das Casino Latino betrogen hatte und daß Charley nun den Ehemann stillegen mußte, was ihn der Frau wahrscheinlich näherbrachte.

Maerose telefonierte jeden Morgen mit Amalia Sestero und fragte immer, was mit Charley und der Polackin vorginge. Amalia unterrichtete sie von Charleys Flügen und erzählte, daß er seit seiner letzten Rückkehr aus Los Angeles wie jemand herumliefe, der einen über den Kopf gekriegt hatte. Als Charley mitten in der Nacht anrief und sagte, er müßte sie sprechen, folgerte Maerose, daß er es der Polackin heimzahlen wollte, indem er sie mit ihr betrog. Immerhin, es war ein Anfang und viel besser als das Nichts, was sie seit beinahe zehn Jahren von Charley bekommen hatte.

Sie formulierte eine scheinbar einfache Politik, die ihr Verhalten zu Charley bestimmen sollte: diese Politik beruhte auf der Annahme, daß eins zum anderen führen könnte.

Als Charley läutete, war Maerose dem Anlaß entsprechend angezogen. Ihr schönes pechschwarzes Haar fiel wie chinesische Seide über ihre Schultern bis auf die Hüften und umrahmte ihr rassiges, hakennasiges arabisch-sizilianisches Gesicht, in dem olivbraune und rosige Töne einander reizvoll überlagerten und mit dem strahlenden Weiß ihrer Zähne kontrastierten. Lächelnd hieß sie den Mann willkommen, den, wie sie fest glaubte, Gott ihr zugedacht hatte.

»He, Charley«, sagte sie. »Was ist mit dir?«

Er seufzte. »Wir müssen – ah – reden.«

»Möchtest du hier reden oder hereinkommen und dich setzen?«

»Klar«, sagte er.

Sie setzten sich nebeneinander auf das große Sofa.

Der Raum war wie das Innere einer bedeutenden chinesischen Pagode zur Zeit Napoleons III. eingerichtet, als der Kaiser über Bauernhäuser regiert hatte, die mit mittelamerikanischen Antiquitäten vollgestopft waren. »Authentisch ist es ja nicht«, hatte Maerose zu ihren Partnern gesagt, »aber wir sind wie Maßschneider. Wir müssen die Einrichtungen so gestalten, daß sie die größtmögliche Aufmerksamkeit finden.«

»Ja, aber was machen wir, wenn ein Kunde Zustände bekommt, nachdem er dies gesehen hat?« fragte der Seniorpartner.

»Wissen Sie, Gascoigne – die Farben stimmen, und darauf kommt es an. Jeder sieht Formen verschieden, aber Farben sind immer gleich.«

»Deine Einrichtung gefällt mir«, sagte Charley.

»Na ja, das ist mein Beruf.«

»Wie kommt es, daß du so viele Bücher hast?«

»Ich bin viel allein.«

»Warum hast du meine Wohnung draußen am Strand nicht mit Büchern eingerichtet?«

»Du bist nicht oft allein.«

Er hatte versucht, nur in ihr Gesicht zu sehen. Nicht in ihre Augen, er konnte ihr nicht in die Augen sehen, aber sein Blick wanderte immer wieder abwärts, und es begann ihn zu jucken, denn sie hatte unter diesem Ding, das sie trug, nichts an, und es war dünn genug, daß er beinahe alles sehen konnte. Gott, was für ein Paar von sekundären Geschlechtsmerkmalen, wie der Doktor in einer der Illustrierten sie genannt hatte. Er mußte seine Kleidung zurechtziehen.

»Wie ich höre, kannst du ohne Gras nicht mehr leben«, sagte er beiläufig.

»Ich rauche es, aber ich muß nicht. Willst du eine?«

Charley wußte nicht, was er sagen sollte. Gras, Kokain und Shit waren für Schwächlinge und Dummköpfe. Er verachtete, ebenso wie Pop, jede Art von Suchtabhängigkeit. Das galt auch für Alkoholiker, seit sie in das Geschäft mit gefälschtem Markenwhisky eingestiegen waren. Der Gedanke an Alkohol erinnerte ihn an das feine Restaurant in Kalifornien, wo Irene den *Jugo de piñas con Bacardi* bestellt hatte. Um die unwillkommenen Gedanken zu verdrängen, sagte er: »Sicher, warum nicht?«

Sie öffnete das geschnitzte Elfenbeinetui auf dem Tisch und hielt es ihm hin. »Ich wußte nicht, daß du auf dieses Zeug stehst«, sagte sie.

»Tu' ich nicht«, erwiderte er. »Ich rauche es nicht mal.«

»Was machst du damit – Canneloni?« Sie zündete eine an, inhalierte tief und gab den Joint an ihn weiter. »Was, zum Teufel, willst du eigentlich vor mir, Charley?«

Er nahm einen Zug, hielt ihn lange an und sagte durch den ausgeatmeten Rauch: »Ich wollte bloß mit dir reden.«

»Und dazu fährst du morgens um halb zwei von Brooklyn hierher?«

Er ließ seine Hand auf ihrem Knie ruhen, vielleicht mehr auf ihrem Schenkel. Es war ein warmes, angenehmes Gefühl. »Wir haben viel Zeit vergeudet.«

»Beinahe zehn Jahre? Das nennst du viel Zeit? Wie kommt es, daß du nicht gewartet hast, bis ich fünfzig bin?«

»Nun«, sagte er langsam und atmete den Rauch aus, »mit fünfzig könntest du eine fette italienische Schlampe sein.«

»Meinst du? Wenn ich fünfzig bin, wirst du aussehen wie der Vater des Klempners – wenn er einen hatte. Willst du es tun, Charley? Ist es das, was du willst?«

»He! Hör mal! Reg dich nicht auf. Wie kommst du darauf?«

»Niemand hat sich mehr Zeit gelassen als du und ich, Charley. Zehn ganze Jahre. Beantworte die Frage – willst du?«

»Wenn du so fragst – ja.«

»Okay, dann laß uns.«

Sie stand auf und zog den dünnen Morgenmantel aus.

»Mit all den Lampen?« fragte er.

Sie stand in ihren hochhackigen Pumps vor ihm und hatte außer dunklem Lidschatten nichts an. Ihr Atem wurde rauh. »Ja«, flüsterte sie, »gleich hier, auf dem Teppich. Mit Beleuchtung.«

»Madonna mia«, sagte Charley.

Eine Stunde später hatten sie es auf dem Teppich getrieben, in ihrem Baldachinbett mit den eleganten Vorhängen und mit Charley auf einem kleinen Hocker in ihrem Duschbad sitzend, weil er ein wenig müde wurde. Die ganze Zeit murmelte er ihr ins Ohr, wie samtig und glatt er ihre Haut fände, wie herrlich ihre Brüste und wie geschmeidig ihre Hüften wären, bis sie ihm sagte, er sollte entweder schmutzige Ausdrücke gebrauchen oder den Mund halten.

Um sieben Uhr machte sie ihm solch ein Frühstück, daß ihm ernste Zweifel an seinen eigenen Kochkünsten kamen: *caciotti,* kleine, heiße Rouladen, mit Käse und gehackten Nieren gefüllt, und *sarde beccafico,* kleine Sardinen mit einer Füllung aus Brotkrumen, gehackter Salami, Zirbelnüssen und ein wenig Zitronensaft. Dazu gab es eine Flasche kalten Weißwein und zum Schluß schwarzen Kaffee.

Während er aß, blickte er verzagt und zugleich bewundernd zu ihr auf. Sie hatte eine kleine Schürze umgebunden, aber das war alles. »Ich weiß nicht, was ich tun soll«, sagte er.

»Ja.«

»Was soll ›ja‹ bedeuten?«

»Meine Güte, Charley, seit damals, als ich neunzehn war, sagtest du beinahe zehn Jahre lang nur ›Hallo‹ zu mir, wenn es hoch kam, bis du Irene Walker brauchtest. Dann benutztest du mich als Telefonvermittlung und dachtest dir nichts dabei. So ist es doch, oder? Und dann rufst du mich um ein Uhr früh an, bist völlig aus dem Häuschen und mußt es mit mir machen. Also liegt die Vermutung nahe, daß du in der schlimmsten Patsche steckst, seit ich nach Mexiko abgehauen bin.«

»Ja? Woher weißt du das?«

»Wer bin ich denn? Heiße ich vielleicht Jones? Ich bin eine Prizzi. Ich bin Corrado Prizzis Enkelin.«

»Kann ich mit dir reden?«

»Ich weiß nicht, Charley. Vor ein paar Minuten wußte ich es, aber jetzt weiß ich es nicht.«

»Letzte Nacht war ich nahe daran, mich zu erschießen.«

»Um Gottes willen, Charley!«

Er starrte sie an und nickte. Sein Gesicht drückte Hilflosigkeit aus. Das hatte sie noch nie gesehen.

Sie setzte sich in der mit Haushaltgeräten überfüllten Küche ihm gegenüber, und sie schauten einander an, als ob sie beide den lautlosen Digitaluhren lauschten. »Erzähl mir davon, Charley.«

»Ich kann es nur dir erzählen, Mae. Wenn ich versuche, mit Pop zu reden, kommt es mir nicht über die Lippen, und wen gibt es sonst noch? Ich tue dies, um mich zu erleichtern, obwohl ich weiß, daß es dich schmerzen muß, und das nimmt mir die Männlichkeit. Es entehrt mich.«

»Charley, wie könnte mich etwas mehr schmerzen als der Zustand, an den ich mich gewöhnen mußte? Das war das Schlimmste. So ungefähr ist dir jetzt zumute. Ich wollte mich umbringen, aber was ich der Ehre der Prizzis bereits angetan hatte, wäre für meinen Großvater nichts, verglichen damit. Wie elend dir jetzt auch zumute sein mag, Charley, glaube mir – der Kalender wird mit allem fertig.«

»Ich weiß nicht, was passiert ist. Ich sah diese Frau in der Kirche, und in meinem Kopf bewegte es sich, so daß ich alles anders sah. Es passierte einfach. Ich sah sie und war hin. Dann erreichte ich sie in Kalifornien, und wir waren ein paar Tage zusammen. Nicht so zusammen – das war nur einmal, damals –, aber wir hatten Zeit, und ich konzentrierte mich und konnte mir einreden, daß ich sie kannte.«

Maerose biß sich auf die Unterlippe.

Er gab sich einen Ruck. »Also gut! Louis Palo, der immer so verläßlich war, daß er ein Jesuit hätte sein können, tat sich mit einem Spielbankkassier namens Marxie Heller zusammen, und die beiden erleichterten deinen Großvater um siebenhundertzweiundzwanzig Dollar und ein bißchen Kleingeld. Dein Vater schickte mich los, mit dem Auftrag, das Geld zurückzuholen und die beiden auszuzahlen. Louis war bereits abserviert. Ich befaßte mich mit Heller, dann wartete ich im Haus, bis seine Frau heimkam – seine Frau, Maerose. Und es stellte sich heraus, daß sie Irene Walker ist!« Er hob seine schweren Hände in einer flehenden Geste. »Was sollte ich tun? Sie gab mir die Tasche mit der Hälfte des Geldes und erzählte mir eine fabelhafte Geschichte. Aber ich wußte gleich, wie die Sache gelaufen sein mußte. Louis war nicht der Mann, dem dieser faule Trick eingefallen wäre. Heller hatte TB und nur noch kurze Zeit zu leben – ihm konnte nicht viel daran gelegen sein. Aber sie hatte alles geplant. Sie ging hin und packte Louis beim Schwanz und zog ihn in den Schwindel hinein. Dann machte sie ihn kalt. Sie hat die andere Hälfte der Kohlen. O Scheiße! Habe ich Irene in den Kofferraum von Hellers Wagen gesteckt – bin ich damit zum Flughafen gefahren, damit die Bullen sie eines Tages finden? Nein. Ich flog nach Haus und erzählte deinem Vater, sie sei sauber. Ich sagte deinem Vater, daß die Kerle, die Louis kaltmachten, mit dem Geld verschwunden wären.«

»Aber, Charley ...«

»Für mich war das nichts. Ich bin mein Leben lang anständig, und nun belüge ich deinen Vater und denke mir nichts dabei! Als wäre es die Strafe dafür, daß ich auf meine eigene Ehre gepißt habe, erfahre ich von Pop, daß sie die *puntatrice* ist, die den Netturbino-Auftrag übernommen hatte.« Er stützte den Kopf in die Hände und beugte sich über den Tisch. »Ich liebe sie. Das ist der Felsen, den ich nicht aus dem Weg wälzen kann und der zu groß ist, um außen rumzugehen. Ich liebe sie.«

»Was willst du tun?« fragte Maerose nüchtern.

Er stieß ein metallisches Lachen aus. »Ich muß es in Ordnung bringen, weil ich damit leben muß.«

Sie holte tief Atem. »Dann tu es.«

»Wie? Was soll ich tun? Wie soll ich es tun?«

»Charley, selbst Leute, die in Büros arbeiten, leben nicht so lange, glaub mir. Tu es. Das ist alles – tu es einfach, und wenn du einmal stirbst und Zeit hast, um nachzudenken, wirst du dich erinnern, daß du es getan und deine Selbstachtung zurückgewonnen hast. Du kannst nicht noch mehr Selbstachtung verlieren, wenn du dich in eine Maschine setzt und nach Kalifornien fliegst und sie zur Rechenschaft ziehst.«

Er starrte sie an, konnte nicht glauben, daß sie seine Probleme gelöst hatte.

»Sieh mal, Charley«, sagte sie, während sie ins Wohnzimmer ging, um das Elfenbeinetui zu holen. »Eine Frau wie die denkt nur in solchen Situationen so. Sie ist mit der Idee aufgewachsen, daß sie mit den Mitteln, die ihr zur Verfügung standen, nach oben kommen mußte. Und was stand ihr zur Verfügung? Ein verbogener Verstand und eine Pistole, und davon machte sie Gebrauch wie von Kerben in einem Baumstamm, um daran hochzuklettern. Nun, sieh sie dir an.« Maerose gab ihm den angezündeten Joint. »Sie hat es geschafft. Aber, zum Teufel, Charley, daß sie eine Diebin ist und Killeraufträge erledigt, besagt noch nicht, daß sie in allen anderen Sparten keine gute Frau ist. Du mußtest nie stehlen, aber du bist der Eintreiber und Vollstrecker für die Familie, und das hat dich nie daran gehindert, richtig zu handeln. Verstehst du, was ich meine? Wäre sie eine Modeschöpferin oder meinetwegen bloß eine reiche Frau, und du hättest es mit ihr, es könnte keine dreißig Tage halten. Aber du und diese Frau, ihr seht alles mit den gleichen Augen. Du kannst von Glück reden, weil du es rechtzeitig herausgefunden hast, weißt du das, Charley?«

Er begann vor Erleichterung zu schluchzen. Sie blickte auf seinen gebeugten Kopf hinab, lächelte in sizilianischem Triumph und ging hinaus.

12.

Sechs Tage, bevor Theresa Prizzi in New York heiratete, schlüpfte Irene Walker aus Louis Palos Bett und wünschte, er würde sich öfter das Haar waschen. Sie war eine hübsche, wenn auch nicht gerade aufsehenerregende Frau, aber sie hatte etwas Wichtigeres als gutes Aussehen zu bieten – innere Ruhe, jene Schweigsamkeit, die gewalttätige Männer besänftigte.

Sie zog den blauseidenen Morgenmantel an, der sie im Einzelhandel achthundertfünfundzwanzig Dollar gekostet hatte. Dann steckte sie die Füße in ein Paar importierter französischer Pumps, im Einzelhandel für hundertfünfzig Dollar erworben.

»Wohin gehst du?« brabbelte Louis aus dem Kissen.

»Kaffee!« sang sie.

»Wie spät ist es?«

Sie blickte auf die Patek-Philippe Uhr auf dem Kaminsims (Einzelhandelspreis dreitausendfünfhundert Dollar). »Gleich Viertel vor acht«, antwortete sie. Louis grunzte und wälzte sich herum wie ein Schrottauto bei einem Serienwagenrennen und stieß das Kissen gegen das Kopfbrett des Bettes.

Irene stellte Kaffeewasser auf, nahm eine Dusche und wusch sich das Haar. Als der Kaffee fertig war, trug sie ein Kostüm von Dior (sechshundertfünfundneunzig Dollar Einzelhandelspreis). Irene kaufte alles im Einzelhandel, denn das war die legitime Art und

Weise. »Wem willst du fehlerhafte Ware zurückgeben, wenn du vom Hehler kaufst?« sagte sie zu Marxie Heller. »Und wie die Leute miteinander wetteifern, die nicht mal einen Hehler haben, sondern zu Großhandelspreisen einkaufen müssen, um ihre Selbstachtung zu wahren! Manche glauben, es sei Klasse, im Großhandel einzukaufen. Leute von Klasse kaufen im Einzelhandel.«

Sie stellte die zwei Porzellantassen und zwei Untertassen mit Löffeln, die Schlagsahne und den Zucker auf ein Tablett und trug es zu Louis' Bett, wo sie es auf dem Nachttisch deponierte. »Okay, Liebster«, sagte sie.

Stöhnend schlug er die Decke zurück und setzte sich auf. Er sah aus, als wären ihm die Augenlider ans Kinn genäht. Blindlings streckte er die Hand aus, und Irene führte sie zur Tasse. Er hob die Tasse zum Mund. »He!« rief er, und plötzlich gingen ihm die Augen auf. »Wo ist der Kaffee?«

»In der Küche. Die Kanne paßt nicht aufs Tablett.«

»Du hast ohne Zweifel einen eigenen Gesichtspunkt, Irene«, meinte er bewundernd. »Nicht viele Leute würden mir eine leere Tasse in die Hand drücken.«

»Ich habe dich wach gekriegt, nicht?«

»Ja. Genau wie Kaffee.«

Sie holte die Kanne und füllte seine Tasse. »Wir können anfangen, Louis. Heute ist der erste Abend.«

»Das sind schöne Spielmarken, die du da aufgetrieben hast.«

»Haben eine Menge Geld gekostet.«

»Sie sind perfekt.«

»Jack Ramen geht weg, wenn du heute zum Dienst kommst. Zehn Tage für die ganze Aktion. Zwei Marken für Marxie heute abend, drei morgen abend, eine am Dienstag, und so weiter, vierzehn im ganzen. Das bringt uns 722 085 Dollar. Was sagst du dazu?«

Louis grinste. »Inflationsdollar.«

»Freilich. Sechzig Prozent für dich, weil du es am schwierigsten hast, und jeweils zwanzig Prozent für Marxie und mich. Wir fliegen nach Rio und leben glücklich bis ans Ende unserer Tage.«

»Kommt darauf an, wie bald das ist.«

»Wieso?« Ihre klaren braunen Augen sahen ihn neugierig an.

»Charley Partanna.«

»Ich verstehe nicht.«

»Du kennst Charley nicht?«

»Ich weiß, daß er für die Prizzis den Eintreiber macht.«

»Das kannst du mir glauben.«

»Er arbeitet für eine große Organisation und bekommt dafür bezahlt, daß er den faulen Kunden auf die Zehen tritt. Solche gibt es viele.«

»Charley ist anders. Er tut nicht nur, was sie ihm auftragen, er schaut nicht bloß herum und vergißt es, wenn er es nicht finden kann. Für Charley ist das Geld der Prizzis Ehrensache. Wenn sie ihm sagen, jemand habe sie betrogen, dann muß er daraus eine Lektion für alle Welt machen. Charley läßt nicht locker. Er grübelt. Er fragt herum. Er wartet und arbeitet weiter, bis er auf der richtigen Fährte ist. Damit will ich sagen, daß wir uns nicht sicher fühlen sollten, nur weil wir es bis Rio schaffen.«

»Das verstehe ich nicht. Marxie hat mir von Charley erzählt. Er sagt, Charley sei praktisch ein Spießer.«

»Sehr komisch – ein sizilianischer Spießer. Aber ich weiß, was du meinst, Irene, und das ist es eben, was Charley so gefährlich macht. Er ist wirklich davon überzeugt, daß er für die Ehre der Prizzis verantwortlich ist. Es schmerzt ihn, wenn jemand sie betrügt oder ihnen nicht den schuldigen Respekt zollt. Das ist der Punkt, von dem ich spreche. Erinnerst du dich an Joey Labriola und Willy Daspisa?«

»Die Burschen, die sich vor vier Jahren umdrehen ließen?«

»Genau.«

»Was ist mit ihnen?«

»Wo, meinst du, werden sie jetzt sein?«

»Mein Gott, irgendwo. Plastische Chirurgie. Neue Sozialversicherungskarten mit neuen Namen. Wahrscheinlich sind sie in Winsted, Connecticut, im Farbengeschäft.«

»Nein. Charley hat sie gefunden.«

Sie war beeindruckt. »Wie?«

»Es kostete ihn beinahe drei Jahre und einen Wechsel in der Verwaltungsspitze. Er drängte Ed Prizzi, die Regierung nach Einzelheiten auszuquetschen, und ließ nicht locker, mußte unbedingt herauskriegen, wo Joey und Willy steckten. Sie hatten die Prizzis ungefähr sechshundert Dollar gekostet, und das konnte Charley nicht ertragen. Die Summe war ihm nicht wichtig. Sie hatten die

Prizzis hereingelegt, das war es, worauf es ihm ankam. Sein Vater hat ihn richtig erzogen. Wenn dich jemand entehrt, mußt du es ihm heimzahlen, das brachte er Charley bei, und er hatte recht. Die Prizzis hätten heute überhaupt kein Geschäft mehr, wenn jemand glaubte, er könnte sie ungestraft bestehlen.«

»Gott, ich kann es nicht glauben. Charley ist hinter das Programm zum Schutz von Belastungszeugen gekommen?«

»Ja. Siehst du, sie wurden von den Zeitungen groß herausgestellt, packten als Belastungszeugen aus, dann verschwanden sie. Sechs Prizzi-Soldaten landeten im Knast. Das allein kostet die Prizzis achtzig Dollar im Jahr für die Familien. Da fragst, wie kann er in einem so großen Land zwei Männer mit neuen Gesichtern und neuen Fingerabdrücken und neuen Papieren finden? In einer so weiten Welt? Charley sieht es nicht so. Für ihn gibt es eine direkte Linie zwischen ihm und denjenigen, die den Prizzis geschadet haben. Er sorgte dafür, daß eine Hauptversammlung abgehalten wurde. Jeden Tag telefonierte er in alle Gegenden, erinnerte jeden *capo* und jede Nutte im Land, daß es ihre Pflicht wäre, nach Joey und Willy Ausschau zu halten. Aber die Leute sind nun mal so, wie sie sind. Sie haben was anderes im Kopf. Nach einer Weile wimmelten sie ihn ab, und darauf machte er erst recht Druck bei Ed Prizzi. Bald wurde es dem zuviel, und er sagte Charley, er sollte ihn in Ruhe lassen. Charley gab sich nicht geschlagen, Charley saß ihm im Nacken wie eine Klette. Ed berief eine Versammlung ein. Don Corrado Prizzi saß am Kopfende des Tisches. Vincent war da, Angelo Partanna war da, und die drei *capiregimes*. Charley hielt eine flammende Rede, damit ihm niemand sagen konnte, er soll die Geschichte auf sich beruhen lassen. Er wollte Joey und Willy wegen der Familienehre aufstöbern. Sie mußten bezahlen, das stand fest. Don Corrado gab Ed den Auftrag, alle Hebel in Bewegung zu setzen. Es kostete sie acht Monate und ein paar ziemlich hohe Tiere aus der Bundespolitik. Dann bekamen sie die Akten über Joey und Willy, direkt von der Regierung.«

»Mein Gott!«

»Weißt du, was Charley machte? Er fand sie in Yakima, Washington, wo sie in der Möbelbranche arbeiteten. Das Komische daran ist, daß sie alles nur getan hatten, weil sie Warme waren, die es miteinander hatten. Ja. Tatsache. Jesus! Sizilianer! Wie auch immer,

Charley mietete ein Haus in Yakima und ließ durch einen Agenten verbreiten, daß er Möbel brauchte, die der Agent als Kommissionär besorgen sollte. Er sprach mit vielen Möbelverkäufern, aber sie hatten nicht, was er suchte. Also schickte der Agent Joey zu ihm. Die Ärzte hatten sein Gesicht gut überarbeitet. Es war kein neues Gesicht, aber man konnte ihn nicht auf den ersten Blick wiedererkennen. Joey kannte mich nicht, also ließ Charley mich den Strohmann machen. Ich ging zu ihrem Möbellager und sah mich um. Willy war beim zweiten Mal auch da. Goldene Armkette, Hemd offen bis zu den Knien, langes blondes Haar. Mein Gott! Ich sagte, ich brauchte das Auge eines Fachmannes, der mir erklären sollte, welches die richtigen Größen wären und ob sie gut in mein Haus passen würden. Also verabredeten wir uns zu einem Arbeitsessen mit anschließender Hausbesichtigung, Joey, Willy und ich. Nun, Willy war inzwischen ein Schwuler, wie er im Buche steht, vielleicht weil er der Partner für die Innendekoration war. Joey war der Mann mit den Preisen.

Wir also los. Sie schlugen sich die Bäuche mit Wein und Pasta voll, und dann fuhren wir zum Haus, ein Stück außerhalb der Stadt. Kaum hatten sie sich gesetzt, da kam Charley herein, und Joey kotzte alles voll. Willy fiel in Ohnmacht. Wir schafften die zwei hinunter in den Keller, und dort zeigte Charley sein wahres Gesicht. Er schrie sie nicht an und erzählte ihnen keine Geschichten, sondern er erklärte ihnen die Situation, als käme es vor allem darauf an, daß sie alles richtig verstünden. Ruhig und besonnen machte er ihnen klar, was sie gewesen waren, als sie sich den Prizzis angeschlossen hatten – armselige Rotzjungen, die Monte mit drei Karten spielten und ständig auf der Flucht vor den Bullen waren. Er erzählte ihnen, wie sie von Jahr zu Jahr weitergekommen wären und wie die Prizzis ihnen, als Coca Cola zur Weltfirma aufgestiegen war, gute Stellen in diesem Geschäft besorgt hätten.

Joey weinte inzwischen. Willy fragte: ›Was willst du tun, Charley? Die Regierung wird dich hochnehmen, wenn du uns was tust‹, und lauter solches Zeug. Charley war wie ihr Vater. Sie sollten nur verstehen, daß sie ihren eigenen Leuten Unrecht getan hatten. Sie kapierten immer noch nicht, daß sie tot waren, und dachten, er wollte was anderes – ich weiß nicht, was. ›Was willst du von uns?‹ fragten sie ihn. ›Ich will, daß ihr ein paar Anrufe macht‹, sagte

Charley. ›Ihr sollt sagen, daß ihr bedauert, was ihr getan habt.‹ – ›Ist das alles?‹ wollten sie wissen. Er nickte. ›Wen rufen wir an?‹ fragten sie, und Charley gab ihnen die Namen und die privaten Telefonnummern von vier *capi di mafiosi* im ganzen Land. Dann nahm er den Hörer ab und wählte die erste Nummer. Er sprach Sizilianisch. ›Don Abramo‹, sagte er ins Telefon, ›hier ist Charley Partanna.‹ Er lauschte. Sie tauschten Begrüßungen aus. ›Ich sitze hier‹, sagte er, ›mit Joey Labriola und Willy Daspisa, den Jungen, über die wir vor ein paar Jahren sprachen. Sie möchten mit Ihnen reden. Augenblick.‹

Er reichte Joey den Hörer, und Joey fragte: ›Was soll ich sagen?‹ Charley erwiderte: ›Daß du den Prizzis Unrecht getan und dafür verdient hast, in der Hölle zu kochen.‹

Joey nahm den Hörer. ›Don Abramo?‹ begann er mit zittriger Stimme. ›Hier spricht Joey Labriola. Ich sage Ihnen, daß ich den Prizzis Schande gemacht habe. Dafür verdiene ich in der Hölle zu brennen.‹ Er blickte zu Charley auf. Charley zeigte mit der Zigarre zu Willy. Willy nahm den Hörer und sagte genau das gleiche, was Joey gesagt hatte. Vier Anrufe. Am Ende jedes Anrufes sahen Joey und Willy besser aus.

›Nun werden wir Don Corrado anrufen‹, verkündete Charley und wählte die Nummer.

›Amalia?‹ sagte er auf sizilianisch. ›Hier ist Charley für Don Corrado.‹ Er wartete. ›Padrino‹, sagte er dann, ›ich habe Joey Labriola und Willy Daspisa.‹ Er lauschte. Joey stand auf, um den Hörer zu nehmen. ›Ja, Padrino. Ja.‹ Charley legte auf und sagte: ›Er vergibt euch.‹

Joey und Willy fielen einander um den Hals. Sie waren so erleichtert, daß sie weinten.

›Aber er will eure Daumen‹, fügte Charley hinzu.

Sie fuhren herum. ›Was?‹ rief Willy, und Joey konnte gar nichts sagen.

›Habt ihr erwartet, dies alles würde euch nichts kosten?‹

›Das kannst du uns nicht antun!‹ schrie Willy.

Charley schoß beide in den Magen. Als sie zu Boden fielen, nahm er ein Hackmesser aus einer Schublade. Er kniete nacheinander neben ihnen nieder, streckte ihnen die Arme am Boden aus und hackte ihnen die rechten und linken Daumen ab. Sie wurden ohnmächtig, und ich goß ihnen ein paar Kübel Wasser über die Köpfe. Sie rollten mit den Augen, dann sahen sie Charley an. Er blickte auf sie herab. Er ist ein harter Mann, aber an dem Abend triumphierte er. Er sagte: ›Eure Daumen kriegt die Polente in Brooklyn. Unser Mann wird dafür sorgen, daß das amtliche Erkennungsblatt mit euren Daumenabdrücken in die Presse kommt. Ihr werdet wieder berühmt! Berühmt!‹ Und er schoß ihnen durch die Kniescheiben. Sie machten jede Menge Lärm, kann ich dir sagen. Charley erklärte: ›Wir werden bleiben, bis ihr euch beruhigt.‹ Nach ungefähr zwanzig Minuten – wer hält schon diese Art von Geschrei aus? – schoß er sie in die Köpfe, und wir gingen.«

Irene starrte Louis an. »Wir werden nicht in Rio bleiben«, sagte sie. »Wir werden von dort nach Südafrika gehen, wo die Sonne immer scheint, wo niemand uns finden kann, weil es kaum jemanden dort gibt.«

Nicht, daß sie daran gedacht hätte, mit Louis irgendwohin zu gehen, wenn ihr die Beute gehörte.

Sie fuhr mit dem amethystfarbenen Gozzy (dreiundfünfzig Dollar Einzelhandelspreis, mit Zulassung) in ihr Büro und dachte über Charley Partanna nach, den sie sich, wenn sie überhaupt an ihn gedacht hätte, als einen Strolch und Totschläger wie ihren Vater vorgestellt haben würde. Sie war Louis dankbar, weil er sie über Charley Partanna aufgeklärt hatte. Für sie war eine Bande nichts weiter als das, ganz gleich, wie die Familiennamen lauteten. Jeder, der seinen Kopf gebrauchte, hätte Polack Joe Saltis ausnehmen können. Sie hatte eine Art Schnellkurs über den Umgang mit Sizilianern nötig. Sie waren zu dumm, um auf ihr Geld zu achten, aber sobald es ihnen abgenommen wurde, spielten sie vor Rachgier verrückt. Vielleicht war ihre Arbeit zu spezialisiert, so daß sie nie dazu kam, das Gesamtbild zu sehen. Mit den Sizilianern mußte es mehr auf sich haben, Geld allein konnte es nicht erklären. Aufgedonnerte Machotypen, und dabei dumm wie Bohnenstroh. Sie konnte diesen Scheiß mit ihrer Ehre nicht begreifen, wenn sie davon lebten, daß sie sich wegen jedes lausigen Vorteils oder ein bißchen lächerlichen Kleingelds gegeneinander wandten. Ihre Religion war der Verrat an ihren Familien und Freunden, sie waren der letzte Dreck auf Erden, aber wenn sie weiterhin so dachte, konnte sie leicht Kopf und Kragen verlieren.

Sie hatte einen Job noch nie mit irgendeinem anderen gleichgesetzt. Das erklärte, daß sie die Beste war. Nun mußte sie eben von vorn anfangen und sich der Mühe unterziehen, jeden Strolch als Individuum zu sehen, nicht einfach als polnischen oder jüdischen oder sizilianischen Strolch, sondern als gefährliche Bestie, die imstande war, ihr schwer zu schaden. Diese Typen mußten wenigstens zwei Arten von Bewußtsein haben – das Gruppenbewußtsein, das einem Bedürfnis entsprang, sich im Schoß einer Familie beschützt und gut aufgehoben zu wissen, und ein getrenntes individuelles Bewußtsein, das sie in der aufreibenden, intriganten, betrügerischen Masse ihrer Familien überleben ließ und ihnen erlaubte, die eigenen Leute wieder und wieder um Geld zu betrügen.

Sie war sicher, daß es die Macho-Krankheit war, der Männlichkeitswahn, der die Sizilianer so unglaublich dumm machte. Die Familie lebte nur für die Macht – und Geld, weil es mehr Macht bedeutete. Aber es war der subtile Gebrauch von Druckmitteln und Manipulation, der Berge versetzte (wie bei Charley Partannas Problem, das letzten Endes von einem Generalstaatsanwalt der Vereinigten Staaten und seinen kostspieligen Wundertaten gelöst werden mußte), der sie zu dem gemacht hatte, was sie waren. Jenseits eines Punktes, den sie längst hinter sich gelassen hatten, war Geld nur Wagenschmiere für die Karosse. All jene, die hinter der Karosse herliefen, verdienten Geld damit, aber genaugenommen folgten sie der Karosse wegen der erstaunlichen Macht, die von ihr ausging. Diese Macht vermochte alles, weil sie vom Drogenhandel bis zur Cola reichte, siebenundsechzig Pferderennbahnen beherrschte, auf denen täglich fünfhundert Millionen Wetten angenommen wurden, Prostituierte, Kredithaie, Gewerkschaften, Polizisten und Politiker und Richter sowie ein paar hundert ›legitime‹ Industrie- und Handelsunternehmen für sich arbeiten ließ. Diese Macht hatte überall Zugang, denn alle Leute wollten sie, und die Leute wählten die Politiker. Sie erschauerte wohlig bei dem Gedanken, ganz oben einen Anteil von alledem zu haben. Sie war eine Frau, aber wie sie es sah, rückblickend auf die Jahre, die sie aus einem Chicagoer Slum hinter das Lenkrad eines Gozzy geführt hatte, war das ein Vorteil.

Sie sah ein, daß sie Charley Partanna würde kennenlernen müssen. Er hatte manches, was ihr fehlte. Und vielleicht hatte sie einiges, was er nicht besaß. Er war standhaft. Nun, in seiner wackligen Art war auch Marxie standhaft. Er tat, wie ihm gesagt wurde, und war froh, daß er eine Frau hatte, die ihn lenkte. Charley Partanna war loyal, und obgleich sie nicht wußte, ob er die Leute liebte, denen er Loyalität zollte, schien er die Loyalität an sich zu lieben, weil man ihn so erzogen hatte. Marxie war eher abhängig als loyal, weil er nur noch auf der halben Lunge pustete und einen Stall mit siebzig Frauen zu leiten hatte. Marxie brauchte Frauen, die ihm durchs Leben halfen. Er war allzuoft als Opportunist ertappt worden. Man konnte sagen, daß seine Loyalität der Wankelmütigkeit galt. Charley Partanna war stark. Daß Marxie Heller stark war, konnte man beim besten Willen nicht behaupten.

Was sie gehört hatte, war alles, was sie über Charley Partanna wußte, und das genügte nicht. Wenn sie die Zeit hätte, was wahrscheinlich niemals der Fall sein würde, mußte sie Charley Partanna kennenlernen. Einstweilen gab es kaum etwas Wichtigeres, als sich gründlich zu überlegen, wie sie sich vor ihm schützen sollte, wenn am elften Tag alles in Vegas platzte.

Sie steckte den Schlüssel ins Schloß einer Tür mit der Aufschrift ›Walker & Walker, Steuerberater‹ in Blattgold auf Mahagoniimitation. Unten rechts stand in kleineren Buchstaben ›Nur nach Vereinbarung‹. Als sie eingetreten war, sperrte sie die Bürotür hinter sich ab und sah die eingegangene Post durch. Fast alles stammte von der Finanzbehörde, aber vier Briefe von Klienten waren auch darunter.

Nachdem sie Akten studiert und Steuerbestimmungen herausgesucht hatte, diktierte sie die Antworten, unterbrochen von zwei Telefongesprächen mit Anwälten, auf Tonband, steckte die besprochene Kassette in einen Manilaumschlag, der an ein Schreibbüro adressiert war. Dann rief sie das Büro an, um ihn abholen zu lassen, und überprüfte den automatischen Anrufbeantworter, der mit einem Apparat auf der linken Seite ihres langen Schreibtisches verbunden war.

Es war ein aufwendig, wenn auch exzentrisch eingerichtetes Büro. Ein Vorzimmer gab es nicht, weil sie keine Angestellten hatte. Der Raum war ungefähr zehn mal zehn Meter groß und lag in der Ecke des dreiundzwanzigsten Stockwerks in einem Neubau, mit vier Fenstern, die einen Ausblick auf Beverly Hills gewährten. Der Schreibtisch, der den Raum beherrschte, war in früheren Zeiten als Kartentisch für einen Generalstab angefertigt worden – eine eichene Platte, eineinhalb Meter breit, drei Meter lang, von eichenen Pferden getragen. An jedem Ende stand ein Telefon, verbunden mit einem Anrufbeantworter. Der Wandschmuck bestand aus einem Stahlstich des Marschalls Pilsudski, einer romantischen Darstellung Chopins am Klavier und einer gerahmten Fotografie von Marxie Heller mit Richard Nixon und Funktionären der Transportarbeitergewerkschaft. Unter großen Blumenkästen, in denen Zimmerpflanzen wucherten, verbargen sich fahrbare Ablageschränke, und der große Nebentisch hatte einst in einem Casino dem Crapsspiel gedient. Die Wände auf den fensterlosen Seiten waren bedeckt mit Bücherregalen voller Fachliteratur und Steuertabellen. Durch Verbindungen da und dort erzielte Irene als Steuerberaterin ein Nettojahreseinkommen von ungefähr sechzigtausend Dollar – der geringere Teil ihrer Einnahmen, aber ihre solide Fassade.

Sie spielte die einzige vom Anrufbeantworter gespeicherte Mitteilung noch einmal durch den Lautsprecher des Gerätes. Der Sprecher hatte eine rauhe italoamerikanische Stimme mit New Yorker Akzent. Er sagte: »Zimmer 805, Peak Hotel, Brooklyn, Donnerstag, 23. Juli. Sie werden abgeholt. Bringen Sie Werkzeug mit.«

Der 23. war in sechs Tagen. Der 23. würde der siebente Tag des Vegas-Schwindels sein.

Sie rief einen unter seiner Steuerlast ächzenden Klienten an und schlug ihm ein gemeinsames Mittagessen vor.

Als es klopfte und Irene die Tür des Zimmers 805 im Peak Hotel öffnete, stand eine schöne, italienisch-arabisch aussehende Frau draußen. »Hallo«, sagte die Frau, »sind Sie Irene Walker?« Irene nickte. »Ich bin Maerose Prizzi und werde Sie zur Hochzeit begleiten.«

Als sie in die Kirche gingen, riet sie Irene, sich einen Platz auf der linken Seite zu suchen. »Ich werde Sie gleich nach der Messe abholen«, fügte sie hinzu.

Irene machte es sich in der Kirchenbank bequem und beobachtete in heiterer Gelassenheit die Hochzeitszeremonie, während sie überlegte, ob sie morgen um diese Zeit zu Haus sein könnte. In Vegas mußte alles planmäßig laufen, weil keine Nachricht eine gute

Nachricht war und Marxie nie versäumt hatte, sie anzurufen, wenn irgend etwas schiefging.

Nach der Messe sah sie Maerose neben sich und wurde zu einem Wagen geführt, der sie zum Hotel bringen sollte. Unterwegs gab Maerose ihr einen verschlossenen Umschlag. »Den stecken Sie beim Hineingehen in die schwarze Seidentasche am Eingang«, sagte sie.

Kurz nachdem sie den Festsaal betreten hatten, der wie für eine polnische Hochzeit dekoriert war, entdeckte Maerose jemanden und rief ihn herüber. Das mußte der Kontaktmann sein. Dann machte Maerose sie miteinander bekannt, und sie wußte, daß ihre Vermutung richtig gewesen war. Es war Charley Partanna, der legendäre Charley Partanna. Sie wandte ihm ihre volle Aufmerksamkeit zu. Maerose verschwand im Gewühl. Charley schaute sie an, als ob sie einer neuen Spezies angehörte, und sie dachte, daß er wahrscheinlich noch nie mit einer Frau gearbeitet hatte. Bisher hatten sich alle daran gewöhnt. Sie ließ ihn reden.

Er wollte ein Glas mit ihr trinken, und sie schlug vor, mit einem Glas Wein auf das Hochzeitspaar zu trinken. Gott, war er ein Brokken. Er glich einem Rechteck aus Fleisch und Haar. Aber er hatte ein nettes Lächeln, und das brachte sie ein wenig aus der Fassung. Es paßte nicht zu seinem Beruf. Seine Stimme kam wie in Eimern voll Schlamm aus seinem Bauch, dachte sie, aber es war die Stimme eines Menschen, der zuhören konnte, weil er auf den anderen einging. Und gut angezogen war er. Die meisten Männer, die sie kannte, trugen teure Kleidung, aber nicht viele hatten Geschmack. Für Italiener war es eine Notwendigkeit, zu einer Nachmittagshochzeit einen Smoking zu tragen, aber Charleys Jacke war schwarz und unauffällig und hatte natürliche Schultern, und wenn er auch ein wenig wie ein Ochse im Joch aussah, glich er im großen und ganzen – kein leuchtend grünes Rüschenhemd, keine fuchsienrote Schleife, keine weinroten Aufschläge und keine gelbe Leibbinde – eher einem wirklichen Mann als einem Oberkellner auf einer Halbweltparty.

Jemand kam auf die Bühne und sprach ins Mikrofon, und sie brauchte ein paar Augenblicke, bis ihr klar wurde, daß es Vincent Prizzi war. Nach ihm kam der große alte Mann, Corrado Prizzi, der älteste und mächtigste überlebende Anführer der ganzen nationalen Organisation.

Sie machten die Ansprachen kurz. Charley forderte sie zum Tanzen auf. Es war ein großartiger Schlager aus der Zeit, als sie ein kleines Mädchen gewesen war – *You're driving me crazy.* Sie antwortete Charley mit ihren großen braunen Augen, doch als sie sich zur Tanzfläche wandten, war Maerose Prizzi auf einmal wieder neben ihr und sagte, sie würde am Telefon verlangt. Deshalb wußte sie plötzlich, daß Charleys Blicke etwas ganz anderes bedeutet hatten. Er war nicht der Kontaktmann. Sie folgte Maerose durch das Gedränge und dachte, daß Charley Partanna sich in sie verliebt hatte, und wie sie sich dazu stellen sollte. Es war gut, weil sie ihn sympathisch fand. Es war sehr gut, weil sie tief in der Vegas-Geschichte steckten, die Charley Partanna als einen Anschlag gegen die Ehre der Prizzis betrachten würde, und weil er der Bluthund war, den sie beauftragen würden, die Schuldigen zu zerreißen. Schon aus diesem Grund brauchte sie Charley Partanna auf ihrer Seite. Wenn sie sein Verhalten richtig gedeutet hatte, war dies ihr Glückstag.

Maerose führte sie zu einem Alkoven abseits des Saales und machte sie nicht mit dem großen, mageren alten Mann bekannt, der dort stand, sondern ging gleich wieder fort. Der Mann war Angelo Partanna. Er zeigte ihr seine teuren falschen Zähne in einem freundlichen und höflichen Lächeln, dann warf er das Lächeln weg, und in dem Gesicht gab es nichts anzusehen als diese Kugellageraugen.

»Der Vertrag betrifft Sal Netturbino«, sagte er. »Waldorf, Zimmer 2100, um drei Uhr – das ist in einer Stunde und zehn Minuten. Er erwartet eine Frau, die ihm unbekannt ist. Sie wird nicht dort sein. Er wird glauben, daß Sie die Betreffende sind.«

»Eine Hure?« fragte Irene.

»Ja.«

»Eine Hure kann ich machen«, sagte Irene.

»Nachdem Sie ihn beseitigt haben, fragen Sie in der unteren Bar nach Johnny. Er ist Barmann. Erkundigen Sie sich, ob eine Nachricht für Mrs. Bronstein hinterlegt worden ist. Er wird Ihnen den Umschlag geben und uns wissen lassen, daß alles in Ordnung ist.« Er lächelte wieder und nickte ihr zu, und sie ging.

Sie nahm ein Taxi zum Waldorf, fuhr sofort hinauf zum einundzwanzigsten Stockwerk, und Netturbinos Suite lag ganz in der Nähe des Aufzugs. Sie läutete die Türglocke und entschied sich für den schüchternen Typ. Er öffnete die Tür und war schon kampfbereit. Sein Bademantel klaffte auseinander, und er trug keine Pyjamahose. Sein Penis baumelte nicht, sondern war wie ein zusätzlicher kleiner Arm. »He! Genau zur rechten Zeit!« sagte er mit der gepreßten Stimme eines Mannes, der es nicht erwarten kann.

»Ich bin Rhoda Bronstein«, sagte sie und klapperte mit den Wimpern. »Es tut mir leid, aber ich muß Ihre Toilette benutzen.«

»Sei mein Gast!« sagte er freundlich. »Aber laß dir nicht den ganzen Nachmittag Zeit.«

Sie ging in die Toilette, schloß die Tür, schraubte den Schalldämpfer auf, ging zurück ins Wohnzimmer und tötete Sal Netturbino. Dann erst erleichterte sie sich.

13.

Bis zum Abschluß der Aktion in Vegas waren es noch zwei Tage, und während sie überlegte, wie sie die Gewalt seiner Verfolgung ablenken könnte, nachdem alles geplatzt wäre, rief Charley Partanna sie aus New York an und wollte mit ihr zu Mittag essen. Marxie sollte sie am nächsten Tag um halb eins anrufen, sobald er in Vegas aufwachte, aber häufig verspätete er sich. Sie machte das Treffen mit Charley für ein Uhr aus, im Beverly Wilshire. Marxie rief fünf Minuten früher als vereinbart an. »Vorwärts in die bessere Zukunft«, sagte er, wahrscheinlich noch halb in einer seiner selbstdarstellerischen Fantasien, in der er den Chef der Black Panthers spielte. Sie hatte reichlich Zeit, sich frisch zu machen, ihren neuen grünen Hut (hundertneunzig Dollar im Einzelhandel) auf ihre Locken zu drükken und zum Hotel hinauszufahren.

Charley sah blaß aus, als er sie im Foyer entdeckte, doch während er auf sie zukam, wurde er ganz rot und faselte, wie ein Berg vor ihr aufragend, welche Ängste er ausgestanden hätte, daß er sie nicht wiedersehen würde. Sie hatte ihn völlig richtig eingeschätzt – er war in sie verschossen. Nun, das kam vor. Es war sehr nett. Diesmal – sie wußte, daß sie an den positiven Wert seiner Verliebtheit hinsichtlich der Riesensumme denken sollte, die sie in Vegas einheimsten, aber da war noch etwas anderes. Sie merkte, daß Charley ihr nicht gleichgültig war. Sie wußte nicht genau, was mit ihr vorging, aber wenn sie ihm in die Augen sah, fühlte sie sich älter und dem Tode näher und gleichzeitig ewig. Sie wußte nicht, was für ein Gefühl das war, weil sie es früher nie erlebt hatte, und das einzige, was sie je gelesen hatte, waren Bücher über Steuerrecht gewesen. Was konnte sie also über die Liebe wissen? Charley war anders als bei der Hochzeit, anders auch als in seinem Mythos. Er war ein jugendlich wirkender Mann mittleren Alters. Er sah so gesund und gleichzeitig so verletzlich aus. Und er war so groß. Alles an ihm war groß – die Hände, die Nase, der Kopf. Aber in dem großen Mann steckte ein kleiner Mann und in dem kleinen Mann ein Junge mit Sehnsüchten. Sie dachte daran, was er und was sie selbst in der Fleischhülle war, die genau zu wissen vorgab, was sie wollte. In ihnen beiden war Unsicherheit, aber eine Unsicherheit, die in einem Augenblick weggeschmolzen werden konnte, wenn ihre Unsicherheit sich mit der seinigen verbinden könnte und sie plötzlich Gewißheit hätten.

Auf der Fahrt nach Las Tremblas, ihrem bevorzugten mexikanischen Restaurant, erzählte Charley ihr eine Geschichte, wie er in einem Motel eingeschneit gewesen war und den Leuten geholfen hatte, und das brachte ihre Einschätzung von ihm etwas in Verwirrung, denn sie wußte, daß er der Vollstrecker und Rächer der Prizzis war. Dieses Bild paßte nicht zu dem anderen Charley, der Geschirr spülte und Betten machte, weil er nützlich sein wollte. Sie versuchte sich zu erinnern, wer ungefähr zu der Zeit in Lansing, Michigan, etwas verpaßt bekommen hatte, und nach einer Weile fiel es ihr ein – der Unterhändler der Transportarbeitergewerkschaft, der mit einer Schrotflinte erledigt worden war. Das mußte Charleys Treffer gewesen sein.

»Sie sind anders, als ich erwartet hatte, Charley«, sagte sie.

»Wieso?«

Sie dachte nicht daran, ihm freiwillig zu verraten, womit sie den größten Teil ihrer Einnahmen erzielte, also konnte sie ihm nicht sagen, daß sie einen Strolch erwartet, aber jemand völlig anderen neben sich gefunden hatte.

»Nun – ich hatte mir vorgestellt, Sie würden rauhbeiniger sein. Ich dachte, Sie hätten die Frauen dort angesehen und bei sich gedacht, zum Teufel, laß die im Motel saubermachen, dazu sind Frauen da.«

»Ich nicht«, sagte Charley, »ich lebe allein. Ich habe einen sauberen, ordentlichen Haushalt, und wo immer ich gerade bin, denke ich mir, das ist mein Haus. Ist das da oben das Restaurant?«

Irgendwie kam Charley darauf, sie zu fragen, ob sie verheiratet wäre, und der ganze Schutzschirm für die Vegas-Operation fiel zusammen. Louis mußte sowieso dran glauben, weil er tatsächlich erwartete, daß sie mit ihm nach Rio oder sonstwohin gehen würde, und Louis würde das erste Ziel der Prizzis sein, wenn sie der Unterschlagung auf die Spur kämen, denn er gehörte zur Familie. Marxie war ein todkranker Mann. Ihm war es gleich, was passierte, er machte alles nur noch der Form halber, um ihr ein Kapital hinterlassen zu können. Aber sie würde Louis' Kohlen nehmen und Marxies Anteil Charley überlassen müssen. Deshalb war es gut, Charleys Abneigung gegen Marxie zu verstärken, weil er dann alles rascher abmachen würde. So ließ sie sich von Charley die ganze Geschichte ihrer Ehe herausziehen. Nichts davon war wahr, außer daß sie und Marxie verheiratet waren.

Sie war achtzehn Jahre alt gewesen, hatte sich in den Chicagoer Hotels und Bars verkauft und fünfzig Prozent ihrer Einnahmen an die ›Firma‹ abgeben müssen, als sie Marxie getroffen hatte. Er war kein Zuhälter. Er kassierte von den Mädchen und von den Zuhältern. Er war umständlich und methodisch dabei, aber ein innerlich zerrissener Mensch. Seit sie denken konnte, hatte ihr Vater ihre Mutter verprügelt, ungefähr viermal wöchentlich. Irene hatte in einer unbestimmten Weise verstanden, daß sie etwas in sich hatte, das beruhigend auf Männer wirkte, die innerlich zerrissen waren. Marxie fing ihre Signale auf.

Er war sein Leben lang ein unentschlossener, unzuverlässiger Mensch gewesen, aber immer dann, wenn sie in den langen Jahren ihrer gemeinsamen Zeit darauf angewiesen gewesen war, daß er etwas unternahm, hatte er es getan. Sie war nur eine von vielleicht siebzig Huren, von denen er kassiert hatte, aber mit einer Sicherheit, die sich als eine unfehlbare psychische Abhängigkeit erweisen sollte, hatte er sie im Herbst 1963 im Palmer House zu einem Cocktail eingeladen.

Einige Zeit später schlug er ihr vor, zu ihm zu ziehen. Dann, im

Frühjahr 1964, sagte er ihr, er hätte einen Job als Buchhalter bei der ›Firma‹ in Detroit bekommen, und fragte, ob sie ihn heiraten wollte. Die Idee hatte sie völlig umgehauen, aber trotz allem mochte sie Marxie. Er brauchte sie, und weiß Gott, sie brauchte ihn.

Irene hatte nicht die Gleichgültigkeit erfolgreicher Huren. Sie war weder eine geborene Selbstmörderin noch eine durchschnittliche, untalentierte Person. Sie verstand mit Zahlen umzugehen, und Marxie kannte sich mit Zahlen aus, also weinte sie ihm die Brust naß und sagte ja. Sie zogen nach Detroit. Die Purpurbande hatte sich allmählich von einem jüdischen Mob zu einer sizilianischen Familie gewandelt. Marxie war ein Überbleibsel aus den alten Tagen, ein Teil der tief verwurzelten Vorstellung, daß Juden sich auf Finanzielles besser verstünden als die Sizilianer. Nach und nach wurde ihnen beiden klar, daß mit Marxie vieles nicht in Ordnung war. Er hatte es auf der Lunge, sein Herz war schwach, er war ein Bluter. Nach zehn Jahren in diesem Klima hielt er es nicht mehr aus. Inzwischen hatte sie es zum Kurier gebracht und beförderte, was in Nevada abgesahnt worden war, zur ersten Teilung nach Miami, dann zur zweiten Teilung nach New York und schließlich zur letzten Teilung zwischen Chicago und Cleveland nach Chicago. Dann wurde sie befördert und übernahm die überseeischen Routen, brachte das Bargeld nach Zürich, Genf, Panama, Nigeria und in die Karibik auf langen Flügen, die ihr viel Zeit ließen, um die Bücher über das Steuerrecht zu studieren.

Marxie konnte lästig sein, ein Klotz am Bein, genauer gesagt, aber die Erfahrung zeigte unzweifelhaft, daß er ein glückbringender Talisman gewesen war. Er hatte ihr richtige Arbeit verschafft und zum Aufstieg verholfen. In New York gab es einen Juwelier, über den die ›Firma‹ heiße Steine in größeren Mengen auf den Markt schleuste, aber er vertauschte die guten Steine gegen schlechte, und es gab viele Beschwerden. Sein Juweliergeschäft lag in der Siebenundvierzigsten Straße zwischen der Sixth und Fifth Avenue, und der Laden war immer voller Frauen, die nach günstigen Gelegenheiten Ausschau hielten und hofften, sie könnten irgend jemanden dazu überreden, ihnen Schmuck zu kaufen.

Joe Licamarito, Marxies Chef, war wütend, weil dieser Kerl glaubte, er könnte mit solchen Schwindeleien davonkommen, und wollte, daß eine der New Yorker Familien ein paar Leute in den Laden schickte und dem Juwelier einen Denkzettel verpaßte. Marxie war mit Joe gut befreundet. »Hör mal, Joe«, sagte er, »für diesen Job ist eine Frau am besten geeignet. Sie kann ihn verarzten und so schnell in der Menge untertauchen, daß niemand was merken wird, worüber er reden kann.«

»Eine Frau?« fragte Joe. »Wo finde ich eine Frau für solch einen Job?«

»Ich habe sie«, erwiderte Marxie.

Am selben Abend, als sie das Geschirr spülten, brachte Marxie die Sache zur Sprache. »Du stehst am Ladentisch. Du suchst den Stein aus, den du kaufen willst«, erklärte er. »Der Juwelier beugt sich über den Ladentisch, um den Kasten zu öffnen, und im gleichen Augenblick öffnest du deine Handtasche, als ob du das Geld oder ein Taschentuch herausholen wolltest. Du schießt ihn über den Haufen, läßt die Waffe im Gedränge fallen, mischst dich unter die anderen Frauen und läufst schreiend mit ihnen auf die Straße.«

»Was springt dabei heraus, Marxie?« fragte Irene.

»Fünfundzwanzigtausend.«

»Im Ernst?«

»Das ist nichts, Irene. Sobald sich in der Organisation herumspricht, daß es eine erstklassige Spezialistin gibt, wirst du sehen, daß dieser Preis sich verdreifacht.«

Irene nahm den Job an, und alles entwickelte sich genauso, wie Marxie es prophezeit hatte, außer daß sie für den Netturbino-Job hunderttausend verlangt und bekommen hatte. Schließlich herrschte Inflation. Und es gab nur drei bis vier Aufträge im Jahr.

Marxie wollte für fünfzig Prozent zu ihrem Agenten avancieren, aber sie warf ihm einen so vernichtenden Blick zu, daß er schnell sagte: »Nein, das würde nicht klappen. Ich wäre in die Sache verwickelt und ein Mitwisser.«

Sie sagte ihm, er könnte Joe Licamarito in Detroit ihre Telefonnummer geben. Danach erfand sie ihr System. Sie umgarnte einen hübschen Jungen, der ein studentisches Genie im Fachbereich Elektronik und Kommunikationstechnik an der Universität Los Angeles war. Der Junge verband das Relais vom Telefon in Kansas City, das in einem leeren Zimmer stand, mit ihrem automatischen Anrufbeantworter in Beverly Hills. Dann kaufte sie eine zweite Nummer in Columbia, South Carolina, die auch direkt an den automatischen Anrufbeantworter in Beverly Hills angeschlossen wurde. Das Relais war nicht aufzuspüren. Ideale Voraussetzungen für ihr Geschäft.

Und so erzählte sie Charley, sie wäre vor vier Jahren einmal kurze Zeit verheiratet gewesen. Sie sagte ihm, daß sie eine Polin sei, was sie seit ihrem achtzehnten Lebensjahr niemals zugegeben hatte. Und sie erklärte ihm auch, sie wäre Steuerberaterin, was der Wahrheit entsprach. Sie bearbeitete einen kleinen Teil der Steuerfragen für das Syndikat in Südkalifornien. Dann geschah ganz plötzlich etwas, was sie zweifellos hätte voraussehen müssen, aber es traf sie wie ein Blitz aus heiterem Himmel. Sie ging mit Charley Partanna ins Bett und war bereit zu schwören, daß es niemals etwas dergleichen gegeben hatte. Für niemanden. Nicht in der ganzen Menschheitsgeschichte, dachte sie.

Sie war in Charley Partanna verliebt. Sie liebte Charley Partanna, oder sie empfand für ihn, was immer seine strengen Regeln verlangten.

14.

Irene verpaßte es Louis Palo in seinem Wagen auf dem Parkplatz. Sie trug knappsitzende Shorts und ein buntes Kopftuch, so daß Louis deutlich sehen konnte, daß sie keine Waffe bei sich hatte, als sie glücklich wie eine Braut über den Parkplatz gelaufen kam, um mit ihm durchzubrennen. Marxie hatte die Pistole unter dem Armaturenbrett von Louis' Wagen befestigt, auf der Beifahrerseite. Während sie Louis küßte, zog sie die Waffe von den Magneten und schoß ihm durch den Kopf. Als sie aus dem Wagen stieg, ließ sie ihn auf den Beifahrersitz gleiten. Dann stieg sie in den Fond, damit sie sich über die Lehnen beugen und seine Taschen durchsuchen konnte. Das Geld steckte in einer Reisetasche im Kofferraum des Wagens, wo auch sein Koffer lag.

Sie trug die Reisetasche zum Mietwagen und fuhr nach Reno. Unterwegs machte sie früh am Morgen halt und zog sich ein hübsches Kleid über. Sie flog von Reno nach Los Angeles, stieg am Flughafen in ihren Gozzy und fuhr nach Haus. Als sie ankam, lag Marxie im

Bett. Er war in schlechter Verfassung und hatte zwei Blutstürze hinter sich.

»Ich kann nicht weg, Irene«, sagte er.

»Ruh dich aus, Marxie. Red nicht.«

»Sie werden kommen und nach ihrem Geld suchen. Wir sollten schon unterwegs nach Hongkong sein, aber ich kann einfach nicht, Irene.« Er hustete unter Schmerzen in ein Taschentuch. »Sie haben dieses Haus in ihren Unterlagen.«

»Marxie, bitte! Ich werde mir was ausdenken.« Sie hatte sich schon vor vierzehn Tagen etwas ausgedacht, und Marxie lag sowieso im Sterben.

»Sag ihnen, ich wäre hier hereingekommen und hätte dich mit der Waffe bedroht«, schlug er vor. »Sag ihnen, du weißt nichts über irgendwelche Gelder.«

Sie ging in das kleine Zimmer, wo sie den Fernseher stehen hatte, und teilte das Geld in zwei gleiche Summen. Einen Teil tat sie in die Reisetasche zurück, denn das war Marxies Schnitt, dann verstaute sie die Tasche im Dielenschrank. Ihre Hälfte würde in den Banktresor wandern. Wenn Marxie etwas passierte, was jede Minute der Fall sein konnte, würde sie ein Recht auf die gesamte Beute haben.

Am nächsten Tag wollte Marxie nicht liegen bleiben, und sie half ihm in einen Bademantel und setzte ihn mit einem Kartenspiel an den Schreibtisch. Sie dachte sogar daran, ihm eine Pistole in die Tasche zu stecken. Diesen und den nächsten Tag legte er Patiencen, während er auf den Tod wartete. Es fehlte an Lebensmitteln, also fuhr Irene einkaufen. Es war an der Zeit. Sie müssen bald kommen, dachte sie. Und als sie vom Supermarkt zurückkam und in die Küche ging, spürte sie eine fremde Gegenwart, also begann sie die glückliche Ehefrau zu spielen.

»Ich bin da, Liebling«, flötete sie. Dann hörte sie Charleys Stimme hinter sich, und Gott sei Dank war alles für ihn bereit. Als sie herumflog, um ihm gegenüberzutreten, dachte sie an Marxie. Sie wußte, daß das harte, harte Leben für ihn zu Ende war.

Alles klappte. Sie zeigte ihm, wo das Geld versteckt war. Sie versetzte sich in einen Schockzustand. Sie *erlebte* ihre eigene Unschuld. Dann sagte Charley, was er argwohnte, und versicherte ihr, daß er deswegen nichts unternehmen werde. Er wollte sie nicht töten. Er liebte sie. Niemals in ihrem Leben hatte sie etwas so tief und gefühlvoll empfunden wie in dem Augenblick, wo sie sagte: »Ich möchte dich heiraten, Charley.«

Er war todunglücklich und mit sich uneins, aber das war seine eigene Schuld. Er konnte nichts beweisen. Sie hatte ihnen die Hälfte des Geldes freiwillig zurückgegeben. Sie hatten nichts, um sie mit Louis in Verbindung zu bringen. Nur Marxie, aber Marxie war ihr Mann gewesen, und sie wußten besser als alle anderen, was Frauen in diesem Geschäft wegen ihrer Männer durchmachen mußten, und außerdem war Marxie tot. Wenn sie für Charley an ihrer Unschuld festhielt, würde es von Tag zu Tag bessergehen. Er würde die Geschichte bald vergessen, und alles würde zwischen ihnen in Ordnung sein, und sie war um dreihundertsechzig Dollar reicher.

Sie mußte das Geld behalten, soviel war klar, vor allem aber durfte sie nicht von Charley lassen. Gott, dachte sie, wie konnte man ihn einen Pfadfinder nennen? Das Unglaubliche an Charley war, daß er ein Pfadfinder war. Charley blieb seinem Leben nichts schuldig. Charley glaubte an etwas. Sie mußte herausbekommen, wie sehr sie ihn verletzt hatte, indem sie ihn veranlaßte, dem Ehrenkodex, an den er glaubte, den Rücken zu kehren. Sie mußte ihn überzeugen, daß sie Verständnis für die Dinge hatte, an die er glaubte: Loyalität, die Ehre der Prizzis, die innere Notwendigkeit, das in ihn gesetzte Vertrauen zu rechtfertigen und seine Arbeit ungeachtet aller Anstrengungen und Kosten zu tun.

Da es nicht allzu viele Leute im Geschäft gab, die ihrem Beruf nachgingen und ihre Art von Arbeit tun konnten, hatte sie Erfolg gehabt. Sie wußte, daß es nicht allein daran lag, daß sie spezialisiert oder eine Frau war. Selbst für Dreckarbeit wie das Abservieren mieser kleiner Strolche gab es in der Branche nur etwa zwölf Prozent Arbeiter: Schlachter, Würger und Qualitätsarbeiter. Die Prizzis konnten zweitausendeinhundert Leute auf die Straße bringen, aber sie hatten vielleicht hundertfünfzig Arbeiter, nicht mehr, und von den hundertfünfzig waren wahrscheinlich hundert bloße Schläger und Lumpen, die an einem Ende eines Strickes ziehen konnten, dessen Schlinge um den Hals irgendeines armen Teufels lag, während irgendein anderer Lump am anderen Ende zerrte.

Charley war als Arbeiter eine legendäre Gestalt. Er hatte am helllichten Tag und vor Dutzenden von Zeugen Aufträge erledigt und war dann weggegangen, weil er alles hatte, was ein Spitzenarbeiter haben mußte, *und* die Überzeugung, daß es richtig war, wenn er einen Kerl niederknallte. Es hatte viel mit Macht zu tun, gewiß. Aber Charley spielte seine Macht selten aus. Mit Geld hatte es nichts zu tun. Kein Familienmitglied, das als *puntatore* arbeitete, bekam von seiner Familie Geld für einen Treffer. Die meisten, die solche Aufgaben erfüllten, waren primitiv. Was Charley von den anderen unterschied, war seine Empfindungsfähigkeit. Charley wußte, daß er einem Zweck diente, nicht dem Geld. Der Zweck war, jede Arbeit wie ein Künstler auszuführen und in der Erledigung seiner Aufträge so viel Klasse zu zeigen, daß die Chefs gezwungen waren, für einen Treffer, dessen sie absolut sicher sein konnten, mehr Punkte anzurechnen.

Für Irene war es anders. Sie gehörte keiner Familie an, sie war eine kommerzielle Einzelgängerin, die keinerlei Protektion von irgendwem erwarten konnte, wenn sie ihre Arbeit nicht richtig machte. Weil es so war, zahlten sie ihr das große Geld. Sie war allein, aber sie brauchte an nichts als ihren Kopf und ihre Nerven zu glauben. Nun aber, da Charley in ihr Leben getreten war, spürte sie auf einmal, wie kalt es dort draußen war. Es war gut, allein zu arbeiten, aber sie hatte niemals allein leben können, und ihr Glück hatte ihr Marxie zugeführt. Sie wußte, daß sie allein würde sterben müssen, aber so ging es allen. Wenn es ihr gelänge, Charley zurückzugewinnen, würde sie vieleicht nicht so sicher sein, wie sie es als Einzelgängerin war, aber sie könnte mit in seinem Kopf leben und wie er zu denken lernen. Und wenn sie das tat und imstande war, sich Charleys Glauben anzueignen, dann – ja, dann könnten sie vielleicht riskieren, Kinder zu haben, dann vielleicht könnten sie den ganzen Scheiß wegwerfen, aus dem der größte Teil ihres Lebens bestand, und sie könnte leben, weil sie glaubte.

Sie erwog ihre Chancen, wie ein Roulettespieler seine Chancen gegen die Bank zu berechnen sucht. Zuerst mußte sie Charley dazu bringen, daß er auf sie hörte. Sie mußte ihm sagen, womit sie den Hauptteil ihres Einkommens erzielte. Es würde ihn aufwühlen, aber er kannte diese Arbeit von innen heraus. Er kannte die Mechanik, die Ökonomie, die Gründe. Sie glaubte auf sein Verständnis zählen zu können. Sie mußte ihm nur klarmachen, daß sie beide die Dinge auf die gleiche Weise sahen und daß sie sich vor allem deshalb liebten.

Auf der negativen Seite sah sie den Vegas-Schwindel, der anders als geplant gelaufen war und verschiedene Anforderungen an sie stellte. Vor allem mußte sie Charley überzeugen, daß sie nichts damit zu tun hatte. Wie sollten sie ihr etwas nachweisen? Auf der anderen Seite waren Louis und Marxie tot, und nur die Hälfte des Geldes war aufgetaucht. Sie konnten ihr keine Verbindung zu Louis nachweisen, aber Marxie hing ihr am Hals wie ein stinkender Fisch. Er war ihr einziges Beweisstück, aber sie hatten schon oft auf Grund sehr viel spärlicherer Informationen gehandelt.

Sie hatte einen Fehler gemacht, wahrscheinlich, weil sie auf eigene Faust arbeitete und nicht ihren Ruf für die Zukunft aufpolierte. Vielleicht war der Fehler eine gute Sache. Vielleicht war jeder Fehler bei einem Job so untypisch für sie, daß man sie automatisch ausscheiden würde. Aber sie glaubte es nicht im Ernst. Sie hatte Louis, nachdem sie ihn erschossen hatte, in Nevada gelassen. Der Ausschuß, der aus den Ratsmitgliedern der fünf Familien aus New York und Chicago bestand, hatte verfügt, daß in Nevada niemand umgebracht werden durfte, es sei denn, der Leichnam wurde in einen anderen Bundesstaat gebracht und abgeladen. Ein Ausschußmitglied könnte den Vorfall zum Anlaß einer Beschwerde machen, um die Prizzis in Bedrängnis zu bringen, und diese würden die Sache in der einzigen Art und Weise beilegen müssen, die ihnen zur Verfügung stand – indem sie die Person beseitigten, die ihrer einhelligen Meinung nach Louis Palo umgebracht hatte.

Sie liebte Charley mehr, als sie jemals etwas oder jemanden geliebt hatte, aber wenn sie ihm Kinder schenken wollte, mußte er ihr die Prizzis vom Leibe halten, wenn sie anfingen, in ihr die einzige Verbindung zum toten Louis und dem Geld zu sehen.

Sie erinnerte sich, daß man sie nicht als Marxie Hellers kleine Witwe betrachten würde, als arbeitsame Hausfrau, die aus allen Wolken gefallen war, als die Prizzis die Hälfte des Geldes in Marxies Haus gefunden hatten. Sehr bald würde Angelo Partanna mit dem Argument kommen, daß sie auch als Außenseiterin sehr wohl zum Milieu gehörte, so sehr, daß sie ihr gerade erst hundert Dollar bezahlt hätten, um Sal Netturbino aus dem Weg zu schaffen. Sie konnten ihr nichts anhängen, aber sie wußten, wer und was sie war, und konnten es von da aus angehen.

Wahrhaftig, sie brauchte Charley Partanna.

15.

Es war ein schöner Sonntagmorgen. Auf der anderen Seite des East River lag Manhattan und sah so sauber und heiter aus, als ob es wirklich nur in den farbigen Kalendern der Luftlinien existierte. Vincent Prizzi holte seinen Vater um Viertel vor sieben in einem schwarzen Lincoln zur Frühmesse ab. Phil Vittimizzare steuerte den Wagen und Zingo Poppaloush, ein Grieche, machte den Beifahrer. Beide waren Arbeiter. Poppaloushs Familie war vor sechshundertdreiundsiebzig Jahren aus Griechenland in Sizilien eingewandert. Man sah ihm seine griechische Abstammung nicht an, aber er war stolz auf den kleinen Schliff, den ihm seine Ahnen verliehen. Zweieinhalb Wagenlängen hinter dem Lincoln fuhr ein neuer Toyota, den irgendein Pfarrmitglied Don Corrado verehrt hatte und der auf den Sandwich-Schnelldienst, Rockrimmon, Connecticut, zugelassen war. ›Gurke‹ Cetrioli fuhr ihn, von seinem Beifahrer Willie Lessato durch eine abgesägte Schrotflinte getrennt.

Vater und Sohn waren für den Kirchenbesuch in schwarze Anzüge mit weißen Hemden und schwarzen Krawatten gekleidet. Don Corrado trug einen sportlichen weißen Leinenhut.

»Weißt du, was ich gestern in den Spätnachrichten hörte?« fragte Vincent.

»Was hast du gehört?«

»Sie haben eine Umfrage gemacht, nach der siebenundsechzig Prozent von den Amerikanern der Meinung sind, daß die sogenannte Mafia die tüchtigste Geschäftsorganisation im ganzen Land ist.«

»Das ist ein echtes Kompliment. Es kommt von Herzen.«

»Ich kann nur sagen, daß es eine Menge bekloppter amerikanischer Geschäftsleute geben muß.«

»Was kümmert die schon? Sie sind nicht engagiert. Sie gehen um neun zur Arbeit und hören um fünf auf. Alles, was sie kriegen, ist ein Gehalt, auch wenn sie Geschäftsführer sind, also was kann man da erwarten?«

Die kleine Prozession hielt vor der Kirche Santa Grazia di Traghetto. Vincent stieg auf der Straßenseite aus, warf den Wagenschlag zu und eilte um das Heck des Lincolns, um seinem Vater die Tür zu öffnen. Gemeinsam mit Zingo half er dem alten Mann aus dem Auto, dann erschienen, wie es seit vielen Jahren der Brauch war, zwei kleine Schwestern vom Heiligsten Blut wie durch Gottes Willen und standen stumm und mit frommen Mienen vor dem Don. Der nickte Vincent zu. Vincent gab jeder Nonne eine Fünfzigdollarnote, womit er Don Corrados Ruf als Wohltäter festigte, für sich selbst aber die Gebete der Kleinen Schwestern zur Linderung der Gicht reservierte.

Cetrioli und Willie standen während der Messe hinten in der Kirche, Phil und Zingo saßen auf reservierten Plätzen in der Bank unmittelbar hinter Don Corrado und Vincent. Don Corrado verschlief die Messe. Und Vincent summte, selbst als er zur Kommunion ging, still in seinem Kopf einst populäre Operettenmelodien, um nicht überlegen zu müssen, ob er jemals seine Tochter vom Hals bekommen würde.

Am Ende der Messe kamen Cetrioli und Willie durch den Mittelgang und stellten sich zur Abschirmung zwischen die Prizzis und die Gemeinde, während die Kirche sich allmählich leerte. Als alle bis auf die Prizzis gegangen waren, kam Pater Malgaragno aus der Sakristei geeilt, um Don Corrado zu seinem Wagen zu geleiten. Vincent ging voran, Cetrioli und Willie folgten, dann kamen der Don und sein Beichtvater, zuletzt Phil und Zingo.

»Hat sich der Bischof über das Rad *parmigiano stravecchio* gefreut, das ich ihm geschickt habe?«

»Don Corrado! Er ißt ihn mit Rotwein, mit Weißwein, und wenn er allein ist, ißt er ihn, glaube ich, mit Champagner.«

»Zum Champagner schmeckt er sehr gut. Wie entwickelt sich die Baseballmannschaft der jungen Leute?«

»Wir könnten heuer den Titel in der Liga gewinnen. Wir haben zwei feine Ballwerfer und drei starke Schläger.«

»Die Gemeinde sollte ihre eigene Pfadfindergruppe haben. Es gibt nichts auf der Welt, was einem Jungen mehr bringt als die Pfadfinderei.«

»Das ist ein ausgezeichneter Vorschlag, Don Corrado. Ich trage mich selbst seit einiger Zeit mit dem Gedanken.«

»Möchten Sie, daß ich ihn der Diözese gegenüber erwähne?«

»Das würde helfen, Don Corrado. Es könnte den Ausschlag geben.«

»Ich werde morgen früh mit ihnen sprechen.«

Der alte Mann küßte den Priester auf die Wange, bevor er in den Lincoln stieg. Die beiden Wagen fuhren zur Sheepshead Bay, wo die Insassen eine sechsundzwanzig Meter lange Barkasse (Don Corrado verbot das Wort Yacht) bestiegen, die dem Tarrawonga Golfclub in Hillsboro, North Dakota gehörte. Don Corrado hatte einige Schwierigkeiten, an Bord zu kommen, aber sein Wille obsiegte. Die Barkasse lief langsam aus, vorbei an Sonntagsanglern, Außenbordern und Segelbooten, und warf in der Mitte der Bucht Anker. Die Besatzung ging unter Deck. Der Kapitän blieb auf der Brücke. Die vier Soldaten spielten im Bug Karten, während Don Corrado und sein Sohn unter einem gestreiften Sonnensegel in Anglerstühlen im Heck des Schiffes saßen.

Vincent wickelte zwei geröstete Pepperonisandwiches aus, um sein Fasten zu brechen. Bevor er hineinbiß, schenkte er seinem Vater ein Gläschen Olivenöl ein, mit dem der alte Mann ihm zuprostete, bevor er es trank. Während Vincent mühelos dem Angriff der scharfen Pepperoni begegnete, sprach sein Vater leise und ruhig auf ihn ein.

»Du bist mein starker, tatkräftiger Sohn gewesen«, sagte er im Dialekt von Agrigent. »Du warst ein Löwe.«

Vincent kaute und nickte dankbar, fragte sich aber, was der Gebrauch der Vergangenheitsform zu bedeuten hätte.

»Du hast niemals eine Belohnung für dich gesucht, aber du hast eine größere Belohnung verdient, als deine Familie dir jemals geben kann.«

Vincent, mit vollem Mund kauend, hob abwehrend die Rechte, eine Reaktion, die ihnen beiden von seiner Bescheidenheit aufgezwungen wurde.

»Du mußt vor der Welt Anerkennung finden«, fuhr sein Vater fort. »Du mußt einen Lohn für deine treuen Dienste erhalten. Die Welt soll den Stolz des Vaters auf seinen Sohn sehen. Du hast die Auszeichnung des Friedens verdient.«

Vincent begriff, daß etwas geschah. Sein Vater war erfüllt von guten Absichten. Er nahm einen viel kleineren, wachsameren Bissen vom Sandwich und kaute ihn mehr wie ein Eichhörnchen als wie ein Löwe. »Was ist los, Poppa?« fragte er.

Don Corrado betrachtete ihn mit liebevoller Väterlichkeit. »Du hast die Gicht, du hast diesen Blutdruck, du hast mit den Nieren zu tun, und du mußt das Kreuz der Schande einer Tochter tragen, nur weil du stolz auf deine Familie bist. Du hast alles gegeben, was du hast, und gibst uns immer noch mehr. Nun, laß dir eins sagen, Vincent. Die linke Hand weiß, was die rechte getan hat, und sie wird nun versuchen, ein wenig zurückzugeben.«

Vincent wurde besorgt. Wenn sein Vater diesen salbungsvollen Ton anschlug, gab es keine Möglichkeit, ihn abzulenken. Dann hatte er seine Vorstellung auf etwas fixiert und ließ sich durch nichts mehr davon abbringen. »Hör zu, Poppa«, bat er in einem Aufflakkern panikartiger Erkenntnis. Wenn sein Vater ihn aus dem Geschäft drängte, würde Charley Partanna der Chef sein, und Vincent wünschte Charley Partanna nichts Gutes.

»Hör du zu«, sagte sein Vater. »Du hast für uns gearbeitet, du hast uns viel gegeben, und nun werden wir uns dankbar zeigen. Ich habe mit dem Ausschuß und einigen Schlüsselfiguren im Großen Rat gesprochen. Ich habe ihnen dargelegt, was ich möchte, und sie haben mir mit Freuden das Recht eingeräumt, dir den Job des Moderators in Vegas anzubieten. Du wirst dort unsere drei Hotels überwachen, aber vor allem wirst du der *Principe Azzurro* und der *paroliere* des Pferderennsports in diesem Land sein. Was sagst du dazu, Vincent? Du wirst in einem Haus leben, das neunhundertdreiundfünfzigtausend Dollar wert ist und gleich neben einem Golfplatz liegt, mit einem großen Schwimmbecken und einer Menge Liegestühlen, und du kannst vier Soldaten der Familie, die dein Vertrauen haben, mitnehmen.« Er stand auf und taperte mit ausgestreckten Armen auf seinen Sohn zu. »Du hast mich glücklich gemacht, mein Sohn, weil du dies verdient hast.«

Große Erleichterung durchdrang Vincents Körper bis zur letzten ermüdeten Zelle. Gott hatte ihn von der Schande seiner Tochter entfernt. Gott hatte dafür gesorgt, daß er weit von der New Yorker Hektik und auch vor Maerose geschützt sein würde. Er würde seine Ruhe haben und mit zwei Prozent an den Wetteinnahmen der nationalen Pferderennen beteiligt sein, der einträglichsten finanziellen Institution der Welt. Wenn er sich von Zeit zu Zeit informieren mußte, was in der Wäscherei vorging, könnte er Angelo zu einem Besuch einladen, und vielleicht würde Poppa ihn von dort das westliche Canada organisieren lassen. Aber was am allerwichtigsten war – er würde nicht mehr vorgeben müssen, Maeroses wegen zu leiden. Er war frei.

»Das ist eine großartige Gelegenheit für mich, Poppa. In letzter Zeit habe ich mich nicht so gut gefühlt. Ich denke, ich könnte nachlassen, wenn ich in Brooklyn bliebe. Die Art von Licht, die sie dort draußen haben, brauche ich. Und ich glaube, ich könnte das Wettgeschäft noch ausbauen. Wer wird hier meine Aufgaben übernehmen, Poppa? Charley?«

»Alles zu seiner Zeit«, erwiderte sein Vater. »Dies ist dein Tag. Wir denken über nichts und niemanden nach, bis wir dich in Vegas etabliert haben. Ich werde dir zu Ehren ein Bankett geben. Etwas, was man lange nicht vergessen wird.«

Vincent umarmte seinen Vater. »Die ganze Sache ist die, Poppa«, sagte er gerührt, »daß ich dir mein Leben lang nicht genug danken konnte. Du hast alles für uns getan, für zweitausend Leute, du hast uns gemacht. Ich weiß nicht, was jeder von uns sein würde, wenn du nicht zuerst daran gedacht hättest. Selbst Ed – Angelo Partanna und Charley – alle die Leute, wir alle ...«

Als er zurücktrat, standen ihm Tränen in den Augen.

»Das war ich euch allen schuldig«, entgegnete sein Vater, »weil ihr die Ehre geliebt habt.«

Vom Bug wehte ihnen Cetriolis trompetendes Gelächter zu. Möwen stießen auf treibende Abfälle im trüben Wasser herab. Einundsiebzigtausendachthundertdreiundvierzig Toiletten spülten ihren Inhalt gleichzeitig in die Bucht.

16.

Am Samstagvormittag um zehn nahm Charley einen Flug von La Guardia nach Los Angeles. Eine Stunde vorher hatte er Maerose zum Abschied geküßt, dann noch einmal, weil er sich nicht an sie gewöhnen konnte – die weiche Härte und die harte Weichheit und der köstliche Geschmack. Dann überwältigte ihn das Abschiedsgefühl so sehr, daß er sie bei der Wohnungstür auf den Dielenteppich legte, und sie kam wie eine Fabriksirene und weinte.

Er mußte Irene ein paar Fragen stellen und wußte, daß sie die Antworten haben würde, und wie sie auch ausfielen, er wollte sich mit ihnen zufriedengeben. Er hatte immer allein gelebt, Gott sei's geklagt, weil er stets die Arbeit an die erste Stelle gerückt hatte. Nun, jetzt setzte er die Arbeit und die Prizzis und ihre Ehre an die zweite Stelle – sechzehn Längen zurück. Etwas war in ihm aus dem Tritt geraten, als er Vincent belogen hatte. Er wußte, daß Irene die Prizzis betrogen hatte. Er wußte, daß nur Irene das Ding mit Louis Palo gedreht haben konnte. Er wußte, daß sie sich die ganze Geschichte ausgedacht hatte. Aber er hatte die Prizzis belogen, hatte die Frau nicht abserviert und zu Marxie in den Kofferraum gestopft.

Er hatte sich verändert. Auf einmal erschien es ihm scheißegal, was er den Prizzis schuldig war. Er konnte es nicht verstehen. Alles, was er jetzt wollte, war diese betrügerische Frau. Sollte das ein Zeichen von Reife sein? Er war zweiundvierzig Jahre alt, und Marxie Heller hatte ihn den pfeilgeraden Charley und so etwas wie den ersten Strolch Amerikas genannt, und ähnlich mochten viele Leute ihn hinter seinem Rücken nennen. Na, sollten sie. Er hatte alles getan, um den Prizzis zu geben, was ihnen zukam, und was, zum Teufel, war er schon? Ein absurder junger Eintreiber, der seit bald zwei Jahren nicht mal Don Corrado zu Gesicht bekommen hatte. Für all diesen pfeilgeraden Scheiß hatte er vielleicht achthundert, neunhundert Dollar in der Schweiz. Vincent mußte fünfzehn Millionen haben. Für ihn kam es auf Irene an. Er wollte nichts mehr tun, wenn er nicht Irene haben konnte. Irene war alles. Das war es. Also würde er ihr ein paar Fragen stellen und sich mit dem zufriedengeben, was sie ihm auftischte. Heilige Scheiße! Was für ein Geschäft!

Sobald er ins Abfertigungsgebäude kam, ging er zum nächsten Telefon.

»Irene? Charley.«

»O Charley, Gott sei Dank.«

»Wir müssen uns irgendwo zusammensetzen.«

»Wo bist du?«

»Am Flughafen. Hör zu, ich erwarte dich in diesem Restaurant. Dem feinen Lokal, draußen.«

»Wann?«

»Ich werde ein Zimmer im Hotel nehmen und so weiter. Wie wäre es mit ein Uhr?«

»Ich hole dich am Hotel ab.«

»Nein! Ich meine, ich möchte dich draußen in der Sonne wiedersehen. Wie komme ich hin?«

»Charley, es ist nicht leicht zu finden.«

»Okay. Ich werde ein Taxi nehmen.« Er legte auf. Im Restaurant angekommen, verlangte er den Geschäftsführer, und derselbe elegante Kellner, der sie letztes Mal bedient hatte, sagte ihm, der Geschäftsführer hätte seinen freien Tag. Charley gab ihm fünfzig Dollar. »Ich werde an dem Tisch dort sitzen«, sagte er und zeigte auf einen Tisch am anderen Ende der Terrasse mit Blick aufs Meer. »Ich möchte, daß niemand in meiner Nähe sitzt, halten Sie einen Zaun vor drei leeren Tischen zwischen mir und allen anderen frei.«

Der Mann lächelte und zuckte mit den Schultern. Charley setzte sich. Um zehn vor eins kam Irene. Sie sah umwerfend aus. Ohne Eile schritt sie über die Terrasse, ein Lächeln im Gesicht, und ihm war alles andere gleich. Sie taten beide etwas Komisches, sie streckten einander die Hand hin.

Sobald sie sich gesetzt hatten, kam der Kellner zurück, und sie sprach auf puertoricanisch mit ihm.

»Du hast den Ananas-Cocktail bestellt?« fragte er.

»Ja.«

»Ich bin ganz durcheinander.«

Sie seufzte, blies die Backen auf und stieß die Luft aus. »Irene, ich muß dir was sagen. Ich weiß Bescheid über dich. Ich weiß, daß du Netturbino geeist hast, und ich bin genauso sicher, daß du uns mit Louis und deinem Mann in Vegas betrogen hast.«

Sie hob den Kopf, und die Kraft ihrer Heiterkeit war narkotisch. Er fühlte geradezu, wie Ruhe über ihn kam. Was nur dann geschah, wenn er bei ihr war. Instinktiv wußte er, daß der Doktor in dem Illustriertenartikel sich geirrt hatte. Dieses Gefühl hatte nichts damit zu tun, was er von seiner Mutter haben wollte. Es war allein das, was diese Frau ihm geben konnte.

»Ich habe das mit Netturbino gemacht, Charley«, erwiderte sie. »Aber ich hatte nichts damit zu tun, was Marxie und sein Partner taten.«

»Nichts? Wieso?«

»Das ist nicht das Geschäft, in dem ich bin, und wenn ich mich mit Betrügereien befaßte, hätte ich es nicht so angepackt.«

»Soll ich dir was verraten? Vincent Prizzi glaubt nicht einmal, daß Louis es so gemacht hätte, und er hat Louis nie für sehr helle gehalten. Außerdem sagt er, wenn nur die beiden in die Sache verwickelt wären, hätten sie es so getan, wie Louis es bestimmt hätte, denn dein Mann wäre unfähig gewesen, Louis zu dirigieren.«

»Egal, was sie taten, Charley, ich hatte nichts damit zu tun.«

»Du willst mir weismachen, Louis Palo würde bei Nacht draußen hinter einem Lokal wie Presto Cigliones Kneipe in seinem Wagen sitzen? Du willst mir einreden, er hätte den Schwindel bis zu dem Abend vor Jack Ramens Rückkehr aus dem Urlaub fortgesetzt? Du denkst, er hätte dieses Geld fünfzig zu fünfzig mit deinem Mann geteilt, als ob Marxie irgendeine große Nummer oder was gewesen wäre? Wenn er an dem Abend im Wagen saß und auf jemanden wartete, wäre dein Mann der einzige gewesen, den er in seine Nähe gelassen hätte, denn dein Mann hätte mehr Geld gebracht – aber was für Geld? Sie hatten ja schon geteilt. Louis würde deinen Mann umgelegt haben, und er wäre zu der Zeit, als er auf dem Parkplatz erschossen wurde, längst unterwegs nach Reno oder San Francisco gewesen.«

»Ich weiß nicht, was sie gemacht haben«, sagte sie leichthin.

»Die Waffe lag unter dem Armaturenbrett. Louis war so mißtrauisch, daß er jedesmal, bevor er den Wagen startete, die Kühlerhaube öffnete und nach einer Bombe Ausschau hielt, selbst wenn er nur zur nächsten Eisdiele fahren wollte. So war er. Aber dich hätte er zum Wagen kommen und einsteigen lassen.«

Sie ließ ihn den Schmerz in ihren Augen sehen, aber sie wandte ihren Blick nicht ab. Dann schüttelte sie langsam dreimal den Kopf, als wolle sie einen Eid auf den Kopf eines Kindes leisten, und murmelte so leise, daß er es nur an ihren Lippen ablesen konnte: »Nein.«

»Ich muß dich fragen, Irene. Ich kann nicht mit dir leben, wenn wir nicht über diese Sache sprechen.«

»Ich verstehe dich. Und ich habe nicht viel geschlafen, weil ich sah, wie sehr dein Leben mit der Ehre der Prizzis verknüpft ist. Irgendeine Versicherungsgesellschaft wird für das unterschlagene Geld zahlen, aber du fühlst dich verletzt durch das, was Louis und Marxie taten. Du sagst dir, daß die Prizzis dir und nur dir zutrauen, das Geld wieder herbeizuschaffen, und ob du es zurückbekommst oder nicht, du mußt mit denen abrechnen, die den Prizzis diesen Streich gespielt haben.«

»Mein Gott«, sagte Charley, »siebenhundertzweiundzwanzig Dollar sind eine Menge Geld.«

»Sie haben die Hälfte zurückbekommen.«

»Dreihundertsechzig sind immer noch eine Menge Geld!«

»Du kannst nicht alle Leute daran hindern, am Geldbaum zu schütteln! Leute mit Geld werden eben betrogen.«

»Ja«, bestätigte Charley heiser, »so ist es. Aber ich habe ihnen nicht gesagt, was mit dem Geld geschehen ist. Ich habe dich gedeckt. Ich habe gelogen, und für mich – und für die Prizzis – ist es das gleiche, als ob ich selbst mitgemacht hätte.«

»Du hast mich nicht gedeckt, Charley. Ganz gleich, wie du dir das in den Kopf gesetzt hast, du hast mich nicht gedeckt, weil ich nichts damit zu tun hatte.«

Sie wurde nicht wütend vor Ungeduld und Frustration. Sie war ruhig und ganz und gar aufrichtig, aber Charley war verletzt und gekränkt.

»Nach dem Gespräch mit Vincent Prizzi ging ich mit meinem Vater weg, und als ob ich verrückt wäre oder schuldig oder was, fragte ich ihn, ob er glaube, daß Vincent denke, ich hätte die andere Hälfte der Kohle eingesteckt. Ich werde nie den Ausdruck vergessen, der in meines Vaters Augen kam.« Er hob hilflos die Hände.

»Werden wir heiraten?« fragte sie leise.

Er starrte sie an. »Mein Gott, was für eine Frage!« stieß er hervor. Aber gleich darauf schwand alle Härte aus seinen Zügen, und die Zweifel lösten sich auf. »Ist das dein Ernst? Nach allem, was ich dir vorgeworfen habe?«

»O Charley!«

»Schon gut! Laß nur, damit ist alles geklärt. Die Prizzis müssen mir glauben, weil ich dir glaube.«

Dankbarkeit zu Gott, zu Charley, zu ihrer Mutter, die sie gelehrt hatte, daß Arroganz verschwenderisch sei, und zu Marxie, der sie lügen gelehrt hatte, erfüllte sie mit einem Hochgefühl. Sie dachte, daß dies sehr wohl die einzig bedeutsame Minute ihres Lebens sein könnte. Ihre Augen füllten sich mit Tränen, und sie lächelte.

Charley schneuzte sich lautstark.

»Sieh mal, Irene, mein Vater weiß, wie ich zu dir stehe – also denkt er vielleicht genauso, wie ich dachte. Aber er ist ein kluger Mann und hat nicht versucht, sich gegen die Natur zu stellen. Er sagte, bring sie nach New York, lebe mit ihr, aber weil die Familie weiß, wer und was sie ist, kannst du sie nicht heiraten. Du verstehst, was ich meine. Es geht nicht an, daß eine professionelle Pistolenfrau mit den Frauen in der Familie Umgang hat.«

»Aber Charley! Die Frauen in der Familie müssen mit den Männern Umgang haben, und die tun jeden Tag Schlimmeres als ich, die ich dann und wann einmal einen schnellen, sicheren Treffer anbringe.«

»Gewiß. Natürlich. Aber du siehst auch, daß Pop nur vorausgedacht hat. Er sagte zu mir, daß ich dich nicht heiraten könne. Aber mein Vater war sein Leben lang nur mit einer Frau gewesen, bis meine Mutter starb. Mit einer Frau. Ich brauche dir den Charakter meines Vaters nicht zu erklären.«

»Bist du sicher, Charley, daß es deinen inneren Zwiespalt nicht noch vertiefen wird?«

»Es geht die Prizzis nichts an. Du wirst Maerose sowieso als Freundin in der Familie haben, und wenn du sie hast, ist es wie eine Armee. Komm, wir fahren nach Mexiko. Dort kaufen wir Kleider und heiraten.«

Ganz so einfach war es nicht. Irene wollte nicht in irgendwelchen Klamotten aus einer Strandboutique zur ersten richtigen Hochzeit ihres Lebens gehen, also fuhren sie zu ihrem Haus, und bevor auch nur daran zu denken war, Kleider einzupacken, lagen sie in dem Bett, wo Irene es mit Louis Palo und Marxie gemacht hatte, und es war so kolossal, daß sie das Packen aufschoben, bis es Viertel vor sieben war.

Irene kochte ein Abendessen, das teils polnisch, teils sizilianisch und teils mexikanisch war. »Ich habe noch nie so gut gegessen«, sagte ihr Bräutigam. Und in Anbetracht dieses anstrengenden Tages, der olympischen Sexleistungen mit Maerose in der vergangenen Nacht, der Reise seiner Ängste um Irene, der postolympischen Sexleistungen mit ihr, ferner der vierpfündigen Mahlzeit mit der Flasche französischen Rotweins (Petrus 1970), die Irene zum Vorschein gebracht hatte, fiel Charley ins Bett wie ein Obelisk.

Als sie sich vergewissert hatte, daß er schlief, ging Irene ins Fernsehzimmer, wo Marxie gern Patiencen gelegt hatte, und rief ihre automatischen Anrufbeantworter im Büro an. Es war halb zehn vorbei. Der Anschluß in South Carolina hatte eine einigermaßen kultivierte männliche Stimme aufgezeichnet, die etwas auf der hohen Seite lag. Sie fragte: »Würde es möglich sein, am 9. August eine Besprechung in Dallas zu führen? Es würde sich um einen Job mit vollem Honorar handeln.« Irene lächelte in die gedämpfte Beleuchtung. Volles Honorar waren einhundert Dollar. »Ich schlage ein Mittagessen um dreizehn Uhr im Hilton Inn am Central Boulevard, Ecke Mockingbird vor. Sie werden mich am sechsten Tisch links auf der Fensterseite finden, wenn Sie hereinkommen. Das Werkzeug wird von uns gestellt.«

Sie sah auf dem Kalender nach. Der 9. würde morgen in sechs Tagen sein. Kurze Flitterwochen waren besser als keine. Sie löschte das Band und schaltete das Licht aus.

Am nächsten Morgen waren sie um sieben auf den Beinen. »Charley«, sagte sie, bevor sie aufstanden, »es gibt eine Menge Formularzeug zu erledigen, wenn Leute heiraten wollen, die keine mexikanischen Staatsbürger sind. Es könnte drei Wochen dauern, die nötigen Unterlagen beizubringen.«

»So?«

»Vor zwei Jahren mußte ich mich mal für eine Freundin nach den Möglichkeiten erkundigen.

»So?«

»Tijuana ist das Heiratsparadies, wo sie einem keine Schwierigkeiten machen. Von da können wir eine Maschine nach Acapulco nehmen.«

»Dann nichts wie los.«

Beim Anziehen erzählte Irene ihm, daß sie sechs Tage Zeit hatten, weil sie am 9. eine geschäftliche Besprechung in Dallas abhalten müßte.

»Was für Geschäfte?«

»Arbeit.«

»Wieviel zahlen sie dir für so ein Ding?«

»Hundert Dollar für dieses. Hängt davon ab. Leute aus dem Mob – aber trotzdem schwierig zu erwischen – kommen auf ungefähr fünfundsiebzig Dollar.«

»Wie viele Aufträge kriegst du im Jahr?«

»Drei oder vier.«

»Ja? So viele?«

»Das ist nicht viel, wenn man die Bevölkerung dieses Landes in Betracht zieht.«

Sie packten ihre Sachen, und Irene bestellte ein Taxi. »Okay«, sagte Charley. »Wie lange wirst du in Dallas sein?«

»Ich weiß nicht. Vielleicht drei Tage. Sie erledigen die Vorarbeit.«

»Kein Leben an zwei Küsten mehr, okay, Irene?«

»Wir werden verheiratet sein. Damit ändert sich alles. Du bist mein Mann. Ich muß darauf aufbauen. Wir müssen zusammenleben.«

Er kam zu ihr, nahm ihr Gesicht zart zwischen seine Hände und küßte sie behutsam auf die Augen, auf die weichen Wangen, den noch weicheren Mund. »Ich kann es nicht glauben«, flüsterte er.

Sie wurden in Tijuana vor zwei berufsmäßigen Trauzeugen von einem Laienrichter (Joseph Tierney Masters, JP, ›Ihr Blauer Himmel‹) getraut. »Gott«, sagte Charley, »das sollte ein Priester machen. Das hier ist irgendwie falsch.«

»Es könnte auf diese Weise sogar noch legaler sein«, entgegnete Irene. »Jedenfalls kannst du immer noch etwas mit deinem Priester ausmachen, wenn wir nach Brooklyn kommen. Ich finde es aufregend. Es ist fantastisch, sich so legitim zu fühlen. Und ich bin der Meinung, daß wir noch öfter heiraten sollten.«

Sie flogen nach Acapulco. Nachdem sie im Hotel Quartier bezogen hatten, rief Charley seinen Vater unter dessen Privatnummer in New York an.

»Pop? Charley.«

»He. Hab' dich schon vermißt.«

»Ich bin in Mexiko.«

»Ja? Wie ist das Wetter?«

»Es ist heiß, oder es regnet.«

»Was tust du in Mexiko?«

»Ich hab' geheiratet, Pop.«

»Die *puntatrice?*«

»Ja.«

»Behalt es für dich, Charley.«

»Ich wollte es dir nur sagen.«

»Ruf Dwye Williams an.«

»Was Besonderes?«

»Nein. Er wird dafür sorgen, daß ihr im Hotel und in den Restaurants als nichtzahlende Gäste behandelt werdet.«

»Ah! Wie ist seine Nummer? Und vielleicht hat er einen Vorrat an frischen Luftlinientickets. Wir könnten es brauchen.«

»Wann kommst du zurück?«

»Am 9.«

»Kommt die Frau mit?«

»Später. Sie muß alles zusammenpacken.«

»Wenn wir dich brauchen, werde ich Dwye anrufen. Und, Charley …«

»Ja, Pop?«

»Meinen Glückwunsch.«

»Danke, Pop.«

»Wir werden das Beste hoffen.«

Charley ging hinunter, um Irene am Schwimmbecken Gesellschaft zu leisten. Der Bikini aus Goldlamé hob ihre Formen so hervor, daß er eine Erektion bekam.

»He, Charley«, fragte sie mit einem breiten Lächeln, »wen hast du da mit drinnen?«

»Kümmere dich nicht um ihn«, sagte Charley. »Vielleicht geht er weg. Kennst du Dwye Williams?«

»Nein. Sollte ich?«

»Er vertritt uns in Mexiko.«

»Ach, dieser Dwye Williams. Gott, der war mal ein großer Mann.«

»Mein Vater möchte, daß ich ihn anrufe.«

»Wirst du ihn besuchen?«

»Wahrscheinlich.«

»Tu es gleich, dann haben wir die restliche Zeit für uns.«

»Klar. Möchtest du mitkommen?«

»Nein. Es würde mich zu traurig machen.«

Dwye Williams war einmal Bürgermeister von Philadelphia gewesen. Er war politisch so abgesichert, daß man ihn, selbst nachdem er die Schlüssel der Stadt den Familien ausgeliefert und die Bürger so ausgeplündert hatte, daß sie nicht aus noch ein wußten, zum Botschafter in Mexiko ernannt hatte, um ihn aus dem Weg zu bekommen (zu seiner eigenen Sicherheit und der seiner Partei, die gewisse öffentliche Untersuchungen zu fürchten hatte). In Mexiko hatte er seine volle Amtszeit abgeleistet, ständig betrunken und mit dem jovialen Gehabe eines weisen alten Herrn.

Als eine neue Regierung ihn aus dem Amt fegte, eröffnete Dwye Williams eine private Anwaltspraxis in Mexiko. Tatsächlich aber betätigte er sich weniger als Anwalt, mehr als Berater. In die Vereinigten Staaten ging er nicht zurück, weil das eine der Bedingungen gewesen war, die man an die Übernahme seiner Tätigkeit als Botschafter geknüpft hatte. Er konnte nie mehr in die Heimat zurückkehren.

Das Exportgeschäft mit Kokain, Heroin und Marihuana aus Mexiko in die Vereinigten Staaten entwickelte sich sehr stark. Die mexikanischen Koyoten versuchten Stücke davon an sich zu reißen, weshalb Dwye mittels seiner offiziellen Verbindungen verschiedene hohe Beamte der mexikanischen Regierung zu vollen Partnern machte. Daraufhin verstärkte sich der Rauschgiftstrom zu einem Ozean, der an vielen Stellen gleichzeitig über die zweieinhalbtausend Kilometer lange Grenze schwappte, in die Nasenlöcher und Adern der Nordamerikaner.

Charley rief Dwye aus dem Hotelfoyer an. Dwye bestand darauf, ihm einen Wagen zu schicken, erkundigte sich nach dem Namen seines Hotels und sagte, er wollte alles in die Hand nehmen und der Wagen würde in zehn Minuten dort sein.

Charley wartete in einem Sessel des klimatisierten Foyers, wo er den Eingang im Blickfeld hatte. Er fühlte sich in Mexiko unwohl, weil es ihn daran erinnerte, wie der Klempner und der kleine Philly Zanzara die arme Maerose herumgestoßen und diesen Kerl vor ihren Augen zusammengeschlagen hatten, im Auftrag ihres Vaters. Dem Klempner war die Sache sehr peinlich gewesen, und seitdem hatte er sich wenigstens einmal jährlich bei Mae entschuldigt. Charley war nicht eigentlich traurig über seine Trennung von Maerose, aber manchmal, besonders seit der einzigen Nacht, die sie je miteinander verbracht hatten, die endlose Verlobungszeit mit eingeschlossen, verspürte er ein süßes Verlangen, bei ihr zu sein, sie um sich zu wissen, weil sie seine Freundin war. Sie bewohnten verschiedene Teile seines Denkens und seines Lebens, Irene und Maerose. Es gab keinen Ort, wo sie zusammentreffen konnten. Öl und Wasser. Er war der glücklichste Mann auf der Welt, weil er Irene hatte, doch Maerose war es zu verdanken, daß sie ihm den Kopf zurechtgesetzt hatte. Hätte sie ihn nicht wieder zur Vernunft gebracht, so wäre er mit Irene jetzt nicht zusammen. Gott! Er würde Maerose wahrscheinlich niemals wiedersehen, und das machte ihn traurig.

Der Türsteher kam herein und sagte, der Wagen wäre gekommen.

Sie fuhren zum Flughafen. »Was zum Teufel hat das zu bedeuten?« fragte Charley.

»Mr. Williams erwartet sie in seinem Büro in Mexico City«, sagte der schwedisch aussehende Fahrer mit absolut neutraler Miene.

»Hat er den Verstand verloren? Ich dachte, er wäre gleich um die Ecke. Das sind mehr als tausend Kilometer. Nein, zurück zum Hotel! Ich laß mich nicht herumkommandieren.«

»Ja, Sir.«

Schweigend fuhren sie fünf Kilometer.

»Ich und der Wagen stehen Ihnen zu Diensten. Mr. Williams wünschte, daß ich Ihnen das sagen sollte, nachdem Sie sich vielleicht weigern würden, nach Mexico City zu fliegen.«

»Das ist sehr nett«, antwortete Charley. »Überlassen Sie mir den Wagen. Wir brauchen Sie nicht.«

»Mr. Williams möchte sichergehen, daß Sie als nichtzahlende Gäste behandelt werden, wo immer Sie sich aufhalten, Sir.«

»Das ist was anderes. Okay. Warten Sie heute abend um halb acht vor dem Eingang.«

Sie stimmten darin überein, daß es die großartigsten Flitterwochen wären, die jemals ein Paar erlebt hatte. »Es klingt verrückt«, sagte Irene, »aber ich würde mein nächstes Honorar wetten, daß keine Frau in New York, Detroit, Chicago und Los Angeles in fünf Tagen einundfünfzigmal aufs Kreuz gelegt worden ist und in der gleichen Zeit gesehen hat, wie drei Leute direkt unter ihrem Hotelfenster von der Unterströmung aufs Meer hinausgezogen wurden und ertranken.«

»Die Pasta war auch nicht schlecht«, meinte Charley schwächlich.

Sie waren beim Packen, um einen Tag eher abzureisen, weil Pop angerufen und Charley gesagt hatte, er müßte nach New York kommen. »Da ist was hochgekommen, Charley«, hatte er erklärt »Das große Geschworenengericht will dich unter Anklage stellen, und Don Corrado möchte das aus der Welt schaffen, bevor er seine Versammlung einberuft.«

»Was für eine Versammlung?«

»Eine Versammlung der obersten Familienchefs beider Seiten.«

»Beider Seiten?«

»Ja.«

»Wegen des Vegas-Schwindels?«

»Glaube ich nicht. Ich meine – was könnten beide Seiten darüber wissen, nicht wahr?«

»Ja.«

Der Abschied am Flughafen war kurz. Irene weinte. Charley schneuzte sich. Er hatte einen Direktflug zum New Yorker Kennedy-Flughafen gebucht. Irene nahm eine Maschine nach Dallas.

17.

Irene nahm ein Hotelzimmer an der Plaza of the Americas und sah einen Fernsehfilm. Nachdem sie sich das Abendessen hatte aufs Zimmer bringen lassen, ging sie um elf zu Bett. Am nächsten Morgen schlief sie, so lange sie konnte, bis halb neun. Dann vertrieb sie sich die Zeit, indem sie ein Bad nahm, sich das Haar wusch, einen kleinen Riß in ihrem Nachthemd nähte, der von Charley stammte, als er sich auf sie gewälzt hatte, und ein gemütliches Frühstück einnahm – nicht ohne dies und jenes zurückgehen zu lassen und sich zu beschweren, weil der Zimmerkellner die heiße Milch vergessen hatte. Um Viertel vor eins bestieg sie ein Taxi für die zwölfminütige Fahrt zum Hilton Inn, Ecke Mockingbird und Central. Sie zählte auf der linken Seite sechs Tische ab und setzte sich einem fetten Mann gegenüber, der einen grünen Anzug, ein hellrosa Hemd und einen grünen Schlips trug. Er sagte mit der schon bekannten, beinahe kultivierten hohen Stimme: »Hallo. Wir haben nicht miteinander gesprochen, seit Sie in Columbia, South Carolina waren.«

»Ja?« fragte Irene. »Welche Nummer?«

Er nannte ihr die Nummer des Telefons auf der linken Seite ihres Schreibtisches.

Sie bestellten Omeletts zum Mittagessen. Sie mit Käse, er mit Erdbeeren. »Wie sieht unser Plan aus?« erkundigte sich Irene, und von da an ging die ganze Sache in zwei Tagen über die Bühne.

Der Vertrag betraf einen einheimischen Anwalt, der mit dem Mob unter einer Decke gesteckt hatte, bis er sich weigerte, vereinbarte Zahlungen zu leisten. Ein unabhängiger Ölproduzent, der Klient des fetten Mannes, hatte den Anwalt wegen Vertragsbruchs, Vernachlässigung seiner Interessen, Betrugs und falscher Darstellung verklagt. Ursprünglich hatte er den Anwalt beauftragt, auf Grund des Antitrustgesetzes gegen zwei Ölgesellschaften vorzugehen, die er verbotener Preisabsprachen bezichtigte. Ein Bundesgericht verurteilte die beiden Ölgesellschaften zu einer Strafe von 27,2 Millionen Dollar, und dem Anwalt wurden 2,7 Millionen als Honorar zugesprochen. Aber in der Berufungsinstanz wurde die Strafe auf zehn Millionen Dollar herabgesetzt, wovon die verurteilten Ölgesellschaften 1,5 Millionen sofort und den Rest innerhalb einer Frist von fünf Jahren bezahlen sollten. Der Anwalt machte sich nicht die Mühe, seinen Klienten über die Regelung zu unterrichten, und weigerte sich, Rechenschaft zu geben. Auch erwähnte er dem Mob gegenüber nichts davon. Der Ölproduzent hatte den Anwalt daraufhin verklagt, aber dieser blockierte alles mit Zurückstellungsanträgen, bis es aussah, als würde es drei Jahre dauern, bevor der Ölproduzent zu seinem Geld kommen könnte. Also wollte er den Anwalt beseitigt haben. Der Mob war einverstanden.

Der Anwalt lebte in einem der großen Hotels der Innenstadt, und der Dicke hatte die Idee, daß Irene in der Kleidung eines Zimmermädchens in seine Räume gehen und die Pillen gegen seinen Bluthochdruck gegen identische Pillen von derselben Größe und Form austauschen sollte, die Zyankali enthielten.

Irene entgegnete, die texanischen Geschworenengerichte verstünden die Verwendung von Schußwaffen gegen Menschen, weil das die amerikanische Art wäre, und machten es dem Richter leichter, einen Täter dieses Typs mit einer milden Strafe davonkommen zu lassen. Doch wären sie in Fällen von Giftmord sehr streng, weshalb die Gerichte meist auf die Höchststrafe erkennen müßten. Sie fragte den Dicken, ob der Klient etwas dagegen hätte, daß der Anwalt erschossen würde. Es gab keine Einwände, also rief Irene den Anwalt an und erzählte ihm eine Geschichte von einem umfangreichen Grundbesitz, der ihr testamentarisch vermacht worden wäre und um den irgendeine ›impertinente Person‹ sie zu prellen versuchte. Der Anwalt lud sie ein, am kommenden Morgen um neun Uhr fünfzehn zu ihm ins Büro zu kommen.

Sie trug Trauerkleidung mit einem dichten schwarzen Schleier. Eine Sekretärin führte sie hinein und schloß die Tür. Es war ein großes Büro mit vielen schweren Vorhängen und lederbezogenen Polstermöbeln und Teppichen, die geräuschdämpfend wirkten. Irene erschoß ihn mit aufgesetztem Schalldämpfer unter dem Schreibtisch durch. Dann ging sie herum und feuerte ihm aus nächster Nähe noch zwei Kugeln durch den Kopf. Sie ließ die zusammengesunkene Leiche im Sessel sitzen und ging hinaus ins Vorzimmer. »Er bat mich, Ihnen auszurichten, daß Sie ihn mindestens fünfzehn Minuten ungestört lassen, während er die Papiere zu meinem Fall durchsieht.« Die Sekretärin nickte und lächelte einfältig, und Irene fragte sie, ob sie ihr den Weg zum Aufzug zeigen würde. Eine Stunde und fünf Minuten vergingen, bevor die Sekretärin hineinging, um ihren Chef etwas zu fragen, nachdem sie acht Anrufer abgewimmelt hatte. Inzwischen war Irene schon unterwegs nach Los Angeles, um ihre Sachen für den Umzug nach New York zu packen, das Haus abzuschließen und das Honorar in ihrem Safeschließfach bei der Bank in Beverly Hills zu deponieren.

18.

Am Nachmittag des Tages, an dem er mit seinem Sohn in Acapulco gesprochen hatte, machte Angelo Partanna seinen regelmäßigen Donnerstagsbesuch bei Amalia Sestero in Brooklyn Heights, um ein Glas Holunderwein zu trinken und etwaige beiläufige Anweisungen entgegenzunehmen, die Don Corrado im Laufe der Woche eingefallen sein mochten. Amalia verstand sich auf die Zubereitung sensationeller sizilianischer Süßigkeiten, und so war dies der Besuch, der ihm von allen, die er im Laufe der Woche machen mußte, am meisten Freude bereitete.

Er saß in der Küche des großen Hauses, strich sich über die glatte braune Glatze, schlürfte Holunderwein und knabberte *cubaita,* als Amalia nach Charleys Befinden fragte. »Unter uns gesagt, und behalt es wenigstens einstweilen für dich«, entgegnete Angelo, »Charley hat gerade geheiratet. Er ist in Mexiko.«

»Geheiratet? Charley? Mein Gott.«

»Er ist zweiundvierzig Jahre alt.«

»Wen hat er geheiratet, um Gottes willen?«

»Ein Mädchen aus Kalifornien.«

»Er kann ein Geheimnis bewahren, das muß man ihm lassen. Wie heißt sie?«

»Irene Walker.«

»Das ist kein sizilianischer Name.«

»Sie ist Amerikanerin. Steuerberaterin. Sehr nett. Sehr klug.«

»Das ist ja eine ungeheure Neuigkeit.«

»Nun, sehen wir, wie es geht. Eine Mischehe.«

»Sie gehört nicht zum Milieu.«

»Ja. Das meinte ich.«

Zehn Minuten, nachdem Angelo gegangen war, konnte Amalia eine Neuigkeit wie diese nicht länger verschweigen. Wenn es einen Menschen auf der Welt gab, der berechtigt war, davon zu erfahren, war es Maerose Prizzi. Sie rief sie im Geschäft an. »Mae, ich habe Neuigkeiten.«

»Ja?«

»Charley Partanna hat geheiratet.«

Maerose antwortete nicht. Sie legte den Hörer auf den Schreibtisch und ging zum Fenster, um hinauszusehen. Nach einer Weile hörte sie ihn quieken, also ging sie zurück, setzte sich und nahm den Hörer wieder auf. »Ist es eine Frau namens Irene Walker?«

»Woher wußtest du das?«

»Ich habe gehört, daß er sie ziemlich oft trifft.«

»Nun«, sagte Amalia, »ich weiß nicht, wie du es siehst, aber für mich ist es das Ende einer Ära. Du verstehst, was ich meine, Mae?«

»Was?«

»Ich denke, wenn du jetzt einen Brief an Papa schreibst und ihm die Neuigkeit mitteilst und erklärst, nach deiner Meinung sei nun die Zeit gekommen, dich heimkehren zu lassen, daß er Vincent dann sagen wird, er müsse es erlauben.«

»Danke, Amalia.«

»Ich werde bei ihm sein, wenn der Brief kommt und werde ihn ermutigen.«

»Mein Gott, ich würde gern mitkommen, nur um es meinem Vater heimzuzahlen.«

»Das ist nicht der einzige Grund, du weißt es.«

Maerose antwortete grimmig, daß sie nun eine Art von Krieg führen würde.

»Schreib den Brief gleich, Mae«, riet Amalia.

Maerose sagte die zwei verbleibenden Verabredungen für den Nachmittag ab. Dann rief sie die Empfangsdame an. »Stell heute keine Anrufe mehr zu mir durch, Edwina«, sagte sie. »Ich habe einen Haufen zu planen und muß mich konzentrieren.« Darauf sperrte sie die Tür ihres Büros ab und setzte sich mit einem gelben Schreibblock an den Tisch. Ihr Großvater hegte einen Argwohn gegen maschinengeschriebene Briefe.

Lieber Großvater (schrieb sie auf sizilianisch),

Ich bin neunundzwanzig Jahre alt und habe fern von meiner Familie leben müssen, seit ich neunzehn war. Charley Partanna, dem ich Unrecht tat, hat nun eine Frau aus Kalifornien geheiratet. Er ist glücklich und hat mich vergessen.

Ich bitte Dich, mit meinem Vater zu sprechen und ihm klarzumachen, daß ich dafür, was ich vor fast zehn Jahren tat, genug gelitten habe. Ich bitte Dich, meinem Vater zu sagen, daß er mir vergeben möge.

Deine gehorsame Enkelin Maerose.

Angelo Partanna verhielt sich sehr vorsichtig. Er hatte die Neuigkeit Amalia Sestero anvertraut, weil sie Corrado Prizzi davon erzählen würde. Corrado würde eine Weile darüber nachdenken und dann Vincent anrufen. Angelo mußte sichergehen, daß Vincent von der Sache wußte, bevor Corrado ihn aufklärte, damit Vincent vorbereitet wäre, wenn sein Vater ihm die Neuigkeit mitteilte.

Er ging durch den Korridor und steckte den Kopf in Vincents Büro. »Wie wär's heute mit einem frühen Abendessen?«

»Gut. Wohin möchtest du gehen?«

Das sagte Vincent immer, aber sie landeten unweigerlich bei Tucci.

»Wie wär's mit Tucci?«

»Wunderbar. Willst du mich um sechs abholen?«

Unterwegs zu Tucci sprachen sie über Baseball. Angelo konnte einen Baseball nicht von einem *cocómero* unterscheiden, aber er hatte nach jahrelangen Gesprächen mit Vincent so viel gelernt, daß er sachkundige Antworten vortäuschen konnte. Sobald sie zu Tucci kamen, wurde es ernst. Sie studierten die Speisekarte, die sie fünf Abende in der Woche vor Augen hatten.

Tucci hatte eine Bar am Eingang, sechs Tische und eine Musikbox. Tuccis Frau und Schwiegertochter arbeiteten abwechselnd in der Küche. Vincents Fahrer, der zugleich sein Leibwächter war, saß an der Bar.

Tucci war Neapolitaner.

»Ich glaube, ich werde diese Fischsuppe *di Pozzuoli* nehmen«, sagte Vincent unternehmungslustig. Sie stand zweimal die Woche auf der Karte, und wann immer sie auf der Karte stand, bestellte er sie.

»Gut. Ich auch.«

»He, sieh mal! Er hat *peperoni imbottiti!* Was sagst du?«

»Sehr schön, köstlich.«

Sie bestellten eine Flasche Lacrimae Cristi, der an den Lavahängen des Vesuv gereift war. Dies war für Vincent der glücklichste Augenblick des Tages, aber er währte nie sehr lang, also machte Angelos sich daran, für seinen Sohn zu arbeiten.

»Vincent? Weißt du was? Charley hat geheiratet.«

Diese Nachricht verkraftete Vincent nicht ohne weiteres. Er hielt das eben zum Munde geführte Weinglas in der Luft an und stellte es zurück auf den Tisch. »Charley hat *geheiratet?«* Seine kleinen Augen wurden undurchdringlich. Er wendete den Blick von Angelo, und sein Mund verzog sich zu einer schmalen häßlichen Narbe, bis ihm einfiel, was er Angelo damit verraten könnte. Er hob die Serviette zum Gesicht, dann zwang er sich, den Wein zu trinken.

Angelo nickte freundlich. Er wußte, was im Kopf des Freundes vorging. Beinahe zehn Jahre lang hatte Vincent vorgegeben, dessentwegen, was seine Tochter Charley angetan hatte, Scham und Trauer zu empfinden. Aber als die Jahre dahingegangen waren, hatte er Charley mehr und mehr für Maeroses Unglück und sein eigenes Elend verantwortlich gemacht. Wie konnte seine Tochter heiraten und in den Schoß der Familie zurückkehren, wenn der Mann, den sie in Schande gebracht hatte, diese Schande dadurch am Leben erhielt, daß er unverheiratet blieb? Selbst wenn sie nie wieder heiratete, und er wußte in seinem Herzen, daß sie nach allem, was sie getan hatte, nicht wieder heiraten durfte, stünde Charleys öffentliche Trauer über das ihm zugefügte Unrecht Maeroses Heimkehr im Wege. Seit bald zehn Jahren mußte er in gottverdammte Restaurants wie Tucci gehen und sich Sodbrennen holen, weil Charley seine Tochter gezwungen hatte, in Manhattan zu leben, während sie ihm hätte den Haushalt führen und die Mahlzeiten kochen sollen.

Charley mußte der Anlaß gewesen sein, daß das Mädchen überhaupt nach Mexiko durchgebrannt war. Wahrscheinlich hatte er unanständige Handlungen von ihr verlangt, und das hatte sie nicht ertragen können und war fortgelaufen. Wäre sie damals mit einem anderen als Charley verlobt gewesen, würde sie inzwischen verheiratet sein, und er könnte bei ihnen leben und die Speisen essen, die sein Magen vertragen konnte, nicht diesen neapolitanischen Unrat von Tucci. Charley Partanna hatte seine Tochter gezwungen, ihren Vater vor der Familie in Schande zu bringen. Charley Partanna hatte ihm mehr Schmerz verursacht als sonst jemand in seinem Leben. Charley Partanna verdiente keine Frau – Haushälterin, Köchin, Lebensgefährtin –, nach allem, was er angerichtet hatte. Er war der Urheber dessen, was Maerose ihm, sich selbst und ihrem Vater angetan hatte. Er beherrschte seinen Zorn, so gut er konnte, weil Angelo Partanna seines Vaters ältester Freund war.

»Wen hat er geheiratet?« Seine Stimme bebte. Er konnte Angelo nicht ansehen. Vincent wußte, daß Charley nicht innerhalb der Familie geheiratet haben konnte, denn in diesem Fall hätte er längst davon erfahren. Was hatte er gemacht – in eine der anderen vier Familien geheiratet? Das konnte gut und das konnte schlecht sein.

»Er hat eine Frau aus Kalifornien geheiratet«, antwortete Angelo. »Soviel ich weiß, kommt sie nicht aus dem Milieu. Sie ist Steuerberaterin.«

»Nicht aus dem Milieu? Gott, Angelo, worüber sollen die Frauen mit ihr reden? Lieber Himmel, wir alle werden jedesmal, wenn sie ins Zimmer kommt, den Mund halten müssen.«

»Nun, sie sind verheiratet«, sagte Angelo. »Im Augenblick verbringen sie ihre Flitterwochen in Mexiko.«

Es war ein kalkuliertes Risiko. Angelo wußte als einziger, wer den Netturbino-Treffer gelandet hatte, denn so war das System organisiert. Das bedeutete Isolation. Keine Zeugen. Keine Mitwisser. Wegen des traditionellen Systems der Isolierung hatte Vincent nicht wissen müssen, wer Netturbino beseitigt hatte. Wenn Vincent es hätte wissen wollen, hätte er ihn gefragt, aber das hatte er nicht getan. Das war ein Problemkreis. Dann gab es den anderen Problemkreis – daß Charleys Frau noch vor einigen Tagen mit Marxie Heller verheiratet gewesen war, der die Familie um siebenhundertzweiundzwanzig Dollar erleichtert hatte. Beide Problemkreise waren dynamitgeladen. Er konnte nicht sehen, wie Charley überleben wollte, wenn Vincent von dem einen oder dem anderen erfuhr. Der erste bedeutete eine Entehrung und Verletzung aller Frauen der Prizzis, Sesteros und Garrones, denen eine gewerbsmäßige Killerin als eine der Ehefrauen in der Familie zugemutet wurde. Niemand würde das hinnehmen. Der zweite Problemkreis war noch ernster, weil er nicht nur die Ehre betraf, sondern ein knappe Dreiviertelmillion Dollar, die der Familie gestohlen und von der nur die Hälfte zurückgegeben worden war.

Tatsächlich, dachte Angelo, hätte Charley sich in Anbetracht aller Umstände schwerlich in eine üblere Lage als die bringen können, in der er steckte. Vielleicht, und auch das war sehr fraglich, wenn Charley diese Frau drei Jahre nach dem Schwindel kennengelernt und geheiratet hätte, könnte ihm niemand nachsagen, er wäre daran beteiligt gewesen. Aber er hatte den Ehemann der Frau abserviert und sie vier Tage später geheiratet. Und da man wußte, daß die Frau eine Arbeiterin war, eine Arbeiterin obendrein, in deren Haus die dreihundertsechzig Dollar gewesen waren, die sie Charley zurückgegeben hatte, lag die Vermutung nahe, daß sie Louis Palo weggeputzt hatte. Vincent, der zu Charley ein sehr kompliziertes Verhältnis hatte, konnte aus der fehlenden Hälfte des Geldes und der Frau eine tödliche Schlinge für Charley knüpfen, aus der es kein Entkommen geben würde.

Angelo hatte alles durchdacht. Er war ein berufsmäßiger Denker in kriminellen Angelegenheiten und wußte als einziger, daß Charleys Frau den Netturbino-Auftrag ausgeführt hatte. Als einziger konnte er den Schluß ziehen, daß Charleys Frau Marxie Hellers Witwe war. Er war an erster Stelle Charleys Vater und erst an zweiter der *consigliere* der Prizzis, also mußte er das Risiko auf sich nehmen, derjenige zu sein, der Vincent von Charleys Heirat unterrichtete. Denn von nun an würde Vincent, wenn jemand das Thema zur Sprache brächte, sehr wahrscheinlich sagen, er wisse alles darüber und wünschte nicht weiter davon zu reden.

Am nächsten Nachmittag um fünf läutete Maerose Prizzi an der Tür der Sestero-Residenz in Brooklyn Heights. Um eins hatte sie ihre Friseuse in die Wohnung kommen lassen, und um drei die Schönheitspflegerin. Sie wußte, wie ihr Großvater sie gern sah, also hatte sie sich von den beiden in eine zarte Jungfrau verwandeln lassen, strahlend vor Schönheit und Tugend. Ugo Bustarella war an der Tür und freute sich, sie zu sehen.

»Mein Gott, vier Jahre muß es her sein, nicht? Herr des Himmels, siehst du wunderbar aus!«

»Ugo! Du bist so fett geworden! Florrie muß dich sechsmal am Tag füttern.«

»Florrie dreimal«, entgegnete er grinsend. »Amalia dreimal. Komm mit. Ich bringe dich zu ihr. Sie ist in der Küche.«

Er stellte die Maschinenpistole in die Ecke hinter der Haustür und führte sie zur Treppe. »He, ich weiß noch, wo die Küche ist«, sagte Maerose. »Ich bin vielleicht zweihundertmal hiergewesen. Sag Florrie einen Gruß von mir.« Und sie stieg die Treppe hinunter zur Küche.

Amalia erwartete sie schon. Sie schickte das Küchenmädchen zu einer Besorgung nach oben und sagte zu Maerose: »Er hat deinen Brief bekommen, und es hat ihn sehr glücklich gemacht. Er hat Vincent für heute abend zu sich geladen. Er wird ihn dazu bringen, daß er dich wieder aufnimmt.«

Maerose stand hochaufgerichtet da, holte tief Atem und hielt ihn an. Erst nachdem sie langsam ausgeatmet hatte, sagte sie: »Ich werde es meinem Vater heimzahlen. In den nächsten zehn Jahren werde ich ihm geben, was er mir die letzten zehn Jahre gegeben hat.«

»Vergeltung bringt keine Freude«, erwiderte Amalia. »Die Sizilianer reden oft davon, aber wenn man Vergeltung an ihnen übt, wird sie in ihrem Mund zu Asche.«

»Ich bin Corrado Prizzis Enkelin. Als mein Vater mir sagte, ich sei nicht mehr seine Tochter, war er auch nicht mehr mein Vater. Er warf mich hinaus, verbannte mich, nannte mich eine Straßendirne und sagte mir, er würde dafür sorgen, daß ich für den Rest meines Lebens eine alte Jungfer bliebe. Bei den wenigen Gelegenheiten im Jahr, die ich dank meinem Großvater im Kreis der Familie verleben durfte, sah er mich wie ein Stück Schmutz an und spuckte auf meine Ehre. Ich will nicht Vergeltung üben. Ich tue es für meine Ehre.«

Corrado Prizzi weinte, als er seine Enkelin wieder im Kreis der Familie willkommen hieß. Er ist so ein alter, alter Mann, dachte sie, so gebrechlich und hilflos. Dann aber erinnerte sie sich, wer er in Wirklichkeit war. »Es wird heute abend geregelt«, kündigte er an. »Dein Vater wird zu mir kommen.«

»Ich schrieb dir nicht nur, um wieder in die Familie aufgenommen zu werden, Großvater«, sagte sie. »Ich möchte die Erlaubnis haben, meinen Platz in meines Vaters Haus einzunehmen. Er ist ein einsamer Mann. Ich möchte für ihn kochen und den Haushalt führen. Ich möchte die Erlaubnis, meinem Vater all den Schmerz zu entgelten, den ich ihm bereitet habe.«

Nach dem Besuch bei ihrem Großvater eilte Maerose Prizzi zu Santa Grazia di Traghetto. Sie zündeten drei Kerzen an, eine für ihren Vater, eine für Charley, eine für sich selbst, und steckte eine Zwanzigdollarnote in den Opferstock. Dann ging sie zur zweiten Reihe auf der rechten Seite der Kirche, wo sie die Sonntage und Festtage ihrer Kindheit verbracht hatte, und betete zur heiligen Jungfrau, dann zu San Gennaro, damit er sich für sie und ihren Plan verwenden möge. Sie wollte ihrem Vater alles zurückzahlen, Schmerz für Schmerz, gerade so, wie er sein Fegefeuer über sie gebracht hatte. Sie wollte ihren Vater ruinieren, bis er unfähig wäre, es länger auszuhalten, krank würde und starb. Nach seinem Tode würde Charley Partanna ihm in seiner Funktion als Chef der Familie Prizzi nachfolgen, mit Maerose Prizzi als seiner Frau. Das war die Vorfreude, die sie bei der Durchführung ihres Plans anfeuerte. Sie war entschlossen, Charley für immer zurückzugewinnen. Es hätte niemals geschehen können, nichts von allem hätte geschehen können, wenn er nicht Irene Walker geheiratet hätte. Ihre Gebete, morgens und abends, waren erhört worden. Sie hatte beinahe zehn Jahre lang die Schande ertragen, nun aber würde endlich Gerechtigkeit geschehen und ihre Ehre wiederhergestellt werden. Bald würde sie ihren Großvater und ihren Vater begraben und an Charleys Seite an der Spitze der Familie stehen, statt eine Ausgestoßene zu sein.

19.

Nach den Teilzeit-Flitterwochen, die Charley und Irene in New York um eine ganze Woche ausdehnen konnten, und mehr als fünfzehn Monate nach dem Vorfall selbst, stand Charley wegen Mordes an Quarico ›Pickel‹ Grifone und Sam Fanfarone, zwei unabhängigen Drogenhändlern, die in der Anklageschrift als ›Garagenbesitzer‹ bezeichnet wurden, vor dem großen Geschworenengericht von Brooklyn. Aus diesem Grund vertagte die Familie die große Sitzung, bis es Ed Prizzi gelingen würde, Charley herauszupauken. Die Verhandlung wurde eröffnet, die Anklage verlesen, Zeugenaussagen gehört, eine Kaution von zweihundertfünfzigtausend Dollar angeboten, dann ordnete der Richter Charleys Freilassung auf Grund unzureichender Beweise an und schlug das Verfahren nieder. Charley fuhr direkt nach Hause, wo Irene das Abendessen beinahe fertig hatte. Nachdem sie sich drei oder vier Minuten lang geküßt und umarmt hatten, fragte Irene: »Charley, würde es dir was ausmachen, wenn ich die Wohnung neu einrichte?«

»Was willst du machen?«

»Nun, ein paar Dutzend Bücher wären ein Anfang. überhaupt sieht hier alles wie eine aus den verschiedensten Versatzstücken zusammengestellte Bühnendekoration aus. Laß mir freie Hand damit.«

Charley verspürte einen Schmerz, bis ihm einfiel, daß Maerose das Apartment wahrscheinlich niemals sehen würde. »Gewiß. Mach, was du willst. Nur darfst du dann Maerose nicht hierher einladen, okay?«

»Warum nicht?«

»Sie arbeitet in einem Einrichtungsgeschäft in Manhattan und hat diese ganze Wohnung ausgestattet.« Seine Miene hellte sich auf. »Übrigens – sie könnte dir Möbel und alles für diese Wohnung besorgen, zum Großhandelspreis.«

Irene erstarrte für eine Sekunde. »Ich kaufe niemals im Großhandel oder herabgesetzte Ware. Was kümmert's dich, Charley? Außerdem habe ich in Kalifornien neun vollständig eingerichtete Zimmer. Schöne Sachen. Das Beste. Du wirst begeistert sein. Du wirst es nicht mehr anders wollen, wenn ich erst fertig bin.«

»So? Was gibt's zum Abendessen?«

»Ich probiere etwas Neues aus – ein ganz besonderes Schmorgericht aus Fleisch mit Weinsoße, sehr französisch, weißt du, ländlich französisch.«

»Keine Pasta?«

»Zu diesem Gericht, das *la daube de bœuf Provençale* heißt, bekommst du kleine *farfalline,* die zu diesem Rezept durchaus passen.«

»Die passen zu jedem Rezept, das kannst du mir glauben.«

Das Telefon läutete. Es war Pop.

»He, Charley!« rief er. »Ed Prizzi hat also für alles gesorgt. Das ist fein. Hör zu, heute abend um zehn bei Ben Sestero. Sie können damit nicht länger warten.«

»Klar, Pop. Wann kommst du rüber und begrüßt die Braut?«

»Ich kenne die Braut, wie du dich erinnern wirst. Außerdem ist sie nicht sentimental. Je nachdem, wie die Sitzung heute abend ausgeht, kannst du mich für Sonntagabend zum Essen einplanen.«

»Großartig.« Sie legten beide gleichzeitig auf.

»Sie haben heute abend um zehn eine große Sitzung anberaumt«, erzählte er Irene. »Dieselbe, von der Pop sprach, als er mich in Mexiko anrief.«

»Große Sitzungen bringen großes Geld«, meinte Irene und rührte langsam weiter im Topf.

»Wenn alles glattgeht, kommt Pop am Sonntag zum Abendessen hierher.«

Irene legte einen Deckel auf den Topf. »Okay. Sensationell. Dann gehen wir heute abend zum Essen aus, und dieses Schmorgericht wird noch zwei Tage warten, bis es das unglaublichste

Schmorfleisch ist, das jemals aus Frankreich herausgeschmuggelt wurde.«

»Setz dich und trink ein Glas Wein«, schlug Charley' vor. »Laß mich das Abendessen kochen, das, wie du zugeben mußt, besser sein wird als ein Essen auswärts.«

»Wie? Was willst du machen?«

»Ich werde dir was Unerhörtes machen.«

»Was?«

»Ich werde dir Pasta *con le Sarde* aus Palermo kochen, das sind große Muscheln, wie *maruzzi*, ungefähr ein Pfund, gebacken mit Sardinen, geheimen Mengen von kleingehackten Anchovis, Fenchel, Rosinen und Zirbelnüssen, in Öl und mit Safran gewürzt. Dann, nachdem ich dich damit betrunken gemacht habe, werde ich dich die ganze Nacht lieben.«

»Nun, wenigstens bis halb zehn, wenn du zu der Versammlung mußt.«

»Ach, zum Teufel mit dem Essen«, sagte er und umfaßte sie. »Essen können wir jederzeit, aber ich könnte heute abend sowieso nichts essen, wenn ich dich ansehe.«

Er traf fünf Minuten vor dem Termin zur Sitzung in Brooklyn Heigths ein. Der Wächter, ein neuer Junge aus Agrigent namens Sam Falcone, öffnete die Tür. Amalia Sestero begrüßte ihn, küßte ihn auf beide Wangen. »Sie sind alle da drinnen«, sagte sie. »Ich werde jetzt Papa holen.« Sie führte Charley zu den Schiebetüren und öffnete sie – er ging durch und sie schob sie hinter ihm wieder zu.

Don Corrados Stuhl am Kopfende des Tisches war leer. Vincent saß rechts davon, Ed Prizzi zur Linken. Das Protokoll berücksichtigte die Reihenfolge ihrer Geburt, nicht die Menge des Geldes, das sie einbrachten, was Ed wurmte. Angelo saß zu Vincents Rechter, und neben ihm stand ein leerer Stuhl für Charley gegenüber von Ben Sestero und Harry Garrone, die links von Ed saßen. Am unteren Ende des Tisches hatte ein Fremder Platz genommen – ein Mann mit düsterem Blick, Knollennase, einem mächtig gewölbten Bauch und zwei goldenen Uhrketten, die über der Weste aus grauem Flanell hingen. Als Charley an ihm vorbeiging, stellte niemand den Fremden vor, also ignorierte Charley ihn.

Kaum hatte Charley sich gesetzt, da wurde die Schiebetür wieder aufgetan, und Amalia führt Don Corrado herein und half ihm auf seinen Stuhl am Kopfende. Alle standen auf. Der Don bedeutete Amalia mit der linken Hand, daß sie den Raum verlassen sollte, und als sie es tat, sagte er auf sizilianisch, er wäre glücklich, weil man Charley von der Anklage, die gegen ihn erhoben worden war, freigesprochen hatte. Charley dankte ihm.

»Der Herr am anderen Ende des Tisches ist Alvin Gomsky«, fuhr Don Corrado mit seiner undeutlichen Strandläuferstimme auf englisch fort, »und er ist Schatzmeister unserer Bank. Ich habe Mr. Gomsky hierhergebeten, damit ihr aus seinem eigenen Munde hören könnt, was vorgeht.«

Er blickte süßlich zu Gomsky und erwartete dessen Erklärung. Mr. Gornsky hatte nur jedes zweite Wort verstehen können, weil Don Corrados Englisch mit einem starken Akzent behaftet war. Aber Ed hatte ihm erklärt, was man von ihm wollte.

»Der Präsident der Bank bestiehlt die Bank«, sagte Mr. Gomsky, »und wenn ihm gestattet wird, seine Strategie schlechter Devisengeschäfte fortzusetzen, wird die Bank binnen neun oder vielleicht vierzehn Monaten am Ende sein.«

»Ich danke Ihnen, Mr. Gomsky.«

»Wir werden uns morgen früh die Bücher vornehmen«, sagte Ed.

»Wir werden darüber sprechen«, versicherte Don Corrando. »Vielen Dank, Mr. Gomsky. Arrigo, begleite Mr. Gomsky zur Tür«, trug er seinem jüngsten Schwiegersohn auf.

Als Gomsky den Raum verlassen hatte, sagte Don Corrado auf sizilianisch: »Eduardo wird euch Näheres darüber berichten.« Und Eduardo begann mit seiner vollen, wohltönenden Stimme zu sprechen und fesselte sofort die Aufmerksamkeit der anderen, die von der empörenden Ungeheuerlichkeit der Nachricht momentan abgelenkt gewesen waren. Don Corrado schloß die Augen – vielleicht, um sich besser zu konzentrieren.

»Die Bank war für mich immer wie ein Vetter«, begann Ed Prizzi im Dialekt von Agrigent. »Die Bank ermöglichte alles, und nicht nur mit dem Geld, das sie verdiente. Der Mann, der uns fünfundsiebzig Prozent der Bank abkaufte, ist ein Neapolitaner namens Rosario Filargi. Er nennt sich Robert Finlay, und wer Filargi heißt und sich Finlay nennt, muß auch dumm genug sein zu glauben, daß wir die verbleibenden fünfundzwanzig Prozent der Bank nicht absichern würden. Der Kassenverwalter der Bank, Mr. Gomsky, den ihr heute abend kennengelernt habt, hat uns gesagt – ihr habt ihn gehört –, daß Filargi die Bank mit betrügerischen Devisengeschäften ausblutet und daß sie, wenn wir sie nicht beschützen, in einem Jahr am Ende sein wird.«

»Was soll man zu solch einem Halunken sagen?« rief Angelo. »Wir sollten ihm die Eier abschneiden, dem verdammten Halunken.«

»Hast du genug gegen ihn in der Hand, damit wir das tun können, Eddie?« fragte Vincent seinen Bruder.

»Poppa hat einen Plan ausgearbeitet«, antwortete Eduardo. »Ihr müßt die ganze Geschichte hören.«

»Okay«, sagte Vincent.

»Woher hatte Filargi das Geld, um drei Viertel der achtzehntgrößten Bank in den Vereinigten Staaten zu kaufen? Nun – da gibt es in Italien in der Regierungsspitze einen Haufen Räuber, genau wie hier. Sie kommen aus Großindustrie und Hochfinanz. Verglichen mit diesen Leuten sind wir wie kleine Straßenräuber, die in der Wirtschaftskrise Tankstellen überfallen haben. Wir sind wie ein Spielautomat, verglichen mit allem, was in Vegas läuft.«

Er füllte das Glas vor sich halb mit Anisette, dann reichte er die Flasche Vincent über den Tisch hinweg. Wegen seiner Gicht benetzte Vincent nur den Boden seines Glases und gab die Flasche an Angelo weiter. Ed Prizzi fuhr erst fort, als die Flasche zu seinem Ende des Tisches zurückkehrte.

»Diese Leute brauchten eine Möglichkeit, ihr Geld aus Italien heraus und in die Schweiz zu schaffen, ohne Steuern zu bezahlen, und so eröffnete Filargi zwei Banken jenseits der Grenze bei Como, in Chiasso. Filargis Männer nahmen die Koffer voll Bargeld von diesen Leuten entgegen und brachten sie zu Filargis Schweizer Banken. Er machte seine Sache so gut, daß sie erkannten, wie vorteilhaft es wäre, nicht alle Eier in einem Korb zu lassen. So stellten sie ihm die erforderlichen Mittel zur Verfügung, damit er fünfundsiebzig Prozent unserer Bank kaufen konnte. Aber Filargis Name sollte noch einmal geändert werden, zu *spingularu,* weil er den Hals nicht voll kriegt. Nun stiehlt er von ihren fünfundsiebzig Prozent und von unseren fünfundzwanzig Prozent, aber er entehrte uns mehr als die anderen, weil wir es stärker fühlen.«

»Den Verlust des Geldes oder der Ehre?« fragte Arrigo Garrone.

Charley blickte ihn mit einem so brutal fragenden Ausdruck an, daß Garrone blaß wurde.

»Harry versuchte zu betonen, daß wir den Verlust von beidem mehr als andere spüren« sagte Ed Prizzi diplomatisch. Angelo klopfte Charley unter dem Tisch auf den Schenkel.

»Immerhin, es ist meines Vaters Ehre und meines Vaters Geld, was hier gefährdet wurde, also will ich euch meines Vaters Plan zur Regelung dieser Angelegenheit erklären. Manche Leute leiden am meisten, wenn man ihnen das Geld nimmt, denn es ist ihr kostbarstes Gut. Für Filargi, so hat mein Vater entschieden, ist Geld am wichtigsten, also werden wir es ihm nehmen. Wir werden ihm das Leben ohne Geld lassen, und ohne eine Möglichkeit, zu Geld zu kommen.«

Don Corrado öffnete die kleinen Augen. Er blickte jedem der um den Tisch Versammelten ins Gesicht und nickte. »So muß Filargi bezahlen. Ich konnte mir das ausdenken, weil Charley mir den Schlüssel gab, der mir den Weg zur gerechten Strafe für Rosaro Filargi eröffnete.«

»Ich habe dir den Schlüssel gegeben?« fragte Charley erstaunt.

»Du hast mir erzählt, daß Versicherungsprämien bei Entführungsfällen von der Einkommensteuer absetzbar sind. Eduardo wird es im einzelnen erklären.«

Don Corrado schloß die Augen. Alle Blicke richteten sich auf Ed Prizzi.

20.

»Vor kurzem«, begann Eduardo, »hat Mr. Gomsky seine Mitdirektoren in der Bank überredet, eine Entführungsversicherung über zweieinhalb Millionen Dollar zum Schutz der leitenden Direktoren der Bank abzuschließen. Die Versicherungssumme stellt zwölf Prozent des Wertes dar, den unser fünfundzwanzigprozentiger Anteil am Geschäft ausmacht. Natürlich werden wir mit fünfundzwanzig Prozent an den Kosten der hohen Versicherungsprämie beteiligt, aber, wie Charley für uns festgestellt hat, sind diese Kosten steuerabzugsfähig. Das Lösegeld, das die Bank im Entführungsfalle zahlen muß, wird auch steuerabzugsfähig sein, so daß in dem Fall, daß eine der führenden Persönlichkeiten der Bank entführt wird – wenn beispielsweise Filargi verschwindet –, die Kidnapper selbst zweieinhalb Millionen Lösegeld bekommen würden, was die Versicherungsgesellschaft zu bezahlen hätte.«

»Danke, Eduardo«, sagte Don Corrado. »Danke, Beniamino, danke, Arrigo. Ihr könnt jetzt gehen. Und richtet Amalia bitte aus, sie soll kommen.«

Die drei entfernten sich.

»Ich glaube, ich kriege ein Magengeschwür«, sagte Vincent. »Eine schöne Sauerei, in meinem Alter.«

»Trink keine Milch« riet Angelo. »Milch verstärkt die Säure. Das verschlimmert Magengeschwüre.«

»Wer trinkt Milch?« fragte Vincent, als Amalia hereinkam, Don Corrado aufhalf und ihn hinausführte. Leise schloß sie die Schiebetüren.

»Mein Vater hat einen fantastischen Plan«, sagte Vincent zu den Partannas. »Wir werden Filargi ein Zweieinhalb-Millionen-Preisschild anhängen, nachdem wir ihn entführt haben, dann werden wir der Bundespolizei eine Fährte legen, so daß sie beweisen kann, daß Filargi das ganze Ding organisiert und sich selbst entführen ließ, um die Versicherung zu betrügen. Und weil eine so große Versicherungsgesellschaft einigen Einfluß hat, werden sie ihn für den Rest seines Lebens hinter Gitter schicken.«

»Kolossal«, meinte Angelo, küßte seine Fingerspitzen und warf eine Kußhand in die Luft. »Jetzt kannst du lernen, wie ein richtiger *narugnutu* gehandhabt werden sollte, Charley.«

»Das ist nicht alles, was mein Vater für Filargi vorgesehen hat«, fuhr Vincent fort. »Wenn Filargi hochgenommen wird, weil er seine eigene Entführung gedeichselt hat, werden unsere Leute in Italien und der Schweiz Druck auf die *papaveri* ausüben, die seine Partner waren, als er uns die fünfundsiebzig Prozent von der Bank abkaufte. Sie werden ihnen verraten, wieviel Filargi ihnen mit den betrügerischen Devisengeschäften gestohlen hat. Darauf werden sie ihre Regierung drängen müssen, Filargi in Italien vor Gericht zu stellen, so daß er, sollte er hier jemals freikommen, noch eine hübsche Zahl von Jahren in irgendeinem verdammten italienischen

Gefängnis wird einsitzen müssen. Inzwischen werden unsere Leute die Anteilseigner der Bank dazu bringen, ihm jeden Cent pfänden zu lassen, den er in der Welt hat, und was sie nicht kriegen können, werden ihm die italienischen *pezzocannonati* abnehmen. Glaubt mir, er wird die nächsten fünfzig Jahre, wenn er so alt wird, hier oder in Italien im Knast verbringen. Und dort wird ihm viel Zeit bleiben, um sich klarzumachen, daß er den Verstand verloren haben mußte, als er die Idee hatte, auf die Ehre der Prizzis zu pissen.«

»Das ist ein schönes Stück Arbeit, mehr kann man dazu nicht sagen«, lobte Charley demütig.

»Nun«, sagte Angelo, »wenn du überlegst, daß wir in der Lage sein werden, wenigstens fünfzig Prozent der Bankanteile von den Italienern zurückzukaufen, nachdem diese Geschichte aufgeflogen ist, muß man es zweifellos als schönes Stück Arbeit bezeichnen.«

»Und es werden ein paar Punkte für dich mit drin sein, Charley«, prophezeite Vincent – mit Grabesstimme, weil Familiengelder ausgegeben werden sollten.

Charley begann höflich zu widersprechen, aber Vincent hob die Hand. »Mein Vater will es so. Fair ist fair. Du bist mit dem Trick gekommen, der diesem Burschen das Genick brechen wird. Du wirst fünf Prozent für diesen Job bekommen. Fünf Punkte von zweieinhalb Millionen sind ein hübscher Batzen.«

»He, Charley!« rief Angelo. »Hundertfünfundzwanzigtausend Dollar! Was sagst du dazu?«

»Was kann ich sagen?« antwortete Charley. »Es ist sehr großzügig.«

»Nun, du bist ja jetzt Ehemann«, sagte Vincent mit ausdrucksloser Miene. »Da kannst du das Geld gebrauchen.« Darauf folgte ein gedankenvolles Schweigen. Angelo hüstelte ein wenig. Charley dachte: Scheiße! Nun wetzt er wieder das Messer wegen seiner Tochter.

»Na, jedenfalls«, fuhr Vincent fort, »läßt deine Heirat Maerose endlich vom Haken.«

»Gott segne sie«, sagte Angelo. »Nun zurück zum Filargi-Job.«

»Es ist ein Job, den ich selbst übernehmen sollte«, meinte Vincent. »Als meines Vaters Sohn sollte ich derjenige sein, der Filargi am Kragen packt, aber ich habe diese verdammte Gicht, und nun wahrscheinlich dieses verdammte Magengeschwür, und mein Vater glaubt nicht, daß die Fürsprache der Kleinen Schwestern bei San Gennardo rechtzeitig wirken wird.«

»Wenn es mit deiner Gicht so schlimm ist, bist du wirklich zu bedauern«, sagte Angelo.

»Wie möchtest du die Sache angefaßt haben?« fragte Charley ehrerbietig.

»Du hast die Leitung. Such dir deine Leute selber aus. Wir wollen es nicht wissen. Du leitest die Schau. Wir haben die technische Seite der Operation ausgearbeitet. Du schnappst dir Filargi an einem Montagnachmittag in seinem Hotel, denn Dienstag ist ein guter Nachrichtentag, auch für den Rest der Woche. Er geht zum Mittagessen nach Hause, das muß man sich vorstellen, der Chef der achtzehntgrößten Bank im Land geht in sein Hotel und brät sich mitten im Sommer ein Ei.«

»Wann?«

»Bald. Wir werden dich rechtzeitig verständigen. Mein Vater muß noch ausarbeiten, wie das Lösegeld übergeben werden soll.«

»Wir haben einen Grundrißplan des Stockwerks im Hotel, wo Filargi wohnt, Charley«, fügte Angelo hinzu. »Nimm ihn mit nach Hause und studiere ihn. Für die Aktion ist alles mit eingekreisten Zahlen markiert, die Positionen zusätzlich mit Pfeilen daneben. Sobald du dir das eingeprägt hast, komme ich zu dir, und wir gehen alles noch einmal gemeinsam durch.«

21.

Charley und Irene hatten den Grundrißplan über den Küchentisch und eine Stuhllehne ausgebreitet und studierten ihn gemeinsam.

»Wenn du irgendwo eine schwache Stelle entdeckst, sag es«, bat Charley. »Also, dies ist das einundvierzigste Stockwerk von Filargis Hotel. Da oben gibt es auf einer Etage nur drei Wohnungen. Hier, das ist Filargis Wohnung, gegenüber dem Aufzug.« Er berührte den Plan mit dem Finger, wo die eingekreiste Zahl Eins zu sehen war. »Jeden Tag, wenn Filargi ins Büro geht, kommt zuerst sein Leibwächter aus dieser Tür und drückt auf den Aufzugknopf. Wenn der Aufzug da ist, blockiert er ihn, dann geht er zurück und klopft an Filargis Tür.«

»Filargi wartet immer auf das Klopfen?« fragte Irene. »Ja. Das ist sein Standardverfahren. Am Montag, wenn der Leibwächter zum Aufzugknopf geht, wird mein zweiter Mann aus der Wohnung auf der Südseite kommen, gegenüber von Filargis Wohnung, aber neben den Aufzügen. Und sobald der Leibwächter den Aufzug blokkiert, wird mein Mann ihn im Aufzug festhalten. Sobald der Leibwächter verarztet ist, komme ich aus der Wohnung auf der Nordseite und klopfe an Filargis Tür. Er kommt heraus. Ich stoße ihn zum Aufzug, wo mein zweiter Mann mit dem Leibwächter steht, drücke den Knopf zur Tiefgarage und den für Direktfahrt ohne Zwischenstopp. Unten wird Al Melvini warten. Wir gehen mit Filargi zu dem Wagen, den Zanzara dort bereithält, und bringen Filargi nach Long Island.«

»Was geschieht mit dem Leibwächter?«

»Mein zweiter Mann fährt ohne Zwischenaufenthalt mit ihm auf das Dach und macht ihn kalt.«

»Ziemlich ungeschickt«, meinte Irene.

»Ungeschickt?«

»Mein Gott, Charley, wenn der Leibwächter einen Mann im Korridor bei den Aufzügen sieht, wird er den Aufzug gar nicht heraufholen. Wenn der zweite Mann herauskommt, während er auf den Aufzug wartet, wird der Leibwächter vielleicht das Schießeisen ziehen oder ihn niederschlagen. Es ist ein lizenziertes Schießeisen, und er ist ein lizenzierter Mann, den die Versicherungsgesellschaft als Filargis ständigen Begleiter verlangt, wohin immer er geht. Die Versicherungsgesellschaft beauftragt ihn, keine Risiken einzugehen.«

»Du meinst, wir sollten den Mann gleich an Ort und Stelle umlegen und Filargi herausholen?«

»Nun, jedenfalls meine ich nicht, daß ihr ihn zuerst in den Keller und dann wieder hinauf zum Dachgeschoß schaffen solltet, bevor ihr ihn erledigt. Aber der ungeschickteste Teil ist der mit dem zweiten Mann. Dafür braucht ihr eine Frau.«

Sie waren mitten in einer heftigen Diskussion, als die Türglocke läutete und Pop eintraf. Er hörte sich Irenes Einwände an und zuckte mit den Schultern. »Sie hat recht, Charley. Das sollte eine Frau machen.«

»Hör zu«, sagte Irene, »eine Frau könnte mit einem nachgemachten Säugling aus der südlichen Wohnung kommen, nachdem der Leibwächter den Aufzugknopf gedrückt hat, ihm freundlich zulächeln und mit dem falschen Säugling herumtun. Wenn er den Aufzug auf Halt gestellt hat, wartet sie, bis er an die Tür geklopft hat und Filargi herauskommt. Wenn sie dann beide draußen sind, wirft sie den Säugling dem Leibwächter zu, der natürlich versuchen wird, ihn aufzufangen, und während er das tut, hält sie ihn mit der Waffe in Schach. Dann kommst du aus der nördlichen Wohnung, Charley, während die Frau den Leibwächter in Filargis Wohnung zurücktreibt und ihm dort das Ding verpaßt. Inzwischen wirst du Filargi im Aufzug haben und unterwegs zum Keller sein.«

»Das ist gut«, meinte Pop.

»Um Gottes willen, wo sollen wir eine Frau für eine solche Aktion herkriegen?«

»Ich kann das machen«, erbot sich Irene.

»Du? Moment mal – ich habe nicht geheiratet, damit meine Frau weiterarbeitet ...«

»Charley, hör zu, Irene hat recht«, unterbrach ihn Pop. »Egal, wie du es siehst, wir würden auf jede andere Weise ein unnötiges Risiko auf uns nehmen. Selbst Don Corrado wird mir zustimmen, wenn ich ihm sage, warum eine Frau das Ding mit dem Leibwächter machen muß.«

»Arbeitet einen genauen Plan aus«, schlug Irene vor. »Hier ist eine phänomenale Mahlzeit in Gefahr, also geht bitte auf die Terrasse hinaus und genießt die Aussicht.« Sie scheuchte die beiden aus der Küche.

Sie gingen auf die Terrasse. Charley schloß sorgfältig die Glastür. Dann wandte er sich in verzweifelter Ungeduld an seinen Vater. »Pop, was zum Teufel ist los mit dir? Du mußt ihr das ausreden! Jesus, Pop!«

»Charley, sie hat recht, das weißt du selber. An den Aufzug gehört eine Frau. Eine Frau muß den Leibwächter überrumpeln, und ihm den falschen Säugling zuwerfen – das ist eine kolossale Idee.«

»Pop, hör mich an. Früher oder später werden die Prizzis erfahren, daß Irene und ich verheiratet sind. Wenn sie dann herausfinden, daß ich meine eigene Frau für diesen Job benutzt habe, Mann, das wird sie aus dem Häuschen bringen. Es würde sich herumsprechen, Pop. Jede Familie in New York würde sich darüber totlachen, daß die Prizzis jetzt ihre Frauen für Jobs hernehmen. Um Gottes willen, Pop! Du weißt, wie sehr die Prizzis auf ihre Ehre bedacht sind! Ich müßte dafür büßen. Daß sie meiner Frau ein Ding verpassen würden, wäre das mindeste!«

»Charley, setz dich einen Augenblick hin. Laß mich mal reden, ja?« Charley setzte sich, und Pop zog einen Stuhl an seine Seite und nahm ebenfalls Platz. Sein Blick suchte Charleys Augen. »Vor allem, wer wird davon erfahren? Der Leibwächter? Den wird Irene ausschalten. Filargi wird nicht einmal wissen, daß sie an der Aktion beteiligt ist, so verängstigt und verwirrt wird er sein. Hinzu kommt – und das sollte an erster Stelle stehen –, daß es keinen wichtigeren Job als diesen gibt. Don Corrado sieht ihn als sein Denkmal an. Hast du jemals gehört, daß ein Soldat oder ein *caporegime* für einen Job fünf Prozent von zweieinhalb Millionen bekommt? Für irgendeinen Job? Hundertfünfundzwanzig Dollar? Nie im Leben, darauf kannst du deinen Arsch wetten. Es muß richtig laufen, dieses Ding. Don Corrado schützt damit die Bank. Die Bank, die er aufbaute, als er in dieses Land kam, die Bank, die mich in dieses Land brachte, die Bank, die das ganze Geschäft ermöglicht hat. Und er rechnet sich aus, daß ihm nicht viel Zeit bleibt und daß es sein gutes Recht ist, in seiner Lebenszeit den Kreis zu vollenden und seine Bank für zehn Cent pro Dollar zurückzubekommen, damit Eduardo sie wieder aufbauen kann. Charley, hör mir zu. Dies ist kein Lösegeldgeschäft für zweieinhalb Millionen. Was ist das? Es ist nichts. Es geht darum, Filargi zu ruinieren. Das wirkliche Geld in diesem Ding liegt in der Möglichkeit, die Bank durch Filargis Gerichtsverfahren hinreichend in Mißkredit zu bringen, damit diese Italiener nichts mehr damit zu tun haben und sie liebend gern für zehn Cent pro Dollar an unsere Strohmänner zurückverkaufen wollen. Das ist ein Sechzig-, Siebzig-Millionen-Dollar-Geschäft für die Prizzis, Charley. Niemand wird jemals wissen, daß deine Frau an diesem Job mitgearbeitet hat – meine Güte, sie verläßt das einundvierzigste Stockwerk nicht, bis du mit Filargi auf der Queensboro-Brücke bist! Aber selbst wenn die anderen Familien herausfänden, daß deine Frau bei diesem Job für dich eingesprungen ist, was soll's? Die Leute werden es vergessen, also würde es den Prizzis vielleicht nicht so sehr gegen die Ehre gehen. Und was ist schließlich ein bißchen Ehre, verglichen mit siebzig Millionen – habe ich recht?«

»Nun ja, wenn du es so ausdrückst, Pop ... Aber Irene muß für die Sache bezahlt werden.«

»Selbstverständlich. Sie ist eine Spezialistin. Wenn ich mit Don Corrado kläre, daß es hier keine andere Möglichkeit gibt, als eine Frau einzusetzen, dann wird er nicht nur zustimmen, weil es so sehr einleuchtet, sondern er wird wissen, daß eine Spezialistin, eine Frau, die auf die Idee kommt, dem Kerl das falsche Baby in die Arme zu werfen, den Spitzentarif kriegen muß.«

»Wieviel, Pop?«

»Hundert Dollar.«

»Ich glaube, mehr. Ich schwöre bei Gott, Pop, diese Nummer ist hundertfünfzig wert.«

»Ich will nicht ja sagen, ich will nicht nein sagen, weil es nicht meine Entscheidung ist. Laß uns morgen abend weiterreden.«

Irene klopfte an die Glastür der Terrasse und bedeutete ihnen, hineinzukommen. Pop öffnete die Tür. »Mein Gott, wenn das kein Festessen ist, was ich für euch habe!« rief Irene.

22.

Vincent saß mit seinem Vater im Sestero-Haus in Brooklyn Heigths. Mit wachsender Gemütsbewegung hörte er sich Don Corrados Vortrag an. Sie waren allein. Es war heiß im Zimmer, weil der Don es schätzte, wenn im Kamin das ganze Jahr ein Feuer brannte.

»Deine Tochter hat gelitten. Ach ja, ich weiß es! Auch du hast gelitten, aber das Mitgefühl sagt uns, daß wir dem Leiden ein Ende machen müssen. Jesus lehrt uns das. Die Heilige Muttergottes ist die Personifikation des Mitleids und der Vergebung. Ein natürlicher Zeitabschnitt ist zu Ende gegangen. Nach beinahe zehnjähriger Wanderung in der Wildnis außerhalb ihrer Familie hat deine Tochter – meine Enkelin – um Vergebung gebeten, weil der Mann, dem sie Unrecht tat, die rituelle Bestrafung von uns allen symbolisch beendet, indem er eine andere zur Frau nahm. Maerose ist erlöst. Du bist erlöst. Ich bin erlöst. Die Ehre ist gewahrt. Also habe ich dich hergebeten, um dich auf den Knien zu bitten, deiner Tochter zu vergeben und ihr die Heimkehr zu erlauben. Schau her – hier ist ihr Brief. Lies ihn, Vincent. Sieh selbst, wie das Kind dich liebt, vielleicht wegen der Strafe, die du ihr auferlegt hattest, weil sie sich gegen die Ehre der Familie versündigt hatte und verstand, daß sie bestraft werden mußte. Sie möchte sich deiner annehmen. Du brauchst sie, Vincent. Du hast allzu lang in Einsamkeit gelebt. Breite deine Arme aus. Sag mir, daß ich sie dir in die offenen Arme schikken darf. Laß uns einander lieben. Unser aller Tage sind gezählt.«

Tränen rannen ihm über die Wangen, als er endete. Vincent schluchzte. Sie erfreuten sich eines langen Augenblicks läuternder, glücklicher Empfindung, dann sagte Vincent: »Schick sie zu mir, Poppa. Wir werden diese Jahre aneinander gutmachen. Sie ist wieder meine Tochter.«

Maerose saß in Presto Cigliones Büro, im ersten Stock über der Bar, dem Tanzsaal und der altmodischen Spielhölle draußen im Westen von Vegas, außerhalb des Vergnügungsbezirks, während ihr Vater und Großvater in Brooklyn die Geheimnisse des Mitleids erforschten. Nacheinander legte sie drei Fotos von Irene vor Ciglione, einem klassischen Gangstertyp aus der Zeit der frühen Tonfilme, der ein makelloses Sieneser Italienisch sprach, auf den Schreibtisch.

Neben die drei Bilder zählte Maerose zehn Hundertdollarnoten.

»Sie wissen, wer ich bin, nicht wahr?«

»Ja, Miß.«

»Sie verstehen, daß diese tausend Dollar für Sie sind – richtig?«

»Ja, Miß.«

»Haben Sie jemals diese Frau gesehen?«

»Sie war zweimal hier. Allein. Sie trank ein Glas, sah sich um und ging wieder.«

»Wann?«

»Vor zwei, drei Wochen.«

»Um die Zeit, als es Louis Palo erwischte?«

»Ja, Miß.«

»Hören Sie zu, Presto. Ich werde jetzt für zehn, fünfzehn Minuten hinuntergehen. Sie lassen Ihre Leute einzeln hier heraufkommen und fragen sie, ob sie diese Frau an dem Abend gesehen haben, als es Louis Palo erwischte.«

»In Ordnung, Miß.«

Maerose verließ das Büro und ging hinunter, um sich in einen Winkel der Bar zu setzen, weit entfernt von der Treppe. Sie bestellte einen Shirley Temple.

»Einen was?«

»Sie haben mich gehört. Möchten Sie, daß ich es Ihnen von Mr. Ciglione erklären lasse?«

»Ist schon in Ordnung. Ich werde nachsehen.«

»Nicht zu süß«, befahl Maerose.

Zwanzig Minuten später kam der Barmann an den Tisch und sagte: »Mr. Ciglione möchte Sie jetzt sprechen, Miß.«

Maerose legte eine Zehndollarnote auf den Tisch. »Für Sie«, sagte sie und schritt zur Treppe.

Ciglione erwartete sie mit einer hübschen jungen Frau im uniformierten Kostüm einer Bedienung.

»Sag der Dame, was in der Nacht gewesen ist, als dieser Bursche erschossen wurde«, forderte er sie auf.

»Nun, wenn es wirklich okay ist ...«

Er nickte ernst.

»Ich war in einem Toyota Celica draußen auf dem Parkplatz und machte mit einem Fernfahrer Akrobatik, und als ich den Kopf hob, sah ich diese Frau in knappsitzenden Shorts in das Scheinwerferlicht eines Wagens laufen, desselben Wagens, in dem der Mann saß, der erschossen wurde. Mein Partner war ganz k. o., weil er viel getrunken hatte und gerade gekommen war, also achtete er auf nichts. Nach ungefähr drei Minuten stieg die Frau auf der Beifahrerseite aus und bei den Rücksitzen ein. Dann, wieder ein paar Minuten später, sah ich, wie sie den Fond verließ. Sie ging zum Kofferraum und nahm eine Reisetasche heraus, die sie zu dem Wagen trug, mit dem sie gekommen war. Ich nehme an, es war der Wagen, mit dem sie kam, jedenfalls fuhr sie damit weg. Ich dachte nicht mehr daran, bis Mr. Ciglione mich gerade fragte.«

»Haben Sie sich die Bilder genau angesehen?« fragte Maerose.

»Das ist sie. Das ist dieselbe Schnalle.«

»Danke.« Maerose nickte Ciglione zu.

Er zog ein Bündel Geldscheine aus der Tasche, suchte zwei Fünfziger heraus und gab sie dem Mädchen. »Kauf dir eine Zigarre, Schatz.«

»In Ordnung«, meinte Don Corrado. »Das ist geregelt. Ich werde meiner Enkelin mitteilen, daß sie nach Haus kommen darf. Nun müssen wir die Bankangelegenheit regeln, damit Charley anfangen kann. Bitte sag Eduardo, er möge jetzt hereinkommen.«

Als Ed Prizzi es sich bequem gemacht hatte, verteilte Don Corrado mexikanische Zigarren und begann zu sprechen. »Wir werden die Bank dazu bewegen, das Lösegeld für Filargi in Übersee zu bezahlen, Eduardo, also mußt du das mit deinen Leuten vorbereiten.«

»In Übersee?«

»Erstens liegt das außerhalb der Jurisdiktion des Landes, wo die Entführung stattgefunden hat. Die einheimische Polizei kann nichts tun, und Interpol ist sowieso nur ein Telegrafenbüro, das der einheimischen Polizei sagt, was vorgeht. Aber nach außen hin wird Gomsky, der mit der Auszahlung beauftragt sein wird, der Polizei natürlich sagen, daß die Bank den Entführern das Lösegeld in den Staaten übergeben wird – im Central Park oder sonstwo –, so daß wir, während sie hier warten, das Geld dort kassieren können.«

»Wo in Übersee, Poppa?«

»Ich dachte an Panama, Lagos in Nigeria, vielleicht Aruba, Hongkong oder São Paulo. Du wählst in jedem der betreffenden Orte zwei Banken aus. Gomsky vereinbart mit einer Bank die Auszahlung von fünfhundert Dollar an einen Kurier, der auf dem Empfangsschein mit Filargis Namen in einer Codenummer quittiert – also Filargi, nicht Finlay, wie er sich hier nennt. Wenn wir die Sache auffliegen lassen, werden die polizeilichen Nachforschungen zeigen, daß Filargis Kuriere die fünfhundert zu der zweiten Bank im selben Ort gebracht und von dort auf ein Nummernkonto in Liechtenstein überwiesen haben, das du durch unsere Bank in Zürich eröffnen lassen mußt. Selbst wenn sie – und das wird unmöglich sein, glaube mir – irgendeinem anderen als Filargi kriminelle Motive nachweisen können, werden sie trotzdem nicht in der Lage sein, der Spur dieses Geldes anderswohin als zu Filargi zu folgen. Und nach ein paar Jahren wird die Bank in Liechtenstein die Schweizer Bank ersuchen, das Geld in amerikanischen Schatzanweisungen anzulegen. Wenn wir bereit sind, werden wir diese plus Zinsen zu Bargeld machen.«

»Das ist sehr gut, Poppa«, meinte Eduardo.

»Das ist kolossal«, sagte Vincent. »Ein sensationeller Kniff. Der problematische Teil jeder Entführung ist die Geldübergabe. Immer werden sie genagelt, wenn sie die Hand nach dem Lösegeld ausstrekken. Mit einem solchen Trick könnten wir das zu einem sehr, sehr hübschen Geschäft entwickeln.«

»Nein, Vincent«, erwiderte Don Corrado traurig. »Bleib bei den harmlosen Coups, die den Leuten eine Menge Vergnügen bereiten und die sie wollen. Wenn du anfängst, große Tiere zu entführen, geht das Geschrei in den Medien los. Alle Leute regen sich auf. Die Politiker merken, daß sie uns nicht beschützen können, weil die Leute das in solchen Fällen nicht dulden. Und wir bereiten uns eine Menge Kopfschmerzen und Ärger. Außerdem könnte die Auszahlung, so wie sie für Filargi vorgesehen ist, zu den Tricks gehören, die nur einmal funktionieren.«

»Du hast recht, Poppa«, gab Vincent zerknirscht zu.

Am selben Nachmittag um sechs saß Angelo Partanna mit seinem alten Freund in dem überheizten Arbeitszimmer in Brooklyn Heigths und erklärte bis ins erschöpfende Detail, warum Charley beschlossen hatte, daß eine Frau die zweite Position im einundvierzigsten Stockwerk von Filargis Hotel einnehmen müßte. Als er zu dem Teil des Planes kam, wo die Frau dem Leibwächter das unechte Baby in die Arme zu werfen hatte, nickte Don Corrado anerkennend. »Das ist wirklich professionell. Und viel besser als meine Methode.«

»Dann ist es so in Ordnung?«

Don Corrado nickte.

»Es ist eine Frau«, betonte Angelo. »Und das heißt, eine Spezialistin.«

»Gib ihr, was sie verlangt, mein Freund«, sagte Don Corrado. »Dies soll mein Denkmal werden.«

23.

Acht Tage vor dem Montag, an dem Filargi entführt werden sollte, hatten die Prizzis durch unverdächtige Mittelsmänner die Nordwohnung im einundvierzigsten Stockwerk des Hotels gemietet. Angelo Partanna schickte der Mieterin der Südwohnung als Hauptpreis eines Gemeindewettbewerbs, an dem teilgenommen zu haben sie sich zwar nicht erinnern konnte, über dessen Gewinn sie sich jedoch herzlich freute, Karten für eine Theatermatinee und eine Einladung zum Mittagessen für zwei Personen in einem der feinsten Restaurants der Stadt. Irene betrat die Südwohung am Entführungstag um dreizehn Uhr fünfundzwanzig. Charley nahm seinen Platz in der Nordwohnung um dreizehn Uhr siebenunddreißig ein. Filargis Leibwächter würde zwischen zwei und sechs Minuten nach zwei Uhr aus der dritten Wohnung kommen.

Irene traf ihre Vorbereitungen mit der kühlen Überlegung, die sie auszeichnete. Sie blies die Gummipuppe auf und wickelte sie in die Windeln und die Säuglingssachen, die sie unter dem Mantel mitgebracht hatte. Als die ganze Packung beschwert und in die Baby-Tragtasche gesteckt war, fehlten nur noch die Geräuscheffekte, um jedermann zu überzeugen, daß es ein Säugling war. Sie lächelte, als sie das Paket fertig machte, und dachte an das Gesicht, das der Leibwächter machen würde, wenn sie ihm den Säugling zuwürfe. Sie nahm ihren Platz bei der Tür ein. Charley wartete hinter seiner Wohnungstür.

Pünktlich um drei Minuten nach zwei kam der Leibwächter aus Filargis Wohnung, ein drahtig aussehender, mittelgroßer Mann mit einem blauschwarzen Bartschatten und einem grellen Schlips, rot, violett und weiß gemustert. Er drückte den Aufzugsknopf. Innerhalb von neunzig Sekunden war der Lift da, die Tür ging auf, und der Leibwächter trat hinein, um den Haltknopf zu drücken. Er verließ die offene Kabine und überquerte den Korridor zu Filargis Wohnung, wo er klopfte. Sofort ging die Tür auf. Filargi, ein Mann von ungefähr dreiundsechzig Jahren, dicklich, von niederem Wuchs und nervös aussehend, kam sofort heraus. Er trug eine Fliege und einen Panamahut. Sobald die Tür hinter ihm ins Schloß gefallen war, öffnete Irene ihre Tür und trat, den Säugling im Arm, in den Korridor. Der Leibwächter und Filargi wandten sich halb zu ihr um. Irene war ungefähr einen Meter vom Leibwächter entfernt, die Handtasche offen und mit griffbereiter Pistole hinter dem Säugling, als sie rief: »Fang« Und dem Mann das Baby zuwarf.

Der Leibwächter wich dem Bündel aus und ließ es zu Boden fallen. Er griff nach seiner Waffe. Irene zog ihre Pistole aus der Handtasche. Charley kam mit vorgehaltener Waffe aus der südlichen

Wohnung. In diesem Augenblick öffnete sich die Tür des zweiten Aufzugs unmittelbar neben Irene und dem Leibwächter, und eine Frau mittleren Alters war im Begriff, aus der Kabine zu treten, als Irene den Leibwächter niederschoß. Die Frau starrte Irene an und sagte ganz deutlich: »Ich muß im falschen Stockwerk sein.« Irene schoß sie ins Gesicht.

Die Tür des zweiten Aufzugs begann sich wieder zu schließen. Irene sprang vor, um sie offenzuhalten. Charley warf sich von rückwärts auf Filargi, rammte ihm die Pistolenmündung in den Rücken und stieß ihn gegen den Postabwurfschacht zwischen den beiden Aufzügen. Inzwischen ging Irene hinein, drückte den Haltknopf und schleifte dann den Körper der Frau, die von der Gewalt der Kugel zurückgeworfen worden war, bei den Füßen aus der Aufzugkabine, wobei das Kleid bis zu den Hüften hinaufrutschte und den oberen Rand der Strumpfhose und totenblasse Bauchhaut zeigte. Als die Leiche draußen war, gab Irene den Haltknopf frei und drückte auf E, um den Aufzug hinunter zur Hotelhalle zu schicken.

»Keine Blutflecken«, sagte sie zu Charley.

»Jesus«, sagte er. »Ich dachte schon, dieser Lift würde sie ins Foyer befördern.«

Charley packte Filargi beim Oberarm und stieß ihn zu den Leichen. »Vorwärts!« befahl er. »Wir müssen diesen Scheiß hier wegschaffen.« Filargi, schreckensbleich, sah zu, wie Charley dem Leibwächter unter die Arme griff und ihn über die Schwelle der südlichen Wohnung schleifte. »Los, Sie bringen die Frau rein!«

»Ich kann nicht«, protestierte Filargi. »Ich habe nicht die Kraft dazu.«

»Nehmen Sie einen Arm«, sagte Irene, »ich nehme den anderen.« Gemeinsam zerrten sie die Leiche der Frau in die südliche Wohnung. Sie blieb mit der Schulter an der Seite des Postschachtes hängen, und Irene mußte heftig am Arm zerren, um den Körper loszubekommen. »Sie sah mir direkt ins Gesicht, Charley. Und deshalb war ich praktisch gezwungen, sie niederzuknallen.«

»Ist okay«, sagte Charley. »Du hattest keine andere Wahl.«

Sie verließen die Südwohnung und zogen die Tür zu, bis das Schnappschloß einrastete. Dahinter lag die unglückliche Frau obszön hingestreckt über den Beinen des Leibwächters. Zu zweit stießen sie Filargi in den noch haltenden ersten Aufzug. Charley drückte die Knöpfe für Tiefgarage und Expreß, und die Kabine sank rasch abwärts.

»Er ließ den Säugling einfach am Boden aufschlagen« sagte Irene. »Angenommen, es wäre ein echter Säugling gewesen? Konnte tot sein. Der Dreckskerl.«

»Was haben Sie mit mir vor?« fragte Filargi.

»Passen Sie auf«, sagte Charley. »Sie gehen mit uns. Wenn wir in die Tiefgarage kommen, werden Sie sich hinten im Wagen auf den Boden legen. Das ist alles, was Sie wissen müssen.«

»Sie wollen mich entführen?« rief Filargi. »Sind Sie verrückt?«

»So, da sind wir schon«, verkündete Charley.

Die Tür glitt zurück, und draußen stand Al Melvini, kaugummikauend. »Was habt ihr so lange gemacht?« fragte er. »Eine Kaffeepause?«

Sie führten Filargi rasch durch die kurze Garagenzufahrt, durch eine Drehtür und zu dem wartenden Buick. »Steig vorn ein, Irene!« sagte Charley. Mit der Hilfe des Klempners stopfte er Filargi zwischen den Vorder- und den Rücksitz, dann stiegen sie ein und schlossen die Türen. Filargi lag auf dem Rücken. Der Klempner tränkte ein Taschentuch mit Chloroform, dessen süßlicher, unangenehmer Geruch den Wagen erfüllte. Er drückte Filargi das Taschentuch ins Gesicht. Der Mann zappelte schwächlich, dann deckte Melvini ihn mit einer Decke zu. »Okay, Dom«, sagte er, und der Wagen rollte langsam zum Ausgang der Tiefgarage. Dom Bagolone war Fahrer und zweiter Helfer. Wie der Klempner war auch er ein gemachter Mann. Sie fuhren ostwärts zur Queensboro-Brücke. Niemand sprach, bis sie Long Island City erreichten, dann fragte Charley: »Was habt ihr zum Abendessen in den Kühlschrank getan?«

»Ich dachte, Hühnchen *cacciatore*«, antwortete Melvini.

»Das ißt Irene.«

»Sehr erfreut«, sagte der Klempner.

»Desgleichen«, fügte der Fahrer hinzu.

Sie brachten Filargi im Keller des Hauses in Brentwood unter. Um sieben Uhr abends rief Charley seinen Vater an.

»Alles planmäßig«, meldete er.

»Komm lieber rein«, sagte Pop.

»Wann?«

»Morgen um zehn. Ins Büro.« Pop legte auf.

»Sie wollen mich und Irene in New York sehen«, teilte Charley dem Klempner mit. Er schloß Irene mit ein, weil sie nach dem ursprünglichen Plan, bevor die dumme Matrone den falschen Knopf gedrückt hatte, sowieso nicht in Brentwood bleiben sollte.

»Welchen Wagen sollen wir nehmen?« fragte der Klempner.

»Wozu braucht ihr einen Wagen? Wollt ihr wohin?«

»Kommst du zurück?«

»Heute abend bin ich wieder da.«

»Das ist großartig. Dann haben wir einen Wagen. Ohne Wagen fühle ich mich nackt.«

»Charley, bring einen Karton Dosentomaten«, sagte Dom. »Wir haben die Vorräte aufgefüllt und dabei die Tomaten vergessen.«

Charley machte sich eine Notiz. »Versucht nicht, irgendwas zu kochen, bevor ich zurückkomme. Wir wollen nicht, daß Filargi sich beschwert.« Damit erzielte er einen Lacherfolg.

Um drei Uhr früh verließen sie Brentwood und fuhren in die Stadt. Charley brachte Irene zu ihrer gemeinsamen Wohnung am Strand. Erst duschten sie, dann schliefen sie miteinander. Danach, als sie nackt und ermattet im klimatisierten Zimmer auf dem Bett lagen, sagte Irene. »Es will mir nicht in den Kopf, daß dieser Dreckskerl dem Baby ausgewichen ist. Angenommen, es wäre ein echtes gewesen? Es hätte den Rest seines Lebens verkrüppelt sein können.«

»Was soll der Unsinn, Irene? Du glaubst doch nicht, er hat das für ein echtes Baby gehalten?«

»Was zum Teufel hätte er sonst denken können?«

»Außerdem wurde er nicht dafür bezahlt, Säuglinge zu bewachen.«

Um zehn Uhr war Charley im Büro seines Vaters in der Wäscherei.

»Wir haben ein bißchen Ärger, Charley«, sagte Angelo Partanna. »Diese Frau, die ihr bei Filargi getroffen habt, war die Ehefrau eines Polizeihauptmanns.«

»Au weh!« rief Charley. »Das hat noch gefehlt. Wie gefällt dir eine Kuh, die das falsche Stockwerk drückt?«

»Sie wissen noch nicht, daß wir Filargi haben. Die Frau mit den

Theaterkarten kam nach Haus und fand die beiden aufeinander. Das Baby draußen im Korridor – du weißt, die Puppe – trägt natürlich zur allgemeinen Verwirrung bei. Also dürfte Filargis Verschwinden bis morgen niemandem auffallen.«

»Der Kerl hat den Säugling nicht gefangen. Irene warf ihn, und er wich einfach aus.«

»Sehr professionell«, meinte Angelo.

»Wann laßt ihr der Bank die erste Lösegeldforderung zukommen?«

»Eine gute Frage. Wir dachten, drei Tage nachdem die Zeitungen über die Entführung berichtet haben. Aber diese Geschichte wirft alles um, denn morgen, wenn sie herausfinden, daß Filargi verschwunden ist, haben wir Mittwoch, dann kommt das Wochenende, und die Bank ist geschlossen. Also denke ich, daß wir den ersten Brief am Freitag aufgeben werden, dann kriegen sie ihn am nächsten Montag.«

»Ich denke, wir sollten noch einen Mann in Brentwood postieren. Dann könnten sie in drei Achtstundenschichten Dienst tun.«

»Ach was«, sagte Angelo. »Die sitzen bloß auf ihren Ärschen herum. Sollen selbst sehen, wie sie sich das einteilen. Kriegen ein hübsches Stück Geld, die beiden, also wie soll ich es rechtfertigen, daß noch einer absahnt? Übrigens wirst du sowieso jeden zweiten Tag hinausfahren. Das gibt ihnen dann ein bißchen Freizeit.«

»Na«, sagte Charley, »dafür, daß diese dumme Kuh mit einem Polizeihauptmann verheiratet war, werden sie uns mächtig einheizen.«

24.

Maerose rief Amalia an und erkundigte sich bescheiden, wann sie Don Corrado ihre Aufwartung machen und sich dafür bedanken dürfe, daß er ihren Vater bewogen hatte, sie wieder als Tochter bei sich aufzunehmen. Dadurch hätte er ihrem Leben wieder einen Sinn gegeben. Amalia, ihre gute Freundin, rief innerhalb einer Stunde zurück und konnte melden, daß ihr Großvater sie am selben Nachmittag um fünf Uhr empfangen würde.

Maerose erschien, in Schwarz gekleidet, und kniete vor Don Corrados Stuhl nieder, um ihm die Hand zu küssen. Dieser altmodische Beweis ihrer Ehrerbietung brachte ihn in Verlegenheit, und er beugte sich über sie, tätschelte ihr den Kopf und bat sie, sich zu ihm auf einen Stuhl zu setzen und seine Hand zu halten.

Die Damen im Umkreis Corrado Prizzis wußten, daß er gern weibliche Hände hielt, nicht aus Gründen der Verliebtheit, jedenfalls nicht mehr, sondern wegen der fühlbaren Sinnlichkeit der weichen oder rundlichen oder sonstwie beschaffenen Hand – und weil er glaubte, er könnte durch ihre Hände etwas von dem in sie einfließen lassen, was er einst als die Macht des *Capo di tutti capi* von ganz Sizilien in sich hatte einfließen fühlen, als er ein Junge gewesen war.

Er hielt Maeroses Hand, und seine kleinen eisigen Augurenaugen bohrten sich in ihr Bewußtsein. Jenseits des breiten Fensters lag Manhattan ausgebreitet wie ein Feld steinerner Spargel, und jenseits davon erstreckte sich Amerika in einer Fläche endlosen Asphalts. »Amalia hat mir erzählt«, sagte er mit seiner brüchigen Stimme, »du willst mir dafür danken, daß ich dich heimgebracht habe, aber ich bin das Oberhaupt unserer Familie – wer sonst hätte zu deinem Vater gehen und ihn um den einzigen Platz bitten sollen, der in dieser Welt für dich bestimmt ist und wohin du gehörst? Du bist Blut von meinem Blut, Fleisch von meinem Fleisch, und solange ich fähig bin, werde ich an dein Wohlergehen denken.«

»Ich danke dir, Großvater«, antwortete Maerose, die es an Bravour durchaus mit ihm aufnehmen konnte, »du hast mich aus dem Fegefeuer erlöst. Ich bin wieder ein Teil von dir und der Familie. Nur das kann mich erfüllen.«

»Ich wünschte, du wärst ein Sohn gewesen. Du hast Feinfühligkeit und ausdauernde Kraft. Möchtest du etwas Gebäck?«

»Ich bin es, die dir ein Geschenk anbieten muß, Großvater.«

»Ich liebe Geschenke. Ich glaube, ich habe an Geschenken immer Freude gehabt.«

Sie öffnete ihre Handtasche und nahm einen Umschlag heraus. Aus diesem zog sie drei Fotografien, die sie dem Don gab.

»Ah! Wer ist diese hübsche Dame?«

»Das ist Charley Partannas Frau, Großvater.«

»Seine *Frau?* Wann? Warum wurde mir nichts davon gesagt?

Hochzeiten, Geburten und Begräbnisse sind die wichtigsten Ereignisse im Leben einer Familie.«

»Es kam ganz plötzlich, Großvater. In Kalifornien.«

»Sonderbar ...«

»Großvater, dies ist mein Geschenk für dich. Nicht nur die Bilder, sondern auch ihre Bedeutung. Erinnerst du dich, daß Louis Palo getötet wurde?«

»Ja.«

»Er wurde in einem Wagen auf dem Parkplatz hinter Presto Cigliones Bar außerhalb von Las Vegas erschossen.«

»Ich erinnere mich.«

»Ich brachte die Bilder zu Ciglione, einem höflichen und zuvorkommenden Mann und legte sie vor ihm auf den Tisch. Dann forderte ich ihn auf, sie den Leuten zu zeigen, die für ihn arbeiten – denjenigen, die in der Nacht da waren, als Louis Palo getötet wurde. Da war ein Mädchen, das in einem der Wagen draußen auf dem Parkplatz gewesen war, und es sagte, es hätte die hier abgebildete Frau aus einem Wagen steigen und zu dem Wagen gehen sehen, wo Louis erschossen wurde. Ein Geräusch war zu hören, als hätte ein Sektkorken geknallt, und kurz darauf stieg die Frau aus Louis' Wagen, öffnete den Kofferraum und nahm eine Reisetasche heraus. Dann ging sie zu ihrem eigenen Wagen zurück und fuhr davon.«

»Die Frau, die Charley geheiratet hat?«

»Ja, Großvater.«

»Das sind ernste Worte, Enkelin.«

»Sie hat dir siebenhundertzweiundzwanzig Dollar gestohlen. Die Hälfte davon gab sie zurück, um sich zu retten. Sie hat noch immer deine dreihundertsechzig Dollar.«

»Was soll ich tun?«

»Sie hat Louis umgebracht, das Geld der Familie gestohlen und uns entehrt. Also muß sie zahlen, nicht wahr?«

»Aber was würde das für Charley bedeuten?«

»Charley hat sie geheiratet – gleich, nachdem sie die Hälfte des Geldes zurückgegeben hatte. Ich sage nicht, daß er wußte, was sie getan hatte. Aber er wußte, daß sie in die Sache verwickelt war, denn ihr Mann hat Louis Palo bei dem ganzen Betrug geholfen. Charley soll mit ihr abrechnen. Darin muß seine Strafe bestehen – daß er ihr die Kugel gibt.«

»Nun bist du seine Priesterin. Du prüfst die Sünde und schreibst die Strafe vor.« Er blickte sie bewundernd an. »Du bist wie ich«, sagte er mit einer Zärtlichkeit, die aus einem Spiegel zu kommen schien. »Wir vergeben nichts.«

Sie senkte den Blick.

»Ich muß darüber nachdenken«, sagte der Don. »Ich muß einige Fragen stellen. Als Oberhaupt der Familie ist es meine Pflicht Ungerechtigkeit zu verhüten.«

25.

Als Maerose nach beinahe zehnjährigem Exil in das Haus ihres Vaters zog, achtete sie sehr darauf, daß sie wie eine erledigte alte Jungfer aussah. Sie kämmte das Haar straff zurück und schlang es im Nacken zu einem festen Knoten, den sie mit Haarnadeln zusammensteckte. Sie legte kein Make-up auf, sondern begnügte sich damit, das Gesicht zu pudern. Dann zog sie mit einem schwarzen Brauenstift ein paar Faltenlinien unter die Augen. Sie trug ein schwarzes Kleid und ein schwarzes Schultertuch und tat so, als könnte sie seinem Blick nicht standhalten.

Vincent starrte sie an. Er erinnerte sich der lebhaften, schönen jungen Frau, die er aus seinem Leben gezwungen hatte. In den Jahren ihrer Abwesenheit hatte er ständig an sie gedacht und sich vorgestellt, daß sie in der gleichen Art von Mietwohnung lebte, die seine Familie während seiner Kindheit bewohnt hatte, an einem Luftschacht und voll von den Geräuschen der Ratten, die am Baby des Nachbarn zerrten. Aber nie hatte er daran gedacht, wie dieses Leben sie körperlich verändern würde. Die Tränen kamen ihm, als er sie ansah. Er breitete die Arme aus, als ihm das Wasser aus den Augen schoß, und zog sie an sich. Sein Scheitel war gerade unter ihrem Kinn, und so entging ihm der triumphierende Glanz in ihrem harten Blick.

Maerose überlegte, wie lange sie in diesem Loch würde bleiben müssen, bis sie am Ziel wäre. Sie hatte die Wohnung im Matsonia in Manhattan behalten und mit der Innendekorationsfirma einen unbezahlten Urlaub ausgehandelt. Und sie hoffte, daß sie in drei –

vielleicht zwei, vielleicht vier – Monaten ihren Vater ruiniert, Irene vernichtet und Charley wiedergewonnen haben würde.

Während der nächsten Wochen arbeitete sie stumm und unermüdlich wie eine Büßerin im Haus ihres Vaters. Und er war nicht imstande, ihr zu sagen, daß sie damit aufhören sollte, denn nach seiner Meinung waren Frauen zur Hausarbeit da. Außerdem war Vincent selbst in seinen besten Stunden nicht gesprächig.

Er sah seine Tochter mit der Sonne aufstehen, Böden schrubben, Bettzeug waschen, Mahlzeiten zubereiten, Betten machen und Möbel polieren (nachdem sie jeden Morgen grimmig das Charles-Addams-Make-up aufgelegt hatte). Und da er glaubte, das schöne Mädchen, das einstige Licht seines Lebens, wäre zu einer gebrochenen Frau geworden, da es nach sizilianischen Regeln unmöglich war, sich selbst die Schuld am Schicksal seiner Tochter zu geben, und da mit dem Augenblick, als er seiner Tochter verziehen hatte, die Schuld ohnedies von ihr genommen worden war – machte er Charley für alles verantwortlich. Charley hatte sich benommen, als wäre er zu der Verlobung mit ihr gezwungen worden. Nun, da Vincent die Ergebnisse dieser Verlobung sehen mußte, Tag für Tag diese Frau sehen mußte, die so lebhaft und schön gewesen war und die sich nun in eine Vettel verwandelt hatte, für die sich nie wieder ein Mann finden würde, war er imstande, Charley offen zu hassen – offen vor sich selbst, heimlich vor der Welt, auf die sizilianische Art.

Charley hatte ihm nicht nur seine schöne Tochter genommen und ihm nach bald zehn Jahren diese gleichgültige Schlampe zurückgegeben, er hatte auch seine Ehre in den Schmutz gezogen. Er war Vincent Prizzi, und es gab nichts, was ein Prizzi höher schätzen und eifersüchtiger hüten würde als die Ehre. Charley aber hatte darauf herumgetrampelt – seine Hosenklappe geöffnet und auf Vincents einzigen unersetzlichen Besitz gepißt. Solange Charley am Leben blieb, würde Vincent an dieser Schande würgen.

Er begann Pläne zu schmieden. Seit Charley von dem Job an Marxie Heller zurückgekommen war, hatte sich in Vincent der Verdacht erhärtet, daß etwas faul war. Jemand hatte Louis Palo getötet, um das ganze Geld an sich zu bringen, nachdem zuerst Marxie Heller und Louis jeweils die Hälfte bekommen hatten. Gut. Wessen Hälfte hatte Charley mitgebracht, und wo war die andere? Charley mußte das Geld eingesackt haben. Der Verdacht kristallisierte zur Überzeugung. Charley mußte die fehlende Hälfte des Geldes behalten haben. Was sollte man dazu sagen? Wenn er, Vincent, nach Vegas ginge, würde Charley Chef werden – ein Chef, der damit anfing, daß er seiner eigenen Familie dreihundertsechzig Dollar stahl!

Seit Maerose wieder zu Hause lebte, war Vincent abends nicht mehr ausgegangen. Er saß mit seiner Tochter in dem Wohnzimmer, das in den einundzwanzig Jahren seit dem Tode seiner Frau unverändert geblieben war. Und weil sie kaum etwas sagte, begann er mehr und mehr auf Charley zu schimpfen. Durch ihre Schweigsamkeit, die er für Zustimmung hielt, ermutigte seine Tochter ihn in seinem Haß.

Er fing von vorn an und beackerte wieder und wieder den nur zu gut bekannten Boden, der zum Sumpf seiner Ehre geworden war.

Ob Maerose glaubte, daß Charley jemals etwas für sie empfunden hätte? Sie antwortete nicht, und er erwartete auch keine Antwort. Ob Charley seit ihrer Rückkehr aus Mexiko vor bald zehn Jahren einmal versucht hätte, eine Aussprache herbeizuführen? Sie antwortete nicht. Er sagte, er wäre überzeugt, Charley hätte es nie versucht, weil er mit ihr nichts anzufangen wüßte. Er hatte die Ehre der Einheirat in die Familie Prizzi akzeptiert, aber für sie hätte er nichts übrig gehabt. Die ersten paar Male protestierte Maerose gegen diese Version ihres Vaters, aber jeden Abend fing er von vorn an. Und am fünften Abend, nachdem er den Tag mit Überlegungen verbracht hatte, wie er beweisen könnte, daß Charley seine Familie um dreihundertsechzig Dollar erleichtert hatte, griff er seine Tochter an wie ein erschöpfter Stier. Mit kurzatmig schnaufendem Gebrüll machte er seinen Zorn darüber Luft, daß der törichte Fehler eines neunzehnjährigen Mädchens Charley Partanna den Vorwand geliefert hätte, der Tochter Vincent Prizzis und der Enkelin Corrado Prizzis den Rücken zu kehren, weil er ihrer nicht bedurfte.

»Er hatte Bedarf für mich, Papa«, entgegnete Maerose. »In der Nacht, bevor er abreiste, um die Frau in Kalifornien zu heiraten, kam er zu mir in die Wohnung, zwang sich mir auf und tat es.«

»Tat es?« fragte Vincent verwirrt, unfähig zu begreifen, was er gehört zu haben glaubte.

»Er hat mich gefickt, Papa«, sagte Maerose. »Dreimal. Vielleicht viermal. Ich erinnere mich nicht genau.«

Vincent versetzte ihr eine harte Ohrfeige, so daß sie seitwärts vom Stuhl fiel. »Wasch dir dein schmutziges Maul, hörst du? Was fällt dir ein, in diesem Ton zu reden? Du sprichst zu deinem Vater.«

Sie stand auf und setzte sich wieder, eine Hand an der Wange, die er geschlagen hatte. »Nun, so war es jedenfalls.«

»Der dreckige Bastard!« schrie Vincent. »Das hat er dir getan? Charley Partanna? Bist du sicher?«

»Ob ich sicher bin? Papa, du solltest sehen, wie er gebaut ist, du solltest ...«

»Sei ruhig! Wie kannst du so etwas zu deinem Vater sagen? Wo ist deine Ehre?«

»Charley Partanna hat meine Ehre zerstört, Papa. Ich habe keine mehr.«

Vincent stürzte hinaus. Er verließ das Haus, lief durch die Straßen, schmiedete Pläne.

Am nächsten Abend saßen sie wieder im muffigen Wohnzimmer. Maerose strickte. Vincent brütete finster vor sich hin. Nach zwanzig Minuten fragte er: »Weißt du, daß Charley uns noch auf andere Art und Weise betrogen hat? Er hat uns dreihundertsechzig Dollar gestohlen.«

»Papa, hör zu. Nicht Charley. Die Frau hat es gestohlen. Die Frau war das Gehirn hinter der ganzen Sache, dann hat sie Louis Palo kaltgemacht, um an das Geld zu kommen. Das ist eine Sache, mit der Charley nichts zu tun hatte.«

»Wovon redest du da? Sicher, richtig, die Frau war mit von der Partie, aber auch Charley. Sie brauchten den Ehemann, Marxie Heller, weil er in Vegas an der Kasse saß. Aber sobald sie die Kohle hatten, verpaßte Charley ihm ein Ding. Herrgott, er hat die Frau geheiratet, bevor der Ehemann noch kalt war. Charley brachte ihn um, damit er die Frau kriegen konnte.«

»Nein.«

»Was heißt nein? Hör auf, nein zu sagen!«

»Paß auf, Papa. Du kennst die Videokassette von Theresas Hochzeit? Ich habe von einzelnen Einstellungen, in denen die Frau zu sehen war, Abzüge machen lassen.«

»Abzüge?«

»Du weißt – Fotos, Vergrößerungen, es waren gute Aufnahmen. Ich ging damit zu Presto Ciglione in Vegas ...«

Als sie ihren Bericht beendet hatte, starrte Vincent sie an. »Morgen werde ich mit Don Corrado über die Sache reden.« Aber er sagte nicht, daß er mit ihr der Meinung wäre, Charley Partanna sollte ungeschoren bleiben.

26.

Am späten Vormittag des folgenden Tages rief Vincent in Brooklyn Heigths an. Amalia teilte ihm mit, daß sein Vater einen sehr guten Tag hätte und ihn um fünf Uhr empfangen könnte. Vincent verließ die Wäscherei durch den Hinterausgang. Er verriet weder Angelo Partanna noch sonst jemandem, wohin er ging. Es war eine Sache zwischen ihm und seinem Vater.

Sie setzten sich in dem riesigen Nebenzimmer, das zum Wohnraum für den Don umgewandelt worden war. Es diente als Wohn- und Schlafzimmer in einem. Verschiedene Blautöne dominierten – beruhigend, kühl und klar. Alles war von Maerose Prizzi entworfen, eingerichtet und ausgestattet, aber wegen der erzwungenen Entfremdung zwischen ihrem Großvater und ihr selbst war die Arbeit von ihren Kollegen ausgeführt worden.

Die Morris-Stühle, auf denen sie saßen, waren etwas anderes, was mit dem übrigen Mobiliar nichts zu tun hatte. Die Morris-Stühle waren in Gebrauch, seit Vincent denken konnte, als seine Mutter noch gelebt hatte und sein Vater ein junger Mann gewesen war.

»Was willst du tun, Vincent?« fragte sein Vater.

»Nun, ich sage, daß Charley fällig ist. Sowie sie das Ding gedreht hatten, heiratete er die Frau, von der wir bestohlen wurden. Charley hat das Ding ausgeheckt. Dafür muß er zahlen.«

Don Corrado schürzte die Lippen und legte die Fingerspitzen zusammen. »Hör zu, Vincent. Niemand wird ausgeschaltet, bis wir unsere dreihundertsechzig wiederhaben. Selbst dann ... Ich rede jetzt von Ethik. Beide oder einen von ihnen auszuschalten, würde eine ethisch unmögliche Situation schaffen. Charley ist unser bester Soldat, unser Eintreiber und Vollstrecker, dein *sottocapo,* ein ungemein verläßlicher Mann. Sein Vater ist mein eigener *consigliere.* Das sind sehr bedeutsame Überlegungen. Wenn das Geld zurückgegeben wird, dann müssen wir hier Milde walten lassen, es sei denn, wir wollen Angelo Partanna und eine Menge von den Freunden der Partannas töten lassen. Selbst wenn wir nur die Frau beseitigen, hätten wir nicht allein mit den Partannas zu rechnen. Du weißt, was für einen Rechtsfall sie damit vor dem Ausschuß inszenieren könnten und welch ein Makel in der ganzen *Bruderschaft* auf unseren Namen fallen würde, wenn wir gegen die Ehefrau eines *fratellanza*-Mitglieds vorgingen. Sie ist Charleys Frau. In solchen Fragen können wir nichts riskieren. Wir müssen uns Gedanken machen, wie wir das mit dem Ausschuß gemeinsam regeln können.«

»Was sollen wir machen?« verlangte Vincent zu wissen. »Sollen wir ihnen das einfach durchgehen lassen?«

»Zuerst muß Filargi verhaftet und unter Anklage gestellt werden. Das ist die Hauptsache, Vincent«, erwiderte Don Corrado. »Dann werde ich Charleys Frau ersuchen, das Geld zurückzugeben, aber ich werde darüber nicht mit Charley sprechen.«

27.

Was Vincent für die Wechselfälle des Lebens empfindlich gemacht hatte, war der Aufstieg seines Bruders Ed zur beherrschenden Kraft innerhalb der Prizzi-Familie. Corrado, der Vater, war das natürliche Familienoberhaupt, und Vincent hätte nie im Traum daran gedacht, an dieser gottgegebenen Ordnung zu rütteln. Aber er fand, daß Ed durch Mittel zur Macht gelangt war, die seinem Bruder gegenüber unfair erschienen. Ed hatte auf einer Ausbildung bestanden.

Vincent, schon immer ein reifer, starker, brutaler Junge, hatte mit zwölf die Schule verlassen, um mit seinem Vater zu arbeiten. Als er mit zwanzig den Eid als gemachter Mann abgelegt hatte, mit Angelo Partanna als Paten, hatte das seinen Geist geprägt. Vincent war imstande, jeden Artikel des Treueides zur *fratellanza* subjektiv zu empfinden, als ob es ein Eid zum Schutz seiner selbst wäre. Gegenseitige Hilfe für alle Mitglieder der Gesellschaft in jedem, gleich wie gearteten Notfall. Absoluter Gehorsam gegenüber Vorgesetzten. Ein Unrecht, das einer erleidet, wird allen zugefügt und muß um jeden Preis vergolten werden. Niemals die Namen oder Geheimnisse der

Gesellschaft enthüllen oder von Regierungsinstitutionen Gerechtigkeit erwarten. Vincent befolgte diese Regeln mit einer Beharrlichkeit, die an Verstocktheit grenzte, weil er Prizzi hieß und weil die Regeln auch zu seinem Schutz eingeführt worden waren.

Ed hatte an alledem nie sonderliches Interesse gezeigt. Er war als einer der besten seiner Klasse von der Oberschule abgegangen. Vincent hatte sich über ihn lustig gemacht, als Ed seinen Vater gebeten hatte, aufs College gehen zu dürfen. Er war schockiert und beschämt gewesen, als Ed ein Jurastudium begonnen hatte. In Vincents Augen war sein Bruder damit zu den Bullen übergangen, und Vincent stand zu dem alten sizilianischen Sprichwort: »Je weniger die Verhältnisse sich ändern, desto mehr bleiben sie die gleichen.« Ed versuchte alles zu verändern. Was zum Teufel konnte in diesem Gewerbe eine Hochschulbildung nützen? Als seine Jugendfreunde Ben Sestero und Harry Garrone fortgingen, um irgendwas zu studieren, waren für Vincent Augenblicke ernster Sorge gekommen, und er hatte sich gefragt, wie die Familie fortbestehen sollte.

Daß Charley Partanna den gesunden Instinkt bewiesen hatte, nach zwei Jahren von der Oberschule abzugehen, war für Vincent eine Ermutigung gewesen – die jedoch in bitteren Verdruß umgeschlagen war, als Charley nach seiner Aufnahme in die *fratellanza* die Abendschule besucht hatte, um den Abschluß zu erreichen.

Vincent hatte es in Empfindlichkeit und Groll zu beträchtlicher Übung gebracht, als Ed von der Universität zurückkehrte und die geschäftlichen Interessen der Familie übernahm. Poppa erhob keine Einwände. Poppa sagte, Ed und Ben und Harry würden das Geschäft verdreifachen, vielleicht mehr. Vincent hatte nie begriffen, warum Poppa die legitime Seite mit den Jahren so ausgebaut hatte. Aber als Ed zurückgekommen war, ein fertiger Rechtsanwalt, hatte Vincent zu seinem tiefen Verdruß erkennen müssen, daß seine Arbeit, das eigentliche Geschäft der Familie, das den ganzen Rest mit steuerfreien Einnahmen finanziert hatte und finanzierte, der Hund geworden war, mit dem Eduardos Schwanz wedelte.

Die Erkenntnis von Eds dominierender Stellung kam so jählings über ihn, daß man sie nur mit einem Hammerschlag auf den Kopf vergleichen konnte. Ed war legitim, ein Mann mit Geschick und Umgangsformen, dem alle Türen offenstanden. Ed ging in Washington und Camp David aus und ein, war mit Präsidenten befreundet.

Er lud Senatoren und Kongreßabgeordnete und Staatssekretäre zu Jagdausflügen oder Segelfahrten in die Karibik ein oder in sein Haus in Palm Springs, das zu besuchen Vincent sich standhaft weigerte. Aber niemals nach Vegas. Für Vegas war Ed zu sauber, zu vornehm.

Ed heiratete nicht einmal. Er blieb mit verschiedenen Frauen ›verlobt‹, und die drei, die er schon die längste Zeit um sich hatte, wurden seine ›natürlichen‹ Frauen genannt. Dieser Mann brachte es fertig, nicht nur mit dem Kardinal und Billy Graham auf der einen Seite befreundet zu sein, sondern auch mit Rabbi Meir Kahane auf der anderen! Ed konnte sich alles leisten. Er schien niemals zu arbeiten. Immer war er am Telefon oder in einem Flugzeug. Er leitete kaum überschaubare Geschäftsinteressen mit riesigen Umsätzen, aber das war nur zum geringsten Teil der Grund, warum sein Schatten wie eine immerwährende Nacht auf Vincent ruhte. Ed gehörte zu den Leuten, die das Land regierten. Wenn irgendeine andere Familie in der *fratellanza* oder die jüdischen Zusammenschlüsse oder die Schwarzen, die so rasch aufgestiegen waren, etwas auf Bundesebene erreichen mußten, gingen sie damit zu Ed, weil er soviel Einfluß hatte. Ed kannte jedermanns Preis, also war Ed der Mann.

Was war Vincent? Er führte die Truppen, und damit hatte es sich. Er war der Muskel. Die Zeitungen nannten ihn einen Strolch. Sie nannten Ed einen führenden Industriellen. Seine eigene Tochter war unfähig gewesen, ihn zu respektieren, und so hatte sie ihm vor dem gesamten Milieu in den Vereinigten Staaten Schande gemacht, indem sie sich wie eine billige Hure aufgeführt und ihre ganze Zukunft als Ehefrau des Mannes, der eines Tages mit Sicherheit den Platz ihres Vaters in der Familie einnehmen würde, verpfuscht hatte. Nun hatte Charley Partanna – Sohn des Mannes, dem Vincent und sein Vater und sogar Ed von allen Menschen auf der Welt am meisten vertrauten – gezeigt, daß er ihn nicht respektierte. Charley hatte seine Familie verraten, aber es war gegen Vincent gerichtet gewesen. Er hatte Vincent entehren wollen, und als dieses Ziel erreicht war, hatte er diese Ehre im Rinnstein liegengelassen. Deshalb – und weil er Maerose soviel angetan hatte –, kam Vincent nicht mehr von der Idee los, daß Charley ausgeschaltet werden müßte.

Er rief Casco Vagone an, den *consigliere* der Familie Bocca im Stadtzentrum von New York.

»He, Casco! Hier ist Vincent. Wie steht's?«

»He, Vincent!«

»Ich hab' heute in New York zu tun, und es gibt was Geschäftliches zu besprechen.«

»Wo möchtest du?«

»Wie wär's, wenn wir zusammen essen gingen?«

»Richtig. Im Pavone Azzurro. Ein Uhr.«

Casco war ein alter Kumpel. Sie waren im selben Jahr vereidigt worden, 1935. Casco war vielleicht sechs Jahre älter als Vincent. Beim Mittagessen wärmten sie alte Erinnerungen auf und kamen auf Leute und Jobs zu sprechen, die sie längst vergessen geglaubt hatten. Als sie den Kaffee tranken, sagte Vincent, daß vier seiner Leute ein Pelzlager im Land der Bocca-Familie ausbaldowert hätten und er die Erlaubnis brauchte, den Bruch zu machen.

»Nun, wie du sagst – das ist unser Land, Vincent. Also muß man nach der üblichen Regelung verfahren.«

»Selbstverständlich. Gewiß. Ich werde persönlich die Verantwortung übernehmen.«

Sie legten die Verteilung der Einnahmen aus der Aktion fest, dann sagte Vincent: »Und jetzt brauche ich eine Telefonnummer von dir. Ich suche den besten freiberuflichen *puntatore*, den es gibt.«

»Angelo Partanna hat die Nummern.«

»Ich weiß«, sagte Vincent.

»Nun, wenn du die besten willst, kostet es einiges.«

»Wieviel?«

»Ungefähr fünfundsiebzig Dollar.«

»Ich brauch' die Nummer, Casco.«

»Kannst du haben. Es ist eine Nummer in Kansas City. Außerdem ist es eine Frau.« Vagone schrieb die Nummer auf die Innenseite eines Zündholzkärtchens. »Es ist eine Frau, aber sie ist die beste.«

Vincent ging zu einer Telefonzelle im Roosevelt Hotel und wählte die Nummer in Kansas City. Das automatische Relais schaltete den Anruf zum automatischen Anrufbeantworter in Beverly Hills durch. Dieser sagte: »Hier spricht ein automatischer Anrufbeantworter. Bitte hinterlassen Sie Ihre Nachricht, sobald der Signalton erklingt.« Es war eine Frauenstimme. Der Signalton kam, und Vincent sagte: »Kommen Sie – ah – in den kleinen Park, Paley Park, Fifth Avenue und Dreiundfünfzigste in New York. Volles Honorar. Ich werde ein

Exemplar der – ah – *Popular Mechanics* neben mir auf der Bank liegen haben, so daß Sie erkennen, daß ich es bin. Neun Uhr zwanzig am Dienstag, dem 1. September.« Er hängte ein.

Vincent war um fünf Minuten nach neun zur Stelle, um sicherzugehen, daß er eine Bank bekommen würde. Alle Bänke waren leer. Irene kam um neun Uhr fünfzehn. Sie zögerte einen Sekundenbruchteil, als sie sah, wer der Klient war, dann wurde ihr bewußt, daß Vincent sie nie gesehen hatte und infolgedessen nicht als Charleys Frau erkennen würde.

Sie ging zu seiner Bank und setzte sich. »Wer hat je von populärer Technik gehört?« fragte sie freundlich.

»Sind Sie die Vertragsperson?« erkundigte sich Vincent.

»Ja.«

»Okay. Wieviel?«

»Hängt davon ab. Manche Aufträge sind einfach, manche sind knifflig. Wen wollen Sie verprügelt haben?«

»Einen Burschen namens Charley Partanna, aus Brooklyn. Kennen Sie ihn?«

Irene hob die Brauen und warf ihm einen ironischen Blick zu. »Das könnte eine sehr knifflige Sache werden.« Sie nahm sich nicht die Zeit, an Charley zu denken. Dies war ein Geschäft. Zuerst mußte ein Preis vereinbart werden, dann konnte sie nachdenken.

»Wieviel?«

»Charley Partanna hat viel Erfahrung«, meinte Irene. »Und er ist gefährlich. Es würde fünfzig zu fünfzig stehen, daß er mich trifft, bevor ich ihn treffen könnte.«

»Wieviel?«

»Für weniger als hundert könnte ich es nicht riskieren.«

»Das ist lächerlich, meine Dame. Ich meine, das ist eine wirklich überhöhte Summe.«

»Wenn Sie es für weniger kaufen können, tun Sie es.«

»Man sprach von fünfundsiebzig.«

»Sie sprachen von Charley Partanna.«

»Ah, Scheiße!« sagte Vincent. »Ich gehe auf neunzig.«

»Vergessen Sie nicht, daß ich draußen in der Kälte bin. Niemand kann mir helfen, wenn ich mir nicht selbst helfe. Deshalb müssen es hundert sein.«

»In Ordnung.«

»Wann?«

»Sofort.«

»Ich brauche Zeit, um mir die Sache zurechtzulegen. Außerdem muß ich ihn beobachten und den besten Ort ausfindig machen, wo ich ihn kriegen kann. Vielleicht erledige ich ihn überhaupt nicht. Wenn ich finde, daß die Sache schlecht aussieht, kann ich ihn nicht nehmen.«

»Wann werden Sie es wissen?«

»Sagen Sie mir, wo ich Sie anrufen kann. Ich werde Ihnen innerhalb von zwei Wochen Bescheid geben.«

»Hören Sie, das geht mit mir nicht. Sie haben den Anruf angenommen und sind nach New York gekommen, weil es Ihre Arbeit ist. ›Vielleicht‹ bedeutet gar nichts.« Er zog einen Umschlag aus der Innentasche seiner formlosen dunklen Jacke und warf ihn in ihren Schoß. »Das sind fünfzig Dollar. Die erste Zahlung. Was sind wir hier, ein paar Schulkinder, die sich drüber unterhalten, ob Sie ›vielleicht‹ was machen sollen? Angeblich gehören Sie zu den Besten in Ihrer Branche.«

Irene schaute in den offenen Umschlag. Darin steckten fünfzig Tausenddollarnoten. Es waren gebrauchte Scheine. Sie nahm sie heraus und rieb sie aneinander. »Wann ist die nächste Zahlung fällig?«

»Wenn Sie ihn ausgeschaltet haben. Meinetwegen in zwei Wochen, wenn Sie wollen. Er ist zur Zeit sowieso viel unterwegs.« Vincent brachte eine Postkarte zum Vorschein. Auf die Adressenseite hatte jemand Charleys Anschrift am Strand und darunter die Adresse der Wäscherei geschrieben. Sie drehte die Karte um und betrachtete einen Vierfarbendruck von der Strandszene auf Coney Island, wo man nicht einmal den Sand erkennen konnte, so viele verdammte Leute drängten sich dort. »Im oberen Apartment wohnt er, im unteren arbeitet er. Damit können Sie den Treffer vorbereiten.«

Irene steckte Umschlag und Postkarte in die Handtasche und sagte sich, daß sie später darüber nachdenken würde. »Bei der Restzahlung geben Sie mir die Hälfte in Hundertdollarscheinen.«

»Um Himmels willen, da brauche ich ja einen Koffer.«

»Das läßt sich nun mal nicht ändern.« Fünfzig Dollar waren fünfzig Dollar, überlegte sie. Und der nächste Gedanke war, daß sie vielleicht, bevor die Zeit käme, den Treffer zu machen, diesen Bauern umnieten könnte, und alles wäre in Butter, weil sie die fünfzig Dollar schon hatte.

Sie dachte an Charleys Stimme, glaubte ihn vor sich zu sehen, während er aß, und ihn zu spüren, wenn er sie liebte. Fünfzig Dollar konnten niemandem solche Erinnerungen schenken.

Sie aß allein bei Schrafft zu Mittag und überdachte den ganzen Vorschlag. Auf der Plusseite war das hohe Honorar. Auch die gestrige Filargi-Entführung würde einen großen Batzen einbringen. Schon jetzt hatte sie in diesem Jahr mehr verdient, als der Präsident der Vereinigten Staaten einzunehmen zugab. Auf der Minusseite war der Umstand, daß es sich nicht lohnen würde, Charley für diesen oder beinahe jeden anderen Betrag zu erschießen, weil er unersetzlich war. Sie würde nichts dagegen haben, Vincent Prizzi für hundert Dollar zu begraben, aber es war ihr nicht möglich, Charley abzuknallen. Also zum Teufel damit, sie würde die Anzahlung zurückschicken und auf die hundert verzichten. Da Vincent es sich in den Kopf gesetzt hatte, Charley erledigen zu lassen, sollte sie dem Mann vielleicht einen Denkzettel verpassen. Aber es bestand die Aussicht, daß jemand anderer auf die Idee kommen würde, Vincent auszuschalten. Möglicherweise würde man ihr in diesem Fall den Auftrag anbieten, und sie käme doch noch zu den hundert.

Sie aß Geflügelsalat und dachte über die Liebe nach. Wie konnte jemand mehr als hundert Dollar wert sein, dachte sie. Was konnte sie mit Charley kaufen? Er war ein Luxus. Und sie umgab sich mit Luxus, seit sie sich das leisten konnte, aber sie hatte die Luxusgüter gekauft. Sie hatte kein dickes Bündel weggeworfen, bloß für das Vorrecht, sie kaufen zu dürfen. Für den Luxusartikel Charley zahlte sie jede Nacht mit ihrem Körper. Es war kolossal, nie zuvor hatte es dergleichen gegeben, und sie vermutete, daß dies ein Teil dessen wäre, was die Liebe ausmachte, aber damit hatte es sich auch. Sie zahlte, indem sie kochte. Sie zahlte, indem sie Kalifornien aufgegeben hatte und in Brooklyn lebte. Sie zahlte, indem sie auf ihren Gozzy verzichtete. Also war Charley als Luxusgegenstand voll bezahlt. Die hundert Dollar waren separat. Jesus! Sie dachte an ihre Mutter, wie sie in der Ecke dieser stinkenden Mietwohnung bei den Viehmärkten gelegen hatte, nachdem Vater ihr ein paar Dellen gestoßen hatte. Und sie fragte sich, ob ihre Mutter es aus Liebe Jahr für Jahr mit diesem Vieh von einem Mann hatte aushalten können und ob sie hundert Dollar aufgeben konnte, weil die Liebe auch ihr ein paar Dellen in die Birne gestoßen hatte.

28.

Einen Tag nach Irenes Zusammenkunft mit Vincent in Manhattan rief Maerose sie am Strand an und richtete aus, daß Corrado Prizzi sie um fünf Uhr zu sehen wünschte. Es war zwei Uhr, Irene war beim Staubsaugen und wollte die Markisen waschen, weil Charley sich am Morgen beklagt hatte, sie wären den ganzen Monat noch nicht gewaschen worden. Aber Irene wußte, was sie zu tun hatte, und erkundigte sich nach den Fahrmöglichkeiten. Maerose sagte, sie würde nach Coney Island kommen, und sie dort abholen, doch Irene meinte, das wäre ein zu weiter Weg und eine Zumutung. Da empfahl ihr Maerose, ein Taxi zum Peak-Hotel in Brooklyn Heigths zu nehmen, wo sie sich um Viertel vor fünf im Foyer treffen könnten.

Um vier Uhr rief sie Charley an und unterrichtete ihn von der Einladung. »Was zum Henker hat das zu bedeuten?« fragte Charley. »Ich kapier' es nicht.«

»Wahrscheinlich will er mich bloß in der Familie willkommen heißen«, sagte Irene.

Als sie ins Taxi stieg, war ihr kalt vor Angst bei dem Gedanken, Vincent Prizzi würde im Haus seines Vaters sein. Sie hatte Vincent erst zweimal in ihrem Leben gesehen, einmal auf der Bühne bei Theresa Prizzis Hochzeitsfeier und einmal im Paley Park. Aber das war in Anbetracht der Länge ihres Lebens schon zu oft, und es konnte Ärger geben, wenn er sie unter Leuten wiedersah, die ihm sagen konnten, wer sie war.

Maerose erwartete sie bereits in der Hotelhalle – schön und vergnügt, das freundlichste Mädchen, das Irene je kennengelernt hatte. Sie gingen die Anhöhe hinauf zum Sestero-Haus und plauderten über Charley. Als sie zur Tür kamen, sagte Maerose, sie wäre nicht mit eingeladen, erbot sich aber, in der Hotelhalle zu warten und

Irene nach Haus zu bringen. Irene dankte ihr und sagte, sie wollte nach ihrem Besuch bei Don Corrado Charley anrufen, und dann würden sie zum Abendessen nach Manhattan fahren.

Der bewaffnete Türsteher führte sie zu Amalia, die mit ihr die Treppe zum Wohnzimmer des Don hinaufstieg. Der alte Mann war sichtlich erfreut über den Besuch. Er bat Amalia, einen Stuhl an seine Seite zu stellen, damit er während des Gesprächs Irenes Hand halten könnte. Nachdem sie sich vergewissert hatte, daß es Don Corrado an nichts fehlte, ließ Amalia die beiden allein.

»Du bist eine elegante Frau«, meinte Don Corrado. »Diese plötzliche Hochzeit mit Charley war für uns alle eine große Überraschung.«

»Der Zeitpunkt erschien uns gerade recht«, antwortete Irene munter. »Wir waren ganz hingerissen voneinander.«

Er tätschelte ihr die Hand. »Das verstehe ich sehr gut. Ich war auch einmal jung. Aber die Heirat hat mich beunruhigt.«

»Wieso das?«

»Wie du weißt, können harte Tatsachen das Vertrauen beeinträchtigen, liebes Kind.« Er sprach Englisch – langsam, gut und mit Sorgfalt. Sein Akzent war stark, aber er machte keine Fehler. »Die Leute von Presto Cigliones Lokal in Nevada haben Bilder von dir gesehen und uns erklärt, daß du Louis Palo getötet hast.« Er hielt ihre Hand fest, blickte ihr unverwandt ins Gesicht und lächelte.

Sie konnte nichts sagen. Wie bei einer Ertrinkenden drängten sich in ihrem Bewußtsein Szenen und Bilder der Vergangenheit. Sie umfaßte unwillkürlich die trockene Hand des alten Mannes und starrte ihn entsetzt an.

»Unter gewöhnlichen Umständen«, fuhr er mit sanfter Stimme fort, »würde ich dich Vincents Leuten übergeben, denn solche Dinge müssen bestraft werden, und wer stiehlt, muß zahlen.«

Sie konnte das Zittern ihrer Arme und Knie nicht unterdrücken. Und sie konnte den Blick nicht von seinen kalten kleinen Augen abwenden, die zwischen den Hautfalten hervorspähten. »Nachdem du nun aber die Ehefrau meines Patenkindes bist, der zugleich der Sohn meines ältesten Freundes ist, habe ich in der ruhigen Stille dieses Zimmers nach Möglichkeiten gesucht, Nachsicht zu üben.«

»Was – was kann ich tun? Sag mir nur – was ich tun kann«, stammelte Irene.

»Du hast die andere Hälfte des Geldes, das Charley uns zurückgebracht hat«, sagte er ohne Umschweife.

Wider all ihre Vernunft und Geistesgegenwart nickte sie.

»War Charley in die Sache eingeweiht?« fragte er.

»Nein! Er glaubte mir, als ich ihm sagte, es wäre Marxies Anteil. Und er weiß nicht einmal, daß ich mit Marxie und Louis daran beteiligt war, Louis erschoß und ihm seinen Anteil nahm – und daß Marxie nie etwas davon zu sehen bekam. Charley denkt, ich hätte ihn einfach zu dem Schrank geführt, wo Marxie das Geld verwahrte. Er sagte mir, daß er mich verdächtigte. Am selben Tag, als er mich fragte, ob ich ihn heiraten wollte, erklärte er mir, er hätte das Gefühl, ich wäre irgendwie an dem Schwindel beteiligt gewesen. Aber dann entschied er, daß ich nichts damit zu tun hätte, andernfalls hätte er mich nicht heiraten können.« Sie wußte, daß sie für Charleys Leben sprach, denn über ihr eigenes war inzwischen so oder so entschieden. Sie fühlte, wie ihr der Schweiß unter den Armen und zwischen den Schenkeln herabrann.

»Charley ist ein guter Mann, Charley hat Ehre.« Don Corrado seufzte. »Nun, mein Kind, du magst fünf Tage Zeit haben, um die dreihundertsechzig Dollar herbeizuschaffen und mir in die Hand zu geben, zusammen mit den fünfzig Prozent Strafe dafür, was du uns angetan hast. Werden dir fünf Tage reichen?« fragte er rücksichtsvoll.

»Ja. O ja!« Sie hätte die Antwort am liebsten vor Erleichterung herausgeschrien.

»Fünf Tage. Fünfhundertvierzig Dollar.«

Um sechs Uhr traf sie Charley im Peak Hotel, und sie fuhren zum Abendessen nach Manhattan.

»Charley, laß uns heute abend zur Abwechslung nicht italienisch essen.«

»Gut. Aber wo ist ein gutes polnisches Restaurant?«

»Ich muß morgen früh nach Los Angeles.«

»Wieso?«

»Ich muß die Büromiete zahlen, und dann gibt es Dinge, die ich aus meiner Wohnung für uns hierherschicken möchte. Ich werde Freitagabend zurück sein.«

»Na, ich werde morgen sowieso den ganzen Tag bei Filargi draußen auf der Insel sein.«

»Wie geht's ihm?«

»Er fühlt sich gekränkt. Was wollte Don Corrado?«

»Du weißt schon – willkommen in der Familie und so weiter.«

»Das ist fantastisch. Ich kann es nicht glauben. Es ist eine sehr große Ehre, vom Oberhaupt in einer Familie der *fratellanza* willkommen geheißen zu werden. Ich meine, besonders für eine Frau, die keine Sizilianerin ist.«

»Bei den Prizzis weiß die Rechte, was die Linke tut, nicht?«

»Wie meinst du das?«

»Nun, wie bei der Marschroute, die sie für Filargi festgelegt haben.«

Er war überrascht. »Baby, das ist unser Geschäft. Die Prizzis sind die erfolgreichste Mannschaft im Land, weil sie hart zuschlagen. Wenn die Leute mit den Prizzis Geschäfte gemacht haben, erinnern sie sich noch lange daran.«

»Gott, ich muß immer noch an diese Frau denken, die im falschen Stockwerk ausstieg. Mann, das war wirklich Pech für sie.«

»Komm schon, Irene. Sie war eine Zeugin.«

»Welch ein Pech! Sie drückt im Aufzug auf den falschen Knopf und ist tot.«

»Wo wollen wir essen?«

»Ich bin nicht hungrig.«

»Möchtest du ins Kino? Dann könnten wir hinterher essen, und du würdest hungrig sein.«

»Ja, schauen wir uns einen Film an.«

»Welchen?«

»Gehen wir in eins von den Kinos an der Third Avenue«, schlug Irene vor. »Aber ich glaube, danach werde ich auch nicht hungrig sein.«

Am nächsten Morgen um halb neun fuhr Charley sie zum Flughafen. Bevor sie aufbrachen, füllte er eine der gestohlenen Flugkarten aus, die er aus Ed Prizzis Büro mitgenommen hatte – für einen Hin- und Rückflug erster Klasse. Sie hatten gerade noch Zeit, ein paar Zeitungen zu kaufen, dann wurde der Flug aufgerufen.

Nach dem Start schlug Irene die erste Zeitung auf. Ein Artikel auf der zweiten Seite erregte ihre Aufmerksamkeit:

Noch keine Hinweise zum Mord an Polizistenfrau! Nach Auskunft der Polizei gibt es noch immer keine Anhaltspunkte im Mordfall Victoria Calhane, der Frau des Polizeihauptmanns Martin B. Calhane, Leiter der Abteilung Organisiertes Verbrechen bei der Stadtpolizei New York. Mrs. Calhane wurde am Montagabend tot in einer Luxussuite im einundvierzigsten Stockwerk des Hotel Vanguard aufgefunden, als die Mieterin der Suite nach Hause kam. Mrs. Calhane war von den Tätern über den Leichnam des gleichfalls ermordeten Eugene Gormley, 46, geworfen worden, einem Privatdetektiv und berufsmäßigen Leibwächter.

Im Hotelkorridor außerhalb der Wohnung fand die Polizei eine in Säuglingskleidung gesteckte aufgeblasene Gummipuppe, doch ist bis jetzt noch nicht klar, ob zwischen diesem Fund und der Bluttat ein Zusammenhang besteht.

Mrs. Eliot Shanker, die Mieterin der Mordwohnung, sagte: »Es war furchtbar. Beide waren ins Gesicht geschossen.« Mrs. Shanker war von einer Nachmittagsvorstellung am Broadway zurückgekehrt, als sie die Leichen in ihrer Wohnung entdeckte.

Hauptmann Calhane eilte sofort, nachdem man ihn verständigt hatte, zum Schauplatz des Verbrechens. Er sagte, seine Frau hätte das Hotel aufgesucht, um an einer Wohltätigkeitsauktion auf dem Dachgarten im dreiundvierzigsten Stockwerk teilzunehmen.

Eine Abbildung zeigte die zugedeckte Tote auf einer Tragbahre. Aus einem eingefügten Nebenbild blickte das Gesicht eines Polizeibeamten.

Irene ließ die Zeitung sinken. Die blöde Kuh wollte zum dreiundvierzigsten Stockwerk, warum hatte sie dann auf den Knopf für das einundvierzigste gedrückt? Verdammt! Seufzend lehnte sie sich zurück und schloß die Augen. Sie hatte nicht nur die Frau eines Bullen abgeschossen, sondern es mußte ausgerechnet einer sein, der für die Bandenbekämpfung zuständig war. Diesmal war die Scheiße am Dampfen. Sie nahm die Zeitung wieder auf, weil irgend etwas mit der Geschichte nicht stimmte, aber sie wußte nicht, was. Dann fiel es ihr auf. Über Filargi stand kein Wort darin. Ein großer Bankier war entführt worden, und noch wußte niemand davon – nach fast drei Tagen!

Am liebsten hätte sie in Los Angeles das Flugzeug getauscht und wäre gleich weiter nach Hongkong geflogen.

Als Charley ins Büro kam, lag dort eine Aufforderung, Amalia Sestero anzurufen.

»Hallo, Amalia!«

»Er möchte, daß du heute zum Mittagessen kommst, Charley.«

»Klar. Großartig.« Aber er hatte das Gefühl, daß es nicht großartig sein würde. Nach Jahren der Distanz bekam er auf einmal zuviel von Don Corrado zu sehen. Und jedesmal, wenn er ihn besuchte, wurde es schwieriger. »Er ißt gern spät. Zwei Uhr – in Ordnung?«

»Gewiß. Großartig. Fein, Amalia.«

Vom Flughafen nahm Irene ein Taxi zum Beverly Wilshire Hotel. Von dort ging sie zu Fuß zu ihrem Büro, wo sie die Anrufbeantworter nach aufgezeichneten Anfragen überprüfte, aber es lag nichts vor. Sie trat zum Fenster und ließ das Licht ein. Es war ein funkelnder, sonniger Tag und sie fragte sich, wie jemand in einem Müllhaufen wie Brooklyn leben konnte, wenn er wie sie ein prachtvolles Haus in Sonnenschein und Sauberkeit hatte. Eines Tages, sagte sie sich, mußte sie darauf kommen, was zum Teufel Liebe war, und wenn sie es wüßte, wollte sie es dem Kerl, der es erfunden hatte, hinten reinschieben. Noch nie war sie in solchen Schwierigkeiten gewesen. Der größte Gauner im Land war hinter ihrem Geld her. Die New Yorker Polizei suchte nach ihr, als ob sie die Beulenpest wäre. Wenn sie ihr auf die Spur kämen, würden sich die Probleme wohl kaum lösen lassen. Kein Prizzi-Anwalt würde imstande sein, sie aus diesem Schlamassel herauszuholen, und alles wegen irgendeines Mists, der sich Liebe nannte. Für diesen Liebesscheiß hatte sie ein schönes, unkompliziertes Geschäft, ein wunderbares Haus im angenehmsten Klima der Welt weggeworfen. Sie wünschte, sie hätte Marxie wieder. Er war ein Schmarotzer und nutzlos, aber sie war bei ihm siebzehn Jahre lang sicher aufgehoben gewesen. Sie waren gut zurechtgekommen, und nun mußte sie einen hübschen Vertrag über hundert Dollar wegwerfen und fünfhundertvierzig Dollar von ihrem eigenen Geld ausgraben und einem der reichsten Männer der Welt aushändigen – warum? Weil er es wollte und weil er sie abschießen lassen würde, wenn sie es nicht täte. Die Justiz wollte ihr den Garaus machen, und die Bösewichte wollten ihr den Garaus machen. Gott im Himmel, sechshundertvierzig Dollar!

Sie nahm einen Aktenkoffer aus dem Schrank. Er hatte sie beinahe tausend Dollar gekostet, im Einzelhandel, und war ein schönes Stück. Sie verließ damit das Büro und ging zur Bank am Wilshire Boulevard.

Man stellte ihr ein Privatabteil im Tresorraum zur Verfügung und brachte ihre Stahlkassetten herein. Dies waren die Früchte ihrer langjährigen Arbeit. Dies war ihr Blut, vermischt mit einigen Litern ihres kalten Schweißes. Irene glaubte nicht, daß sie es ertragen könnte. Sie dachte an die schäbige Unterwäsche der Männer, mit denen sie geschlafen hatte, als sie in Chicago auf den Strich gegangen war – vor ihrer Begegnung mit Marxie. Sie dachte an die pickligen Schenkel dieser Liebhaber, das derbe Haar auf ihren Rücken und an ihren Atem, und ihr wurde schlecht. Sie erinnerte sich ihrer Versuche, sich während der ersten vierzehn Winter ihres Lebens warm zu halten, während ihr Vater schnarchte wie eine zwischen beweglichen Maschinenteilen hängengebliebene Kette und ihre Mutter wimmerte, trank, wimmerte und noch mehr trank. Sie sollte diesem alten Mann fünfhundertvierzig Dollar übergeben! Mehr als eine halbe Million Dollar! Leute, die Steuern zahlten, mußten achtzehn Jahre für hundertsiebenundzwanzig Dollar im Jahr arbeiten, um fünfhundertvierzig Dollar zusammenzubringen. Sie vergrub das Gesicht in den Händen und weinte bitterlich. Warum zum Teufel hatte sie Charley jemals kennenlernen müssen? Wäre sie einfach den Weg gegangen, wie es geplant gewesen war, könnten sie und Marxie jetzt in Singapur sein oder irgendwo auf der Südinsel von Neuseeland, wo es hauptsächlich Schafe gab, die für den Mob uninteressant waren. Sie könnte jetzt mit Marxie in einer Schweizer Klinik liegen. Dort würden sie sich die Gesichter und Fingerabdrükke operativ verändern lassen. Sie hätten sich neue Papiere beschaffen und überallhin gehen können, aber sie hatte sich mit Charley und all dem Liebesscheiß einlassen müssen.

Sie wußte, daß sie alle Geldkassetten entleeren, sofort zum Flughafen rennen und über den Pol nach Zürich fliegen sollte, um dort ihre Verbindungen anzuknüpfen. In zehn Tagen könnte sie ein neues Gesicht und neue Fingerabdrücke und neue Papiere haben. Sie würde ihr Geld haben und sicher sein.

Aber sie hätte keinen Charley. Selbst für fünfhundertvierzig Dollar glaubte sie nicht, daß sie es ohne Charley schaffen könnte.

Nachdem er das Büro verlassen hatte, fuhr Charley nach Brentwood. Der Klempner hatte Dienst, las irgendein Tittenmagazin, und das Haus war in völliger Unordnung.

»Was seid ihr, Schweine?« fragte Charley empört, als er von der Küche, wo sich schmutziges Geschirr und Abfälle häuften, zum Wohnzimmer ging. Dort standen überall Teller mit halbverzehrten Sandwiches und Gläser mit schalen Bierresten herum. »Was wollt ihr? Einen über die Rübe? Das ist nicht nur kindisch, es ist unhygienisch.«

»Charley, was's los mit dir?«

»Vorwärts, wo ist der Staubsauger? Wo sind Putzkübel und Schrubber?«

»Wie soll ich das wissen?«

Charley zog Melvini an der Hemdbrust aus dem Sessel und stieß ihn rückwärts über die Sofalehne. »Du wirst diesen Saustall saubermachen, hörst du? Wo zum Teufel ist Dom? Er soll runterkommen.« Er versetzte Melvini einen Fußtritt. »Und erzähl mir keinen Scheiß, wie du mich durch das verdammte Klosett runterstopfen wirst, denn dort werdet ihr zwei landen, wenn dieses Haus nicht in einer Stunde sauber und aufgeräumt ist!«

Dom erschien auf dem Treppenabsatz. »He, was zum Henker geht vor?« sagte er. »Ich will hier oben schlafen.«

»Die Seifenfee will dich«, sagte der Klempner.

»Komm runter, du Schmutzfink!« brüllte Charley. Dom eilte die Treppe herab. »Also los. Du räumst all diesen Scheiß weg, der hier herumliegt«, sagte er und stieß den Klempner vorwärts, »dann nimmst du den Staubsauger und arbeitest alles durch, was du an Teppichen und Vorhängen finden kannst. Und du gehst in die Küche und spülst das Geschirr. Und wenn du mit dem Abtrocknen fertig bist, wirst du den Boden schrubben. Verstanden? Und jetzt Bewegung!«

Die beiden machten sich an die Arbeit. Charley stieg die Kellertreppen hinab zu dem Raum, wo sie Filargi eingesperrt hielten. Mit zwei verschiedenen Schlüsseln öffnete er zwei Vorhangschlösser. Filargi schrieb einen Brief.

»Wie ist es?« fragte Charley.

»Die Männer sind angenehm. Das Essen ist gut«, sagte Filargi.

»Sie sehen gut aus.«

»Ich kann nicht klagen. Aber mir will die Frau nicht aus dem Kopf, als sie aus dem Aufzug kam, doch das wird vielleicht vergehen. Ich habe Alpträume, in denen diese furchtbare Frau kommt, um mich zu töten. Ich kann dieses Gesicht nicht vergessen. Sie zuckte nicht mit der Wimper, als sie diese wehrlose Frau ins Gesicht schoß.«

»Diese Frau, die es erwischt hat, war eine dumme Person«, sagte Charley. »Sie hat auf den falschen Knopf gedrückt.«

»Was wird mit mir geschehen?«

»Für Sie sieht es sehr gut aus, Mr. Filargi. Nächsten Montag erhält die Bank eine Lösegeldforderung. Sie wissen, daß die Bank für solche Fälle versichert ist. Sie werden die Zahlung leisten, und wir lassen Sie laufen. Das ist alles.«

»Wann?«

»Vielleicht in zwei, drei Wochen.«

»Sie werden mich wirklich freilassen?«

Charley nickte ernst, während er daran dachte, was Don Corrado für dieses arme Schwein bereithielt.

»Es macht Ihnen nichts aus, daß ich Sie und die Frau und diese beiden Männer oben identifizieren kann?«

»Sehen Sie, Mr. Filargi, Sie standen dabei, als Ihr Leibwächter und diese Dame ein paar Kugeln einfingen. Wir werden Sie laufenlassen. Aber wenn Sie hingehen und der Polizei sagen, daß Sie uns identifizieren können, dann werden Sie ein toter Mann sein. Ganz gleich, wo Sie sind, Sie werden ein toter Mann sein. Also sollte Ihnen die Wahl nicht schwerfallen. Möchten Sie, daß ich Ihnen was aus New York mitbringe?«

»Nun – ich habe hier eine kurze Bücherliste. Und wenn Sie es ermöglichen könnten, ich hätte hier unten gern einen Fernseher.«

»Gewiß. Warum nicht?«

Charley fuhr ins Büro, um mit Pop über Don Corrados Einladung zu sprechen, aber Pop hatte eine Frühstückssitzung mit zwei Basketballtrainern. Charley stieg in den Lieferwagen und fuhr zur Ecke. Niemand war da. Mrs. Latucci war ganz Lächeln. »Kaffee auf Kosten des Hauses«, sagte sie. »Weißt du, was für Lady Carrot bezahlt wurde? Zwölf zu eins. Ich hatte zehn gesetzt. Jesus, es war riesig. Was hast du für heute, Charley?«

»Heute ist nichts«, sagte Charley. »Im ganzen Land kein Rennen, auf das ich setzen würde.«

»Was wettest du auf den Wimpel?«

»Es ist zu früh. Noch zwei Wochen. In zwei Wochen sage ich dir mehr.«

Phil Vittimizzare kam herein, bestellte ein Smörrebröd und ging zum Flipperautomaten. »He, Charley, was ist aus dem Klempner geworden?« fragte er. »Ich sehe ihn nicht mehr.«

»Keine Ahnung«, erwiderte Charley.

»Er hat die Sonntagsmesse versäumt«, sagte Vittimizzare affektiert. »Pater Doninger hat sich nach ihm erkundigt.«

»Er wird schon aufkreuzen«, meinte Charley. »Du kennst den Klempner.«

Er verließ den Schnellimbiß und fuhr zu einem Kinopalast im Zentrum Brooklyns. Er hatte zwei Stunden Zeit totzuschlagen, und es wurde ein Kriegsfilm gespielt. Er setzte sich in eine Loge, und nach ungefähr zwanzig Minuten kam ein Schwuler herüber und setzte sich neben ihn. Dann legte der Kerl Charley die Hand auf den Schenkel, so daß Charley den Arm über sein Knie drehte und im Ellbogengelenk brach. Dann suchte er sich einen Platz auf der anderen Seite des Kinosaals. In was für einer beschissenen Welt leben wir, dachte er, wenn du nicht mal im Kino sitzen kannst, ohne von Degenerierten belästigt zu werden?

Er fuhr mit dem Chevy nach Brooklyn Heigths, stellte ihn im Parkverbot um die Ecke vom Sestero-Haus ab und drückte auf Corrado Prizzis Türglocke.

Don Corrado war bekannt als der stärkste Esser in der Geschichte der *fratellanza* an der Ostküste. Zum Frühstück und zum Abendessen trank er jeweils ein kleines Glas Olivenöl. Er aß nur eine Mahlzeit am Tag. Aber die Menge der Speisen, die er so mühelos in diesen kleinen mageren Körper zu stopfen vermochte, dessen Magen nicht größer als ein Puppenkopf und dessen Eingeweide nicht länger als ein Springseil sein konnten, rief stets jene staunende Bewunderung hervor, die man der Arbeit eines großen Illusionisten zollt. Er hatte niemals mehr als einen Gast zum Mittagessen, und niemals mehr als einen Mittagsgast im Monat, denn er konnte es kaum ertragen, auch nur einen kleinen Teil der Speisen von seinem Tisch mit anderen zu teilen.

Der Don begrüßte Charley abrupt und etwas geistesabwesend, weil seine Gedanken sich bereits vollständig auf die bevorstehende Mahlzeit konzentriert hatten. Dann führte er ihn zum Trog.

Es begann mit einem Glas Mamertino, einem halbsüßen sizilianischen Wein, sehr stark, weißgolden und mit einem machtvollen Aroma.

»Charley – sag mir, wie es geschah, daß ihr bei diesem Job die Frau eines Polizisten treffen mußtet.«

»Padrino! So etwas hast du noch nicht gesehen. Die Frau drückte den falschen Aufzugknopf. In dem Augenblick, als der Leibwächter erschossen wurde, ging die Aufzugtür auf, und die Frau stand vor uns. Sie sah uns alle an, hätte uns wiedererkannt. Sie mußte ausgeschaltet werden.«

»Ich dachte mir, daß es so etwas gewesen sein mußte. Aber Ed sagt, es hätte viel Staub aufgewirbelt. Die ganze Abteilung ist verrückt geworden, weil ihr diese Frau erschossen habt.«

»Wieso? Warum?«

»Charley, du hast mir nicht zugehört! Das war nicht nur eine Polizistenfrau, die ihr abserviert habt, das war die Frau des Hauptmanns, der die Abteilung zur Bekämpfung des organisierten Verbrechens leitet. Und wenn man endlich merkt, daß Filargi entführt worden ist, wird man eine Mob-Operation daraus machen, und Gott allein weiß, wie sie uns einheizen werden.«

Amalia trug die Suppe auf, die *Le Virtù* hieß und Schweinewürstchen, Markklößchen, Gemüse, Kartoffeln und Pasta enthielt. Obwohl Charley von Kindesbeinen an vor Don Corrados Mittagessen gewarnt worden war, betrachtete er die Riesensuppe, die Heldensuppe, als Hauptgang und nahm einen Nachschlag. Der Don verdrückte vier Tassen davon, als wäre es Zement, der in eine Mischmaschine geschaufelt wird. Danach schenkte er Charley und sich ein Glas Rotwein ein, Corvo di Casteldaccia, trocken und aromatisch, während Amalia ihnen die spiraligen Pasta aus den Abruzzen servierte, übergossen mit einer dicken Soße aus gerösteten Krabben mit Tomaten, Knoblauch und geröstetem Toast – kräftig und schmackhaft. Charley blickte fragend zu ihr auf, als sie zu ihm kam, nachdem sie den Don bedient hatte. Sie senkte den Blick, deutete ein Kopfnicken an und füllte ihm aus den Schalen auf ihrem Tablett nur ein paar Löffel voll auf den Teller. Don Corrado achtete nicht darauf. Er aß zwei große Portionen, bevor er wieder das Wort ergriff. »Amalia, du Gute«, sagte er, »mir ist heute nach Pasta. Könnte sein, daß uns ein früher Winter bevorsteht. Könnten wir vielleicht noch Pasta haben? Wäre das möglich?«

»Ich habe *panzerotti* gemacht, Poppa.«

»Erinnere ich mich daran? Was ist das?«

»Du magst es sehr. Es sind gebratene *cappiddi d'Angilu* als Umrahmung von *cannaruozzoli,* die mit Mozzarella, Schinken mit Ei und Tomaten, Zwiebeln und Anchovis gefüllt sind.«

»Mmh, es duftet so gut!« jubelte der kleine alte Mann und klatschte in die Hände. »Ein Gericht aus Bari, dem Geburtsort Urbans VI.«

Charleys innere Spannung löste sich unter der Einwirkung der wundervollen Düfte, der vorzüglichen Speisen und der Anerkennung, mit der Don Corrado jeden Bissen begleitete. Er fühlte sich sicher, fürchtete sich nicht mehr vor diesem hungrigen kleinen alten Mann, dessen Name oder Anwesenheit für Charley sein Leben lang so furchterregend gewesen war wie Knoblauch für einen Werwolf. Dies waren die Bilder und Düfte aus seiner Mutter Küche, dem Zufluchtsort aller Zufluchtsorte. Dies waren die köstlichen Speisen seiner Kindheit und seines ganzen Lebens. Er kam wieder zu Atem, und sein Appetit kehrte zurück, als ob der Heilige Geist sich mit umgebundener Serviette auf seiner Schulter niedergelassen hätte und ihn ermutigte, sich wie ein großer *goloso,* ein gargantualischer *ghiottone* zu benehmen. Charley warf Amalia einen begierigen Blick zu, häufte die *panzerotti* auf seinen Teller und machte sich darüber her. Don Corrado, mit Hingabe kauend, nickte ihm fröhlich zu.

Charley sah sich selbst in Don Corrados vorgerücktem Alter, wie er sich immerfort solcher Köstlichkeiten erfreute, bis endlich seine Eingeweide versagten. Er würde den Neid eines jeden Italoamerikaners erregen, dem seine Legende erzählt würde. Essen war wie Geld oder Macht. Man nahm es zu sich und gab den anderen nichts davon ab. Es bedurfte nur einer Mahlzeit mit Don Corrado, um das zu begreifen.

In einer jähen Vision sah er deutlich, daß er wegen der Arbeit, die er in der Branche verrichtete, nicht so lange überdauern mochte wie Don Corrado. Tatsächlich bestand die statistische Chance, daß er das Jahr nicht überleben würde.

Während er aß, dachte er über seine Sterblichkeit nach. Er beschloß, sich von der Muskelarbeit zurückzuziehen, sobald er Don Corrado den gewünschten Filargi-Kontrakt ablieferte, wenn der Don ihm seinen Anteil auszahlte und wegen der siebzig Millionen Dollar, die er nun kassieren würde, indem er die Bank für zehn Cent pro Dollar zurückkaufte, in bester Laune war. Bei der Gelegenheit konnte er den Don um die Aufsicht über die Wettgeschäfte der Familie in Vegas, Miami, Atlantic City, Dallas, New York und Los Angeles bitten. Dann brauchte er nur noch darauf zu achten, daß die Prizzis ihre fünfzig Millionen Nettoeinnahmen im Jahr erhielten, würde selbst seine fünf Millionen jährlich einstreichen und das Schicksal des eingeschlagenen Schädels seinem Nachfolger überlassen.

Irene würde stolz auf ihn sein. Freilich ließe sich anfangs ein gewisses Maß an Rauhbeinigkeit nicht vermeiden, bis sie etabliert wären, das war klar. Niemand würde ihm etwas zum Geschenk machen, aber jede Familie hatte ihre festverankerten Interessen im Berufssport, ermöglicht durch die amerikanische Manie für Sport. Und auf diesem Markt würde Charley Partanna sich durchsetzen, unterstützt von einer Frau, die sich mit Zahlen auskannte. Das Essen, das ihn wie eine Droge eingelullt hatte, weckte ihn auch wieder auf. Der nächste Gang kam auf den Tisch.

Nach den *panzerotti* gab es frischen gekochten Thunfisch und ein Törtchen, das *pitta ripiena* genannt wurde und aus Schichten von Ricottakäse, gebratenem Schweinefleisch, Caciocavallokäse, Wurst und hartgekochtem Ei bestand. Charley ließ das gehaltvolle Törtchen unbeachtet.

»Und nun«, sagte Don Corrado ohne ein Zeichen von Übersättigung, als er Eloro-Wein einschenkte, »das Hauptgericht, nach dem ich mich heute früh schon vorsorglich erkundigt habe, lieber Charley, weil du mein Mittagsgast sein solltest. Ein vorzügliches Gericht aus unserem alten Agrigent, *coniglio in agro e dolce,* zubereitet nach der Art der großen *gabellotti,* der Spinas – wie die Familie meiner lieben Frau Kaninchen zu kochen pflegte, in einer süßsauren Soße – verschieden von allen *agro e dolce,* die man sonstwo in Italien findet –, in einer Soße, die Stücke von Auberginen, Sellerie, Oliven, Kapern, Mandeln, Honig und Zitronen enthält. Sie wird dich begeistern.«

Sie beendeten die Mahlzeit mit verschiedenen kleinen Kuchen, Torten und Süßigkeiten wie *'Nipitiddata* und *'Nfasciatelle und 'S-cursunera,* einer mit Jasminessenz gewürzten Eisspeise.

»Wir müssen unser Geschäft besprechen«, sagte Don Corrado zu Charley, »oder wir nehmen noch eine richtige Nachspeise, es sei denn, du hättest Lust auf eine Cassata, für die Amalia mit Recht berühmt ist.«

»Nein, danke, Padrino. All diese Kuchen und Süßigkeiten sind mir Nachspeise genug.«

»Dann werde ich deinen Cassatakuchen versuchen, Amalia, gekühlt, aber nicht gefroren – gefüllt, wie nur du es kannst, mit Ricotta und kandierten Früchten und Schokolade. Und natürlich werden wir beide ein Glas Malvasier trinken.«

Nach dem Essen ließen sie sich in Don Corrados Wohnzimmer nieder und blickten hinaus zu den Nackenhaaren, welche die Stadt im unteren Manhatten sträubte. Sie tranken Kaffee und rauchten große dunkle mexikanische Zigarren. Don Corrado sagte: »Nicht ein einziges Mal in deinem Leben, Charley, bist du etwas Geringeres als mein Favorit gewesen.«

»Du warst mein Pate, als ich gemacht wurde, Padrino. Ich habe versucht, dieser Ehre gerecht zu werden« antwortete Charley in seinem fehlerhaften Sizilianisch.

»Wie gut ich mich erinnere. Du hast absoluten Gehorsam geschworen und nach diesem Schwur gelebt.«

»Du hast es mir ermöglicht, Padrino.«

»Charley, laß dir von mir sagen, daß du maßgeblich am Erfolg unserer Familie beteiligt und der beste Arbeiter bist, den wir je hatten. Das schließt sowohl Vincent als auch deinen Vater mit ein. Du hast niemals versagt, und stets konntest du ausstehende Gelder bis zum letzten Dollar eintreiben.«

»Ich wollte dein Vertrauen rechtfertigen.«

»Ich habe noch größeres Vertrauen zu dir. Ich vertraue dir mehr denn je. Und mein Sohn Eduardo vertraut dir genauso.«

Das ließ Charley aufmerken. Warum nicht Vincent? Er war Vincents Stellvertreter. Warum also sollte Don Corrado von Eds Vertrauen sprechen? Ed Prizzi hatte stets Distanz zu ihm gehalten. Bei ihren seltenen Begegnungen hatten sie indirekt miteinander gesprochen, aber der einzige andere Kontakt, den Charley jemals mit ihm gehabt hatte, war noch indirekter durch Strafverteidiger geknüpft worden.

»Charley«, sagte Don Corrado, beugte sich vor und berührte mit leichter Hand Charleys Knie, um zu betonen, wie nahe sie einander standen, »Vincent ist ein kranker Mann. Sein Blutdruck ist sehr hoch – gefährlich hoch, wie mir sein Arzt sagte. Die Gichtschmerzen beeinträchtigen sein Denken, aber am Schlimmsten sieht es mit seinen Nieren aus. Denk daran, dies ist vertraulich, aber ich sage dir, Vincents Nieren sind kaputt.«

Charley zuckte mit den Schultern. »Nun, die moderne Medizin ...«

»Wir werden Vincent nach Vegas versetzen. Die drei Hotels können einen zentralen Berater gebrauchen, mit der Autorität, die Vincent mitbringen würde. Wir müssen das Wettgeschäft im ganzen Land festigen, ohne im Justizapparat allzuviel Unruhe auszulösen. Das Casinogeschäft ist nichts, verglichen mit den Wetteinnahmen.«

»Ich weiß«, sagte Charley verdrießlich. Gott, dachte er, warum denke ich an alles immer ein Jahr zu spät?

»Du wunderst dich, warum ich dir dies alles sage, Charley?« fragte der Don lächelnd.

»Ja.«

»Weil du Vincents Posten hier einnehmen wirst.« Charley zwinkerte.

»So ist es«, sagte der Don und steckte sich eine blauschwarze Weinbeere in den Mund. »Du wirst alles leiten. Du wirst der Chef sein.«

»Ich?« fragte Charley.

»Du und ich und dein Vater, wir werden vereinbaren, wie viele Punkte du bekommen wirst. Etwas weniger, bevor wir Vincent aus den Geschäften herausbringen, die er eingefädelt hat, aber trotzdem wirst du deine vierzig Dollar die Woche bekommen und die größte Organisation im Geschäft unter dir haben – zweitausendeinhundert Leute, die für dich auf der Straße herumlaufen. Was sagst du dazu, Charley?«

Charley ließ sich ein paar Sekunden lang gehen, so daß er sich wenigstens der Vorstellung all dieses Geldes und der Macht erfreuen könnte, über die er gebieten würde, aber er wußte, daß es so nicht ging. Vincent war des Dons ältester Sohn. Es war ein Prizzi-

Geschäft. Die Prizzis würden gemeinsam entscheiden, ob Vincent das Unmögliche tun und aufgeben sollte, was er hatte, um wegen einer Nierengeschichte nach Vegas zu gehen und dort die Zeit totzuschlagen. Selbst wenn solch ein Wunder eintreten und alle beschließen sollten, daß es das Beste wäre, würde Vincent Charley zu sich rufen und es ihm auseinandersetzen. Und danach würde er ihm sagen, wie viele Punkte er würde zurückstecken müssen, um den Job zu bekommen. Charley würde niemals alle Punkte bekommen, solange Vincent lebte. Und es war denkbar, daß Vincent, wenn die Zeit zur Übergabe käme, einen eigenen Nachfolgekandidaten präsentieren würde.

»Ich bin sprachlos, Padrino«, sagte Charley. »Niemals hätte ich zu träumen gewagt, daß du mir eine solche Ehre erweisen und mich so bevorzugen würdest. Wie kann ich meine Dankbarkeit zeigen? Wie kann ich dir danken?«

Don Corrados kleine Augen standen voll Tränen. Er zog ein strahlend weißes Taschentuch hervor und betupfte sie. »Für mich ist dies ein noch größerer Tag als für dich, Charley«, sagte er mit zitternder Stimme. »Erleben zu dürfen, daß der Sohn meines ältesten und liebsten Freundes auf der Welt die Pflichten meines eigenen Sohnes übernimmt, erfüllt mich mit Freude und Glück.«

»Wann wird es beginnen, Padrino?« In Charley gewannen böse Ahnungen die Oberhand. Irenes Betrug in Vegas kam ihm in den Sinn. Es war ausgeschlossen, daß Don Corrado den Verlust irgendeiner Summe Geldes durch Verrat und Diebstahl jemals vergeben oder vergessen würde, und dies war ein dickes Bündel Geld.

»Das muß einstweilen unser Geheimnis bleiben. Du darfst nicht einmal deinem Vater davon erzählen.«

Er wurde getäuscht! Das mußte es sein! Eine lähmende Gewißheit, daß er zunächst in Sicherheit gewiegt und dann um so unbarmherziger zur Verantwortung gezogen werden sollte, breitete sich in Charley aus. Schließlich stand bei dem Übergang ein Geschäft von dreihundertsechzig Millionen Dollar auf dem Spiel. Don Corrado würde keine grundsätzliche politische Entscheidung fällen, mochte sie klein oder so groß wie diese sein, ohne sie bis ins einzelne mit seinem *consigliere* Angelo Partanna durchzusprechen. Aber er hatte gerade gesagt, daß Pop nichts davon erfahren dürfe.

»Ich verstehe, Padrino.«

»Vincent wird zum Umzug bereit sein, wenn die Filargi-Sache abgewickelt ist. Das wird nicht lange dauern – ungefähr drei Wochen, bis wir das Lösegeld kassieren und Filargi gehen lassen können, damit er zur Polizei läuft und sich plötzlich im Gefängnis findet. An dem Tag, wo Filargi vor Gericht steht, wird Vincent die Wäscherei verlassen, und du wirst einziehen.«

29.

Angelo Partanna erhielt einen Anruf von Leutnant Hanly, dem Kassierer für das Büro des Chefinspektors, der auf ein baldiges Treffen drängte.

»Selbstverständlich, Davey«, sagte Angelo. »Wo du willst.«

Sie verabredeten sich für den nächsten Tag am gewohnten Ort, einem irischen Restaurant nahe dem Prospect Park, das den Namen Chez Hans trug. Als Angelo mit Charley als Zeugen und Begleiter hinkam, zeigte sich, daß Hanly einen Polizeihauptmann namens Kiely mitgebracht hatte. Kiely bekleidete den höheren Rang, aber Hanly führte das Wort.

Alle waren von überströmender Herzlichkeit. Cocktails wurden serviert, und die Partannas ließen sie vor sich auf dem Tisch stehen. Alle bestellten Corned Beef und Kohl, das einzige Essen, das Hans jemals zu verkaufen schien.

Hanly und Kiely bestritten den größten Teil der Unterhaltung, die sich hauptsächlich um Sport und Innenpolitik drehte.

Nachdem Angelo mexikanische Zigarren angeboten hatte, kam Hanly zur Sache. »Ich weiß nicht, ob ihr euch auf dem laufenden gehalten habt, aber es war nicht leicht zu übersehen – der Mord an Hauptmann Calhanes Frau.«

»Hab' ich gelesen«, erwiderte Angelo. »Wie du sagst, es war nicht leicht zu übersehen. Schreckliche Geschichte. Wir haben Blumen zum Begräbnis geschickt und – nun, was soll man davon halten?«

»Es hat uns aufgerüttelt, Angelo. Glaub mir, wir sehen es genauso, wie du es sehen würdest. Es ist ein Verlust innerhalb der Familie, für die ganze Abteilung, für alle, das heißt, für die Streifenpolizisten ebenso wie für ihre Vorgesetzten. Und wir müssen etwas unternehmen, um der toten Frau Respekt zu zollen, Angelo.«

»Wir fühlen mit dir, Davey. Ganz und gar. Wenn du etwas weißt, was wir tun können – wenn wir alle Familien einschalten müßten, um den Schuldigen zu finden, oder sonst irgendwas, wir werden es tun.«

»Nun, wir bitten alle Familien um diese Art von Hilfe, versteht sich, und wir werden eure Mithilfe zu schätzen wissen, weil ihr wißt, wie wir darüber denken. Aber das ist noch nicht alles. Ich bin hier, um dir und den Prizzis das gleiche mitzuteilen wie den anderen Familien in dieser Stadt. Alle Abmachungen sind abgesagt, bis wir den Mörder von Vicky Calhane haben.«

»Wie meinst du das, Davey?«

»Wir müssen hart gegen euch vorgehen, Angelo. In einer Woche zum Beispiel wird die Hälfte der Buchmacher in Brooklyn aus dem Verkehr gezogen und gegen hohe Kaution festgehalten.«

»Wir werden euch auf dem Drogenmarkt zugrunde richten«, mischte sich Kiely ein. »Wenn wir diesmal etwas beschlagnahmen, werdet ihr nichts davon zurückbekommen. Jedes Geschäft, das bei euch läuft, wird es zu spüren kriegen.« Sein Blick war rachsüchtig. Er lächelte unprofessionell, als er hinzufügte: »Eure Geschäfte werden sehr schlecht gehen.« Kiely hatte starke Anklänge eines nordirischen Akzents. Hanly war rothaarig, mit einer vernarbten Schußverletzung am Kiefer. Beide hatten ruhige Augen, die von langen guten Jahren zeugten.

»Davey«, sagte Angelo sanft, »ich bin mit dem Mann, der deinen Job im Präsidium hat, seit den zwanziger Jahren, wo ich noch ein junger Bursche war, im Geschäft. Im Laufe der Jahre habe ich auch mit anderen Dezernaten und Abteilungen zusammengearbeitet, ebenso mit den Bezirksinspektionen. Wir hatten nur eine Regel, eine leichte und einfache Regel, und die meiste Zeit haben wir unser Geschäft auf diese Weise gemacht.«

»Ich weiß«, entgegnete Hanly, »aber gewisse Umstände verändern die Lage. Was können wir tun?«

»Wenn ihr unser Geld nehmt, laßt ihr uns in Ruhe. Jeder von unseren Leuten, die auf der Straße arbeiten, hat einen Vertrag mit euch, eine Versicherung. Wir zahlen dafür, daß sie arbeiten können, ihr gebt ihnen die Arbeitserlaubnis. Das wird von den Bezirksinspektionen und den Revieren gedeckt.«

»Versuch es mit unseren Augen zu betrachten, Angelo. Für uns ist es eine Sache der Ehre, und ihr müßt das zuallererst einsehen.«

Angelo seufzte. »Okay. Wieviel Zeit haben wir? Könnt ihr uns drei Tage geben?«

»Hör zu, Angelo, ihr habt keine Zeit. Man sitzt uns im Nacken, will sofort Resultate sehen. Heute machen wir die ersten Spielsalons zu, morgen sind die Nutten dran, die Buchmacher am Samstag, und so weiter.«

»Die Öffentlichkeit wird das nicht mögen, Davey.

Wenn ihr alle Spielsalons dichtmacht, die Geldverleiher und Buchmacher aus dem Verkehr zieht und auf Nutten und Dealer Jagd macht, werdet ihr eine Krise am Hals haben, wie ihr lange keine mehr erlebt habt.«

»Wenn ihr den reichen Koksern den Stoff wegnehmt, ist es genauso, wie wenn ihr dem arbeitenden Mann die Frikadelle vom Pappteller reißt«, sagte Charley. »Zuerst werden sie in Panik geraten, dann Druck auf euch ausüben.«

»Wie lange wird es dauern?« fragte Hanly.

Charley zuckte mit den Schultern. »Wenn ihr daran arbeitet und alle Familien mithelfen, solltet ihr euren Mann innerhalb einer Woche haben.«

»Das ist es«, sagte Hanly. »Genau das. Ich gebe dem ganzen Wirbel eine Woche.«

»Aber wenn es länger als eine Woche dauert, Davey, möchte ich nur sagen, daß es euch viel eher weh tun wird als uns. Der Strom für euch muß abgeschaltet werden, heute noch. Es entspricht der menschlichen Natur, von solchen Geldern abhängig zu werden, vor allem dann, wenn sie seit achtzig, neunzig Jahren fließen.«

Kiely beugte sich über den Tisch. Seine Stimme klang hart und kalt. »Sicher wird es uns weh tun, Angelo. Aber wir werden die schmutzige Ratte kriegen, die Vicky Calhane getötet hat.«

Als sie in Charleys Lieferwagen zur Wäscherei zurückfuhren, kauten sie auf ihren Zigarren und dachten über das Geschehene nach. Endlich fragte Charley: »Wie lange, meinst du, können sie es ohne unseren Strom aushalten?«

»Ich mag nicht daran denken, wie viele Wochen sie den Deckel draufließen und von ihren Gehälter lebten, als Arnold Rothstein abgeknallt wurde und sie seine Akten haben mußten, bevor die Reformer sie in die Finger bekommen konnten. Dies hier ist schlimmer, fürchte ich. Sie haben ihre eigene Art von *omertà*, die Bullen. Sie sind nicht anders als wir, bloß tragen sie alle den gleichen Anzug. Als diese dumme Kuh, die das falsche Stockwerk drückte, zu Boden ging, war es für sie, als hätte jede einzelne ihrer Frauen die blaue Bohne gekriegt. Es ist ihre Ehre, Charley. Man muß sich in acht nehmen, wenn man mit jemandes Ehre Schindluder treibt.«

»Nun, für mich ist das verdammt nah am Auge«, bemerkte Charley. »Diese Art von Druck kann sehr gefährlich werden.«

»Wir haben unsere eigene Ehre, Charley, vergiß das nicht. Wir schützen unsere Frauen. Wenn es sein muß, kannst du den Klempner und Dom umnieten, denn außer dir und mir weiß niemand, wer es der Frau besorgt hat.«

»Der Klempner und Dom glauben, ich hätte es getan. Aber Filargi weiß, wer es war. Und – korrigiere mich, wenn ich unrecht habe – niemand wird Filargi eisen, wenn es um siebzig Millionen geht.«

»Hör zu«, sagte Angelo, »wir sprechen von Corrado Prizzis Ehre. Niemand wird Irene ein Haar krümmen.«

30.

Am Tag nach seinem Gespräch mit Don Corrado war Charley vor Angst noch immer wie ausgehöhlt. Don Corrado hatte ihn abgeschrieben, aber er brauchte ihn, um Filargi zu beaufsichtigen, bis die Zeit zu seiner Freilassung käme. Charley dankte Gott, daß er ihn zu einem Arbeiter gemacht hatte, nicht bloß zu einem kleinen Straßenganoven. Wenn sie ihn abservieren wollten, schnitten sie sich vielleicht ins eigene Fleisch. Denn zwei Tage, bevor er Filargi freiließ, würde Charley, vielleicht mit Irenes Hilfe, Don Corrado und Vincent und Ed Prizzi erledigen.

Es war drei Uhr vierzig. Irenes Maschine sollte um sechs Uhr zwanzig eintreffen. Er beschloß direkt zum Flughafen zu fahren und dort auf sie zu warten.

Unterwegs überlegte er, ob er nach Hause fahren und den Vorrat an unausgefüllten Flugkarten mitnehmen, dann mit der nächsten

Maschine vom John F. Kennedy-Flughafen nach Zürich fliegen, sein Geld abheben und sein Heil in Neuseeland suchen sollte. Aber er wußte, daß er nicht einfach mit Irene weglaufen konnte. Flüchtig dachte er an die Möglichkeit, sich den Behörden zu stellen, aber in das Regierungsprogramm zum Schutz von Kronzeugen setzte er kein allzu großes Vertrauen.

Er fuhr langsam, um Zeit totzuschlagen. Am La-Guardia-Flughafen angekommen, stellte er den Wagen ab und ging zu einem Zeitungsstand. Er kaufte eine Zeitung und setzte sich ins Flughafencafé.

Bankier entführt, direkte Verbindung zum Calhane-Mord! lautete die Schlagzeile. Ein Zimmermädchen des Hotels hatte entdeckt, daß Filargis Bett zwei Nächte unbenutzt geblieben war. Am Morgen des zweiten Tages hatte die Bank angerufen und die Hoteldirektion gebeten, in Filargis Wohnung nachsehen zu lassen, ob ihm etwas fehlte. Inzwischen hatte die Polizei die Papiere des toten Leibwächters mit einem Ein-Mann-Detektivbüro in Long Island City in Verbindung gebracht, und die Unterlagen dort zeigten, daß er einen Bewachungsvertrag mit Filargi gehabt hatte. Das war am Mittwoch gewesen. Die Polizei hatte versucht, die Geschichte unter Verschluß zu halten, aber am Freitag hatte Gomsky veranlaßt, daß die Zeitungen informiert wurden. Die ermordete Ehefrau eines Polizeihauptmanns, kombiniert mit der Entführung eines Bankiers, würde die Geschichte für den Rest der Woche auf den Titelseiten halten. Charley wußte, daß der Bank keine Lösegeldforderungen zugehen würden, bevor der wirklich schwere Druck nachgelassen hätte und die Medien der Sache einen neuen gewaltigen Auftrieb geben würden.

In Anbetracht des Wochenendes würden fünf weitere Tage vergehen, bis die Lösegeldforderung den Adressaten erreichte. Vielleicht dauerte es noch länger, weil eine Bank und eine Versicherungsgesellschaft betroffen waren und keine Einzelpersonen. Vermutlich würden drei Wochen verstreichen, ehe sie sich mit der Polizei einigen könnten, wie die Zahlung erfolgen sollte. Ein Satz Briefe würde an die Bank und die Versicherungsgesellschaft gehen und sie anweisen, die Übergabe im Central Park vorzunehmen, wo sich dann hinter jedem Baum zwei Polizisten verstecken würden. Inzwischen würde der echte Brief an Gomsky gehen und ihn beauftragen, die

Auszahlung über Lagos, Hongkong, Aruba, Panama und São Paulo zu organisieren. Insgesamt also war damit zu rechnen, daß er erst in einem vollen Monat den Auftrag zu Filargis Freilassung erhalten würde.

Charley bestellte ein Bier, ging schonend damit um und las bis sechs Uhr zehn den Sportteil. Dann ging er in die Halle hinaus, um auf der Anzeigetafel nachzusehen, wo Irenes Flug abgefertigt wurde. Er schlenderte zum betreffenden Flugsteig und wartete beim Tor.

Die Maschine war vorzeitig gelandet. Irene kam rufend und winkend aus dem Tor. Sie umarmten einander. Sie sagte: »Du siehst schlecht aus, Charley. Was ist los?«

»Besser, wir reden im Wagen darüber.« Er griff nach ihrem schmalen ledernen Aktenkoffer. Sie versuchte ihn festzuhalten, aber er nahm ihn ihr ab. »Was hast du da drinnen?« fragte er. »Den Familienschmuck?« Sie lächelte kläglich.

Sie stiegen in den verbeulten schwarzen Lieferwagen und fuhren zur Zufahrtsstraße. »Nun sag schon«, bat Irene. »Was ist los?«

»Bist du bereit?«

»Ja.«

»Don Corrado lud mich gestern zum Mittagessen ein. Diese Amalia ist eine sensationelle Köchin. Nun, nach dem Essen sagte er mir, wie krank Vincent sei und daß sie ihn nach Vegas versetzen wollen, damit er sich dort um die drei Hotels und das Wettgeschäft kümmert. Ich solle Vincents Job und seine Punkte übernehmen.«

»Charley! Das ist fantastisch!«

»Findest du?«

»Warum nicht?«

»Sie bereiten mich für den Abschuß vor.«

»Warum sollten sie?«

»Ich weiß nicht. Aber es muß etwas mit den dreihundertsechzig Dollar zu tun haben – und mit Louis Palo. Egal, was sonst noch dahinter steckt, Don Corrado scheint über alles Bescheid zu wissen.«

»Er weiß Bescheid. Ich wußte nicht, wie ich es dir sagen sollte, aber er weiß es.«

»Wer hat dir das gesagt?«

»Er selbst. An dem Tag, an dem wir in der Stadt waren und ins

Kino gingen – am Tag vor meinem Abflug nach Los Angeles. Als ich dir sagte, er hätte mich eingeladen, um mich in der Familie willkommen zu heißen.«

»Verdammte Scheiße! Dann ist das der Grund, warum er mich fertigmachen will. Er weiß Bescheid. Er hat dich überführt, und ich bin dein Mann, also müssen wir es beide kriegen.«

»Oh, Charley!« Sie begann leise zu weinen.

»Ich liebe dich, Baby. Verstehst du? Und wenn ich eine Frau liebe, dann für immer. Ich werde nicht zulassen, daß dir was geschieht. Du bist meine Frau.«

»Lieber Gott, Charley, wie ich dich liebe!«

»Hör zu, wir haben Zeit. Der Don sagte, die ganze Sache sei auf Eis, bis die Bullen Filargi serviert kriegen. Er möchte, daß ich die Filargi-Geschichte zusammenhalte, dann erst werden sie etwas unternehmen. Wir haben drei Wochen oder einen Monat Zeit, um uns vorzubereiten. Dann werden wir zwei sie kaltmachen, bevor sie uns kaltmachen können.«

Irene holte tief Luft und atmete langsam aus. »Charley, du weißt, wie meine Jobs eingefädelt werden?«

»Nein.«

»Die Kunden rufen eine Nummer in Kansas City oder South Carolina an, dann wird dieser Anruf von dort direkt zu meinem Anrufbeantworter in Los Angeles durchgestellt.«

»Das geht?«

»Ja. Also – vor ein paar Tagen bekam ich einen Anruf, der lautete: volles Honorar, Treffpunkt im Paley Park an der Dreiundfünfzigsten Straße in New York.«

»An der Dreiundfünfzigsten?«

»Ja. Was meinst du, wer der Kunde ist?«

»Wer?«

»Vincent Prizzi.«

»Waaaas?«

»Ja.«

»Wie das? Wenn Vincent jemand umgenietet haben will, tue ich es!«

»Diesmal nicht. Das wäre Selbstmord. Er zahlt das Geld für dich.«

»Vincent will mich umlegen lassen?«

»Nun, er hat mir den Auftrag gegeben.«

»Moment mal. Vincent beauftragt dich, mich umzulegen? Er kauft meine Frau, damit sie mich abschießt?«

»Charley, um Gottes willen! Er weiß nicht, daß ich deine Frau bin. Er rief die Nummer in Kansas City an! Und er sagte mir, es sei fünfundsiebzig wert. Ich sagte ihm, es würde eine knifflige Aufgabe sein. Am Ende einigten wir uns auf hundert.«

»Das ist verrückt. Der Klempner würde es umsonst tun müssen. Jeder von meinen Jungen, ohne etwas dafür zu kriegen!«

»Baby! Sei nicht beleidigt! Er wollte einen Spezialisten. Frag mich nicht, warum.«

»Ich kann dir sagen, warum. Die Familie soll nicht wissen, daß er einen Vertrag auf mich geschlossen hat. Der Don bereitet mich für den Abschuß vor, aber wenn sie glauben, die Zeit sei gekommen, mich auszuschalten, wird er keine hundert Dollar ausgeben, um es mir besorgen zu lassen. Dazu hat er Arbeiter – damit sie Leute umsonst wegputzen. Aber, und das ist der Haken, wenn Vincent hundert Dollar für eine Spezialistin zahlt, damit sie mich umbringt, dann muß er erstens verrückt sein – ich meine, wahnsinnig vor Wut, weil er glaubt, ich hätte ihm irgendwas angetan. Und zweitens muß er es von seinem eigenen Geld bezahlen. Nicht, daß er keins hätte, aber hundert Dollar auszugeben, muß ihn mehr schmerzen, als der verdammte Treffer mich schmerzen würde.«

»Eins ist sicher«, bemerkte Irene trocken, »wir haben es uns mit deiner Familie verdorben. Was tun wir jetzt? Weißt du, was Louis Palo mir gesagt hat? Selbst wenn wir nach Rio oder sonst wohin gingen, würdest du uns finden, weil es deine Art sei, nicht locker zu lassen. Haben die Prizzis noch jemanden wie dich? Haben sie einen anderen, der nicht aufgeben würde, bevor er uns erwischt hätte?«

»Wozu brauchen sie einen? Sie haben Don Corrado. Sie sind Sizilianer. Don Corrado sagt fünf anderen, sie sollten es nicht vergessen, und läßt sie schwören, daß sie nach seinem Tode noch daran denken. Sie sind über die ganze Welt verstreut. Wir gehen in ein Restaurant in Uganda, und irgendein Eckensteher oder Kellner erzählt es einem Angestellten in der italienischen Botschaft, der die Nachricht nach Palermo weitergibt. Von dort benachrichtigt man den Don in New York, und der Auftrag geht hinaus, soundsoviel Geld für unsere Daumen. Dann sind vielleicht zweitausend Leute in Afrika hinter unseren Daumen her, es sei denn, er sagt, sie sollen ihm meinen ganzen Kopf schicken. Wenn wir weglaufen wollen, müssen wir unsere Gesichter verändern lassen. Wir müssen neue Fingerabdrücke und Papiere haben. Wir müssen ganz neu sein, und trotzdem würden wir in jeder Minute denken, daß sie uns beobachten.«

»Was sollen wir also tun?«

Er bog in eine Seitenstraße und hielt an der Bordsteinkante. »Wir werden Filargi gebrauchen, um uns da herauszuziehen, irgendwie. Don Corrado wird nicht zulassen, daß uns was geschieht, solange wir Filargi haben.«

»Du meinst, wir können in dieser Sache verhandeln?«

»Die Prizzis brauchen mich. Wie sehr, weiß ich nicht, aber wie die Dinge liegen, brauchen wir sie.«

»Du weißt es nicht, Charley. Du hast mich nicht gefragt, wieviel dieser alte Gauner von mir verlangt, weil ich ihn beschwindelt habe.«

»Was meinst du damit?«

»Er ließ mir die Wahl zwischen einer Kugel oder der Rückgabe der fehlenden dreihundertsechzig Dollar plus fünfzig Prozent Strafe. Ich habe die fünfhundertvierzig aus meinem Depositenfach hier bei mir, und er erwartet, daß ich sie ihm bringe. Gott, ich sah das Geld bei der Bank in meinen Kassetten liegen, und mir kamen die Tränen. Wie habe ich gearbeitet, um zu diesem Geld zu kommen, wie habe ich Marxie und Louis eingebläut, was sie zu tun hätten und wie sie es zu tun hätten, und wie mußte ich um jede Kleinigkeit streiten, weil ich eine Frau bin und sie es deshalb besser wußten ... Fünfhundertvierzig Dollar von meinem Blut, alles verloren wegen einer Bande von Sizilianern, die seit siebenhundert Jahren bis zu den Halskrausen in pathologischem Verbrechen gesteckt haben, die betrügen, korrumpieren und jeden ermorden müssen, der zwischen ihnen und einem Dollar steht.«

»Hör zu, Irene – scheiß auf die Prizzis.«

»Charley!« Sie war schockiert, das aus seinem Mund zu hören.

»Ich habe dich, und du hast mich. Die Prizzis können nicht immer gewinnen.«

»Aber was sollen wir jetzt tun?«

»Es gibt nur eins, was wir tun können«, sagte Charley. »Wir müssen mit meinem Vater sprechen.«

31.

Angelo Partannas mildes Gesicht zerbrach seine lebenslange Schablone und zeigte Zorn, der zu einem Explosionspunkt anstieg, als die Zündschnur kürzer und kürzer brannte. Sobald Charley seinen Bericht über Don Corrados Vorbereitungen und Vincents Auftrag zu seiner Beseitigung beendet hatte, stand Angelo abrupt auf, ging auf die Terrasse, schloß die Tür und blieb beinahe zehn Minuten draußen stehen, den Blick auf die Bucht gerichtet. Als er zurückkam, war er wieder der alte. »Es gibt keinen Grund zur Aufregung. Das ist bloß ein Geschäft – abgesehen von Vincent.«

»Nun, was, zum Teufel, ist mit Vincent?« fragte Charley.

»Seit seine Tochter nach Haus gekommen ist, macht sie ihm das Leben schwer. Das verschlimmert seine Gicht und den Blutdruck, und er gibt dir die Schuld an allem, weil du sie damals vor zehn Jahren nicht geheiratet hast.«

»Wen geheiratet?« erkundigte sich Irene.

»Maerose«, sagte Charley.

»Maerose?«

»Das ist die Art, wie wir denken, was willst du da machen?« sagte Angelo zu Charley. »Aber am schönsten ist, daß Vincent den Auftrag, einen Mann zu eisen, dessen eigener Frau erteilt. Das ist schon ein Ding.«

»Was sollen wir tun?« fragte Irene.

»Für dich war es vorauszusehen. Daran führt kein Weg vorbei«, antwortete Angelo. »Louis Palo abzuschießen, war schlimm genug. Er war ein gemachter Mann in unserer Familie, und wenn er die Kugel verdient hätte, wäre es an uns gewesen, ihn abzuknallen. Aber die Prizzis um dreihundertsechzig Dollar zu berauben ...« Er hob beide Hände. »Da kann niemand stillhalten, Irene.«

»Pop, Irene und ich haben das besprochen, wir wissen es«, sagte Charley. »Also, was sollen wir tun?«

»Zunächst muß sie die dreihundertsechzig Dollar zurückgeben. Und wenn der Don eine Prämie von fünfzig Prozent will, muß sie auch die bezahlen. Das ist die Voraussetzung.«

Irene nickte. »Gut. Das habe ich schon begriffen. Und was dann?«

»Zuerst übergibst du das Geld. Wir kommen nicht weiter, solange du Don Corrado das Geld vorenthältst. Er kann dir nichts glauben, es sei denn, du gibst das Geld zurück. Wir werden keine Möglichkeit haben, in irgendeiner Sache zu argumentieren, solange du nicht tust, was du sagtest, und ihm sein Geld zurückgibst. Du und Charley, ihr werdet in den nächsten paar Tagen große Risiken zu tragen haben. Und ihr werdet nur durchkommen, wenn ihr diese Dinge auseinanderhaltet und ihm sein Geld zurückgebt, damit er sehen kann, daß ihr es ernst meint, wenn ihr den Handel vorschlagt, der euch am Leben erhalten wird.«

»Was für einen Handel?« fragte Charley.

»Ihr müßt Don Corrado das einzige Ding wegnehmen, das er will. Filargi, den goldenen Filargi, den er braucht, um seine Bank für zehn Cent pro Dollar zurückzubekommen und sechzig Millionen zu gewinnen, vielleicht auch siebzig. Ihr müßt Filargi noch mal entführen, diesmal den Prizzis. Versteht ihr mich?«

Charley seufzte. »Ich hatte an etwas dergleichen gedacht.«

Angelo blickte zu Irene. Sie nickte traurig, dann wandte sie sich ab, ging zu einem Wandschrank, nahm einen kleinen Aktenkoffer heraus und stellte ihn Angelo Partanna vor die Füße. »Da sind die fünfhundertvierzig. Gib sie ihm für eine Weile, aber bevor wir ihm Filargi geben, will ich dieses Geld zurück.«

Angelo setzte sich in den nächsten Sessel. »Vor bald einem Jahr hatten Don Corrado und Ed Prizzi eine Zusammenkunft mit Filargi und legten ihm Eds Plan vor, die Bank mit den krummen Devisengeschäften zu melken. Sie sagten Filargi, sie würden sich sogar mit der Hälfte von allem zufriedengeben, was er von der Bank stehlen könnte. Er lehnte ab, nannte sie Betrüger und Halunken und sagte ihnen, wenn sie ihm jemals wieder zu nahe kämen, würde er sie ins Gefängnis bringen. Zur Bekräftigung fügte er hinzu, er würde das ganze Gespräch notieren, für den Fall, daß sie daran dächten, einen Killer auf ihn anzusetzen. Und dieses Papier würde in die Hände der Staatsanwaltschaft gelangen, sollte ihm etwas zustoßen. Nun, jeder andere als Corrado Prizzi hätte es dabei bewenden lassen und sich irgendeinem anderen Unternehmen zugewandt. Aber Corrado kaufte sich einen Insider der Bank – diesen Gomsky – und überredete ihn, diesen Reibach für nur fünfundzwanzig Prozent Beteiligung zu machen, eine hübsche Einsparung. Corrado sagte mir, daß der Honigtopf auf diese Weise nicht nur süßer sei, sondern daß er Filargi damit viel schlimmer hineinreiten könne, als wenn er ihn bloß beerdige – er würde als Zeuge gegen die Prizzis ruiniert sein. Man muß es dem Don lassen, es gibt in diesem Geschäft keinen, der ihm das Wasser reichen kann.«

»Mein Gott, ich gebe auf«, sagte Irene.

»Was machen wir mit Filargi?« fragte Charley.

»Zuerst holst du ihn«, antwortete Angelo. »Wie viele Leute haben sie dort draußen, die ihn bewachen?«

»Zwei, aber das sind meine Leute. Sie tun, was ich ihnen sage.«

»Du glaubst, der Don würde jemandem trauen?« fragte Angelo liebenswürdig. »Wo bist du gewesen? In diesem Geschäft ist Mißtrauen wichtiger als Gehirn. Vincent hat jedem Mann, der an diesem Job beteiligt ist, erklärt, er sei dafür mitverantwortlich, daß Filargi wohlbehalten vor Gericht kommt. Sie werden alle zusätzlich bezahlt, damit sie einander überwachen.«

»Zu dumm«, sagte Charley. »Dann müssen sie über die Klinge springen.«

»Was tun wir mit Filargi, wenn wir ihn anderswo untergebracht haben?« fragte Irene.

»Ihr verhandelt. Ihr schreibt dem Don, daß ihr Filargi habt und mit ihm sprechen wollt, aber nur durch eine akzeptable dritte Person. Corrado wird mich fragen, wer diese dritte Person sein sollte, und ich werde ihm sagen, daß ich der geeignetste Mann dafür sei, weil ihr keinem anderen vertrauen würdet.«

»Dann müssen wir dir vertrauen«, sagte Irene.

»Ja.« Angelo lächelte ihr breit zu. »Das stimmt. Aber es ist einfacher, als den Rest eures Lebens auf der Flucht zu sein, um dann doch geeist zu werden, nicht wahr?« Sie starrte ihn an. Dann lächelte auch sie. »Ja, richtig.«

»Filargi ist den Prizzis sechzig bis siebzig Millionen wert, plus die völlige Beherrschung der Bank, die ungefähr an achtzehnter Stelle in den Vereinigten Staaten steht. Denn sie müssen gewinnen, wenn sie Filargi kriegen, und der größte Gewinn besteht darin, ihn für den Rest seines Lebens hier oder in Italien hinter Gitter zu bringen, während sie die Bank von den Italienern für zehn Cent pro Dollar zurückkaufen. Was bist du, verglichen mit siebzig Millionen Dollar? Nichts.«

»Ja«, sagte Irene, »aber sie sind Sizilianer, also sind sie – Anwesende ausgenommen – im Grunde dumme Bauern, die mit ihren Eiern denken. Sie sind, Mann für Mann, die größten Dummköpfe, an denen ich jemals reich geworden bin. Also wäre es trotzdem möglich, daß sie unser Angebot ablehnen.«

»Wie können sie euer Angebot ablehnen?« Angelo breitete die Hände aus. »Wenn sie ablehnen, geht Filargi hin und sagt gegen sie aus. Du und Charley, ihr stellt euch unter den Schutz des Staates, sagt gleichfalls gegen sie aus und kommt in das Regierungsprogramm zum Schutz von Kronzeugen. Der Don, Ed, Vincent und all die anderen werden im Knast landen, wegen Anstiftung zum Betrug, wegen Unterschlagung, wegen Mordes, wegen – ach, wegen tausenderlei. Und sie werden nicht nur die Gefängnisstrafen, die man ihnen aufbrummen wird, niemals überleben, sondern es wird das Ende der Prizzi-Familie sein.« Er ging zum Fenster und starrte auf die Bucht hinaus. »Vielleicht kann ich die Bullen veranlassen, bei den Straßenleuten noch mehr Dampf zu machen. Das sollte die Prizzis von dem Gedanken abbringen, daß sie euch zwei wegputzen könnten.«

»Wie?« fragte Charley.

»Es könnte sich noch als segensreich erweisen, daß Irene der Frau, die im Lift auf den falschen Knopf drückte, ein Ding verpaßt hat.«

32.

Nachdem er ein paar Wettmodelle für die Basketballspiele der kommenden Woche in Ordnung gebracht und die Zuweisung von Vorteilen für den nationalen Tenniszirkus der Profis vorbereitet hatte, rief Angelo im Präsidium an und ließ sich Davey Hanly geben. Er erklärte, sein Name wäre Chester Feinstein, und Hanly sagte, er würde gleich zurückrufen. Hanly brauchte zwanzig Minuten, um zu einer Telefonzelle in der Broome Street zu gehen, die seit dreißig Jahren hätte angezapft sein sollen.

»Angelo? Hier ist der Rückruf.«

»Hallo, großartig! Paß auf – ich hol' dich um zwölf Uhr an der üblichen Stelle ab, okay?«

»Ich werde dort sein«, versprach Hanly und hängte ein.

Sie fuhren in Angelos sechs Jahre altem Ford langsam um den Prospect Park. Angelo sagte: »Ich habe einen Hinweis in der Calhane-Sache. Noch nichts Konkretes. Aber eins weiß ich – wenn ihr euren Druck auf alle Lokale, Buchmacher und Spielsalons verdoppeln könnt, halte ich es für möglich, daß euch jemand den Schützen ausliefert.«

»Jesus, ich weiß nicht, Angelo ... Wir hinken jetzt bei halber Bezahlung dahin. Wenn wir die Hälfte aller Aktionen abblasen, kostet uns das Hunderttausende die Woche.«

»Es war bloß eine Idee, Davey. Manche Leute haben es satt, geplagt und schikaniert zu werden, und ich denke, sie könnten mit gewissen anderen Leuten sprechen. Die Prizzis sind nur daran interessiert, dem Präsidium zu geben, was es haben will, und zum gewohnten Geschäft für beide Seiten zurückzukehren.«

»Laß mich mit meinen Leuten darüber reden. Du mußt auf Informationen hin handeln, und du hattest noch nie schlechte Informationen. Meine Leute könnten zum Polizeiarrest greifen, wenn das dazu beitragen würde, den Schweinekerl aufzustöbern, der diese feine Frau erschossen hat.«

»Es könnte die Dinge für uns alle beschleunigen, Davey.«

Vier Tage später hatten die Festnahmen ein solches Ausmaß erreicht, daß alle Arrestzellen in der Stadt, einschließlich Staten Island, überfüllt waren. Die Polizei verdoppelte ihre Razzien in Spielsalons und Wettbüros. Die Prostituierten wurden von den Straßen getrieben und aus Lokalen gejagt, die dreißig Jahre lang von der Streife unbehelligt geblieben waren. Was Dewey in den dreißiger Jahren dem Geschäft mit der Prostitution angetan hatte, das praktizierte die New Yorker Polizei nun auf allen Gebieten, aus denen die Familien ihre Einnahmen bezogen. Die Greifertrupps beschlagnahmten Drogen im Straßenverkaufswert von sechzehn Millionen Dollar. Sie gingen so hart gegen illegale Buchmacher auf der Straße und an den Telefonen vor, daß niemand die Verluste errechnen konnte.

Der Krieg betraf siebzehn verschiedene Berufssportarten, die Jockeys und Tennisspieler zu Millionären gemacht hatten, Zehntausende von Golfplätzen, Eishockeystadien und Rennbahnen und eine Armee von Werbeleuten und Medienberichterstattern, deren Abhängigkeit von ihren Stars in Umsatzmilliarden beziffert werden konnte. Boxringe, Baseballstadien, Basketballplätze, Schwimmhallen, Hochseeregatten, Vollblutpferde, Ringkampfarenen und gedopte Windhunde förderten den Verkauf von Fernsehgeräten im Wert von Milliarden Dollar, den Absatz Hunderter Millionen Liter Bier. Das Wettgeschäft einer Woche kostete die Bürger mehr als jeder ausländische Krieg. Wenn die Polizei dies alles unterband, würde es die Medien, die Hersteller von Ausrüstungen und Zubehör, die Eigentümer von Profimannschaften und Tausende von Spielern in ungezählten kommerzialisierten und industrialisierten Sportarten um den Profit auf dem New Yorker Markt bringen. Denn wenn auf die Spiele oder Rennen nicht gewettet werden konnte, existierten die Leute für die New Yorker nicht. Am meisten aber kostete es die direkten Empfänger der Wettgelder – die New Yorker Polizei, die Mafia-Familien und die angegliederten Syndikate.

33.

Die Polizei erließ eine Urlaubssperre. Reiche Leute aus Kreisen, die man der Unterwelt zurechnete, wurden auf offener Straße festgenommen und für vierundzwanzig Stunden in Polizeiarrest abgeführt, bevor man sie freiließ – um sie an der nächsten Ecke wieder festzunehmen, schneller als die Anwälte sie freibekommen konnten. Der schwerste Druck lastete auf den Prizzis. Die Polizei hatte rasch die Verbindung zwischen Filargi und der Familienbank hergestellt, die an Filargis Gruppe verkauft worden war, und Hanly warnte Angelo, daß alle Prizzi-Telefone abgehört würden. Von da an war jede Fernsprechverbindung mit dem Haus in Brentwood unterbrochen. Wenn Gespräche geführt werden mußten, konnte es nur von wechselnden öffentlichen Telefonzellen aus geschehen.

Vincent wurde zweimal festgenommen. Seine drei *capi* und ungefähr zweihundert seiner Arbeiter gingen durch die Arrestzellen wie durch eine Drehtür.

»Was hat das zu bedeuten?« fragte er einen Sergeanten namens Keifetz von der Bezirksdirektion. »Dies ist das dritte Mal in zwei Tagen, daß ich wegen der gleichen Geschichte hier bin.«

»Wer hat Mrs. Calhane erschossen, Vincent?« fragte ihn Keifetz.

»Wer soll das sein?«

»Die Frau, die bei Filargis Entführung kaltgemacht wurde.«

»Wie soll ich das wissen? Jeder fragt mich! Ich weiß nichts!«

»Vincent, ich will Ihnen was verraten, ganz unter uns, verstehen Sie? Ihrer Familie gehören fünfundzwanzig Prozent von Finlays Bank. Das ist die Verbindung. Niemand sonst hat eine direkte Verbindung. Ihre Leute haben Filargi kassiert und auf dem Weg hinaus Mrs. Calhane ermordet.«

»Keifetz, hören Sie zu! Was weiß ich über Entführungen? Bin ich verrückt? Ich habe ein Geschäft. Wozu brauche ich Cowboygeschichten?«

Die Polizei steckte nicht nur in Brooklyn Leute in Arrestzellen. Genauso hart griffen sie in New York und der Bronx durch. Jedesmal, wenn sie Mitglieder einer Familie, ihre Soldaten und Arbeiter hochnahmen, streuten sie die Information aus, daß Robert Finley seine Bank einst von den Prizzis gekauft hatte.

Nach achttägigem Nervenkrieg berief die Bocca-Familie eine Versammlung der fünf New Yorker Familien ein, die in einem gemieteten Sitzungssaal einer ehrlichen Bank in der Einundfünfzigsten Straße stattfand. Die Oberhäupter wurden von ihren *consiglieri* begleitet. Quarico Bocca, der unter anderem ungefähr achtundsechzig Prozent der Prostitution im Land kontrollierte, eröffnete die Sitzung.

»Was die machen, ist kein Spaß mehr«, sagte er. »Es kostet uns alle Geld, und sie werden nicht aufhören, Druck auf uns auszuüben, bis wir ihnen denjenigen ausliefern, der diese Frau getötet hat. Ich weiß hier nur eins. Die Bullen sagen meinen Leuten immer wieder, daß der Kerl, der an dem Tag entführt wurde, als es die Frau erwischte, groß im Geschäft mit der Prizzi-Familie war – was sowieso jeder weiß, die Prizzis eingeschlossen. Nun, ich möchte diese Versammlung kurz machen und darüber abstimmen lassen, daß Vincent Prizzi und sein *consigliere* eine Pause machen, darüber sprechen, dann zurückkommen und uns sagen sollen, was sie zu tun gedenken. Einverstanden? Hebt eure Hände, wenn ihr dafür seid.« Er setzte sich.

»Wartet! Wir brauchen noch keine Abstimmung«, sagte Vincent und stand auf. »Angelo und ich, wir werden jetzt nach Haus gehen.

Was glaubt ihr, mit wem ihr redet? Ich bin Vincent Prizzi. Als die meisten von euch noch Löcher im Hosenboden hatten oder Tankstellen überfielen, waren wir schon die größte Familie in diesem Land. Und nun, da ein paar von euch gelernt haben, wie man Schnallen auf den Strich treibt und Betrunkenen die Taschen ausräumt, können wir euch noch immer kaufen und verkaufen. Wenn die Bullen im Aufruhr sind, verlieren wir mehr als jeder von euch. Es gefällt uns auch nicht. Aber ihr werdet uns nicht sagen, wie wir unser Geschäft zu betreiben haben, von welcher Art es auch sein mag. Wir werden entscheiden, was getan werden kann. Wenn etwas getan werden kann, werden wir es tun. Wenn jemand hier unter euch ist, dem das nicht gefällt, der mag kommen und es mit uns ausmachen. Wir lassen uns von Außenseitern nicht in unsere Familienangelegenheiten hineinreden. Wenn ihr einen Krieg wollt, werden wir gegen euch kämpfen. Andernfalls tut, was ihr könnt. Erzählt den Prizzis nicht, wie sie ihr Geschäft betreiben sollen – und das gilt vor allem für einen kleinen Halunken von Zuhälter wie dich, Signore Fatalone«, fügte er hinzu, an Bocca gewandt.

Angelo Partanna stand mit ihm auf. Sie verließen langsam und ruhig den Sitzungssaal, während die acht Männer um den Tisch ihre Zigarren betrachteten.

Sie kehrten in Angelos kleinem Dodge zurück nach Brooklyn. »Man sollte meinen, sie würden von selbst darauf kommen«, sagte Vincent, als sie durch den Midtown-Straßentunnel fuhren. »Wer hat mehr Reserven, wir oder die Polente? Sie gehört uns. Sie kriegt ihren Hauptsaft von uns. Na schön, laß sie machen und unsere Jungen ein paar Wochen auf den Straßen herumschubsen. Aber wieviel länger können sie es durchhalten? Glaubst du, die werden nach fünfundachtzig Jahren auf dem bequemen Sofa wieder anfangen, von ihren Gehältern zu leben? Jeder Groschen, den wir ihnen geben, kostet sie dreißig Cent. Gewiß, das Herz blutet ihnen um diese dumme Person, die das falsche Stockwerk gedrückt hat, und vor allem fühlen sie sich in ihrer Ehre verletzt. Das müssen sie. Schließlich ist es auch für sie eine Art Familienangelegenheit. Aber die ganze Zeit denken sie auch an das Geschäft. Sie schubsen uns herum, wir zahlen ihnen nichts. Sie kriegen kein Geld, das tut weh. Jeder versteht, daß sie die Sache vergessen müssen, damit wir wieder ins Geschäft kommen. Was ich damit sagen will, Angelo – Bocca hat bei dieser Versammlung den Kopf verloren. Will er für Bullen, die er bezahlt, den Helden spielen? Will er uns beleidigen, damit es sich bei den Bullen in seinem Revier herumspricht? Du hast bemerkt, daß keiner von den anderen uns heute herumstoßen wollte, nur Bocca. Wie denkst du darüber, Angelo?«

»Bocca hat so lange gesessen, daß er leicht ein bißchen hysterisch wird«, meinte Angelo. »Man könnte ihn mit einem Mann vergleichen, der schon eine Menge Unfälle hinter sich hat. Schließlich glauben die Leute, daß er unbewußt Unfälle sucht. So ist es mit Bocca und seinen Gefängnisstrafen. Seine eigenen Leute kommen allmählich dahinter, und sie sind nicht glücklich darüber.«

»Warum sollte es jemanden in den Knast ziehen? He! Sieh dir diesen verrückten Hurensohn an! Eine Frau. Mein Gott, jedesmal, wenn du einen verrückten Fahrer siehst, ist es eine Frau. Jedenfalls, warum sollte Bocca eine heimliche Sehnsucht nach dem Knast haben?«

»Er hat furchtbares Pech mit Frauen«, erklärte Angelo. »Das liegt daran, daß er sie behandelt, als ob sie Tiere wären. Er wirft Stühle nach ihnen, auch wenn Gesellschaft da ist. Manchmal läßt er sie auf dem Boden schlafen. Er zerschlägt ihre Teller. Keine Frau nimmt solch ein Leben hin. Also machen sie es ihm unmöglich. Seine Frau und seine Töchter fetzt er nur so herum. Und sie zahlen es ihm natürlich alles heim. Eines Tages werden sie ihm einen Sprengsatz in den Wagen basteln. Das glauben sogar seine eigenen Leute.«

»Vielleicht sollten wir ihnen die Mühe abnehmen«, sagte Vincent.

»Glaub mir, Vincent, so wie es ist, hat er mehr zu leiden.«

»Wer war der zweite Mann bei der Filargi-Entführung?« fragte Vincent.

»Das weiß nur Charley. Du sagtest, Charley soll es mit seinen eigenen Leuten machen. Warum, Vincent?«

»Warum? Warum war heute die Versammlung?«

»Vincent, wir müssen hier sehr vorsichtig sein. Entführung ist ein Schwerverbrechen, nicht viel harmloser als Mord. Es gibt Leute, die dafür lebenslänglich gekriegt haben. Das FBI hat sich eingeschaltet. Wenn wir uns überschlagen, um die Bullen glücklich zu machen, indem wir ihnen den zweiten Kidnapper ausliefern, dann machen wir uns der Mitwisserschaft und Beihilfe zur Entführung schuldig.

Und was jetzt bloß ein kleiner Zwist mit den New Yorker Bullen ist, wird bundesweit ein Schlag ins Genick für uns.«

»Verstehe.«

»Charley weiß Bescheid. Er hat den Job inszeniert. Vielleicht weiß auch der Klempner Bescheid, wenn der zweite Mann mit ihnen hinausging. Und Dom. Aber sollte etwas schiefgehen, wird es nur die Beteiligten treffen. Uns kann man nichts anhängen. Aber wenn wir den zweiten Mann ausliefern, werden die Bullen weder ruhen noch rasten, bis sie aus ihm herausgeholt haben, wer die anderen waren und wer den Auftrag gegeben hat. Dann bestünde die Gefahr, daß auch die anderen – außer Charley – singen würden. Sie könnten uns alle mit hineinziehen, also ehrlich gesagt, Vincent, ich sage dir, daß wir gut daran täten, jeden Gedanken an Zusammenarbeit in dieser Sache zu vergessen.«

»Ich weiß, was du meinst.« Schweigend fuhren sie durch Queens und nach Brooklyn.

»Ich habe mir gerade überlegt, was mein Vater tun würde«, sagte Vincent. »Du weißt, wie wichtig ihm die Familienehre ist, und so sieht er jetzt die Lage der Polizei. Es hat die Frau eines ihrer Capos erwischt. Sie haben ein großes Aufhebens von der Sache gemacht, und nun können sie nicht mehr zurück. Wir müssen liefern. Ich sage, daß Ed mit ihnen reden sollte. Er kann ihnen klarmachen, warum niemand den Mann ausliefern kann, der die dumme Alte erschossen hat – weil die betreffenden Leute Gefahr laufen würden, mit in die Filargi-Geschichte verwickelt zu werden. Ed könnte sagen, daß wir die Leiche des Täters abliefern werden in jeder Art oder Form, die sie wünschen, mit einem vollen, unterschriebenen Geständnis. Wenn wir Filargi zurückgeben, könnte er seine Entführer identifizieren. Das Fernsehen und die Zeitungen würden sich darauf stürzen und berichten, wie die Bullen mit diesem Dreckskerl umgingen, der die unglückliche Frau getötet hatte, und wie sie ein Geständnis von ihm bekamen, worauf er aber einen Fluchtversuch unternahm, so daß sie ihn niederschießen mußten. Zitate aus dem Präsidium, mit allem Drum und Dran. Sie kriegen, was sie haben müssen, und alle gehen zum Tagesgeschäft über, wie es sein soll.«

»Das könnte klappen, es ist sauber und ordentlich«, meinte Angelo.

»Ich werde das mit meinem Vater durchsprechen, dann müssen wir Charley hinzuziehen, damit er uns den zweiten Mann liefert.«

Angelo erreichte Charley noch am selben Abend in Brentwood.

»Charley, hör zu. Ihr müßt den Mann spätestens morgen mittag verschwinden lassen. Komm heute abend in die Stadt, hol Irene, und wir werden das übrige besprechen.«

Angelo hängte ein.

34.

Ende Juli waren achthundertsechsundzwanzig Stahlsticheinladungen für das Mitte September zu Ehren von Vincent Prizzi in den Palermo Gardens stattfindende Bankett ausgesandt worden und verursachten innerhalb der Familie große Aufregung und viele Spekulationen. Die Palermo Gardens hatten sich in Vincents Vorstellung immer großartig ausgenommen, weil er sie seit fünfzig Jahren nicht wirklich gesehen hatte, nicht seit seinem vierzehnten Lebensjahr, als er dort an seinem ersten großen Fest teilgenommen hatte. In jener Nacht hatte er zum erstenmal eine Frau gehabt. Er dachte immer noch, es wäre nur dazu gekommen, weil sein Vater der Großmarschall gewesen war. Eine Nummer mit einer Frau war für Vincent an sich keine große Sache. Nach jenem ersten Mal hatte er immer genausogut verzichten wie eine Chance wahrnehmen können. Das erste Mal war es im Garderobenraum passiert, mit der vierzigjährigen Garderobiere, die nur ihr Bestes tat, um eine Erneuerung der Konzession zu bekommen. Inzwischen, dachte Vincent, muß sie neunzig Jahre alt sein, wenn sie noch lebt, aber sie war eine Frohnatur und ein kolossales Stück Arsch. In seiner Erinnerung zerfloß alles im prächtigen Glanz der Palermo Gardens.

Fünfzig Jahre später waren die Palermo Gardens ein vernachlässigter Schuppen, der nur noch stand, weil Corrado Prizzi es so wollte. Die Palermo Gardens verkörperten seine eigene Erinnerung. Dort hatte er all die Leute zusammengeführt und unter seinen Einfluß gebracht, die ihm zur Bank verholfen hatten, dann zur Lotterie, dann zu allem anderen. Die soziale Integrationskraft der Palermo Gardens, der Tanzveranstaltungen und Unterhaltungsabende, die er für die Leute organisiert hatte, um sie zufriedenzustellen, war der Nährboden so vieler Ehen und Kinder gewesen. Diese Kraft hatte ihn auf die rechte Art, nicht durch Gewalt, zum Oberhaupt gemacht – und zum Mittelpunkt der Wohltätigkeit. Das in ihn gesetzte Vertrauen der Leute hatte den Aufstieg der Prizzi-Familie bewirkt. Diese Leute sahen die Palermo Gardens noch immer so, wie Corrado und Vincent sie betrachteten. Das Bankett für Vincent war ein großartiger Triumph auf vielen Ebenen, aber keine von diesen war großartiger als die Ebene der Erinnerung. Die Stadt hatte in den letzten zwanzig Jahren viermal versucht, das Gebäude zum Abriß zu verurteilen, und jedesmal war es Don Corrado mit Eds Hilfe gelungen, die Leute umzustimmen.

Angelo Partanna brachte Maerose Prizzi und die Frauen von zwei der drei *capiregimes* zum Bankett. Besondere Vorkehrungen waren für Don Corrados Anwesenheit getroffen worden. Charley und Irene Partanna waren in Brentwood mit Plänen für Filargi beschäftigt, und alle wunderten sich, weil Charley nicht da war. Die drei *capiregimes,* Sal Prizzi, Rocco Sestero und Tarquin Garrone, bildeten eine Ehrengarde und brachten Vincent in einem schwarzen Lincoln, der auf den Namen der Carolina-Pfirsichgenossenschaft in Great Neck, Long Island, zugelassen war, zum Bankett. Zingo Poppaloush war ihr Fahrer. Alle trugen schwarze Smokings mit weißen Hemden und schwarzen Schleifen – keine ausgefallenen Modefarben. Eine Gruppe von ungefähr vierzig Schaulustigen aus der Nachbarschaft brach in Hochrufe aus, als Vincent ausstieg, weil Rocco Sesteros Leute die Begrüßung als einen kleinen spontanen Tribut organisiert hatten.

»Bleib sitzen und warte«, sagte Rocco zu Poppaloush. »Der Chef will den Wagen hier an dieser Stelle haben, wenn er herauskommt.«

Die drei Männer umgaben Vincent, zwei vor ihm und einer hinter ihm, und führten ihn in den Festsaal. So hielt er seinen Einzug durch den Mittelgang, zwischen den überfüllten Tischen unter den Kreppgirlanden, dem Fahnenschmuck und den billigen Lampen, während alles in heisere Hochrufe ausbrach, Männer ohrenbetäubend durch die Finger pfiffen und Frauen näherdrängten, um ihn zu berühren. Vincent versuchte ein paar Hände zu schütteln und zwängte sich durch die aufgeregte Menge wie ein Schwergewichtsweltmeister nach einem K.-o.-Sieg. Die Autorität der *capiregimes* ermöglichte es ihm endlich, seinen Platz vor der Plattform zu erreichen, wo Angelo Partanna Maerose und die Frauen der *capiregimes* placiert hatte.

In der Küche der Palermo Gardens war seit dem frühen Morgen eine Brigade von siebzehn gemieteten Bologneser und venezianischen Köchen mit der Zubereitung köstlicher sizilianischer Gerichte beschäftigt. Die meisten der Bankettgäste lebten von sizilianischer Küche. Die Prizzis bevorzugten sie, wenn sie hausgemacht war. Aber wenn sie außerhalb aßen und Einfluß darauf hatten, wer was kochte, hatten sie stets Wert auf berechenbare Köche gelegt, seit Charley Partanna vor neunzehn Jahren eine ganze Küchenbrigade dafür verprügelt hatte, was sie aus dem Lieblingsgericht seiner Mutter, *focaccia di Fiori di Sambuco,* gemacht hatte. Anläßlich des heutigen Banketts kochten sie für siebenhundertfünfunddreißig Feinschmecker. Die Zahl der Gäste war um zweihundertdrei höher, als es die baupolizeilichen Vorschriften von 1927 im Hinblick auf die Feuergefahr erlaubt hatten.

Die Gäste waren die Elite der Prizzi-Familie – die *capiregimes,* ihre besten Soldaten, die bewährtesten Buchhalter, Kassierer, Drogenverteiler und ein paar Dealer, Gewerkschaftsführer, Hersteller von Pornographie, Stars, Verleger, die wichtigsten Bestecher und Hehler, die Crème der Kredithaie, die bedeutendsten Fixer, die besonders vertrauenswürdigen Muskelmänner, Freunde vom Polizeipräsidium und den Bezirksinspektionen, begleitet von ihren Ehefrauen. Obwohl er selbst nicht am Bankett teilnehmen konnte, hatte Ed Prizzi vor dem Podium zwei Tische für sechs Kongreßabgeordnete, fünf Richter und den Rechtsberater des Gouverneurs reservieren lassen. Die Masse der Gäste saß zu beiden Seiten langer durchlaufender Tafeln, die auf Sägeböcken standen, geschmückt mit Blumenarrangements, Andenken, Weinflaschen, schimmerndem weißem Leinen, gemietetem Tafelsilber und Porzellan. Alle schienen besessen von der Aussicht zu sein, daß sie die legendäre Gestalt, Don Corrado Prizzi, den Cäsar und Krösus ihrer Zeit, persönlich ins Scheinwerferlicht des Podiums würden treten sehen. Der Lärm war unbeschreiblich. Alte Freunde begrüßten einander schreiend über Tische hinweg, stürzten mit Ausrufen der Rührung und Begeisterung aufeinander zu, um sich in die Arme zu fallen und zu küssen und über alles zu lachen, weil sie so glücklich waren.

Die Leute auf dem Podium saßen, hell angestrahlt, unter den drei Meter hohen sepiafarbenen Portraits der Männer, die Corrado Prizzi am meisten von allen auf der Welt bewunderte – Arturo Toscanini, Papst Pius XII., Enrico Caruso und Richard M. Nixon. Sie waren seine Schutzpatrone. Wenigstens einer von ihnen war sein langjähriger Gönner gewesen.

Als alle saßen, als jeder seinen Platz zu beiden Seiten des einzigen leeren Stuhles auf dem Podium eingenommen hatte, führten ›Gurke‹ Cetrioli und Mango Passato Don Corrado durch den Hintereingang in das Gebäude. Als der alte Mann auf dem Podium erschien, klangen gewaltiger Beifall und Hochrufe auf. Vielleicht wäre der Applaus in jedem Fall beinahe so frenetisch gewesen, aber Don Corrado hatte seinen Auftritt wie immer mit einer Überraschung garniert. Er befand sich in Begleitung eines Mannes, den weder er noch sonst jemand in der Familie jemals zuvor gesehen, den er erst vor zwanzig Sekunden kennengelernt hatte, von dem er aber wußte, daß sein Sohn ihn als den größten Belcanto-Sänger in der Geschichte schätzte, obwohl er persönlich Enrico Caruso vorzog. Es war der italienische Meistertenor Giuliano Rizzo, dessen Impresario ein Honorar von fünfundzwanzigtausend Dollar für den Auftritt bekommen hatte und der durch eine besondere Vereinbarung Ed Prizzis mit dem Pentagon in einem Jagdbomber der Luftwaffe sofort nach einer Benefizvorstellung in New Orleans herübergeflogen war.

Vor den siebenhundertfünfunddreißig Gästen umarmte der Don ein Achtel des enormen Tenors, dann half man ihm zu seinem Platz, während die Menge in wilder Begeisterung tobte

Der große Sänger stand ihnen im Scheinwerferlicht auf dem Podium gegenüber, dann begann er, begleitet von einem im Hintergrund aufgebauten Konzertflügel, Verdis bewegende Arie aus der ›Sizilianischen Vesper‹, zu singen die das Abschlachten der unbewaffneten und nichtsahnenden Franzosen durch die sizilianischen Patrioten schilderte.

Manch einer schluchzte, als Rizzo sang. Andere verharrten in ergriffenem Schweigen, vielleicht zum erstenmal seit ihrer Geburt. Als er geendet hatte, sprang alles auf, applaudierte wie rasend, schrie und weinte hysterisch.

Rizzo küßte seine Hände und streckte sie in segnender Gebärde zur Familie und den Gästen auf, verbeugte sich tief und ging ab. Der Applaus, die Pfiffe und Rufe dauerten an. Vincent stand auf und hob die Hände. Neun Minuten lang versuchte er den Überschwang der Gefühle zu beruhigen. Dann erhob sich Don Corrado und lächelte. Er hielt die Hände nicht hoch. Er stand da und lächelte vom Podium auf sie herab, und sie verstanden, daß er wieder einmal weder Kosten noch Anstrengungen gescheut hatte, um ihnen Freude zu machen. Das wilde Getöse schwächte sich ab zu gewöhnlichem Lärm. Der Lärm ging in ein Gewirr von einigen hundert Stimmen über, die Stimmen sanken zu einem Gemurmel herab. Alles setzte sich.

Don Corrado wählte schlichte Worte. »Wir sind hier, um meinen Sohn zu ehren. Er wird uns verlassen ...« Erschrocken stöhnten die Gäste auf. »... und in einem Neunhundertfünfundzwanzigtausend-Dollar-Haus mit eigenem Golfplatz in Las Vegas leben. Ich sage zu ihm von ganzem Herzen: Gott geleite und segne dich, Vincent, und ich schenke dir dieses kleine Unterpfand unserer gemeinsamen Wertschätzung, das Abschiedsgeschenk, zu dem ihr alle so liebevoll beigetragen habt, einen vollständigen Satz Golfschläger aus Sterlingsilber und fünfhundert von seinen bevorzugten mexikanischen Zigarren.« Er lächelte. Die Gäste stimmten neue Hochrufe an. Sam Falcone und Willie Lessato kamen aufs Podium, wankten unter dem Gewicht einer Golftasche aus Elefantenhaut, die mehr Golfschläger enthielt, als man im ganzen Jahr 1754 auf dem Golfplatz von St. Andrews gesehen hatte. Ihnen folgte Phil Vittimizzare, beladen mit zwanzig Zigarrenkisten.

Die Bankettgäste, verblüfft von Giuliano Rizzos Auftritt, aufgepulvert durch die noch nie dagewesene Versetzung eines Chefs, wurden von dieser materiellen Manifestation plötzlich in die Wirklichkeit zurückversetzt. Sie sprangen auf, um fast ebenso lautstark zu jubeln wie nach Signore Rizzos Darbietung. Eine mächtige Woge von Liebe und Körpern trug mehrere hundert von ihnen dem Podium zu, wo sie die Arme ausstreckten, um Vincent zu berühren und zu beglückwünschen. Don Corrado wurde von den Trägern der Geschenke sanft, aber rasch durch den Hinterausgang hinausgeführt.

Die drei *capiregimes* übernahmen die Leitung. Sie bildeten einen Halbkreis um Vincent und schrien die heranbrandenden Gäste an.

»Zurück auf die Plätze, zum Teufel!« bellte Rocco Sestero.

»Was fällt euch ein? Wir sind nicht im Zoo!« brüllte Tarquin Garrone.

»Verschwindet! Nun macht schon! Setzt euch, in Gottes Namen!« schrie Sal Prizzi.

Die Menge zog sich langsam zurück. Als der letzte Gast seinen Stuhl wiedergefunden hatte, stand Vincent auf, um das Wort zu ergreifen.

Plötzlich erschien am rückwärtigen Ende des Saales eine Frau und kreischte: »Feuer! Feuer!«

Einen Augenblick später stand die Wand hinter ihr in Flammen. Feurige Zungen griffen auf die Ostwand über und breiteten sich in Windeseile aus. »Kommt!« rief Vincent. Er packte seine Tochter beim Arm und zog sie hinter sich her, als er zum Hinterausgang stürmte. Rocco Sestero folgte ihm mit seiner Frau. Angelo Partanna verließ das Podium und schloß sich ihnen an, gefolgt von Sal Prizzi und seiner Frau sowie Tarquin Garrone. Rauchschwaden behinderten die Sicht, aber sie brachen durch, stießen zwei Kellner zu Boden, erreichten die Zufahrt und rannten zur Straße hinaus. Dort machte Garrone halt, legte die Hände an den Mund und rief ihnen nach: »Ich gehe zurück, ich muß meine Schwester holen!« Niemand sah ihn wieder.

»Sal«, sagte Vincent, »sieh zu, daß du die Frauen in einen Wagen bringst. Rocco, bleib bei mir und Angelo. Der Wagen steht vorn.«

Sie liefen zu dem schwarzen Lincoln. Vincent und Angelo warfen sich auf die Rücksitze, Rocco stieg vorn neben dem Fahrer ein. »Alles klar!« schrie er Poppaloush zu. »Worauf wartest du noch?«

Poppaloush saß desinteressiert da. Er beachtete nicht einmal den Feuerschein des rasch um sich greifenden Brandes. Rocco starrte ihm ins Gesicht. »Verdammte Scheiße, Chef«, sagte er. »Jemand hat Zingo ein Ding verpaßt.«

»Was?«

»Er ist tot. Sie haben ihm das verdammte Auge ausgeschossen.«

»Dann hat jemand das Feuer gelegt!« schrie Vincent. Hunderte erschreckter, verängstigter Leute strömten aus den Palermo Gardens, begleitet von dunklen Rauchschwaden, die sie wie ein Symbol des Schwarzen Todes überschatteten. »Sie haben Zingo weggeputzt, damit wir merken, daß es Brandstiftung war. Hab' ich recht, Angelo?«

»Ja. Rocco, um Gottes willen, laß Zingo liegen und fahr los!«

Er beugte sich vor und öffnete die Tür auf der Fahrerseite. Rocco stieß den Toten auf die Straße und klemmte sich hinters Lenkrad. Der Wagen rollte langsam durch die benommene Menge, dann brauste er davon.

»Fahr zum Haus meines Vaters, dann zu einer Telefonzelle und ruf meinen Bruder Ed an«, befahl Vincent. »Er soll Krankenwagen herüberschicken und die Medien im Zaum halten, damit die Geschichte nicht als Bandenmassaker hingestellt wird. Jesus, es will mir nicht in den Kopf, daß jemand uns das angetan hat. Wer kann es gewesen sein, Angelo?«

»Beruhige dich, Vincent. Du hast einen Blutdruck, an den du denken mußt. Wir werden in Ruhe darüber reden, wenn wir zu deinem Vater kommen.«

»Paß auf, Rocco«, sagte Vincent, »bevor du die anderen anrufst, bestellst du ein paar Soldaten zum Haus des Don. Wer Poppaloush heute abend abgeknallt und den verfluchten Brand gelegt hat, könnte auch versuchen, meinem Vater ein Ding beizubringen.«

»Wir werden das ganze Haus umstellen«, sagte Rocco. »Als erstes setzt du sechs Leute an die Telefone, und die müssen überall in der Stadt anrufen, um herauszufinden, wer das getan hat. Dann werden wir meinen Vater aus der Stadt schaffen und ihnen den Arsch aufreißen.«

Angelo und Vincent stiegen langsam die steinernen Eingangsstufen des Sestero-Hauses hinauf. Vincent schnaufte heftig, und das Gesicht hing ihm wie eine graue Maske am Kopf. Er zog einen großen Schlüsselbund aus der Tasche und sperrte auf. Ein Mann mit einer abgesägten Schrotflinte stürzte vorwärts, als wollte er sie damit durchbohren, aber Angelo beschwichtigte ihn. »Okay, okay, Freddo. Es ist der Chef.«

»Gott, tut mir leid, Chef«, sagte der Wächter. »Das Licht war nicht an, darum wollte ich nichts riskieren.«

»Das war völlig richtig.« Vincent ging an ihm vorbei. Die beiden Männer stiegen die lange Treppenflucht zum ersten Stock hinauf. Vincent lehnte sich gegen die Wand, während Angelo an die Tür von Don Corrados Zimmer klopfte. »Ich bin's, Corrado, Angelo. Vincent ist bei mir.«

Sie hörten den alten Mann rufen, daß sie hereinkommen sollten.

Angelo öffnete die Tür, dann ließ er Vincent den Vortritt. Don Corrado legte eine komplizierte Patience mit drei Kartenspielen. Er blickte zu ihnen auf.

»Was ist geschehen?«

Vincent fiel in einen Sessel. »Du siehst nicht gut aus, Vincent«, sagte sein Vater. »Mach dir nichts daraus, was geschehen ist. Angelo wird es mir sagen. Ich möchte, daß du ins Schlafzimmer gehst, dich ausziehst und ins Bett legst. Du wirst die ganze Nacht schlafen, und wir werden morgen früh darüber reden.«

Angelo half Vincent auf die Beine. »Ich fühle mich beschissen, Poppa«, murmelte Vincent, dann wandte er sich um und schlurfte hinaus.

Als die Tür hinter ihm zufiel, blickte Don Corrado auf Angelo.

»Jemand hat die Palermo Gardens in Brand gesteckt«, berichtete Angelo.« Und kurz vorher wurde Zingo Poppaloush erschossen. Er saß in Vincents Wagen am Steuer.«

»Wer war's?«

»Die Boccas.«

»Warum?«

Angelo erzählte ihm, was Vincent bei der Versammlung im gemieteten Sitzungssaal der Bank gesagt hatte. »Er behandelte Bocca vor allen Familien wie ein Stück Dreck. Bocca mußte seine Ehre wahren. Sie werden ihn alle darin unterstützen.«

»Wie viele sind im Feuer umgekommen?«

»Vincent hat veranlaßt, daß Eds Leute mit den Bullen und der Feuerwehr die Zählung vornehmen. Wir werden es nicht erfahren, bis der Brand gelöscht ist, also irgendwann im Laufe des Tages.«

»Was glaubst du, wie viele es sind?«

»Die Gardens waren gerammelt voll, Corrado. Alles stürzte zum Haupteingang, als wir durch die Hintertür ins Freie liefen. Es könnten Hundert sein. Es könnten ein paar Hundert sein.«

»Das ist die Art von Rache, wie sie einem Zuhälter einfällt«, meinte Don Corrado tonlos.

Hätte ein anderer zugehört, er würde gesagt haben, daß ihm nichts aufgefallen wäre. Aber Angelo fühlte, daß Corrado den tiefen Schmerz eines Ehrverlustes fühlte, und wartete auf das, was kommen mußte.

»Bocca war von Vincent vor den Familien beleidigt worden. Darum wartete er, bis unsere Leute alle in einem Saal versammelt waren, dann ließ er ihn anzünden. Frauen waren dort, Töchter. Was werden die anderen dazu sagen, wenn sie Bocca den Rücken stärken? Es waren wichtige Politiker unter den Gästen und fünf Richter. Es waren wenigstens drei Krüppel an den Tischen – was werden die anderen dazu sagen, wenn sie Bocca unterstützen?«

»Corrado, niemand wird Bocca beschuldigen, das Feuer gelegt zu haben. Niemand kann beweisen, wer der Brandstifter ist. Vielleicht läßt sich nicht einmal beweisen, daß das Feuer durch Brandstiftung und nicht durch irgendeinen Kurzschluß entstanden ist.«

»Dann werden sie dessentwegen, was Vincent, ein Chef und mein Sohn, zu Bocca sagte, diesen unterstützen, obwohl er Poppaloush umbringen ließ, den jungen Griechen? Glaubst du das, Angelo?«

»Das ist die formale Seite, Corrado. In diesem Punkt werden sie Bocca unterstützen, wenn wir ihn des Mordes anklagen.«

»Und wenn wir ihn der Brandstiftung anklagen?«

»Darin werden sie ihn nicht unterstützen. Aber sie sind fair. Und nicht alle von ihnen sind unsere Freunde. Einige von ihnen sind Boccas Freunde. Sie werden nach Beweisen fragen.«

»Dann werden wir ein paar Monate warten. Wenn Charley zurückkommt – weil ich mit Charley ein Abkommen schließen werde, das er annehmen wird –, sollen die Leute, die Bocca nahestehen, durch natürliche Unfälle oder schwere Krankheiten sterben. Wenn nur Bocca übrig ist, umgeben von neuen Leuten – und ein paar von den neuen Leuten werden unsere Leute sein, die uns aus erster Hand über seine Operationen unterrichten können –, werden wir die Polizei in acht oder zehn Staaten auf ihn ansetzen. Dann sorgen wir dafür, daß er von einem wohlwollenden Richter zu zweimal fünfundzwanzig Jahren im Bundesgefängnis verurteilt wird. Wir werden die Unterstützung der Familien darin nicht brauchen, denn niemand wird beweisen können, daß wir dahinterstecken, genausowenig, wie wir beweisen können, daß Bocca heute abend das Feuer gelegt hat.«

Neunundachtzig Menschen verbrannten in der Feuersbrunst der Palermo Gardens – zweihundertsiebzehn erlitten schwere Verbrennungen, vier erblindeten. Wie durch ein Wunder kamen die Kongreßabgeordneten und die Richter unverletzt davon. Den Überlebenden wurde von Ed Prizzis Leuten geraten, die Eigentümer der Palermo Gardens zu verklagen. Aber das Gebäude befand sich infolge einer Schenkung der ›anonymen‹ Vorbesitzer seit 1934 im Eigentum des Ordens der Seligen Decima Manovale, einer nicht gewinnorientierten Gemeinschaft religiöser Asketen, die ein Armutsgelübde abgelegt hatten.

35.

Am Schauplatz der Brandkatastrophe hatten sich mehr Polizisten als Feuerwehrleute eingefunden – Mitgang, der Regierungsbeauftragte, Chefs mit und ohne Uniform, Hauptleute, Kriminalbeamte, Verkehrspolizisten und Beamte in Zivil. Der Polizeipräsident Vincent Mulqueen, dem die uniformierten Polizeikräfte unterstanden, Joe Maguire, Chef des Kriminalamtes, und John Kullers, der Chefinspektor, standen abseits von den Polizeitrupps und Feuerwehrleuten. Man hatte eine Absperrung errichtet, hinter der einige tausend hocherfreute Bürger standen.

»Wie erklären Sie sich diesen Vorfall?« fragte Mitgang rhetorisch.

»Ich kann Ihnen sagen, wovon wir ausgehen, Sir«, sagte Maguire. »Wir können nicht annehmen, daß die Prizzis das Feuer selbst gelegt haben, um die Versicherung zu kassieren – obwohl das eine der wenigen Gelegenheiten ist, an Geld zu kommen, die sie nicht ergriffen haben. Nachdem ihre sämtlichen Spitzenleute an der Festlichkeit teilgenommen haben, scheiden sie als Täter aus, Sir. Dieser Brand steht in Zusammenhang mit dem Fall Calhane.«

»Wie?«

»Jemand – eine der Familien oder alle zusammen – setzt die Prizzis unter Druck, damit sie uns den Mörder liefern. Für mich steht zu hundert Prozent fest, daß die Prizzis Filargi gekidnappt haben. Und Filargis Entführer ist Vicky Calhanes Mörder.«

»Der dreckige Strolch«, sagte Chefinspektor Kullers. »Wer macht den nächsten Zug?« fragte Mitgang. »Corrado Prizzi ist kein Dummkopf«, meinte Maguire, »und das gilt auch für Angelo Partanna. Sie müssen zu den zehn größten Ränkeschmieden aller Zeiten gehören. Ich vermute, sie werden sich eine Möglichkeit ausdenken, wie sie uns den Calhane-Mörder übergeben können, ohne die Filargi-Entführung in Gefahr zu bringen.«

»Ja? Wie sollen sie das machen?«

»Glauben Sie mir, die denken sich was aus. Sie müssen etwas tun. Nach allem, was heute nacht geschehen ist, weiß Corrado Prizzi, daß die Familien ihm den Krieg erklärt haben. Sie üben Druck auf ihn aus – und er weiß, daß dieses Feuer nur der Anfang ist –, um ihn zu zwingen, uns den Mann auszuliefern, der Vicky Calhane niederschoß.«

»Also warten wir?«

»Wir müssen warten, Sir«, sagte Maguire.

»Was wollen Sie der Presse erzählen?«

»Das ist leicht – und sie werden es schlucken. Das ist die ganze Nußschale. Gangsterorgie endet mit achtzehn Toten – oder wie viele es sind. Ganovenfest wird zum Fegefeuer.«

Mitgang nickte. »Gut. Ich glaube, Sie sehen es richtig.«

Die Palermo Gardens brannten bis neun Uhr zwanzig am nächsten Morgen. Im Laufe der Nacht, als er noch bei Corrado Prizzi war, rief Angelo im Büro des Chefinspektors an und fragte nach Leutnant Hanly. Der Diensthabende antwortete, Hanly wäre nicht da.

»Na, dann suchen Sie ihn, und sagen Sie ihm, er soll Angelo anrufen.«

»Angelo anrufen? Um ein Uhr früh?«

»Er wohnt in Brooklyn, nicht? Alle Polizisten wohnen in Brooklyn.«

»Was, zum Teufel, hat das zu bedeuten?«

»Sagen Sie ihm, daß er Angelo anrufen soll, mein Freund.«

Eine halbe Stunde später erreichte der Leutnant Angelo in seiner Wohnung, und sie vereinbarten eine Zusammenkunft.

Angelo hatte heißen Kaffee und Fladenbrot mit Zucchini bereit, als Hanly zu ihm kam.

»Gott«, sagte Hanly, »ich wette, wenn du gewußt hättest, wie es in deiner Branche mit den Überstunden ist, wärst du in Sizilien geblieben.«

»Wer schläft schon in meinem Alter?« fragte Angelo.

Sie setzten sich, und Hanly machte sich über die Fladen her. »Was ist das, um Gottes willen? Das ist kolossal!«

»Das sind Zucchinifladen, von meinem Sohn gemacht«, erklärte Angelo. »Nach dem Backen friert er sie ein.«

»Charley kann kochen?«

»Charley ist ein typischer Alleskönner«, erwiderte Angelo. »Hör zu, Davey – wir wissen, wer diese Nacht versucht hat, uns auszulöschen.«

»Wer?«

»Die Boccas.«

»Ja? Wieso?«

»Der alte Quarico Bocca ist übergeschnappt. Er denkt, Vincent hätte ihn beleidigt.«

»Wieso übergeschnappt? Vincent hat ihn beleidigt. Richtig? Vor zwei Tagen in der Yariyaki-Bank. Stimmt's?«

»Ihr Burschen seid richtige Detektive«, meinte Angelo. »Ja. Vincent hat ihn also beleidigt, und Bocca ließ ein Gebäude anzünden, als die ganze Prizzi-Familie drinnen war. Sogar Don Corrado war gestern abend dort.«

»Trotzdem – selbst wenn es geklappt hätte, wärt ihr nicht alle ausgelöscht worden.«

»Nein. Ein paar Dutzend Soldaten waren nicht da.«

»Charley war nicht da.«

Angelo enthielt sich eines Kommentars. »Wo war Charley, Angelo?«

»Charley war in Miami, um eine Lieferung zu übernehmen, die nicht warten konnte.«

»Wann kann ich Charley sehen?«

»Wenn er zurückkommt.«

»Ich kann nicht widerstehen, ich muß noch einen von diesen Zucchinifladen essen.«

»Es gibt eine kleine Überraschung für dich, Davey. Ich habe noch ein halbes Dutzend von den Dingern eingewickelt, damit du sie mit nach Haus nehmen kannst.«

»Ich dachte, ich kriege nichts mehr.«

»Das gilt nicht für Zucchinifladen, Davey.«

Hanly strich Butter auf seine Brotscheibe. »Du mußt zugeben, daß es ungewöhnlich für eine New Yorker Familie ist, wegen einer anderen Familie zur Polizei zu gehen.« Angelo zuckte nur mit den Schultern.

»Ihr seid in solchen Dingen immer sehr streng gewesen. Bocca hat versucht, euch abzubrennen. Und so was ist normalerweise eine Sache, die eure Ehre berührt und die ihr infolgedessen selbst regelt.«

»Niemand braucht Corrado Prizzi über die Ehre aufzuklären«, sagte Angelo. »Wir hatten eine Besprechung und beschlossen, daß dieser Zeitpunkt in Anbetracht der Umstände nicht geeignet ist, um einen Krieg mit den Boccas anzufangen. Das ist alles.«

»Ja. Es könnte auch sein, daß Prizzi keinen Krieg anfangen will, weil das ein Krieg gegen alle anderen New Yorker Familien wäre.«

»Warum sagst du das, Davey?«

»Warum drum herumreden, Angelo? Bei der Versammlung in der Yariyaki-Bank haben sie Vincent und dir klargemacht, daß sie es satt hätten, Geld zu verlieren und keins einzunehmen. Sie sagten euch, ihr solltet uns den Calhane-Mörder geben. Daraufhin inszenierte Vincent seine große Beleidigungsszene, und ihr gingt hinaus. Angelo, glaubst du, nur die Familien seien durch unsere verstärkte Überwachung in Bedrängnis geraten? Unsere Lage ist noch schwieriger. Wir graben in unseren Ersparnissen, um die Bequemlichkeiten des Lebens zu behalten, wie es sein soll. Ihr wißt es, und wir wissen, daß die Gesetze, mit denen die Leute an ihren Vergnügungen wie Glücksspiel, Shit und Frauen gehindert werden sollen, nicht nur unmögliche Gesetze sind, sondern auch unmöglich zu erzwingende Gesetze. Ihr habt mit bewaffnetem Raub oder Brandstiftung oder anderen wirklich schweren Verbrechen nichts im Sinn. Wir nageln euch jedesmal fest, wenn ihr euch auf solchen Scheiß einlaßt. Aber Glücksspiel ist ein strafbares Vergehen. Verleitung zur Unzucht ist ein strafwürdiges Vergehen. Und wir sind nicht befugt, die wichtige Hälfte der Beteiligten festzunehmen, denn der Bürger, der darauf aus ist, im Glücksspiel zu gewinnen, eine Wette abzuschließen oder seinen Trieb zu befriedigen, wird vom Gesetzgeber nicht als Beteiligter an einem Vergehen betrachtet. Aber die Leute müssen es haben, also wirft es eine Menge Geld ab. Wir beide machen Geld, weil wir gemeinsam die Dienstleistungen bieten, die das Publikum wünscht. Mit einem Wort, diese Blockade kostet uns einen Haufen Geld, Angelo. Gebt uns den Kerl, der Vicky Calhane umgebracht hat, und wir können nicht nur alle wieder unseren Geschäften nachgehen, sondern ich verspreche dir auch, daß wir ein

Auge zudrücken werden, wenn ihr loszieht, um die Boccas von der Straße zu pusten.«

»Du hättest nicht besser argumentieren können, Davey«, sagte Angelo, »aber ich kann dir darauf keine neue Antwort geben.«

36.

Der Klempner tat vor der Kellertür Dienst. Dom schlief im Obergeschoß. Charley ging aus der Küche, wo das Telefon stand, um mit dem Klempner zu sprechen.

»Das war mein Vater. Ich muß zu einer Besprechung in die Stadt. Um acht Uhr früh werde ich zurück sein.«

»Bring mir ein paar Tittenmagazine.«

»Es ist mir peinlich, so was zu kaufen«, sagte Charley.

»Was?«

»Ich habe immer das Gefühl, der Kerl im Kiosk könnte denken, daß ich glaube, sie wären voll richtiger Mädchen statt voll kleiner Bilder von Mädchen. Wozu soll ein Bild taugen? Wie kann jemand, der nicht pervers ist, an einem kleinen Foto Vergnügen haben?«

»Ich muß pervers sein«, meinte Melvini. »Mir gefallen sie.«

»Ich habe ein großes Schmorgericht mit Rindfleisch gekocht. Ihr braucht es nur in eine Pfanne mit Erbsen und Karotten zu werfen und die Pasta zu kochen, die dazukommt.«

»Was für Pasta?«

»*Farfalline,* die Pasta für Schmorbraten.«

»Mach noch einen großen Topf Kaffee, ehe du gehst, Charley. Ich hab's satt, daß Filargi sich über Doms Kaffee beschwert.«

»Wird gemacht. Bis morgen.«

Charley kochte den Kaffee, dann ging er aus dem Haus und stieg in den Lieferwagen. Es war noch früh am Morgen, kein Verkehr. Er konnte um vier Uhr dreißig am Strand sein, ein bißchen schlafen und um sechs Uhr mit Irene zurückfahren. Außerdem mußte er mit Pop vereinbaren, wie sie in Verbindung bleiben würden. Während der Rückfahrt nach Brentwood konnte er mit Irene die Forderungen durchgehen, die sie mit der Rückgabe Filargis an die Prizzis verknüpfen wollten. Und er mußte daran denken, ein mit Sand gefülltes Stück Schlauch oder dergleichen mitzunehmen, weil er Dom und den Klempner nicht verletzen wollte. Sie waren bloß Arbeiter und brave Burschen. Außerdem mußte er sich gemeinsam mit Irene einen Ort ausdenken, wo sie Filargi während der Verhandlungen unterbringen konnten. Er würde mit Filargi sprechen und ihm das Gefühl geben müssen, daß er Grund hätte, hoffnungsvoll in die Zukunft zu blicken, der arme verurteilte Hurensohn. Es kam darauf an, Filargi bei Laune zu halten und ihm weiszumachen, daß sie alle die Prizzis melkten und daß alles hervorragend liefe. Der Gedanke, Brooklyn, das gewohnte Leben, Pop und alles andere zu verlieren, was er brauchte, bedrückte ihn. Aber was, zum Teufel – wenn er auf Irene setzte, stimmte die Wette finanziell und auch sonst. Ganz gleich, wohin sie nach dem Geschäft mit den Prizzis gehen mußten, sie würden überall zurechtkommen. Und die Prizzis mußten sich auf den Handel einlassen, weil ihnen daran lag, daß die verzögerte Lösegeldsache endlich in Gang kam und Filargi freigelassen werden konnte – um bei der Polizei gemeldet und gleich wieder verhaftet zu werden. Verdammt, Filargi war ein alter Knochen. Er mußte dreiundsechzig Jahre alt sein und hatte es sich sein Leben lang gutgehen lassen.

Alles hing von Pop ab. Wenn sie mit heiler Haut aus dieser Sache herauskommen wollten, mußten Charley und Irene knallhart verhandeln, und Pop mußte ihn den Prizzis verkaufen. Gott, wie er es haßte, mit solch verschlagenen Leuten Geschäfte zu machen! Niemand sagte je, was er meinte. Glücklicherweise war Pop der Verschlagenste von allen, einschließlich Don Corrado. Pop hatte ein siebenschichtiges sizilianisches Gehirn. Wenn sie A zu ihm sagten, wußte er gleich, daß es Z heißen mußte, hielt sich aber stets bereit, auf die wahre Meinung umzuschalten, die er als M lesen würde, ob sie nun innerhalb der wirklichen oder der falschen Bedeutung erkennbar wurde.

Er betrat die Wohnung so leise wie möglich, aber Irene wachte trotzdem auf.

»He! Charley?«

»Wach nicht auf. Schlaf weiter. Wir müssen um sechs fort.«

»Wohin?«

»Pop rief an und ...«

»Mach das Licht an, ich kann dich nicht hören.«

Er drückte auf den Schalter. Irene hatte sich im Bett aufgesetzt, und ihre schönen blinden Brüste schauten ihn über die Bettdecke hinweg an. »Jesus, Irene. Du hast ein schönes Paar.«

»Das hast du mir schon gesagt. Erzähl mir von Pop.« Er setzte sich auf die Bettkante und sprach, während er sich auskleidete. »Pop sagte, die Dinge würden heiß, und wir sollten Filargi spätestens bis Mittwoch von Brentwood fortschaffen.«

»Was ist passiert?«

»Mehr konnte er nicht sagen. Wir werden wieder mit ihm sprechen, sobald wir Filargi weggebracht haben.«

»Wo sollen wir ihn einquartieren?«

»Nun, wir haben morgen eine lange Fahrt vor uns und heute nacht wenig Zeit. Wir können unterwegs beraten. Dies ist ein Bett.« Er schlug die Decke zurück, schnaufte vor Genuß und fiel auf sie.

Sie verließen die Wohnung am Strand um fünf Minuten vor sechs und berieten während der ganzen Fahrt nach Brentwood, was sie mit Filargi tun sollten. Irene wollte über die Forderung sprechen, die sie an die Prizzis stellen würden, und erörtern, wohin sie gehen würden, nachdem sie die Prizzis geschlagen hätten. Aber Charley sagte, zuerst müßten sie Filargi holen und sich dann ausdenken, wo sie ihn verstecken sollten. »Wir haben hier ein logistisches Problem«, meinte er. »Wir können ihn nicht in dein Haus in Los Angeles schaffen, weil wir in der Nähe bleiben müssen, um uns mit Pop zu verständigen, der unser Mittelsmann ist. Wir können ihn nirgendwo unterbringen, wo viele Leute in der Nähe sind, denn inzwischen kennt jeder sein Gesicht, das kannst du mir glauben.«

»Ich weiß etwas.«

»Wo?«

»Du legst ihn im Laderaum des Chevy schlafen, während ich losgehe und einen Wagen und einen großen Wohnanhänger miete – oder vielleicht eins von diesen Wohnmobilen. Darin verstecken wir ihn und bleiben auf Achse. Wir fahren auf die Insel hinaus, ganz weit, außer wenn wir Pop treffen müssen. Dann kommen wir ein bißchen näher und stellen den Anhänger oder das Wohnmobil auf einem Campingplatz ab.«

»Ich dachte eher an ein Boot.«

»Ein Boot?«

»Eine Art Kabinenkreuzer. Wir würden einfach vor der Küste herumkreuzen, und Pop könnte uns über das drahtlose Telefon erreichen.«

»Das ist großartig, wenn du mit einem Boot umgehen kannst.«

»Ich dachte, man steuert es einfach.«

»So einfach ist es nicht. Außerdem, bist du schon mal auf einem Boot gewesen?«

»Einmal, bei der Bootsausstellung.«

»Der ganze Boden bewegt sich auf dem Wasser. Deshalb werden die Leute seekrank.«

»Der Wohnanhänger ist eine bessere Idee«, meinte Charley. »Ein mobiles Heim. Hör zu, vielleicht finden wir Gefallen daran. Gibt es eine bessere Möglichkeit, außer Sicht zu bleiben, nachdem wir es den Prizzis gezeigt haben? Wir fahren damit nach Kanada, dann nach Alaska, und nach ein paar Jahren hat sich das ganze Klima vielleicht geändert.«

»Sensationell.«

»Wie kommen wir zu so einem Ding?«

»Durch die Gelben Seiten«, sagte Irene. »In den Gelben Seiten findest du sogar Leute, die Jo-Jos vermieten.«

Drei Kilometer vor dem Haus lenkte Charley den Lieferwagen an den Straßenrand. Es war ein schöner Sommermorgen auf der Insel, die wie ein Finger von New York seewärts wies. Charley sagte: »Der Klempner wird oben sein, Dom unten. Mit Dom gibt's sicher keine Probleme, aber der Klempner ist ein alter Hase.«

»Du könntest zur Hintertür hineingehen, dann komme ich durch den Vordereingang und bin hinter ihm«, schlug Irene vor.

»Ja, gut.«

»Wann werden die Prizzis sie finden?«

»Pop will mittags und um sechs anrufen. Wenn sich niemand meldet, schickt er Leute hierher. Okay? Alles bereit?«

»Was habe ich denn schon zu tun, außer den Klempner daran zu hindern, daß er auf dich schießt?«

Charley bog in die Zufahrt des abgeschiedenen Hauses. Er stieg aus und ging zur Hintertür. Sobald er außer Sicht war, stieg auch

Irene aus und lief zum Vordereingang. Sie betraten das Haus fast gleichzeitig.

Charley ging in die Küche. Auf halbem Weg zum Kühlschrank hörte er die Stimme des Klempners hinter sich.

»He, Charley!« rief Melvini. Charley fuhr herum. Er stand nun mit dem Rücken zur Hausvorderseite. Melvini blickte in die Richtung des Vordereingangs, und die Tür zum Eßzimmer war zu seiner Linken. Er hielt eine .38er Polizeipistole in der rechten Hand. Sie zielte auf Charleys Magen.

»Wozu soll das Ding gut sein?« fragte Charley.

»Du wolltest den großen Bankier hier herausholen, nicht wahr, Charley? Gott, was glaubst du, wie sauer die Prizzis wären?«

»Wovon redest du?«

»Jeder von uns hier hat seinen Job, Charley. Ich bin der Telefonist. Ich nehme alle Gespräche auf Tonband, und da habe ich dich und Angelo aufgenommen, als er dich gestern abend anrief.«

»Dann bin ich ein Trottel.«

»Charley, ich kenne keinen schlaueren Burschen als Angelo. Wenn er dich den Bankier hier herausholen läßt, dann reden wir über großes Geld. Wenn es für dich und Angelo groß genug ist, dann will ich mit dabei sein.«

»Mit dabei?«

»Wenn wir einen Handel abschließen können, bin ich dein Mann.«

»Wieviel zahlen die Prizzis dir für deinen Posten hier?« fragte Charley.

»Fünfzehn Dollar.«

»Wir zahlen fünfzig.«

»Wann?«

»Sobald wir uns mit den Prizzis geeinigt haben.«

»Wieviel, meinst du, sind sie dir schuldig?«

»Klempner, du warst mit fünfzehn Dollar zufrieden. Nun sind es fünfzig. Mehr brauchst du nicht zu wissen.« Melvini grinste. »Hast recht, Charley. Was tun wir jetzt?«

»Wir stecken das Schießeisen weg.«

Der Klempner steckte die Pistole am Rücken in den Gürtel. Irene kam aus dem Eßzimmer in die Küche, drei Meter entfernt zu seiner Linken, und hielt eine Pistole auf ihn gerichtet. »Du hast das beste

Geschäft deines Lebens gemacht, Klempner«, sagte sie mit ihrem prachtvollen Lächeln.

Das löste die Spannung. Der Klempner lachte so laut, daß die Teller rasselten. »Sie wollten euch bescheißen, und ich mache ein großes Geschäft daraus«, würgte er mühsam hervor, »und gleichzeitig bescheißt ihr mich.«

»Zum Teufel, Al«, sagte Charley grinsend. »Bescheißen ist Kinderkram.«

Charley und der Klempner banden Dom auf dem Bett fest, wobei sie es ihm so bequem wie möglich machten. »Hört zu, ich könnte hier verhungern«, jammerte Dom. »Ihr haut mit dem Klienten ab, während ich hier verhungern kann.«

»Unsinn, wie kannst du verhungern?« fragte Charley. »Mittags werden sie anrufen, und wenn niemand abnimmt, werden sie herauskommen.«

»Hör zu, ich bin derjenige, der in der Scheiße sitzt«, sagte Dom. »Wenigstens habe ich ein Anrecht auf ein gutes Frühstück.«

»In Ordnung«, stimmte Charley zu. »Mach ihm ein Frühstück.«

»Nicht er!« protestierte Dom. »Hast du jemals zu essen versucht, was dieser Bursche zusammenkocht? Mach du es, Charley. Gebratene Pasta mit Tomaten und etwas Knoblauch – dazu Rühreier mit kleinen Peperoni. Was hältst du davon?«

»Ah, Scheiße«, sagte Charley und schlug ihm den sandgefüllten Schlauch über den Kopf.

Die beiden Männer gingen ins Obergeschoß, und Irene nahm sich das Branchenverzeichnis vor. Sie fand, was sie suchte, telefonierte und verabredete mit ihrem Gesprächspartner einen Termin in Bayshore, wo sie das Wohnmobil abholen mußte. Als die beiden wieder herunterkamen, um Filargi für die Reise fertig zu machen, erzählte sie Charley, daß alles vereinbart wäre. »Es ist ein Wohnmobil auf einem Lastwagenfahrgestell, Charley, genauso, wie du es wolltest. Geräumig genug. Aber ich muß es in Bayshore abholen, und dann brauche ich jemanden, der den Chevy hierherbringt.«

»Was habe ich dir gesagt?« rief Melvini. »Bei diesen Jobs braucht man drei Leute.«

»Wie lang wirst du ausbleiben, Irene?« fragte Charley.

»Vielleicht eine Stunde, vielleicht länger«, antwortete sie.

»Es ist acht Uhr zwanzig. Rechne mit zwei Stunden. Sei um halb elf hier, und ich werde Filargi reisefertig machen.«

»Wir werden den Mittagsanruf nicht mehr annehmen?«

»So will es mein Vater«, sagte Charley.

Als Irene und der Klempner abgefahren waren, ging Charley zum Kühlschrank und nahm die Zutaten für gebratene Pasta mit Tomaten und etwas Knoblauch und Rührei mit Peperoni heraus. Um neun Uhr zwanzig hatte er gegessen und die Küche aufgeräumt und ging die Kellertreppe hinunter zu der mit Vorhangschlössern gesicherten Tür. Er sperrte auf und betrat das provisorische Gefängnis.

»Wie geht's?« fragte er Filargi, der ordentlich angezogen dasaß, in einem hübschen blauen Anzug, einem weißen Hemd und blauer Krawatte mit kleinen silbernen Figuren darauf. Als er letztes Mal von New York gekommen war, hatte Charley ihm drei neue Hemden, drei Garnituren Unterwäsche zum Wechseln und, auf Filargis Ersuchen, eine Dose schwarze Schuhcreme und eine Schuhbürste gebracht.

»Ich bin zufrieden«, sagte Filargi.

»Das Essen in Ordnung?« Es war Charley aus der Küche.

»Ausgezeichnet. Wirklich hervorragend.«

»Haben Sie genug Bücher?«

»Nun ...«

»Wir werden Ihnen noch mehr Bücher besorgen«, versprach Charley. »Sagen Sie, haben Sie eine Ahnung, wer Sie entführt hat?«

Der Bankier nickte einmal mit Nachdruck. »Die Prizzis«, antwortete er. »Und ich weiß auch, warum. Sollte ich hier herauskommen, was unwahrscheinlich ist, werde ich den Rest meines Lebens damit verbringen, ihnen diese Entführung anzuhängen.«

»Sie sind ein richtig aufsässiger kleiner Kerl«, meinte Charley. »Nun passen Sie auf: Wir bringen Sie von hier fort. Die Prizzis haben diese Sache nicht mehr in der Hand.«

»Warum nicht?«

»Das hat private Gründe, die nur mich und die Prizzis was angehen. Aber es könnte sich für Sie als ein besseres Geschäft erweisen. Jedenfalls gibt es niemanden, der uns sagen kann, daß wir Sie abschießen sollen. Und wenn sich eine gewisse Situation ergibt ...«, womit Charley die Möglichkeit meinte, daß die Prizzis sich weigerten, auf seine Bedingungen einzugehen, »... könnte es für Sie ein noch besseres Geschäft werden, weil die Prizzis vor hatten, Ihnen die Bank wegzunehmen, und ich keine Verwendung für Ihre Bank habe.«

»Nun, wie die Dinge liegen, was habe ich zu verlieren? Was wollen Sie von mir?«

»Zeigen Sie sich kooperationsbereit. Das ist alles. Machen Sie keine Schwierigkeiten. Möchten Sie frühstücken?«

»Ja, gern. Gewiß.«

»Dann kommen Sie. Wir gehen nach oben, und Sie können zur Abwechslung in der Küche essen.«

37.

Die zwei Ehrenmänner Vincent Prizzi und Angelo Partanna saßen in Ed Prizzis hundert Quadratmeter großem und mit sechs Fenstern bestückten Büro im siebenundsechzigsten Stockwerk des Geschäftsgebäudes der Vereinigten Versicherungen, eines Unternehmens, das mit Prizzi-Kapital groß geworden war und den Prizzis gehörte.

Ed Prizzi saß hinter einem massiven frühbarocken Tisch, der sein Arbeitsplatz war, und hielt den Brief von Charley Partanna in den Händen, der Corrado Prizzis Denkmal, einen Siebzig-Millionen-Dollar-Beutezug, bedrohte.

Vincents Augen waren blutunterlaufen. Er hatte auf der Fahrt von Brooklyn zu Ed Prizzis Büro nicht sprechen können, weil sein eigener Stellvertreter, der verräterische Charley Partanna, ihn vor den Augen seines Vaters vorsätzlich entmannt hatte. Und zwar hatte er den Brief seinem Bruder zugeleitet, der offiziell mit dem Teil der Prizzi-Geschäfte, die dieser Brief betraf, nicht das geringste zu schaffen haben dürfte.

Vincent hatte sich in einen unberechenbaren Zorn hineingesteigert, aber Angelo Partanna war objektiv, wachsam und kalt. Sein einziges Interesse an der Zusammenkunft war, Ed Prizzis plötzlich offenbar gewordene Vorrangstellung vor seinem älteren Bruder zu nutzen, um das Überleben seines eigenen Sohnes zu sichern und die Garantie zu erhalten, daß er, Angelo Partanna, der einzig mögliche Mittelsmann zu Filargis Rückgewinnung wäre und gemeinsam mit Charley diverse Pläne weiterverfolgen könnte.

»Lieber Ed«, las Eduardo Prizzi laut aus Charleys Brief vor, »Du wirst jetzt wahrscheinlich heiß vor Wut sein, weil wir Filargi genommen haben, aber wenn Du hörst, wie es steht, werdet wenigstens Du und Dein Vater begreifen, warum wir keine andere Wahl hatten, als so zu handeln. Vincent hat einen Kontrakt abgeschlossen, um mich beseitigen zu lassen.«

Vincent brüllte: »Was, zum Teufel, soll das? Er ist verrückt. Hätte ich so was gemacht, wäre er inzwischen weg.«

»Vincent, hör zu«, sagte Ed. »Du möchtest diesen Brief zu Ende hören, und deshalb sitzt du da und hältst den Mund. Hier geht es um vielleicht sechzig, siebzig Millionen Dollar, die durch Neuverhandlungen zurückgewonnen werden müssen. Also sei still und hör zu.«

Er nahm das Blatt wieder auf und las weiter, wo er unterbrochen worden war.

»Natürlich wird er sagen, es sei völliger Unsinn, zufällig aber beauftragte er meine eigene Frau, mich wegzuputzen, und gab ihr eine Anzahlung von fünfzig Dollar. Meine Frau sitzt hier neben mir, während ich dies schreibe, und lacht sich scheckig. Ich persönlich denke, Don Corrado fand Vincent vor der Haustür, weil Vincent fünfzigmal zu dumm ist, um ein Prizzi zu sein.«

Ed blickte auf und grinste seinem Bruder zu. »Ich wußte nie, daß Charley solch ein Witzbold ist. Aber hör zu: ›Deshalb müßt Ihr mir, bevor Ihr Filargi wiederbekommt, erst einmal Vincent ausliefern – wann und wohin, werdet ihr noch erfahren. Don Corrado sagte meiner Frau, daß er die ganze Geschichte mit Louis Palo und den dreihundertsechzig Dollar vergessen wolle, wenn sie die dreihundertsechzig plus fünfzig Prozent zurückzahlt. Nun, aus vergangenen Erfahrungen mit der Prizzi-Politik ist nicht auszuschließen, daß Don Corrado meine Frau würde abservieren lassen, nachdem sie das Geld zurückgezahlt hätte. Darum müßt Ihr, bevor Ihr Filargi wiederbekommt, eine zweite Bedingung erfüllen und meiner Frau die siebenhundertzwanzig Dollar zahlen, die sie aus dem Vegas-Schwindel aufgeben mußte, plus fünfzig Prozent Strafe auf die dreihundertsechzig plus die Differenz von fünfzig Dollar, die Vincent Prizzi ihr würde zahlen müssen, um den Kontrakt auf mich zu erfüllen. Das ist nur das Taschengeld.‹«

Vincents Gesicht hatte die Farbe eines Blumenbuketts angenommen. Sein Blutdruck war in die Höhe geschnellt, sein Atem ging kurz und stoßweise. Er stieß erstickte Geräusche aus, bis Angelo aufstand und ihn leicht auf den Rücken klopfte.

»Wir versuchen hier was Geschäftliches zu regeln«, sagte Ed Prizzi, dessen Gesicht so lang wie das eines Pferdes und so ernsthaft mißbilligend war. »Du wirst später noch deine Chance zu einem Herzschlag haben, Vincent. Beruhige dich, in Gottes Namen.«

»Charley ist tot«, ächzte Vincent. Er erinnerte sich an Angelo und wandte sich zu ihm. »Tut mir leid, Angelo, aber Charley ist unwiderruflich ein toter Mann.«

»Hör auf Ed, Vincent«, bat Angelo sanft. »Für siebzig Millionen Dollar.«

»›Was die Hauptsumme betrifft, so verlange ich folgendes‹«, las Ed weiter. »›Zweitausenddreihundertvierzehn Dollar und etwas Kleingeld für Spesen. So hoch veranschlage ich meine Auslagen für die drei Wochen, während ihr alles vorbereitet. Dann will ich fünfzig Dollar für die Gebühr, die ich meinem Helfer zahlen muß, und natürlich das Honorar, das meiner Frau als dem zweiten Mann in der Filargi-Entführung versprochen worden ist.‹« Ed blickte erstaunt auf. »Charleys Frau war der zweite Mann?« fragte er Angelo ungläubig.

Angelo nickte. »Das war die einzige Methode, wie wir den Leibwächter ausschalten konnten.«

Vincent warf Angelo einen tödlichen Blick zu. Angelo hatte es ihm verschwiegen.

Ed las weiter aus dem Brief vor. »›Dann will ich die volle Versicherungssumme von Filargis Entführungspolice, die zwei Millionen fünfhunderttausend ausmacht. Insgesamt kommt das auf elfhundert für meine Frau, fünfzig für zusätzliche Bemühungen, die zweitausenddreihundertvierzehn für Spesen und zweieinhalb Millionen von der Police. Das macht eine Gesamtsumme von 3 652 314 Dollar – plus Vincent. Es gibt nur einen Mann, dem ich vertraue und mit dem ich verhandeln werde – meinen Vater. Sprecht euch darüber aus. Überlegt es euch. Wenn ihr verhandeln wollt, dann zieht am Donnerstag um zehn Minuten nach zwölf die Hausflagge des New

Yorker Athletikklubs am Fahnenmast auf der Terrasse des dreiunddreißigsten Stockwerks auf. Das gibt euch zwei Tage Zeit. Wenn ich die Flagge sehe, werde ich euch brieflich mitteilen, wie wir diese Sache regeln wollen. Charley.›«

Das einzige Geräusch war Vincents Atmen.

»Sehen wir es so«, sagte Ed Prizzi munter. »Von siebzig Millionen sind das wenig mehr als fünf Prozent Verkaufskosten, wenn wir die zweieinhalb Millionen auszahlen. Aber das tun wir nicht. Die Versicherungsgesellschaft zahlt, und die Prämien sind steuerabzugsfähig, so daß wir es hier mit Verkaufskosten von ungefähr zwei Komma zwei Prozent zu tun haben, plus laufende Unkosten, um die ganze Bank zurückzuerhalten. Hört zu, wie sollten wir ein Geschäft wie dieses nicht empfehlen?«

»Wie? Ich werde dir sagen, wie!« schrie Vincent. »Weil ich ein Teil der verdammten Verkaufskosten bin, deshalb!«

»Komm schon, Vincent«, sagte sein Bruder, »Charley hat damit bloß eine prinzipielle Feststellung getroffen. Das ist verhandlungsfähig. Stimmt's, Angelo? Habe ich recht?«

Angelo legte Vincent den Arm um die Schultern. »Du kennst Charley, Himmel Herrgott, Vincent. Du weißt, daß er diese Forderung einbeziehen muß. Das ist eine Ehrensache. Na schön. Er hat uns klargemacht, wie er es sieht. Nun wedeln wir mit dreieinhalb Millionen vor seiner Nase herum und sagen ihm, nimm es oder laß es sein, und er wird es nehmen.«

»Um Gottes Willen, Vincent, du glaubst doch nicht, wir würden dich Charley ausliefern, du meine Güte!« fügte Ed hinzu. Er wartete keine Antwort ab. »Ich sage nicht, daß wir mit dem ganzen Bündel wedeln sollen, Angelo. Schließlich, wozu sind Verhandlungen gut? Wir machen ihm ein Angebot, dann schließen wir ab.«

»Du hast nie mit Charley gearbeitet, Ed«, wandte Vincent ein. »Der Junge schließt nicht ab. Er meint immer genau das, was er sagt. Wenn ihr Filargi wollt, werdet ihr ihm alles Geld zahlen müssen.« Den Rest der Forderung ließ er unerwähnt.

»Dann laßt uns zu Poppa fahren und diese Sache regeln«, schlug Ed vor. Er gab Charleys Brief Angelo in Verwahrung, der ihn zusammenfaltete und in die Brusttasche steckte.

Die drei fuhren so schweigsam wie alle anderen Passagiere im Aufzug hinunter. Ed spürte das Interesse einer hübschen jungen

Person, die unmittelbar vor ihm in der Aufzugkabine stand. Sie wandte den Kopf und lächelte ihm zu. Da wurde ihm so heiß, daß er mit ihr ausgegangen wäre, hätte Angelo ihn nicht am Ärmel gefaßt und zurückgehalten.

Als sie aus dem Eingang an der Sechsundfünfzigsten Straße traten und im Begriff waren, den Bürgersteig zu überqueren, sagte Ed: »Ich muß noch die Endnotierungen von der Wall Street mitnehmen.« Er ging zum benachbarten Zeitungsstand. Ein blauer Oldsmobile 98, der zwanzig Schritte entfernt am Straßenrand gehalten hatte, fuhr an und rollte langsam an den drei Männern vorbei, die in verschiedenen Entfernungen von der Bordsteinkante standen – Angelo, ein paar Schritte hinter Vincent, wandte sich gerade zu Ed, der sieben oder acht Schritte weiter zurück war und zum Gebäude ging. Cheech Scaramanza von der Bocca-Familie gab einen Feuerstoß aus dem vorbeifahrenden blauen Wagen ab. Vincent brach zusammen. Der blaue Wagen ordnete sich nach links in den Verkehrsstrom ein und bog mit ihm in die Avenue. Ed kam vom Zeitungsstand gerannt.

38.

Vincent Prizzi starb auf dem Transport zum Roosevelt-Krankenhaus. Angelo Partanna und Ed Prizzi hatten sich in die Menge zurückgezogen und sahen aus sicherer Distanz zu, wie ein Krankenwagen kam und Vincent auf eine Bahre gelegt und davongefahren wurde. Angelo riet Ed, in sein Büro zurückzugehen, hielt ein Taxi an und folgte dem Ambulanzwagen zum Krankenhaus. Innerhalb von zehn Minuten hatte er zwei Krankenschwestern und drei Pfleger bestochen, so daß er im Besucherraum der Notaufnahme sitzen und die medizinischen Auskünfte über das Befinden des eingelieferten Patienten erhalten konnte. Als bestätigt wurde, daß Vincent tot war, rief er Ed aus einer Telefonzelle an und sagte ihm, er würde nach Brooklyn fahren, um es dem Don mitzuteilen.

»Wer war es?« flüsterte Ed ins Telefon.

»Die Boccas.«

»Was ist mit Vincent?«

»Er ist tot.«

»Das ist schrecklich.« Zwei große Tränen rannen aus Eds dunklen Augen. »Das wird sehr hart für Poppa.«

»Er ist stark«, erwiderte Angelo.

»Nun, wenigstens brauchen wir Vincent jetzt nicht an Charley auszuliefern.«

»Nein. Aber eins steht fest – irgend etwas ist mit Vincent geschehen. Er war nicht mehr der alte. Früher war er ein gewaltiger Mann, ich habe nie einen Tiger wie ihn gesehen, als er noch ein junger Bursche war. Aber das hatte er zuletzt nicht mehr. Etwas war in ihm zerbrochen.«

»Es war die Tochter«, sagte Ed. »Sie hat ihn zermürbt. Nun fahr lieber los und bring Poppa die Nachricht.«

Um fünf Minuten vor sechs bezahlte Angelo den Taxifahrer vor dem Sestero-Haus und stieg die Stufen hinauf. Als er oben ankam, wurde ihm die Tür geöffnet, noch ehe er läuten konnte, und in einem der Vorderzimmer erwartete ihn Amalia, das Gesicht von Kummer entstellt. Angelo umarmte sie, tätschelte ihr die Schulter. »Poppa kann nicht verstehen, warum alle sich so verspäten«, sagte sie.

Angelo stieg langsam die Treppe hinauf und klopfte an die Schiebetüren des Zimmers, das nach Westen lag. Er hörte die Stimme des alten Mannes, der ihn zum Eintreten aufforderte. Er ging hinein, schloß die Türen und ging auf Don Corrado zu.

»Wer ist tot?« fragte der alte Mann.

»Vincent.«

»Wer war es?«

»Die Boccas.«

»Wie?«

»Vor dem Versicherungsgebäude.«

»Du warst dabei?«

»Ja.«

»Und er verfehlte dich?«

»Ich stand ungefähr fünf Schritte weiter hinten. Ed war noch mal umgekehrt, um eine Zeitung vom Kiosk zu holen. Sie hatten es sowieso nur auf Vincent abgesehen.«

Der kleine alte Mann blickte hinüber nach Manhattan, das in der tödlichen Hitze des Sommerlichts schmorte, die Gebäude zusammengedrängt wie eine Menschenmenge, die vor einer Badeanstalt Schlange steht. »Vincent war ein liebenswerter Mensch. Er war schüchtern, er konnte nichts zeigen, aber er fühlte alles. Er liebte seine Familie. Er lebte für die Ehre.«

»Wir werden ihn nicht vergessen«, versicherte Angelo.

»Er war so ein Mann. Dann – ich weiß nicht, wie – wurde er alt. Etwas geschah. Er verlor, was er hatte. Ich sagte ihm, er hätte genug getan, und er stimmte mir zu. Dann lud ich vor ein paar Tagen Charley zum Essen ein und sagte ihm, er soll Vincents Aufgaben übernehmen. Er wird alles beisammenhalten.«

Angelo fühlte sich von einem Schmerz durchbohrt, der vom Magen aufwärts und bis in den linken Arm brannte und ihn in einen Sessel taumeln ließ. »Angelo, Angelo«, sagte der alte Mann. »Du hast heute unter einer furchtbaren Anspannung gestanden, und du bist kein junger Bursche mehr, Gott mit dir. Du mußt es dir leichter machen.«

Angelo zog mühsam ein Tablettenröhrchen aus der rechten Jakkentasche, nahm sehr langsam die Verschlußkappe ab, schüttelte zwei Pillen heraus und steckte sie in den Mund. Don Corrado reichte ihm ein halbes Glas Rotwein, und er spülte die Tabletten hinunter.

»Es geht wieder«, sagte er.

»Kannst du sprechen, oder möchtest du eine Weile ausruhen?«

»Ich kann sprechen. Gib mir ein volles Glas von diesem Wein, und ich kann singen.«

Der Don füllte sorgsam ein Glas mit Rotwein, dann setzte er sich gegenüber seinem *consigliere* auf den Morris-Stuhl. »Was steht in dem Filargi-Brief?«

»Charley will die Welt.« Angelo zog den Brief aus der Brusttasche. Er entfaltete ihn auf dem Schoß, setzte eine Nickelbrille auf und las den Brief Don Corrado vor.

»Weißt du was?« sagte der alte Mann. »Ich verstehe jetzt, daß Charley dachte, ich wollte ihn für den Abschuß vorbereiten, als ich ihm sagte, er soll Vincents Posten haben.«

»Nun«, entgegnete Angelo, »so denken Sizilianer.«

»Vincents Tochter wollte ihren Vater büßen lassen. Gut, er hatte sie jahrelang unglücklich gemacht. Vielleicht waren sie zwei von diesen Leuten, die auf dieser Welt zusammengeführt werden, um einander zu quälen. Das war die Ursache, warum er einen Kontrakt schloß, um Charley auszuschalten. Er sagte sich, daß Charley ihr Leid zugefügt hatte, so daß sie ihm Leid zugefügt hatte, und dabei liebte er sie und wollte ein Leben mit ihr führen, wie es einem Vater und seiner Tochter zusteht. Und dann, als Charley die Frau heiratete, die uns mit Louis Palo in Vegas betrogen hatte, da brach er einfach innerlich zusammen, nehme ich an. Er beschloß, Charley umlegen zu lassen. Und weil zu dieser Zeit alles gegen ihn war, hatte er das Pech, Charleys Frau für diesen Job zu bezahlen.«

»Ich habe es auch so gesehen, Corrado. Vincent war nicht mehr der alte. Alles zerrann ihm zwischen den Fingern.«

»Nun, was erwarten wir von Charley? Er denkt, ich hätte ihm etwas vorgespielt, damit er keinen Verdacht schöpfen würde, während Vincent sich nach einem Spezialisten umsieht, der ihn abschießen würde. Als ich seiner Frau sagte, sie soll das Geld zurückzahlen und eine Strafe dazu, weil sie Charleys Frau ist und wir Frauen nicht abknallen, glaubte er natürlich, ich hätte es ihr nur gesagt, um das Geld zu bekommen und sie für den Abschuß vorzubereiten, den unsere Leute nachher vornehmen könnten. Charley ist ein Mann. Er muß seine Frau schützen. Er muß sich wehren. Und er tut es mit dem Feuer, mit dem er sich schon als Dreizehnjähriger für die Familie einsetzte und Phil Terrone oben in der Bronx erledigte. Also müssen wir diese Sache bereinigen. Gut, Ed möchte die Bank wiederhaben und die siebzig Millionen gewinnen, und ich will es auch, aber genauso sehr möchte ich dieses Mißverständnis mit Charley aus der Welt schaffen. Wer wird den Mittelsmann machen?«

»Ich.«

»Gut. Dann kannst du das erste Zusammentreffen vereinbaren. Sag ihm, er muß die endgültige Vereinbarung mit mir treffen. Sag ihm, er soll zu mir kommen. Eine Besprechung beim Lunch wäre gut, weil er gern ißt, aber er wird angespannt sein, so daß er keine Freude daran finden kann. Also setzen wir das Treffen auf ungefähr fünf Uhr am Nachmittag eines sonnigen Tages fest – wenn es regnet, werden wir einen sonnigen Tag abwarten. Sag ihm, meine Tochter Amalia wird hinausgehen und mit seiner Frau zusammen warten, wo immer er will – nur du wirst wissen, wo, so daß die Frau meine Lieblingstochter in der Gewalt hätte, sollte ich ihn belügen oder betrügen. Wir müssen diese Sache mit Charley ins reine bringen.«

39.

Das von Irene gemietete Wohnmobil war 1961 auf das Fahrgestell eines Mack-Lastwagens gesetzt worden und entweder fünfzehn Jahre lang eingemottet gewesen, oder man hatte damals viel bessere Fahrzeuge gebaut. Der Aufbau enthielt zwei Schlafkammern, eine Kombination von Wohn- und Eßzimmer, eine Einbauküche, eine Toilette und eine Duschkabine. Hinter den Sitzen im Fahrerhaus befand sich eine breite, bequeme Schlafkoje. Charley löste den Klempner alle fünf Stunden für zwei Stunden am Lenkrad ab. Wenn er nicht fuhr, schlief der Klempner in der Koje im Fahrerhaus, die er innerhalb von zwei Tagen mit Abbildungen aus seinen Herrenmagazinen dekoriert hatte. Der Klempner studierte als einziger die Medien von ihnen allen, kümmerte sich aber nicht um die Tagesnachrichten. Die anderen dachten nicht einmal daran, eine Zeitung zu lesen, weil sie zu wissen glaubten, was geschah und worüber die Zeitungen spekulieren würden, und sie hatten weder Radio noch Fernsehen an Bord.

Nicht, daß ihnen verborgen geblieben wäre, was geschah. Irene überflog jedesmal, wenn sie in den Kleinstädten unterwegs einkaufen ging, die Schlagzeilen. Aber sie ging nicht sehr oft einkaufen, weil Charley das für eine schlechte Idee hielt. »In den Gemüseabteilungen verkaufen immer Italiener, und die haben Brüder und Vettern, die nach uns Ausschau halten könnten«, sagte er. »Glaub mir, Don Corrado hat einen langen Arm.«

Immerhin fiel Irenes Blick auf eine Schlagzeile über den Brand der Palermo Gardens, und die Nachricht erschien ihr wichtig genug, so daß sie die Zeitung kaufte und mitbrachte. Charley und der Klempner waren beinahe krank, als sie die Namen derer lasen, die in den Flammen umgekommen waren. Sie hatten alle von ihnen ihr Leben lang gekannt.

»Das ist das Schlimmste, was je in meinem Leben passiert ist«, sagte der Klempner. »Mein Gott! Mary Gingarola! Beinahe hätte ich Mary Gingarola geheiratet!« Er ließ die Zeitung aus der Hand fallen und wandte sich ab. Sie waren außerstande, über die Totenliste hinaus weiterzulesen, und so entgingen ihnen die Anhaltspunkte, die den Verdacht auf die Boccas lenkten. Danach waren sie weit draußen auf der Insel, und die Meldung über Vincent Prizzis Tod erreichte sie nicht.

Irene und Charley besorgten die Einkäufe, die Zubereitung der Mahlzeiten und das Saubermachen. Filargi wurde in der vorderen Schlafkammer untergebracht. Charley hatte ihr Fenster mit einer schweren Metalljalousie versehen, die heruntergelassen wurde, wenn sie parkten, aber offenblieb, wenn sie fuhren, was fast immer der Fall war.

Die meiste Zeit befuhren sie eine gleichbleibende Route zwischen Riverhead und Montauk, auf der Südküstenstraße bis Montauk Point, dann auf der Rückfahrt über Sag Harbor mit der Fähre von Shelter Island nach Greenport und von dort die Nordküste entlang. Sofern es möglich war, mieden sie die Hauptstraßen. Bei Nacht parkten sie oft auf Campingplätzen, wo es Wasseranschluß gab. Am vierten Tag, den zweiten Tag, nachdem Charleys Brief in New York ausgeliefert worden war, nahm Irene den Morgenzug von Riverhead nach New York, fuhr mit einem Taxi von der Pennsylvania Station zur Sechsundfünfzigsten Straße und vergewisserte sich, daß die Hausflagge des New Yorker Athletikklubs vom Mast im dreiunddreißigsten Stockwerk wehte. Darauf schickte sie einen Boten mit dem zweiten Brief zu Ed Prizzi.

Der zweite Brief enthielt einfache Forderungen. Angelo Partanna sollte die Long Island-Bahn im vierten Waggon des Zuges bis Jamaica Station nehmen und auf dem Bahnsteig warten, bis er angesprochen würde. Die Gefahr, daß die Prizzis die Polizei verständigen und eine Falle würden stellen lassen, durfte Charley getrost ignorieren. Er fürchtete auch nicht, daß sie etwas anderes tun würden, als auf die Bedingungen des ersten Briefes einzugehen, weil eine Riesensumme für sie auf dem Spiel stand. Hinzu kam, daß auf dem Bahnsteig der Jamaica Station großes Gedränge herrschte, wenn drei volle Züge einliefen, um ihre Fahrgäste auszutauschen. Die Menschenmenge würde ihm als Deckung dienen, bis er Pop weglotsen konnte.

Charley führte Pop durch zwei Züge, über drei Bahnsteige, dann die Treppe hinunter zur Straße, wo er das Tor hinter ihnen mit einem vorsorglich bereitgehaltenen Vorhängeschloß sicherte, um jeden zurückzuhalten, der auf die Idee gekommen sein mochte, ihnen zu folgen. Der Chevy-Lieferwagen wartete am Straßenrand, und sie fuhren so unauffällig und unbehelligt davon, wie beide Seiten es beabsichtigt hatten.

»Wie geht's dir, Pop?«

»Ich hab' ein paar Überraschungen, Charley. Möchtest du jetzt darüber reden?«

»Klar, Pop.«

»Die Boccas haben Vincent geeist.«

»Was? *Was?*«

»Sie haben ihn vor dem Versicherungsgebäude über den Haufen geschossen.«

»Sind die verrückt? Was soll das heißen?«

»Der offizielle Grund besteht darin, daß Vincent die Boccas bei der Versammlung wegen der Frau des Polizeihauptmanns vor allen anderen heruntergemacht hatte, so daß Bocca keine andere Wahl blieb, wenn er sein Gesicht wahren wollte. Aber der wahre Grund ist die Frage, die Anlaß der Versammlung gewesen war – die Bullen sind außer Rand und Band, bis sie den zweiten Mann haben, der diese Frau umgenietet hat, die Ehefrau des Polizeihauptmanns.«

»Ich verstehe das nicht, Pop.«

»Also, die Boccas haben es Vincent besorgt, um uns zu sagen, daß sie, wenn wir den zweiten Mann nicht übergeben, noch andere aus der Familie ausschalten werden, bis wir den zweiten Mann ausliefern – weil die Bullen den Boccas, die wegen ihres Geschäfts die schwächste Familie in New York sind, am meisten einheizen.«

»Zum Teufel mit ihnen.« Charley fuhr langsam in südlicher Richtung. »Sehen sie nicht, was für eine unmögliche Situation sie heraufbeschwören, oder ist es ihnen egal?«

»Charley – jeder, der Bescheid weiß, sieht das. Wenn wir Irene den Bullen ausliefern, wird sie ihnen alles über die Filargi-Entführung erzählen. Entweder das, oder sie hält dicht und sagt ihnen nichts, weil sie ihr nichts beweisen können, solange Filargi in unserer Gewalt ist. Aber wenn Filargi nicht freigelassen wird, damit sie ihn verhaften und vor Gericht stellen, kommen die Prizzis nicht an die siebzig Millionen heran, die ihnen als Gewinn winken, wenn wir die Bank zurückkaufen. Wird aber Filargi verhaftet, wird er Irene als diejenige identifizieren, die auf die Polizistenfrau gefeuert hat.«

»Mit anderen Worten, die Boccas wollen es so? Daß den Prizzis das Rückgrat gebrochen wird, wenn sie den zweiten Mann ausliefern, ganz gleich, was sie sonst tun?«

»Wenn Irene ausgeliefert wird, können die Boccas sich das bei den Bullen als Kredit anschreiben lassen. Man läßt sie in Ruhe. Dann aber, wenn Irene auspackt und die Prizzis in die Filargi-Entführung und die zwei Morde hineinzieht, können die Boccas sich nehmen, was sie wollen. Ich will nicht sagen, daß die Boccas jetzt schon alles wissen, aber jeder wird informiert sein, wenn der zweite Mann auspackt.«

»Und angesichts all dieser Vorteile mußten sie Vincent ein Ding verpassen.«

Angelo zuckte mit den Schultern. »Sie haben auch ihre Ehre, Charley. Vincents Begräbnisgottesdienst findet morgen in Santa Grazia statt. Anschließend ist die Beerdigung.«

»Es tut mir leid, daß ich nicht dabei sein kann.« Beerdigungen, Geburten und Hochzeiten hatten in der Prizzi-Familie große Bedeutung.

»Möchtest du über den Handel sprechen, oder willst du lieber warten, bis deine Leute zuhören können?«

»Ich möchte es jetzt hören.«

»Das mit der Geldforderung geht in Ordnung, et cetera, et cetera. Don Corrado hat das ganze Paket persönlich gutgeheißen.«

»Du meinst, die Sache ist gelaufen? Wir verhandeln nicht mehr? Sie geben einfach nach?«

»Nun, nicht ganz, Charley, aber laß dir zuerst etwas erzählen. Ich ging zu Don Corrado, sobald ich im Krankenhaus die Bestätigung erhalten hatte, daß Vincent tot ist, und er fing an zu reden, als ich ihm die schlechte Nachricht überbrachte. Er sprach über Vincent. Dann erklärte er mir, er hätte alles vorbereitet, so daß Vincent in Las Vegas die Aufsicht übernehmen und sich um das Wettgeschäft kümmern konnte. Und er verriet mir, er hätte dir bereits mitgeteilt, daß du Vincents Platz als Chef einnehmen sollst. Was sagst du dazu?«

Charley war wie betäubt. Er fuhr an den Straßenrand und hielt. »Du meinst, er wollte mich nicht abservieren? Er hat es ernst gemeint? Er wollte Vincent abschieben und mich befördern?«

»Ja.«

»Gott, ich weiß nicht, was ich sagen soll.«

»Nachdem ich ihm deinen Brief vorgelesen hatte, beschäftigte ihn nur eins. Er sagte zweimal, daß er diese Sache mit dir bereinigen müsse. Das ist alles, was ihn beschäftigt. Er muß dieses Mißverständnis beilegen.«

»Pop ...«

»Weißt du, wie ich es sehe, Charley? Er möchte diese siebzig Millionen, klar. Aber Vincent ist tot. Corrado und ich sind alte Männer. Er muß dich zurückhaben, damit du die Leitung übernimmst. Wer sollte es sonst tun? Niemand. Alle andern sind zweitklassige Leute. Deshalb sage ich dir, daß er bereit ist, dir alles zu geben, et cetera, et cetera. Ich bin hier als Botenjunge, ich bin nicht der Verhandlungsführer. Corrado möchte, daß du zu ihm gehst und mit ihm sprichst, damit er diese ganze Geschichte in Ordnung bringen kann. Es ist eine kolossale Abmachung.«

Charley saß da und starrte auf das Schild einer Chemischen Reinigung. Er sollte Chef der Prizzi-Familie werden. Sein ganzes Leben hatte ihn zu diesem Ziel geführt. Seit seinem dreizehnten Jahr war er dafür ausgebildet worden, und nun konnte es geschehen. Er spürte die Macht, als ob sie das Gewebe eines feinen, starken Tuches zwischen seinen Fingern wäre. Er schmeckte sie, als wäre seine Mutter zurückgekehrt, um ihm wieder köstliche Mahlzeiten zu kochen. Er dachte an das Geld. Vincent mußte für acht Millionen Dollar im Jahr gut gewesen sein. Jeder Cent davon steuerfrei, jeder Cent sicher in der Schweiz, dann durch Ed Prizzi auf tausend Wegen reinvestiert. Er dachte an die Achtung, die alle Welt ihm würde entbieten müssen. »Es ist gut, aber es ist auch gefährlich«, meinte er.

»Es ist manches, Charley, aber gefährlich ist es nicht.«

»Du meinst, du kannst das persönlich garantieren, Pop?«

»Ich konnte dir immer alles garantieren. Und mir. Für Corrado konnte ich die gleiche Garantie normalerweise nicht übernehmen, nicht einmal nach fünfzig Jahren an seiner Seite. Aber Vincent ist tot, und Corrado braucht dich, Charley. Er braucht dich als Versicherung für die Familie und ihren Fortbestand, und er hat sich in den Kopf gesetzt, daß das Siebzig-Millionen-Dollar-Bankgeschäft sein Denkmal werden soll. Wenn ich das Ganze betrachte, ja – ich kann dir garantieren, daß keine Gefahr für dich besteht, wenn du dich mit ihm bei Amalia triffst.«

»Wann?«

»Einen Tag, nachdem die Versicherungsgesellschaft für Filargi bezahlt hat.«

»Don Corrado wird dieses Geld haben, nicht ich. Ich gebe Filargi erst auf, wenn alles geregelt ist.«

»Sieh mal, Charley – es muß der Tag nach der Auszahlung sein, weil diese in verschiedenen Teilen der Welt vorgenommen wird, so wie er es organisiert hat. Aber zu der Zeit, da ihr zusammentrefft, werden die Zahlungseingänge alle bestätigt sein und Filargi wird freigelassen werden müssen. Damit wird der ganze Stau hier beseitigt. Sie zahlen das Lösegeld für Filargi. Du triffst dich mit Corrado und schließt deinen Handel ab, dann läßt du Filargi frei. Die Bullen schnappen ihn, und Corrado kann seine Bank für zehn Cent pro Dollar zurückkaufen.«

40.

Die Auszahlung des Lösegeldes für Filargi in Lagos, Hongkong, Aruba, Panama und São Paulo erfolgte zur gleichen Stunde, wo Vincent auf dem Friedhof von Santa Grazia di Traghetto in der Erde von Staten Island inmitten der bombastischen Grabarchitektur marmorner Mausoleen und Monumente beigesetzt wurde, die an vor ihm dahingeschiedene Prizzis, Sesteros und Garrones gemahnten.

Feierliches Schaugepränge zeichnete das Begräbnis aus. Vincent war einer der letzten von der alten Garde der *mafiosi* gewesen, die in der alten Heimat das Licht der Welt erblickt hatten, und seine Beisetzung versammelte Würdenträger sowohl der Unterwelt als auch des weltlichen Lebens aus allen Teilen der Vereinigten Staaten um das Grab. Auch ein Vertreter der Spinas, die in Sizilien Don Corrados Verwandte und Förderer gewesen waren, hatte sich eingefunden. Die Klatschspalten der Presse schätzten den Wert des Blumenschmucks auf sechzigtausend Dollar. Alle landesweiten Fernsehstationen hatten ihre Kameras in der Kirche und am Grab postieren lassen. Der Generalstaatsanwalt, der Innenminister, der Vorsitzende eines Parlamentsausschusses, sechs Gouverneure und elf Senatoren übermittelten Don Corrado oder Ed Prizzi telefonisch ihr persönliches Beileid. Vor dem Requiem versammelten sich die Trauergäste in einem Meer von schwarzen Kleidern. Die schwarzen unrasierten Wangen sizilianischer Männer waren weitere Zeichen des Kummers. Eine dunkel gekleidete Blaskapelle spielte vor der Kirche, als der Sarg zum schwarzen Leichenwagen getragen wurde, der ihn über die Brücke der Verrazzano-Enge zu seiner letzten Ruhestätte bringen sollte.

Don Corrado stand inmitten acht betrübter Leibwächter am offenen Grab seines Sohnes, in Gebete vertieft, indes der Bischof das kollektive Lebewohl intonierte. Maerose Prizzi versuchte, sich ins offene Grab auf den Sarg zu werfen. Vierundsechzig Meßdiener, versehen mit Engelsflügeln, sangen eine popularisierte Version von Verdis *Requiem* in der Bearbeitung von Scott Miller, die als musikalische Erinnerung gleichzeitig von einer im Besitz der Prizzi befindlichen Schallplattenfirma aufgezeichnet wurde.

Angelo Partanna schob sich durch die Menge der Trauergäste an Don Corrados Seite, legte tröstend den Arm um die gebrechlichen Schultern und flüsterte durch die balsamische Luft des schönen Sommertages: »Das Geld ist in Zürich.« Don Corrado schneuzte sich.

Am Spätnachmittag kehrten sie nach Hause zurück, um die vierundzwanzig Stunden bis zu Charleys Erscheinen abzuwarten.

»Wie wär's, wenn wir nach Montauk hinausfahren und ein bißchen angeln würden?« schlug der Klempner vor.

»Warum nicht?« sagte Charley.

Der Klempner verließ die Tür des Wohnmobils, ging um den Wagen und setzte sich ans Steuer. Drei Minuten später waren sie unterwegs.

»Hast du immer noch das Gefühl, daß die Sache stimmt, Charley?« fragte Irene.

»Ganz gleich, wie ich es zusammenzähle, es kommt dabei heraus, daß wir gewinnen müssen. Keine Flucht. Keine Gesichtschirurgie und keine neuen Papiere. Wir sammeln nicht nur alle Punkte, sondern wir leiten von nun an das ganze Geschäft. Hast du dir je vorgestellt, du würdest mit dem Chef der größten Familie im ganzen Land verheiratet sein? Es ist fantastisch.«

»Du bist fantastisch. Wenn du nicht gewesen wärst, würden wir uns jetzt das Gras von unten ansehen.«

»Ich weiß nicht, wie es passiert ist«, sagte Charley, »aber ich werde nicht eher daran glauben, als bis ich es von Corrado Prizzi selbst höre.«

»Sehen wir zu, daß wir irgendwo ein öffentliches Telefon in einem Drugstore finden. Dort werde ich morgen abend warten, und du kannst anrufen und mir sagen, wie es gegangen ist.«

»Sehr gut! Wir müssen auf jeden Fall einen Treffpunkt verabreden, denn unser nächster Schritt besteht darin, Filargi laufenzulassen. Das arme Schwein.« Charley wandte den Kopf und blickte mitleidig zu Filargis Tür. »Wie immer sich die Sache entwickelt, wir werden den Chevy brauchen. Ihr könntet morgen abend um sieben herum in Brentwood sein, wo der Lieferwagen steht, du und der Klempner, und ich rufe dich dort an.«

»Großartig«, erwiderte Irene.

Charley nahm am nächsten Tag um vierzehn Uhr den Zug von Smith Town nach New York.

Don Corrado weinte, als er mit Charley über Vincent sprach. Er kehrte zurück zu den frühesten Tagen der Familie in New York, als Vincent ein kleiner Junge gewesen war und sie in der Mulberry Street in Manhattan gewohnt hatten.

»Schon damals war er ein ernsthafter junge«, sagte Don Corrado. »Wir hatten soviel Mühe, ihn in die Schule zu schicken, weil er mir helfen wollte, das Geschäft ein wenig in Gang zu bringen. Die Spinas, Verwandte meiner Frau in Agrigent, konnten mir günstige Kredite vermitteln, so daß ich Käse und Olivenöl importieren konnte. Ich begann das Geschäft auf Brooklyn auszudehnen. Zu der Zeit, als wir ganz nach Brooklyn übersiedelten, war Vincent zwölf Jahre, und ich mußte ihn jeden Tag verprügeln, damit er in die Schule ging. Das tat er, bis ich zu beschäftigt war, um daran denken zu können. Ein paar Monate später war es soweit. Inzwischen hatte ich die Bank gegründet – eine kleine Bank für die italienischen Einwanderer in Brooklyn, nicht viel mehr als ein Laden –, und da kam mir der Gedanke, mit Hilfe der Bank eine italienische Lotterie anzufangen. Sie wurde ein kolossaler Erfolg, aber ich brauchte jemanden, der sie leitete, so daß ich mich um meine anderen expandierenden Geschäfte kümmern konnte. Ich schrieb an Pietro Spina in Agrigent, den Freund der Freunde, und er schickte mir im Jahre 1926 deinen Vater, als er ein junger Mann von siebzehn Jahren war. Er kam gerade rechtzeitig, während der Prohibition, und wir gediehen und wurden erfolgreich. Deine Familie hat einen Ehrenplatz in meiner Familie.

Die Prizzis und die Partannas haben beinahe sechzig Jahre Seite an Seite gearbeitet. Dein Vater ist mein wichtigster Freund, mein ältester und liebster Freund, und nun ist der große Kreis geschlossen. Du bist hier, um meine Arbeit weiterzuführen, wie dein Vater sie vor so langer Zeit für mich aufnahm. Mein Sohn ist mir genommen worden, und nun sollst du der Sohn meiner Familie sein.

Ich ernenne dich jetzt, unter deinem Eid des Gehorsams und der Verschwiegenheit, zum Chef der heiligsten Taten der Familie. Bist du damit einverstanden, Sohn meines Freundes und Sohn meiner Familie?«

»Ich fühle mich sehr geehrt, Padrino.«

»Wir werden das besiegeln.« Der Don zog eine Anstecknadel aus dem Revers seiner Jacke. Mit der Nadelspitze stach er in die Kuppe seines Zeigefingers, und ein Tröpfchen scharlachroten Blutes erschien. Er hielt den Finger Charley hin, der das Blut ableckte. Darauf nahm er Charleys Hand und stach ihn in den Zeigefinger. Als das Blut erschien, leckte er es weg. »Wir sind nun von einem Geist und einem Stoff. Meine Feinde sind deine Feinde. Mein Wille wird dein Wille.«

Charley schwindelte im Angesicht der Macht, die ihm gerade übertragen worden war. »Ich werde dir dienen, so gut ich kann, Padrino«, sagte er mit gepreßter Stimme.

Don Corrado schneuzte sich. »Kommen wir nun zum Geschäft. Der Klempner muß verschwinden. Sein Verrat an der Familie in dieser Filargi-Angelegenheit kann nicht übersehen werden. Auch weiß er jetzt zuviel über dich und deinen Vater. Bald könnte er trinken und erzählen, wie er für beide Seiten gearbeitet hat. Außerdem hat er's sicher nur getan, um noch mehr Geld zu scheffeln. Ist das nicht richtig?«

»Doch.«

»Er hat nicht seine Ehre verteidigt, so wie du. Er handelte nicht einmal aus Loyalität zu dir, seinem *sottocapo*. *Er* verriet seine Familie nur für Geld. Wäre er mir treu gewesen, so hätte er zugestimmt, sich dir und deiner Frau anzuschließen, um dich bei nächster Gelegenheit zu töten. Er hat mich entehrt. Nun soll er diesen Job mit Filargi zu Ende bringen. Laß ihn in dem Glauben, ich hätte ihm vergeben. In einer oder zwei Wochen beauftragst du deine Leute, die Sache zu erledigen.«

Charley ärgerte sich über sich selbst. Er hatte seine erste Gelegenheit zu zeigen, daß er ein wirklicher Führer war, nicht genutzt. Aber er hatte eine Lektion gelernt.

»Aber das ist nebensächlich. Wir sprechen von meinem Denkmal, Charley. Hör zu – wenn du Filargi freiläßt, muß dies Schritt für Schritt zu seiner Verhaftung, seiner Gerichtsverhandlung, seiner Schande, seiner Verurteilung, zum Mißkredit der Bank und ihrer Rückkehr zu meiner Familie für zehn Cent pro Dollar führen.« Der alte Mann schob Charley eine Kiste mexikanischer Zigarren zu, ohne seine begeisterte Rede zu unterbrechen. »Die Versicherungsgesellschaft hat das Lösegeld bezahlt. Es liegt jetzt auf der Bank in Zürich. Ab morgen kann dein Anteil – die ganzen zweieinhalb Millionen – zu jeder Zeit, die dir genehm ist, auf dein Konto überwiesen werden.«

Charley grunzte gerührt.

»Morgen vormittag um zehn bringst du Filargi nach New York und läßt ihn an der Ecke Madison Avenue und Einundsechzigste Straße aussteigen. Wir müssen ihn höflich behandeln, das ist Ehrensache. Er wird von dort zu seinem Hotel gehen, das zwei Blocks entfernt ist. Angelo wird dem FBI einen Tip geben, und sie werden ihn schon erwarten, wenn er ins Foyer kommt. Sie werden ihn verhören, und er wird der Unterschlagung und verbrecherischen Veruntreuung von Kundengeldern auf der Bank angeklagt. Die richtigen Polizisten werden Tips bekommen, wo sie – gedrängt von der Versicherungsgesellschaft – nach den Beweisen dafür zu suchen haben, daß Filargi seine eigene Entführung inszeniert und die raffinierte Auszahlung so ausgearbeitet hat, daß er sein eigenes Lösegeld stehlen konnte, genauso, wie er das Geld der Bank unterschlagen hat. Sie werden ihn wegen Komplizenschaft bei der Ermordung seines Leibwächters und dieser Frau im Lift anklagen. Die Spur, die nach Filargi riecht, wird von Lagos, Aruba, Panama, Hongkong und São Paulo zu Filargis Nummernkonto bei der Bank in Liechtenstein führen. Das Justizministerium wird kriminelles Verhalten beweisen, so daß die Schweizer Banken gezwungen sein werden, die Gelder auf Filargis Konten zu beschlagnahmen. Doch bis es so weit ist, wird alles Geld transferiert worden sein. Man wird nichts finden außer der Tatsache, daß das Konto auf Filargis Namen eröffnet worden war. Gomsky hat alles Beweismaterial gegen ihn in unserer Bank deponiert. Filargi wird für fünfundzwanzig Jahre ins Gefängnis gehen, die Bank wird ihren Ruf verloren haben. Die Italiener werden froh sein, zu unserem Preis an unsere Agenten verkaufen zu können. Und Filargi wird wissen, daß er den Fehler seines Lebens machte, als er mein Angebot ablehnte.«

Don Corrado stand auf. Die Audienz war zu Ende. Er begleitete Charley langsam zur Tür. »Heute abend, Charley, mußt du die Angst tief in sein Innerstes einflößen. Er ist Neapolitaner. Sein Gefühl erinnert sich an Dinge, die sein Verstand vergessen hat. Sag ihm, daß unser Arm überallhin reicht und daß wir, sollte er seinen Argwohn hinsichtlich der Dinge erwähnen, die ihm plötzlich widerfahren sind, ihn töten werden, ganz gleich, wo er ist – im Gefängnis, umgeben von Polizeiwachen, hinter den höchsten Mauern. Mach ihm das mit allem Nachdruck klar, Charley. Er ist nicht Mr. Robert Finlay, der große Bankier. Er ist Rosario Filargi, ein Neapolitaner, und er wird es verstehen.«

Charley verließ Brooklyn Heights in einem Strahlenglanz begeisterter Empfindungen. Vor einer Woche hatte er gedacht, von nun an würde er mit Irene für den Rest seines Lebens auf der Flucht sein – heimatlos, gesichtslos und ruhelos. Nun war er der Chef der Prizzi-Familie. Er hatte zweieinhalb Millionen Dollar dafür bekommen, daß er der Prizzi-Familie getrotzt hatte. Über Irenes Anteil an den Zahlungsforderungen hatten sie nicht gesprochen, und vielleicht würde Don Corrado niemals darüber sprechen. Aber zum Teufel, er würde die zweieinhalb Millionen mit ihr als Trostpreis teilen, und sie würde genauso von den Socken sein, wenn sie erfuhr, daß er der Chef war.

Er würde die ganze Prizzi-Organisation umbauen. Alle drei *capiregimes* führten ein bequemes Leben. Er wollte Ed Prizzi bitten, ihm eine von Grund auf neue moderne Wäscherei zu bauen, ein neues Haus mit den richtigen Büros und ordentlicher Ausstattung – ein Haus, das hundertprozentig sauber war, so daß er mit einem guten Gefühl hingehen und dort arbeiten konnte, nicht wie der Schuppen, wo sie jetzt arbeiten mußten, die reinste Kakerlakenzucht. Sie sollten eine große Hotelwäscherei für den ganzen Stadtbereich bauen, so daß der Betrieb sich selbst tragen und andere Wäschereien aus dem Geschäft drängen konnte.

Er war auch unzufrieden mit den Kreditbüros. Vincent hatte diese Kette vor fünfzehn Jahren aufgebaut und schon vor längerer Zeit den Punkt erreicht, wo er den größtmöglichen Gewinn daraus zu ziehen glaubte. Aber Charley sah noch ein halbes Dutzend Möglichkeiten, den Bruttogewinn um mindestens dreißig Prozent zu erhöhen. Die Einnahmen aus dem Wettgeschäft waren so kolossal, tagein, tagaus, daß niemand darüber nachzudenken schien, welche Verluste mit schwachen Kollektionen und Wetten gemacht wurden, die nichts eintrugen. Vincent hatte immer auf die Bruttoeinnahmen gestarrt, statt zu sehen, daß er vielleicht acht Prozent mehr hätte herausholen können, wenn er ein paar Soldaten zusätzlich zum Kassieren abkommandiert hätte, versehen mit dem Auftrag, gewissen säumigen Sportsfreunden die Ärsche aufzureißen, bis es sich herumspräche und alle pünktlich ihre Gebühren bezahlten.

In einer oder zwei Wochen wollte Charley mit Don Corrado über die Frage sprechen, daß ihre Ehre Vergeltung für Vincents Tod verlangte, selbst wenn er einem von allen Familien gebilligten Anschlag erlegen war. Die Boccas hatten Vincent geeist, dafür mußten sie zahlen. Scheiß auf den Großen Rat.

Er wußte schon, wie er mit Quarico Bocca fertig werden konnte. Das Hauptgeschäft Boccas war die Prostitution. Sie kontrollierten das Geschäft in ganz New York und lieferten Frauen nach Vegas, Miami und in andere Großstädte, außerdem in die Karibik und auf die Bahamas. Charley würde mit Ed Prizzi über die Möglichkeit sprechen, neue Staatskommissionen zur Bekämpfung der Prostitution sowie der Einführung strengerer Gesetze mit verschärften Strafandrohungen zu ernennen. Dann hätten die Boccas alle Hände voll zu tun, um außerhalb des Gefängnisses zu bleiben und die Folgen von Polizeirazzien auszubügeln. Außerdem würden sie Kunden und Bordelle verlieren, weil die ständigen Drangsalierungen dem Geschäft schadeten. Die Boccas hatten keine politische Kraft. Die Prizzis besaßen politische Macht auf allen Ebenen im Land. Also würden die Boccas zu Charley kommen müssen, die Hüte in den Händen, und ihn bitten, die Gesetze zu entschärfen. Charley würde ihnen die Situation darlegen und sagen, sie sollten ihm Quarico Bocca ausliefern. Dann würde er sehen, was er tun könnte. Nichts wäre drin – keine Reorganisation, keine Verbesserungen, rein gar nichts –, bevor er Vincent Prizzi gerächt hatte.

Außerdem mußten die Preise für Koks, Shit und andere Drogen den prozentualen Steigerungsraten der Inflation angeglichen werden – genau wie die Inflation in jeder anderen Branche über den Preis an die Kundschaft weitergegeben wurde.

Er wußte, daß er seine Wohnung am Strand würde aufgeben müssen. Sie war zu abgelegen und ließ sich nicht gut genug schützen. Maerose würde wahrscheinlich wieder nach Manhattan ziehen, so daß er den Don um Vincents Haus bitten könnte. Dann mußte es als erstes vom Dach bis zum Keller dampfgereinigt werden. Der Gedanke an Maerose verschaffte ihm eine Erektion. Er parkte den Wagen vor einem Drugstore und ging in eine offene Telefonbox, wo er ihre Nummer wählte.

»Mae? Charley.«

»Charley?«

»Ich mußte dir sagen, wie leid mir das mit deinem Vater tut.«

»Na ja – danke, Charley.«

»Familiengeschäfte haben meine Anwesenheit beim Begräbnis verhindert.«

»Ja. Ich weiß.«

»Dir geht's gut, Mae?«

»Mir geht's gut, wenn ich mit dir rede.«

»Was wirst du tun?«

»Ich geh' zurück nach New York.«

»Wann?«

»Jederzeit. Ach, Scheiße, Charley. Ich habe alle Spiele verloren –

das Spiel mit meinem Vater, das Spiel mit dir und das Spiel mit mir selbst.«

»Ich denke oft an dich, Mae.«

»Das ist keine große Sache, Charley, und jedenfalls nicht genug. Wie kann in einem Menschenleben soviel schiefgehen? Seit ich anfing, Beulen auf der Brust zu kriegen, warst du alles, was ich je wollte.«

»Lieber Gott, Mae. Ich meine, was soll's? Was geschehen ist, ist geschehen.«

»Ach, du hast immer nur deinen eigenen Hut auf, Charley, und den ziehst du tief runter über die Ohren.« Sie legte energisch auf.

Für Charley war alles irgendwie verschwommen. Seine neue Position als Chef, die Art und Weise, wie die Filargi-Affäre ausgegangen war, und Maerose Prizzi – waren das alles Szenen desselben Dramas? Es zeigte sich, daß die unverrückbaren Dinge nur scheinbar von Dauer gewesen waren. Was war wahrer – daß er Chef geworden war oder daß Maerose sich betrunken hatte und mit diesem Kerl losgezogen war, so daß alles in seinem Leben, ihrem Leben und Vincents Leben sich hatte ändern müssen? Was würde jetzt aus ihr werden? Er fühlte es wie seinen eigenen Schmerz. Nun war sie wirklich fort, und er konnte nichts daran ändern. Irene war etwas anderes, sie war jetzt sein Leben, und das bewies nur, daß Vergangenheit und Gegenwart keineswegs zum selben Drama gehörten und nicht einmal zu vereinbaren waren.

Er fuhr hinaus nach Brentwood, erinnerte sich, daß er anrufen wollte, und hielt an einer Tankstelle, um seine Pflicht zu erfüllen. Irene nahm schon beim ersten Läuten ab.

»Charley?« fragte sie atemlos.

»Alles ist großartig, ich werd's dir erzählen, wenn ich bei dir bin. Du wirst es nicht glauben.«

»O Charley! Das macht mich ganz scharf! Komm schnell!«

In Brentwood angekommen, gab Charley dem Klempner eine unechte Kreditkarte von American Express, die Ed Prizzis Büro auf den Namen Rosario Filargi ausgestellt hatte, und trug ihm auf, den Wohnwagen in Bayshore abzuliefern. »Alles ist gelaufen«, erzählte Charley ihm. »Alle sind übereingekommen, die Zahlung zu leisten, also werde ich Filargi nach New York fahren und laufenlassen.«

»Ein netter kleiner Kerl«, meinte der Klempner. »Und sehr einträglich.«

»Nachdem du das Wohnmobil zurückgegeben hast, nimmst du einen Zug zurück nach Brooklyn, und wir sehen uns wegen deines Anteils nächste Woche.«

»Sensationell«, sagte Melvini, »aber ich werde deine Küche vermissen. Hör zu, ist es in Ordnung, wenn ich mit dieser Karte einen Wagen miete, statt einen Zug nach New York zu nehmen?«

»Warum nicht? Filargi würde wahrscheinlich einen Mietwagen nehmen, nachdem er das Wohnmobil zurückgegeben hätte. Ich sag' dir was – miete den Wagen, dann laß ihn irgendwo zwischen Neunundfünfzigster und Zweiundsechzigster und zwischen Park und Fifth Avenue stehen. Ja, das ist ein hübsches kleines Detail.«

Als der Klempner sie verlassen hatte, warfen sich Charley und Irene auf das Doppelbett im Obergeschoß und widmeten sich für die nächsten vierzig Minuten mit Herzen und Hüften dem gemeinsamen Streben. Nachdem sie zusammen geduscht hatten, gingen sie in die Küche, und Charley machte sich an die Zubereitung des Abendessens, während er Irene von seinem Gespräch mit Don Corrado berichtete.

»Tatsächlich wurden nur zwei Dinge geregelt«, sagte er. »Ich bekomme meinen Teil, die zweieinhalb Millionen, plus – und das wird dich umhauen – ich bin schon jetzt Chef der Prizzi-Familie. Ich bin der Chef. Wir haben ungefähr drei Millionen im Jahr, dazu so viele Extras, daß du jeden Tag denken wirst, es sei Weihnachten. Ich habe zweitausendeinhundert Mann unter mir. Wo ich gehe und stehe, wird man mir mit Ehrerbietung begegnen. Ich sitze im Ausschuß. Ich werde jedes Stück Arbeit, das irgend jemand verrichtet, billigen müssen. Damit nicht genug, du bist die Frau des Chefs. Wie findest du das?«

»Das ist ungeheuer, Charley. Meinen Glückwunsch.« Er war enttäuscht, denn er hatte mehr erwartet, mußte sich aber vergegenwärtigen, daß Irene eine polnische Einzelgängerin war und wahrscheinlich keine Ahnung von dem Maß an Respekt hatte, das mit der neuen Position verbunden war. Verglichen damit war seine bisherige Tätigkeit als Stellvertreter des Chefs ein Arbeiterjob gewesen. Er hatte persönlich die *capiregimes* anleiten und in schweren Fällen selbst den Eintreiber und Vollstrecker machen müssen. Aber das war jetzt alles vorbei. Von nun an würde er damit nichts mehr zu tun haben – keine direkte Beteiligung an der Arbeit. Er würde die gesellschaftlichen Kontakte pflegen und alle offensichtlichen Verbindungen mit den eigentlichen Operationen eliminieren. Die Chefs mußten abgesichert sein. Schade, dachte er, der Klempner hätte einen guten Stellvertreter abgegeben, aber nun steckte er in der Scheiße.

»Was ist mit meinem Honorar für die Arbeit als zweiter Mann?« fragte Irene.

»Ist doch klar, nicht? Wenn er mir als erstes erklärt, daß mein Anteil bereitliegt, dann gilt das natürlich auch für deinen – das versteht sich von selbst.«

»Und was ist mit meinen fünfhundertvierzig und den anderen dreihundertsechzig und was wir verlangt haben? Hat er darüber gesprochen? Dieses Extra war der größte Posten auf meiner Seite.«

»Versteh doch, Irene, jetzt beschäftigen ihn die zwei großen Ereignisse in seinem Leben – das Begräbnis des eigenen Sohnes und die ganze Filargi-Geschichte, die so riesig ist, daß er sie sein Denkmal nennt. Zu einer Zeit wie dieser über die Anteile dieser oder jener Leute zu sprechen, kommt ihm überhaupt nicht in den Sinn.«

»Über deinen Anteil hat er dir alles gesagt. Er hat ihn garantiert.«

»Also gut! Wir werden Filargi morgen früh zur Stadt bringen und laufenlassen, dann werde ich anschließend gleich den Don aufsuchen. Soll ich ihn dazu bringen, daß er ein Papier mit Garantien für deinen Anteil unterschreibt?«

»Nein. Sag ihm nur, daß mein Anteil ausbezahlt werden muß. Das ist alles. Es ist mehr als recht und billig.«

Charley ging hinunter, um Filargi in seinem Kellerraum zu sprechen.

»Morgen früh werde ich Sie freilassen«, sagte er.

»Dann ist alles erledigt?« fragte der dicke, kleine Mann.

»Ja. Ich werde Sie morgen vormittag um zehn Uhr Ecke Einundsechzigste und Madison absetzen.«

»Ich kann es nicht glauben«, erwiderte der Bankier wie betäubt. »Morgens beim Aufwachen war ich jedesmal überzeugt, diese Frau würde hereinkommen und mich töten.«

»Sie sind gebürtiger Neapolitaner, nicht wahr?«

Filargi nickte.

»Sie waren ein armer Junge?«

»Ja.«

»Sie erinnern sich an die Camorra?«

Filargi nickte wieder.

»Wir sind schlimmer. Die Camorra war klein. Wir sind groß. Wir haben sie hier in den Staaten ausgelöscht. Es gibt in diesem Land keinen Ort, den wir nicht erreichen können.« Charley beugte sich näher zu Filargi. »Sie könnten in einem stählernen Raum auf einem Schlachtschiff mitten auf dem Ozean leben, und wir könnten zu Ihnen kommen. Verstehen Sie mich? Wenn Sie morgen ein freier Mann sind, wird die Polizei mit Ihnen reden. Sollten Sie irgend etwas darüber sagen, wer Ihrer Meinung nach die Leute waren, die Sie entführt haben – sollten Sie darüber irgendwelche Angaben machen oder Vermutungen anstellen, werden wir Sie töten. Ganz gleich, wo man sie versteckt, wir werden Sie finden. Wenn Sie reden, sind Sie ein toter Mann.«

41.

Charley stellte den Wecker auf fünf Uhr dreißig, damit sie Zeit hätten, das Haus gründlich zu säubern und ein warmes Frühstück einzunehmen, bevor sie um acht Uhr losfuhren. Er wollte sichergehen, daß Filargi um zehn am Ziel sein würde.

»Um Himmels willen, Charley, was gibt es sauberzumachen?« murmelte Irene, als sie, vom Lärm des Weckers aufgeschreckt, sich aus den Tiefen des Schlafes mühte.

»Weißt du, wir sollten dieses Haus weiterhin benutzen. Vielleicht möchtest du im Sommer ein paar Wochen hier verbringen.«

»Ich habe erst diese Woche ein paar Monate hier verbracht.«

»Zwei Schweine haben hier gehaust. Ich wollte sie zwingen, alles sauberzumachen, aber was verstehen die davon?«

Nachdem die Zimmer gesaugt, die Betten gemacht, die Böden in Badezimmer und Küche geschrubbt waren, bereitete Charley das Frühstück für Filargi zu – ein Schinkenomelett aus drei Eiern, einen

Stapel Toastscheiben und heißen Kaffee – und brachte es hinunter. »Heute morgen fahren wir nach New York«, verkündete er. »Das ist Ihr großer Tag.«

»Gott sei gedankt«, sagte Filargi. »Ich kann es nicht glauben.«

»Wir fahren in vierzig Minuten. Sehen Sie zu, daß Sie den Raum ein bißchen in Ordnung bringen, nachdem Sie gegessen haben, okay? Ich werde es zu würdigen wissen.«

Irene hatte das Geschirr gespült und weggeräumt, als er vom Keller heraufkam. »Wie willst du ihn in die Stadt schaffen?« fragte sie.

»Ich werde ihm eine Augenbinde verpassen und ihm die Ohren verstopfen, dann legen wir ihn auf eine Matratze hinten in den Lieferwagen und fahren nach Long Island City. Dort packen wir ihn aus und setzen ihn für die Fahrt nach New York vorn auf den Beifahrersitz. Du rufst Pop aus Long Island City an und sagst ihm, daß ich Filargi in fünfzehn Minuten laufenlasse, damit er die FBI-Leute in Filargis Hotel schicken kann. Dann nimmst du eine U-Bahn zum Strand, und wir sehen uns dort ungefähr um zwölf Uhr fünfzehn.«

»In Ordnung.«

»Eine dumme Geschichte für diesen kleinen Kerl. Er hätte das Angebot annehmen sollen.«

»Nun – jetzt ist es zu spät«, meinte Irene.

»Filargi ist ein Zeuge«, sagte Charley. »Du hast ihm eine Höllenangst eingejagt, also bleiben wir dabei. Wirf ihm den steinernen Blick zu, wenn du hinuntergehst. Dein Gesicht und die Umstände, unter denen er es zuerst gesehen hat, müssen für ihn mit solch einem Schrecken verbunden bleiben, daß er die nächsten fünfundzwanzig Jahre den Mund hält.«

Filargi zuckte zusammen, als Charley die Tür zum Kellerraum öffnete und Irene mit einem Lächeln hereinschritt, das der Vorstellung einer Fernsehschauspielerin von einer Meuchelmörderin nahekam.

Charley setzte Filargi auf den einzigen Stuhl, legte ihm Wattebäusche auf die Augen und verstopfte ihm die Ohren. Und während Irene dafür sorgte, daß sie nicht verrutschten, wand er ihm die Augenbinde um den Kopf und die Wattebäusche. Darauf band er Filargi die Hände auf den Rücken, hob ihn wie einen Sack auf, legte ihn über die Schulter und trug ihn die Stufen zur Küche hinauf, dann zur Hintertür hinaus, wo der Lieferwagen wartete. Irene öffnete die Hecktüren, und Charley ließ Filargi vorsichtig von der Schulter auf die Matratze gleiten, während Irene das Haus zusperrte.

Sie stiegen ein und fuhren die Zufahrt hinaus zur Landstraße.

Nachdem sie zehn oder zwölf Minuten schweigend gefahren waren, fragte Irene: »Was willst du wegen des Geldes unternehmen, das die Prizzis mir schulden, Charley?«

»Nun, ich werde es zur Sprache bringen. Ich werde ihnen sagen, daß wir es haben wollen.«

»Angenommen, sie sagen nein?«

»Gott, ich weiß auch nicht ...«

»Charley, wir hatten Filargi. Sie mußten Filargi wiederhaben. Siebzig Millionen Dollar, sagte Angelo, also sind es wahrscheinlich hundert Millionen, weil sie eine ganze Bank zurückbekommen werden, eine Bank, Charley. Die achtzehntgrößte Bank im Lande. Du konntest also alles mit ihnen tun, und sie hätten ja und amen dazu sagen müssen, weil wir Filargi hatten. Wir haben ihn immer noch. Aber sie schulden mir fünfhundertvierzig plus hundertfünfzig für die Filargi-Entführung, plus die ersten dreihundertsechzig. Außerdem wurde mit Don Corrado und Angelo vereinbart, daß sie die fünfzig zu zahlen hätten, die Vincent mir für deinen Tod geben wollte. Das macht insgesamt eine Million einhundert, Charley. Sie schulden mir eine Million einhundert, mehr Geld, als ich jemals im Leben auf einem Haufen gesehen habe. Dir sagen sie, daß sie dir zweieinhalb Millionen für deinen Anteil an dieser Sache zahlen wollen, aber du hast das Geld nicht gesehen. Du weißt nicht einmal, ob sie es in der Schweiz auf dein Konto überwiesen haben. Also, warum sollen wir ihnen Filargi zurückschicken? Für eine Summe, die sie angeblich auf der Bank in der Schweiz haben, oder wo immer sie den Zaster verstecken? Was kriegst du für Filargi? Du bekommst den Job als Chef der Prizzi-Familie, den sie dir nach Vincents Abgang sowieso geben mußten, um ihr Geschäft am Laufen zu halten. Denn es gab sonst niemanden, der diese Aufgabe hätte übernehmen können.«

»Mein Gott, Irene, dieser Chefposten bringt uns im Jahr vielleicht drei Millionen ein.«

»Charley, wer würde es sonst machen, wenn nicht du? Du tust es für sie, und das ist der übliche Satz für den Job. Nicht sie tun dir einen Gefallen, sondern du tust ihnen einen Gefallen. Aber wir haben Filargi, und sie schulden uns zweieinhalb Millionen plus meine Million einhundert, und das sind drei Millionen sechshundert. Die schulden sie uns. Sie haben deinen Brief akzeptiert und gesagt: ›Sicher, soviel ist es uns wert, daß wir Filargi wiederbekommen.‹ Also, wo ist das Geld, Charley?«

»Hör zu, Irene«, bat Charley verzweifelt. »Die Prizzis haben nicht versprochen, daß sie uns zahlen würden, was sie uns schulden. Tatsächlich sagte Don Corrado, er würde uns vollständig bezahlen. Ich war da. Er hat es zu mir gesagt.«

»Das ist dieser sizilianische Scheiß, Charley«, erwiderte sie hitzig. »Hast du je von einem Geschäft gehört, wo der eine seinen Vorteil, nämlich den Gegenstand des Geschäfts, allein auf die unbestimmte Zusage hin, man werde irgendwann zahlen, was man ihm schuldig sei, der anderen Seite überläßt?«

»Irene – mein Leben lang habe ich darauf gewartet, Chef der größten Familie zu werden. Ich spreche von der größten Familie im Land, der Familie, die in diesem Land genauso viel zu sagen hat wie der Senat oder General Motors oder der Verteidigungsminister. Du glaubst, ich würde das für die Hälfte von drei Millionen sechshundert wegwerfen? Zehn Jahre im Chefsessel, und wir haben dreißig Millionen Dollar in Zürich. Zwanzig Jahre, und wir haben sechzig Millionen. Wir können nicht fehlgehen. Wir geben ein bißchen Geld auf und machen fünfzehnmal soviel. Wir geben ihnen Filargi, und sie beeilen sich, uns zu geben, was wir wollen. Lieber Gott, Irene!«

»Nun, ich sehe jedenfalls keine Möglichkeit, daß sie uns drei Millionen sechshundert auszahlen. Eher würden sie ihre Kinder essen.«

»Was deine erste Äußerung betrifft, stimme ich dir zu«, entgegnete Charley. »Aber Kinder essen – nie.«

»Also gut. Wir vergessen die zweieinhalb Millionen von der Versicherung. In Ordnung. Ich vergesse auch den Restbetrag, den Vincent mir zahlen wollte. Und ich wäre sogar imstande, über das Honorar hinwegzusehen, das sie mir für meine Teilnahme an der Entführung schuldig sind, nur um ihnen zu zeigen, was für miese Geizkragen sie sind. Aber eines werde ich nicht aufgeben. Ich muß meine fünfhundertvierzig wiederhaben. Das ist die eine Sache, wo ich nicht nachgeben kann. Die fünfhundertvierzig müssen sie unbedingt rausrücken.«

Sie fuhren fünfzehn Minuten schweigend dahin, dann ergriff Irene wieder das Wort. »Es fällt mir schwer, dies zu sagen, weil du das einzige bist, was für mich zählt, Charley. Aber die Prizzis schulden mir fünfhundertvierzig Dollar, und das muß ich sehr wichtig nehmen. Ich will dir sagen, was ich tun werde. Ich helfe dir, Filargi auszupacken und auf den Beifahrersitz zu schaffen. Ich werde Pop anrufen und ihm die Lieferung ankündigen, dann werde ich zum Strand fahren und bis siebzehn Uhr warten. Und wenn ich bis siebzehn Uhr nicht mein Geld von den Prizzis habe, gehe ich zurück nach Los Angeles, und das ist das Ende der Welt für dich und mich.« Tränen standen ihr in den Augen.

Er nahm ihre Hand. »Okay, Irene. Du hast ein Recht darauf. Ich werde Filargi abladen und mit Pop sprechen, und wir werden beide zu Don Corrado fahren und ihm sagen, was er tun muß. Wie du sagtest, es ist nicht mehr als recht und billig. Aber verlaß mich nicht. Ich könnte nicht damit fertig werden, wenn du fortgingst. Alles wird ein gutes Ende nehmen, so wie du es willst.«

Am Straßenrand neben einem unbebauten Grundstück in Long Island City krochen sie in den Laderaum des Lieferwagens und befreiten Filargi von seinen Fesseln und der Augenbinde. Dann zogen sie ihn nach vorn auf den Beifahrersitz. Als der Lieferwagen weiterfuhr, ging Irene in eine Telefonzelle an der Ecke und rief Angelo Partanna in der Hotelwäscherei an.

»Pop? Er wird in ungefähr fünfzehn Minuten dort sein.« Sie hängte ein und machte sich zu Fuß auf den Weg zur acht Blocks entfernten U-Bahnstation.

In der Wäscherei zog Angelo ein kleines schwarzes Buch hervor und tippte eine Nummer daraus in sein Telefon. »Davey? Robert Finlay, der Bankier, wird in etwa fünfzehn Minuten sein Hotel betreten.«

Er legte auf. Hanly rief den Chefinspektor an, der ihn beauftragte, Maguire zu verständigen, den Chef der Kriminalabteilung, ferner die *New York Times,* die *Daily News* und zuletzt das FBI. »Die müssen den Strick drehen«, sagte er, »aber wir müssen sichergehen, daß uns das Verdienst erfolgreicher Ermittlungsarbeit zufällt.«

Charley fuhr den Lieferwagen über die Queensboro-Brücke. »Noch ein paar Minuten, und Sie werden über die Madison Avenue zu Ihrem Hotel gehen. Erinnern Sie sich, was ich Ihnen gesagt habe?«

»Ja«, antwortete Filargi.

»Niemand kann Ihre Sicherheit garantieren. Wenn man Ihnen zehntausend Fotos zeigt und Sie sagen, daß irgendeiner von den abgebildeten Personen zu uns gehört, sind Sie ein toter Mann. Glauben Sie das?«

»Ja, ja.«

»Es ist alles vorbei. Sie sind am Leben. Atmen Sie die Luft ein, schauen Sie sich die Leute an. Bleiben Sie am Leben. Man hat Ihnen die ganze Zeit die Augen verbunden, verstanden?«

»Ja.«

»Sie wissen nichts, weil Sie nichts sehen und nichts hören konnten, während wir Sie in unserer Gewalt hatten. *Avete capito?*«

»Ja, ja, ich verstehe.«

Schweigend fuhren sie bis zur Einundsechzigsten Straße. Charley hielt nahe der Ecke Einundsechzigste und Madison. »Verschwinden Sie«, befahl er Filargi. »Viel Glück.«

Filargi stieg aus. Er beugte sich zum Wagenfenster und sah Charley in die Augen. »Ich habe Sie bereits vergessen«, sagte er auf italienisch.

42.

Filargi betrat das Hotel durch eine Drehtür, durchschritt das Foyer und ging zum Empfangsschalter. Der stellvertretende Empfangschef hatte Dienst. »Mr. Finlay!« rief er. »Sie leben! Wie schön, Sie zu sehen!«

Filargi nickte. »Ich muß ausruhen und dann ein paar Telefongespräche führen. Aber bitte nicht in der derselben Wohnung. Geben Sie mir eine andere.«

»Gewiß, selbstverständlich, Mr. Finlay«, sagte der stellvertretende Empfangschef.

Zwei Männer waren von beiden Seiten an Filargi herangetreten. »Mr. Finlay«, fragte der Mann zu seiner Rechten. Filargi wandte sich um. Ein gedrungener Mann, gebaut wie ein Hydrant, stand vor ihm. Er hatte den Hut aufbehalten. »McCarry, leitender Ermittler«, sagte er und zeigte seinen Dienstausweis. »Sie werden mit uns kommen müssen.«

Irene saß auf der Terrasse der Wohnung am Strand und blickte über die Bucht hinaus. Sie war verzweifelt. Aus der Erinnerung erhob sich Marxie Hellers Stimme, die ihr im Laufe der Jahre immer und immer wieder eingepaukt hatte, daß sie sich vor Sizilianern in acht nehmen sollte.

»Die Juden sind in diesem Geschäft schlimm genug, mein Kind, aber die Juden, die Iren, die Farbigen – die haben noch eine Spur von Herz. Die Sizilianer geben nicht mal ihr Geld aus. Es laufen dreitausend von diesen Strolchen herum, die Millionäre sind. Bloß Soldaten, Leute für die Schmutzarbeit, nicht einmal Arbeiter. Millionäre. Aber sie können nichts ausgeben, weil es heißes Geld ist, und was hinterlassen sie ihren Familien, wenn sie sterben? Fünftausend Dollar, das ist es. Der Rest fällt zurück an die Chefs, als ob sie Priester in einer Kirche wären. Die Chefs nehmen das Zehnfache, vielleicht das Hundertfache dieses Geldes ein, also was machen sie damit? Es gibt nur eins, was sie damit kaufen können, und das ist noch mehr Macht. Also müssen sie immer mehr Geld haben, um noch mächtiger zu werden, weil das alles ist, was es für sie gibt. Aber sie können nie genug Leute korrumpieren. So weit, daß es eines Tages keinen unschuldigen Menschen mehr gibt und alle für die Sizilianer arbeiten, wird es nie kommen. Bleib unabhängig, Irene. Bleib eine selbständige Spezialistin. Sie brauchen dein Talent, um sich mehr Macht zu verschaffen, aber was würdest du ihnen noch wert sein, wenn du dich je mit ihnen zusammentätest?«

Sie hatte sich zu sehr auf Charley eingestellt. Sie hatte ihr Glück überstrapaziert. Was war dieser Liebesscheiß? War das Waschen der Markisen in dieser Bruchbude in Brooklyn besser, als regelmäßig hübsche fünfhundert Dollar im Jahr zu verdienen und im angenehmsten Klima der Welt zu leben? Für sie war Pasta wie heißer Müll, aber sie hatte sich darauf einschwören lassen, der Liebe wegen.

Liebe! Pasta zu jeder Mahlzeit außer zum Frühstück. Marxie hatte ihre Liebe nicht ausgenutzt. Marxie war ein Schlepper gewesen, immer auf der Suche nach einem Geschäft, immer auf Gefälligkeiten aus, die andere ihm zu seinem Vorteil erweisen sollten. Aber er war zuverlässig gewesen. Sie hatte sich wohl gefühlt in seiner Gesellschaft. Und mit den siebenhundertzwanzig Dollar hätten sie jetzt an einem Strand in Spanien sein können, von dem Geld, was sie in den Schließfachkassetten hatte, nicht zu reden. Sie hätten neue Gesichter und neue Papiere und könnten leben, wie man leben sollte, ohne diesen Mist von Liebe, der sie über eine Million kostete, die weiteste Entfernung, die sie je zwischen sich selbst und ihren Vater gelegt hatte. Sie hätte das und all das andere Geld nehmen und am anderen Ende der Welt sein können, weit weg von diesen beschissenen Sizilianern und Charley Partanna, der sie genausogut mit einem Revolver in der Hand hätte überfallen können, als ob sie eine Tankstelle wäre. Charley verstand sich großartig auf diesen Liebesscheiß, aber er hatte sie mehr Geld gekostet als alle anderen Leute, die ihr je über den Weg gelaufen waren.

43.

Corrado Prizzi und Angelo Partanna setzten sich um acht Uhr zum Frühstück. Don Corrado trank wie üblich ein kleines Glas Olivenöl. Angelo hatte einen Teller *stracciatella alla Natale Rusconi* vor sich. Rusconi, der berühmte Mailänder Koch des dreizehnten Jahrhunderts, war ein Familienidol der Partannas. Don Corrado überraschte ihn damit, daß er über geschäftliche Dinge sprach, bevor das Frühstück zu Ende war.

»Filargi wird noch am Vormittag in Untersuchungshaft kommen. Von nun an wird alles automatisch ablaufen, bis ich wieder im Besitz meiner Bank bin. Wir werden mit Filargi einen guten Gewinn machen. Jetzt aber müssen wir uns den regulären Tagesgeschäften zuwenden, indem wir der Polizei geben, was sie haben möchte.«

»Ich sehe nicht, wie du das schaffen willst, Corrado«, sagte Angelo. »Die Polizei verlangt von uns den zweiten Filargi-Entführer. Wenn wir darauf eingehen, wird es Aussagen geben, wir alle werden hineingezogen und belastet, und das wäre das Ende der Familie.«

»Ich habe all diese Dinge überlegt, Angelo, und ich glaube, ich habe einen Ausweg gefunden. Du wirst der Polizei mitteilen, wir hätten gehört, daß jemand im Begriff sei, ihnen die Person auszuliefern, die Mrs. Calhane, die Polizistengattin, getötet hat – und zwar innerhalb der nächsten achtundvierzig Stunden, vielleicht schon eher. Dann rufst du Charley an und sagst ihm, wir wollen hier mit ihm zusammenkommen.«

»Was hast du vor?«

»Hör mich an, Angelo. Folgendes ist zu tun, damit alles wieder seinen gewohnten Gang gehen kann.«

Am selben Vormittag um zehn Uhr dreißig rief Angelo Leutnant Hanly an.

»Wie hält sich Mr. Filargi?« fragte Angelo.

»Vor allem hält er uns hin«, antwortete Hanly. »Er behauptet, er habe die ganze Zeit seiner Gefangenschaft mit zugestopften Ohren und einer Augenbinde zugebracht. Deshalb wüßte er nicht, wo er festgehalten wurde, wie lange oder sonst etwas, und dabei bleibt er.«

»Nun«, sagte Angelo, »ich kann deinen Leuten eine Chance geben. Heute früh haben wir einen anonymen Tip erhalten. In achtundvierzig Stunden soll der Calhane-Killer der Polizei übergeben werden, vielleicht eher.«

»Wie verläßlich ist dieser Informant?«

»Keine Ahnung. Es war ein anonymer Tip, aber ich kann dir folgendes sagen: Die Person, die den anonymen Tip erhielt und an mich weitergab, ist, was die Zeitungen eine unanfechtbare Autorität nennen.«

»Wie fassen wir die Sache an?«

»Ich werde meine Quelle bitten, sie möge ihre Quelle veranlassen, mich telefonisch zu verständigen, sobald der Killer ausgeliefert werden kann. Dann werde ich dich anrufen, ohne Rücksicht auf die Uhrzeit, so daß du die zuständigen Ermittler verständigen kannst. Denn sie müssen den Killer übernehmen, damit Robert Finlay ihn identifizieren kann.«

»Wie soll er das tun? Er besteht darauf, daß ihm die Augen verbunden waren.«

»Seine Augen waren nicht verbunden, als sie ihn überfielen. Der Killer muß eingedrungen sein, den Leibwächter erschossen und

Finlay herausgeholt haben, als Mrs. Calhane aus dem Aufzug trat. Finlay muß den Killer also gesehen haben.«

»Ich werde neben dem Telefon sitzen.«

»Davey? Ich habe ein kleines Geschenk für dich.«

»Was für ein Geschenk?«

»Setz beim Spiel der Jungtürken gegen die Bukanier auf die ersteren. Sie werden mit genau elf Punkten gewinnen. Steck alles in den Einsatz.«

»Wo kann ich in dieser Stadt eine Wette abschließen?«

»Ich werde dir eine Nummer in Jersey geben.«

Nachdem er beobachtet hatte, wie Filargi über die Madison Avenue zu seinem Hotel gegangen war, steuerte Charley den Lieferwagen in den Verkehr und fuhr nördlich bis zur Zweiundsechzigsten, wo er wieder abbog, um auf der Schnellstraße am East River und über die Brooklyn Bridge die Hotelwäscherei zu erreichen. Irene hatte auf ihre Weise recht. Sie konnte das Gesamtbild nicht überblicken, aber wenn sie schon nicht recht hatte, so hatte sie doch das Recht auf ihrer Seite. Die Prizzis hatten den Bedingungen zur Wiedergewinnung Filargis zugestimmt. Sie mußten diese Zusage einhalten. Immerhin würden sie für so gut wie nichts eine Bank bekommen, also mußten sie verstehen, daß sie Verpflichtungen bezüglich gewisser Ausgaben, die mit der Wiedergewinnung der Bank zusammenhingen, auch einhalten mußten.

Er wollte es zuerst Pop erklären, der als Mittelsmann fungiert hatte und die eingegangenen Verpflichtungen kannte. Dann würden sie den Don anrufen, zu ihm gehen und die ganze Geschichte ins reine bringen. Er war stolz auf Irene. Es gehörte allerhand Mut dazu, sich so auf die Hinterbeine zu stellen. Er hatte eine kolossale Frau in ihr gefunden, da gab es keine Zweifel. Pop wußte es. Es war an der Zeit, auch Don Corrado darauf hinzuweisen.

Pop blickte aus dem Fenster, als Charley in sein Büro kam. Als die Tür aufging, drehte er sich mit dem Bürosessel herum.

»He, Charley! Bist du gekommen, deinen Posten zu übernehmen?«

»Ja«, sagte Charley. »Ich hätte es bald vergessen.«

»Wer wird dein Stellvertreter?«

»Du bist der *consigliere,* was meinst du?«

»Du mußt dir deinen Mann aussuchen, Charley, dann werde ich

dir sagen, ob ich einverstanden bin. Du mußt jetzt die Entscheidungen treffen.«

»Wir werden Sal Prizzi befördern.«

»Gut.«

»Pop, ich muß mit dir reden.«

»Was gibt es?« fragte Pop.

»Es ist ganz einfach. Irene will ihr Geld, wie der Don es zugesichert hat, als er meinen Brief bekam.«

»Sie will ihr Geld?«

»Sie will, was ihr zusteht. Zum Glück sieht sie ein, daß es keine Möglichkeit gibt, an das Versicherungsgeld für Filargi zu kommen, obwohl die Familie versprochen hat, das zu zahlen. Sie ist bereit, den Rest der Kontraktsumme zu vergessen, die Vincent ausgesetzt hatte, und – wenn unbedingt notwendig – würde sie sogar auf das zugesicherte Honorar für ihre Mitwirkung bei der Entführung verzichten. Aber sie will die fünfhundertvierzig wiederhaben, noch heute – vor fünf Uhr.«

»Fünfhundertvierzig?«

»Das Geld, das sie dem Don zurückzahlen mußte.«

»Aber dreihundertsechzig davon sind Prizzi-Geld.«

»So war es, aber wir hatten Filargi. Der Don wollte Filargi, und das war ein Teil des Preises.«

»Charley – wo bist du gewesen?«

»Wie meinst du das?«

»Der Don hat dich zum Chef gemacht. Wie könnte es mehr als das geben? Das wird zehn-, fünfzehnmal soviel abwerfen wie das Filargi-Ding, und sie ist deine Frau.«

»Pop, *ich* weiß das. Aber Irene will ihren Anteil. Sie sieht Vincents Job als meinen Anteil, und außerdem hat sie keine Möglichkeit, sich auszurechnen, was Vincents Posten einbringen kann. Und wenn sie es wüßte, würde sie es nicht glauben, weil die Prizzis und alle anderen sie immer übers Ohr gehauen haben.«

»Wir können sie unmöglich bezahlen, Charley.«

»Pop, ich bitte dich, das mit Irenes Augen zu sehen. Es ist, als würde sie auf ihr ganzes Leben zurückblicken, wenn sie sagt, wir müssen sie bezahlen. Es war ein beschissenes Leben, Pop, bis sie von all den Leuten freikam, die ihr sagten, was sie zu tun hätte. Und was sagten ihr diese Leute? Sie sagten, daß sie nichts sei, aber Irene wußte es besser. Sie wußte, daß sie mindestens genauso gut war wie diejenigen, die ihr Vorschriften machen wollten. Sie arbeitete sich aus Chicago heraus. Dort hatte man ihr den großartigen Job zugedacht, mit ihrem Arsch hausieren zu gehen, und dann sollte sie teilen, was sie auf dem Rücken verdiente. Sie nahm die Banausen und die Schmutzfinken mit ihren Pickeln und ihrem Gestank auf sich, damit die anderen fünfzig Prozent an ihr verdienen konnten. Dann aber hörte sie auf. Sie holte sich Bücher über Buchhaltung aus der Bibliothek, um Zahlen zu verstehen. Dann kehrte sie zurück nach Chicago und bekam einen Bürojob im Verbindungsstab. Sie zahlten ihr nichts, aber sie lernte zu sprechen und sich zu kleiden, und bald sahen die Leute, daß sie nicht nur gut aussah, sondern sich auch mit Zahlen auskannte und daß sie vertrauenswürdig war. So beförderte man sie zum Kurier für drei Familien. Aber während sie in den Flugzeugen saß und herumflog, studierte sie Bücher über Steuergesetze.

Irene war immer bereit, sich einzusetzen, aber niemand zahlte ihr je, was ihr zukam. Also machte sie sich selbständig, und den Rest wissen wir. Man gewährte ihr niemals Einlaß. Und man zahlte ihr noch immer nichts, verglichen damit, was für Gewinne man aus ihrer Arbeit zog. Und nun hat sie ihren Teil der Abmachung mit den Prizzis in jedem Punkt erfüllt. Es war ihre Idee und ihre Aktion, die Filargi in unsere Hände brachte, nicht meine. Mit ihren schnellen Entscheidungen überwand sie alle Schwierigkeiten, die aus dem Nichts auftauchten, und das sicherte uns den Erfolg. Wir bekamen Filargi, und das wird den Prizzis siebzig Millionen Dollar einbringen. Sie zahlte ihnen das Geld aus dem Vegas-Schwindel zurück, was bedeutet, daß die Prizzis zweimal bezahlt wurden, einmal von ihr und einmal von den Versicherungsgesellschaften. Trotzdem verpaßte ihr der Don eine Strafe von fünfzig Prozent, weil sie sein Geld verdoppelt hatte. Zum Teufel, Pop! Wir sprechen ständig von Ehre, also müssen wir Irene jeden Cent bezahlen, den wir ihr versprochen haben.«

»Unmöglich, Charley.«

»Pop, bei allem Respekt, das muß ich vom Don selbst hören.«

Angelo nahm den Hörer auf und wählte eine Nummer. »Amalia?« sagte er ins Telefon. »Hier ist Angelo. Charley und ich müssen noch heute den Don sehen.«

»Das geht nur, wenn ihr zum Mittagessen kommt«, erwiderte sie.

Das Mittagessen beim Don, das an diesem Tag nicht vor halb drei begann, nachdem Charley und sein Vater wegen Don Corrados überlangen Nickerchens auf den Anruf von Amalia gewartet hatten, dauerte bis Viertel vor fünf. Der Gedanke an Irenes Ultimatum – daß sie das Geld bis fünf Uhr haben mußte oder ihn verlassen würde – erfüllte Charley mit höchster Unruhe, aber an diesem Tag wollte der Don beim Essen nicht von geschäftlichen Dingen sprechen. Endlich hatten die zwei alten Männer es sich in den Morris-Stühlen bequem gemacht, und Charley saß ihnen gegenüber.

»Sag mir, was du auf dem Herzen hast, Charley«, bat Don Corrado, »dann werde ich dir sagen, was ich auf meinem habe.«

»Padrino, wir haben dir Filargi in gutem Glauben übergeben«, begann Charley. »Es war vereinbart, daß unsere Bedingungen für die Übergabe Filargis erfüllt werden sollten. Zu diesen Bedingungen gehört, daß meine Frau ihr Honorar für ihre Arbeit als zweiter Mann erhalten sollte und daß ihr die fünfhundertvierzig Dollar zurückgegeben würden. Ich erbitte jetzt in ihrem Namen dieses Geld, mit allem Respekt.«

Don Corrado und Angelo Partanna blickten ihn bekümmert an.

»Ich sage, daß wir den Rest der gesamten Geldforderung, der eine ganze Menge ausmacht, vergessen wollen«, fuhr Charley fort. »Aber die fünfhundertvierzig und ihr Honorar – das muß sie haben. Es wurde von dir bestätigt, und sie muß es bekommen. Das sollte Ehrensache sein.«

»Charley«, entgegnete Don Corrado freundlich, »es gibt einen sehr guten Grund, warum sie nicht bezahlt wurde. Der Große Rat hat gestern abend entschieden, daß wir den zweiten Kidnapper an die Polizei ausliefern müssen.«

Charley blickte entsetzt von Don Corrado zu Angelo Partanna. »Ihr wollt Irene den Bullen übergeben?« stieß er mit gepreßter Stimme hervor. Die Worte schnitten wie Rasierklingen in seine Kehle.

»Hör zu, Charley«, sagte Don Corrado und schenkte ihm den Trost seiner Alligatorenaugen, »gestern abend erklärte mir der Große Rat im Namen aller Familien in diesem Land und eines Systems, das wir alle seit fünfzig Jahren akzeptieren, daß ich eine Woche Zeit habe, denjenigen, der die Frau des Polizeihauptmanns getötet hat, an die Polizei auszuliefern, wer es auch sei. Andernfalls würde ich mich mit jeder Familie in diesem Land im Krieg befinden. Der Große Rat schickte Bavosi und Lingara zu mir, die mich von dem Beschluß unterrichtet haben. Weißt du, was uns ein Krieg kosten würde? Er könnte unser Leben und den Fortbestand unserer Familie kosten. Er könnte uns alle Leute und alles kosten, was wir haben. Nichts anderes kann für uns eine höhere Bedeutung haben als die Familie, die uns hier in Amerika ein so gutes Leben gesichert hat.«

»Was verlangst du von mir?« flüsterte Charley.

»Du mußt den Job erledigen, Charley«, erklärte sein Vater. »Du bist der einzige, der nahe genug an sie herankommen kann.«

»Ich soll sie eisen? Ich soll Irene abservieren?«

»Du denkst, sie könnte der Polizei lebendig übergeben werden, weil Eds Anwälte sie freibekommen würden«, sagte Don Corrado. »Aber ich habe es nie so gesehen. Das FBI ist eingeschaltet, weil es eine Entführung war. Wenn diese Leute sie lebendig bekommen, werden sie Mittel und Wege finden, um sie zum Sprechen zu veranlassen. Und wenn sie spricht, wird sie uns alle ins Gefängnis bringen. Vielleicht sogar auf den Stuhl. Und sie würde reden, weil sie nicht anders könnte. Dann wären wir alle erledigt – du, ich, Angelo und Ed. Filargi aber wird freikommen. Wir werden die Bank niemals zurückgewinnen. Es gibt keine andere Wahl, Charley. Die Existenz der Prizzi-Familie ruht in deinen Händen.«

»Aber wie sollten die Bullen wegen einer Frau, die den falschen Knopf drückte, zufriedengestellt werden, wenn ich Irene erschieße?«

»Filargi wird ihre Leiche als diejenige der Frau identifizieren, die den tödlichen Schuß auf die Gattin des Polizeihauptmanns abgegeben hat. Niemand wird sie verhören können. Sie werden bekommen, was sie verlangen, und wir alle können zu unseren Geschäften zurückkehren.«

»Aber sie ist meine Frau, Padrino ...« Charleys Stimme brach.

»Sie ist deine Frau, wir sind dein Leben«, sagte sein Vater. »Wie lautet deine Antwort, Charley?«

»Entscheidest du dich für eine Frau, die du seit weniger als zwei Monaten kennst, oder deine Familie, die dein Leben ist?« fragte Don Corrado.

Charley glaubte ertrinken zu müssen. Nichts würde ihm bleiben, wenn er täte, was sie von ihm verlangten. Was hatte er außer Irene?

Wie konnte er die einzige Person, die er liebte, um die Ecke bringen? Alles andere – Pop, seine Stellung, die Familie – das alles repräsentierte nur abstrakte Werte, die ihm an jedem Tag seines Lebens einmassiert, eingebläut, eingelöffelt und eingeschmeichelt worden waren. Es war der Instinkt eines Sizilianers, diesen Dingen einen so hohen Rang einzuräumen. Aber Irene war sein Bedürfnis, sie war der Nährboden seines Gemüts, auf dem sein Leben ruhte. Sie war alles, was ihn zum Mann machte. Sie war das einzig Wichtige in seinem Leben.

Vielleicht war ihm beschieden, alt zu werden. Pop und Don Corrado hatten es irgendwie geschafft. Was würde er haben, wenn er alt wurde, sollte er jetzt tun, was sie von ihm verlangten? Er würde einen Haufen Geld auf einer Schweizer Bank haben. Er würde Häuser haben und Leute und Wagen und Macht – nicht seine, sondern eine Macht, die ihm geliehen war. Er würde mehr und mehr Achtung genießen. Er würde wachsame Männer wie den Klempner und ›Gurke‹ Cetrioli um sich haben, wohin er auch ging, und die endlosen Gespräche über Pferderennen und Wetten und Einsätze würden ihn innerlich schrumpfen lassen. Er würde austrocknen und absterben, denn in jeder Minute eines jeden Tages bis zu seinem Tode würde er sich erinnern, was er dem einzigen Sinn seines Lebens angetan hatte. Er würde mehr als Irenes Körper töten, er würde ihre beiden unsterblichen Seelen vergeuden. Er würde sich selbst dazu verurteilen, den Rest seines Lebens in einem zweihundertdreißig Pfund schweren Eisklumpen zu verbringen. Das war das Schlimme daran. Wenn er Irene liquidierte, würde er allein sein. Niemand könnte ihren Platz einnehmen. Sein Leben lang hatte er wie jeder andere nie aufgehört zu suchen, immer in der Hoffnung, die vollkommene Ergänzung seines Körpers, Geistes und Temperaments zu finden. Und als er Irene gefunden hatte, war ihm bewußt geworden, daß es gelungen war, daß sie einander ergänzten und für immer Sicherheit geben konnten.

Was war die Prizzi-Familie dagegen? Was war sein ganzes früheres Leben? Er sah ihr vertrautes, heiteres Gesicht vor sich, wie es ihn anlächelte, vervollständigte, erlöste. Und doch wußte er, unabhängig davon, was sie ihm bedeutete, daß er noch einsamer sein würde, wenn er seiner Familie den Rücken kehrte, als wenn er auf ihr Ansinnen einginge, weil er von der Geschichte des Volkes geformt war, dem er durch seinen Vater und Don Corrado entstammte – mochte Irene auch die erträumte Frau sein, die seine Mutter und seine Geliebte und seine Partnerin zugleich war. Die Familie war alles, seit Sizilien angefangen hatte, Menschen hervorzubringen. Sie war seine Nahrung und sein Leben. Sie war von jeher bei ihm gewesen. Ihre Mitglieder zählten zu Hunderttausenden, die meisten von ihnen Geister, einige in körperlicher Gestalt. Sie alle starrten ihn an, erwarteten seine Entscheidung. Er konnte es nicht tun. Sie konnten das nicht von ihm verlangen. Wie könnte er der letzte sein, der sie um ihr Leben betrog, wie ihr Vater es getan hatte, wie der Mob es getan hatte? Er würde der letzte von all denen sein, die sie hatten durch den Reifen springen lassen. Danach würde sie nie mehr in der Lage sein, sich von neuem emporzuarbeiten, wie sie es immer getan hatte. Er würde ihrem Mut ein Ende machen. Und in den wenigen Sekunden, bevor er es tun könnte, würde er alles in ihren Augen sehen, denn ganz gleich, was es sonst noch geben mochte, sie vertraute ihm und wußte, daß er sie liebte. Er wollte ertrinken.

»Ich werde sie euch geben«, versprach Charley.

»Es ist ein Geschäft, Charley«, bemerkte sein Vater. »Du weißt, es ist nur ein Geschäft.«

»Nun – ohne dieses Geld können wir sie nicht für den Abschuß vorbereiten«, sagte Charley. »Für sie ist dieses Geld die Voraussetzung zu allem.«

Don Corrado nickte. »Dann bringst du ihr das Geld. Es ist in derselben kleinen Reisetasche. Unter meinem Bett. Hol sie heraus, Charley.«

Charley ging zur andern Seite des Zimmers, ließ sich neben dem großen Bett auf alle viere nieder. Er zog eine Reisetasche hervor und brachte sie dem Don.

»Mach sie auf, mein Sohn«, befahl Don Corrado.

Charley ließ die Schließen aufschnappen und öffnete die Tasche. Mehrere Bündel von Tausenddollarnoten waren darin eingestapelt. »Das sind die fünfhundertvierzig«, erklärte Don Corrado. »Wenn es das ist, was sie will, zeig es ihr.«

»Wo willst du sie erledigen?« fragte Pop.

»Sie ist nach Kalifornien abgereist.« Charley konnte ihnen nicht in die Augen sehen, darum blickte er auf das Geld. »Sie sagte mir, daß sie nach Kalifornien abreisen würde, wenn ich nicht bis fünf Uhr mit dem Geld zu Hause wäre.«

»In Ordnung.« Don Corrados Stimme hatte einen endgültigen Klang. »Nachdem du den Stein aus meinem Schuh genommen hast, laß sie am Flughafen in einem Mietwagen zurück, ruf Angelo an und sag ihm, wo. Er wird die New Yorker Polizei verständigen, und die werden ihre Kollegen in Los Angeles anrufen. Dann kann sie fotografiert werden, und sie können die Bilder Filargi im Untersuchungsgefängnis zeigen. Er wird ihnen sagen, daß sie die Mörderin der Polizistenfrau ist, und der Wind wird aufhören zu wehen. Wir können uns alle wieder unseren Geschäften zuwenden.«

44.

Als Charley die Treppe hinunterstieg und die Grimmigkeit der beiden alten Männer zwei Stockwerke über sich zurückließ, fühlte er sich an Geist und Körper wie eingefroren. Er hatte sein Leben mit diesen beiden alten Männern verbracht und ihre raffinierten und brutalen Befehle ausgeführt, weil es seine Arbeit gewesen war. Doch obwohl er in seinem Kopf hin und her drehte, was sie ihm gerade befohlen hatten, war er nicht imstande, die gezuckten Teile zu einem erkennbaren, zusammenhängenden Muster zu fügen. Sie hatten ihn beauftragt, seine eigene Frau zu liquidieren, als ob das etwas wäre, was die *fratellanza* jeden Tag täte. Er war jetzt Chef der Prizzi-Familie, und der erste Auftrag, den sie ihm gaben, war die Tötung seiner eigenen Frau. Charley war in dem Glauben erzogen worden, daß – gleichgültig, wie brutal und bösartig es im Geschäft zuging – die Frauen davor sicher waren. Das war die wichtigste Ehrensache von allem. Ganz gleich, was man für Geld tat, man vergriff sich niemals an Frauen – und schon gar nicht an den eigenen.

Er konnte es verstehen und konnte es zugleich nicht verstehen. Aber je länger er überlegte, desto eindringlicher schob sich der Gedanke an die siebzig Millionen Dollar in den Vordergrund – und die Tatsache, daß Don Corrado nicht einmal versucht hatte, den Mord an seinem eigenen Sohn durch eine Bande von Schleppern und Zuhältern zu rächen, weil der Ausbruch eines Krieges dem Siebzig-Millionen-Dollar-Geschäft im Wege stehen könnte. Das half Charley, als er vom Haus zum Lieferwagen ging. Don Corrado hatte die Erwägungen der Ehre beiseite lassen müssen, als die Boccas seinen Sohn niedergemacht hatten. Angelo hatte seinen eigenen Sohn angesichts dessen, was sie ihm aufzutragen gezwungen waren, in qualvoller Zerrissenheit sehen müssen. Die Führer mußten sich selbst zuerst opfern, um für alle jene, die ihnen folgten, bessere Verhältnisse zu schaffen.

Er war ein Führer. Gleichgültig, wie er es ansah, die Familie war sein Leben gewesen. Was er für Irene empfand, war enorm, hing aber nicht damit zusammen. Sie hatte eine andere und viel blassere, dünnere Bedeutung, wenn er sie am Gesamtwert seiner Familie maß. Er war nun Chef dieser Familie. Er mußte ein Beispiel geben, das in der kollektiven Erinnerung fortbestehen würde, solange die Familie lebte. Er begann undeutlich zu erkennen, daß es recht war, die Frau zu opfern, die er liebte, damit die Familie weiterleben und ihre Ehre wahren könnte, was ihr Sinn war.

Auf einmal wurde ihm klar, daß Irene zu weit aus der Reihe getanzt war und daß ihm nichts anderes übrigblieb, als sie zu eisen. Es war nicht allein ihre Schuld, daß sie die Prizzis um siebenhundertzwanzig Dollar betrogen hatte. Sie war eine Polackin, was konnte sie also von den Regeln wissen? Aber sie hatte ihren Fehler gemacht, als sie die dreihundertsechzig Dollar zurückgegeben und die verkannte Unschuld gespielt hatte, um die andere Hälfte für sich zu behalten. Was hatte sie erwartet – daß die Prizzis stillhalten und sich so viel Geld aus der Tasche ziehen lassen würden?

Möglicherweise, zwang er sich zu denken, hat sie in all dieser Zeit nur so getan, als wäre sie verrückt nach mir, weil sie fürchten mußte, ich könnte ihr dafür geben, was sie verdient hat. Die Heirat und all das Umarmen und Küssen und Kochen und Waschen und Bodenschrubben – das alles war wahrscheinlich nur Theater gewesen. Sie hatte ihn zum Narren gehalten und ihm weisgemacht, sie wäre verrückt nach ihm. Aber wenn sie wirklich so für ihn empfand, wie hatte sie dann von Vincent die fünfzig Dollar annehmen können?

Außerdem hatte sie die Filargi-Entführung verpfuscht, und das hatte ihr den Rest gegeben. Er versuchte den ganzen Ablauf der Aktion noch einmal zu rekonstruieren. Sie hatte den falschen Säugling auf den Leibwächter geworfen, gerade als die Aufzugtür geöffnet worden war. Der Leibwächter hatte statt nach dem Säugling nach der Pistole gegriffen. Irene hätte die Frau, die das falsche Stockwerk gedrückt hatte, zu sich reißen und als Schild gebrauchen sollen, um den Leibwächter dann mit vorgehaltener Pistole zu entwaffnen oder um Charley Gelegenheit zu geben, herauszukommen und ihn niederzuschlagen. Nun, vielleicht hatte sie nicht so handeln können. Sie hatte den Leibwächter zuerst erschossen, also mußte er sie durch sein Verhalten dazu gezwungen haben. Irene hatte Nerven. Sie machte alles richtig. Aber warum hatte sie die dumme Kuh auf der falschen Etage abknallen müssen? Die Frau hatte Irene nicht bedroht. Sie hatte bloß im Schock ahnungsloser Überraschung dagestanden, und Irene hatte ihr eine Kugel verpaßt, und sie alle in die Scheiße geritten.

Aber was für eine Frau! Eine saubere Frau in jeder Weise und eine kolossale Hausfrau. Manchmal hatte er das Gefühl, sizilianisches Essen sei ihr zuwider, aber sie konnte es kochen, als ob sie es bei der Familie Spina in Agrigent gelernt hätte. Sie war eine großartige Frau. Sie beklagte sich nie – sie haßte Brooklyn, haßte Sizilianer, haßte das Klima, aber sie beklagte sich nie.

Es ist sinnlos, solchen Gedanken nachzuhängen, sagte er sich. Vor langer Zeit hatte er gelernt, daß ein Auftrag, jemanden zu beseitigen, ein Geschäft war und nichts sonst. Er war mit Gusto Bustarella aufgewachsen. Sie waren am selben Tag eingeschworen worden. Sie hatten den gleichen Mädchentyp gemocht. Gustos Vater hatte vielleicht fünfzig Stunden damit verbracht, den beiden Fünfzehnjährigen alle Techniken und Kniffe im Gebrauch eines Messers beizubringen. Und außerdem war Gusto ein sehr lustiger Bursche gewesen. Er hatte immer lachen können und war der beste Freund gewesen, den Charley außer Pop je gehabt hatte. Aber als Vincent ihm gesagt hatte, er müßte Gusto kaltmachen, war das eine andere Sache gewesen. Er hatte es getan und im Gedenken an die alten Zeiten sogar ein Messer verwendet. Was für einen Sinn hatte es, über Dinge nachzudenken, die überhaupt nichts mit dem Geschäft zu tun hatten? Jeder mußte einmal sterben.

Und nun mußte er es Irene besorgen. Als er in Don Corrados Haus gegangen war, hatte er Irene geliebt, aber als er herauskam, war diese Liebe wie etwas, das zwei anderen Menschen vor langer Zeit in einem fremden Land geschehen war. Pop hatte es gesagt – die Familie war sein Leben.

Er fuhr nach Hause zum Strand und überlegte, wie er es am besten erledigen könnte. Sie würde sich nicht so leicht überrumpeln lassen, aber wenn er kein großes Aufhebens darum machte, dürfte es nicht allzu schwierig sein. Falls sie um Punkt fünf gegangen war, und das war bei einer Frau wie ihr anzunehmen, würde sie vielleicht vierzig Minuten zum Flughafen brauchen – vorausgesetzt, der Verkehr war nicht zu stark. Sie konnte die Sechsuhrmaschine nach Los Angeles genommen haben und würde dann um halb zehn dort sein, vielleicht um halb elf in ihrem Haus, was nach dortiger Zeit halb acht sein würde. Er beschloß, sie um elf Uhr New Yorker Zeit anzurufen.

Um halb sechs war er zu Hause und duschte. Dann öffnete er den Kasten, den er am Boden seines Kleiderschranks verwahrte, und nahm das lange, vorzüglich balancierte Messer heraus, das er Marxie Heller abgenommen hatte. Er wählte eine Scheide aus leichtem, weichem Leder und schnallte sie mit dem Messer um die Innenseite seiner linken Wade. Danach zog er die Schlafanzughose an und stand auf, um sich im langen Spiegel der Kleiderschranktür zu betrachten. Unter der schlotterigen Pyjamahose war nichts zu sehen.

Charley wußte schon, wie er es machen wollte. Er würde eine .38er Magnum in einer Schulterhalfter tragen. Wenn es Zeit zum Schlafengehen wäre, würde er die Halfter so abnehmen, daß es ihr nicht entgehen konnte, und ein gutes Stück vom Bett entfernt über die Stuhllehne hängen. Dann würde er mit ihr ins Bett gehen und auf die richtige Gelegenheit warten, um ihr das Messer in die Brust zu stoßen. Er wollte es in der raschesten und schmerzlosesten Art und Weise tun. Sie sollte nicht einmal wissen, daß er es getan hatte.

Er briet sich eine Frikadelle und trank zwei Gläser Rotwein, während er vor dem Fernseher saß. Wieder und wieder spielte er Irenes Videokassette ab. Wenn ihre zwei Minuten und neunundvierzig Sekunden um waren, drückte er den Knopf an seiner Fernbedienung, ließ das Band zurückspulen und von neuem anlaufen, während er die Frikadelle kaute und den Wein ›Typ Chianti‹ schlürfte.

Die Kassette war so kurz wie sein Leben mit Irene, und viele verschiedene Bilder waren darin zusammengedrängt, aber er konnte sehen, was Paulie und Pop und dieser Kameramann gemeint hatten, als sie nicht wie er über Irenes Aussehen aus dem Häuschen geraten waren. Sie war eine gutaussehende Frau, gewiß. Aber keine zwölf Punkte auf einer Skala von zehn, wie er es sich eingebildet hatte, als diese Bilder Wirklichkeit gewesen waren. Jetzt würde er sie ungefähr bei sieben einstufen.

Er ließ die Szenen immer wieder Revue passieren. Und was ihn bei ihrer Analyse verblüffte, war vor allem die Erkenntnis, wie er sich selbst getäuscht hatte, als er der Meinung gewesen war, sie hätte ihn von Anfang an genauso gemocht wie er sie. Er hatte tatsächlich gedacht, sie wäre von dem Augenblick an, als Mae sie miteinander bekannt gemacht hatte, ein Opfer der Liebe gewesen. Jetzt konnte er sehen, daß es Maerose gewesen war, die ihn angehimmelt hatte, nicht Irene. Irene sah ihn bloß an, wie ein Passagier auf einem sinkenden Schiff ein Rettungsboot ansieht. Sie hatte ihn gebraucht, soviel war richtig, aber nicht aus den Gründen, die er sich eingebildet hatte.

Er fühlte sich nicht ausgenutzt, er war traurig. Es würde ihm niemals möglich sein, sie zu vergessen. Aber Pop hatte recht gehabt. Pop hatte immer recht. Er war sein Leben lang ein Teil der Prizzi-Familie und weniger als drei Monate ein Teil von Irenes Leben gewesen. Von daher gesehen, gab es nichts zu wählen. Sie hatte von der Familie gestohlen, sie hatte die Familie bedroht, sie war eine Gefahr für die Familie. Deshalb mußte sie gehen. Das änderte nichts daran, daß sie eine Mordsfrau war. Sie war klug, sie war mutig und sie ließ sich von niemandem etwas gefallen, nicht einmal von Corrado Prizzi. Er wünschte, er könnte sein Leben irgendwo in der Mitte dieser Kassette anhalten.

Nach dem Essen räumte er in der Küche auf, dann holte er den Staubsauger, um sicherzugehen, daß auf dem Sofa oder am Boden keine Krümel zurückblieben. Das letzte, was er wollte, waren Schaben und Kakerlaken.

Als er sich angezogen hatte, rief er die Luftlinie an und buchte einen Flug nach Los Angeles. Dann setzte er sich und füllte eine der heißen Flugkarten mit der entsprechenden Nummer aus. Um elf Uhr fünf tippte er Irenes Nummer ins Telefon. Sie nahm beim zweiten Läuten ab.

»Hallo?«

»Hier ist Charley. Gott, du hast es wirklich ernst gemeint.«

»Ich meine es immer ernst, Charley.«

»Er hatte Pop und mich zum Mittagessen eingeladen, aber das fing erst nach zwei an, und während der Mahlzeit wollte er nicht reden. Also wurde es Viertel vor fünf, als ich ihm endlich sagen konnte, was ich wollte.«

»Ja?« Sie war angespannt und nervös wie ein Fixer, dem der Stoff ausgegangen ist. Kein Sizilianer würde fünfhundertvierzig Dollar ausliefern, bloß weil es jemand verlangte. Sie hatten ihr jeden anderen Geldbetrag verweigert, den sie ihr schuldeten. Deshalb bestand keine Chance, oder sie versuchten sie zu täuschen, indem sie nur so taten, als wollten sie das Geld zurückzahlen. Sie umfaßte die Stuhllehne, hielt den Telefonhörer fest umklammert und wartete auf die nächsten Worte ihres Mannes.

Wenn Charley ihr sagte, daß die Prizzis sich weigerten, ihr das Geld zu geben, war sie sicher. Wenn er sagte, er hätte das Geld, versuchten sie, ihr beizukommen.

»Ich habe das Geld«, sagte Charley. »Es ist in deiner Reisetasche. Er hat es nicht einmal ausgepackt.«

Irene kam sich vor wie eine auf einem Wagen montierte Kamera, die mit rascher Beschleunigung zurückfuhr, Dutzende, dann Tausende von Kilometern, dann hinaus in den Weltraum, ohne jedoch aus dem Blickfeld zu verlieren, was sie aufzeichnete, nämlich eine entschwindende Erinnerung dessen, was sie für Charley empfunden hatte. Sie warf einen letzten Blick auf dieses Bild, dann löschte sie es für immer. Sie erinnerte sich des Tages, wo sie ihm ihre Liebe gestanden und ihm gesagt hatte, daß sie nicht wüßte, wie sie es ausdrücken sollte, denn sie hätte es nie zuvor gesagt. Und sie hatte es niemals zu irgendeinem anderen gesagt. An jenen Tag hatte sie nur deshalb so gern zurückgedacht, weil damals die Wahrheit ans Licht gekommen war. Sie glaubte, ihre eigene Stimme zu hören:

»Ich habe nie jemanden geliebt. Ich mußte mich immer selbst schützen, und man kann sich nicht schützen, wenn man jemanden liebt.«

Sie zerriß die Vergangenheit wie eine zwei Monate alte Telefonnotiz. Jetzt mußte sie sich schützen. Die Prizzis hatten einen Mann beauftragt, ihr das Lebenslicht auszublasen, und der Mann war Charley.

»Tatsächlich?« fragte sie. »Mann, das überrascht mich wirklich.«

»Ja«, sagte Charley. »Mich hätte es auch fast umgehauen.«

»Nun, ich bin froh, daß das geregelt ist. Behalt es einstweilen bei dir. Ich habe ungefähr drei Tage zu tun, um dieses Haus zu verkaufen und das Büro auszuräumen, dann werde ich nach New York kommen, und wir können etwas davon ausgeben.«

London ist der geeignete Ort, sagte sie sich. Dort gab es Schönheitschirurgen, man sprach die richtige Sprache, und sie würde sich neue Personalpapiere beschaffen können. Neun Stunden Zeitunterschied. Über den Pol, und sie könnte morgen abend dort sein, wenn sie am Morgen abreiste. Sie mußte bleiben, bis die Bank geöffnet wurde, um an das Schließfach heranzukommen.

»Ich weiß was Besseres«, entgegnete Charley. »Ich habe ein paar Tage frei, bevor ich die Wäscherei übernehme. Gerade habe ich einen Morgenflug nach Los Angeles gebucht. Wir können uns ein paar schöne Tage machen.«

Ein Kummer kam über sie wie ein Gletscher, der sich über sie schob und sie für immer unter sich begrub, als wäre sie ein Mastodon. Wie hatte sie nur auf diese verwünschte Liebestour hereinfallen können? Elf Jahre lang hatte sie am Aufbau ihres Geschäfts gearbeitet, des besten Geschäfts der Welt, steuerfrei und mit hohen Honoraren und einer wasserdichten ehrbaren Fassade. Sie hatte ein Haus, wie ihre Mutter es niemals auch nur zu Gesicht bekommen hatte. Wenn sie gelegentlich einen Mann gebraucht hatte, war es nie ein Problem gewesen, einen zu finden. Sie hatte das kalifornische Klima, einen Wagen, ihre Kleider und ihr Tresorschließfach, aber in alles das mußte ein Hang zur Selbstzerstörung in ihr eingebaut gewesen sein. Wie anders wäre es möglich gewesen, daß sie sehenden Auges in Charleys Liebesfalle getappt war und sich selbst um alles gebracht hatte, was sie besaß, einschließlich ihres Seelenfriedens?

Was war Charley? Ein Vieh, ein Strolch, ein sizilianischer Straßenräuber, der Leute in die Kniescheiben schoß oder mit dem Strick erwürgte. Er war alles, wovor Marxie, der die Sizilianer kannte, sie gewarnt hatte.

Wenn Charley nach Kalifornien käme, würde es seine letzte Reise irgendwohin sein.

Wenn Charley nach Kalifornien käme, bevor sie das Weite suchen konnte, würde sie ihn erschießen müssen. Zum ersten Mal verspürte sie Abscheu, nicht gegen Charley, sondern gegen das Prizzi-Geld, das sie hineingezogen und mit Charley zusammengebracht hatte. Sie hatte ihn geliebt. Aber das war jetzt alles vorbei. Sie hatte in ihrem Herzen ausgelöscht, daß sie ihn je getroffen, je gekannt hatte.

»Ich kenne dich, Charley«, sagte sie fröhlich. »Du kannst es nicht erwarten, dich um deine neuen Aufgaben zu kümmern. Warum hier draußen Zeit vergeuden? In drei Tagen werde ich wieder in Brooklyn sein.«

»Hör zu – wer weiß, wann ich mir wieder ein paar freie Tage nehmen kann«, schnurrte Charley ins Telefon, während ihm der Schweiß ausbrach. Er wußte, daß sie Lunte gerochen hatte und versuchte, ihnen zuvorzukommen. Sie war nur nach Los Angeles geflogen, um an das Tresorschließfach zu kommen. »Ach was«, fuhr er fort, »ich bin praktisch schon unterwegs. Ich kann jetzt nicht mehr zurück.«

»Okay, es liegt bei dir. Wie ist die Flugnummer? Ich werde dich am Flughafen abholen.«

Nachdem sie den Hörer aufgelegt hatte, ging sie zu dem Wandsafe in ihrem Kleiderschrank und sperrte ihn mit der Nummernkombination auf. Sie nahm eine 9-mm-Pistole heraus und schraubte den Schalldämpfer vom Lauf. Es war das richtige Kaliber für die kurze Distanz. Sorgfältig überprüfte sie den Mechanismus, dann lud sie die Waffe. Sie schloß den Safe, trug die Pistole in ihr Ankleidezimmer und legte sie in ihren Makeup-Koffer, dessen aufgeklappter Deckel zur Schlafzimmertür wies. Jesus, er war ein großer Brocken. Irgendwie würde sie ihn zur Garage hinausschleifen und in den Kofferraum des Mietwagens hieven müssen, den sie am Flughafen genommen hatte. Sie würde ihn in dem Mietwagen am Flughafen stehenlassen, genauso, wie er es mit Marxie gemacht hatte. Der Kummer war verflogen. Charley war ein Kontrakt, den sie mit sich selbst vereinbart hatte – bei vollem Honorar.

45.

Charley schnallte die Schulterhalfter auf der linken Brustseite fest, fühlte die Lederscheide mit dem Messer an seiner Wade, nahm Irenes leichte Reisetasche und seine eigene und verließ die Wohnung. Im Begriff, die Tür zu schließen, hörte er das Telefon läuten. Er ging wieder hinein und nahm den Hörer ab. Es war Maerose Prizzi.

»He, Charley!«

»Hallo, Mae. Ich war schon aus der Tür.«

»Wohin gehst du?«

»Ich muß zur anderen Küste.«

»Gerade habe ich die große Neuigkeit gehört. Jesus! Du bist ein richtiger Horatio Alger.«

»Wer soll das sein?«

»Dein Vater sagte mir, daß du unser Haus übernehmen wirst.«

»Hm, ja. Von hier ist es zu weit zur Wäscherei.«

»Ich habe darüber nachgedacht. Du kannst in dieser Höhle nicht leben. Sie ist eingerichtet wie die Hütte eines kalabrischen Kohlenbergmanns. Hör zu, du mußt mich das ganze Haus neu einrichten lassen. Als Hochzeitsgeschenk. Was sagst du dazu?«

»Das wäre kolossal, Mae.«

»Wird Irene einverstanden sein?«

»Ja«, sagte Charley.

»Ich meine, wir haben hier den Zugang und die Verbindungen. Wir können die besten Farben beschaffen, das beste Mobiliar, die passenden Tapeten. Natürlich werde ich alles mit ihr gemeinsam besprechen, um zu hören, wie sie es sieht und wie sie es haben möchte. Glaub mir, Charley, sie wird begeistert sein.«

»Du hast großartige Ideen, Mae. Hör zu, ich muß zum Flughafen.«

»Ruf mich an, wenn du zurückkommst, ja?«

Charley fuhr mit dem Chevy zum Flughafen und erreichte ihn bequeme zwölf Minuten vor dem Abflug.

Sie stand schon da, als er in die Halle des Abfertigungsschalters kam. Gott, was für eine attraktive Frau, dachte er. Er tat genau das Richtige. Eine Frau wie sie sollte nicht alt werden. Sie war reif.

Sie sprachen nicht. Sie gingen aufeinander zu und umarmten sich. Dann küßten sie sich, und für eine ausgedehnte Sekunde war sie nahe daran, ihre Meinung zu ändern. Zum erstenmal im Leben wünschte sie, sie wäre das Kind einer Spießerfamilie und Charley der Drogist an der Ecke. Aber er lebte durch das Schwert, sagte sie sich, und darum sprach alles dagegen, daß er in einem Bett sterben würde. Seine Zeit war gekommen.

Gemeinsame Verzweiflung lastete wie ein Berg auf ihren Schultern. So ist es mit allen Leuten, sagte er sich. Sie alle tun jeden Tag, was ich heute abend tun werde, sie töten, was sie lieben. Sie nehmen es auf und lassen sich davon wärmen und erfüllen, bis sie glauben, es gebe nicht genug Raum unter dem Himmel für ihre Freude. Dann, früher oder später, ziehen sie es hinaus in den Schnee und töten es, bevor es sie verändern kann.

»Hast du im Flugzeug gegessen, Charley?«

»Wo denkst du hin? Wir sind nur ein paar Kilometer von diesem feinen Lokal entfernt. Unserem Restaurant. Dort werde ich was essen, wenn ich aufhören kann, dich anzusehen.«

»Nun ja«, sagte sie, »schließlich sind wir seit mindestens vierundzwanzig Stunden getrennt gewesen.«

»Ich liebe dich, Baby.« Seine Zunge wurde zu Holz. Er sagte sich, sie müßte wissen, daß er hergeschickt worden war, um sie zu erledigen, aber sie dachte, er würde es wegen der fünfhundertvierzig Dollar tun. Wenn sie es vom geschäftlichen Standpunkt aus betrachtete, verstand sie sicher, daß Charley versuchen würde, ihr den verdienten Denkzettel zu geben. Er war der neue Chef, er wollte mit einer sauberen Bilanz anfangen. Aber sie hatte seit einer Woche keine Zeitung gelesen und konnte nicht ahnen, was für ein Ding aus dem Mord an dieser Frau geworden war, die das falsche Stockwerk gedrückt hatte. Sie konnte nicht wissen, daß sie der natürliche Sündenbock war, dessen Opferung dem Wind ein Ende machen würde, der in New York auf alle Familien blies und dem Geschäft schadete.

Sie gingen hinaus zu dem Mietwagen, einem gewaltigen Benzinsäufer mit großem Kofferraum. Irene fuhr.

»Ach was, Charley«, sagte sie, »laß uns nach Hause fahren und ins Bett gehen.«

»Noch nicht. Zuerst müssen wir zu diesem feinen Lokal. Ich träume davon, und du bist immer dabei. Es könnte die letzte Gelegenheit sein, die wir jemals haben, dort draußen zu sitzen und das Rauschen des Meeres zu hören und dieses Ananaszeug zu trinken.«

»Das Lokal wird später auch noch dort sein, Charley.«

»Sicher. Aber wo werden wir sein? Ich bin der neue Chef. Da gibt es eine Menge zu tun.«

Sie fuhr die Küstenstraße entlang und dachte, wenn dies ein Fernsehfilm und sie die Hauptdarstellerin wäre, die erfahren hätte, daß er eine andere Frau hatte und sie umbringen wollte, würde sie diesen Wagen mit ihm und sich selbst glatt über ein Kliff ins Meer stürzen.

Charley dachte, es wäre ein guter Ort, sie hier draußen zu eisen, wenn es dunkel würde. Sollte er sie zu einer schnellen Nummer in den Hügeln überreden? Sie würden hinauffahren, und er könnte ihr dort oben das Messer in die Brust stoßen, aber es war nur ein taktischer Gedanke. Er ging ihm als eine bloße Möglichkeit durch den Kopf. Er mußte sich in dem feinen Lokal, wo sie angefangen hatten, Zeit mit ihr nehmen.

Dann mußte er noch einmal mit ihr nach Haus fahren, zum letzten Mal.

Irene lenkte den Wagen auf den Parkplatz des Restaurants. »Ach, wozu jetzt ein Festessen, Charley? Laß uns nach Haus fahren.«

»Atmen wir doch wenigstens einen Hauch von den guten alten Tagen ein«, entgegnete er. »Weißt du, was ich dachte?«

»Was?«

»Wir haben diese Tasche voll Bargeld im Wagen. Wir könnten jetzt weiterfahren nach San Diego, dann nach Dallas fliegen und irgendwohin umsteigen. Wo würde es dir am besten gefallen?«

»Ich habe mal einen Reiseprospekt gesehen, den ich nie vergessen habe. Die Südinsel von Neuseeland ... Sehr still und sehr schön.«

»Dann laß uns hinfliegen, zum Teufel. Nehmen wir die Reisetasche und fliegen gleich hin.«

Sie nahm seine Hand, hob sie und küßte sie. »Wozu denn, Charley? Du weißt, sie würden uns finden – egal, wohin wir gingen. Ich meine, es wäre für die Prizzis eine Ehrensache, nicht wahr? Außerdem bist du jetzt Chef. Also wollen wir unser Glück würdigen. Wir können nächstes Jahr zur Südseeinsel fliegen.«

Er küßte sie leicht auf die Wange. »Noch einen von diesen verrückten Ananascocktails, dann kriechen wir unter die Decke.«

Sie schaltete die Zündung aus und öffnete den Wagenschlag.

Sie saßen am selben Tisch wie zuvor und bestellten beim selben Kellner. Beide fühlten sich in jene Zeit zurückversetzt, wo sie das Lokal zum erstenmal besucht hatten. Beide beschlossen, ihre jeweiligen tödlichen Pläne vorläufig hintanzustellen. Charley hielt Irenes Hand und blickte ihr in die Augen. Er sah wie einer von tausend Männern aus, die das Verliebtsein genießen. Doch sagte er sich immer wieder, daß er ein Profi wäre und das richtige Gleichgewicht der Dinge wahren müßte, damit sie nicht auf den Gedanken käme, er wollte sie auf den Abschuß vorbereiten. Voll Bitterkeit wünschte er sich, daß er ihr sein Herz hätte ausschütten können, um aus ihrem Mund zu hören, daß sie alles verstünde, daß es in Ordnung wäre, bis er die ganze Sache vielleicht sogar abblasen, ein paar Koffer packen und mit den fünfhundertvierzig aus dem Land verschwinden könnte.

»Hör mal, vielleicht sollten wir den Wagen zusperren«, schlug er vor. »Dein ganzes Geld steckt in der Tasche im Kofferraum.«

»Ich hätte nie gedacht, daß du die Prizzis dazu bringen würdest, es auszuzahlen«, sagte sie.

»Der Don ist dir dankbar, weil du Filargi geschnappt hast. Fünfhundertvierzig sind nichts. Für die Prizzis bist du ein großer Star.«

»Was für ein Geschäft!« bemerkte Irene.

Wozu dieses Gefasel, dachte sie. Das macht es nur schlimmer. Männer müssen jede Romanze bis zum letzten Tropfen ausquetschen. Alles, was sie taten, geschah immer aus den falschen Gründen. Charley war ein wundervoller Mann gewesen. In ihrem ganzen Leben hatte sie keinen gekannt, der sie so hatte aufwühlen können. Vielleicht waren sie diese zwei schwebenden Hälften eines einzigen Wesens, von denen die Poesie sprach, vielleicht brauchten sie nur eins – miteinander wahrhaftig zu sein in allem und sich niemals auf die Gründe anderer Leute und die schlechten Versuchungen einzulassen. Sie wünschte, sie hätten am Tag ihrer ersten Begegnung darüber gesprochen. Das gehörte zu den Dingen, die beide Seiten verstehen und beachten mußten. Es klappte nie, wenn nur einer es begriffen hatte. Nun war es zu spät, auch nur so zu denken.

Mit der Überlegung, daß solche Gedanken sie nur behindern und im Augenblick der Entscheidung benachteiligen könnten, ergriff sie seine andere Hand. »Wir sollten jetzt gehen, Charley.«

Als sie in der Zufahrt neben Irenes Haus anhielten und ausstiegen, sagte Charley: »Jedenfalls, hier sind deine fünfhundertvierzig.«

Sie öffnete die Seitentür des Hauses und lächelte ihm zu. »Bring sie herein. Wir werden die Tasche in denselben Wandschrank stellen, wo wir sie gefunden haben.«

Sie gingen in die Anrichte, dann in die Diele. Irene öffnete den Wandschrank. Er stellte ihr die Tasche vor die Füße, und sie schob sie mit dem rechten Fuß hinein und schloß die Tür.

»Willst du es nicht zählen?« fragte er.

»Wozu? Du hast es gezählt.«

Sie legten die Arme umeinander und stiegen die Treppe hinauf. Irene konnte die Magnum unter Charleys Jacke fühlen. »He, du trägst allerhand Hitze mit dir herum.«

»Warum nicht? Schließlich bin ich mit einer halben Million herumgelaufen.«

»Ich hoffe, du wirst sie nicht im Bett tragen.«

»Ich kann es nicht erwarten, das Ding loszuwerden.« An der Dekke von Irenes großem Schlafzimmer zog sich über dem enormen Bett ein Spiegel von einer Wand zur anderen. Sie setzte sich und sah zu, wie Charley sein Jackett aufhängte, dann die Pistolenhalfter abschnallte und in einen Kleiderschrank auf der anderen Seite des Raumes hängte.

Sie saßen Rücken an Rücken zu beiden Seiten des breiten Bettes, während sie sich auskleideten und in ihre Pyjamas schlüpften. Als Charley die Schlafanzughose angezogen hatte, stand er auf und ging mit nacktem Oberkörper ums Bett zum Badezimmer, damit sie sehen konnte, daß er unbewaffnet war.

»Ich fühle schon wieder was«, sagte er. »Vierundzwanzig Stunden ohne dich, und ich bin wild wie ein sexbesessener Unhold.«

»Halt es noch fünf Minuten warm, Liebster«, bat Irene lächelnd, den Blick verschleiert von unechter Lust. Als Charley zurückkam und sich in das niedrige Bett legte, stand sie auf und ging in den Ankleideraum. Er lag da, mit Marxies langem, dünnem Messer in der Rechten, die er auf der abgewandten Seite des Bettes herabhängen ließ. Das Kissen unter Kopf und Schultern geschoben, beobachtete er sie, während sie sich im beleuchteten Ankleideraum jenseits des halbdunklen Schlafzimmers die Haare bürstete.

Inzwischen faßte sie ihren Entschluß. Charley, wie er nun einmal war, würde mit einer Liebesnacht rechnen und nicht darauf gefaßt sein, wenn sie ihn jetzt erledigte. Sie legte die Bürste aus der Hand und blickte zurück ins Schlafzimmer. Er lag mit geschlossenen Augen da, schien sich auf die bevorstehenden Anstrengungen zu konzentrieren und wartete, bis sie zu ihm kommen würde.

Irene nahm die Pistole aus dem Make-up-Koffer und schirmte sie mit dem Körper ab, als sie den Arm sinken ließ, bis er gestreckt an ihrer Seite hing. Sie trat einen Schritt ins Schlafzimmer und hob die Pistole. Charley kam in Bewegung.

Er hob das Messer und schleuderte es mit ungeheurer Wucht über die fünf Meter, die sie trennten. Ihre Pistole feuerte, verfehlte ihn aber, weil das Messer ihren Kehlkopf zerschnitt, einen Halswirbel durchtrennte und sie an den Türrahmen in ihrem Rücken nagelte. In drei kurzen Sekunden war sie vom herrlichen Leben in den Tod hinübergegangen.

Charley zog sich sorgfältig an. Er trug sein Gepäck zur Diele hinunter, nahm Irenes Reisetasche aus dem Wandschrank und brachte beides auf dem Beifahrersitz des Wagens unter. Er öffnete den Kofferraum, ging zurück ins Haus und stapfte langsam die Stufen hinauf. Im Schlafzimmer mußte er seine ganze Kraft einsetzen, um ihr das Messer aus der Kehle zu ziehen. Und während ihr Körper grotesk in sich zusammensackte, wischte er Klinge und Heft bedachtsam mit einem Taschentuch sauber, steckte das Messer in die lederne Scheide und schnallte es wieder um die linke Wade.

Er kehrte zurück zu der Toten, hob die Pistole auf, die neben ihr lag, und feuerte einmal aus nächster Nähe in ihre linke Brustseite. Als er den warmen Leichnam aufhob, entdeckte er, daß er schluchzte.

Nachdem er Irene in eine Decke gewickelt hatte, legte er sie über die Schulter und trug sie die Treppe hinunter zur Seitentür. Er warf die Leiche in den Kofferraum und schloß den Deckel mit dem Gedanken, daß er wenigstens mit Irene nie verheiratet gewesen war. Die Heirat war ein Sakrament, das in einer katholischen Kirche unter den Augen Gottes vollzogen und gefeiert wurde, und kein Laienrichter namens Joseph Tierney Masters auf einem Rummelplatz wie Tijuana konnte eine wirkliche Ehe schließen. Das konnte nur ein Priester, und dafür hatte die Zeit nie gereicht. Die Zeit hatte nie für irgend etwas gereicht.

46.

Um sechzehn Uhr dreißig rief Charley seinen Vater vom Flughafen in Los Angeles an. »Es ist ein Eldorado mit kalifornischer Nummer«, sagte er. »Drei-eins-acht-sechs-eins-zwei. Hast du sie?«

»Ja.«

»Er steht auf der Ostseite des Parkplatzes ungefähr in der Mitte.«

»Du hast deine Sache gut gemacht, Charley.«

»Ja.«

»Wann geht deine Maschine?«

»In zwanzig Minuten.«

»Ich werde den Mann in einer halben Stunde anrufen. Wir sind vom Haken.«

Abends um halb acht war Charley wieder zu Hause in Brooklyn. Er schnallte das Messer vom Bein und verschloß es in dem Kasten in seinem Kleiderschrank. Dann zog er sich aus, duschte und legte sich ins Bett. Schon nach wenigen Sekunden war er eingeschlafen.

Er schlief bis in den nächsten Nachmittag. Nach einem kräftigen Frühstück putzte er alle Fenster in der Wohnung. Als er die Schränke säuberte, fand er zwei von Irenes Blusen und ein Kleid. Er steckte sie in einen großen Manilaumschlag, suchte die Anschrift der Heilsarmee im Telefonbuch und adressierte den Umschlag. Bis zehn vor fünf setzte er sich auf die Terrasse, dachte darüber nach, wie er die Familiengeschäfte leiten würde, und erkannte, daß Irene sich niemals in den Kreis der Prizzis, Sesteros und Garrones hätte einfügen können.

Er rief Maerose Prizzi in ihrem Büro an.

»Mae? Hier ist Charley.«

»He, Charley! Weißt du was? Meine Schwester Theresa ist gerade von ihrer Hochzeitsreise zurückgekommen.«

»Wo waren sie? Im Weltraum? Wie wäre es, wenn wir heute abend essen gingen?«

»Essen? Was meinst du?«

»Was soll ich meinen? Ich meine, laß uns irgendwo essen.«

»Du und ich und Irene?«

»Nein. Du und ich.«

»Was ist mit Irene?«

»Wir haben uns getrennt. Sie ist fortgegangen. Wie wär's?«

»Wie es wäre? Heiliger Bimbam, Charley! Sag mir bloß, wo wir uns treffen wollen!«

DER DON IST TOT

DER TOD

1.

Tony Fargo saß in dem dunklen Zimmer, beobachtete die Straße, die von nächtlichen Schatten erfüllt war, und den Parkplatz. Seine Finger strichen über das eingeölte Metall und das Holz eines Hochleistungsgewehrs, das auf den Armstützen seines Stuhls lag.

Er sah entspannt aus, saß in bequemer Haltung in dem schäbigen Lehnstuhl, den er ans Fenster gerückt hatte. Die Schuhe hatte er ausgezogen, das aufgeknöpfte Hemd entblößte seine muskulöse, unbehaarte Brust. Neben ihm auf dem Boden stand ein großer Lederkoffer, geschlossen und versperrt.

Geduldig wartete er und blickte auf die Straße hinab.

In der unerschütterlichen, stoischen Ruhe dieses Wartens lag etwas Bäurisches. Wenn er auch in Amerika geboren war, so floß doch das Blut von vielen Generationen sizilianischer Schäfer in seinen Adern. Das kam deutlich in der schlichten Kraft zum Ausdruck, die sein breites, grobknochiges Gesicht, der untersetzte Körperbau, die kurzen, starken Arme und Beine ausstrahlten.

Einen Großteil seiner dreißig Lebensjahre hatte er mit Jobs wie diesem zugebracht – mit Jobs, die hauptsächlich aus Warten bestanden.

Er kannte einen Mann, der Abwehr-Scharfschütze bei den Navy-Soldaten im Koreakrieg gewesen war. Der Bursche behauptete, er sei nur aus lauter Angst so gut gewesen. Weil immer ein Scharfschütze gegen den anderen gekämpft hatte, war immer der erste, der sich bewegt und seine Position verraten hatte, getötet worden. Und außerdem sagte der Junge, er hätte sich immer so gefürchtet, daß er eine ganze Woche still liegen konnte, ohne sich auch nur an der Nase zu kratzen.

Tony Fargo überlegte, daß er, wäre er dumm genug gewesen einzurücken, auch einen guten Abwehr-Scharfschützen abgegeben hätte. Nicht aus Angst. Diese nervöse Anspannung, unter der er immer stand, wenn er arbeitete, hatte nichts mit Angst zu tun. Vielleicht mangelte es ihm an Fantasie. Aber er besaß jene Art von Geduld, die man bei Sportanglern findet, für die das stundenlange

Warten nicht das Vorspiel des Fischfangs ist, sondern ein Vergnügen an sich.

Der Raum, in dem Tony saß, war das Wohnzimmer einer kleinen Wohnung im zweiten Stock an der Rückfront eines Sandsteinhauses in einem schäbigen Stadtteil, ein paar Blocks vom Frachtbahnhof entfernt. Er hatte die Lampe ausgeschaltet. Aus dem Radio tönte leise Musik, aber er hörte nicht richtig zu, die sanften Klänge dienten nur dazu, seine Nerven zu beruhigen. Durch die geschlossene Schlafzimmertür hörte er noch andere Geräusche. Frankie trieb es schon wieder mit dem Mädchen.

Irgendwie beneidete er Frankie. Wenn Tony einen Auftrag ausführte, konnte er jene Art von Lust nicht empfinden. Dann war es immer so, als hätte sein Sexualtrieb einen Kurzschluß bekommen. Dann hätte er nicht einmal bei Raquel Welch einen hochgekriegt.

Aber das Mädchen hätte nicht hier sein dürfen. Sie war nur eine Nutte und wußte nicht, was da vorging. Sie könnte zusätzliche Komplikationen verursachen.

Das war ja das Problem mit Frank Regalbuto. Tony mochte ihn. Frank war zäh, geistesgegenwärtig, unbekümmert, ein gutmütiger Gefährte. Aber er konnte auch verantwortungslos sein. Mit siebenundzwanzig hätte Frankie eigentlich zu erfahren sein müssen, um so einen Blödsinn zu machen.

Frankie hatte den Auftrag erhalten, einen sicheren Platz zu finden, von wo aus sie die Straße da unten beobachten konnten.

Als Tony angekommen war und festgestellt hatte, daß das Mädchen zu der Wohnung gehörte, war es zu spät gewesen, um einen anderen Raum zu suchen. Es hätte nichts genützt, sie wegzuschikken. Wenn irgendwas schiefging, würde sie womöglich ausplaudern, daß sie hier gewesen waren.

Jetzt ärgerte sich Tony nicht mehr über das Mädchen. Er hatte sie akzeptiert. Ihre Gegenwart fügte seinem Job nur eine andere Dimension hinzu. Wenn irgendwas schief lief, würde er sie töten müssen. Das würde dann auf Frankies Kappe gehen – nicht auf seine.

Tony blickte auf die Leuchtziffern seiner Armbanduhr. Ein paar Minuten nach Mitternacht. Gleich war es soweit.

Eine Viertelstunde nach Mitternacht fuhr der Kombiwagen, in dem der Araber und der Korse saßen, in die Stadt.

Ihr Ziel lag links. Der Araber wandte sich nach rechts.

Seine dünnen, schweißnassen Hände klebten am Lenkrad. Sein Herz hämmerte dumpf, sein Magen schmerzte. Was sie in diesem Wagen transportierten, bedeutete für jeden von ihnen ein Vermögen, auch wenn es durch zwei geteilt wurde und wenn man die Spesen abzog. Aber es war eine lange, mühsame Reise gewesen – vom Libanon bis hierher. Er hatte das Gefühl, als wäre er bei jeder Meile um ein Jahr gealtert.

Wenn sie es jetzt schafften, ohne Zwischenfälle die Ware abzuliefern und zu kassieren, dann würde er nie mehr einen Transportvertrag abschließen, das hatte er sich geschworen. Er würde wieder das werden, was er zuvor gewesen war – ein Makler, ein Mittelsmann zwischen den türkischen Schmugglern und den Käufern in Beirut, zufrieden mit einem kleineren, aber weniger nervenaufreibenden Profit.

Der große, kräftig gebaute Korse an seiner Seite hatte sich umgedreht, beobachtete mit schmalen Augen die Straße hinter dem Kombi, während der Araber aufs Geratewohl in eine andere Nebenstraße bog. Die Scheinwerfer, die sie verfolgt hatten, als sie die Stadt erreicht hatten, waren nicht mehr zu sehen. »Du kannst dich abregen«, sagte der Korse. »Sie sind verschwunden.«

Der Araber schaute in den Rückspiegel. »Vielleicht haben sie nur das Licht ausgeschaltet.«

Der Korse starrte noch eine volle Minute lang durch das Rückfenster. »Nein.«

»Und wenn du dich irrst? Wenn sie uns folgen, könnten sie mit anderen Autos vor uns in Funkverbindung stehen. Angenommen ...«

Der Korse fiel ihm gelassen ins Wort. »Du hast während der ganzen Fahrt in jedem Schatten einen Bullen gesehen.«

»Es könnte was Schlimmeres sein als Bullen. Hijacker ...«

»Nun«, meinte der Korse philosophisch, »deshalb hast du mich ja mitgenommen.«

Er wandte sich nach vorn und deponierte seine Luger-Automatic auf den zusammengefalteten Regenmantel, der zwischen ihnen auf dem Sitz lag. Dann griff er nach einem Stadtplan, studierte ihn, blickte nach draußen auf die Straßenschilder, als sie sich einer Kreuzung näherten. »Fahr jetzt nach links.«

Der Araber gehorchte.

»Jetzt wieder links«, sagte der Korse nach zwei Häuserblocks.

Nachts herrschte in dieser Gegend wenig Verkehr. Aber der Araber drosselte das Tempo auf dreißig Stundenkilometer, als sie sich dem Treffpunkt näherten.

Der Blick des Korsen glitt in die Seitenstraßen, die sie passierten, er schaute auch immer wieder nach hinten.

Es war zwanzig Minuten vor eins, als der Kombi in die Straße bog, die Tony Fargo beobachtete.

Der Araber verlangsamte die Geschwindigkeit, so daß sie nur noch im Schneckentempo dahinkrochen. Der Korse sah nach allen Seiten. »Offenbar ist die Luft rein.«

Der Araber leckte sich den salzigen Schweiß von der Oberlippe und steuerte den Kombi auf den Parkplatz. Er hielt neben der kleinen Bude an der Einfahrt.

Ein verschlafener schwarzer Parkplatzwächter kam heraus, während der Korse das Schießeisen unter dem Regenmantel verschwinden ließ.

»Wie lange wollen Sie dableiben?« fragte der Mann.

»Die ganze Nacht«, antwortete der Korse. Er sprach englisch mit einem starken Akzent, konnte sich aber verständlich machen. »Vielleicht morgen auch – oder noch länger.«

»Dann müssen Sie fünf Dollar hinterlegen. Sie kriegen was wieder, wenn der Wagen weniger als vierundzwanzig Stunden hier stehenbleibt. Wenn er länger dableibt, müssen Sie morgen was draufzahlen, wenn Sie wegfahren – fünfzig Cent pro Stunde. Und noch mal fünf Dollar, wenn weitere vierundzwanzig Stunden um sind.«

Der Korse zog ein paar Geldscheine aus seiner Tasche. Es dauerte eine Weile, bis er sich mit der fremden Währung zurechtfand. Schließlich schob er eine Fünf-Dollar-Note durch das Fenster. »Und jetzt?«

Der Neger zeigte auf einen freien Platz am Zaun, zwischen einem Laster und einem Firebird. »Fahren Sie da rein.«

»Danke.«

Der Araber lenkte den Kombi in die Parklücke und schaltete den

Motor aus. Der Korse nahm die Luger in die rechte Hand. Sein Finger glitt über den Abzug, als er den Regenmantel über die Waffe legte. Er stieg aus, sah sich langsam und aufmerksam um, hielt immer noch nach allen Seiten Ausschau, als der Araber die Handbremse anzog, die Lichter löschte, einen Schlüssel aus der Tasche zog und im Speziallenkradschloß herumdrehte.

Wenn jemand das Auto stehlen wollte, würde es mühsam sein und eine Menge Lärm machen, dieses Schloß aufzubrechen, bevor er davonfahren konnte.

Der Araber stieg aus, sperrte die Vordertüren zu, vergewisserte sich, daß auch die Hintertüren abgeschlossen waren. Der Korse observierte immer noch den Parkplatz, die schattigen Straßen und Gassen, die umliegenden Gebäude.

Er entdeckte niemanden, der sie beobachtete. Aber er wußte, daß jemand da war, der alle ihre Bewegungen verfolgte. Er konnte nur hoffen, daß es die Leute waren, mit denen sie sich treffen wollten.

Er sah den Araber an, dem es trotz seiner Nervosität zu widerstreben schien, den Kombi und die kostbare verborgene Fracht zu verlassen.

»Komm!« stieß der Korse hervor. Der Araber folgte ihm auf die Straße hinaus. Der Finger des Korsen spannte sich um den Abzug der Luger, die er unter dem Regenmantel versteckt hatte. Sie gingen einen Häuserblock entlang, dann blieb der Korse stehen. Ein paar Sekunden lang schaute er nach hinten. Schließlich zog er den Regenmantel an und steckte die Waffe in die Tasche. Aber seine Hand umfaßte immer noch den Griff.

Sie gingen um den Block herum und betraten ein kleines Hotel für Durchreisende namens Armitage. Es war nicht weiter schwierig, sich hier einzuquartieren. Das Zimmer war am Morgen reserviert worden. Der Page begleitete sie nach oben. Der Korse gab ihm ein Trinkgeld und schloß die Tür ab, während der Araber zwischen den Betten zum Fenster ging. Sie konnten den Kombi auf dem Parkplatz sehen.

Tony Fargo hatte von dem Fenster aus, das der Rückfront des Hotels Armitage direkt gegenüberlag, beobachtet, wie sie geparkt und den Kombi verlassen hatten. Als sie gegangen waren, beobachtete er den Kombi weiterhin; auch die Zugänge, die vom Parkplatz zur Straße führten. Hin und wieder fuhr ein Auto vorbei, oder ein Passant eilte nach Hause. Während die Nacht verstrich, waren immer weniger Autos oder Fußgänger zu sehen.

Zehn Minuten vor zwei torkelte ein Betrunkener um die Ecke. Er stolperte mühsam auf der anderen Straßenseite am Häuserblock entlang. Als er das Gebäude neben der Rückfront des Armitage erreichte, schien er über seine eigenen Füße zu straucheln. Er fiel gegen die Mauer, dann lehnte er daran, das Gesicht zum Parkplatz gewandt.

Tony Fargo griff nach dem Feldstecher, der neben seinem abgestumpften Colt Cobra .38er Revolver auf dem Tisch lag, und richtete ihn auf den Mann, der an der Mauer lehnte.

Er sah tatsächlich wie ein Betrunkener aus. Zerrissene, schmutzige Kleider, ein ungewaschenes Gesicht mit Bartstoppeln.

Der Betrunkene stieß sich von der Wand ab und taumelte weiter, verschwand aus Tonys Blickfeld.

Tony richtete den Feldstecher auf das Fenster des Zimmers, das der Araber und der Korse bewohnten. Die verrußten Jalousien waren herabgelassen. Offensichtlich waren die beiden schlafen gegangen.

Methodisch ließ Tony den Feldstecher über alle Fenster wandern, die er von seinem Beobachtungsposten aus sehen konnte. Dann über die Dächer. Schließlich in die Gassen und die überschatteten Eingänge. Wenn noch jemand in dieser Gegend eine Falle gestellt hatte, dann hatte er das verdammt schlau angefangen. Er konnte niemanden entdecken – noch nicht.

Er legte den Feldstecher wieder neben den .38er und wartete.

Eine so große Fracht konnte man nicht in die Stadt bringen, ohne daß die Polizei Wind davon bekam. Zu viele hungrige Suchtkranke krochen auf den Straßen herum, jammerten über ihre knappen Vorräte, und zu viele Dealer versicherten ihnen, daß ihr Hunger bald gestillt würde. Vor weniger als einem Jahr hatten ein paar Leute vom städtischen und vom bundesstaatlichen Rauschgiftdezernat eine fast ebenso große Fracht mitsamt den Männern kassiert, die das Zeug transportiert hatten. Sie hatten den Jungs am Übergabeort aufgelauert. Aber wenn die Polizei auch hinter dieser Fracht her wäre, hätte sie eine ganze Armee von Bullen in der Gegend postiert. Früher oder später würden sie sich durch irgendeine Unachtsamkeit verraten. Vielleicht würden sie sich den Stoff schnappen – aber diesmal konnten sie wenigstens niemanden einlochen.

Und wenn irgend jemand, der nicht zur Polizei gehörte, den Schauplatz beobachtete ...

Die Schlafzimmertür öffnete sich. Frank Regelbuto kam heraus und streckte sich in schläfriger Zufriedenheit. Er trug eine Hose, sein Oberkörper und die Füße waren nackt. Er hatte ebensoviel sizilianisches Blut in den Adern wie Tony, sah ihm aber überhaupt nicht ähnlich. Frank war groß, athletisch gebaut und schlank. Dunkelblaue Augen strahlten in einem schmalen, sommersprossigen Gesicht. Sein Haar war sandfarben. Hin und wieder konnte sein Temperament aufflammen, aber normalerweise wirkte er ruhig und gelassen. Er schloß die Schlafzimmertür hinter sich, ging in die kleine Küche und drehte den Wasserhahn an.

»Sperr die Tür zu«, sagte Tony. »Ich will nicht, daß sie rauskommt.«

»Sie ist weggetreten«, erzählte ihm Frank halb triumphierend, halb schüchtern. »Wenn ich sie ficke, Baby, dann schlafen sie hinterher immer wie die Toten. Du brauchst dir keine Sorgen um sie zu machen.«

»Ich mache mir aber Sorgen. Wenn man bedenkt, daß du der Sohn eines Don bist, benimmst du dich manchmal verdammt blöd.«

Frank grinste – nicht, um Tony zu zeigen, daß er sich nicht vor ihm fürchtete. Er war eben ganz einfach nicht beleidigt. »Wahrscheinlich bin ich gar kein richtiger Sohn vom alten *capo*«, meinte er gutmütig. Er hatte einen Topf mit Wasser gefüllt und stellte ihn auf den Herd. »Tut sich irgendwas da draußen?«

»Sie sind im Hotel.«

Frank trat ans Fenster und blickte auf den Parkplatz hinab. »Welcher Wagen ist es?«

»Der Kombi. Neben dem roten Firebird.«

Frank musterte das Auto, dann sah er sich um. »Wird's Ärger geben? Ist dir was aufgefallen?«

Tony dachte flüchtig an den zerlumpten Betrunkenen. »Ich denke nicht ... Jedenfalls bis jetzt nicht.«

2.

Frank kehrte in die Küche zurück und gab zwei Löffel Instantkaffee in eine Tasse. »Für dich auch?«

»Nein, ich werde mich ein bißchen hinlegen.« Tony nahm das Gewehr und stand auf. »Jetzt mußt du Wache halten.« Er lehnte das Gewehr an die Wand neben dem Fenster. »Weck mich, wenn dir irgendwas komisch vorkommt. Und wenn nicht, laß mich bis zehn schlafen.«

Frank Regalbuto nickte. Das Wasser kochte beinahe. Er goß es in die Tasse, gab noch zwei Löffel Zucker dazu und trug sie zu dem Tisch, auf dem der Feldstecher und Tonys .38er lagen.

Sein Jackett hatte er aufs Sofa geworfen. Er nahm seine Police Positive .38er aus der Tasche, während Tony zur Schlafzimmertür ging und zögernd stehenblieb, die Hand auf der Klinke. »Schlaf nicht ein.«

Frank sah ihn an und schüttelte mit einem schwachen Lächeln den Kopf. »*Antonio mio,* hör auf, dich wie ein kompletter Trottel aufzuführen. Sogar ich habe ein paar Gehirnwindungen im Kopf.«

»Ich hoffe es, Frankie«, sagte Tony. »Ich hoffe es inständig.«

Er ging ins Schlafzimmer und schloß die Tür. Der Raum war billig und mit einer Menge Krimskrams eingerichtet. Das Bett war sehr breit, aber der Körper des Mädchens mit den ausgestreckten Armen und Beinen nahm einen Großteil davon ein. Sie lag auf dem Rükken, schlief tief und fest, einen Ausdruck satter Zufriedenheit im Gesicht. Sie war sehr jung, mit festen, runden Brüsten. Die winzigen rosa Warzen zeigten jeweils in entgegengesetzte Ecken der Zimmerdecke. Auf dem Kopf hatte sie blonde Haare, aber zwischen den Schenkeln nicht.

Der Schlüssel steckte. Tony drehte ihn im Schloß herum, dann steckte er ihn ein. Er zog sich aus, faltete seine Sachen ordentlich zusammen und hängte sie über einen Stuhl. Als er sich ins Bett legte, schob er den linken Arm und das Bein des Mädchens weg, um mehr Platz zu haben. Sie drehte sich auf die Seite, ohne aufzuwachen, und begann leise zu schnarchen.

Wieder dachte er voller Neid an Frankie Regalbuto. Dann löschte er die kleine Nachttischlampe, streckte sich auf dem Bauch aus und verbannte alle Gedanken aus seinem Gehirn.

Nach wenigen Sekunden war er eingeschlafen.

Als er plötzlich erwachte, strömte das helle Licht der Morgensonne durch das Fenster herein. Rasch wandte er den Kopf zur Seite und sah, was ihn geweckt hatte. Das nackte Mädchen war aufgestanden und schlich auf Zehenspitzen zur Tür.

»Halt!« Er setzte sich auf und schwang die Beine über den Bettrand.

Verwirrt drehte sie sich um. »Großer Gott ...«

»Sie sollen in diesem Zimmer bleiben – das wissen Sie doch.«

»Ich brauche eine Tasse Kaffee, verdammt. Warum sind Sie denn so nervös? Was ist überhaupt los da draußen?«

»Wollen Sie das wirklich wissen?« fragte er leise.

Sie sah in seine Augen und unterdrückte einen Schauder. »Nein ... Ich will nur Kaffee. Ich habe einen schrecklichen Geschmack im Mund.«

Tony Fargo sah auf seine Uhr. Zwanzig Minuten vor zehn. Es hatte keinen Sinn, noch einmal einzuschlafen. »Setzen Sie sich, ich bringe Ihnen eine Tasse Kaffee.«

Sie ließ sich in den Polstersessel vor dem Toilettentisch fallen und schaute zu, wie er aufstand und zu dem Stuhl ging, über dem seine Kleider hingen. »Du lieber Himmel, Sie sehen aber stark aus.«

»Ich bin auch stark.« Er setzte sich und begann seine Socken überzustreifen.

Sie warf einen Blick zwischen seine Schenkel und kicherte. »Aber nicht so stark wie Frankie.«

Er spürte, wie ihm das Blut heiß in die Wangen stieg. Unter normalen Umständen hätte er ihr jetzt eine Ohrfeige gegeben, die sie quer durchs ganze Zimmer geschleudert hätte. Aber dies waren keine normalen Umstände. »Du machst mich eben nicht an«, stieß er zwischen den Zähnen hervor. »Ich bin schwul.«

»Oh!« Sie sah ihn voller Mitleid an und nahm es ernst, was er da gesagt hatte. »Das tut mir leid.«

Ihre Dummheit besänftigte ihn. »Warum? Meinem Freund gefällt's.«

Er stand auf, zog die Unterhose und die Hose an, schlüpfte in sein Sporthemd, nahm den Schlüssel aus der Tasche und schloß die Tür auf.

»Bleiben Sie hier«, sagte er, ging hinaus und machte die Tür hinter sich zu.

Frank Regalbuto saß zusammengesunken im Lehnstuhl, die nackten Füße auf dem Fensterbrett. Er wandte den Kopf und sah Tony an. Obwohl er fast die ganze Nacht Wache gehalten hatte, war sein Blick immer noch klar. »Gut geschlafen?«

»Ja.« Tony ging zum Fenster. »Gibt's irgendwas Neues?«

»Hm – wenn's da draußen irgendwo eine Falle gibt, dann ist das die klammheimlichste, die ich je erlebt habe.«

Tony schaute auf den Parkplatz und die Straße. Autos und Fußgänger in normaler Anzahl. Sein Blick wanderte über die umliegenden Gebäude und die Dächer. Nichts. Er griff nach dem Feldstecher, richtete ihn auf das Hotelzimmer, das der Araber und der Korse bewohnten. Die Jalousien waren immer noch herabgelassen, aber die Stäbe geöffnet, und dahinter sah Tony die vagen Umrisse eines Mannes.

Er legte den Feldstecher beiseite, setzte sich aufs Sofa und zog seine Mokassins an. »Ich gehe spazieren.«

»Okay.« Frank stand auf, streckte sich und stöhnte. »Mein Rücken ist ganz steif.« Er machte zwei Rumpfbeugen mit gestreckten Knien. Bei der dritten gelang es ihm, die Zehenspitzen mit den Fingern zu berühren.

Tony steckte seinen Colt Cobra in den Hosenbund, dann schlüpfte er in das Jackett und schloß einen Knopf, um die Waffe zu verdecken. »Die Hure will Kaffee.«

»Ich auch.« Frank ging in die Küche und drehte den Wasserhahn auf.

»Sieh zu, daß sie den Kaffee im Schlafzimmer trinkt!« mahnte Tony, als er sich zur Tür wandte. »Laß sie nicht heraus.«

Frank seufzte. »Allmählich hab' ich's begriffen.«

»Wird auch Zeit«, knurrte Tony und ging hinaus.

Die Treppe war schmal und mit zerrissenem Linoleum ausgelegt. Das ganze Haus war von jenem gemischten Geruch nach Küchendünsten und Abfall erfüllt, der angenehme Erinnerungen an seine Kindheit weckte. Keine der Türen, die er auf seinem Weg nach unten passierte, stand offen. Der Flur im Erdgeschoß führte von der Vorder- zur Hintertür. Tony machte einen Bogen um ein paar große, offene Mülleimer und verließ das Haus durch den Hinterausgang.

Kinder spielten in der Gasse. Sonst war niemand zu sehen. Er wanderte durch die Gasse zur Hauptstraße und blieb auf dem Gehsteig stehen. Passanten eilten vorbei. Niemand schlenderte gemächlich dahin. Tony hielt nach Männern Ausschau, die in geparkten Autos saßen, konnte aber keine entdecken.

Er überquerte die Straße, betrat einen Laden und bat um eine Packung Zigaretten. Außer ihm war nur noch eine einzige Kundin da, eine dicke alte Dame, die in Comic-Heften wühlte. Er bezahlte die Zigaretten, verließ das Geschäft und ging zu der Straße, die am Parkplatz entlangführte.

Als er dort angekommen war, blieb er stehen, um sich eine Zigarette anzuzünden. Er nahm sich viel Zeit dafür, seine blinzelnden Augen glitten über alle Gebäude in der Umgebung, über jeden Wagen, der auf dem Parkplatz stand. Dann schlenderte er einen Häuserblock weiter. An der nächsten Straßenecke lag ein kleines Restaurant. Er ging hinein, bestellte Orangensaft, Kaffee und Blätterteiggebäck. Während er den Saft trank, musterte er die Leute, die an der Theke standen – im Spiegel, der dahinter hing. Keiner roch nach Polizei. Hauptsächlich Lastwagenfahrer. Natürlich konnten einige auch Bullen sein. Aber das glaubte Tony nicht. Sie aßen alle viel zu schnell und konnten es offenbar nicht erwarten, sich wieder auf den Weg machen zu können.

Er nippte an seinem Kaffee, drehte den Stuhl herum, und während er das Gebäck verspeiste, blickte er aus dem großen Spiegelglasfenster. Ein Auto, das die Straße herabkam, erregte seine Aufmerksamkeit. Es fuhr viel zu langsam. Außer dem Fahrer saß niemand darin. Der Wagen bog in eine Parklücke. Der Fahrer sprang heraus, schaute auf seine Uhr und marschierte davon. Tony wandte sich wieder zur Theke und leerte seine Kaffeetasse.

Nachdem er das Lokal verlassen hatte, schlenderte er um den Block herum zum Armitage. Er betrat die kleine Halle. Der Empfangschef saß hinter seiner Theke, las Zeitung und blickte nicht auf. Ein älteres Paar hockte auf einem Sofa an der Wand und studierte einen Stadtplan. Ein Page fegte den Boden. Sonst war niemand da. Tony ging wieder hinaus.

Sein Rundgang entsprach ungefähr einem Kreis, umfaßte vier Häuserblocks rings um den Parkplatz. Ein paarmal machte er einen Abstecher in schmale Gassen. Einmal kletterte er eine Feuerleiter hinauf und überblickte die Umgebung von einem Dach aus. Schließlich kehrte er in das Restaurant zurück.

»Zwei Hamburger.«

Er bezahlte, klemmte sich das Paket, das in braunes Papier gewickelt war, unter den Arm, überquerte die Straße und steuerte auf das Sandsteinhaus zu. Diesmal ging er durch die Vordertür hinein.

Frank Regalbuto stand am Fenster, als Tony hereinkam. Blitzschnell drehte er sich um, seine blauen Augen stellten eine Frage.

»Wir sind die einzigen.«

Tony legte das Paket auf den Tisch und wickelte einen Hamburger aus.

»Bist du sicher?«

Tony sah ihn nur an.

Franks verkrampfte Schultern entspannten sich ein wenig. Jetzt, wo es an der Zeit war, die Initiative zu ergreifen, wurde er nervös. »Also, dann wollen wir mal.« Er zog das Telefon zu sich heran und wählte die Nummer des Armitage. »Zimmer zweiundvierzig.«

Tony biß in seinen Hamburger, nahm eine Milchflasche aus dem Kühlschrank und füllte sein Glas.

Frank hörte den Vermittlungsschrank des Hotels tuckern. In Zimmer zweiundvierzig hob jemand ab, sagte aber nichts. Nur das Geräusch hastiger Atemzüge drang durch die Leitung.

»Heute ist das Wetter schön, und die Kinder können draußen spielen«, sagte Frank auf italienisch und kam sich ziemlich albern vor.

»Ja«, antwortete der Korse, ebenfalls auf italienisch, »und die Vögel singen.«

Nachdem sich beide Seiten identifiziert hatten, erklärte Frank: »Keine Probleme. Wir können uns in zehn Minuten treffen.«

»Gut.« Der Korse legte auf.

Frank schob den Apparat beiseite und begann den anderen Hamburger zu verschlingen. Tony spülte den letzten Bissen mit Milch hinunter und griff nach dem Gewehr. Schnell und geschickt nahm er es auseinander, steckte die Teile zusammen mit dem Feldstecher in eine Segeltuchtasche, die bereits eine Waage enthielt. Er zog den Reißverschluß der Tasche zu, dann ging er ins Schlafzimmer.

Sie war nicht da. Wasserrauschen drang durch die offene Badezimmertür Tony betrat den kleinen Raum. Der grüne Plastikduschvorhang war vor die Badewanne gezogen. Tony stellte sich vor die Toilette und urinierte. Das Mädchen schob den Vorhang ein Stück zur Seite und sah ihn an. Tony schloß den Reißverschluß von seinem Hosenschlitz und wandte sich zu ihr. »Wir gehen jetzt. Seien Sie vernünftig, und gehen Sie erst in einer Stunde in den anderen Raum. In einer Stunde, verstanden?«

Sie blickte in seine Augen und nickte hastig. »Ja.«

Er sah ihr an, daß sie gehorchen würde, kehrte ins Wohnzimmer zurück und schloß die Tür hinter sich.

Frank zog sein Jackett an. Er knöpfte es nicht zu, schob seinen .38er in die rechte Tasche. Die Ausbuchtung fiel nicht weiter auf, wenn man nicht zu genau hinschaute.

Tony Fargo nahm die Segeltuchtasche in die linke Hand und ging hinaus. Frank Regalbuto folgte ihm mit dem großen, schweren Lederkoffer.

Der Araber und der Korse waren schon da, als sie den Parkplatz betraten. Der Araber hatte die Wagentüren aufgeschlossen, beugte sich hinein und öffnete das Lenkradschloß. Der Korse stand neben dem Kombi. Der Regenmantel hing über seinem rechten Unterarm und verbarg seine Hand. Tony hakte den rechten Daumen um einen Knopf seines Jacketts, so daß die Finger den Revolver berührten, der darunter verborgen war.

Der Araber richtete sich auf, als sie den Kombi erreichten, und starrte sie nervös an.

Frank lächelte verkniffen. »Ihr hattet recht – die Vögel singen.«

Der Araber entspannte sich ein bißchen. Der Korse nicht. Er schaute Tony Fargo an, der den Blick stumm erwiderte, sie waren sich nie zuvor begegnet, aber der eine las in den Augen des anderen ein Wiedererkennen. Zwei professionelle Henker musterten einander.

Gierig blickte der Araber auf den Koffer, ging zur Heckklappe des Kombis und öffnete sie. Frank schob den Koffer hinein, Tony stellte die Segeltuchtasche daneben. Sein Daumen umfaßte immer noch den Jackenknopf.

Frank setzte sich ans Steuer, der Korse kletterte auf den Rücksitz. Der Araber schloß die Heckklappe und wollte neben dem Korsen Platz nehmen, aber Tony hielt ihn mit der Linken am Arm fest. »Nein. Steigen Sie vorn ein.«

Der Araber nickte und gehorchte hastig. Tony stieg in den Fond und schloß die Tür. Er knüpfte das Jackett auf, plazierte die Rechte flach auf seinem Magen, direkt über dem Griff des .38er. Der Korse an seiner Seite hatte beide Hände mitsamt dem Regenmantel und der darunter versteckten Luger in den Schoß gelegt. Er schenkte Tony ein dünnes Lächeln, das dieser nicht erwiderte. Tonys braune Augen blickten ihn an, ohne mit den Wimpern zu zucken – geschäftsmäßig.

Frank lenkte den Wagen vom Parkplatz und fuhr aus der Stadt.

Es dauerte über eine Stunde, bis sie ihr Ziel erreicht hatten. Sie fuhren durch Vororte auf den Interstate Highway, der ins Farmland führte. Nachdem sie vom Highway abgebogen waren, ging es über mehrere Landstraßen weiter. Tony oder der Korse blickten hin und wieder nach hinten. Sie wurden nicht verfolgt.

Schließlich steuerte Frank den Kombi in eine Sandstraße, die keine frischen Reifenspuren aufwies. Er hielt im Hof einer verlassenen Farm, der von Unkraut überwuchert war, neben einer halbverfallenen, verwitterten Scheune.

Tony und der Korse stiegen zuerst aus. Es sah so aus, als wäre hier schon seit Jahren niemand mehr gewesen. Tony zog den .38er aus dem Hosenbund und ging mit dem Korsen durch das offene Scheunentor.

Drinnen war es hell genug. Das Tageslicht fiel durch große Löcher in den Wänden herein. Sie spähten in alle Ecken. Die Scheune war leer. Tony stieg die Leiter zum Heuboden hinauf und sah sich oben um.

»Niemand da«, verkündete er und kletterte wieder hinunter. Sie gingen hinaus und bedeuteten den anderen, daß die Luft rein war.

Frank fuhr den Kombi in die Scheune. Tony und der Korse kamen wieder herein und sahen zu, wie der Araber die Heckklappe öffnete. Frank stieg aus, ging nach hinten, nahm den Koffer und die Segeltuchtasche heraus und stellte beides auf den Boden.

Der Araber drückte auf einen Hebel an der Rückwand des Gepäckraums. In anderen Kombis liegt hinter dieser Wand ein dritter Sitz. Hier hatte man an dieser Stelle einen großen Spezialgepäckraum eingebaut.

Frank sah Tony an und lächelte schwach. Tony steckte den .38er wieder in den Hosenbund, ließ aber die Hand darauf liegen und den Korsen nicht aus den Augen.

Frank hob einen der Plastiksäcke heraus, öffnete ihn, tauchte einen Finger hinein. Er hielt die Fingerspitze an die Zunge und nickte. Der Geschmack war genau richtig. Er schloß den Plastikbeutel, warf ihn zu den anderen zurück, dann zog er einen der Säcke hervor, die zuunterst lagen – dessen Inhalt schmeckte ebenfalls genau richtig.

Zufrieden bückte er sich, machte die Segeltuchtasche auf und nahm die Waage heraus. Auf die eine Schale legte er ein zylinderförmiges Gewicht, zog ein kleines Notizbuch und einen Kugelschreiber aus der Innentasche seines Jacketts.

»Jetzt sollten wir das Geld zählen«, meinte der Korse.

Frank holte einen Schlüssel aus seiner Tasche und gab ihn dem Araber, der damit den großen Lederkoffer aufschloß. Zunächst konnte er die sauber gebündelten Dollarscheine nur anstarren. Dann begann er, sie sorgfältig zu zählen.

Es mußten vierhunderttausend sein, eingesammelt von Don Paolo Regalbuto und diversen Mitgliedern der Mafia-Familie.

Und die Plastiksäcke mußten dreißig Kilo reines Heroin enthalten.

Das bedeutete einen enormen Profit für den Araber und den Korsen – und ein noch besseres Geschäft für die Investoren aus der Regalbuto-Familie.

Eine syrisch-libanesische Schmugglerbande hatte türkischen Mohnzüchtern zehntausendzweihundert Dollar für dreihundert Pfund Opium bezahlt. Daraus hatten sie die dreißig Pfund Morphium hergestellt, die sie in Beirut verkauft hatten.

Der Araber und der Korse hatten den Schmugglern zweiundzwanzigtausend Dollar dafür bezahlt. Die Kosten der chemischen Umwandlung der Morphiumbasis in Heroin sowie die Transportkosten steigerten ihre Gesamtinvestition auf fünfunddreißigtausend Dollar. Also verdienten sie an diesem einen Trip über dreihunderttausend.

Sobald die Regalbuto-Familie das reine Heroin mit Babypuder verdünnt und an die Dealer weitergegeben hatte, würde das Heroin, das sich jetzt im Kombi befand, im Einzelhandel, wenn es an die Süchtigen verkauft wurde, zwölf Millionen einbringen.

Während der Araber das Geld zählte, legte Frank den ersten Beutel mit dem weißen Pulver auf die Waage. Das Gewicht stimmte haargenau. Er machte sich eine Notiz, nahm den Beutel von der Waage, stellte den nächsten darauf.

Eine rauhe, scharfe Stimme erklang hinter ihm. »Halt! Arme ausbreiten! Möglichst weit vom Körper weg. Jeder, der was anderes tut, wird tot sein, bevor er sich noch klarmachen kann, wie dumm er war!«

3.

Tony Fargo breitete die Arme aus, ganz weit, und wandte vorsichtig den Kopf zur Seite, um über die Schulter zu blicken.

Der Mann, der hinter ihm in der Tür stand, hielt eine Maschinenpistole in der Hand und sah so aus, als wüßte er ganz genau, wie man damit umgehen muß. Die anderen drei, die jetzt hereinkamen, an dem ersten vorbeigingen und sich in der Scheune verteilten, waren mit Revolvern bewaffnet.

Sie waren verschieden groß, auch von verschiedenem Körperbau, aber alle hatten Nylonstrümpfe über die Köpfe gezogen, wodurch ihre Gesichtszüge verflacht, verzerrt und unkenntlich gemacht wurden.

Der Korse breitete die Arme aus, ohne sich umzuschauen. Frank wandte sich von der Waage ab und sah die vier Eindringlinge aufmerksam an, bevor er sich langsam erhob und den Befehl befolgte. Der Araber, der vor dem Koffer kniete, über das Geld gebeugt, verharrte in dieser Haltung, streckte aber beide Arme von sich.

»Das ist für den Anfang schon mal ganz nett«, meinte der Mann mit der Maschinenpistole. »Sie mit dem Regenmantel! Lassen Sie das Ding mal fallen!«

Der Korse schien ihn nicht zu verstehen. Frank wiederholte den Befehl auf italienisch. Der Korse ließ den Mantel von seinem Unterarm gleiten, so daß er auf den weichen Boden fiel, immer noch die Luger zwischen seinen Falten.

»So, jetzt hebt die Arme über den Kopf – so hoch ihr könnt!«

Über ihnen kroch Tony Fargos Bruder Vincent zum Rand des Heubodens und zielte mit seiner Hochleistungs-Pumpenschrotflinte.

»Ich hab's dir ja gesagt!« jubelte der Revolvermann, der links neben dem Anführer stand. »Auf diese Weise kriegen wir den Stoff *und* den Zaster.«

Vince Fargo drückte ab. Die Schrotflinte krachte, der Rückstoß traf ihn hart in die Schulter. Er pumpte die nächste Patrone in die Kammer, während sich die Schrotladung in den Rücken des Maschinenpistolenbesitzers bohrte, Knochen und Fleisch zerfetzte. Die Wucht der Geschosse schleuderte ihn quer durch die Scheune. Er fiel zu Boden, wie eine große, zerbrochene Puppe.

Die Schrotflinte knallte noch einmal, als die drei anderen herumwirbelten, um nach oben zu feuern. Die Ladung riß dem zweiten Hijacker die Beine unter dem Körper weg, mit einem gellenden Aufschrei ging er zu Boden.

Tony Fargo fuhr herum, riß den .38er aus dem Hosenbund. Die Waffe krachte, ruckte zweimal in seiner Faust in blitzschneller Folge. Die erste Kugel traf einen Hijacker in die Seite, riß ihn herum, die zweite raste ihm in den Mund, zertrümmerte ein paar Zähne und fuhr aus dem Kopf heraus, begleitet von einem Schädelsegment.

Der Korse war nur einen Sekundenbruchteil langsamer. Er warf sich seitwärts zu Boden, rollte sich herum, zog die Luger unter dem Regenmantel hervor, wobei er gleichzeitig feuerte. Die Kugel traf den vierten Hijacker ins Auge, und dann ins Gehirn.

Der Mann mit den zerschmetterten Beinen versuchte zu seinem Revolver zu robben, der auf den Boden gefallen war. Tony und der Korse schossen in derselben Sekunde auf ihn. Beide Kugeln bohrten sich seitlich in seinen Kopf. Sein Gesicht sank in den Staub, er rührte sich nicht mehr. Von der einen Hälfte seines Kopfes war nicht viel übriggeblieben – nur eine breiige Masse aus Blut, Gehirn- und Schädelfragmenten.

Die plötzliche Stille war fast greifbar. Der Geruch des Schießpulvers brannte in den Nasenlöchern der Überlebenden.

Es war vorbei.

Frank Regalbuto hielt eine Waffe in der Hand, die er nicht hatte benutzen müssen.

Der Araber wandte sich von dem Geldkoffer ab und erbrach alles, was er in den vergangenen beiden Tagen gegessen hatte.

Vince Fargo begann die Leiter vom Heuboden herabzuklettern, die Schrotflinte in der Hand. Er war fünf Jahre älter als sein Bruder, sah aber fünfzehn Jahre älter aus. Er hatte graues Haar, eine kleine Glatze am Hinterkopf, zwanzig Pfund Fett auf den Knochen und drei eheliche Kinder.

Der Korse stand auf, sah mit gerunzelter Stirn von Vince zu Tony, immer noch die schußbereite Luger in der Hand. Tony lächelte ihn mit einem kurzen Zucken der Mundwinkel an und senkte den .38er, ließ aber den Finger am Abzug. »Sei kein Narr!« riet er dem Korsen auf italienisch. »Das Geld gehört euch.«

Der Korse senkte die Luger ein wenig, sein Blick blieb vorsichtig.

Vince Fargo sprang von der untersten Leitersprosse, blickte auf die vier Leichen, die in ihrem Blut auf dem staubigen Boden lagen. »Diese miesen Bastarde!« Er sah Frank an. »Sag deinem Vater, daß er irgendwo in seiner Organisation ein Leck hat.«

Frank Regalbuto nickte ernsthaft. »Das ist wohl klar.« Er zog den Toten die Strumpfmasken von den Gesichtern. »Kennt ihr sie?«

Tony und Vince schüttelten die Köpfe.

»Wahrscheinlich waren sie Touristen«, meinte Vince.

Frank zog einer der Leichen eine Brieftasche aus der Innentasche seines Jacketts und sah sich den Führerschein an. »New York.«

»Wie ich sagte – Touristen. Bastarde!«

Frank inspizierte auch die Führerscheine der anderen und notierte sich die Namen. »Das hilft uns vielleicht rauszufinden, wo unser Leck ist.«

Tony sah ihn überrascht an, mit neuem Respekt.

»Ich hole das Auto«, sagte Vince, verließ die Scheune und ging zu einem Wäldchen mit dichtem Unterholz, das eine halbe Meile entfernt lag.

Der Araber wischte sich mit dem Ärmel den Mund ab und begann wieder, das Geld im Koffer zu zählen, fing noch einmal von vorn an. Frank fuhr fort, die Plastiksäcke zu wiegen.

Als Vince einen neuen grünen Mustang zur Scheune lenkte, waren sie mit ihrer Arbeit fertig. Der Araber schloß den Koffer, Frank warf die Säcke in den verborgenen Gepäckraum des Wagens zurück.

Der Handel war korrekt, für beide Seiten. Dreißig Kilo reines Heroin – vierhunderttausend Dollar.

»Das Auto gehört euch«, teilte Frank dem Araber und dem Korsen mit. »Ein Bonus von Don Paolo.«

Ohne sich zu bedanken, trugen die beiden Männer, die ihren Transportvertrag erfüllt hatten – was den Profit auf beiden Seiten steigerte –, den Koffer zu dem Mustang hinaus.

Als das Motorengeräusch verklungen war, schloß Frank den Geheimgepäckraum und die Heckklappe des Kombis.

»Okay«, sagte Vince, »bringen wir das Schiff in den Hafen.«

Frank schaute auf die Leichen. »Was sollen wir mit ihnen machen?«

»Mach dir keine Sorgen um diese Scheißer«, erwiderte Vince. »Das ist unsere Sache. Um die kümmern wir uns später.«

Tony nickte. »Wir sind immer noch deine Eskorte.« Er sah seinen Bruder an. Worte waren überflüssig zwischen ihnen. Nach Einbruch der Dunkelheit würden sie mit einem Zementmischwagen von der Fargo Brothers Construction Company zurückkommen. Und am Morgen würden vier tote Hijacker in den Grundmauern des neuen Bristol Motels stecken.

Frank setzte sich ans Steuer, Tony nahm neben ihm Platz. Vince stieg mit seiner Schrotflinte in den Fond.

Eine Stunde später fuhren sie in Bill Ryans Autowerkstatt. Zwei *soldati* von der Regalbuto-Familie, die sie erwartet hatten, schlossen das schwere Metalltor hinter dem Kombi. Ein Licht flammte in der Werkstatt auf, drei weitere *soldati* traten aus den Schatten der Ecken hervor. Frank stieg aus dem Kombi, sah seinen Onkel, Vito Riccobono, aus dem Hintergrund des großen Raumes auf sich zukommen. Er wollte triumphierend grinsen, doch da entdeckte er Tränen in den Augen seines Onkels.

»Frank – dein Vater ...« Die Worte erstickten in Vitos Hals.

»Spuck's aus, verdammt!« Aber Frank hatte es bereits erraten.

»Der Don ist tot.«

4.

Don Angelo DiMorra stand am Grab seines toten Freundes. Heiße Tränen, derer er sich nicht schämte, liefen über seine schmalen Wangen, während er der Lobeshymne des Priesters lauschte.

Er hatte Paolo immer wieder gesagt, daß er zu dick sei. Und die Ärzte hatten ihn auch gewarnt.

Aber Don Paolo Regalbuto hatte seine kleinen Laster zu sehr genossen, um auf solche Warnungen zu achten. Er hatte sich weiterhin mit Pasta, getränkt in üppigen Saucen, vollgestopft, täglich seine zwei oder drei Flaschen schweren Rotwein getrunken, eine große Zigarre nach der anderen gepafft und sich in den Armen junger Mädchen überanstrengt. Und dann war er mit vierundsechzig Jahren gestorben, als er die Treppe seines Hauses hinaufgestiegen war.

Angelo DiMorra überlegte, daß er nicht viel jünger war. Neunundfünfzig. Aber er war in einer besseren körperlichen Verfassung, als Paolo sie besessen hatte. Er legte großen Wert auf seine Gesundheit. Seit seinem vierzigsten Lebensjahr verzichtete er auf Pasta, Sauce und Süßigkeiten. Es fiel ihm nicht schwer. Seine Selbstkontrolle und Willenskraft waren allgemein bekannt. Er trank mäßig, einen kleinen Scotch mit viel Wasser vor dem Dinner. Er rauchte nicht. Seine Frau interessierte sich nicht mehr für Sex, und DiMorra benutzte häufig junge Mädchen, nur um sich seine Manneskraft zu beweisen. Morgens vor dem Frühstück pflegte er lange Spaziergänge zu unternehmen und abends noch einmal.

Auf diese Weise hielt er sich fit, sowohl geistig als auch körperlich. Er war schon immer ein attraktiver Mann gewesen, und das Alter hatte sein gutes Aussehen nicht beeinträchtigt, hatte es höchstens reifen lassen. Sein Haar war grau, aber immer noch dicht. Manche Leute dachten, er wäre ein Filmstar in den besten Jahren.

Trotz alledem erinnerte ihn der Tod seines alten Freundes daran, daß er nicht mehr viel Zeit hatte. Überrascht ertappte er sich dabei, wie er überlegte, ob ihm die kommenden Jahre noch mehr bieten könnten als die Leitung seines geschäftlichen Imperiums. Und die Freude auf ein teures Prunkbegräbnis.

Das Begräbnis Don Paolo Regalbutos war das größte, das die Stadt je erlebt hatte. Die Blumenmassen, die man dem toten Anführer als letzten Tribut gesandt hatte, füllten elf Friedhofskarren. Die Limousinen, in denen die Trauergäste vom Bestattungsinstitut zur Kirche und zum Friedhof gefahren waren, hatten den Verkehr entlang mehrerer Dutzend Häuserblocks lahmgelegt.

Die Trauernden waren Mitglieder der drei Familien, die in der Unterwelt der Stadt regierten. Es waren auch Würdenträger dabei, die andere Mafia-Familien im ganzen Land entsandt hatten, auch gewöhnliche Bürger, die dem verstorbenen Don verpflichtet waren und ihm jetzt die letzte Ehre erwiesen.

Keiner der Politiker oder Geschäftsmänner, die Don Paolo Dank schuldeten, war erschienen. Dazu waren zu viele Polizisten und Reporter anwesend. Die Stadtpolizei stand bereit, um den Verkehr um die Wagenprozession der Trauergäste herumzuleiten und, wenn nötig, für Ordnung zu sorgen. Zivilbeamte machten unverblümt Fotos und notierten sich die Namen aller, die zum Begräbnis gekommen waren. Die Zeitungs- und Fernsehreporter, die über das Mammutereignis berichten wollten, wurden von *soldati* mit zornigen Mienen auf respektvolle Distanz gehalten.

Don Paolo Regalbuto wurde zwischen den Gräbern seiner Tochter, die tot geboren worden war, und seiner beiden ältesten Söhne, die in den frühen Kämpfen um die Vorherrschaft in dieser Stadt gefallen waren, bestattet. Angelo DiMorra stand neben den nächsten Verwandten des Toten am Grab, neben Paolos Witwe, seinem Schwager und dem einzigen überlebenden Sohn. Er war überzeugt, daß seine Trauer viel tiefer ging als die ihre, denn er hatte Paolo länger gekannt als alle anderen.

Angelo und Paolo waren vor Jahrzehnten als junge Männer in die Stadt gekommen, zusammen mit einem dritten Sizilianer, der seinen Namen amerikanisiert und sich Jimmy Bruno genannt hatte. Die drei hatten gemeinsam gekämpft und intrigiert, um die organisierte Unterwelt der Stadt unter Kontrolle zu bekommen. Jeder hatte in den Kriegen mit den irischen und jüdischen Gangs Menschen verloren, die ihm nahegestanden hatten: Paolo seine beiden älteren Söhne, Angelo DiMorra zwei Neffen und einen Vetter, der unverheiratete Jimmy Bruno seinen Onkel, der ihm die Überfahrt nach Amerika bezahlt hatte. Aber schließlich hatten das größere Zusammengehörigkeitsgefühl der Sizilianer und die Disziplin der Mafia-Tradition gesiegt. Zehn Jahre später hatten sie ihren Triumph durch die Unterwerfung der Neapolitaner gekrönt und jene, die sich vernünftig zeigten, in ihre Organisation aufgenommen.

Regalbuto hatte die Spitzenposition errungen. DiMorra und Bruno wurden unbedeutendere Dons, mit eigenen Einflußbereichen und eigenen Geschäftsimperien unter Regalbutos Schutz und Leitung.

Nach Regalbutos Tod waren Angelo DiMorra und Jimmy Bruno die mächtigsten Mafia-Bosse in der Stadt. Aber Bruno saß zur Zeit wegen Steuerhinterziehung in einem Bundesgefängnis und sollte erst in sechs Monaten entlassen werden. Dadurch avancierte DiMorra zur *numero uno,* zumindest für das nächste halbe Jahr.

DiMorra wandte den Kopf, um Frank Regalbuto anzusehen, der neben seiner Mutter stand. Es freute ihn, daß Frank schluchzte. Ein guter, liebevoller Sohn. DiMorra wünschte, er hätte auch einen Sohn, der an seinem Grab weinen würde. Unglücklicherweise hatte er nur Töchter.

Aber wenn Frank auch ein braver Sohn war – er war kein starker Sohn. Zumindest hatte er nie die Kraft bewiesen, die er brauchte, um das Erbe seines Vaters anzutreten. Es mangelte ihm an Reife und Persönlichkeit. Und das bedeutete, daß man nun nach der Hinterlassenschaft Regalbutos, nach seiner Macht, seinen Verbindungen, seinen legalen und illegalen Geschäftsinstitutionen greifen konnte.

Angelo DiMorra war ein alter *mustachio,* ein *Mafioso* aus der alten Tradition stiller Demut und tödlicher Geduld. Er war berühmt für seine Fähigkeiten, stets im richtigen Moment zuzuschlagen.

In diesem Moment könnte er, wenn er schnell und skrupellos vorging, die totale Macht an sich reißen.

Aber er war seit seiner Kindheit mit Jimmy Bruno befreundet. Und so gab sich DiMorro damit zufrieden, abzuwarten und zu sehen, was geschehen würde.

Er wußte, daß zu der Organisation ein paar unzufriedene Leute gehörten – junge, machthungrige Hitzköpfe. In diesem Augenblick würden sie abwägen, welche Chancen sie hätten, ihm und dem abwesenden Bruno entgegenzutreten und die Macht über die zur Zeit führerlose Regalbuto-Familie an sich zu reißen.

DiMorra würde wachsam sein, stets bereit, solche jungen Narren zur Ordnung zu rufen, sobald sie sich in den Vordergrund schoben.

Der Priester sprach nun die letzten Worte auf lateinisch.

DiMorra blickte über das offene Grab hinweg auf Louis Orlando, einen großen, schlanken Mann, der wie ein Gelehrter aussah und der ›Buchhalter‹ genannt wurde. Mit vierzig Jahren war er Jimmy Brunos *consiglieri,* sein Chefberater. Da sein *capo* im Gefängnis saß, fungierte Orlando als stellvertretender Boß und Geschäftsführer der Bruno-Familie. Er hatte ausgezeichnete Arbeit geleistet. Aber DiMorra mochte ihn nicht und mißtraute ihm. Er war in seinem Wesen zu kühl und zu trocken und neigte außerdem zu Perversionen.

Neben dem Buchhalter stand seine Frau Marie, in einem schwarzen Kleid, das in dieser Umgebung viel zu elegant wirkte. DiMorra mochte sie noch weniger als ihren Mann, und sie war einer der Gründe, warum er Orlando mißtraute. Sie war nicht die richtige Frau für einen *capo Mafioso*. Marie Orlando war eine Frau von fünfunddreißig Jahren, die sich gut gehalten hatte, mit einem kräftigen, kurvenreichen Körper, einem grausamen, schönen Gesicht und gefärbtem Blondhaar. Sie hatte ihre Karriere als Prostituierte begonnen. Nun leitete sie das exklusivste, teuerste Bordell in der Stadt, das in einem Vorort lag und als Hotel getarnt war. Die Tatsache, daß die Orlandos auch dort *wohnten,* warf ein bezeichnendes Licht auf ihren Charakter. Und die Gerüchte über die Vergnügungen, die sie mit den Mädchen nach Dienstschluß teilten, widerten DiMorra an.

Zwischen den Trauergästen hinter den Orlandos standen Vincent und Tony Fargo. Persönlich betrachtete DiMorra die beiden als die stärkste Bedrohung. Zusätzlich zu ihrem lukrativen Bauunternehmen leiteten sie eine Gang, bestehend aus Leuten, die dem toten Don als Henker und Vollstrecker gedient hatten. Die Fargo-Brüder waren clever und ehrgeizig genug, um Macht und Reichtum anzustreben. Und ihre Männer, wenn auch gering in der Zahl, bildeten eine gut zusammengesetzte, erfahrene Bande.

DiMorra fand, daß die beiden zu explosiv für eine Spitzen-Position waren, in der Verläßlichkeit und möglichst wenig Gewaltanwendung verlangt wurde. Sie waren zu vital, zu auffällig in ihren Heldentaten und sorgten deshalb für unerwünschte Publicity. Aber sie waren von der unerschütterlichen Loyalität des tödlichsten kleinen *regimes* in der Stadt erfüllt. Und der ältere Bruder, Vincent, besaß, obwohl er wie ein Clown aussah, die Gabe, Bewegungen und Gegenbewegungen weit voraus zu berechnen. Außerdem hatte er die brutale Willenskraft des geborenen Befehlshabers.

Der Priester hatte seine Ansprache beendet.

DiMorras Frau, sechs Jahre jünger als er, aber dem Aussehen nach zehn Jahre älter, schluchzte und lehnte sich an ihn. Er legte einen Arm um ihre runden Schultern. Sein anderer Arm umfaßte Regalbutos zart gebaute Witwe. Dabei berührte er den Arm Frankies, der seine Mutter ebenfalls stützte.

Gemeinsam beobachteten sie, wie der prachtvolle Sarg, der die sterblichen Überreste Don Paolo Regalbutos enthielt, in die Erde hinabgesenkt wurde.

Louis Orlando, der Buchhalter, verließ den Friedhof in einem schnittigen, neuen, weißen Mercedes. Seine Frau chauffierte. Der Buchhalter saß neben ihr und starrte durch die Windschutzscheibe auf die Straße. Sein Gelehrtengesicht legte sich in verkniffene Falten, während er angestrengt nachdachte.

»Wir haben sechs Monate Zeit, um was zu unternehmen«, stieß Marie hervor. »Wenn du nicht rauskriegst, wie du an die Macht kommst, bevor Jimmy Bruno aus dem Knast entlassen wird, kannst du's gleich vergessen.«

»Das weiß ich«, entgegnete er trocken. »Die Frage ist nur – *was* soll ich machen – was und wie. Und wann.« Da sie es mit einem Gegner wie DiMorra zu tun hatten, würde ihr erster falscher Schachzug gleichzeitig der letzte sein. Wenn sie ihn alarmierten und ihre Chance verpaßten, würde er sie so schnell und mühelos zertreten, als ob sie Ameisen wären. »Außerdem – der Ausschuß tagt in zwei Tagen in Vegas. Um zu entscheiden, was mit der Regalbuto-Familie geschehen soll.«

»Nicht alle Entscheidungen, die der Ausschuß getroffen hat, wurden in die Tat umgesetzt.«

Der Buchhalter fand diese Tatsache zu offensichtlich, um einen Kommentar dazu abzugeben.

Die Ausschußsitzungen der nationalen Mafia-Bosse wurden meist sehr hastig und unter Druck anberaumt, um interne Kriege abzuwenden, die so oft auszubrechen drohten, wenn ein Don, ein *capo,* starb. Durch seinen Tod entstand ein Macht-Vakuum. Der Ausschuß sollte auf friedliche Weise, durch Verhandlungen, bestimmen, wer das Vakuum füllen würde. Aber wenn diese Entscheidung den Realitäten der wetteifernden Mächte widersprach, konnte sie früher oder später hinfällig werden.

Die Situation war folgende: Der Don ist tot – lang lebe der Don!

Aber die Frage, wer der neue Don sein würde, entfesselte sehr oft, auch wenn sie von einem Mafia-Ausschuß beantwortet worden war, einen Machtkampf, der zu einer grausamen Schlacht um die freie Machtposition ausarten konnte. Möglicherweise konnten die Stellvertreter oder die Verwandten des toten Dons diesen Krieg gewinnen. Oder andere Dons, die bestrebt waren, die *soldati* des toten *capo* und dessen Geschäftsimperien jenen, die sie bereits kommandierten, anzugliedern. Oder die zähesten der jüngeren Mafia-Elemente, die ihre Chance nutzten, um zu beweisen, daß sie die Nerven, den Verstand und die Kraft besaßen, die Position eines Don zu übernehmen.

Insgeheim nährte der Buchhalter seine Ambitionen schon sehr lange, wartete mit einer halben Ewigkeit auf seine Chance. Und er wußte ebenso wie seine selbstsichere Frau, daß die Chance nun gekommen war. Wenn er die Macht, die er zur Zeit im Namen des gefangenen Bruno ausübte, geschickt und schnell genug auf andere Bereiche ausdehnte, könnte er die ganze Stadt unter seine Kontrolle bringen. Aber um zu diesem Ziel zu gelangen, müßte er DiMorra eliminieren, bevor Bruno aus dem Gefängnis entlassen wurde. Das Timing war perfekt. Schon jetzt fehlte den verschiedenen *regimes* der Regalbuto-Familie ein Führer, der sie alle vereinte, und jedes Segment sah sich nach eigenen Wegen um, die es gehen könnte ...

Als hätte sie seine Gedanken gelesen, sagte Marie mit scharfer Stimme: »Wenn du irgendwann mal aufhören willst, in die Hosen zu scheißen, um endlich mal was zu tun, Liebling – jetzt ist der geeignete Zeitpunkt gekommen. *Bevor* sich die Regalbuto-*regimes* in einer neuen Schablone etablieren. Also hör auf nachzugrübeln, Baby, wir wollen endlich *handeln.*«

»Dräng mich nicht so, du Biest«, erwiderte der Buchhalter sanft. Marie war eine heißblütige, ungestüme Frau voller Antriebskraft. So mußte sie auch sein – wenn die Situation reif dafür war. Und er stimmte ihr zu – jetzt war der richtige Zeitpunkt gekommen, um das Risiko zu ignorieren und alles zu wagen.

Trotzdem fuhr er fort, gründlich über das alles nachzudenken. Denn was immer er auch unternahm – DiMorra durfte nicht einmal ahnen, von welcher Seite er bedroht wurde.

Als Angelo DiMorra den Friedhof verließ, wußte er sehr wohl, welche ehrgeizigen Gedanken durch Orlandos Kopf gingen. Er dachte an den Buchhalter, während er in seiner kugelsicheren schwarzen Cadillac-Limousine nach Hause fuhr.

Seine Frau saß neben ihm im Fond. Auf einem Klappsitz hockte Lucci, sein Leibwächter, den Herrschaften zugewandt, und spähte aufmerksam durch die Fenster. Einer von DiMorras Schwiegersöhnen, Johnny Tresca, steuerte den Wagen. Er leitete eine Lottobank und hatte sich auch durch seinen kühlen, umsichtigen Umgang mit der Waffe, die er unter dem Jackett trug, einen Namen gemacht. Auf dem Beifahrersitz saß Ralph Negri, einer von DiMorras härtesten, verläßlichsten Kämpfern.

Es war das erstemal seit zwölf Jahren, daß Angelo DiMorra mit einem so massiven Geleitschutz durch die Stadt fuhr.

Er war auf jeden Angriff von Seiten des Buchhalters vorbereitet und überzeugt, daß er einer solchen Attacke begegnen und Orlando gleichzeitig vernichten konnte. Wenn er sich irrte, wenn der Buchhalter keine verräterische Aktion plante, so war DiMorra bereit, zu warten, bis sein alter Freund Jimmy Bruno aus dem Gefängnis entlassen wurde, und die Regalbuto-Familie brüderlich mit ihm zu teilen. Aber wenn der Buchhalter nach der Macht griff, würde DiMorra ihn besiegen und dadurch die ganze Stadt unter seine Kontrolle bringen.

Falls das geschah, würde sich DiMorra nicht der Treulosigkeit schuldig machen, wenn er sich weigerte, auf die neu erworbene Macht zu verzichten. Bruno würde sich mit einer kleineren Position zufriedengeben müssen, wenn er aus dem Gefängnis kam. Dies wäre die gerechte Strafe dafür, daß er den falschen Mann zum Stellvertreter ernannt hatte.

Was das Fargo-Problem betraf, so glaubte DiMorra, bereits eine Lösung dafür gefunden zu haben. Die beste Lösung würde beiden Seiten dienen. Sie würde einen Teil von Vincents und Tonys Hunger nach unabhängiger Macht stillen und DiMorra gleichzeitig die Möglichkeit geben, sie in Maßen zu kontrollieren.

An den jungen Frank Regalbuto verschwendete er kaum einen Gedanken. Und das war ein Fehler.

5.

Das Haus, in dem der Ausschuß über die Zukunft der Regalbuto-Familie entscheiden sollte, lag nur eine knappe halbe Meile vom Strip, mit seinen glitzernden Hotels und rund um die Uhr geöffneten Spielcasinos, entfernt. Trotzdem war dem Haus nicht anzusehen, daß es zu Las Vegas gehörte. Es stand in einem neuen Vorort, der aus bescheidenen Ranch-Häusern gebildet wurde und sich nicht von anderen Vororten amerikanischer Städte unterschied. Es gehörte dem Boß eines der Spitzencasinos von Vegas. Er fungierte als Gastgeber, nahm jedoch nicht an der Sitzung teil. Als das üppige, köstliche Menü aufgetragen wurde, das seine Frau und seine Schwiegermutter für die distinguierten Gäste zubereitet hatten, saß er zwar am Tisch, aber nachdem man die hausgemachte Apfelpastete verzehrt und Kaffee getrunken hatte, entschuldigte er sich und fuhr zu seinem Hotelcasino, um den abendlichen Spielbetrieb zu kontrollieren.

Es war dunkel, als die Gäste das Haus verließen und über die schmale Straße zu der zweitürigen Garage gingen, die der Hausherr in ein Billardzimmer umfunktioniert hatte. Der Billardtisch war aus dem Weg geräumt worden, und man hatte zusätzliche Stühle aus dem Haus herübergetragen, um Sitzgelegenheiten für alle Ausschußmitglieder zu schaffen. Die umgewandelte Garage war schalldicht, und ein Elektronikexperte der Mafia hatte einen ganzen Tag lang jeden Winkel abgesucht, um sicherzugehen, daß nirgends Wanzen versteckt waren. Rings um die Garage waren Wächter postiert, die ausgestreckt in Liegestühlen saßen und trotz des einschläfernden Einflusses der sauberen, warmen Nachtluft, die von der Wüste herüberwehte, hellwach blieben.

Die Garagentür wurde geschlossen und versperrt. Der Raum war voll klimatisiert. Die Stühle waren zu zwei Halbkreisen arrangiert worden, die einander gegenüberstanden. Auf der einen Seite saßen Angelo DiMorra, Louis Orlando (der Buchhalter), Vincent Fargo, Frank Regalbuto und sein Onkel, Vito Riccobono, auf der anderen die Ausschußmitglieder, jeder ein mächtiger Don in seinem Gebiet. Zwei stammten aus New York, und jeweils einer aus den anderen acht Sektoren des Landes. Einer der New Yorker Dons, Francesco Giunta, fungierte als Vorsitzender.

Im Haus hatten sie nur von privaten Dingen gesprochen. Jetzt ging man zum geschäftlichen Teil des Abends über.

Vito Riccobono, der seinem Schwager als *consiglieri* gedient hatte, ergriff als erster das Wort und meldete die Ansprüche seines Neffen auf die Familie Regalbuto an. »Es gibt ein Argument, das niemand anfechten kann – das Argument des Blutes. Frank Regalbuto ist der einzige lebende Sohn von Don Paolo. Außerdem zählt noch das Argument des Vermögens. Frank Regalbuto ist ein reicher Mann, der seine eigenen Rechte besitzt. Er hat das gesamte Geld und die Investments seines Vaters geerbt. Es ist also nur logisch, daß er auch die Verantwortung seines Vaters übernimmt. Wie immer Sie es auch betrachten wollen – das Recht eines Regalbuto, die führende Rolle in der Regalbuto-Familie zu spielen, kann nicht geleugnet werden.«

»Will er diese Rolle überhaupt spielen?« warf Don Giunta ein.

Frank sah den Vorsitzenden ausdruckslos an. »Allerdings! Diese Position steht mir zu. Seit meinem siebzehnten Lebensjahr beteilige ich mich aktiv an den geschäftlichen Transaktionen der Familie. Mein Vater hat erwartet, daß ich sein Erbe antrete.«

»Sei doch vernünftig, Frankie«, sagte der Buchhalter sanft. »Ja, du warst aktiv – aber nicht als *Boß*. Wir beide wissen, daß du das alles niemals ernst genommen hast.«

»Aber jetzt nehme ich es ernst.«

»Sie haben zu wenig Erfahrung, Frank«, meinte Don Giunta. »Das Recht, so viele wichtige Geschäftszweige zu leiten, genügt nicht – Sie müßten auch die Fähigkeit dazu besitzen. Vielleicht haben Sie die – aber Sie können nicht abstreiten, daß Sie den Beweis dafür bisher schuldig geblieben sind. In einiger Zeit werden Sie vielleicht die nötigen Qualifikationen aufweisen. Aber wir sprechen von der Gegenwart.«

Angelo DiMorra schwieg und wartete.

»Es stimmt, daß es meinem Neffen an Erfahrung mangelt«, bestätigte Vito Riccobono. »Aber *mir* nicht. Ich war Don Paolos Berater, und ich werde Franks Berater sein. Das ist unser beider Wunsch.«

DiMorra sagte noch immer nichts, weil er wußte, daß der Buchhalter in seinem Sinne argumentieren würde.

»Vito«, entgegnete Orlando mit einem freundlichen Lächeln. »Wir alle respektieren dich und wußten dich als Don Paolos *consiglieri* stets zu schätzen. Aber du bist keine Führernatur. Und das ist es, was die diversen Elemente der Regalbuto-Familie jetzt brauchen – einen starken, erfahrenen Anführer. Es gibt nur eine einzige vernünftige Möglichkeit, das wissen wir alle. Man muß die Regalbuto-Familie zwischen zwei erprobten, respektablen Dons aufteilen. Die eine Hälfte müßte Don DiMorra übernehmen, die andere Don Bruno. Das ist der einzige Weg, um Schwierigkeiten zu vermeiden.«

»Es ist der einzige sichere Weg, um Schwierigkeiten zu schaffen!« entgegnete Vito Riccobono mit scharfer Stimme, dann sah er Vincent Fargo an. »Wie ist es mit dir, Vince? Sind die Fargo-Brüder bereit, Don DiMorra oder Don Bruno die Treue zu schwören?«

Vincent Fargo schüttelte den Kopf. »Weder dem einen noch dem anderen. Auch nicht dir oder Frank. Sei mir nicht böse, Vito, aber ich bin hierhergekommen, um für Tony und mich selbst zu sprechen. Don Regalbuto war nahe daran, uns für unabhängig zu erklären, bevor er starb.«

»Das kann ich kaum glauben«, sagte der Buchhalter tonlos. »Ihr habt zwar ein florierendes Unternehmen, aber es ist zu klein ...«

»Scheiße!« Vincent Fargo beugte sich vor und starrte Orlando an. »Wir sind groß genug. Wir werden immer mächtiger. Wir haben das nötige Geld, die Verbindungen, die Organisation. Unsere Baufirma ist solide, wir verdienen eine Menge an unseren Autowerkstätten, und mit den gestohlenen Autos, die wir wieder verkaufen, haben wir unseren Umsatz gewaltig gesteigert. Tony und ich sehen keinen Grund mehr, hinter irgend jemandem die zweite Geige zu spielen. Oder irgendwas mit irgendwem zu teilen. Was wir haben, gehört uns allein.«

Der Schmerz, der zu Beginn von Vincents Ausführungen in Frank Regalbutos Augen gestanden hatte, war erloschen. Seine Kinnmuskeln spannten sich, als er zwischen den Zähnen hervorstieß: »Ich dachte, ich könnte auf dich und Tony zählen.«

Vince hob und senkte eine runde Schulter. Sein fleischiges Gesicht drückte eiserne Entschlossenheit aus. »Tut mir leid, mein Junge.«

»Tony und ich lieben uns wie Brüder.«

»Das ist eure Privatsache. Ich rede vom Geschäft.«

Vito Riccobono beugte sich mit zornrotem Gesicht zu dem älteren Fargo-Bruder hinüber. »Und wer hat dich in der Geschäftswelt etabliert, du Bastard? Franks Vater! Ihr beide wart nichts weiter als miese kleine Schlägertypen, bevor er euch zu was gemacht hat.«

Vince nickte, keineswegs beleidigt. »Das brauchst du mir nicht zu erzählen. Wir waren Don Paolo einiges schuldig. Eine ganze Menge. Aber Frank schulden wir nichts. So ist es nun mal.«

Angelo DiMorra fand, daß es nun an der Zeit war, das Wort zu ergreifen. Er schlang die kräftigen, schlanken Finger ineinander und wandte sich an den Sohn seines toten Freundes. »Siehst du, wie es ist, Frankie? Du mußt damit rechnen, daß viele Männer, die zur Familie deines Vaters gehört haben, genauso denken. Dir sind sie nichts schuldig. Du hast nicht – wie Don Paolo – im Lauf vieler Jahre eine starke, feste Beziehung zu ihnen aufgebaut. Sie haben dir gegenüber keine Verpflichtungen. Noch etwas – du kannst nicht mit Leistungen aufwarten, die sie veranlassen würden, dir rückhaltlos zu vertrauen – so wie sie deinem Vater vertraut haben. Und du hast nicht genug Einfluß, um sie zum Gehorsam zu zwingen. Frankie, dein Vater hätte dir genau das gleiche gesagt, was ich dir jetzt sage – greif nicht nach irgend etwas, solange du nicht weißt, daß du stark genug bist, um es festzuhalten. In deinem eigenen Interesse solltest du erkennen, daß du noch nicht imstande bist, mit all dem fertig zu werden.«

Frank wollte antworten, aber sein Onkel kam ihm zuvor. »Und wie würdest du damit fertig werden?« fragte Vito, sah DiMorra an und wies mit dem Daumen auf Vince Fargo.

Angelo DiMorra tat so, als würde er nachdenken. Dann wandte er sich an Vince. »Was hältst du von dem Vorschlag, den ich dir machen würde? Du kannst unabhängig operieren, stehst uns aber mit deinen Jungs zur Verfügung, wenn es in meiner oder Brunos Familie Probleme gibt, zu deren Lösung wir eure Hilfe brauchen – wann immer wir dich rufen, ohne Fragen zu stellen, ohne Widerspruch. Als Gegenleistung schanzen wir euch alle Bauaufträge in der Stadt zu, die wir an Land ziehen können – für einen gewissen Prozentsatz.«

Auch Vince gab sich den Anschein, als würde er darüber nachdenken, als hätte er das alles nicht schon längst mit DiMorra besprochen, bevor sie zu der Versammlung gegangen waren. Schließlich nickte er. »Das hört sich gut an.«

Der Buchhalter runzelte die Stirn. »Da bin ich anderer Meinung.«

DiMorra sah ihn an. »Jimmy Bruno wäre damit einverstanden – und du bist nur sein Vertreter, bis er aus dem Gefängnis entlassen wird.«

»Wie gesagt, ich bin sein Vertreter. Und ich will mehr für ihn herausholen.«

»Das wird dir nicht kampflos gelingen. Hast du genügend Revolvermänner, um Vince und Tony auszuschalten? Nein. Aber ich. Und ich wünsche keinen Kampf. Nicht, solange wir das alles auf freundschaftlicher Ebene regeln können, so daß jeder von uns seinen Nutzen daraus ziehen kann.«

Nun meldete sich der Vorsitzende, Don Francesco Giunta, zu Wort. »Ich finde, das wäre die beste Lösung. Schließlich haben wir uns hier getroffen, um die Dinge auf friedlichem Wege zu regeln.«

Die anderen Ausschußmitglieder nickten zustimmend. Vito Riccobono beobachtete sie schweigend und erkannte, daß die Würfel gefallen waren. Aber Frank starrte DiMorra feindselig an. In seinem Herzen wußte er, daß sein Gegner recht hatte – daß er noch nicht imstande war, das Kommando über die Familie seines Vaters zu übernehmen. Er hatte nicht genügend Leute zur Verfügung, die ihm treu ergeben waren, besaß zu wenig Erfahrung, es gab zu wenig Männer, die ihm etwas schuldeten. Aber er wollte sich nicht kampflos geschlagen geben. »Findest du, daß das die richtige Art ist, der Position eines Dons gerecht zu werden – indem du ihnen gibst, was sie haben wollen. Wenn nun jedes Mitglied von Vaters Organisation auf eigene Faust weitermachen wollte – würdest du das erlauben?«

DiMorra schüttelte den Kopf. »Sonst wird niemand für unabhängig erklärt. Keiner außer Vince und Tony erfüllt die nötigen Voraussetzungen.« Er wies auf den Buchhalter. »Orlando hat bereits gesagt, wie wir verfahren werden. Die Hälfte der Familie geht an Bruno – die andere Hälfte an mich.«

»Vielleicht schwebt einigen Organisationsmitgliedern was anderes vor.«

»Wenn wir ihnen alles klargemacht haben, werden sie einverstanden sein. Vor allem, wenn sie merken, daß die Fargos mit jedem, der nicht vernünftig ist, kurzen Prozeß machen werden.« DiMorra lächelte liebenswürdig. »Siehst du, Frank? So einfach ist das.«

»Klar«, entgegnete der junge Mann verbittert. »Für dich schon. Du hast ja bekommen, was du wolltest. Die Hälfte von Vaters Organisation.«

»Ich will noch viel mehr«, erwiderte DiMorra, »nämlich dich.«

Frank Regalbuto starrte ihn an und war sich nicht sicher, ob er richtig gehört hatte.

Angelo DiMorra beugte sich zu ihm, und seine Stimme nahm zum erstenmal seit dem Beginn der Sitzung einen gefühlvollen Klang an. »Frankie, ich war dabei, als du geboren wurdest. Ich habe in der Klinik zusammen mit deinem Vater gewartet.« Er legte eine Hand auf das Knie des jungen Mannes. »Ich habe keinen Sohn, Frankie – und ich habe nicht mehr lange zu leben. Ich sagte vorhin, du wärst noch nicht fähig, die Position eines Don zu übernehmen. Aber du könntest dazu fähig sein, wenn ich euch alle verlassen muß. Bis dahin werde ich dafür sorgen, daß du Erfahrungen sammelst, daß du genügend Chancen bekommst, um zu beweisen, daß du die Organisation leiten kannst.« Er legte eine effektvolle Pause ein. »Und wenn du das bewiesen hast, wirst du mein Erbe antreten.« Er nahm die Hand von Franks Knie und wandte sich an die Ausschußmitglieder. »Sie alle haben gehört, was ich gesagt habe, und Sie alle können es bezeugen.« Er sah Frank wieder an. Und wartete.

Es dauerte eine Weile, bis sich Frank von seiner Überraschung erholt hatte. Langsam und vorsichtig entgegnete er: »Wenn ich mich deiner Leitung unterstelle – dann übernehme ich den Drogenhandel – in alleiniger Verantwortung. Darüber weiß ich besser Bescheid als alle anderen in der Stadt.«

DiMorra warf ihm einen abschätzenden Blick zu. »Würdest du dein eigenes Geld investieren?«

Diesmal antwortete Frank wie aus der Pistole geschossen. »Wenn ich das mache, dann steht mir auch der Profit zu.«

»Und mir ein gewisser Prozentsatz.«

»Nur wenn du auch Geld hineinsteckst. Wenn du dieselbe Summe investierst wie ich, teilen wir uns den Gewinn.«

DiMorra lächelte dünn, sehr zufrieden mit Franks unerwartetem Verhandlungsgeschick. »Du hast schon mehr gelernt, als ich dachte.« Er nickte. »Klingt ganz vernünftig.«

Frank grinste und sah plötzlich wie ein kleiner Junge aus. »Dann ist die Sache abgemacht.«

Tränen schimmerten in Angelo DiMorras Augen, als er aufstand und zu Frank ging. Er umfaßte das Gesicht des jungen Mannes mit beiden Händen und küßte ihn. Frank ließ das verlegen über sich ergehen. Sonst war niemand verlegen. Alle lächelten glücklich.

Abgesehen vom Buchhalter, der diese Szene mit mißmutiger Miene beobachtet hatte. »Wenn du Frank kriegst, Angelo, dann will ich Vito haben. Ich brauche ihn.«

Vito Riccobono runzelte die Stirn. »Moment mal! Ich will bei Frankie bleiben.«

DiMorra sah ihn an und schüttelte den Kopf. »Nein. Orlando hat recht. Solange Bruno im Knast sitzt, braucht er einen erfahrenen Berater.«

Der Buchhalter zuckte leicht verwirrt zusammen, als ihm bewußt wurde, daß er offenbar den besseren Mann bekam, und er beeilte sich, seinen Vorteil auszunutzen. »Und wir wollen eine Entschädigung für euren Drogen-Profit haben. Zum Beispiel könntet ihr die Regalbuto-Prostituiertenorganisation der unseren angliedern. Und das Frachtunternehmen – und die Automaten. Für den Anfang würde uns das genügen.«

Angelo DiMorra setzte sich wieder, faltete die Hände im Schoß und blickte den Buchhalter gelassen an. »Nun, wir sind hierhergekommen, um das alles auszuhandeln«, erwiderte er in gelassenem Ton.

Und sie handelten alles aus. Es dauerte seine Zeit, aber sie schafften es. Sie diskutierten und stritten, wogen alles gegeneinander ab, verteilten sorgfältig die einzelnen Sparten der Regalbuto-Familienorganisation und ihrer Geschäftszweige, so daß sowohl DiMorras als auch Brunos Familie an Einfluß gewann, aber beide gleich stark waren und keine mehr profitierte als die andere.

Um drei Uhr morgens hatten sie sich geeinigt. Müde und erleichtert, weil nun alles erledigt war, begannen sie sich voneinander zu verabschieden.

Frank Regalbuto erhob sich. »Bevor wir uns trennen, muß sich der Ausschuß noch mit einer anderen Angelegenheit befassen.«

Die ruhige Kraft seiner Stimme verblüffte sie alle, und er hatte ihre volle Aufmerksamkeit auf sich gezogen. Er wandte sich an Angelo DiMorra. »Don Angelo, vier Männer versuchten, die letzte

Heroinfracht, die mein Vater gekauft hatte, zu stehlen. Sie lauerten uns an der Stelle auf, wo uns die Importeure die Ware übergaben und ihr Geld kassierten. Diesen Ort kennen nur wenige Leute. Und das bedeutet, daß der Informant meinem Vater sehr nahegestanden haben muß.« Frank zog einen Notizzettel aus der Tasche. »Hier sind die Namen der vier Hijacker – und der Name des Anführers, für den sie gearbeitet haben.«

DiMorra nahm ihm den Zettel aus der Hand. Schweigend las er die fünf Namen. Der Vorsitzende rutschte unbehaglich auf seinem Stuhl umher. »Was haben wir mit der Sache zu tun?«

DiMorra blickte mit grimmiger Miene auf. »Weil diese Männer für einen Don aus einer anderen Stadt arbeiten.« Er machte eine kleine Pause. »Aus Ihrer Stadt.« Er wandte den Kopf, schaute den anderen Repräsentanten aus New York an, Don Mariano Vassallo. »Kennen Sie die ersten vier Namen?« fragte er und reichte ihm den Zettel.«

Vassallo wurde blaß vor Schreck. DiMorra, der ihn genau beobachtete, gelangte zu der Überzeugung, daß dieser Schreck echt war, und daß ihn Franks einleitende Worte nicht alarmiert hatten.

Vassallo hatte sich wieder gefaßt, als er den Zettel nahm. Mit ausdruckslosem Gesicht las er die vier Namen, die über dem seinen standen. Es dauerte etwas länger, als es nötig gewesen wäre, bevor er wieder aufsah.

In seinen Augen lag tiefer Kummer. »Ich wußte nicht, was sie in Ihrem Territorium taten. Das schwöre ich beim Blute meiner Mutter.«

DiMorras Augen schienen ihn zu durchbohren. »Gehören diese Männer zu Ihrer Familie?«

Vassallo nickte unglücklich. »Zu Giuseppe Spadas *regime.*«

»Sie *haben* dazu gehört«, korrigierte Frank mit dünner Stimme. »Sie sind alle tot.«

Vassallo schaute ihn nicht an. Sein Blick war immer noch auf DiMorra gerichtet, und in seinen Augen lag tiefe Trauer.

»Spada war zehn Jahre lang mein rechter Arm«, sagte Vassallo leise.

Und DiMorra erwiderte ebenso leise: »Wir müssen jetzt herausfinden, wer ihn informiert hat. So ein Mann muß ausgeschaltet werden. Ich möchte nicht, daß sich ein Verräter in meine oder Jimmy Brunos Familie einschleicht.«

Vassallo blickte in die Runde. Manche Gesichter zeigten Bedauern, aber kein einziges verriet die Bereitschaft nachzugeben.

Er seufzte und begegnete erneut DiMorras ausdruckslosem Blick. »Ich werde meine Leute anrufen«, versprach er heiser. »Spada wird morgen hier sein.«

Angelo DiMorra erhob sich. »Danke«, entgegnete er förmlich, dann wandte er sich ab und ging hinaus. Frankie Regalbuto folgte ihm.

6.

Das Mädchen, das auf das Trampolin stieg, hätte genausogut nackt sein können, überlegte Vincent Fargo, denn der hellgrüne Bikini verbarg so gut wie nichts von ihrem schlanken, aber dennoch wohlgerundeten Körper mit der cremefarbenen Haut. Auch ihr Gesicht – umrahmt von dunkelrotem Haar, mit vollen Lippen, hohen Wangenknochen und Augen, so grün wie der Bikini – war sehenswert. Und sie schien vor jugendlicher Kraft zu vibrieren.

Vince musterte sie mit fast akademischem Interesse, genauso, wie er einen schnittigen Sportwagen taxiert hätte. Er hatte mit neunzehn Jahren geheiratet und danach keinen einzigen Seitensprung gemacht. Seine Frau, ein heißblütiges kleines Ding aus Catania, hatte ihm vollauf genügt. Und als die Kinder auf die Welt gekommen waren, hatten sie ihm noch ein paar Gründe mehr gegeben, sein Leben ganz auf sein Heim zu konzentrieren. Wenn er ausging, dann nur, um seine Geschäfte abzuwickeln. Er war stolz darauf, daß er professionell arbeitete und Erfolg hatte. Aber seine Lebensfreude schöpfte er einzig und allein aus der Familie.

Trotzdem wußte er den Anblick eines schönen Mädchens zu schätzen. Und dieses Mädchen war außergewöhnlich. Sie hieß Ruby Dunne, und sie wußte, was sie zu bieten hatte. Das zeigte sich in der Art, wie sie sich bewegte, wie sie posierte, wie sie sich mit einer seltsam entwaffnenden, humorvollen Arroganz zur Schau stellte.

Das Sprungbrett wippte leicht, als sie zu seinem Ende ging, und ihre jungen, vollen Brüste schaukelten bei jedem Schritt. In kesser

Haltung stand sie da, eine Hand auf die vorgeschobene Hüfte gestützt, und blickte auf Frank Regalbuto hinab, der in der Mitte des Swimmingpools Wasser trat.

»Komm schon!« rief er ihr zu. »Sei nicht so feig! Das Wasser ist herrlich warm.«

»Lügner!« rief sie zurück. Aber sie richtete sich auf, hob die Arme und stürzte sich mit der Grazie einer professionellen Kunstspringerin in die Fluten. Das Wasser spritzte kaum auf, als sie tief hinabtauchte.

Vincent Fargo wischte sich mit beiden Händen den Schweiß aus seinem fleischigen Gesicht und trat in den Schatten eines Baumes. Er haßte das Nevada-Klima, denn er war viel zu dick, um diese stikkige Hitze zu ertragen. Er konnte kaum atmen. Der Schweiß floß ihm aus den Achselhöhlen, den Rücken hinab, durchtränkte sein Sporthemd. Und das grelle Sonnenlicht beeinträchtigte trotz der dunklen Brille und des Schirms der Golfmütze seine Sehkraft, und ließ ihn seine Umgebung nur verschwommen erkennen, wenn er sich anstrengte.

Ruby Dunne tauchte neben Frank an der Wasseroberfläche auf, ihr dunkelrotes Haar schimmerte feucht, ihr Mund öffnete sich, um Luft in ihre Lungen zu saugen. Frank nahm ihr Gesicht in beide Hände und küßte sie. Sie lachte, schlang die Arme um seinen Hals, hängte sich an ihn, und sie gingen beide unter.

Wie Kinder, dachte Vince und lächelte nachsichtig.

Sie kamen wieder an die Oberfläche, spritzend und lachend. Das Mädchen schwamm zum Trampolin zurück, und Vince trat aus dem Schatten hervor, um Frank auf sich aufmerksam zu machen. Da entdeckte ihn der junge Mann, kraulte zum Beckenrand und kletterte heraus. Das Wasser tropfte von seinem muskulösen, schlanken Körper. »Hallo, Vince! Wie spät ist es?«

»Zwei Uhr. In zwei Stunden wird Spadas Maschine landen. Wir beide sollen ihn abholen.«

»Okay. Ist der Don schon aufgestanden?«

Vince nickte. »Er frühstückt in seiner Suite.« Er blickte zu Ruby hinüber, die gerade aus dem Wasser stieg. »Hübsches Mädchen.«

»Hübsch? Verdammt, sie ist bildschön!«

Ruby kam um den Pool herum auf sie zu, blieb aber stehen, als sie sah, daß die beiden Männer miteinander sprachen, und beobachtete sie.

»Klug ist sie auch.« Vince wischte sich wieder den Schweiß aus dem Gesicht. »Jesus, diese Hitze! Wo wirst du in anderthalb Stunden sein?«

»Wenn ich nicht im Café sitze, findest du mich an den Spieltischen.«

»Okay, ich hole dich ab, wenn's soweit ist.« Vince wandte sich ab und eilte in das Hotel zurück, das von einer Klimaanlage gekühlt wurde.

»Warum willst du, daß ich dieses Mädchen kennenlerne?« DiMorra sah Frank prüfend an. »Versuchst du, sie zu beeindrucken?«

Sie saßen im Wohnzimmer von DiMorras Suite, der besten Suite des Hotels, und das war nur natürlich, denn DiMorra war der Hauptaktionär der Gesellschaft, der das Hotel gehörte. Er hatte auch in andere Hotels von Vegas Geld gesteckt, aber in dieses hatte er das meiste investiert, und er fühlte sich hier zu Hause.

Er saß in lässiger Haltung auf einer modernen Couch, sehr elegant in maßgeschneiderten Hosen und einem weißen Rollkragenpullover, nippte an seinem Kaffee und wartete auf Franks Antwort.

Der junge Mann blickte zu Joe Lucci, DiMorras Leibwächter, hinüber, der am Fenster saß und die ›Times‹ las. Es zählte zu Luccis Vorzügen, daß er sich stets in der Nähe seines Herrn aufhalten konnte, ohne daß er den Anschein erweckte, dessen Gespräche zu belauschen.

Frank wandte sich wieder zu DiMorra. »Auch das ist einer der Gründe«, gab er zu. »Sie wird dir sicher gefallen – sie ist wirklich sehr nett.«

DiMorra lächelte väterlich. »Was hat sie nur aus dir gemacht?«

Frank grinste unwillkürlich. »Das frage ich mich manchmal auch. Ich weiß nur, daß sie mich ganz enorm anmacht.«

»Das muß wohl so sein. Ich war sehr erstaunt, als ich hörte, daß du das Mädchen mitgebracht hast – trotz der vielen Talente, die in Vegas verfügbar sind, und mit denen du ins Bett gehen könntest.«

Frank senkte verlegen den Kopf. »Soll ich dir mal was Komisches erzählen? Ich war noch gar nicht mit ihr im Bett. Ich hab's zwar versucht, aber ...«

»Das klingt gar nicht komisch, sondern verdammt ernst.«

»Vielleicht hast du recht. Ich hab' sogar schon dran gedacht, sie zu heiraten.«

DiMorra lachte leise. »Deshalb brauchst du nicht so verschämt dreinzuschauen, Frank. Die Ehe ist keineswegs was Unnatürliches. Es ist auch an der Zeit, daß du zur Ruhe kommst.« Er sah Frank nachdenklich an. »Ruby Dunne – ist das ein Bühnenname?«

»Nein, sie heißt wirklich so.«

DiMorra runzelte die Stirn. »Das ist nicht gut. Wenn du wirklich an eine Ehe denkst, dann solltest du dir ein Mädchen mit einem italienischen Namen suchen. Davon gibt's genug.«

»Aber keine macht mich so an wie Ruby.«

»Darauf kommt es nicht unbedingt an. Vielleicht hältst du mich jetzt für einen Spießer – aber so ist es nun mal.«

Frank versuchte, diplomatisch zu sein. »Nun, du kommst aus der alten Heimat, also ist es ganz klar, daß du so denkst. Aber ich bin hier geboren – ich bin Amerikaner. Und Ruby ist eine Amerikanerin.«

DiMorra nickte. »Aber ihr seid auch noch was anderes – du bist Italiener, und sie ist Irin. Auf lange Sicht gesehen, ist es besser, wenn man sich an seine Landsleute hält – glaub mir. Nur auf sie kannst du dich jederzeit verlassen.«

Frank schob eigenwillig das Kinn vor. »Ich kann's nicht ändern, was ich fühle und für wen ich was empfinde.«

DiMorra musterte ihn forschend, dann stellte er seine Tasse auf den Tisch und erhob sich. Er nahm ein blaues Sportjackett aus dem Schrank, das seine schlanke Figur gut zur Geltung brachte. Mit einer knappen Bewegung seines wohlgeformten, grauhaarigen Kopfes wies er zur Tür. »Komm! Es ist vielleicht wirklich besser, wenn ich das Mädchen kennenlerne.«

Die drei saßen in einer abgeschiedenen Nische im Hintergrund des Hotelcafes – DiMorra, Frank und Ruby Dunne. Joe Lucci saß an einem Tisch in der Nähe, trank Kaffee und beobachtete den Eingang – bereit, jeden abzuwimmeln, der den Don erkannt hatte und versuchen wollte, mit ihm in Kontakt zu kommen. Lucci wußte, daß er keine Leibwächterpflichten von ernsteren Ausmaßen erfüllen mußte – nicht hier in Vegas.

Las Vegas war eine ›sichere Stadt‹. Jeder, der hier Ärger machte oder Gewaltaktionen verursachte, verpflanzte sich automatisch auf die andere Seite des Zauns und zog sich den rachsüchtigen Zorn aller Organisationen zu.

Ruby hätte nicht erwartet, daß Angelo Dimorras Anwesenheit sie so einschüchtern und nervös machen würde. Das lag nicht nur daran, daß er viel attraktiver war, als sie gedacht hatte. Er strahlte die ruhige Selbstsicherheit eines Mannes aus, der seine ganze Welt unter Kontrolle hatte, eine Kraft und Autorität, die sie an keinem anderen jemals bemerkt hatte – aber auch Güte und Menschlichkeit. Das kam in seinen Augen und in seiner Stimme zum Ausdruck. Daß er skrupellos sein konnte, wußte sie aufgrund des Rufes, den er genoß. Doch mit dieser Herzenswärme, die ebenfalls zu seinem Wesen gehörte, hatte sie nicht gerechnet.

»Bitte seien Sie nicht böse, weil Frank Ihnen so lange auf die Nerven gefallen ist, bis Sie bereit waren, meine Bekanntschaft zu machen. Es ist meine Schuld. Ich habe ihn dazu überredet.«

»Warum?«

Ruby beschloß, ehrlich zu sein. Diesem Mann konnte man ohnehin nichts vormachen. »Ich möchte so gern eine Platte besingen – aber bisher hatte ich kein Glück. Ich dachte, wenn ich den Leuten von den Plattenfirmen sage, daß ich Sie kenne, könnte mir das vielleicht nützen.«

»Möglich.« Ihre Offenheit gefiel ihm, ebenso ihre würdevolle Haltung. Sie besaß Klasse, die sie allerdings ein wenig herunterspielte. Offenbar war sie gut erzogen worden.

»Ich wollte ihr helfen«, sagte Frank, »aber bisher konnte ich ihr nur ein paar Auftritte in Nachtklubs verschaffen.«

»Das war doch großartig.« Ruby berührte Franks Hand und lächelte ihn an, um ihm klarzumachen, daß sie seine Bemühungen sehr zu schätzen wußte. Dann wandte sie sich wieder an DiMorra. »Aber auf diese Weise kann eine Sängerin keine Karriere machen. Sie muß Platten rausbringen und auf die Hitliste kommen. Deshalb habe ich Frank gebeten, mich mitzunehmen, als er sagte, daß er in Vegas eine paar Tage Urlaub machen will. Ich dachte, hier würde ich ein paar Leute kennenlernen, die mir vielleicht helfen.«

»Sie sind ein ehrgeiziges Mädchen«, meinte DiMorra.

»Ich will Erfolg haben.«

»Ist Ihre Familie mit dieser Berufswahl einverstanden?«

»Ich habe keine Familie mehr. Meine Mutter ist vor drei Jahren gestorben.«

»Das tut mir leid.« DiMorras Stimme verriet echtes Mitgefühl. »Und Ihr Vater?«

Sie zögerte und senkte den Blick. Dann hob sie den Kopf und sah ihm geradewegs in die Augen, fast herausfordernd. »Ich habe keinen Vater. Ich weiß nicht, wer er ist.« Sie sagte es beiläufig und gelassen, aber in ihrem Tonfall kam etwas zum Ausdruck, das DiMorra ans Herz griff. Er hatte schon viele hübsche, ehrgeizige junge Mädchen gekannt, aber Ruby war anders. Sie wirkte reifer, als es ihrem Alter entsprach, und trotzdem war noch etwas Kindliches an ihr, etwas Verletzliches, das einen Beschützer brauchte.

»Singen Sie gut?« fragte er nach einer kleinen Pause.

Frank antwortete an ihrer Stelle. »Fantastisch! Sie hat eine zauberhafte Stimme, voller Sexappeal und Persönlichkeit.«

DiMorra sah Frank an, dann wandte er sich wieder zu Ruby und wartete.

»Ja, ich glaube, daß ich recht gut bin«, sagte sie vorsichtig.

DiMorra wollte etwas erwidern, besann sich aber anders. Er wandte sich zum Eingang des Cafés.

Frank schaute in dieselbe Richtung, sah Vincent Fargo auf der Schwelle stehen und nickte ihm zu. Dann stand er auf. »Tut mir leid, Liebling, aber ich muß mich um was Geschäftliches kümmern. Es wird ein paar Stunden dauern.« Unsicher blickte er DiMorra an.

»Geh nur, Frank«, ermunterte ihn der ältere Mann. »Mach dir keine Sorgen. Ich werde gut auf dein Mädchen aufpassen.«

»Danke.« Frank eilte an Lucci vorbei.

Als er mit Vince davongegangen war, berichtete Ruby: »Ich habe auf eigene Kosten einige Platten besungen. Die technische Qualität ist nicht besonders – aber wenn Sie sich davon überzeugen wollen, daß ich singen kann ...«

»Ich habe einen Plattenspieler in meiner Suite.« Er erhob sich und reichte ihr eine Hand, um ihr auf die Beine zu helfen.

Der Cadillac, dessen Klimaanlage auf vollen Touren lief, wirbelte eine Staubwolke auf, als er die Wüstenstraße entlangraste. Las Vegas lag zehn Meilen hinter ihm. Kein anderes Auto war zu sehen, kein Haus, kein sonstiges Lebenszeichen.

Don Mariano Vassallo saß auf dem Beifahrersitz neben seinem Sohn, der den Wagen steuerte. Giuseppe Spada hatte im Fond zwischen Vince Fargo und Frank Regalbuto Platz genommen. Er war ein kleiner, vierschrötiger Mann um die Fünfzig. Trotz der angenehmen Kühle, die im Innern des Cadillac herrschte, war ihm heiß, und sein Gesicht hatte sich gerötet. Zitternd lagen seine dicken Hände auf seinen Knien. Seit jene vier Männer, die er mit einem Auftrag ausgesandt hatte, nicht zurückgekehrt waren, lebte er in Angst und Schrecken. Er hatte keinen Schlaf mehr gefunden und immer nur auf die Axt gewartet, die ihn fällen würde. Aber als die Tage verstrichen waren, ohne daß etwas geschah, hatte er sich allmählich entspannt. Und als Don Vassallo aus Vegas angerufen und erklärt hatte, es gäbe Ärger und er würde seine Hilfe brauchen, war Spadas Überzeugung gewachsen, daß niemand die Spur der Hijacker bis zu ihm verfolgt hatte.

Aber sobald er gesehen hatte, wer in dem Auto saß, das ihn am Flughafen erwartet hatte, war ihm klargewesen, daß er so gut wie tot war.

»Don Mariano«, flehte er, »ich schwöre dir – ich habe nichts damit zu tun. Es stimmt – das waren meine Leute. Aber sie haben auf eigene Faust gehandelt. Ich wußte nichts davon. Das schwöre ich dir.«

Vassallo nahm sich nicht die Mühe, eine Antwort zu geben. Er drehte sich nicht einmal zu Spada um.

Spada versuchte es noch einmal, mit schwacher, halb erstickter Stimme. »War ich dir nicht immer treu ergeben? Vor zwölf Jahren habe ich dir sogar das Leben gerettet. Erinnerst du dich?«

»Ich erinnere mich«, sagte Vassallo tonlos. Er drehte sich noch immer nicht um.

Sein Sohn lenkte den Wagen in einen Sandweg, der sich zwischen kahlen Hängen dahinwand. Die Sonne warf grelle Lichter auf das Metall des Cadillac. Die Räder jagten Sandfontänen in die heiße Luft.

Der Wagen hielt zwischen zwei niederen Sandhügeln. Frank öffnete die Tür, stieg aus, zog einen Revolver aus der Tasche.

Vince schob Spada aus dem Fond. »Raus!«

Spada klammerte sich an der Schulter von Vassallos Jackett fest. »Hör mich doch an! Bitte!«

Endlich wandte sich Vassallo um und schaute seinen alten Freund an, seinen Lieutenant, dem er so viele Jahre lang vertraut hatte. »Du mußt sterben, Giuseppe«, sagte er traurig. »Sag ihnen, was sie wissen wollen – sag ihnen, wer der Verräter in ihren Reihen ist, damit du es schnell und schmerzlos hinter dich bringen – und anständig sterben kannst, so wie ein Mann sterben sollte.«

»Aber – ich habe doch nichts verbrochen!« jammerte Spada.

Vincents Faust landete auf seinem Ohr, so daß er Vassallos Jackett losließ und halb aus dem Wagen fiel. Frank packte ihn mit der freien Hand am Hemdkragen und zerrte ihn ganz heraus. Leicht benommen blieb Spada im Sand liegen. Vince und Vassallos Sohn stiegen ebenfalls aus.

»Macht die verdammten Türen zu!« stieß Vassallo hervor. »Ich kann diese verdammte Hitze nicht ertragen!«

Sein Sohn schloß die Autotüren. Vassallo saß in dem klimatisierten Cadillac und zündete sich eine Zigarre an. Draußen schien sich die Hitze der flammenden Wüstensonne wie ein riesiges, bösartiges, beutehungriges Tier auf die Männer zu stürzen.

Vassallos Sohn öffnete den Kofferraum des Wagens, und Vince nahm einen Baseballschläger heraus. Als Spada das sah, rappelte er sich auf und versuchte davonzulaufen, ohne an das Schießeisen in Franks Hand zu denken.

Frank schlug ihm mit dem Lauf der Waffe ins Gesicht, das Metall riß das Fleisch von den Wangenknochen und schleuderte ihn zu Vince zurück. Spada taumelte und spreizte die Beine, um sein Gleichgewicht wiederzuerlangen. Vincents Baseballschläger traf ihn mit voller Wucht zwischen den Schenkeln. Spada heulte auf wie ein Tier. Er sank in den Sand, krümmte sich zusammen.

»Wer hat Sie informiert?« fragte Frank.

Kein Wort kam über Spadas Lippen, nur ein schluchzendes Stöhnen. Vince schwang den Baseballschläger hoch, ließ ihn hinabsausen und zertrümmerte eine von Spadas Kniescheiben. Frank zuckte zusammen, als er das Geräusch des brechenden Knochens vernahm. Spadas Gebrüll schien ihm das Trommelfell zu zerreißen.

Das war einer der Vorzüge von Vegas. Man brauchte nicht weit zu fahren, um einen Ort zu finden, wo man dergleichen unbemerkt erledigen konnte. Denn solche Schreie waren meilenweit zu hören.

»Sag's ihm, Giuseppe«, riet Vassallos Sohn. »Sag's ihm und bring's hinter dich.«

Spada, in der qualvollen Sphäre seiner Schmerzen gefangen, schien ihn nicht zu verstehen. Wieder schwang Vince Fargo den Schläger hoch und zerschmetterte ihm eine Schulter.

Vassallo saß in dem vollklimatisierten Cadillac, rauchte seine Zigarre und starrte mit ausdrucksloser Miene durch die Windschutzscheibe.

Angelo DiMorra saß im Wohnzimmer seiner Suite und hörte sich Ruby Dunnes letztes Lied an, das aus den Lautsprechern der Stereoanlage drang. Ruby lehnte an der Wand, lauschte ebenfalls, beobachtete ihn.

Als die Platte abgespielt war, saß er noch eine ganze Weile reglos da, vorgebeugt, die Arme um die Knie geschlungen, und blickte auf den Teppich. Dann hob er den Kopf und lächelte sie an. »Ihre Stimme gefällt mir.«

»Danke ...« Sie zögerte, dann erwiderte sie sein Lächeln. »Aber verstehen Sie genug davon, um das zu beurteilen?«

»Natürlich. Immerhin bin ich Italiener.« Er mochte die Art, wie sie lachte. »Natürlich bin ich kein Profi, aber ich kenne ein paar Leute aus der Plattenbranche. Macht es Ihnen was aus, wenn ich ihnen Ihre Lieder mal vorspiele?«

»Ob es mir was ausmacht? Ich wäre Ihnen ganz schrecklich dankbar.« Als er aufstand und hinter die Bar ging, fügte sie hinzu: »Aber Sie müßten die Leute warnen. Wie gesagt – die technische Qualität dieser Platte läßt sehr zu wünschen übrig.«

Er nickte und stellte zwei Gläser auf die Theke. »Das werde ich ihnen erklären. Was wollen Sie trinken?«

Sie zögerte. »Es ist noch ein bißchen zu früh ... Aber zum Teufel – warum nicht? Einen kleinen Scotch mit viel Wasser.«

Sie schlenderte zur Bar, setzte sich auf einen der Lederhocker und schaute ihm zu, während er die Drinks mixte. »Mr. DiMorra – ich weiß es sehr zu schätzen, daß Sie sich für mich einsetzen wollen – wo Sie doch ein so vielbeschäftigter Mann sind.« Er sah sie an, und ihr Pulsschlag beschleunigte sich.

»Nennen Sie mich nicht ›Mr. DiMorra‹. Ich bin zwar schon uralt, aber ich werde nicht gern daran erinnert. Versuchen Sie's doch mal mit ›Angelo‹.«

Sie versuchte es – mit leiser, weicher Stimme. »Angelo ...«

»Das hört sich viel besser an. Und jetzt erzählen Sie mir was über Ruby Dunne.«

»Ich habe Ihnen doch schon eine ganze Menge erzählt.«

»Über Ihre Ambitionen – aber nicht über Ihr Leben.«

»Wollen Sie etwa meine ganze Lebensgeschichte hören?«

»Warum nicht?«

»Weil es da einige Abschnitte gibt, die nicht besonders schön waren. Manchmal könnte ich weinen, wenn ich daran denke. Es würde Ihnen sicher nicht gefallen, wenn ich plötzlich zusammenbreche und mich an Ihrer Schulter ausheule.«

»Sie würden staunen, wenn Sie wüßten, wie viele Leute sich im Lauf der Jahre schon an meiner Schulter ausgeweint haben.«

Es war schon dunkel, als Joe Lucci seinen Boß zum Flughafen hinausfuhr. DiMorra vermied es, wichtige Geschäftsangelegenheiten im Hotel zu besprechen. Der F.B.I. war in ganz Vegas tätig und versteckte neue Wanzen in den Zimmern, sobald man die alten aufgespürt und entfernt hatte.

Der Cadillac wartete am Straßenrand, vor dem Ausgang des Flughafengebäudes. Lucci parkte direkt dahinter. Frank und Vince stiegen aus dem Cadillac und kamen zu DiMorras Wagen. Nachdem sie sich in den Fond gesetzt hatten, entfernte sich der Cadillac. DiMorra drehte sich zu den beiden Männern um. »Habt ihr Spada tief genug begraben?«

Vince nickte. »Das war nicht weiter schwierig – in diesen Sandmassen.«

»Es war Longobardo«, platzte Frank heraus, mit enger Kehle. »Longobardo hat Spada gesagt, wo er uns mit dem Zaster und dem Stoff erwischen kann. Ich glaube es einfach nicht. Er war immer wie ein Onkel zu mir ...«

DiMorra nickte mit ernstem Gesicht. »So was kommt vor. Aber du hast recht – er war ein guter Mann.« Er seufzte tief auf. »Okay, mach's ihm so leicht wie möglich. Er soll in Würde sterben. Aber ich will, daß er gefunden wird. Für den Fall, daß noch jemand über diese Sache Bescheid weiß, soll er sehen, daß ein Verräter nicht ungestraft davonkommt.«

»Soll ich Frank begleiten?« fragte Vince.

»Nein. Wenn ihr beide loszieht, wird's zu offensichtlich. Dein Bruder kann ihm helfen. Du fährst in ein paar Tagen mit mir in die Stadt zurück.«

»Okay.«

DiMorra sah auf seine Uhr, dann wandte er sich an Frank. »In fünfzehn Minuten geht eine Maschine, mit der du nach Hause fliegen kannst. Ich möchte, daß es sofort erledigt wird.«

»Ich muß Ruby anrufen und ...«

»Dazu hast du keine Zeit«, fiel DiMorra dem jungen Mann ins Wort. »Sieh zu, daß du ins Flugzeug kommst. Ich werde ihr erklären, daß du plötzlich verreisen mußtest, aber ich werde ihr verschweigen, wohin. Ich nehm sie mit, wenn ich nach Hause fliege.«

»Das ist nicht nötig. Setz sie morgen früh einfach in eine Maschine.«

»Nein. Morgen kommt ein Agent aus Los Angeles hierher, um sich ihre Lieder anzuhören.«

Frank starrte DiMorra überrascht an. »Das ist ja wunderbar! Ich stehe tief in deiner Schuld.«

»Schon gut. Mach dir keine Sorgen um Ruby.«

7.

Später erkannten sie beide, daß sie gewußt hatten, was in dieser Nacht zwischen ihnen geschehen würde.

Sie hatten zusammen in dem kleinen, plüschigen, diskret beleuchteten Gourmet-Restaurant des Hotels zu Abend gegessen. Ruby Dunne war entzückt über die intime Atmosphäre. Sie saßen an einem Ecktisch, und die drei Tische in ihrer Nähe blieben leer. Der Maître d' hôtel ließ die anderen Gäste auf freie Tische warten und erklärte, jene drei wären reserviert.

Joe Lucci dinierte am selben Tisch wie das Mädchen und DiMorra, aber Ruby vergaß seine Anwesenheit. Lucci besaß die sonderbare Gabe, da zu sein und gleichzeitig weit entfernt. Er konzentrierte sich auf sein Essen, trank sehr mäßig von dem köstlichen Wein, schien völlig in seine eigenen Gedanken versunken zu sein. Er existierte nur als Schatten, den man gelegentlich wahrnahm, der die Unterhaltung aber in keiner Weise störte.

Eigentlich war es Ruby, die den Großteil der Konversation bestritt. Noch nie zuvor hatte sie so frei, so fließend gesprochen. Wann immer sie nichts mehr zu sagen wußte, schnitt DiMorra in geschickter Weise ein neues Thema an. Es war offensichtlich, daß er sich sehr für sie interessierte, und Ruby sonnte sich in der dynamischen Wärme seiner Persönlichkeit und wurde immer gesprächiger. »Sie wären ein großartiger Reporter geworden«, meinte sie. »Sie stellen genau die richtigen Fragen.«

DiMorra lächelte geschmeichelt.

Während des Dinners kamen knapp hintereinander zwei Männer an den Tisch. Beide waren so berühmt, daß der Maître d' hôtel sie nicht abzuwimmeln wagte. Der eine war ein Komiker, der in einer Fernsehshow mit Spitzeneinschaltquoten auftrat, der andere ein Schiffsmagnat, dessen extravagante internationale Operationen sein Bild viel öfter in die Zeitungen brachten, als es bei einem Geschäftsmann üblich war.

Beide blieben nur kurz am Tisch sitzen, um Angelo DiMorra ihre Wertschätzung zu versichern. Da Ruby sich in seiner Gesellschaft befand, wurde sie in diese Wertschätzung miteingeschlossen. Aber nicht nur das – beide Männer musterten sie, dann lächelten sie DiMorra anerkennend und keineswegs neidlos zu. Ruby sah DiMorra an, daß ihm das großen Spaß machte. Und sie selbst genoß das Gefühl, ›jemand zu sein‹, ein Gefühl, das durch die Tatsache, daß man ihr nur wegen ihrer Freundschaft mit DiMorra Beachtung schenkte, nicht geschmälert wurde.

Als sie nach dem Dinner Kaffee tranken, kam Louis Orlando, der Buchhalter, an den Tisch. Ruby kannte ihn nicht und spürte DiMorras innere Anspannung, als der Mann vor ihm stehenblieb. Auch er musterte sie wohlgefällig, aber nicht so respektvoll wie der Komödiant und der Schiffsmagnat.

Dann wandte sich der Buchhalter an DiMorra. »Sehr nett. Ein reizendes Mädchen.« Irgend etwas lag in seiner Stimme, das ihr mißfiel.

»Sie ist Frankies Freundin«, informierte ihn DiMorra, ohne zu lächeln.

»Oh!« Der Buchhalter grinste sie an. Sein Grinsen gefiel ihr auch nicht. Es wirkte irgendwie schmutzig.

»Was ist los, Louis?« fuhr ihn DiMorra ungeduldig an.

Das Grinsen des Buchhalters erlosch. »Ich möchte mit dir über die neuen Regelungen reden. Wir müssen das so arrangieren, daß der Übergang möglichst glatt und schnell vonstatten geht.«

DiMorra starrte ihn mit gerunzelter Stirn an und überlegte, dann nickte er, akzeptierte widerstrebend, daß Orlando recht hatte. »Okay, machen wir einen Spaziergang.« Er wandte sich an Ruby. »Tut mir leid – es handelt sich um ein geschäftliches Problem.«

»Das macht nichts«, versicherte sie, versuchte ihrer Stimme einen heiteren Klang zu geben, konnte ihre Enttäuschung aber nicht ganz verbergen. »Ich gehe inzwischen ins Casino und spiele ein bißchen.«

»Spielen Sie gern?«

»Manchmal ist es ganz lustig. Ich setze höchstens zwanzig Dollar ein.« Sie lachte. »Damit kann ich keine Reichtümer gewinnen.«

»Und was spielen Sie?«

»Meistens Einundzwanzig.«

DiMorra nickte wohlwollend. »Das ist ein nettes Spiel für Frauen. Ich mag es nämlich nicht, wenn Damen an den Craps-Tischen sitzen. Dann hören sie auf, Damen zu sein.« Er zog einen Geldschein aus der Tasche und drückte ihn in Rubys Hand. »Aber bleiben Sie nicht zu lange auf! Sie müssen hübsch und ausgeruht aussehen, wenn Sie morgen diesen Agenten kennenlernen.«

Ruby blickte auf den Hundert-Dollar-Schein und wollte ihn DiMorra zurückgeben. »Ich habe mein eigenes Geld.«

Er ignorierte die Hand, die ihm die Banknote hinhielt, und stand auf. »Danke, daß Sie mir Gesellschaft geleistet haben. Ich esse nicht gern allein.«

»Es war schön mit Ihnen.« Sie sah ihm lächelnd in die Augen. »Sehr schön.«

Der Vingt-et-un-Tisch, den sie sich ausgesucht hatte, erwies sich als glückliche Wahl. Zwei- oder dreimal besiegte sie den Dealer und hatte die Einundzwanzig bei einer einzigen Partie öfter als je zuvor. Diese Glückssträhne brachte sie in Hochstimmung, aber sie setzte auch weiterhin sehr vorsichtig und ging nur höher, wenn sie gewonnen hatte. Wenn sie verlor, kehrte sie zu ihrem ursprünglichen geringen Einsatz zurück. Und als sie hundert Dollar hinzugewonnen hatte, hörte sie zu spielen auf und löste ihre Chips ein.

Es war elf Uhr, und sie ging in ihr Zimmer, um sich einem ausgiebigen Schönheitsschlaf hinzugeben. Aber sie konnte nicht einschlafen. Das lag teilweise daran, daß sie vor dem Treffen mit dem Agenten ziemlich nervös war. Aber es hatte noch einen anderen Grund.

Sie mußte immer wieder an DiMorra denken, an die Emotionen, die er in ihr wachrief. An seiner Seite fühlte sie sich sicher und geborgen und beschützt, unverwundbar und himmlisch. Eine Erregung, die sie nie zuvor gekannt hatte, stieg in ihr auf, ließ ihre Nervenenden prickeln, beschleunigte ihren Atem.

Ruby sah auf ihre Uhr. Es war kurz nach Mitternacht. Sie stand auf, zog sich rasch an, mit bebenden Fingern, erstaunt über die rückhaltlose Kühnheit, die ihren Entschluß bestimmte. Sollte sie zuerst anrufen? Besser nicht. Eine höfliche Abfuhr hätte sie nicht ertragen.

Sie lief ins Badezimmer, bürstete ihr Haar und entschied, daß sie kein Make-up auflegen würde. Nachdem sie ihren Schlüssel und zweihundert Dollar an sich genommen hatte, verließ sie das Zimmer und fuhr mit dem Lift in die oberste Etage hinauf. Vor seiner Tür blieb sie zögernd stehen. Ihr Herz hämmerte heftig gegen die Rippen. Sie schluckte, dann drückte sie auf den Klingelknopf.

Joe Lucci öffnete die Tür. Er trug Jeans, ein T-Shirt und Sandalen an den nackten Füßen. Ausdruckslos sah er sie an.

»Schläft Angelo schon?« fragte sie unsicher.

»Nein.« Lucci bedeutete ihr einzutreten, ohne seinen Herrn vorher zu informieren. Don Angelo war allein, und dies war ein schönes Mädchen. Don Angelo mußte selbst entscheiden, was er mit ihr machen wollte.

Er schloß die Tür, drehte den Schlüssel herum, dann wies er nach rechts. »Er sitzt da drin, vor dem Fernseher.« Lucci wandte sich ab, kehrte in sein Zimmer zurück und machte die Tür hinter sich zu.

DiMorra saß auf dem Sofa im Wohnzimmer, in einem Morgenmantel aus blauer Seide. Die bloßen Füße lagen auf dem Couchtisch. Er sah sich einen alten Western an. Als Ruby hereinkam, hob er überrascht den Kopf – »Sie wollten doch früh zu Bett gehen«, tadelte er sanft, wie ein Vater, der ein ungehorsames Kind zurechtweist.

»Ich – ich konnte nicht einschlafen.« Ihre eigene Stimme klang ihr fremd in den Ohren. Sie setzte sich auf einen Schemel, legte die zweihundert Dollar auf den Tisch. »Ich hatte Glück – ich konnte Ihren Einsatz verdoppeln.«

»Und Sie haben aufgehört, bevor Sie alles wieder verlieren konnten? Kluges Mädchen!« Er sah sie forschend an. »Soll ich Ihnen eine Schlaftablette geben? Ich habe ein sehr gutes Medikament. Es wird Sie nicht umwerfen, sondern Ihnen nur helfen, sich zu entspannen. Morgen früh werden Sie mit klarem Kopf erwachen – und kein bißchen groggy sein.«

Sie sah ihn an. Die nervöse Erregung ließ ihre grünen Augen unnatürlich groß erscheinen. »Mögen Sie mich nicht?«

DiMorra zögerte kurz. »Doch.« Er verzichtete darauf, so zu tun, als wüßte er nicht, was sie meinte.

Ihr kurzes Auflachen klang verlegen und gezwungen. »Sie haben keinen einzigen Annäherungsversuch gemacht. Nicht einmal einen ganz kleinen – um mir zu schmeicheln ...«

»Sie sind Franks Freundin.«

»Nein, das bin ich nicht – zumindest nicht so, wie Sie es meinen. Er interessiert mich nicht, nicht auf diese Weise – nicht so wie Sie.«

»Das ist sehr schmeichelhaft für mich«, sagte er mit ruhiger Stimme. »Aber ich bin nicht der Typ, der jungen Mädchen nachläuft.«

»Ich weiß.« Sie holte tief Atem, und das fiel ihr schwer. »*Ich* laufe *Ihnen* nach.« Sie legte ihren Zimmerschlüssel auf die Dollarscheine und stand auf. »Darf ich Ihr Badezimmer benutzen?«

DiMorra nickte und zeigte auf eine Tür. Als sie dahinter verschwunden war, blickte er wieder auf den Fernseher. Er liebte Western, und es gefiel ihm, daß er schon vor dem Ende wußte, wie die Geschichte ausgehen würde – daß die Schurken stets bekamen, was sie verdienten. Aber in diesem Moment nahm er nicht wahr, was sich auf dem Bildschirm abspielte.

Ruby Dunne tauchte vor seinem geistigen Auge auf, und er glaubte ihren schlanken, vibrierenden Körper in seinen Armen zu spüren. Plötzlich löste ihre eifrige Bereitschaft eine Reaktion in seinen Lenden aus. Es war anders als alles, was er bisher mit jungen Mädchen in vergnüglichen Stunden erlebt hatte, und er versuchte den Unterschied zu analysieren.

Er wußte, daß Ruby Dunne ihn tatsächlich brauchte. Und daß seine Macht und sein Einfluß einen Teil dieser Anziehungskraft darstellten, störte ihn nicht. Was ein Mann erreicht hatte, war ein Teil dessen, was ihn zu einer unverwechselbaren Persönlichkeit gemacht hatte – ebenso wie seine Gesichtszüge, sein Alter, sein Körperbau, seine Kleidung.

Es gab Mädchen, die sich zu Versagern hingezogen fühlten. In seiner Jugend hatte er einige von dieser Sorte kennengelernt.

DiMorra fragte sich, warum er zögerte, Rubys Begierde auszunutzen. Er glaubte nicht, daß das irgend etwas mit Frank Regalbuto zu tun hatte. Sie war nicht mit Frank verheiratet. Sie war seine Freundin, und das war etwas ganz anderes. Wenn ein Mann seine Freundin nicht an sich binden konnte, so war niemand anderer daran schuld.

DiMorra entschied, daß er zögerte, weil er ihr nicht weh tun wollte. Sie erschien ihm so zart, so offenherzig in ihrer Hingabe, daß sie einfach verletzt werden mußte ...

Der Western wurde von einem Werbespot unterbrochen. Ruby war nicht zurückgekommen. DiMorra stand auf, um nach ihr zu sehen. Wie er erwartet hatte, war sie nicht im Bad. Er betrat das angrenzende Schlafzimmer.

Ruby lag in seinem Bett, ein Laken bis zu den zartknochigen Schultern hochgezogen. Ihre Schuhe standen auf dem Boden, ihre Kleider hingen ordentlich zusammengefaltet über einem Stuhl. Sie blickte ihn an, halb ängstlich, halb herausfordernd.

Langsam ging er zum Bett. Sie ließ sein Gesicht nicht aus den Augen, während sie das Laken bis zu ihrer schmalen Taille hinabstreifte. Ihre Brüste waren voller, als er gedacht hatte. Die kleinen Warzen waren steif vor Erregung. Leidenschaft durchströmte ihn, mit einer Heftigkeit, die ihn erschreckte.

»Bitte ...?« flüsterte sie mit zitternder Stimme. »Bitte ...« Er setzte sich auf den Bettrand, umfaßte eine ihrer Brüste. Sie war schwer, fest und nachgiebig zugleich. Die glatte Köstlichkeit ihrer Haut jagte ein Prickeln von seinen Fingerspitzen durch sein ganzes Nervensystem.

Ruby schlang ihre nackten Arme um seinen Hals, zog ihn zu sich hinab. Sie war kräftiger, als sie aussah. Hungrig fanden ihre Lippen die seinen, ihre Zungenspitze liebkoste ihn.

Sie stöhnte, als er sie nahm – stöhnte und schrie dann unkontrolliert auf, als ihr Orgasmus sie erschütterte, so verwirrend schnell, daß er sich beeilen mußte, um ebenfalls den Höhepunkt zu erreichen.

Danach klammerte sie sich an ihn, wie ein verirrtes Kind, das endlich eine Zufluchtsstätte gefunden hat und fürchten muß, sie wieder zu verlieren. Ihr ganzer Körper bebte vor Erleichterung, ihr Gesicht war tränennaß.

»Nicht weinen«, flüsterte er und wischte mit einer Fingerspitze ihre Tränen weg.

»Es – es ist nie zuvor passiert«, stammelte sie schluchzend. »Ich dachte schon – ich wäre frigide ...«

Stolz und Entzücken erfüllten ihn. Er drückte sie an sich, streichelte besänftigend ihren glatten Rücken. Minuten später war sie in seinen Armen eingeschlafen.

Er lag neben ihr und sah sie an. Früher war auch er danach immer eingeschlafen – sehr schnell. Aber jetzt fühlte er sich weder schläfrig noch müde. Er konnte sich nicht entsinnen, jemals so hellwach gewesen zu sein, so lebensfroh.

Im Schlaf hatte sie ein Gesicht wie ein Baby – weich, entspannt, mit leicht geöffneten Lippen, vertrauensvoll.

Er wußte, daß er sich jetzt wie ein schmutziger alter Mann vorkommen müßte. Aber so war es nicht. Er erinnerte sich an die Gedanken, die ihn bei Paolo Regalbutos Begräbnis gequält hatten – an das Wissen, daß er nicht mehr allzu viele Jahre vor sich hatte. Und daß ihm diese Jahre nur geringe Freuden versprachen.

Seine Frau würde ihm gewiß keine Freude schenken. Und seine Töchter würden ihn nur noch mehr imitieren. Er hatte keinen Sohn, der sein Lebenswerk fortsetzen und ihm ein Gefühl der Unsterblichkeit geben könnte ... Aber als er nun im Bett lag und das schlafende Mädchen in den Armen hielt, erkannte er, daß er immer noch ein ganzer Mann war, daß er immer noch einen Sohn zeugen könnte. Dazu hatte er immer noch Zeit – mit der richtigen Frau ...

Die Richtung, in die seine Gedanken wanderten, bestürzten ihn. Vorsichtig befreite er sich aus Rubys schlanken Armen. Sie bewegte sich ein wenig, erwachte aber nicht, als er aufstand.

Er ging ins Bad und duschte. Während er sich abtrocknete, betrachtete er sein Spiegelbild. Und dieser Anblick erregte ihn. Er sah fünfzehn Jahre jünger aus.

Ruby lag auf dem Bauch, als er ins Schlafzimmer zurückkehrte. Er blickte auf den anmutigen Schwung ihrer Hüften hinab, auf die wohlgeformten, ausgestreckten Beine. Neue Leidenschaft stieg in ihm auf, überraschte ihn. Es war schon lange her, seit das in einer einzigen Nacht öfter als einmal geschehen war.

Er setzte sich auf das Bett, strich ganz leicht über ihre sanft gerundeten Hinterbacken, und sein Verlangen wuchs.

Sie öffnete die Augen, blickte über die Schulter zu ihm auf.

»Fester ...«, flüsterte sie verschlafen, »bitte – fester ...«

Sie zwang sich, das Gesicht in das Kissen zu pressen, während er ihre Hinterbacken immer kraftvoller knetete und ihr Begehren bis zur Raserei steigerte. Schließlich konnte sie es nicht mehr ertragen, wandte sich um, griff keuchend nach ihm. Ihre Lippen glitten über seine Brust, ihre Zähne knabberten an seinem Bauch, ihre Zunge schnellte hervor.

»Nicht«, murmelte er halb erstickt, faßte in ihr Haar, zog ihren Kopf hoch, so daß sie ihn ansehen mußte.

»Ich will es«, stieß sie in wilder Ekstase hervor. »Ich liebe dich so sehr ...«

Er drehte sie auf den Rücken, warf sich in heißer Begierde auf sie.

Er fühlte sich keineswegs wie ein schmutziger alter Mann. Als er ihren zitternden, glatten, nackten Körper umarmte und in sie eindrang, kam er sich so sauber vor wie nie zuvor in seinem Leben.

Arnaldo Longobardo war müde, als er das Haus verließ. Er hatte sich verdammt anstrengen müssen, um zu kriegen, was der Buchmacher ihm schuldete. Es gefiel ihm nicht, so was zu tun – aber er brauchte das Geld. Jetzt hatte er es, aber es war zu wenig. Er brauchte viel mehr – dringend. Die Depression hatte sich auf seine rechtmäßigen Investments ausgewirkt, und er mußte noch mehr Geld hineinstecken, sonst würde er alles verlieren.

Wenn er nicht so verzweifelt gewesen wäre, hätte er sich niemals mit Spada eingelassen. Das war genauso, als würde man über sein eigenes Grab gehen.

Es war dunkel, als er aus dem Haus trat. Die Straße war leer, bis auf einen Buick, der am Gehsteig parkte. Er blieb stehen, als er sah, wer am Steuer saß – Frank Regalbuto. Und auf dem Beifahrersitz Tony Fargo ...

Longobardo unterdrückte den Impuls, davonzulaufen. Wenn sie es wußten, dann war er ohnehin erledigt, und dann würde es ihm auch nichts nützen, die Flucht zu ergreifen. Und wenn sie es nicht wußten, würde er sich dadurch nur verdächtig machen.

Er zwang sich, lächelnd auf das Auto zuzugehen. »Hallo, Tony! Na, wie geht's dir, Francesco?«

»Gut, Arnaldo«, erwiderte Frank.

»Tut mir leid, Arnaldo«, sagte Tony und hob einen häßlichen Revolver mit kurzem Lauf.

Longobardo starrte in die kleine dunkle Mündung der Waffe, hörte den grausigen Lärm, den sie machte.

Sein Körper sank auf den Gehsteig, sein Kopf hing in dem Rinnstein. Tony öffnete die Wagentür und beugte sich hinaus. Er hielt den Revolver an Longobardos Ohr und feuerte noch einmal. Longobardos Kopf ruckte hoch, dann schlug er auf dem Pflaster auf.

Tony schloß die Tür. Mit quietschenden Reifen fuhr Frank davon. Longobardo blieb liegen, wo er gestürzt war, und sein Blut floß in die Gosse.

DER KAMPF

8.

Der TWA-Jumbo aus Rom ging über dem Meer in die Schräglage und setzte zum Landeanflug an, auf der vorherbestimmten Bahn, die ihn zum New Yorker Kennedy Airport bringen würde. Frank Regalbuto schnallte seinen Gurt zu, um der Aufforderung Folge zu leisten, die in Leuchtbuchstaben aufflammte, und zündete sich eine letzte Zigarette an. Abgesehen von einigen Angestellten der Fluglinie, die diese Reise umsonst machten, saßen nur noch drei Passagiere in der ersten Klasse – ältere, uninteressante Typen. Es war ein langer, langweiliger Flug gewesen. Aber das störte Frank nicht. Es gab so vieles, über das er nachdenken mußte.

Fast alles, was seine Gedanken beschäftigte, war ungeheuer aufregend. In den fünf Wochen seit dem Tod seines Vaters war Frank erwachsen geworden. Das spürte er. Und an der Art, wie ihn die anderen behandelten, erkannte er, daß sie es auch spürten. Vor allem diese letzten drei Wochen in Europa hatten ihm genügend Selbstvertrauen gegeben, um sein Image als gutmütiger, nicht allzu aggressiver Sohn des Großen Alten Mannes abzulegen.

Als der Ausschuß in Las Vegas zusammengetreten war, hatte er den Beschluß, daß er die Leitung der Regalbuto-Familie nicht übernehmen sollte, keineswegs als tragisch empfunden. Er hatte gewußt – besser als die anderen –, daß er nicht imstande gewesen war, eine solche Aufgabe zu bewältigen. Aber als er an Bord der 747 gegangen war, um nach Amerika zurückzukehren, hatte er erkannt, daß er dazu fähig sein *würde* – in einem Jahr, vielleicht auch schon früher.

Bezüglich seiner Reise hatte es nur in einem einzigen Punkt keine Übereinstimmung gegeben. Frank wollte sich nicht darauf beschränken, nur Kontakte zu knüpfen.

»Wenn ich schon dort bin, könnte ich doch den Transport einer weiteren Fracht arrangieren. Mit der letzten Lieferung werden wir nicht lange auskommen, weil das Zeug weggeht wie warme Semmeln.«

DiMorra hatte eine Weile nachgedacht und dann den Kopf geschüttelt. »Nein. Sieh zu, daß du erst einmal Kontakte herstellst und siehst, was da alles läuft. Wenn du zurückkommst, sprechen wir darüber, treffen unsere Entscheidung, und *danach* kannst du zurückfliegen und alles in die Wege leiten.«

Sie hatten darüber gestritten, aber nicht sehr lange. DiMorra beharrte auf seinem Standpunkt. Frank war überzeugt, daß DiMorra erst einmal sein Urteilsvermögen testen wollte, bevor er ihm erlaubte, in Aktion zu treten. Aber was das anging, so hatte Frank seine eigenen Vorstellungen.

Als er Amerika verließ, besaß er genug Geld, um sich eine eigene Lieferung von fünfzig Kilo zu kaufen. Das war fast doppelt so viel wie die letzte Fracht. Und er hatte sie ausschließlich mit seinem eigenen Geld bezahlt. Damals hatte er bereits gewußt, daß eine gewaltige Veränderung mit ihm vorgegangen war. DiMorra wußte es vielleicht noch nicht. Aber er würde es erfahren.

Frank nahm nicht an, daß er es lange geheimhalten könnte. Das beabsichtigte er auch gar nicht. Er würde DiMorra vor vollendete Tatsachen stellen und ihm sagen, daß er sich einkaufen könnte. DiMorra wäre ein Narr, wenn er sich kein Stück von dem Kuchen abschneiden würde. Vielleicht würde er anfangs sauer sein. Aber Frank war sicher, daß der alte *mustachio* – falls die Sache reibungslos klappte – seinen Mut und seine Initiative respektieren würde.

Er war nach Paris geflogen und von dort mit der Bahn nach Cannes gefahren. Zwei Tage lang hatte er in der Sonne gelegen, sich mit französischen Huren vergnügt und den Mann gemimt, der nichts anderes wollte, als amüsante Ferien zu verbringen. Danach war er mit einem Mietwagen nach Marseilles gefahren, auf verkehrsarmen Landstraßen, um Drogenagenten abzuschütteln, die ihm möglicherweise gefolgt waren. Er war sicher, daß es keiner geschafft hatte, ihm den ganzen Tag auf den Fersen zu bleiben.

In Marseilles traf er sich mit zwei Männern, erbitterten Konkurrenten, die in ihren Labors Heroin produzierten. Er taxierte beide und traf seine Wahl. Aber er sparte sich die Mühe, mit einem der Korsen über den Transport zu sprechen. Die Beamten von den amerikanischen Rauschgiftdezernaten gingen in letzter Zeit viel zu gründlich vor, wenn sie die Frachten aus Frankreich überprüften; Frank hatte seine eigenen Vorstellungen über die Transportmethoden.

Von Marseilles flog er nach Istanbul und besprach sich mit einem türkischen Regierungsbeamten, der als Nebenbeschäftigung Kontakte mit Mohnfarmern pflegte, um sich die nötige Opiummenge zu sichern. Sein nächster Stop war Damaskus. Ein syrischer Schmuggler erklärte sich für eine hohe Summe, die angesichts des beträchtlichen Risikos gerechtfertigt war, bereit, das Opium aus Kilis, in der Türkei, zu holen und in den Libanon zu bringen. In Beirut vereinbarte Frank mit dem Araber, daß dieser die Fracht verstecken würde, bis jemand käme, um sie abzuholen.

Danach flog Frank nach Rom. Die ersten zwei Tage mimte er den Touristen, der Sehenswürdigkeiten bewundert. An den ersten beiden Abenden fuhr er durch die Straßen, um ein Spitzen-Callgirl aufzulesen und in seine Suite im Excelsior mitzunehmen. Vor Tagesanbruch brachte er das Mädchen nach Hause. In der dritten Nacht – als er sicher war, nicht beobachtet zu werden – fuhr er nach Neapel, nachdem er die Dame vor ihrer Haustür abgesetzt hatte. Dort sprach er mit dem Kapitän eines Frachters, der regelmäßig die Mittelmeerhäfen anlief. Der Mann versprach, daß er nach einer entsprechenden Mitteilung die Fracht von Beirut in das Geheimlabor in Marseilles bringen würde.

Frank fuhr weiter nach Genua, um einen Mann aufzusuchen, der mit seinem Vater befreundet gewesen war. Dieser Mann war der Neuen Welt und ihrer vielen Bandenkriege müde geworden und mitsamt seinem Profit nach Italien zurückgekehrt. Dort hatte er eine sechzehnjährige Bauerntochter geheiratet und sein Geld in streng legale Unternehmungen gesteckt, unter anderem in eine Leihwagenfirma. Er hörte sich an, was Frank ihm zu sagen hatte, dann tätschelte er ihm wohlwollend die Wange.

»Genau wie dein Vater – raffiniert und ehrgeizig.« Um der alten Zeiten willen und für ein verlockendes Honorar war er bereit, die letzten beiden Stadien der Operation zu übernehmen.

Das erste Stadium war völlig unkompliziert. Er mußte die Fracht aus dem Marseiller Labor nach Genua bringen. Als ›Tourist‹ in einem Leihwagen. Auch der zweite Teil des Auftrags war mühelos durchzuführen. Er hatte einem amerikanischen Ehepaar, das ein Jahr in Europa verbrachte, ein Strandhaus weiter unten an der Küste vermietet. In einem Monat wollten sie nach Baltimore zurückkehren, was genau in Franks Zeitplan paßte. Wenn man ihren Wagen, einen

Buick, in Genua an Bord des Schiffes verfrachtete, würden die beiden nicht ahnen, daß die Reifen, auch der Ersatzreifen, mit Spezialröhren gefüllt waren, die reines Heroin enthielten. Und wenn das Schiff den Hafen von Baltimore erreichte – das war dann Franks Problem.

Wieder in Rom angekommen, stieg Frank in die nächste Maschine nach New York. Er hatte allen Grund, mit sich und seinen Leistungen zufrieden zu sein, und es gab nur einen einzigen Wermutstropfen im Becher seiner Freude.

Ruby Dunne.

Er vermißte sie. Während der langen Trennung hatte er erkannt, wieviel sie ihm bedeutete – und dabei hatte sie sich gar keine Mühe gegeben, ihn einzufangen. Vielleicht lag es auch an seiner plötzlichen Reife, daß er so oft an sie dachte. Er hatte es schon mit verdammt vielen Frauen getrieben und als Vierzehnjähriger damit angefangen. Das war auch völlig in Ordnung. Es hatte ihm Spaß gemacht und würde ihm auch weiterhin Spaß machen. Aber mit Ruby meinte er es ernst. Deshalb hatte er sie nicht gedrängt, mit ihm ins Bett zu gehen, hatte keinen einzigen Versuch in dieser Richtung unternommen. Er respektierte sie – *wollte* sie respektieren.

Ruby war der Frauentyp, den man heiratete, wenn man bereit dazu war. Daß sie keine Italienerin war, spielte keine Rolle. Er wollte sie haben – nur sie.

Daß er sie so vermißte und sich so sehr nach ihr sehnte, war aber nur ein Teil des Wermutstropfens. Der andere war seine Sorge um sie.

Sie war so komisch gewesen, nachdem sie aus Vegas zurückgekehrt war – irgendwie steif. Anscheinend hatte sie sich in seiner Gesellschaft unbehaglich gefühlt. Aber er nahm an, daß das nur an ihrer Nervosität gelegen hatte. Sie war schrecklich aufgeregt gewesen, weil sich der Agent, mit den DiMorra sie bekannt gemacht hatte für sie interessierte. Das konnte Frank ihr nicht übelnehmen. Der Mann wollte ein Probesingen in New York arrangieren, für den Manager einer Plattenfirma. Wenn Ruby diese Prüfung bestand, wollte man eine Platte mit ihr produzieren. Wenn sie versagte, war sie noch schlimmer dran als zuvor.

Frank war es egal, ob sie ein Star wurde oder nicht. Aber er verstand, daß es sehr viel für sie bedeutete.

Die Briefe – das war ein weiteres Problem. Sie hatte versprochen, ihm regelmäßig ans Excelsior in Rom zu schreiben und ihn wissen zu lassen, wie das Probesingen verlaufen war. Aber er hatte keinen einzigen Brief erhalten. Er hatte versucht, sie telefonisch in ihrem Apartment zu erreichen – aber da hatte sich niemand gemeldet ...

Das Schild mit der Aufforderung, das Rauchen einzustellen, blinkte auf, und die Stimme der Stewardeß verkündete, daß sie in ein paar Minuten in New York landen würden Frank drückte seine Zigarette aus, lehnte sich in seinem Sitz zurück und schloß die Augen. Er sagte sich, daß er sich übertriebene und vor allem grundlose Sorgen machte. Vermutlich hatte sie Erfolg bei dem Probesingen gehabt und war jetzt mit ihren Plattenaufnahmen beschäftigt. Sie hatte so viel zu tun gehabt, daß sie keine Zeit gefunden hatte, ihm zu schreiben. Deshalb durfte er ihr nicht böse sein.

Frank grinste, als er sich vorstellte, wie es sein würde, sie wiederzusehen. Er wollte den Flughafen nicht verlassen, um sich in New York zu amüsieren, sondern in die nächstbeste Maschine steigen und nach Hause fliegen – zu Ruby. Und dann würde er sie überraschen und sie ohne Umschweife fragen, ob sie ihn heiraten wollte. Sein Grinsen wurde noch breiter, als er sich ausmalte, wie verblüfft sie sein würde.

Er war gerade durch den Zoll gegangen, als sein Name aus dem Lautsprecher drang. »Mr. Regalbuto ... Bitte, zum Informationsschalter ...«

Langsam ging er durch das Gedränge im Flughafengebäude und sah sich nach allen Seiten um. Niemand schien ihn zu beobachten. Aber das bedeutete nicht, daß tatsächlich niemand da war, dessen Aufmerksamkeit er erregt hatte.

Das Mädchen am Informationsschalter lächelte freundlich. »Ich habe eine Nachricht für Sie ...« Sie wühlte in ihren Papieren und fand einen Umschlag, den sie ihm reichte.

Er wandte dem Schalter den Rücken zu und blickte sich noch einmal um, bevor er das Kuvert öffnete. Ein zusammengefalteter Zettel und ein kleinerer Umschlag steckten darin. Er faltete den Zettel auseinander. Die Mitteilung war mit der Maschine geschrieben, eine Unterschrift fehlte. ›Wenn Sie immer noch an Ruby Dunne interessiert sind – ihre Adresse lautet jetzt: New York, 415 East 86th Street, Apartment 7-D. Dort wohnt sie mit einem Mann zusammen.‹ Mit gefühllosen Fingern öffnete Frank das kleine Kuvert. Es enthielt einen Schlüssel.

Es war ein nagelneues Apartmentgebäude, mit einem Springbrunnen davor. Frank stieg aus dem Taxi und blickte auf die Fassade. Er dachte nichts. Sein Gehirn war wie erstarrt. Er ging an einem uniformierten Portier vorbei, mit vorsichtigen Schritten, wie ein Mann, der etwas zu tief ins Glas geschaut hat, aber noch nicht betrunken ist. Der Lift brachte ihn in den siebenten Stock hinauf.

Am Ende des Korridors, der mit einem Teppich ausgelegt war, sah er die Tür 7-D. Unter dem Klingelknopf war ein Schild befestigt – R. Dunne stand darauf. Frank drückte auf den Knopf, hörte das Läuten in der Wohnung.

Er wartete. Nichts rührte sich.

Frank zog den Schlüssel aus der Tasche. Er paßte genau ins Schloß.

Als er die kleine Diele betreten hatte, schloß er die Tür hinter sich, ging durch die Wohnung und sah sich um. Eierschalenweiße Tapeten, ein Teppich in gedämpftem Blau, skandinavische Möbel. Auf der Couch lag das teure Seidentuch, das er für sie gekauft hatte – kurz, nachdem sie sich begegnet waren. An einer Wand hing ein abstraktes Gemälde, das er wiedererkannte. Es war ihm schon in ihrem früheren Apartment aufgefallen. Ruby hatte es selbst gemalt. Frank verstand nicht viel von Kunst, aber die Aggressivität dieser grellen Farben hatte ihn überrascht, weil Ruby doch ein so zurückhaltendes Mädchen war.

Auf dem blauen Teppich, neben einem Ohrensessel, standen braune Pantoffel.

Männerpantoffel.

Frank glaubte es förmlich zu spüren, wie ihm die Hörner aus der Stirn wuchsen. Mit schweren Schritten ging er ins Schlafzimmer, an seinem geistigen Auge glitten schmutzige, ekelerregende Bilder vorbei. Das Blut rauschte in seinen Ohren, schien in seinen Adern zu brennen.

Ein begehbarer Kleiderschrank nahm fast eine ganze Wand ein. Frank öffnete die Tür. Da waren hauptsächlich Rubys Sachen – aber auch eine Männersportjacke, eine Männerhose, ein Männerpyjama, ein Männermorgenmantel und zwei Paar Männerschuhe.

Er ging ins Badezimmer. Zwischen Rubys Kosmetika standen ein Rasierapparat, ein Aftershave mit passendem Eau de Cologne ...

Frank machte auf dem Absatz kehrt, lief in die kleine Küche, riß Schranktüren auf und warf sie wieder zu, bis er eine Flasche Scotch fand. Er machte sich nicht die Mühe, den Whisky in ein Glas zu gießen, setzte den Flaschenhals an die Lippen und nahm einen großen Schluck.

Es war schon fast dunkel, als Ruby Dunne ihr neues Apartment betrat. Sie machte ein paar Schritte ins Wohnzimmer, dann blieb sie wie angewurzelt stehen, preßte eine Hand auf die Lippen, um einen Schrei zu unterdrücken. Die nagelneue Couch war mit einem Messer aufgeschlitzt worden. Die Leinwand ihres abstrakten Gemäldes hing in Fetzen herab. Der Couchtisch war umgestürzt.

Frank saß in dem Ohrensessel und sah sie an. Es dauerte eine Weile, bis sie die Sprache wiederfand. Frank wartete. Er sagte nichts – beobachtete sie nur.

»Mein Gott – Frank ...« Ihre Stimme zitterte.

Eine lange Pause entstand, dann sagte er leise: »Du bist nach New York gezogen. Das wußte ich nicht.«

»Ich habe einen Plattenvertrag bekommen. Es ist besser, wenn ich erst mal in der Nähe der Studios wohne ... Aber ich habe das Apartment daheim nicht aufgegeben ...« Sie stockte, wußte nicht mehr weiter.

Er war aufgestanden, trat gegen einen der Pantoffel, so daß er über den Teppich rutschte und an Rubys Fuß stieß. »Wer ist der Mann?« Seine Stimme klang ganz ruhig – gefährlich ruhig.

Sie mußte schlucken, bevor sie sprechen konnte. »Frank ... So hör doch ...« Sie hatte sich nie vor ihm gefürchtet. Und jetzt stieg plötzlich eine gräßliche Angst in ihr auf.

Er ging auf sie zu, mit unbewegtem Gesicht. Nur in den Tiefen seiner dunkelblauen Augen flackerte ein seltsames Licht. Diesen Ausdruck hatte sie noch nie in seinem Blick gesehen. Auch den Menschen, die Frank Regalbuto seit seiner Geburt kannten, wäre jener Ausdruck fremd gewesen.

Angelo DiMorra wohnte auf dem Land, außerhalb der städtischen Vororte, in einem großen Haus im Tudor-Stil. Die Hauptfunktion dieses Domizils bestand darin, ihm eine völlig ungestörte Privatsphäre zu garantieren. Die Bullen des ganzen Countys standen auf seiner Lohnliste. Sie brauchten nicht viel für ihr Geld zu tun, mußten nur dafür sorgen, daß ihn niemand belästigte. Und es gelang ihnen ausnahmslos, unerwünschte Besucher fernzuhalten, auch Beamte von der Staats- und Bundespolizei. DiMorras Landsitz erstreckte sich über ein großes, bewaldetes Gebiet. An der Außenseite wurden die Grenzen von den ortsansässigen Gesetzeshütern bewacht, innen von den *soldati* der DiMorra-Familie. Auf dem Grundstück lag ein See, groß genug, so daß in den alten Tagen der Prohibition Wasserflugzeuge darauf gelandet waren, um geschmuggelten Alkohol abzuliefern.

DiMorra hatte hier stets ein komfortables Leben geführt, und wann immer er verreist war, hatte er es kaum erwarten können, heimzukehren. Er zog es vor, seine diversen Geschäfte von hier aus abzuwickeln – auch sein wichtigstes, die Überwachung aller Spielbetriebe in der City. Wenn er nicht arbeitete, schwamm er mit Vorliebe im See, falls das Wasser warm genug war. Oder er saß auf der Terrasse und blickte ins Grüne.

Doch jetzt empfand DiMorra nicht mehr die altgewohnte Zufriedenheit, wenn er sich in seinem Landhaus aufhielt, und sehnte ungeduldig den Zeitpunkt der Abreise herbei, denn es zog ihn nach New York.

Als er das Apartment für Ruby gekauft hatte, war er überzeugt gewesen, daß er höchstens einen Tag pro Woche bei ihr verbringen würde. Aber er hatte sehr bald festgestellt, daß er sich wieder wie ein alter Mann fühlte, wenn er nur ein paar Tage von ihr getrennt war, und daß er sie ebenso dringend brauchte wie sie ihn. Eine Heirat kam natürlich nicht in Frage. Es wäre ihm nie in den Sinn gekommen, seine Frau zu verlassen und sich dadurch lächerlich zu machen.

Aber Ruby Dunne war sein kostbarster Besitz geworden, und sie schenkte ihm ein bittersüßes Glück, ohne das er nicht mehr leben konnte.

An diesem Abend hatte sein ungeduldiger Wunsch, den Landsitz zu verlassen, einen besonderen Grund. Frank Regalbuto hätte längst hier sein müssen. Er hatte aus Rom telegrafiert, daß er am späten Nachmittag eintreffen würde. Jetzt war es acht Uhr, und Frank war noch immer nicht aufgetaucht.

DiMorra hatte sich keineswegs auf das Wiedersehen mit Frank gefreut. Aber er war darauf vorbereitet, die Begegnung zu ertragen und möglichst schnell hinter sich zu bringen. Sobald sie die geschäftlichen Aspekte von Franks Europareise diskutiert hätten, wollte DiMorra ein persönliches Thema zur Sprache bringen. Nach seiner Ansicht hatte Frank keine legitimen Ansprüche. Ruby war nicht sein Mädchen gewesen. Sie hatte niemals den Eindruck erweckt, daß sie seine Gefühle erwiderte. Er hatte selbst zugegeben, daß er keine intime Beziehung mit ihr eingegangen war. Unter diesen Umständen hatte sie das Recht, sich in einen anderen Mann zu verlieben. Und ein anderer Mann hatte das Recht, zu beanspruchen, was Frank nicht besaß.

Das würde Frank sicher nicht gefallen, aber er mußte sich damit abfinden. DiMorra beabsichtigte, ihn beobachten zu lassen, für den Fall, daß er aus Rachsucht auf dumme Gedanken kommen würde.

Als Frank um sechs noch immer nicht erschienen war und auch nicht angerufen hatte, begann sich DiMorra Sorgen zu machen. Joe Lucci rief in New York an und erfuhr, daß Franks Maschine um zwei gelandet war. In den vergangenen beiden Stunden hatte DiMorra dreimal in Rubys Apartment angerufen, aber dort hatte sich niemand gemeldet.

Er absolvierte die letzte Geschäftsbesprechung, die er an diesem Tag führen mußte, mit ungewohnter Hast – eine ärgerliche Debatte mit Johnny Tresca, seinem Schwiegersohn. Johnny war der einzige von den Ehemännern seiner Töchter, die im Familienunternehmen tätig waren. Er war einer der Zwangsvollstrecker in der Fargo-Gang gewesen, ein außerordentlich tüchtiger Mann, als er DiMorras jüngste Tochter geheiratet hatte. Danach war er zur DiMorra-Familie übergewechselt. Sein Schwiegervater hatte ihn – als Hochzeitsgeschenk – befördert und ihm die Leitung einer seiner Lottobanken übertragen.

Das hatte er schon oft bereut. Johnny Tresca hatte seine Finanzen nicht im Griff, lebte über seine Verhältnisse und warf mit Geld um sich, als würde es keine Zukunft geben. Deshalb war er auch jetzt wieder in Schwierigkeiten. Beim Zahlenlotto mußte man stets genug Geldreserven haben, um für den Tag gewappnet zu sein, an dem zu viele Kunden vom Glück begünstigt wurden. Genau das war jetzt geschehen. Ein paar Kunden hatten hohe Summen auf eine bestimmte Zahl gewettet, und Trescas Bank war zahlungsunfähig. Nun bat er seinen Schwiegervater, für ihn zu bürgen.

DiMorra beabsichtigte, ihm diesen Wunsch zu erfüllen, aber erst, nachdem er ihm eine Gardinenpredigt über das Thema ›Spare in der Zeit, so hast du in der Not‹ gehalten hatte. Johnny Tresca hörte sich das alles an, ohne seine Erbitterung zu zeigen. Es gab vieles, was er klaglos hinnahm – zum Beispiel, daß seine Frau ihn betrog und daß sie eine Tracht Prügel verdienen würde, die er ihr aus Angst vor ihrem Vater nicht verabreichte.

Als die Lektion beendet war, sagte Tresca: »Okay, ich hab's verstanden. Du hast recht. Aber ich brauche das Geld trotzdem, sonst muß ich aus dem Geschäft aussteigen.«

DiMorra nickte streng. »Das weiß ich. Also gut, ich helfe dir – ein letztes Mal! Geh zu Bud Riley, richt ihm schöne Grüße von mir aus und sag ihm, daß er dir das Geld leihen soll.«

Tresca schnitt eine Grimasse. Riley war der größte Zinswucherer in der Stadt. »Dieser Bastard verlangt so hohe Zinsen, daß ich monatelang brauchen werde, um aus dieser Klemme rauszukommen.«

DiMorra stand auf. »Vielleicht wirst du in diesen Monaten den Wert des Geldes schätzen lernen. Wenn du's nicht lernst, kannst du genausogut schon jetzt aussteigen.«

Johnny Tresca folgte ihm seufzend aus der Bibliothek in die Eingangshalle, wo sie DiMorras Frau antrafen.

»Das Dinner ist gleich fertig.« Sie sah Tresca fragend an. »Du ißt doch mit uns, nicht wahr, Johnny?«

Er grinste. »Glaubst du, ich lasse mir den Genuß *deiner* Spezialitäten entgehen, Mama? Ich werd's nie begreifen, daß deine Tochter eine so lausige Köchin ist.«

Lächelnd tätschelte sie ihm die Wange. »Sie wird's schon noch lernen. Du mußt ihr eben Zeit lassen. Heutzutage wissen die jungen Mädchen nicht mehr, wie man einen Mann glücklich macht.«

Johnny Tresca hatte sich mit seiner Schwiegermutter schon immer besser verstanden als mit ihrem Mann.

»Ich kann nicht hierbleiben«, teilte ihr DiMorra mit. »Ich hab' noch was Geschäftliches zu erledigen.«

Joe Lucci chauffierte ihn zum Flughafen. Es war Mitternacht, als er mit einem Taxi vom Kennedy Airport nach Manhattan fuhr. Der Portier des Apartmentgebäudes eilte herbei, um ihm mit unglücklicher Miene den Wagenschlag zu öffnen. »Ich habe schlechte Nachrichten für Sie, Mr. Dunne ...« Er kannte DiMorras richtigen Namen nicht. »Wir hatten großen Ärger. Ihre Frau ...«

»Was ist passiert?« fuhr DiMorra ihn an. »Spucken Sie's aus!«

»Sie ist schwer verletzt. Jemand hat sie zusammengeschlagen.«

DiMorras Herz schien sich in einen Eisklumpen zu verwandeln. »Wer?« flüsterte er. Aber er wußte es bereits.

Hilflos schüttelte der Pförtner den Kopf – »Sie sagte dem Bullen, daß sie den Mann nicht identifizieren könnte, weil er eine Maske getragen hätte. Ein Einbrecher ... Sie sagte, er sei schon in der Wohnung gewesen, als sie nach Hause kam.«

DiMorra schob ihn zur Seite und lief ins Haus.

»Sie ist nicht da«, sagte der Pförtner hastig. »Wie gesagt – sie ist schwer verletzt und mußte ins Krankenhaus gebracht werden.«

»In welches?«

Der Portier beantwortete die Frage, und DiMorra stieg mit Lucci wieder in das Taxi und gab dem Fahrer die Adresse der Klinik. »Wenn Sie's in fünf Minuten schaffen, kriegen Sie zehn Dollar Trinkgeld.«

Der Pförtner der Klinik schickte die beiden Männer in den sechsten Stock. Die Nachtschwester sah in ihrer Kartei nach. »Ruby Dunne ... O ja, der Doktor hat gesagt, daß sie bis morgen nur ihre nächsten Angehörigen empfangen darf. Sie hat ein starkes Beruhigungsmittel bekommen.«

»Ich bin ihr Onkel«, stieß DiMorra hervor. »Wo ist sie?«

»Abteilung C. Bitte, bleiben Sie nur ein paar Minuten ...«

»Abteilung C? Warum liegt sie nicht in einem Privatzimmer?«

Er starrte die Schwester so wütend an, daß sie erschrocken zurückwich. »Nun – sie war nicht in der Verfassung, um über die finanziellen Aspekte zu sprechen, als sie eingeliefert wurde. Sie kam mit einem Rettungswagen. Wir wissen nicht einmal, ob sie krankenversichert ist ...«

»Bringen Sie meine Nichte sofort in ein Einzelzimmer!«

Die Schwester wagte keinen Widerspruch. »Jawohl, Sir.« Sie

sprang auf, kam hinter ihrem Schreibtisch hervor und lief den Korridor hinab, um alle nötigen Vorbereitungen zu treffen.

DiMorra eilte in die entgegengesetzte Richtung zur Abteilung C, und Joe Lucci mußte laufen, um mit ihm Schritt zu halten.

Ruby lag in einem Bett bei der Tür. Sie schlief nicht, war aber halb betäubt von den starken Medikamenten. Ihre Wangen waren verfärbt, die Lider so stark geschwollen, daß sie kaum sehen konnte. Die gebrochene Nase war geschient worden, in den Nasenlöchern steckten blutgetränkte Wattepfropfen. Sie atmete mit offenem Mund. Drei Vorderzähne fehlten.

Das erste, was DiMorra bei ihrem Anblick empfand, war ein so intensives, qualvolles Gefühl, das den meisten anderen Männern Tränen in die Augen getrieben hätte. Und sein erster Gedanke war, daß er versagt und sie nicht ausreichend beschützt hatte. Er beugte sich hinab, berührte vorsichtig ihre Schulter. »Ruby?«

Langsam wandte sie den Kopf zu ihm, sah ihn durch die schmalen Schlitze zwischen ihren geschwollenen Lidern an. »Ruby, wer hat dir das angetan?«

Ihre Zunge glitt durch die breite Zahnlücke, fuhr über die rissigen Lippen. Ihre Stimme war so leise, daß er sich noch tiefer hinabbeugen mußte, um sie zu verstehen.

Sie wiederholte das Wort. »Frank ...«

DiMorra richtete sich auf und legte noch einmal die Fingerspitzen auf ihre Schulter. »Bald wirst du wieder genauso schön sein wie früher, das schwöre ich dir. Ich werde die besten Ärzte zusammentrommeln, und die werden dein Gesicht wieder in Ordnung bringen. Reg dich nicht auf. Ich komme gleich wieder zu dir. Wir bringen dich jetzt in ein Privatzimmer.«

Er wandte sich ab und ging auf den Korridor hinaus. Als Joe Lucci ihm folgte, holte DiMorra tief Luft und stieß sie langsam wieder aus. »Flieg nach Hause und hol Ralph Negri. Und dann mach dich auf die Suche nach Frank.«

Lucci nickte ernsthaft. »Sollen wir ihn zusammenschlagen oder zu ihnen bringen?«

»Er soll sterben«, erwiderte DiMorra tonlos. »Ich will ihn nie wiedersehen. Töte ihn.«

9.

Ralph Negri konnte sich nicht mit Joe Lucci messen, was Körperkraft und Zähigkeit betraf, galt aber als gefährlicher. Mit sechzehn Jahren hatte er seinen ersten Mann getötet und seine speziellen Fähigkeiten seither vervollkommnet. Aber seine Gefährlichkeit war an den Revolver oder das Messer gebunden. Im Gegensatz zu Lucci konnte er seine Fäuste nicht einsetzen. Dazu war er zu dünn, hatte zu zerbrechliche Knochen. Zeit seines Lebens kränkelte er, sein Medizinschrank war mit Phiolen aller Art vollgestopft, und er trug stets einen Vorrat bei sich, für diverse Notfälle. Mit sechsunddreißig hatte er kaum noch Haare auf dem Kopf, und er mußte sogar nachts eine dunkle Brille tragen, um seine lichtempfindlichen Augen zu schützen.

Negri war todmüde, als er neben Lucci im Auto saß und das Apartmenthaus beobachtete, in dem Frank Regalbuto wohnte. Seit zwei Stunden warteten sie vergeblich. Sie hatten Frank seit sieben Uhr morgens gesucht. Bald würde die Dunkelheit hereinbrechen. In gewisser Weise war Negri froh darüber. Aufträge, die er bei Tageslicht auszuführen hatte, machten ihn immer nervös. Aber er würde nicht viel ausrichten, wenn sie Frank endlich entdeckten, und wenn er es bis dahin nicht schaffte, seiner Müdigkeit Herr zu werden.

Er kramte in seiner Tasche, brachte zwei kleine Pillenröhrchen zum Vorschein. Nachdem er beide betrachtet hatte, steckte er das eine wieder ein, öffnete das andere und ließ eine Pille auf seine Handfläche gleiten. Er sammelte etwas Speichel im Mund, dann schluckte er das Kügelchen. Lucci beobachtete ihn neugierig.

»Ein Aufputscher – damit ich nicht zusammenklappe. Du solltest auch einen nehmen. Irgendwie habe ich das Gefühl, daß wir uns auf eine lange Nacht gefaßt machen müssen.«

Unsicher blickte Lucci auf die Pille, die Negri ihm hinhielt. »Ich krieg' das nicht runter, wenn ich nichts zu trinken habe.«

»Dann geh in das Lokal da drüben und laß dir ein Glas Wasser geben. Dabei kannst du gleich zu Hause anrufen.«

Lucci nickte, griff nach der Pille und stieg aus dem Wagen. Negri sah ihm nach, als er zu dem Restaurant hinüberging, dann kehrte sein Blick zu dem Apartmenthaus zurück. Seine Müdigkeit ließ bereits nach, er konnte wieder klarer denken. Negri wußte, daß dies ein psychologischer Effekt war, verursacht von der Tatsache, daß er das Aufputschmittel eingenommen hatte. Die echte chemische Aufmunterung würde erst in einer halben Stunde eintreten. Er erinnerte sich an die vielen Orte, die sie tagsüber abgegrast hatten, auf der Suche nach Frank. Dann begann er zu überlegen, wo sich der Bursche nachts aufhalten könnte.

Lucci setzte sich wieder in den Wagen. »Haben Sie was von Frank gehört?« fragte Negri.

»Nein.« Lucci schloß die Tür, legte die Hände auf das Lenkrad und starrte mit nachdenklich gerunzelter Stirn durch die Windschutzscheibe.

»Ist DiMorra schon zu Hause?«

»Nein.«

Negri musterte Lucci durch die getönten Brillengläser. »Was hast du?«

»Ich glaube«, begann Lucci, »wir haben überall nachgeschaut – nur nicht an der richtigen Stelle. Franks Onkel hat ein paarmal angerufen und wollte DiMorra sprechen. Das letztemal hat er gesagt, DiMorra soll sofort zurückrufen, wenn er heimkommt. Es wäre dringend.«

Negri pfiff leise durch die Zähne. »Klar. Wenn Frank weiß, daß er Ärger hat – an wen würde er sich sonst wenden?«

Lucci nickte und dachte wieder nach. Negri verspürte die vertraute Anspannung in seiner schmalen Brust. Instinktiv strich seine Hand über die kleine Ausbuchtung der .45er Army Automatic, die er in einem Schulterhalfter trug. »Okay – dann werden wir uns den Jungen schnappen.«

Joe Lucci startete den Motor und ließ die Handbremse los. Der Wagen entfernte sich vom Gehsteigrand, ordnete sich in den dichten Innenstadtverkehr ein, um zu Vito Riccobonos Domizil zu fahren.

In diesem Augenblick entspannte sich Louis Orlando, der Buchhalter, mit Hilfe seiner Frau und einer neuen Prostituierten, die sie in dieser Woche engagiert hatten, in einem großen Schlafzimmer des Starlite Motels. Draußen verkündeten große rote Neonbuchstaben, daß das Motel besetzt war, schimmerten immer heller, als es almählich dunkel wurde. Diese Leuchtschrift war Tag und Nacht eingeschaltet. Trotzdem fuhren überraschend viele Autos auf den Parkplatz des Motels, vor allem nachts. Die meisten Fahrer machten einen wohlhabenden Eindruck. Die Autos standen verschieden lange auf dem Parkplatz, ein paar die ganze Nacht, im Durchschnitt aber nur eine Stunde.

Man brauchte kein übertrieben schlauer Bulle zu sein, um herauszufinden, daß das Starlite Motel ein Bordell war. Das teuerste Bordell in der Stadt. Aber es lag in einem Vorort, wo die Polizisten noch weniger verdienten als in der Innenstadt. Und die Summen, die ihnen das Starlite Motel jeden Montagmorgen auszahlte, halfen ihnen, über die Runden zu kommen.

Das Starlite Motel bestand aus drei modernen Gebäuden, die durch überdachte Korridore miteinander verbunden waren. Im kleinsten Haus war das Büro untergebracht. Das größte hatte zwanzig Zimmer, in denen Marie Orlandos Damen wohnten und arbeiteten. Die Frau des Buchhalters wußte genau, welcher Mädchentyp der richtige war, und deshalb beschäftigte sie die jüngsten, attraktivsten Huren im ganzen Staat. Und nachdem sie ein kurzes Training unter Maries Anleitung absolviert hatten, waren sie auch die tüchtigsten und allen erdenklichen Perversionen gewachsen.

Zwischen diesen beiden Gebäuden lag das Wohnhaus des Buchhalters und seiner Frau. Und in dem geräumigen Schlafzimmer dieses Hauses amüsierten sie sich gerade mit der neuen Hure.

Der Buchhalter saß nackt in einem großen schwarzen Ledersessel und beobachtete sie mit langsam wachsendem Verlangen. Sie hieß Enid und war nicht älter als achtzehn, hatte echtes rotes Haar und entzückende Sommersprossen in ihrem hübschen Klein-Mädchen-Gesicht und auf dem ganzen schlanken Körper. Sie war keine Amateurin, sah aber ein bißchen verängstigt aus, während sie auf allen vieren in der Mitte des dicken Teppichs umherkroch, nur mit einem Hundehalsband bekleidet.

Auch Marie Orlando war nackt, abgesehen von den hohen schwarzen Lederstiefeln und dem breiten, schwarzen, eisenbeschlagenen Gürtel, der ihre runde Taille umspannte. Marie hatte eine üppige Figur, und auf ihrem Gesicht lag ein Ausdruck grausamer Erwartung. Sie umklammerte die Leine, die an dem Hundehalsband befestigt war, und mit der anderen Hand hob sie eine Reitpeitsche und schlug auf Enids runde Hinterbacken. Das Mädchen schnappte nach Luft und zuckte zusammen, versuchte aber nicht, sich vor den Hieben zu schützen. »Los, du Biest!« befahl Marie mit heiserer Stimme.

Das Mädchen kroch zu dem wartenden Orlando hinüber.

Das Telefon läutete. Der Buchhalter starrte verwirrt auf den Apparat, halb herausgerissen aus seinen Sexualfantasien. Marie zog kräftig an der Leine, um das Mädchen zurückzuhalten. Verärgert stand Orlando auf und nahm den Hörer ab. »Was ist los?«

»Tut mir leid, Mr. Orlando«, sagte der Sekretär, der im Büro saß. »Mr. Riccobono will Sie sprechen. Ich habe ihn gebeten, später noch mal anzurufen, aber er sagte, er könnte nicht warten. Er müßte ganz dringend mit Ihnen reden.«

»Moment mal!« Orlando legte eine Hand auf die Sprechmuschel und wandte sich zu dem Mädchen, das am Boden kauerte. »Verschwinde!«

Enid reagierte nicht schnell genug. Marie faßte die Leine kürzer und zog sie mit brutaler Kraft auf die Beine. Das Mädchen würgte und zerrte an dem Halsband, um Luft zu bekommen. Marie ließ die Leine los und öffnete die Tür, dann landete die Peitsche mit einem Knall auf Endis Oberschenkeln. »Raus mit dir!«

Das Mädchen lief hinaus, immer noch nackt, bis auf das Halsband, an dem die Leine hing. Marie warf die Tür zu, und der Buchhalter nahm die Hand von der Sprechmuschel. »Jetzt kannst du mich mit ihm verbinden.«

Marie lehnte an der Tür und beobachtete ihn angespannt. »Nun, was gibt's denn so dringendes, Vito?« fragte der Buchhalter. Danach lauschte er. Er lauschte sehr lange. Ganz langsam begann ein zufriedenes Lächeln seine schmalen Lippen zu umspielen. Es hatte geklappt. Fast so gut, wie er es erhofft hatte, als Frank nach seiner Ankunft auf dem Kennedy Airport mit einer gewissen Neuigkeit konfrontiert worden war.

»Okay, Vito«, antwortete er. »Bring ihn her. Ich will selber mit ihm sprechen, bevor ich entscheide, was ich tun werde. Wenn ich überhaupt was tue.« Er legte den Hörer auf und sah seine Frau an. »Wir hatten Glück«, berichtete er, und seine Stimme bebte vor Erregung.

Marie starrte ihn mit großen Augen an. »Frank hat DiMorra getötet?«

Er schüttelte den Kopf. »Soviel Glück hatten wir nun wieder auch nicht. Aber er hat die Kleine zusammengeschlagen und so übel zugerichtet, daß sie ins Krankenhaus gebracht werden mußte. Er glaubt, daß DiMorra ihn deshalb ausschalten will, und damit könnte er durchaus recht haben.«

»Aber – damit hatten wir nicht gerechnet ...«

»Ich schon. Das war eine der Möglichkeiten, die ich in Betracht gezogen habe. Man sollte keinen Mann angreifen, ohne alle möglichen Gegenangriffe zu überdenken und zu eruieren, wie man seine Abwehr in eine andere Richtung lenken kann, so daß sie ihn selber trifft ...«

Marie sah ihn nervös an. »Aber – wenn Frank hierherkommt ... Das wird uns in ernsthafte Schwierigkeiten bringen.«

Er lachte meckernd. »*Jetzt* machst du dir Sorgen?«

»Ich hoffe nur, daß du weißt, was du tust.«

»Nun, das ist mein Ressort, nicht wahr? Du hast mir zwar ständig in den Ohren gelegen und verlangt, daß ich endlich was unternehmen soll. Aber *ich* bin derjenige, der das alles ausgetüftelt hat.«

Vito Riccobono legte den Hörer auf die Gabel zurück und wandte sich zu seinem Neffen, der sich gerade noch einen Scotch eingoß. »Trink nicht soviel, Frank. Der Buchhalter will, daß wir zu ihm fahren und mit ihm reden. Ich glaube, er wird dir helfen.«

Frank nahm einen großen Schluck. »Warum sollte er?« stieß er mißgelaunt hervor.

Riccobono zuckte mit den Schultern. »Weil ich jetzt sein Mann bin. Weil er gierig ist und ein größeres Stück vom Kuchen haben will als das kleine Schnittchen, das er in Vegas gekriegt hat. Und weil es nur logisch ist, daß du dich auf seine Seite schlägst, wenn's zwischen dir und DiMorra böses Blut gibt.«

»Orlando hat nicht genug Revolvermänner, um mich vor DiMorra zu schützen.«

»Wir werden ihn nicht bitten, dich zu *schützen*. Er soll dich nur eine Weile verstecken und mir helfen, DiMorra alles klarzumachen. Dort wird niemand nach dir suchen, und wir haben Zeit, mit DiMorra zu reden und ihm die Wahrheit zu sagen – du hättest nicht gewußt, daß er der Mann ist, mit dem sie in diesem Apartment zusammengelebt hat. Daß sie dir das erst verraten hätte, nachdem du sie zusammengeschlagen hast. Und daß du's nicht getan hättest, wenn du schon vorher informiert gewesen wärst.«

»Vielleicht hätte ich's auch dann getan«, murmelte Frank. »Der Hurensohn hat mir Hörner aufgesetzt. Er wußte, daß sie mein Mädchen war.«

Vito Riccobono seufzte müde auf. »Nein, das war sie nicht, Frankie. Du wolltest sie haben – das ist was ganz anderes. Aber sie wollte dich nicht.«

Frank starrte auf das Glas hinab, das er in der Hand hielt. »Wenn ich mehr Mumm in den Knochen hätte, würde ich den Bastard umbringen. Und statt dessen hänge ich hier rum und rege mich auf, weil er mich umbringen könnte.«

»Du solltest lernen, dein Temperament im Zaum zu halten, Frankie. Sonst können wir dir niemals aus der Patsche helfen.«

»Onkel Vito, ich habe das Gefühl, daß es keinen *einfachen* Ausweg gibt.«

»Angelo DiMorra ist ein vernünftiger Mann. Eine Menge Leute aus der Familie deines Vaters würden es in die falsche Kehle bekommen, wenn er dir wegen einer rein persönlichen Sache was antun sollte. Wenn er sich beruhigt hat, wird er einsehen, daß es idiotisch wäre, unsere geschäftlichen Verbindungen wegen einer Privatangelegenheit zu gefährden.« Vito nahm seinem Neffen das Glas aus der Hand. »Komm jetzt, Frankie.«

Inzwischen war es dunkel geworden. Vito schaltete das Licht im Treppenhaus ein und stieg vor Frank die Stufen hinab, die in die Eingangshalle des alten Sandsteinhauses führten. Vor zehn Jahren war seine Frau gestorben. Das jüngste seiner Kinder war erwachsen geworden und vor vier Jahren ausgezogen. Am Fuß der Treppe blieb er stehen und drehte sich zu seinem Neffen um. »Ich fühle mich sehr einsam in diesem Haus. Vielleicht könntest du zu mir ziehen, wenn wir das alles hinter uns gebracht haben. Ich habe Platz genug, und du kannst auch deine Mädchen mitbringen. Ich hätte nichts dagegen. Du müßtest auch nicht viel Miete zahlen.«

Frank mußte lachen. »Sehen wir erst mal zu, daß ich am Leben bleibe – dann können wir uns über die Miete unterhalten.«

Vito klopfte ihm grinsend auf die Schulter. »Okay, Frankie«, erwiderte er, dann öffnete er die Haustür. Sein Wagen stand vor dem Eingang am Gehsteigrand. Vito gab Frank die Autoschlüssel, als sie die vier Stufen hinabstiegen. »Du fährst. Ich kann nachts nicht mehr so gut sehen.«

Frank begann den Gehsteig zu überqueren. Vito folgte ihm und sah den anderen Wagen zuerst, der plötzlich um eine Ecke bog und auf sie zuraste. Er war zwar schon ein alter Mann, aber er war in seinen besten Tagen oft genug in solchen Situationen gewesen, um instinktiv zu reagieren, ohne nachzudenken. Er packte Frank am Arm, riß ihn von dem Auto weg. »In die Seitengasse!« stieß er hervor.

Frank stolperte, fand sein Gleichgewicht wieder, blickte dem Wagen entgegen, der die Straße herabkam. Vito gab ihm einen heftigen Stoß. »Schnell!« Frank erwachte aus seiner Erstarrung, sprang in die Gasse, im selben Moment, als der Wagen mit einem Rad auf dem Gehsteig und quietschenden Bremsen hielt. Ralph Negri beugte sich aus dem Beifahrerfenster und zielte mit seiner .45er Automatic auf Franks Rücken. Vito rannte seinem Neffen nach und geriet direkt in die Schußlinie, als Negri abdrückte.

Die große Automatic krachte. Die schwere .45er Kugel zerschmetterte Vitos Wirbelsäule und schleuderte ihn gegen Franks Rücken. Die beiden fielen, eng aneinandergepreßt, in die schattige Gasse.

Frank kroch unter dem schlaffen Körper seines Onkels hervor. Vitos Wange lag auf dem Pflaster. Er lebte noch. Seine Lippen bemühten sich krampfhaft, ein einziges Wort hervorzubringen. »Lauf ... Lauf ...« Blut rann aus seinem Mundwinkel.

Negris Waffe knallte wieder, die Kugel prallte von einer Ziegelmauer in der Gasse ab. Frank rollte sich tiefer ins Dunkel hinein, dann sprang er auf, rannte zum Ende der Gasse, zu einem hohen Holzzaun. Hinter sich hörte er, daß Autotüren aufgerissen wurden. Er hob die Arme und sprang hoch. Seine Hände umfaßten den Rand des Zauns. Er zog sich hinüber, ließ sich auf der anderen Seite fallen, landete knietief in einem Abfallhaufen. Er stand in einem großen Luftschacht, umgeben von rußgeschwärzten Mauern. An einer der Wände, hoch über seinem Kopf, hing eine rostige, lange nicht mehr benutzte Feuerleiter. Frank zog einen Müll-Container heran und schwang sich hinauf. Als er sich auf die Zehenspitzen stellte, konnte er die unterste Leitersprosse erreichen. Er mußte die ganze Kraft seiner Schultern und Arme einsetzen, um sich hinaufzuhieven.

Hastig stieg er zum Dach hinauf, ohne daß ein Schuß auf ihn abgegeben wurde. Es war ein schräges Dach, und er mußte aufpassen, daß er das Gleichgewicht nicht verlor, als er nach oben kletterte. Auf der anderen Seite blickte er zur Straße hinab. Zwei Autos standen da – aber es gab keinen Weg nach unten. Vorsichtig kroch er zu einem anderen Rand des Dachs. Hier führte eine Feuertreppe zwischen den Rückfronten von vier Geschäftshäusern zu einem tiefergelegenen, mit Teerpappe gedeckten Dach hinab. An der gegenüberliegenden Mauer führte eine weitere Feuertreppe nach oben, zwischen geschlossenen Türen und Fenstern.

Franks Herz hämmerte schmerzhaft gegen die Rippen, als er die Stufen hinablief. Er stolperte und stürzte, während er über die Teerpappe sprintete. Die Angst krampfte seinen Magen so abrupt zusammen, daß er sich beinahe übergeben hätte. Hastig rappelte er sich auf. Sein rechtes Hosenbein war zerrissen, sein Knie blutete. So schnell er konnte, stürmte er die Stufen hinauf. Die Holztür am ersten Treppenabsatz war versperrt. Ein rotes Schild mit der Aufschrift ›Notausgang‹ hing darüber. Er warf sich gegen die Tür, aber sie gab nicht nach. Keuchend kämpfte er gegen eine dumpfe Betäubung an, die ihn zu erfassen drohte. Er trat einen Schritt zurück, rammte den Schuhabsatz mit voller Kraft gegen die Tür, oberhalb des Knaufs.

Das Schloß brach aus dem morschen Holz, die Tür neigte sich nach innen. Frank warf einen Blick über die Schulter. Negris und Luccis schattenhafte Gestalten erschienen am Rand des gegenüberliegenden Daches. Frank warf sich kopfüber in das Dunkel hinter der aufgebrochenen Tür – im selben Augenblick, als die Waffen seiner Verfolger explodierten. Er landete auf einer Schulter, wälzte sich in das schützende Dunkel, während sich die Kugeln über ihm in eine Wand bohrten. Mörtelstaub rieselte auf ihn herab.

Sekunden später war er wieder auf den Beinen, tastete sich atemlos durch die Finsternis. Er fand eine Tür, die sich öffnen ließ, und betrat ein Treppenhaus. Die Schlüssel seines Onkels in der Hand, rannte er die Stufen hinab, auf den Gehsteig hinaus, um die Ecke herum. Vito lag noch immer an der Stelle, wo er ihn verlassen hatte. Frank hielt sich nicht damit auf, nachzusehen, ob der alte Mann tot war. Er wußte es.

Der Wagen der Revolvermänner stand immer noch am Straßenrand, mit aufgerissenen Türen, ein Rad auf dem Gehsteig. Frank lief darum herum zu Vitos Wagen, warf sich hinein, versuchte mit zitternden Fingern den Schlüssel ins Zündschloß zu stecken. Beim zweiten Versuch gelang es ihm. Heißer Schweiß brannte in seinen Augen, als der Motor ansprang. Er ließ die Handbremse los, lenkte den Wagen in die Straßenmitte. Mit quietschenden Reifen bog er um die Ecke, dann trat er das Gaspedal durch und raste in die Nacht.

10.

Das Wohnzimmer in Vincent Fargos altem, zweistöckigem Haus in der Kelsey Street war dunkel, bis auf das Flimmern des Farbfernsehers. Sie schauten sich zu dritt einen alten Humphrey-Bogart-Film an. Vince saß in dem großen schäbigen Lehnstuhl, der früher Papa Fargo gehört hatte. Er hatte die Schuhe ausgezogen und die Füße auf einen Hocker gelegt. Seine Frau Nella saß mit Tony auf dem Sofa, die nackten Beine angezogen, strahlte eine sanfte, weiche, beruhigende Weiblichkeit aus.

Tony Fargo lehnte sich zurück und nippte an dem kühlen Weißwein, den Nella ihm immer kredenzte. Sie selbst und Vince bevorzugten Rotwein. Ziellos ließ er seine Gedanken wandern. Der Film hatte Vince und Nella ganz in seinen Bann gezogen – Tony nicht. Aus irgendeinem Grund konnte er seine Aufmerksamkeit niemals für längere Zeit auf das Fernsehen richten, höchstens mal auf die Nachrichtensendungen. Aber das störte ihn nicht. Er fühlte sich wohl bei Vince und Nella. Hier war er zu Hause, dies war seine Familie.

Allmählich fühlte er sich so glücklich und zufrieden, daß er keine Lust mehr hatte, noch auszugehen und seine Verabredung mit dieser liebeshungrigen kleinen Nutte im Beldon Hotel einzuhalten. Nicht daß sie reizlos gewesen wäre – sie hatte ihn die ganze vergangene Nacht bei der Stange gehalten, und er müßte lügen, wenn er behaupten wollte, daß er nicht jede einzelne Minute genossen hätte. Aber so war er nun einmal. Sobald er eine Frau besessen hatte, war er nicht mehr an ihr interessiert. Außerdem war er heute abend zu faul. Er zog es vor, hier zu sitzen und Wein zu trinken, bis er müde genug war, um nach oben in sein kleines Schlafzimmer zu gehen.

Seit er denken konnte, war das sein Zimmer. Die Spielsachen aus seiner Kindheit waren immer noch da, auch die Urkunde, die er bei einem Ringkampf in der High School gewonnen hatte, kurz vor seinem Abgang. Sie veränderten nichts in seinem Zimmer, es war stets für ihn bereit – egal, wie viele Gäste sonst darin wohnten oder wie lange er wegblieb.

Das Haus hatte seinen Eltern gehört, die schon vor langer Zeit gestorben waren. Sie hatten es vor vierzig Jahren gekauft und hart dafür gearbeitet.

Die Häuser in der Kelsey Street mochten auf einen Außenseiter armselig wirken, aber sie waren luxuriös, verglichen mit der Nachbarschaft, dem Conesburg-Bezirk. Conesburg lag am Fluß, neben Frachthöfen, Fabriken und Lagerhallen. An heißen, windstillen Tagen strömte ein unerträglicher Gestank von einer Müllhalde und aus einer Schwefelfabrik durch die Straßen. Die meisten Behausungen waren Mietskasernen. Nur in der Kelsey Street standen lauter richtige Häuser, und nur das Haus der Fargos war noch nicht in einzelne Apartments unterteilt worden.

Alle Mitglieder der Fargo-Gang waren in Conesburg geboren und hatten schon als Kinder in Gangs gekämpft. Jetzt setzte sich die Bande nicht mehr ausschließlich aus Italienern zusammen. Da gab es auch Puertorikaner und Schwarze, einen Juden, einen Iren und zwei Polen. Aber sie waren alle von jenem unerschütterlichen Zusammengehörigkeitsgefühl erfüllt, das aus dem Wissen resultierte, daß sie die Fargo-Gang bildeten und deshalb die Härtesten und Zähesten waren. Sie wohnten alle in der Nähe, und deshalb war das Königreich der Fargo-Brüder leicht zu verteidigen. In früheren Zeiten, als sie sich, vor ihrem Eintritt in die Mafia, gegen andere Gangs zur Wehr gesetzt hatten, war eine dieser Banden versuchsweise in ihre Domäne eingedrungen. Seither hatte das niemand mehr versucht.

Wenn Conesburg ein Königreich war, so fungierte die Kelsey Street als seine Festung, und das Fargo-Haus war das Schloß.

Es war ebenso Tonys wie Vincents Heim, aber Tony sah das anders. Als der ältere Bruder war Vince jetzt das Familienoberhaupt. Außerdem hatte er Frau und Kinder, im Gegensatz zu Tony, der nicht annahm, daß er jemals eine Familie gründen würde. Ebensowenig, wie er sich jemals Vincents sture Ambitionen und Magengeschwüre aneignen würde.

Vince war der Anführer, der alle Pläne schmiedete, Tony folgte seinem Bruder, wohin immer dieser ihn führte, und er fand, daß das auch völlig in Ordnung war. Sie wußten beide, daß Vince ohne Tonys Unterstützung nie die Position erreicht hätte, die er heute bekleidete. Aber das änderte nichts an der Tatsache, daß Tony die nötige innere Antriebskraft fehlte, um die Führung zu übernehmen.

Er war zufrieden, wenn er seinem älteren Bruder gehorchen und wenn er hin und wieder einen Abend bei Vince und Nella verbringen konnte. Dadurch hatte er das Gefühl, irgendwohin zu gehören. Nella bedeutet ihm mehr als alle Mädchen, mit denen er ins Bett ging. Sie war für ihn Mutter und Schwester in einem, teilweise auch Ehefrau, aber ohne Sex, was diese Beziehung nur noch erfreulicher machte.

Weil sich Tony den Fernsehfilm nicht ansah, war er der erste, der Rosa in der Eßzimmertür stehen sah. Rosa war das jüngste von den drei Kindern seines Bruders, vier Jahre alt und dafür noch viel zu klein. Das Nachthemd hing bis zu ihren dünnen Fußknöcheln hinab, sie hatte einen Daumen in den Mund gesteckt und starrte mit großen dunklen Augen auf den Bildschirm.

»Warum bist du denn aufgestanden, Rosy?« fragte Tony liebevoll.

Die Kleine nahm den Daumen aus dem Mund, als sich ihre Eltern zu ihr wandten, ließ den Bildschirm aber nicht aus den Augen. »Ich habe Durst«, jammerte sie. »Will Wasser trinken.«

»Diese Tour kommt bei mir nicht an«, brummte Vince.

Rosa ließ sich von der ärgerlichen Stimme ihres Vaters keineswegs beeindrucken und schaute weiterhin wie gebannt auf den Fernseher.

»Rosa«, sagte ihre Mutter mit ruhiger Autorität, »du weißt, wo es Wasser gibt. Trink einen Schluck, und dann geh wieder ins Bett.«

»Ich fürchte mich – so allein da oben. Es ist so dunkel.«

Vince sah sie mit schmalen Augen an. »Du hattest aber keine zu große Angst, um runterzukommen.«

Tony stand langsam auf. »Schon gut, ich bringe sie hinauf.«

Nella seufzte. »Ich sage dir doch immer wieder, du sollst sie nicht so verwöhnen, Tony.«

»Ach, komm schon, Nella.«

Sie zuckte hilflos mit den Schultern. »Also gut. Aber ich bin froh, daß du nicht immer hier bist. Dann wäre es unmöglich, die Kinder unter Kontrolle zu behalten.«

Tony grinste, denn er wußte, daß sie es nicht ernst meinte. Er ging zu Rosa und griff nach ihrer winzigen Hand. Verschwörerisch lächelte sie ihn an, als er sie in die Küche führte.

Er schaltete das Licht ein, drehte den Kaltwasserhahn auf und hob Rosa hoch. Sie wog praktisch nichts. Als er sie über die Spüle hielt, schlürfte sie das Wasser direkt vom Hahn weg, mit flinker kleiner Zunge wie ein Kätzchen. Das war eines ihrer Lieblingsspiele. Als ihr Durst gelöscht war, setzte er sie auf seine Schulter, drehte den Wasserhahn ab, knipste das Licht aus und trug sie die beiden Treppenfluchten hinauf, in ihr winziges Zimmer. Er hob sie hoch empor, daß sie die Decke berühren konnte, dann ließ er sie plötzlich los, und sie fiel mit einem halb entzückten, halb ängstlichen Kreischen auf ihr weiches Bett. Kichernd lag sie da, schaute anbetend zu Tony auf

»Jetzt mußt du aber schlafen, sonst schimpft deine Mama mit mir.« Er beugte sich herab, küßte sie zärtlich auf die Lippen, und sie schlang beide Ärmchen fest um seinen Hals.

»Ich habe dich lieb, Onkel Tony.«

Er ging wieder nach unten und fühlte sich großartig. Vince und Nella blickten nicht auf, als er hereinkam. Nachdem er sich gesetzt hatte, wurde der Spielfilm plötzlich unterbrochen und ein Insert eingeblendet. ›Sondernachrichten‹, las Tony, dann erschien der Sprecher auf dem Bildschirm.

»Wir unterbrechen unser Programm für eine Sondermeldung«, sagte seine emotionslose Stimme. »Die städtischen Behörden fürchten, daß ein neuer Bandenkrieg ausbrechen könnte, nachdem heute abend Vito Riccobono, eine berühmte Persönlichkeit in der Unterwelt, erschossen wurde. Vito Riccobono, der Schwager des renommierten, verstorbenen Mafia-Dons Paolo Regalbuto, wurde vor seinem Haus auf die übliche Gang-Methode von zwei unbekannten Männern angegriffen und erschossen. Einige Nachbarn, die nach den ersten Schüssen aus ihren Fenstern schauten, haben ausgesagt, die beiden Schützen hätten auch auf einen zweiten Mann gefeuert und ihn dann verfolgt. Bei diesem Mann, der offenbar entkommen konnte, handelt es sich vermutlich um Frank Regalbuto. Er wird zur Zeit von der Polizei gesucht, und man hofft, daß es mit seiner Hilfe gelingen wird, den Mordfall aufzuklären. In den Schlußnachrichten nach dem Spätfilm werden wir Sie über die neuesten Einzelheiten informieren.«

Der Bogart-Film wurde fortgesetzt. Vince hatte die Füße von dem Hocker genommen, saß kerzengerade da und starrte Tony an. »Hast du gewußt, daß Frankie wieder da ist?«

Tony schüttelte den Kopf. »Zum Teufel, was ist denn los?«

Nella erhob sich. »Soll ich Kaffee machen?« fragte sie mit leiser, nervöser Stimme. Das Telefon läutete. Sie sah es an, aber sie hob den Hörer nicht ab.

Vince stand auf, schlurfte zu dem Apparat hinüber und meldete sich. »Ja?« Er lauschte, und sein rundes Gesicht wurde völlig ausdruckslos. In einem Tonfall, der absolut nichts verriet, sagte er noch einmal: »Ja.« Dann hörte er wieder zu, antwortete mit der gleichen Stimme wie zuvor: »Okay«, legte auf und drehte sich zu seiner Frau um. »Du hast doch gesagt, du würdest Kaffee machen.«

Nella eilte in die Küche. Es stand ihr nicht zu, ihn zu fragen, was da vorging, und sie wollte es auch gar nicht wissen.

Vince sah seinen Bruder nachdenklich an. »Das war der Buchhalter. Wir sollen ins Starlite kommen.«

»Warum?«

»Frank ist da.«

In der ersten halben Stunde bestritt Louis Orlando den Großteil der Unterhaltung. Sie saßen in seinem Büro, alle von der gleichen nervösen Spannung erfaßt – Orlando, Marie, Vince, Tony und Frank. Der Buchhalter erläuterte die Situation mit leiser, präziser Stimme, besprach einen Punkt nach dem anderen, auf die methodische Weise, die ihm seinen Spitznamen eingetragen hatte. Tony beobachtete Frank, der ganz anders wirkte als der Frankie, den er früher gekannt hatte. Dieser Frank saß still und beherrscht da und wartete, mit der verschlossenen Miene eines Mannes, der sein explosives Temperament unter strenger Kontrolle hielt. Auch diese geschäftsmäßige Skrupellosigkeit in seinen Augen war neu.

Vince unterbrach den Buchhalter und sah Frank an. »Bist du sicher, daß es Joe Lucci und Ralph Negri waren?«

»Ganz sicher«, erwiderte Frank tonlos.

Vince schüttelte den Kopf. »DiMorra scheint langsam senil zu werden. Daß er so was in aller Offenheit macht – und noch dazu praktisch seine Visitenkarte danebenlegt ...«

Orlando beugte sich eifrig vor, konzentrierte sich auf Vince und ignorierte Tony. »Er wird *alt* – das steht jedenfalls fest. Wenn ein alter Mann wegen eines jungen Mädchens verrückt spielt ...« Er seufzte. »Daraus geht klar hervor, daß er nicht mehr kompetent genug für den Posten ist, den er innehat. Er muß abtreten – oder abgesetzt werden. Bist du auch dieser Meinung?«

Vince sah ihn nur kurz an, dann sagte er: »Red weiter.«

»Es ist an der Zeit, daß jüngere Männer wie wir ans Ruder kommen – Männer, die noch genug Kraft und Verstand haben. Wir können nicht mehr warten. Sogar der Ausschuß wird der Meinung sein, daß DiMorra die ganze Sache angefangen hat – nicht wir. Er hat seine Grenzen überschritten. Zuerst läßt er Vito umbringen, dann vesucht er auch noch Frankie aus dem Weg zu räumen. Wegen einer persönlichen Angelegenheit, die nichts mit dem Geschäft zu tun hat!«

Nun ergriff Frank das Wort und sah sowohl Vince als auch Tony an. »Das bedeutet, daß ich das Recht habe, mich zu schützen. Er ist immer noch hinter mir her, also habe ich nur eine einzige Möglichkeit, mich zu retten – ich muß zurückschlagen. Er hat einen Fehler gemacht. Niemand kann behaupten, seine Handlungsweise wäre fair und richtig und gut fürs Geschäft. Er hat den Frieden gebrochen. Ich habe das Recht, ihn gemeinsam mit allen, die mir helfen wollen, anzugreifen – um mich zu verteidigen und meine Interessen zu wahren.«

Tony rutschte unbehaglich auf seinem Stuhl umher und sah Marie an. »Sie dürfte nicht dabeisein, wenn wir über solche Dinge reden.«

Marie Orlando ballte wütend die Hände. »Um Himmels willen, Tony, sei nicht so blöd! Du weißt, daß Orlando keine Geheimnisse vor mir hat.«

»Es ist nicht richtig«, beharrte er eigensinnig »Wenn so was besprochen wird, ist eine Frau fehl am Platz.«

»Tony ...« Der Buchhalter sah Vince an. »Marie weiß doch schon, was vorgeht. Sie weiß, daß Frank hier ist ...«

Vince nickte langsam. »Reg dich ab, Tony. Das ist okay. Marie ist mehr als nur eine Frau. Sie gehört zur Organisation.«

Tony zuckte mit den Schultern und versank in mürrischem Schweigen.

Der Buchhalter kehrte zum Thema zurück. »Jetzt kommt es auf folgendes an, Vince – *ich* kann Frank nicht schützen. Du kannst es.«

»Warum sollte ich das tun?« fragte Vince. In seiner Stimme lag keine Weigerung, sie verriet nur, daß er vorsichtig taktieren wollte.

»Vince – bist du eigentlich zufrieden mit dem Verhandlungsergebnis von Vegas?« erkundigte sich Frank.

Vince zögerte. »Es gefällt mir, daß wir jetzt auf eigenen Füßen stehen. Aber es paßt mir nicht, daß ich immer noch gewisse Dinge für Louis und DiMorra erledigen muß.«

»Drei Familien beherrschen diese Stadt«, sagte Frank. »Wenn wir schnell genug den richtigen Schritt tun, kann ich Vaters Leute auf meine Seite ziehen, und Louis kann Brunos Gefolgschaft behalten. Du würdest DiMorras Familie kommandieren.«

Vincents Lippen lachten, aber seine Augen musterten den jungen Mann ernst und interessiert. »Das ist leicht gesagt.«

»Und leicht getan. Eine solche Chance kriegen wir nie wieder. Alles liegt vor unserer Nase – wir brauchen nur danach zu greifen. Mein Vater ist tot, Bruno sitzt immer noch im Knast – und DiMorra hat sich selbst ans Messer geliefert.«

Der Buchhalter nickte emphatisch. »Und er ist ganz allein.«

Vince warf ihm einen mißmutigen Blick zu. »Allein – mit einer Riesenarmee.«

»Du hast die bessere.«

»Vielleicht – jetzt noch. Aber wenn ein Krieg ausbricht, hat DiMorra genug Moneten, um noch mehr Leute zu engagieren. Ich habe nicht soviel Geld. Und wenn es zu Kämpfen kommt, werden unsere Geschäftsräume demoliert, unser Einkommen wird sinken. Bis ganz nach unten.«

Der Buchhalter räusperte sich. »Was das Geld betrifft – da kann ich dir helfen.«

»Dafür hast du viel zu wenig.«

»Aber ich habe genug«, warf Frank ein.

Die Fargo-Brüder sahen ihn an, und er erzählte, was er in Europa und im Nahen Osten unternommen hatte. »DiMorra weiß nichts von dieser Fracht. Und wenn er's rausfindet, kann er nichts davon beanspruchen. In einem Monat, wenn der Stoff fertig ist, muß ich den Rest bezahlen. Louis will mir das Geld geben – für einen Drittelanteil.« Frank machte eine Pause, um seinen nächsten Worten noch mehr Nachdruck zu verleihen. »Das zweite Drittel bekommt ihr beide – wenn ihr mich in meinem Kampf gegen DiMorra unterstützt. Das Drittel einer Fracht, die über zwanzig Millionen Dollar wert ist.«

Vince und Tony wechselten einen Blick. Sie mußten nicht in Worte fassen, was eine solche Summe für sie bedeuten würde. Damit würden sie automatisch auf derselben Ebene wie DiMorra stehen. Dergleichen war schon in anderen Landesteilen passiert. Nur Heroin konnte so etwas zuwege bringen.

Vince wandte sich an den Buchhalter. »Was hast du sonst noch beizutragen – außer dem bißchen Geld, das du investierst?«

»Ich bin nicht in der Lage, größere Beiträge zu leisten – zumindest nicht in aller Öffentlichkeit. Das ist auch gut so. Dann wird es so aussehen, als hätte ich mich aus der Sache rausgehalten. Wenn wir DiMorra schlagen, werden die Dons aus allen Landesteilen zusammenlaufen. Und hier sitze ich – der perfekte Verhandlungspartner, der sich als Brunos Stellvertreter zu euren Gunsten einsetzen wird. Natürlich werde ich betonen, ich hätte als unparteiischer Beobachter den Eindruck gewonnen, daß es DiMorra war, der den Kampf inszeniert hat – aus nichtigen Gründen.«

»Und wenn sich der Krieg in die Länge ziehen sollte«, fügte Marie eifrig hinzu, »wird Louis den anderen Dons klarmachen, daß es nicht richtig wäre, DiMorra Verstärkung zu schicken.«

Der Buchhalter nickte, ohne Vince aus den Augen zu lassen. »Schließlich und endlich werden wir – du, Frank und ich – den müden alten *mustachio* von seinem Thron stürzen und die Macht übernehmen. Wenn Bruno aus dem Gefängnis entlassen wird, ist das alles längst passiert, und er kann nichts mehr dagegen tun.«

Eine kaum merkliche Veränderung war mit Vince vorgegangen, als er sich wieder an Frank wandte. »Die besten Chancen haben wir, wenn wir's möglichst schnell hinter uns bringen. Ein langer Krieg würde DiMorra begünstigen.«

Frank versuchte sein Triumphgefühl zu verbergen und nickte mit gelassener Miene. »Zuerst konzentrieren wir uns auf DiMorra persönlich. Das heißt, daß wir in jeder Minute wissen müssen, wo er gerade ist und was er macht.«

»Also brauchen wir jemanden, der stets an ihn rankommen kann«, meinte der Buchhalter. »Wie wär's mit Johnny Tresca? Ich habe gehört, daß er mit DiMorras Tochter nicht besonders gut auskommt.«

Vince schüttelte den Kopf. »Soweit ich es beurteilen kann, nimmt Johnny die Sache mit seiner Frau nicht weiter tragisch. Und er ist mit DiMorra verwandt. Immerhin ist er sein Schwiegersohn. Er steht ihm also zu nahe, um ein solches Risiko einzugehen und ihn zu verraten.«

Tony sah Frank an. »Hast du irgendwas gegen Ralph Negri?«

»Nein. Warum sollte ich? Er befolgt nur seine Befehle, und das ist seine Pflicht.«

»Ich habe ihn vor kurzem in einer Kneipe getroffen und mich mit ihm unterhalten. Er ist nicht allzu glücklich, seit Tresca DiMorras Tochter geheiratet hat. DiMorra hat seinem Schwiegersohn eine Lottobank übergeben, auf die Negri scharf war.«

Keiner von ihnen hatte es ausgesprochen, daß sie gemeinsam beschlossen hatten, für den Krieg zu rüsten. Aber sie planten bereits die erste Schlacht.

11.

Detective Sergeant Murray Grossman vom Schmuggeldezernat schlüpfte durch eine Seitentür aus dem vollbesetzten Konferenzraum des Bezirksstaatsanwalts, um der Presse aus dem Weg zu gehen. Nervös blickte er auf die große, runde Uhr an der Marmorwand des Korridors. Es war elf Uhr vormittags. Er eilte zu seinem Büro, blieb vor der Tür stehen und sah sich nach beiden Seiten um. Als er sicher war, nicht beobachtet zu werden, überquerte er den Flur, passierte den Notausgang und stieg die Treppe zum nächsthöheren Stockwerk hinauf. Er öffnete die Tür der Männertoilette, ging hinein, machte sie hinter sich zu. An der Wand direkt neben der Tür hing ein Münzfernsprecher. Nachdem er sich vergewissert hatte, daß außer ihm niemand in der Toilette war, nahm er den Hörer vom Haken, warf zwei Münzen ein und wählte die Nummer eines Anschlusses außerhalb der Stadt.

Eine Männerstimme, die er nicht kannte, meldete sich. »Ja?«

Sergeant Grossman legte die Lippen an die Sprechmuschel.

»Ich muß mit Mr. D. reden«, sagte er leise. »Hier ist Murray G. Es ist wichtig.«

»Bleiben Sie dran.«

Der Sergeant wartete, starrte angstvoll auf die geschlossene Tür und betete, daß niemand hereinkommen möge

»Ja?« Das war DiMorras Stimme.

»Mr. D., Frank Regalbuto hat sich vor einer halben Stunde der Staatsanwaltschaft gestellt. Er sagte, er hätte soeben gehört, daß die Polizei nach ihm sucht. Er ist jetzt beim Staatsanwalt.«

Eine kleine Pause trat ein. »Was sagt er?«

»Nichts. Gar nichts. Er behauptet, er wüßte nicht, wer seinen Onkel erschossen und ihn selbst zu töten versucht hat. Er hätte die Leute nicht gesehen, weil es zu dunkel gewesen sei. Und er hätte keine Ahnung, warum man es auf ihn abgesehen hat. Soviel er wüßte, hätte er keine Feinde.« Der Sergeant lachte gezwungen. »Er sagte noch, vielleicht wären es zwei jugendliche Gangster gewesen, die seinen Onkel und ihn ausrauben wollten.«

»Werden Sie ihn festnehmen?«

»Das geht nicht. Wir können nicht beweisen, daß er lügt. Der Staatsanwalt versucht gerade, ihn kleinzukriegen, aber das wird er nicht schaffen. Wir müssen ihn wieder laufenlassen.«

»Wann?«

»Etwa in einer Stunde.«

Eine neue Pause entstand. »Danke. Morgen werden Sie ein Geschenk in Ihrem Postkasten finden.« Am anderen Ende der Leitung wurde aufgelegt.

Frank mußte sich mühsam einen Weg durch das Gedränge der Reporter und Fotografen bahnen, während er das Gebäude der Stadtverwaltung verließ und die Eingangsstufen hinabging, zu dem Wagen, der auf ihn wartete. »Kein Kommentar«, sagte er, als er mit Fragen bestürmt wurde.

»Seien Sie doch nicht so hartherzig, Frankie!« flehte einer der Reporter. »Jemand hat versucht, Sie umzulegen. Wir können Ihnen helfen, auf den Betreffenden Druck auszuüben.«

Frank blieb nachdenklich am Fuß der Treppe stehen. Blitzlichter flammten auf, und die Kameras fingen Bilder von einem ernsten jungen Mann ein, der große Sorgen hatte.

»Aber ich weiß doch gar nicht, wer es war«, erwiderte Frank schließlich mit einem Pokergesicht. »Wenden Sie sich lieber an den Staatsanwalt. Ich will nichts sagen, was den Erfolg der Ermittlungen gefährden könnte. Und ich möchte eng mit ihm zusammenarbeiten, um die Verbrecher zur Strecke zu bringen, die meinen Onkel getötet haben.« Und mit diesen Worten ging er zum Wagen.

Vince Fargo saß am Steuer. Tony Fargo stand neben der offenen Hintertür und sah sich nach allen Seiten um, während Frank einstieg. Die Reporter erkannten ihn. »Hallo, Tony, welche Rolle spielen Sie in dieser Affäre?«

»Keine. Ich bin nur Franks Freund. Ein alter Freund. Seit unserer Kindheit.«

»Was glauben Sie denn, wer ihn töten wollte?«

»Keine Ahnung.« Tony kletterte hinter Frank in den Fond und schloß die Tür.

Auf der gegenüberliegenden Straßenseite wendete ein anderer Wagen und folgte den drei Männern. Drei Fargo-*soldati* saßen darin. Der Fahrer war ein kleiner, vierschrötiger Messerwerfer namens Jorge Garcia. Die beiden auf dem Rücksitz waren schwer bewaffnet. Harold Early, ein neunzehnjähriger Schwarzer, der kaum ein Wort von sich gab, weil er stotterte, trug einen .38er in seinem Schulterhalfter, und ein zweiter steckte in seiner Jackentasche. Augie (das Pferd) Mondetto, dessen zerschlagenes Gesicht von seiner zweijährigen Tätigkeit als Berufsboxer kündete, hatte eine angesägte automatische Schrotflinte quer über den Knien liegen, von einem Regenmantel verborgen. Garcia behielt den Rückspiegel im Auge, während er dem Wagen der Fargos folgte, Early und Augie spähten in alle Seitenstraßen.

Frank blickte durch das Rückfenster, während sie sich durch den dichten Mittagsverkehr kämpften. »Wenn uns irgendwelche von euren Jungs nachfahren, so kann ich sie nicht sehen.«

»Sie sind da.« Tony machte sich nicht die Mühe, nach hinten zu schauen.

Vince nickte. »Alles klar.«

Während ihm die Beschützer auf den Fersen blieben, nahm er den kürzesten Weg, der ihn zurück in das sichere Conesburg führte. Nachdem er in die Kelsey Street gebogen war, fuhr er an seinem

Haus vorbei, ohne das Tempo zu drosseln. Zwei Blocks weiter, einen Blick vom Fluß entfernt, lag Bill Ryans Werkstatt.

Das Tor war geschlossen. Neben der Werkstatt, im selben großen Gebäude, lag ein Büro, dessen Fenster die Aufschrift trug: ›Intercity Auto Repair Co.‹ Der Mann, der direkt neben dem Fenster an einem Schreibtisch saß, hieß Diego Sabatini. Er beobachtete, wie Vincents Wagen und das Fahrzeug der Verfolger die Geschwindigkeit verlangsamten, drückte auf den Knopf der Sprechanlage und erteilte hastig Befehl. Das Tor der Werkstatt öffnete sich. Vince fuhr hinein. Als auch der andere Wagen das Tor passiert hatte, wurde es von zwei Fargo-*soldati* geschlossen, von Vic Caputo und einem dicken, glatzköpfigen Schwarzen, der Smitty hieß. Beide waren bewaffnet. Die Werkstatt wurde von nackten Glühbirnen und Neonreihen erhellt und verfügte über sämtliche Geräte und Maschinen, die man zur Reparatur aller Autotypen braucht. Auf einem schmalen Balkon saß ein großer Mann in einem Schaukelstuhl neben einem Schreibtisch. Man nannte ihn Irish Fagin, um ihn von einem anderen Fargo-Soldaten, Feigen, dem Juden, zu unterscheiden. Eine Maschinenpistole lag griffbereit in seiner Nähe, von einer Konsole hinter dem Tisch vor neugierigen Blicken geschützt.

Vince parkte zwischen einem aufgebockten Laster und einem auseinandergenommenen Ford, der gerade frisch lackiert wurde, und dessen Motor über ihm an einem Flaschenzug hing. Frank stieg als erster aus und schaute sich um. Tony kletterte ebenfalls aus dem Fond und legte ihm eine Hand auf den Arm. »Komm! Ich zeig' dir, wo wir uns verkriechen, bis alles vorbei ist.« Er führte Frank durch eine Hintertür aus der Werkstatt. Sie stiegen vier Treppenfluchten hinauf, schmale, mit Linoleum bedeckte Stufen.

Die Fargo-Brüder hatten zwei Hauptquartiere. Das eine lag in einer Vorstadt – die Fargo Brothers Construction Company, eine fast legitime Firma. Das andere war dieses Gebäude in der Kelsey Street. Im Erdgeschoß hatte sich ein Kino befunden, bevor Bill Ryan seine Werkstatt darin eingerichtet hatte. Die Zimmer in den beiden darüberliegenden Stockwerken waren früher als Büroräume vermietet worden.

Bill Ryan hatte die Werkstatt vor drei Jahren an die Fargos verkauft, sich in Florida zur Ruhe gesetzt und nur seinen Namen zurückgelassen. In den beiden oberen Etagen lagen nun Klubräume und Quartiere, in denen die Mitglieder der Fargo-Gang kostenlos wohnen konnten. Die Intercity Auto Repair Company war das zweite große Fargo-Unternehmen, und wurde von einem zweiten Büro aus geleitet, das hinter dem Geschäftsraum an der Vorderfront lag, neben der Werkstatt. Ein Teil dieses Betriebs war legitim, der größere Teil nicht.

Mit einem minimalen Aufwand an Geld und einem maximalen an Muskelkraft hatten es die Fargos geschafft, neunzehn Autowerkstätten in der City und in den Vororten unter Kontrolle zu bringen. Die ehemaligen Eigentümer hatten klugerweise Posten als Juniorpartner angenommen oder – noch klüger – ihre Betriebe verkauft, für wenig mehr als ihren Seelenfrieden. In diese Werkstätten wurden die gestohlenen Autos gebracht, bis zur Unkenntlichkeit verändert und dann in den beiden Gebrauchtwagenläden der Fargos verkauft.

Aus diesem Geschäftszweig und der Baufirma bezogen die Fargo-Brüder ein ständig wachsendes Einkommen. Aber das waren nur schäbige Almosen, verglichen mit dem Vermögen, das die Bruno-Familie, gemanagt von Orlando dem Buchhalter, an der Prostitution, an Erpressung, Alkoholvertrieb, Bars und Warenautomaten verdiente. Und DiMorra sahnte noch mehr ab.

Aber sowohl die Bruno-Familie als auch die Fargos würden erheblich besser dastehen, wenn DiMorra ausgeschaltet war. Wie man im Starlite vereinbart hatte, würden der Buchhalter und seine Frau DiMorras Spielbetriebe und Lottobanken übernehmen, außerdem die Kreditinstitute. Die Fargos sollten DiMorras Fracht- und Speditionsunternehmen bekommen, zudem die große Scheinfirma, die vom Flughafen, von den Bahnhöfen und von Lastwagenstationen gestohlene Ware abtransportierte. Frank würde, abgesehen von der alleinigen Leitung der Drogenschmuggelbranche, DiMorras Investments in Bowling-Bahnen, Textilgeschäften und einer Müllabfuhr erhalten.

Wenn und falls Angelo DiMorra aus dem Weg geräumt worden war.

Das Zimmer, in das Tony Fargo seinen Freund Frank Regalbuto führte, lag im zweiten Stock des Hauptquartiers in der Kelsey Street. Es war klein und stickig, enthielt einen Tisch, einen Stuhl und zwei Feldbetten mit unbezogenen Matratzen. Ein ungewöhnlich großer, dünner Mann schlief auf einer der Matratzen, in Unterwäsche und

Socken. Seine großen Füße überragten das untere Ende des Lagers. Tony wies mit einem Daumen auf den Schläfer. »Das ist Feigen, der Jude. Er arbeitet in der Nachtschicht.«

Feigen öffnete die Augen zu schmalen Schlitzen, hob die Hand zum Gruß, dann drehte er sich auf die Seite und schlief weiter.

»Henry Shansky und Polish George wohnen auf der anderen Seite des Flurs«, erklärte Tony. »Vince und ich haben das Zimmer neben der Toilette. Für eine Weile wird's hier ziemlich voll werden, deshalb müssen zwei Mann in einem Zimmer schlafen. Das verstehst du doch sicher.«

Frank verstand es. Während der nächsten Zeit mußten die Fargos ihre gesamten Streitkräfte in diesem Gebäude zusammenziehen. Dadurch würde es automatisch zum Hauptziel der gegnerischen Angriffe werden.

Das Fargo-Haus, zwei Blocks weiter, durfte von alldem nicht tangiert werden. Die Regel, daß keine der kriegführenden Parteien die Familie der anderen in Gefahr bringen durfte, wurde nur selten verletzt. Es wäre zu einfach gewesen, an der Frau, den Kindern oder Eltern des Angreifers Vergeltung zu üben. Nur um sicherzugehen, daß DiMorras Streitkräfte nicht in die Versuchung geführt wurden, gegen diese Regel zu verstoßen, wollte sogar Vince Fargo bis zum Ende des Krieges im Hauptquartier wohnen.

Frank ging zum einzigen Fenster des kleinen Schlafzimmers und zog die schwarze Jalousie hoch, um auf die gegenüberliegenden Häuser zu blicken.

»Laß die Jalousie lieber unten«, riet Tony. »Nur für den Fall, daß jemand auf die Idee kommt, er könnte aus einem der Fenster da drüben einen Glückstreffer erzielen.«

Frank nickte und zog die Jalousie wieder herunter. »Und das Dach?«

»Da können sie nicht rauf. Dies ist das höchste Haus in der ganzen Gegend. Außerdem sitzt gerade Polish George oben und hält Wache.« Tony wies mit einer Kopfbewegung auf Feigen, den Juden. »Und wenn's dunkel wird, geht er rauf.«

Sie verließen das Zimmer, und Tony schloß lautlos die Tür. »Ich muß mir ein paar Sachen aus dem Haus meiner Mutter holen«, sagte Frank, »was zum Anziehen, Rasierapparat, Zahnbürste – und so weiter.«

»Schick lieber jemand anderen hin. Du kannst deine Mutter anrufen und ihr sagen, was du brauchst.«

»Du hast recht. Wo kann ich telefonieren?«

»Hier unten.« Tony führte Frank in den kleinen Arbeitsraum, der hinter dem vorderen Büro der Intercity Auto Repair Company lag. Es war ein einfaches Zimmer, eingerichtet mit einem Metallschreibtisch, einem Stuhl, einer langen Holzbank und verschlossenen Aktenschränken an den Wänden. Frank zog den Telefonapparat, der auf dem Schreibtisch stand, zu sich heran und wählte die Nummer seiner Mutter.

»Geht es dir gut, Frankie?« fragte sie leise, in vorsichtigem Ton.«

»Klar, reg dich nicht auf, Ma. Ich bin bei Tony und Vince Fargo. Da bin ich bestens aufgehoben. Aber es wäre wohl unklug, wenn ich zu Onkel Vitos Begräbnis ginge. Das tut mir sehr leid.«

»Du hast recht. Natürlich darfst du nichts riskieren.« Ihre Stimme verriet Sorge und Angst – aber keine Hysterie. Sie hatte schon vor langer Zeit als Bauernmädchen in Sizilien gelernt, daß Tragödien und Gewalttaten zum Leben gehörten. »Tony und Vince sind gute Jungs. Sag ihnen, daß ich eine Kerze für sie anzünden werde.«

»Wird gemacht, Ma. Hör mal – jemand wird zu dir kommen und ein paar Sachen von mir holen ...« Er sah Tony fragend an.

»Henry Shansky«, sagte Tony.

»Henry Shansky«, wiederholte Frank, die Lippen an der Sprechmuschel. »Kennst du ihn?«

»Den kleinen Henry? Natürlich.«

»Pack ein bißchen was für mich ein. Ja? Eine Hose, zwei Hemden, meinen Rasierapparat, die Zahnbürste, Socken ...«

»Wofür hältst du mich eigentlich?« unterbrach sie ihn. »Glaubst du, ich weiß nicht, was du brauchst?«

Er lachte. »Okay. Pack das Zeug in einen kleinen Koffer. Alles klar?«

»Ja, Frankie. Paß gut auf dich auf.«

»Aber ja, mach dir keine Sorgen. Ich rufe dich wieder an, wenn ich die Möglichkeit dazu habe.«

Nachdem Frank aufgelegt hatte, sagte Tony: »Ich geh' mal zu Shansky und geb' ihm Bescheid. Dann wollen wir uns was aus dem Kühlschrank holen.«

»Kannst du mir erst mal ein Schießeisen besorgen?«

»Kein Problem. Das einzige, woran es uns nicht mangelt, sind Kanonen.«

Zwei Stunden später hielt eine lange schwarze Limousine am Straßenrand gegenüber dem Fargo-Hauptquartier in der Kelsey Street. Der Fahrer war ein Mann namens Pete Lazzatti. Er hatte ein schmales Habichtsgesicht und war einer der Spitzenmänner in DiMorras Frachträuber-*brigata*. Nachdem er geparkt hatte, blieb er am Steuer sitzen. Beide Hände lagen deutlich sichtbar auf dem Lenkrad.

Die beiden Männer, die aus dem Fond des Wagens stiegen, waren älter, dicker und besser gekleidet. DiMorras älterer Bruder Mitch diente dem Don als *consiglieri* und war ein *capo*-Mafioso mit eigenen Rechten. Bud Riley managte die Wuchergeschäfte der Stadt in unabhängiger Position, aber Angelo DiMorra war sein *padrone* und politisches Leitbild. Sie überquerten die Straße, und betraten das Vorderbüro der Intercity Auto Repair Company.

»Wir wollen mit Vince sprechen«, sagte Mitch DiMorra zu Diego Sabatini.

»Klar.« Diego hatte das hintere Büro bereits über die Ankunft der Besucher informiert und seine Instruktionen erhalten. Er zeigte auf einen kurzen Korridor, der die Rückwand des Büros teilte. »Geht da rein.«

Mitch und Riley betraten den Korridor, der eine scharfe Biegung beschrieb, bevor er an einer Tür endete. Bevor sie klopfen konnten, wurde die Tür von Victor Caputo geöffnet.

Vince saß hinter seinem Metallschreibtisch, dem Eingang zugewandt, die Hände im Schoß, vor den Blicken der Besucher verborgen. Frank Regalbuto lehnte an einem der Aktenschränke, die Daumen in die Hosentaschen gehakt. Sein Sportjackett war aufgeknöpft und zeigte den Griff der abgestumpften .38er, die in seinem Gürtel steckte. Riley warf ihm einen nervösen Blick zu. »Wir haben gehört, daß du hier bist, Frank.«

»Ich bin hier«, bestätigte Frank tonlos.«

»Ich muß euch filzen«, verkündete Victor Caputo.

Mitch sah Vince ärgerlich an. »Du weißt, daß wir niemals Waffen tragen. Außerdem – glaubst du, wir wären so dumm, ausgerechnet *hier* bewaffnet anzutanzen?«

Vince versuchte ein liebenswürdiges, verständnisvolles Lächeln aufzusetzen. »Ich weiß. Wir wollen nur auf Nummer Sicher gehen.«

Mitch DiMorra seufzte und breitete die Arme aus. Caputos Hände glitten schnell und fachmännisch über seinen Körper, unter die Achseln, in die Taschen, zwischen die Schenkel, zu den Fußknöcheln. Nachdem Riley die gleiche Prozedur erduldet hatte, wandte sich Caputo zu Vince um. »Sie sind sauber.«

»Warte draußen, Vic.«

Caputo ging hinaus und schloß die Tür hinter sich.

Vince wies auf die Holzbank. »Setzt euch und sagt, was ihr zu sagen habt.«

Nachdem sie Platz genommen hatten, sah Riley wieder zu Frank hinüber. »Frank, es ist dir doch klar, daß wir nicht in unserem eigenen Namen sprechen. Ich persönlich hab' nichts gegen dich. Wir sind nur gekommen, um euch was von Angelo auszurichten.«

»Ich verstehe.« Franks Gesicht war unbewegt. Nur in den schmalen Augen glitzerten seltsame Lichter.

Mitch DiMorra sah immer noch Vince an. »Angelo will wissen, warum ihr Franks Partei ergreift und euch gegen ihn stellt.«

»Ich ergreife für niemanden Partei. Ich habe Frank nur aufgenommen, um sicherzugehen, daß ihm nichts zustößt. Er ist mein Freund.«

»Und Don Angelo ist nicht dein Freund?« fragte Mitch leise.

»Natürlich ist er das. Ich meine – hoffentlich ist er mein Freund. Deshalb will ich auch nicht, daß er einen Fehler macht – irgendwas, das er später bereuen würde. Wie zum Beispiel den Mord an dem armen alten Vito ...«

»Das war ein bedauernswerter Unfall. Er ist nur auf Frank wütend.«

Vince nickte. »Solche Unfälle passieren meist, wenn man jemanden wegen einer Privatsache töten will. Er ist also auf Frank wütend. Was bedeutet das, zum Teufel? Daß er ihn umbringen will? Weshalb? Wegen ein paar kleiner persönlicher Differenzen? Das ist einfach nicht richtig. Und das weißt du auch.«

»Ich bin nicht gekommen, um darüber zu diskutieren«, entgegnete Mitch langsam, »sondern um dir einen freundschaftlichen Vorschlag von Don Angelo zu unterbreiten.«

»Und wie freundschaftlich ist dieser Vorschlag?«

»Hör auf, Frank abzuschirmen. Laß ihn laufen. Das ist alles.«

»Das kann ich nicht tun. Es wäre nicht richtig.«

Mitchs Augen verengten sich, aber seine Stimme klang so gleichmütig wie zuvor. »Du stellst dich also gegen Don Angelo. Erwartest du vielleicht, daß er das hinnimmt?«

»Ich unternehme nichts gegen den Don, und ich habe auch nichts dergleichen vor.« Die Lüge kam Vince aalglatt über die Lippen. »Falls er sich abregt und vernünftig wird. Wenn nicht – nun, dann werde ich wohl was tun müssen.«

»Zum Beispiel?« fragte Mitch kühl.

»Ich könnte zum Beispiel noch eine Ausschußsitzung einberufen und den Dons erzählen, daß Angelo DiMorra einen Riesenwirbel in dieser Stadt macht – weil er wegen eines Mädchens den Verstand verloren hat.«

Mitch setzte zu einer Antwort an, besann sich aber anders und warf Riley einen erwartungsvollen Blick zu.

Riley sah unbehaglich auf Vince. Es dauerte eine Weile, bis er zu sprechen begann. »Vince, ich habe dir eine ganze Menge Geld geliehen, damit du deine Werkstätten kaufen konntest.«

»So? Ich leiste jede Woche pünktlich meine Rückzahlungen – mit Zinsen. Du weißt, daß ich einen schönen Profit mache. Wir haben sogar besprochen, daß du mir einen weiteren Kredit geben wirst, damit ich noch mehr Betriebe kaufen kann.«

»Ich kann dir nichts mehr leihen«, entgegnete Riley mit zitternder Stimme. »Nicht, wenn du dich mit DiMorra verkrachst. Und ... Es ist mir unmöglich, noch ein ganzes Jahr auf mein Geld zu warten. Jetzt kann ich das nicht mehr ... Ich möchte, daß du mir die ganze Summe in den nächsten beiden Tagen zurückzahlst. Die Zinsen kannst du vergessen.«

Das Blut stieg in Vince Fargos Wangen. Er legte beide Hände auf den Tisch. Sie waren leer, ballten sich aber zu bebenden Fäusten. Mühsam beherrschte er sich, als ihm bewußt wurde, daß er wieder auf die Hilfe des Wucherers angewiesen sein würde, wenn die Sache ausgestanden war. »Ich kann nicht zahlen. Du mußt noch ein Jahr warten.«

Riley schien die Luft auszugehen. »Vielleicht lebst du gar nicht mehr so lange, Vince ... Wenn du dich gegen Don Angelo stellst ...«

Nun ergriff Frank das Wort und fragte gelassen: »Werden deine Haie in DiMorras Armee kämpfen, Bud?«

Riley sah ihn an und fuhr sich mit der Zunge über die Lippen. »Nein.« Das mochte die Wahrheit sein. Oder auch nicht.

Vince holte tief Atem. »Geht zu Angelo zurück und sagt ihm, er soll erwachsen werden. Er mag das Mädchen – jetzt gehört sie ohnehin ihm. Ich kann's ihm nicht verdenken. Sie ist sehr hübsch.«

»Jetzt nicht mehr«, wandte Mitch ein.

»Na und? Ist das ein Grund, einen Krieg auszulösen? Nein, und das weißt du ganz genau. Also sag ihm, er soll sich beruhigen. Wenn er Frank anschnauzt oder ihn zusammenschlägt, so ist mir das egal – aber er darf ihn nicht umbringen. Sag Angelo, ich würde nichts gegen ihn unternehmen – ich würde nicht einmal eine Ausschußsitzung einberufen, wenn er vernünftig ist. Sag ihm, ich würde einfach nur hier sitzen und nichts tun, bis ich wieder von ihm höre, okay?«

Mitch sah Vince Fargo prüfend an, dann machte er einen letzten Versuch. »Du hast eine nette kleine Armee, Vince. Aber sie ist *tatsächlich* sehr klein.« Er hob eine Hand und begann die Namen an den Fingern abzuzählen, um zu zeigen, daß sie sich bereits über die Fargo-*soldati* informiert hatten. »Vic Caputo, Diego Sabatini, Augie das Pferd, Irish Fagin, Feigen der Jude, Polish George, Henry Shansky, Jorge Garcia, Harold Early, Smitty – und schließlich du und Tony – und Frank. Dreizehn Mann. Eine Unglückszahl, Vince. Und viel zu wenige.«

»Zu wenige? Wofür? Ich habe nicht vor, einen Krieg zu entfesseln. Dazu bin ich viel zu klug. Sag deinem Bruder, er soll sich abregen, dann werden wir alle wieder eine einzige große *fratellanza* sein.«

»Davon abgesehen, daß ich nicht mehr zu DiMorras Familie gehöre«, fügte Frank tonlos hinzu.

Vince zuckte mit den Schultern. »Sehr vernünftig ... Wenn zwei Männer zusammenarbeiten, die auf dasselbe Mädchen scharf sind, gibt's nur Ärger.«

Mitch und Riley schauten sich an, dann standen sie auf und gingen ohne ein weiteres Wort hinaus.

Nachdem sich die Tür hinter ihnen geschlossen hatte, schüttelte Frank den Kopf. »DiMorra ist nicht dumm, Vince. Mit dieser Art von Pferdescheiße kannst du ihn nicht einlullen.«

Vince öffnete seine Fäuste und entspannte sich allmählich. »Ein Versuch kann nicht schaden.«

Er lehnte sich in seinem Metallsessel zurück, rieb seinen Magen, schnitt eine Grimasse und rülpste. »Hol mir mal ein Alka Seltzer. Ich habe furchtbares Sodbrennen.«

Eine Stunde nach Einbruch der Dunkelheit kehrte Tony mit guten Neuigkeiten ins Hauptquartier zurück. »Ich habe mit Ralph Negri gesprochen. Er steht auf unserer Seite. Aber der Preis ist hoch, Frank. Er will fünfzehn Prozent von der nächsten H-Fracht. Und nachdem DiMorra aus dem Weg geräumt ist, will er den gesamten Drogenvertrieb leiten, die Pillen inklusive.«

Frank dachte darüber nach, dann nickte er. »Ich würde ohnehin jemanden brauchen, der das macht. Warum nicht Negri? Wenn er spurt ...«

»Er wird spuren. Ich habe ihm diese Nummer gegeben. Er braucht nur anzurufen und uns mitzuteilen, wann und wo wir an DiMorra rankommen. Und wir haben nichts weiter zu tun, als zu warten.«

Im selben Augenblick schlüpften zwei Männer, die nicht in dieser Gegend wohnten, durch die Hintertür eines Hauses auf der anderen Straßenseite.

12.

Der eine war groß und dürr, der andere fast ebenso groß, aber kräftiger gebaut, und über eine seiner Wangen zog sich eine breite Messernarbe, von der Schläfe bis zum Kinn. Sie saßen auf dem staubigen Holzboden und spähten über das Fenstersims. Der untere Teil des schmutzigen Fensters war sechs Zoll breit geöffnet. Durch diesen Spalt konnten sie die Vorderfront des Fargo-Hauptquartiers auf der anderen Seite der Kelsey Street beobachten.

Der Raum, in dem sie Stellung bezogen hatten, lag im Dachgeschoß eines Lagerhauses. Es war dunkel, bis auf den schwachen Schein der Straßenlampen, der durch das Fenster hereindrang. Wenn einer der beiden rauchte, mußte er die Zigarette mit der Hand abschirmen, damit man die Glut von draußen nicht sehen konnte.

Der Narbige ließ seinen Feldstecher über die Fenster des Fargo-

Hauptquartiers wandern und senkte ihn erst, nachdem er jedes Fenster gecheckt hatte. »Die sind verdammt vorsichtig. Sie haben alle Jalousien herabgelassen.«

»Dann müssen wir also warten«, sagte der Dünne. »Bis er rauskommt.« Er strich über das Gewehr, das quer über seinen Knien lag, und mit einem Zielfernrohr ausgestattet war. Jeder Mann hatte außerdem einen Revolver im Gürtel stecken, und beide wußten damit umzugehen. Sie waren Profis, und deshalb hatte man sie für diesen Job ausgewählt.

Die Aussicht, daß sie sich auf eine lange Wartezeit gefaßt machen mußten, störte sie nicht. Die Prämie für Frank Regalbutos Kopf erleichterte ihnen das Warten. Und sie hatten sich auch darauf vorbereitet. Neben dem Koffer, in dem das Gewehr gesteckt hatte, stand eine Segeltuchtasche, die Sandwiches und zwei Thermosflaschen mit heißem Kaffee enthielt. Den Wagen, mit dem sie nach Conesburg gefahren waren, hatten sie vier Häuserblocks entfernt abgestellt. Dann waren sie an diesen Blocks entlanggeschlendert, wie zwei Jungs, die zufällig hier vorbeikamen, und in die Gasse hinter dem Lagerhaus geschlüpft. Sie hatten die Hintertür nicht aufbrechen müssen, denn man hatte ihnen einen Schlüssel gegeben.

Im vorderen Büro der Intercity Auto Repair Company flammte Licht auf. Rasch hob der Mann mit dem Narbengesicht den Feldstecher und richtete ihn auf den Mann, der das Büro betreten hatte und nun in der Schublade eines Aktenschranks wühlte. Der Dünne legte den Gewehrlauf auf das Fensterbrett und stellte das Zielfernrohr ein. Der Narbige ließ den Feldstecher sinken und schüttelte den Kopf. »Diego Sabatini.«

Der Dünne zog das Gewehr wieder zurück. Er beobachtete, wie Sabatini einen Aktenordner aus dem Schrank nahm und sich damit an den Schreibtisch setzte. »Daß der so spät am Abend noch arbeitet«, murmelte er.

Der Narbige öffnete den Reißverschluß der Segeltuchtasche. »Möchtest du einen Schluck Kaffee?«

»Ja, aber nur einen kleinen. Gehen wir lieber sparsam mit unseren Vorräten um. Womöglich müssen wir zwei Tage hier rumsitzen.«

Der Narbige nickte. Er schraubte gerade den Verschluß einer Thermosflasche auf, als die Dachbodentür hinter ihnen aufflog. Er ließ die Flasche fallen, riß den Revolver aus seinem Gürtel, wirbelte herum, in knieender Haltung. Der Dünne hatte bereits das Gewehr gehoben.

Eine Schrotflinte explodierte ohrenbetäubend, und die Wände des dunklen Dachbodens warfen den Krach zurück. Mehrere Schrotkugeln zerfetzten ein Ohr des Narbigen, aber es war der Dünne, der den Großteil der Ladung abbekam. Sie trennte den Kopf von seinem Hals, schleuderte Gehirn- und Schädelfragmente aus dem Fenster, und was von dem Dünnen übriggeblieben war, fiel gegen eine Wand, sank zu Boden und sah nicht mehr menschlich aus.

Der Narbige warf seine Waffe weg, hob die Arme hoch über den Kopf, während er immer noch auf dem Bretterboden kniete. Zwei Männer tauchten aus dem Schatten auf. Harold Early und Augie das Pferd. Early hatte die Schrotflinte abgefeuert. Augie hielt in einer Hand eine .45er Automatic, in der anderen ein Bleirohr.

»Ihr müßt verrückt sein«, meinte Early. »Habt ihr tatsächlich geglaubt, ihr könntet hier in der Gegend aufkreuzen, ohne daß jemand was merkt?«

Augie schwang das Bleirohr hoch. Der Narbige versuchte den Schlag abzuwehren, doch das Metall zerschmetterte seinen linken Ellbogen. Er schrie auf vor Schmerzen, als der gebrochene Arm hinabsank, umklammerte ihn, mit der unverletzten Hand. Beim nächsten Angriff schlug ihm das Bleirohr fast alle Zähne aus. Er fiel zu Boden, und diesmals erstickte sein Schrei in einem Blutsturz. Augie schwang das Rohr nach oben, ließ es erneut herabsausen, immer wieder. Als er fertig war, konnte man nicht mehr feststellen, daß der Mann am Boden eine Narbe gehabt hatte. Man konnte nur annehmen, daß er einmal ein Gesicht besessen hatte.

Eine Stunde später lenkte Jorge Garcia einen Lieferwagen mit frisiertem Motor in die Straße, die an der Vorderfront der Majestic Freight Handling Corporation vorbeiführte, an DiMorras City-Hauptquartier. Er verlangsamte das Tempo, als er den Eingang des Gebäudes passierte. Zwei Leichen in Plastiksäcken wurden aus dem Laderaum des Lieferwagens auf den Gehsteig geworfen. Garcia drückte auf die Hupe, bevor er Gas gab und davonraste.

Der Wagen war bereits aus dem Blickfeld verschwunden, als sich das Tor der Majestic Freight Handling Company öffnete. Ein Mann trat heraus und starrte auf die großen Plastiksäcke, die vor ihm lagen. Er brauchte sie nicht zu öffnen. Er konnte sehen, was sie enthielten, und er mußte sich sehr zusammenreißen, um nicht zu erbrechen.

Angelo DiMorra stand in seiner Bibliothek und lauschte der Stimme, die aus dem Telefonhörer drang. Mitch, Riley und Joe Lucci beobachteten ihn. Als er auflegte, sich umdrehte und den fragenden Blicken begegnete, war sein Gesicht aschfahl. Die kleinen Falten in seinen Wangen zeigten sich deutlicher als zuvor und ließen ihn plötzlich sehr alt erscheinen. Aber als er sprach, klang seine Stimme ruhig und beherrscht. »Soeben wurden die beiden Jungs abgeliefert, die wir in dem Lagerhaus gegenüber des Fargo-Hauptquartiers postiert haben. Sie liegen auf dem Gehsteig vor der Majestic Freight.«

Die drei Männer schauten ihn schweigend an. Niemand brauchte zu fragen, ob die beiden *soldati* tot waren.

Ein schüchternes Klopfen ertönte, und DiMorra wandte sich zur Tür. »Okay!« rief er.

Seine Frau kam zögernd herein. »Das Essen ist schon seit einer halben Stunde fertig. Wenn wir noch länger warten, wird es nicht mehr schmecken.«

DiMorra sah die drei Männer an. »Geht jetzt essen. Ich komme gleich nach.«

Als er allein im Zimmer war, schloß er die Tür. Eine Weile stand er reglos da, horchte auf das viel zu schnelle Hämmern seines Herzens. Die nervöse Anspannung war viel zu stark, und er fühlte sich elend.

Langsam ging er zum Barschrank und goß sich einen kleinen Whisky mit Wasser ein. Er setzte sich in einen komfortablen Ohrensessel, nippte an seinem Drink, während er nachdachte.

DiMorra wußte, daß er einen schweren Fehler gemacht hatte. Niemand brachte den Mut auf, ihm das zu sagen, aber das war auch nicht nötig. Er hatte alte, traditionelle Regeln mißachtet, hatte überstürzt und emotional reagiert. Wenn man so etwas begonnen hatte, mußte man es möglichst schnell beenden, sonst würde man es nicht überleben. Vielleicht würden danach böse Worte fallen –

aber was geschehen war, konnte nicht mehr rückgängig gemacht werden. Bedauerlicherweise hatte er es nicht geschafft, Frank in einer einzigen kurzen Aktion zu eliminieren, und infolgedessen war etwas ins Rollen gekommen, das nicht mehr gestoppt werden konnte.

Er nahm es Lucci und Ralph Negri nicht übel, daß der erste Anschlag auf Frank mißlungen war. Solche Operationen konnte man nicht immer kontrollieren, wenn man blitzschnell handeln mußte. DiMorra dachte an die Zeiten der Prohibition zurück, als er mit Jimmy Bruno und Franks Vater einen Laster voller Alkohol gestohlen hatte. Damals waren sie fast noch Kinder gewesen – und sie wären auch nicht älter geworden, hätte Bruno nicht zufällig einen Mann aus der Gang des Schmugglers entdeckt, den sie bestohlen hatten. Er war einen Häuserblock weiter gelaufen und hatte die Garage angerufen, aus der sie den Laster geholt hatten. Inzwischen hatten es DiMorra und Paolo Regalbuto geschafft, ihn aus dem Hinterhof zu fahren, bevor sie umstellt werden konnten. Wäre ihnen jener Zufall nicht zu Hilfe gekommen, hätten sie den Coup nicht überlebt.

Daß er die beiden losgeschickt hatte, die Fargos Leute soeben auf dem Gehsteig vor der Majestic Freight deponiert hatten, war sein letzter Versuch gewesen, die Sache zu einem schnellen Ende zu bringen. Jetzt konzentrierte sich DiMorra auf die Kampfmethode, die er am besten beherrschte – die Methode, die durch geduldige Planung und Raffinesse zum Sieg führte.

Er war nicht mehr wütend auf den jungen Frank, und es war auch keine Privatsache mehr. Jetzt hatte sich eine geschäftliche Affäre daraus entwickelt.

Er empfand auch nichts mehr für Ruby, abgesehen von der Verpflichtung, gut für sie zu sorgen. Seine kurz aufgeflammte Leidenschaft, die flüchtige Leidenschaft eines altes Mannes, war durch die Konsequenzen längst abgekühlt. Sie hatte ihn ohnehin schon in viel zu große Schwierigkeiten gestürzt.

DiMorra wußte sehr gut, daß er weitere Auswirkungen abwenden könnte, wenn er erklärte, es täte ihm leid, und von weiteren Vergeltungsmaßnahmen absah. Es war offensichtlich, daß die Fargo-Brüder seinen Fehler als Knüppel benutzen wollten, um ihn damit niederzuschlagen. Aber er konnte es nicht durchgehen lassen, daß sie ihn herausforderten – egal, was richtig und was falsch war. Es gab schon zu viele aufgeblasene junge Hitzköpfe in der Organisation, die sich von Traditionen und Fesseln befreien wollten. Wenn er Frank und die Fargos gewähren ließ, würde er eine Anarchie heraufbeschwören.

DiMorra trank sein Glas leer, während er alternative Taktiken überdachte. Sein Herz schlug immer noch viel zu schnell, und ein sonderbarer Schmerz fuhr durch sein rechtes Bein. Er rieb sich den Schenkel und sondierte seine Möglichkeit. Vor allem durfte er sich nicht in eine Position drängen lassen, die ihn zwingen würde, zu den Fargos zu gehen, um mit ihnen Frieden zu schließen. Sie mußten zu ihm kommen, seine Autorität anerkennen und erneut um seine Freundschaft bitten.

Ohne den Schutz der Fargo-Brüder wäre Frank allein und hilflos. Wenn es dazu kam, würde DiMorra einen separaten Vertrag mit ihm abschließen – falls Frank in aller Öffentlichkeit demonstrierte, daß er vernünftig sein wollte. Irgendwann, vielleicht in einem Jahr, könnte Frank einen tödlichen Unfall erleiden. Niemand würde beweisen können, daß DiMorra damit zu tun hatte. Diese Pläne schmiedete er nicht Rubys wegen – das war vorbei. Aber er würde Frank nie mehr trauen können. Die Tatsache, daß dies DiMorras eigene Schuld war, änderte nichts daran. Wenn einer von beiden abtreten mußte, dann würde es Frank sein.

DiMorra stand auf, ging zum Telefon und rief Hal Johnson an.

Johnson, ein schwarzer Gangster, managte in den Stadtteilen, die vorwiegend von Farbigen bewohnt wurden, die Lottobanken. Als Beweis seiner Loyalität und als Gegenleistung für eine hochgradig politische und polizeiliche Protektion bezahlte er DiMorra einen gewissen Prozentsatz.

»Hallo, Mr. DiMorra!« Hal Johnsons Grußworte klangen ziemlich zurückhaltend, und das bedeutete, daß er über das Problem informiert war. »Wie geht's Ihnen denn?«

»Ich muß mit Ihnen reden, Hal, und ich möchte, daß Sie zu mir kommen – sofort.«

Ein kurzes Schweigen entstand am anderen Ende der Leitung. Dann erwiderte Johnson: »Okay, in einer Stunde bin ich bei Ihnen.« Es klickte, dann war es still.

DiMorra legte den Hörer auf die Gabel zurück. Er war überzeugt, daß sich Hal Johnson kooperativ zeigen würde, wenn er in Zukunft nur mehr fünfzig Prozent seiner jetzigen Abgaben zahlen mußte. Und Johnson hatte ein paar tüchtige Jungs in seinen Reihen – Eintreiber, Vollstrecker, Leibwächter …

Doch dies war der zweite Teil der Strategie, die DiMorra zunächst anwenden wollte. Der erste Teil bestand darin, den Eindruck zu erwecken, daß er vor den lodernden Flammen zurückwich, die er entfacht hatte und deren Asche erst einmal abkühlen sollte. Die Männer, die sich gegen ihn stellten, betrachteten ihn offenbar als alten Moustache Pete, der seine besten Zeiten längst hinter sich hatte, also würden sie auf diese Taktik hereinfallen.

Wenn sie das schluckten, würden sie von Hal Johnsons Jungs überrumpelt werden. Dieser Überraschungsangriff hätte einen doppelten Vorzug: Er würde nicht nur Frank ausschalten, sondern auch die Fargos tief erschüttern, denn sie würden erkennen, daß sie immer noch verwundbar waren, obwohl sie sich in Sicherheit gewähnt hatten.

DiMorra war es egal, wo oder wie er zuschlug – solange er den Fargos erheblichen Schaden zufügte. Die Verteidigungsmaßnahmen, die sie gegen ihn ergriffen, mußten sie so teuer zu stehen kommen, daß es ihr Leistungsvermögen überstieg.

Als Angelo DiMorra ins Eßzimmer ging, waren die anderen bereits beim zweiten Gang angelangt. Er setzte sich ans Kopfende des Tisches, und seine Frau warf ihm einen tadelnden Blick zu, den er ausdruckslos erwiderte. »Wir fliegen für eine Weile nach Florida«, informierte er sie. »Sieh zu, daß unsere Sachen gepackt werden. Wir reisen morgen am späten Nachmittag ab.«

Sie verzog das Gesicht. »Um diese Jahreszeit ist es zu heiß da unten, Angelo. Du weißt doch, daß ich diese Hitze nicht vertrage.«

»Du kannst ja im Haus bleiben. Deshalb habe ich die Klimaanlage einbauen lassen.« Er blickte angelegentlich auf seinen leeren Teller, und sie ging seufzend in die Küche, um den ersten Gang aufzuwärmen. DiMorra wandte sich an seinen Bruder. »Ich möchte, daß du mitkommst.«

Mitch stellte keine Fragen und nickte nur. »Ein kleiner Urlaub wird mir sicher guttun.«

DiMorra sah Joe Lucci an. »Auch du wirst uns begleiten. Ebenso Johnny Tresca und Pete Lazzatti.«

Bud Riley runzelte besorgt die Stirn. »Anscheinend willst du niemanden hierlassen, der's mit den Fargos aufnehmen könnte.«

»Niemanden«, bestätigte DiMorra, ohne eine Erklärung abzugeben.

Riley räusperte sich nervös. »Ein paar Leute werden denken, daß du davonläufst.«

DiMorra zuckte mit den Schultern. »Sollen sie denken, was sie wollen. Die Fargo-Affäre kann warten. Ich bin müde und muß mich erholen.« Nicht daß er Riley mißtraute – aber es brachte nichts ein, wenn er mehr Leute als unbedingt nötig in seine Pläne einweihte.

Mitch warf einen Blick über die Schulter, um sich zu vergewissern, daß DiMorras Frau immer noch in der Küche war. Dann fragte er leise: »Und das Mädchen? Du wirst sie doch nicht mitnehmen?«

DiMorra schüttelte den Kopf und wandte sich wieder an Lucci. »Schick Negri nach New York. Er soll dafür sorgen, daß sie alles hat, was sie braucht, und mir die Rechnungen schicken, vor allem die Krankenhausrechnung. Außerdem muß er eine Pflegerin engagieren, die mit ihr im Apartment wohnt, und sich mit einer Klinik für plastische Chirurgie in Verbindung setzen. Er soll ihr sagen, daß ich eine Geschäftsreise unternehme. Wenn ich zurückkomme, rufe ich sie an.«

»Soll Ralph ihr sagen, wohin die Reise geht?«

DiMorra zögerte kurz, dann erwiderte er: »Nein.«

Sein Bruder lächelte nicht, aber seine Miene verriet, daß er zufrieden und erleichtert war.

Vince Fargo legte den Telefonhörer auf die Gabel, als Tony das hintere Büro betrat. »Das war Ralph Negri«, berichtete er mit einer leisen, sanften Stimme, die seine Erregung jedoch nicht verbergen konnte. »Angelo DiMorra fliegt morgen am späten Nachmittag zu seiner Villa in Miami und nimmt alle Leute mit.«

Tony runzelte die Stirn. »Das sieht ihm gar nicht ähnlich. Einfach davonzulaufen ...

»Er wird eben alt, Tony – zu alt.« Je länger Vince darüber nachdachte, desto schwerer fiel es ihm, Gelassenheit vorzutäuschen. »Er glaubt, auf diese Weise kann er Gras über die Sache wachsen lassen. Er will warten, bis unsere Wachsamkeit nachläßt, und dann noch mal zuschlagen. Aber soviel Zeit hat er nicht. Er hat überhaupt keine Zeit mehr.«

»Nein?«

»Machst du Witze? Das ist die beste Chance, die Sache ein für allemal zu beenden. Wir müssen nur zuerst da unten sein. Er wird nicht auf der Hut sein – und wenn er ankommt, liegen wir bereits auf der Lauer.«

Tony zögerte. Er stritt nur ungern mit seinem älteren Bruder. »Findest du wirklich, daß das eine gute Idee ist? Ich meine – Miami ist eine ›sichere Stadt‹. Man wird es nicht schätzen, wenn wir da unten übereinander herfallen.«

Vince lehnte sich zurück und grinste ihn an. »Wir können uns ja entschuldigen. Wenn DiMorra tot ist, macht es mir nichts aus, mich bei allen zu entschuldigen, die sich beleidigt fühlen. Das wird ihn nicht ins Leben zurückrufen.«

Tony setzte sich und sah ihn skeptisch an, immer noch besorgt. »Und wenn es nur ein Trick ist? Ich glaube zwar, daß Negri es ehrlich mit uns meint – aber ich würde es nicht beschwören.«

Vince nickte. »Ich habe mir schon überlegt, daß einer von uns beiden hierbleiben müßte, um die Stellung zu halten – für alle Fälle. Den Job könntest du übernehmen, wenn du willst.«

Tony schüttelte den Kopf. »Nein. Ich war vor zwei Jahren in seiner Villa, erinnerst du dich? Ich kenne mich da unten aus. Wen soll ich mitnehmen?«

»Wen du willst. Such dir die geeigneten Leute aus. DiMorra wird von Mitch, Lucci, Tresca und Pete Lazzatti eskortiert. Wegen seines Bruders brauchen wir uns keine Gedanken zu machen, aber die anderen sind gefährlich.«

Tony überlegte, rief sich den Grundriß der Villa in Miami ins Gedächtnis zurück und bezog ihn in seine Pläne ein. »Ich brauche Caputo, Sabatini, Polish George, Smitty – und Frank. Hast du dann noch genug Leute übrig?«

»Mehr als genug. Aber – es darf nicht danebengehen, Tony. Wenn du DiMorra tötest, nehme ich alle Konsequenzen auf mich und werde auch damit fertig. Aber wenn du's versuchst – und wenn der Anschlag mißlingt, sitzen wir ernsthaft in der Tinte.«

»Keine Angst, wir werden's schon schaffen«, entgegnete Tony emotionslos.

13.

Ein wolkenloser Nachthimmel wölbte sich über Florida. Der Vollmond goß sein silbernes Licht auf die Wellen und die kleinen, luxuriösen Landsitze an der Küste der Biscane Bay. Die Bäume und Büsche, die opulenten, pastellfarbenen Villen warfen lange, schwarze Schatten. Es war still bis auf das Zwitschern einiger Nachtvögel, das Zirpen der Grillen, und von einer Yacht, die weiter draußen im Meer ankerte und auf der eine Party gefeiert wurde, drangen schwache Geräusche über das Wasser an Land, Musik und Gelächter.

Angelo DiMorras Zehn-Zimmer-Villa war weiß-rosa gestrichen. Ein sanft abfallender Rasen trennte die Fassade von einem Sandstrand und einem privaten Landesteg. Die Rückfront des Hauses wurde von der schmalen Privatstraße durch eine hohe Mauer und gepflegte Büsche abgeschirmt.

Tony saß neben einem Autounterstand, hinter einer niederen Hecke verborgen. Er sah auf die Leuchtziffern seiner Armbanduhr. Es war schon elf. DiMorra hatte sich verspätet. Er hätte schon vor anderthalb Stunden eintreffen müssen. Tony ließ die Hand wieder sinken, legte sie auf den Griff des Colt Cobra, der in seinem Hosenbund steckte. In tiefen Atemzügen sog er die warme, salzige Nachtluft in seine Lungen und zwang sich, ruhig zu bleiben.

Franks schattenhafte Gestalt kauerte neben ihm. Er ließ seinen .38er von einer Hand in die andere gleiten, nur um sich irgendwie zu beschäftigen. Das Warten begann an seinen Nerven zu zerren.

Caputo und Sabatini hatten sich in den Schatten auf der anderen Seite des Wagenunterstands versteckt. Caputo war mit einer automatischen Schrotflinte bewaffnet, Sabatini besaß zwei Revolver und das Talent, mit beiden Händen gleichzeitig zu schießen. Polish George hockte in dem Gebüsch am anderen Ende der geschwungenen Auffahrt, in der Nähe des Tors – bereit, mit seiner Maschinenpistole hervorzustürmen. Smitty war ins Haus eingedrungen und wartete an einem Fenster, mit einem Hochleistungsgewehr ausgerüstet. Es war ein perfekter Hinterhalt, und Tony sah keine Möglichkeit, wie DiMorra diesen Angriff lebend überstehen könnte. Jeder in seiner Begleitung, der sich zu wehren versuchte, würde niedergestreckt werden, bevor er Gelegenheit fand, auch nur einen einzigen Schuß abzugeben.

Aber es wurde immer später.

Frank wandte den Kopf und sah ihn an. Er konnte Tonys Gesicht nicht erkennen – nur die dunklen Umrisse einer sitzenden Gestalt im Schatten der Hecke. »Ich fürchte, er wird nicht kommen.« Franks Stimme klang leicht frustriert.

»Wenn er nicht kommt, schadet's auch nichts«, flüsterte Tony zurück. »Wir würden nicht mehr verlieren als die Zeit, die wir für die Reise gebraucht haben.« Aber er wußte es natürlich besser. Wenn Ralph Negri ein doppeltes Spiel spielte, würden sie in ihrer eigenen Falle sitzen.

Doch dann dachte er an wahrscheinlichere und ungefährlichere Möglichkeiten. Vielleicht hatte DiMorra unterwegs Station gemacht, um einen Freund zu besuchen, oder er aß in Miami zu Abend, bevor er sich in seine Villa zurückzog ...

Das Geräusch eines Autos beendete alle Spekulationen. Tony zog den Colt Cobra aus dem Hosenbund, entsicherte ihn, ließ den Finger über den Abzug gleiten. Er erhob sich, blieb in geduckter Haltung im Schatten der Hecke stehen und hörte, wie der Wagen vor dem Tor hielt. Er rührte sich nicht. Sein ganzer Körper war angespannt wie eine zusammengepreßte Sprungfeder, bereit, jeden Augenblick in Aktion zu treten, und er konzentrierte sich ausschließlich auf die Geräusche, die er wahrnahm.

Ein Wagenschlag wurde geöffnet, ein Schlüssel drehte sich im Schloß des Tors, das Sekunden später knarrend aufschwang. Die Wagentür fiel zu, schwere Reifen knirschten auf dem Kies der Auffahrt.

Langsam bog ein großer Oldtimer, eine Cadillac-Limousine, um die Kurve. Drei Männer saßen auf der Vorderbank, aber es war unmöglich, sie zu erkennen. Vorhänge, die im Innern des Wagens zugezogen waren, verdeckten die Leute, die den Fond besetzten. Die Limousine stoppte vor dem Unterstand. Eine der Vordertüren öffnete sich. Mitch DiMorra stieg aus, gefolgt von Pete Lazzatti. Johnny Tresca kletterte an der Fahrerseite heraus. Die hinteren Türen blieben geschlossen.

Mitch ging auf das Haus zu und zog einen Schlüssel aus der Tasche. Tony zögerte, seine Aufmerksamkeit richtete sich auf den Fond des Wagens. Die hinteren Türen hatten sich noch immer nicht geöffnet. Dann wurde ihm die Entscheidung aus der Hand genommen. Caputo trat aus den Schatten, zielte mit der Schrotflinte auf Mitchs Bauch. »Halt!«

Mitch erstarrte. Pete Lazzatti griff nach dem Schießeisen unter seinem Jackett, und im gleichen Augenblick tauchte Sabatini neben ihm auf, einen Revolver in jeder Faust. Lazzatti zog die Hand wieder unter dem Jackett hervor und hob beide Arme.

Frank hatte sich bereits aufgerichtet und zielte auf Trescas Kopf. »Halt, Johnny!« Tresca blieb stehen, wo er war, und streckte die Arme seitwärts aus.

Fluchend sprang Tony über die Hecke, den Colt in der Rechten. Er riß eine Hintertür der Limousine auf – bereit, ins Innere zu feuern.

Der Fond war leer. Tonys Magen krampfte sich zusammen. Er wandte sich um, blickte die Auffahrt hinab und atmete erleichtert auf, als er Polish George nirgends entdecken konnte. Das bedeutete, daß er auf seinem Posten geblieben war und DiMorra trotz seines kleinen Tricks in einen Hinterhalt geraten würde, wenn er mit den anderen in einem zweiten Auto zur Villa fuhr. Tony drehte sich zu Mitch um. »Wo ist Angelo?«

Mitch sah ihn ausdruckslos an und schwieg. Tony musterte ihn sekundenlang, dann ging er an ihm vorbei und hielt die Coltmündung an Trescas Stirn, zwischen den Brauen.

»Er ist im Krankenhaus!« stieß Tresca hervor. »Er wurde krank – als wir in Miami ankamen – ein Herzanfall ...«

»Ein Herzanfall«, wiederholte Tony leise, überlegte kurz, blickte Tresca prüfend an und entschied, daß der Junge nicht gelogen hatte. »Steht's sehr schlimm um ihn?«

»Das weiß ich nicht. Er war bewußtlos, als wir ihn in die Klinik brachten.«

Tony unterdrückte die wilde Hoffnung, daß die Herzattacke zum Tod führen und daß er vielleicht doch noch mit einem blauen Auge davonkommen würde. »Wo ist seine Frau? Und Joe Lucci?«

»Bei ihm. Lucci bewacht ihn. Pete wird ihn später ablösen, und danach bin ich an der Reihe.«

Mitch starrte Tresca wütend an. »Du bist wirklich ein liebes Kerlchen, Johnny.«

»Es kann doch nichts schaden, wenn ich's ihnen sage«, verteidigte sich Tresca. »In der Klinik kommen sie ohnehin nicht an ihn heran.«

Lazzatti nickte. »Er hat recht, Mitch. Denk doch an die vielen Bullen, die dort rumschwirren.«

Mitch heftete seinen ausdruckslosen Blick wieder auf Tony. »Du hast einen großen Fehler gemacht. Tony. Jetzt steckst du mitsamt deinem Bruder ernsthaft in der Klemme. Verschwinde lieber, bevor du alles noch schlimmer machst.«

»Halt die Klappe!« Verzweifelt versuchte Tony, seine Gedanken zu ordnen. Mitch hatte recht. Sie saßen in der Klemme. Wenn sie Angelo DiMorra getötet hätten, wäre zwar die Hölle losgebrochen, aber das hätten sie in den Griff gekriegt und zum Schluß die gewinnträchtigen Scherben aufgesammelt. Doch das Schicksal hatte DiMorra gerettet, und diese drei Männer wußten, was die Fargos versucht hatten – hier in Miami, einer ›sicheren Stadt‹.

Es wäre sinnlos, sie umzulegen. Man brauchte nicht einmal besonders schlau zu sein, um herauszufinden, wer sie getötet hatte, und die Kommandozentralen der Mafia würden einen gnadenlosen Rachefeldzug inszenieren.

Tony schluckte den bitteren Geschmack hinunter, der in seiner Kehle aufgestiegen war, und bedeutete Mitch, Tresca und Lazzatti, zu dem Cadillac zurückzukehren. »Stützt euch mit beiden Händen auf die Karre und spreizt die Beine!«

Mitch war der einzige, der zögerte. Dann gesellte er sich zu den beiden anderen, legte beide Hände auf das Wagendach und spreizte die Beine. Tony steckte den Colt in seinen Hosenbund. »Macht keine Dummheiten! Ich habe noch einen Burschen im Haus postiert, der mit seinem Gewehr auf euch zielt.« Er untersuchte sie rasch, nahm Tresca einen Revolver ab, Lazzatti einen weiteren. Mitch war unbewaffnet. Tony steckte eines der beiden Schießeisen in die Tasche, behielt das andere in der Linken und streckte die Rechte aus. »Gib mir den Hausschlüssel, Mitch.«

Mitch gehorchte.

»Gehen wir hinein.« Tony rief Smitty und Polish George nicht zu sich, denn es war vermutlich besser, wenn sie auf ihren Posten blieben – für alle Fälle. Er schloß die Haustür auf, betrat die Halle, knipste das Licht an. Mitch, Lazzatti und Tresca folgten ihm, von den Waffen Caputos, Franks und Sabatinis in Schach gehalten.

Tony führte sie in ein großes, modern eingerichtetes Wohnzimmer und forderte die drei Gefangenen auf, sich nebeneinander auf eine Couch zu setzen und die Hände auf die Knie zu legen. Dann warf er einen Blick auf den Telefonapparat. »Gibt es noch andere Anschlüsse im Haus?«

Mitch nickte. »In der Küche – und in zwei Schlafzimmern.«

»Bleibt hier.« Tony ging in die Küche und schloß die Tür. Er wußte, daß er sich in einer verzweifelten Lage befand, die sich mit jeder Minute noch verschlimmerte. Aber er zwang sich zur Ruhe. Es würde ihm nicht das geringste nützen, wenn er jetzt hysterisch wurde.

Er rief die Klinik an, fragte nach Angelo DiMorra und wurde mit der Nachtschwester verbunden, die im Privatflügel Dienst hatte. »Tut mir leid«, sagte sie. »Mr. DiMorra kann vorläufig mit niemandem sprechen. Versuchen Sie's in einer Stunde noch einmal.«

»Wie geht es ihm?«

»Leider kann ich Ihnen am Telefon keine Auskunft geben, Sir.«

Er legte auf, dann führte er ein Ferngespräch mit seinem Bruder. Vince lauschte schweigend, während Tony erzählte, was schiefgegangen war. »Vielleicht stirbt er ohne unser Zutun«, meinte der junge Mann, als er seinen Bericht beendet hatte. »Aber damit können wir nicht rechnen. Offenbar stimmt es, was man über die alten *Mafiosi* behauptet – daß es unmöglich ist, sie umzubringen.«

»Ja.« Das war offenbar alles, was Vince zu sagen hatte. Tony konnte sich nicht erinnern, daß die Stimme seines Bruders jemals so deprimiert geklungen hatte.

»Eins steht jedenfalls fest, Vince – wir sitzen tief in der Tinte.«

»Noch viel tiefer, als du glaubst!« stieß Vince hervor. »Gerade ist ein Teil unserer Baufirma in die Luft geflogen. Ein Sprengstoffanschlag ...«

Bebend umklammerten Tonys Finger den Hörer. »Wie hoch ist der Schaden?«

»Wahrscheinlich wird's siebzigtausend Dollar kosten, alles wieder in Ordnung zu bringen – vielleicht sogar noch mehr. Die Sand- und Zementfabrik ist im Eimer, ebenso die meisten Laster und ein Dampflöffelbagger.«

»Dieser Hurensohn!«

»Das ist mehr, als wir verkraften können, Tony. Soviel Geld haben wir nicht auf der hohen Kante. Die Versicherung zahlt nicht einmal die Hälfte von der Summe, die wir brauchen.«

»Wer hat es getan?«

»Keine Ahnung. Das spielt auch keine Rolle. Wer immer es war – er hat in DiMorras Auftrag gehandelt. Und ich möchte wetten, daß die Leute auch noch die Order haben, unsere anderen Betriebe lahmzulegen.«

Tony schwieg eine Weile, dann sagte er langsam: »Ich habe eine Idee, Vince.« Er erklärte in knappen Worten, was er sich ausgedacht hatte. Es war ein simpler Plan.

Nun verstummte Vince für ein paar Sekunden. Schließlich murmelte er: »Ich weiß nicht recht …«

»Hast du einen Einfall?«

»Nein.« Wieder entstand eine Pause. »Okay, wir versuchen es. Und wenn es nicht klappt – schlimmer als jetzt kann's sowieso nicht mehr kommen.«

Tony legte auf und rief Frank in die Küche. Er erzählte ihm von dem Sprengstoffanschlag und dem neuen Plan. Frank dachte kurz nach und sagte dann: »Schaden kann's nicht – und vielleicht hilft es uns.«

»Hoffen wir's.«

Tony kehrte ins Wohnzimmer zurück, rief Smitty an, der immer noch im Oberstock saß, und beorderte ihn nach unten. Frank verließ das Haus, um den Wagen zu holen, mit dem sie nach Miami gefahren waren und den sie eine halbe Meile entfernt abgestellt hatten. Unterwegs holte er Polish George aus seinem Versteck.

Als sie alle zusammen im Wohnzimmer saßen, wandte sich Tony an Johnny Tresca. »Du kommst mit mir und Sabatini.«

»Und was wird aus Mitch und mir?« fragte ihn Pete Lazzatti.

»Ihr begleitet Frank und den Rest von unseren Jungs. Ihr seid unsere Geiseln. Wenn ihr euch anständig aufführt und Angelo keine miesen Tricks versucht, wird euch nichts passieren.«

»Das ist Kidnapping«, bemerkte Mitch mit scheinbarer Ruhe. »Menschenraub.«

»Die Polizei wird's niemals erfahren«, erwiderte Tony. »Nicht, wenn dein Bruder so schlau ist, wie er aussieht Denn wenn er die Polizei einschaltet, seid ihr beide tot.«

»Los jetzt!« sagte Frank ungeduldig. Er lief zu dem Cadillac hinaus, gefolgt von Mitch und Lazzatti. Caputo, Smitty und Polish George bewachten die Geiseln, fesselten ihnen die Hände auf dem Rücken und verbanden ihnen die Augen, bevor sie die beiden in den Fond des Wagens schoben. Caputo und Smitty okkupierten die Klappsitze gegenüber der Rückbank. Polish George ließ sich auf dem Beifahrersitz neben Frank nieder, der am Steuer saß.

Die Heimfahrt würde die ganze Nacht dauern, und wenn sie am Ziel waren, würde Vince ein sicheres Versteck für die Geiseln vorbereitet haben.

Nachdem die Limousine davongefahren war, mußte Tony eine volle Stunde verstreichen lassen, bevor er DiMorras Miami-Villa verlassen konnte. Er ging in die Küche, um Kaffee zu machen, der ihnen allen helfen sollte, die Wartezeit zu überbrücken. Johnny Tresca blieb auf der Couch sitzen, Sabatini nahm auf der anderen Seite des Tischchens Platz und legte die .45er Automatic auf seine Knie.

Während sie Kaffee tranken, erklärte Tony dem Schwiegersohn des Don, was sie vorhatten. »Du hast Glück, Johnny. Wir lassen dich laufen.«

»Danke, Tony, das weiß ich sehr zu schätzen.« Trescas Stimme klang keineswegs ironisch, sondern ehrlich erleichtert.

»Du wirst freigelassen, damit du DiMorra erzählen kannst, worum es geht. Sag ihm, wir halten Mitch und Lazzatti als Geiseln fest, um sicherzugehen, daß er keine weiteren Anschläge auf uns unternimmt – wie zum Beispiel das Sprengstoffattentat auf unsere Baufirma.«

»Sprengstoffattentat? Davon weiß ich nichts«, versicherte Tresca hastig.

»Das interessiert mich nicht. Jedenfalls ist es passiert, und es wäre besser, wenn so was nicht noch mal vorkommt. Denn wer immer uns auch angreift – wir werden wissen, daß die Order von ihm gekommen ist. Und dann werden Mitch und Lazzatti sterben. Hast du das begriffen?«

Tresca nickte nervös. »Klar. Ich werd's ihm sagen.«

Tony sah ihn aufmerksam an. »Wie wird er's denn aufnehmen?«

»Keine Ahnung«, erwiderte Tresca vorsichtig. »Vermutlich wird's ihm nicht gefallen. Er wird einen Riesenwirbel machen ...«

»Das ist mir verdammt egal. Glaubst du, daß er die Leute zurückpfeifen wird, die er beauftragt hat, uns zu ruinieren.«

Tresca dachte angestrengt nach, dann antwortete er: »Wahrscheinlich – zumindest für die nächste Zeit. Lazzattis wegen würde er's nicht tun, aber seinen Bruder liebt er wirklich. Er würde Mitchs Leben niemals aufs Spiel setzen.«

Tony fuhr fort, Tresca zu beobachten, während er seine Tasse leertrank. Eine neue Idee nahm in seinem Kopf Gestalt an. »Wie würde er denn reagieren, wenn wir's umgekehrt machen?« fragte er in beiläufigem Ton.

Tresca blinzelte verwirrt. »Wie meinst du das?«

»Ich meine – wenn wir dich als Geisel nehmen und Mitch zu DiMorra schicken würden ...«

Tresca zuckte erschrocken zusammen. »Das – das ist doch ein Witz, nicht wahr? Was hätte das für einen Sinn? Es ist ihm verdammt egal, ob ich abkratze oder nicht. Damit würdet ihr gar nichts erreichen.«

Tony lächelte schwach. »Das dachte ich mir. Soviel ich höre, hast du nicht sonderlich viel davon, daß du sein Schwiegersohn bist – nur die Hörner, die dir deine Frau aufsetzt. Das ist nicht richtig, Johnny.«

Tresca wurde rot und biß die Zähne zusammen, um sich die wütende Antwort zu verkneifen, die ihm auf der Zunge lag. »Bei uns hättest du's besser«, meinte Tony gelassen.«

»Bei euch?« Tresca starrte ihn an. »Sei mir nicht böse, Tony – aber du und dein Bruder, ihr steckt doch bis zum Hals in der Scheiße.«

Tony beugte sich vor und tippte mit einem ausgestreckten Zeigefinger auf Trescas Brust. »Und wie wirst *du* dastehen, wenn dein Schwiegerpapa unter der Erde liegt? Wenn ein Mann einen Herzanfall hatte, muß er damit rechnen, daß er nicht mehr allzulange leben wird. Er kann jederzeit sterben – morgen, in einer Woche, in einem Jahr. Und was willst du dann machen, wenn Riley sein Geld zurückverlangt? Wird dir DiMorra was vermachen?«

Trescas Antwort war ein bitteres Lachen.

Tony nickte. »Siehst du, was ich meine? Bei uns wärst du besser dran. Wir brauchen dich. Aber er duldet dich nur in seiner Nähe, weil du dich von seiner Tochter betrügen läßt, ohne sie zu verprügeln.« Tony rechnete nicht mit einer Antwort. Er wußte, daß er Tresca nachdenklich gemacht hatte, und das genügte ihm. Er warf einen Blick auf seine Uhr und stand auf. »So, jetzt können wir losfahren.« Er bedeutete Tony, mit ihm zum Wagen hinauszugehen.

Sabatini folgte den beiden, die .45er in der Hand.

»Glaubst du, daß sie den Nerv haben, das bis zum Ende durchzustehen?« fragte DiMorra seinen Schwiegersohn. »Würden sie Mitch tatsächlich töten?«

»Ich glaube schon«, entgegnete Tresca langsam, überlegte eine Weile, dann nickte er. »Ja, sie werden ihn töten, wenn du sie nicht in Ruhe läßt. Tony sagte irgendwas von einem Sprengstoffanschlag. Außerdem – sie wissen, daß sie in einer üblen Lage sind, und in ihrer Verzweiflung wären sie wahrscheinlich zu allem fähig.«

Tresca saß auf einem Stuhl neben DiMorras Bett. Sie waren allein im Krankenzimmer. Lucci war mit DiMorras Frau auf den Korridor gegangen und hatte die Tür hinter sich geschlossen, so daß die beiden Männer unter vier Augen miteinander sprechen konnten.

Angelo DiMorra saß im Bett, von mehreren Kissen gestützt. Er sah blaß und mitgenommen aus, erholte sich aber bereits von seinem relativ harmlosen Herzanfall. Nun wandte er den Blick von Tresca ab, starrte an eine weiße Wand und dachte nach. »Okay«, murmelte er schließlich. »Ruf sie an und sag ihnen, die Sache gilt. Sie tun Mitch nichts – und ich tue ihnen nichts.«

Tresca nickte. »Wie du willst.«

»Ja, das will ich. Und wenn du mit ihnen telefoniert hast, fahr nach Hause und geh zu Riley. Er soll das Management übernehmen, bis ich in ein paar Tagen rauskomme. Und dann setz dich mit dem Ausschuß in Verbindung. Sag ihnen, sie sollen Druck auf die Fargos ausüben, damit sie Mitch laufen lassen.«

»Okay.« Tresca beobachtete Angelo DiMorra angespannt und wußte, daß seine Zukunft, vielleicht auch sein Leben von der Entscheidung abhing, die er jetzt treffen würde. Schließlich sagte er: »Da wäre noch was – sie wollen, daß ich mich auf ihre Seite schlage. Daß ich mich gegen dich stelle – und für sie spioniere ...«

DiMorra hob die Brauen, sekundenlang spiegelten seine dunklen Augen echte Überraschung wider. »Da du mir davon erzählst, hast du offenbar beschlossen, diesen Vorschlag abzulehnen. Warum?«

Tresca sagte sich, daß ihm jetzt nur rückhaltlose Ehrlichkeit weiterhelfen konnte. »So, wie du aussiehst, hast du deinen kleinen Anfall bereits überstanden. Und wenn du wieder auf dem Damm bist, wirst du die Fargos schlagen. Ich will auf der Seite des Siegers stehen.«

DiMorra musterte seinen Schwiegersohn, als würde er ihn jetzt erst kennenlernen. »Du bist klüger, als ich dachte.«

Tresca lächelte gezwungen. Es war eine verdammt schwierige Entscheidung gewesen. »Das soll wohl ein Kompliment sein.«

DiMorra griff nach dem Telefonapparat, der auf seinem Nachttisch stand, und ließ sich mit Hal Johnson verbinden. Während er wartete, ließ er Tresca nicht aus den Augen. Johnson meldete sich, und der Don befahl ohne Umschweife. »Unternehmen Sie nichts mehr gegen die Fargos, bevor Sie eine neue Order von mir erhalten – überhaupt nichts, verstanden?« Er lauschte, dann stieß er hervor: »Mir geht es blendend!« Damit legte er auf. »Johnny, du sagst den Fargos, daß du für sie arbeiten willst. Sag ihnen ...« Er überlegte kurz, dann fuhr er fort: »Sag ihnen, ich sei schwerkrank und hätte kaum reden können. Du würdest nicht glauben, daß ich noch mal auf die Beine käme. Okay?«

»Okay. Sie wollen, daß ich dir nachspioniere – aber ich werde ihnen nachspionieren, um deine Interessen zu wahren.«

»Genau.«

Tresca blickte auf das Telefon. »Übrigens, wenn du vorhast, den Todkranken zu mimen ... Sie werden mir nicht von Anfang an trauen. Und ich wette, daß sie noch vor morgen früh dein Telefon anzapfen werden. Also überleg dir ganz genau, was du sagst, wenn du telefonierst!«

DiMorra grinste. »Wie gesagt – du bist schlauer, als ich dachte. Wenn du mehr Mumm in den Knochen hättest, könnten wir sogar über deine Zukunft reden.«

Tresca runzelte die Stirn. »Was soll das heißen?«

»Es macht keinen guten Eindruck, daß du Patricia alles durchgehen läßt, Johnny.«

»Das ist deine Schuld!« stieß Tresca wütend hervor. »Nachdem du sie so erzogen hast ... Du hast sie maßlos verwöhnt und ihr niemals auch nur einen Klaps gegeben, und jetzt bildet sie sich natürlich ein, daß es ihr gutes Recht ist, immer nur das zu tun, was sie will.«

DiMorra seufzte. »Väter verwöhnen ihre Töchter nun mal – das wirst du schon noch rausfinden, wenn du mal selber Töchter hast. Aber zwischen einem Ehemann und seiner Frau stehen die Dinge anders, Johnny.«

Tresca starrte ihn entgeistert an. »Und ich dachte, du wärst sauer, wenn ich sie mal ein bißchen härter anfasse ...«

DiMorra erwiderte den Blick, ohne mit der Wimper zu zucken. »Habe ich das jemals gesagt, Johnny?«

Tresca dachte eine Weile nach. »Nein, das hast du nicht.« Er stand auf. Plötzlich fühlte er sich größer, beschwingter, stärker. Und er wußte ganz genau, was er tun würde.

Vince Fargo saß im hinteren Büro seines Hauptquartiers in der Kelsey Street, als das Telefon auf dem Schreibtisch läutete. Er riß den Hörer von der Gabel. »Ja?«

»Vince?«

»Ja! Wer spricht da?«

»Johnny Tresca. Tony sagte mir, ich soll dich anrufen, sobald ich mit Angelo DiMorra geredet habe.«

»So?« Vincents fleischige Hand zerquetschte den Hörer beinahe.

»Ich habe mit ihm geredet, und er sagte, das ist okay. Wenn ihr Mitch und Pete Lazzatti ungeschoren laßt, wird er euch auch nichts tun. Er hat jemanden angerufen – ich weiß nicht, wen – und ihm gesagt, er soll nichts mehr gegen euch unternehmen.«

Vince merkte nicht, daß er die Luft angehalten hatte – bis er sich jetzt entspannte und ausatmete. »Okay«, entgegnete er mit ausdrucksloser Stimme. »Dann ist ja alles in Ordnung. Sag DiMorra, der Waffenstillstand gilt – bis er ihn bricht.«

»Gut. Vince, hat Tony dir erzählt, daß er mich gefragt hat, ob ich zu euch kommen will?«

»Nein – bis jetzt nicht«, antwortete Vince vorsichtig.

»Nun ja – ich würde mich sehr gern auf eure Seite schlagen.«

»Tatsächlich?« Die Frage verriet gar nichts – weder Skepsis noch Zustimmung.

»Ja. Vor allem, weil ich nicht glaube, daß DiMorra seine Geschäfte weiterführen kann. Es steht ziemlich schlimm um ihn. Ich bezweifle, daß er die Klinik lebend verlassen wird. Und wenn, wird er nur noch ein schwacher Abglanz vom alten Angelo DiMorra sein.«

»Wie bedauerlich.« Vince Fargos Stimme verriet noch immer nicht, was er dachte.

»Machst du Witze? Das bedeutet, daß du die Schlacht gewinnen wirst! Und ich will auf der Seite des Siegers stehen, Vince.«

»Das ist verständlich.«

»Ich geb dir mal ein paar Informationen – umsonst! Er hat mich beauftragt, Riley zu sagen, er soll vorerst die Leitung der Familienorganisation übernehmen. Und dann soll ich den Ausschuß veranlassen, Druck auf euch auszuüben, damit ihr Mitch laufen laßt.«

»Tu's doch! Das juckt mich nicht.«

»Ja, es ist wohl besser, wenn ich's mache, sonst wird er mißtrauisch und merkt, daß ich jetzt auf eurer Seite bin.« Tresca zögerte. »Ich gehöre doch jetzt zu euch, Vince?«

»Ich weiß nicht recht ... Bleibst du in Miami, oder kommst du nach Hause?«

»Ich komme nach Hause.«

»Ruf mich morgen an, dann gebe ich dir Bescheid. Nachdem ich mit Tony gesprochen habe.«

Fünf Minuten später, nachdem Vince aufgelegt hatte, läutete das Telefon erneut. Auch dieser Anruf kam aus Miami. Sabatini war am anderen Ende der Leitung. »Tony ist auf dem Heimweg, Vince. Bevor er losgefahren ist, hat er mich gebeten, einen verläßlichen Experten anzuheuern und DiMorras Telefon in der Klinik anzuzapfen.«

»Eine verdammt gute Idee.«

»Wir haben schon ein Gespräch mitgehört und sehr interessante Neuigkeiten erfahren. Der Doktor benutzte den Apparat, um ein Sauerstoffzelt für DiMorra anzufordern. Anscheinend geht's ihm sehr schlecht. Der Arzt sagte auch, daß keine Gespräche mehr auf DiMorras Zimmer gelegt werden dürfen, weil der Patient keine Telefonate mehr verkraften könnte, und daß er rund um die Uhr von Privatschwestern beaufsichtigt werden müßte.«

»Sehr schön.« Vince war nicht erstaunt, als er ein Zittern in seiner eigenen Stimme hörte.

»Kann ich jetzt heimfahren? Ich habe diesem Burschen gesagt er soll anrufen, wenn er was Interessantes zu berichten hat.

»Klar, du kannst kommen. Jesus, mir ist zumute, als wäre ich in eine Senkgrube gefallen und würde nun wieder auftauchen und köstlichen Rosenduft riechen.«

Sabatini lachte und legte auf.

Vince wischte sich die Schweißperlen von seinem hochroten Gesicht. Nun brauchte er etwas, um seinen Magen zu beruhigen – ganz dringend. Aber er lächelte zum erstenmal seit vierundzwanzig Stunden. Anscheinend hatte Tresca doch die Wahrheit gesagt.

14.

Patricia Tresca stürzte sich auf den Mann, der im Bett lag, bearbeitete ihn entschlossen mit allem, was sie zu bieten hatte – mit Zähnen, Lippen, Zunge, Fingern, Brüsten, mit wild schwingendem, glänzend schwarzem Haar. Er war noch erschöpft von den letzten beiden Malen, begann aber wieder zu reagieren, trotz seiner Müdigkeit, trotz seines Widerstrebens. Er konnte nichts dagegen tun. Sie setzte ihre ganze Erfahrung ein und sie war sehr erfahren.

Manche Leute behaupteten, Angelo DiMorras Tochter wäre eine Nymphomanin. Darüber hätte man streiten können. Aber sie war zweifellos in sexueller Hinsicht sehr aggressiv, und es mangelte ihr nie an Opfern. Mit ihren vierundzwanzig Jahren hatte Patricia immer noch ein süßes Klein-Mädchen-Gesicht und jene schlanke, geschmeidige, sanft gerundete, langbeinige Figur, die für heiße Höschen wie geschaffen war. Und wenn sie sich ausgezogen hatte, um zur Sache zu kommen, wirkte sie noch verlockender, schien nur aus bebender, glatter Nacktheit, weichen, aufreizenden Kurven und mutwilligen Beinen zu bestehen, die ihre Bettgenossen wie Greifzangen umklammerten. Aber der Mann, den sie gerade zu stimulieren versuchte, hatte genug von alldem.

Er hieß Ray Noland und verdiente sich seinen Lebensunterhalt, indem er in Marie Orlandos Auftrag einen hochklassigen Callgirl-Ring leitete. Jetzt wünschte er, daß er sich mit diesen Mädchen vergnügt hätte, statt sich Patricia auszuliefern. Callgirls hatten den unschätzbaren Vorteil, daß sie alle gute Schauspielerinnen waren und nur einen sehr geringen sexuellen Appetit hatten. Man konnte also damit rechnen, daß sie einem Mann genau das gaben, was er wollte, und keine übermenschlichen Leistungen von ihm verlangten.

Er stöhnte, als Patricias gelenkige Finger ihn liebkosten, an ihm zogen und zerrten. Was versprach sie sich eigentlich davon, wenn sie seinen ermatteten Körper von Kopf bis Fuß abknutschte? »Hör auf, Patty! Ruhen wir uns eine Weile aus, und trinken wir was, okay?«

Sie hob den Kopf und starrte ihn vorwurfsvoll an. »Du kriegst keinen Tropfen Alkohol mehr! Das ist es ja – du hast ohnehin schon zuviel getrunken.« Plötzlich kroch sie nach oben, setzte sich auf seine Brust und grinste ihn boshaft an. »Ich weiß, was du brauchst –

ein bißchen Stoff.« Sie beugte sich zur Seite, um eine juwelenbesetzte Kassette aus ihrer Nachttischschublade zu nehmen.

Aus der Richtung des Wohnzimmers drangen Geräusche herüber – die Wohnungstür wurde geöffnet und geschlossen.

Nolands Gesicht verzerrte sich vor Angst. »Großer Gott ...« Mühsam setzte er sich auf, und Patricia fiel von seiner Brust auf die zerwühlten Laken.

Ärgerlich stützte sie sich auf einen Ellbogen. »Reg dich nicht so auf! Du brauchst dir keine Sorgen zu machen.« Sie wandte sich zur Wohnzimmertür und rief gleichmütig: »Johnny, wenn du das bist, dann komm nicht rein! Ich bin beschäftigt.«

Noland sprang auf und griff nach seiner Hose.

Johnny Tresca schlenderte ins Schlafzimmer und sah mit einem Gesicht, das wie ein dunkler Holzschnitt aussah, auf seine Frau hinab. Ray Noland wich zur Wand zurück und hielt die Hose vor seinen nackten Körper. »Johnny«, blökte er, »es ist nicht so, wie du glaubst ...«

Tresca lachte und warf ihm einen Blick zu, der Noland erschauern ließ. »Ich – ich konnte nichts dagegen tun. Johnny – sie war's ...«

»Halt den Mund, Ray!« unterbrach ihn Patricia. »Ich habe dir doch gesagt, daß du dir keine Sorgen machen sollst. Johnny ist ein sehr verständnisvoller Ehemann.« Sie lächelte Tresca insolent an. »Nicht wahr, Liebster?«

»Geh ins Bad und zieh dich an«, befahl er Noland. »Mach die Tür zu und bleib drin, bis ich dir sage, daß du rauskommen kannst.«

»Klar. Johnny – sofort – alles, was du willst ...« Noland packte seine Kleider und Schuhe und floh ins Badezimmer. Als die Tür hinter ihm ins Schloß fiel, wandte sich Johnny Tresca wieder an seine Frau.

Das anmaßende Lächeln lag immer noch auf ihrem Gesicht, als sie einen Joint aus der Kassette nahm. Sie machte keine Anstalten, ihre Nacktheit zu bedecken, forderte ihn mit ihrem Körper heraus. Er ging zu ihr und schlug sie. Klatschend landete seine Handfläche auf ihrer Wange. Es klang wie ein Revolverschuß. Die Ohrfeige warf sie vom Bett, auf den weichen Teppich. Hastig richtete sie sich auf, preßte eine Hand auf die gerötete Wange. »Du Hurensohn!« schrie sie wütend. »Habe ich dich nicht gewarnt? Hab' ich dir nicht gesagt, was Daddy mit dir machen wird, wenn du ...«

»Daddy wird überhaupt nichts machen!« fiel er ihr ins Wort, ging dann zu ihr, packte sie an den Haaren und zog sie auf die Beine. Heulend griff sie sich an den schmerzenden Kopf, und Tresca boxte sie mit der rechten Faust in den Magen. Sie sank auf die Knie, schnappte nach Luft, krümmte sich zusammen, beugte sich so weit vor, daß ihre Stirn den Boden berührte. Tresca trat sie mit aller Kraft gegen die Hüfte. Kreischend wälzte sie sich über den Boden, rappelte sich verzweifelt auf, mit tränenüberströmtem Gesicht. Er packte sie am Handgelenk, riß sie zu sich herum, ein Fausthieb traf sie ins Auge. Sie schlug gegen eine Wand, prallte davon ab, und in dieser Sekunde landete seine Faust auf ihrem zweiten Auge.

Sie fiel auf Hände und Knie, versuchte vor ihm davonzukriechen, aber er umfaßte einen ihrer Fußknöchel und schleifte sie zu sich zurück.

»Nicht – Johnny ...«, stammelte sie schluchzend. »Bitte – nicht ...«

Er warf sie auf den Rücken, setzte sich mit gespreizten Beinen auf ihre Brüste, mit seinem ganzen Gewicht, seine Schuhe preßten ihre Handgelenke an den Boden. Dann begann er sie ins Gesicht zu schlagen – langsam und methodisch, mit beiden Händen, mit aller Kraft. Ihr Kopf ruckte von einer Seite zur andern, ihr Gebrüll ging in ein ersticktes Schluchzen über, ihr Flehen um Barmherzigkeit in ein unverständliches Wimmern.

Tresca schlug volle zehn Minuten lang auf sie ein, dann stand er auf, ging zum Badezimmer und klopfte an die Tür. »Du kannst jetzt rauskommen.«

Er bekam keine Antwort, öffnete die Tür und schaute hinein. Ray Noland saß, vollständig angezogen, auf der Toilette und starrte ihn furchtsam an. »Verschwinde!« fuhr Tresca ihn an. »Ich werde dich nicht verprügeln – diesmal nicht. Aber wenn ich dich noch mal mit ihr erwische, kannst du dich auf was anderes gefaßt machen als eine simple Tracht Prügel.«

»Ich – ich tu's nie wieder, Johnny«, schwor Noland zitternd. Er stand auf, kam aus dem Bad, den Kopf zwischen die Schultern gezogen, und warf einen kurzen Blick auf Patricia.

Sie lag zusammengerollt auf dem Teppich und schluchzte herzzerreißend. Beide Augen waren fast zugeschwollen, ihre Wangen voller bläulich gefärbter Beulen.

Noland flüchtete aus dem Apartment. Tresca kehrte zu seiner Frau zurück und trat sie in die Seite. Sie drehte sich kraftlos auf den Rücken, unfähig, sich zu verteidigen. Zufrieden blickte er auf sie hinab. »Das war noch gar nichts, Baby. Wenn du mir das nächstemal Hörner aufsetzt, schlage ich dir jeden Zahn einzeln aus.«

Vier Stunden später telefonierte der Buchhalter mit Vince Fargo und erzählte ihm, was er von Ray Noland erfahren hatte. »Das gefällt mir nicht, Vince. Noland sagt, Tresca hätte sie windelweich geschlagen. Und das kann nur bedeuten, daß es ihm verdammt egal ist, was DiMorra dazu sagen wird. Aber wenn DiMorra rausfindet, daß Tresca jetzt für uns arbeitet, kann es uns nichts nützen.«

»Da hast du recht«, knurrte Vince in die Sprechmuschel. »Dieser blöde Bastard!«

»Ich sehe nur eine Möglichkeit, wie er das wieder in Ordnung bringen kann. Er muß so tun, als ob's ihm leid täte, und sich um eine Versöhnung mit seiner Frau bemühen. Er könnte behaupten, er wäre auch nur ein Mensch und hätte die Beherrschung verloren. Und dann müßte er ihr schwören, daß er's nie wieder tun wird.«

»Eine gute Idee. In einer halben Stunde spreche ich mit Ralph Negri. Ich werde ihm sagen, er soll Tresca das alles klarmachen. Vielleicht begreift er's jetzt, wo er sich wieder beruhigt hat. Wenn er so tut, als hätte er eine Scheißangst, weil er sich so aufgeführt hat, müßte er's doch wieder ausbügeln können.«

»Hoffentlich ...« Der Buchhalter machte eine kleine Pause, dann fragte er: »Wie geht's den Geiseln?«

»Die sitzen in einem sicheren, gemütlichen Versteck.«

»Habt ihr noch was von eurem Mann in Miami gehört?«

»Das Telefon ist immer noch angezapft. Nach dem, was er gehört hat, muß DiMorras Zustand nach wie vor kritisch sein.«

Der Buchhalter versuchte nicht, sein Entzücken zu verbergen. »Das sind aber gute Nachrichten.«

»Allerdings. Schlecht für ihn, gut für uns. Wann kommt dieser Vertreter vom Ausschuß?«

»Morgen nachmittag. Die sind alle fuchsteufelswild, Vince.«

»Das dachte ich mir. Zieh deine Schau ab, dann ist alles wieder okay.«

»Ich werde mein Bestes tun. Aber werd' bloß nicht sauer, wenn ich was gegen dich sage! Vergiß nicht, daß es so aussehen muß, als wäre ich unparteiisch.«

»Klar, aber paß auf, daß du dich nicht allzusehr reinsteigerst.«

Das Treffen mit dem Abgesandten der Mafia-Kommandozentrale, Ben Cardiello, fand auf ›neutralem‹ Boden statt – in Orlandos Büro im Starlite Motel. Der Buchhalter fungierte als Vorsitzender. Cardiello, ein würdiger, imposanter Mann von siebzig Jahren, der sehr häufig als Schlichter in solchen Fällen agierte, hatte neben ihm Platz genommen. Frank saß mit den Fargos auf der einen Seite – Bud Riley, der DiMorra repräsentierte, auf der anderen.

»Wir dürfen keinesfalls vergessen«, betonte er, zu Cardiello gewandt, »daß sie Mitch DiMorra und Pete Lazzatti irgendwo gefangenhalten. Noch dazu haben sie gedroht, die beiden zu töten. Wenn ihr das durchgehen laßt, dann sind die alten Dons nirgendwo mehr sicher vor den jungen Hitzköpfen in ihren eigenen Reihen.«

»Angelo DiMorra hat den Krieg angefangen«, stieß Frank hervor. »Er hat meinen Onkel getötet und er hat versucht, auch mich zu töten, grundlos! Das dürfen wir nicht außer acht lassen.«

»Wir reden über die Gegenwart!« protestierte Riley. »Und das derzeitige Problem besteht darin, daß ihr Mitch und Lazzatti gekidnappt habt. In Miami. Ihr habt gegen allgemein anerkannte Regeln verstoßen.«

Der Buchhalter nickte salbungsvoll. »Das ist schlimm, was sie da getan haben – sehr schlimm.«

»Es wäre sogar noch schlimmer«, fügte Riley kühl hinzu, »wenn sich rausstellen sollte, daß die beiden schon tot sind.«

»Sie leben« versicherte Vince Fargo tonlos. »Bis jetzt ...«

Ben Cardiello, der Abgesandte des Ausschusses, ergriff mit milder Stimme das Wort. Bis jetzt hatte er nicht viel gesagt und gewartet, bis sich die Kontrahenten alles von der Seele geredet hatten. »Es wäre besser, sie am Leben zu lassen«, riet er Vince.

»Sie werden auch am Leben bleiben, wenn Angelo DiMorra uns in Ruhe läßt. Wenn nicht, werden sie sterben. Dagegen kann niemand was machen.«

Cardiello musterte ihn mit sanftem Vorwurf. »Du solltest es besser wissen, Vince. Die Jungs könnten wütend genug werden, euch alle unter einen öffentlichen Kontrakt zu stellen – sagen wir mal, für zehn Tausender.«

Drückende Stille lag im Büro, während sie alle verdauten, was Cardiello da gesagt hatte. Ein öffentlicher Kontrakt, von allen nationalen Mafia-Dons gebilligt, würde bedeuten, daß Vince, Tony und Frank jederzeit getötet werden konnten. Und wer es schaffte, würde zehntausend Dollar als Belohnung bekommen und die Dankbarkeit und Protektion der bedeutendsten Männer in den Organisationen genießen.

Der Buchhalter räusperte sich und brach das Schweigen. »Das wäre aber eine ziemlich drastische Maßnahme, Ben. Ich bin ebenso wie alle anderen empört über das Vergehen dieser drei Männer, aber wenn wir fair sein wollen, müssen wir berücksichtigen, daß sie provoziert wurden. Und es steht außer Frage, daß Angelo DiMorra mit der ganzen Sache angefangen hat.«

Riley starrte ihn an, als wäre er persönlich verraten und betrogen worden. »Willst du etwa behaupten, sie hätten das *Recht* gehabt, Mitch und Pete zu entführen?«

»Das nicht«, entgegnete Orlando mißbilligend. »Ich bin nur daran interessiert, daß der Frieden in dieser Stadt gewahrt wird, damit wir ungestört unseren Geschäften nachgehen können. Wir alle wollen, daß diese sinnlosen Gewaltaktionen, die uns alle großen Schaden zufügen könnten, beendet werden. Und wir können nicht leugnen, daß Angelo mit alldem anfing, als seine Männer Vito Roccobono erschossen – einen hochgeschätzten alten Mann, der keiner Fliege was zuleide getan hat ...«

»Das war ein Unfall!« fiel ihm Riley ins Wort.

»Aber der Mordversuch an mir war kein Unfall«, warf Frank mit einem dünnen Lächeln ein. »Bis jetzt hat er's schon zweimal versucht – weil er sich wegen einer persönlichen Sache an mir rächen will. Aus keinem anderen Grund.«

Der Buchhalter nickte und sah Cardiello an. »Das stimmt. Ich weiß nicht, was Sie davon halten, daß Vince und Tony versuchen, Frank vor diesen Anschlägen zu schützen. Aber ich muß zugeben, daß ich ihr Verhalten richtig finde.«

Cardiello schien nachzudenken, sagte aber nichts.

»Wir haben es getan, um unnötiges Blutvergießen zu vermeiden«, erklärte Tony. »Und was war unser Lohn? DiMorra sorgt dafür, daß unsere Baufirma in die Luft gejagt wird. Will vielleicht irgend jemand behaupten, daß das sein gutes Recht war?«

Riley verlor die Beherrschung. »Wir sind hier, um über Mitch und Lazzatti zu reden!« schrie er. »Sie müssen freigelassen und in Sicherheit gebracht werden, bevor wir über was anderes sprechen können!«

»Sie werden freigelassen«, erwiderte Vince in aller Seelenruhe, »wenn wir gewisse Garantien von DiMorra erhalten.« Cardiella warf ihm einen raschen Blick zu. »Was für Garantien verlangen Sie?«

»Moment mal!« brüllte Riley. »Stehen Sie vielleicht auf *ihrer* Seite?«

»Ich stehe auf niemandes Seite«, entgegnete Cardiello sanft. »Wie Orlando gesagt hat – wir sind hier, um über eine Regelung zu verhandeln, die dieser Stadt Frieden schenken soll –, so daß jeder seinen Geschäften nachgehen kann.« Er wandte sich erneut an Vince. »Welche Garantien verlangen Sie?«

»Drei Zusagen. Erstens – DiMorra darf nicht mehr versuchen, Frank umzubringen oder sich an Dingen zu vergreifen, die Tony und mir gehören. Zweitens – er muß Frank erlauben, zu uns überzuwechseln, mitsamt seinen Drogengeschäften. Drittens – er muß den Schaden bezahlen, der in unserer Baufirma entstanden ist!«

Cardiello sah Riley an. »Sind Sie bereit, Don Angelo diese Bedingungen zu unterbreiten?«

Riley runzelte unglücklich die Stirn. »Das kann ich nicht. Er ist nicht in der Verfassung, um mit irgend jemandem zu reden. Er liegt unter einem Sauerstoffzelt – im Koma. Das müssen Sie berücksichtigen.«

Cardiello bezog diese Information in seine Erwägungen ein. Die theoretische Macht war etwas ganz anderes als die Realität. Und wenn Angelo DiMorra so krank war ... »Aber er hat Sie beauftragt, vorläufig seine Familie zu leiten, nicht wahr?« fragte er Riley. »Das bedeutet, daß Sie ermächtigt sind, hier in seinem Namen zu sprechen.«

Riley zögerte. »Ja – vermutlich.«

»Mit Vermutungen kann ich nichts anfangen. Sind Sie berechtigt, in DiMorras Namen eine Vereinbarung zu treffen – ja oder nein?«

Riley wand sich unbehaglich. »Ich kann nicht versprechen, daß er die Reparatur ihrer Baufirma bezahlen wird – denn ich weiß doch gar nicht, ob er was damit zu tun hatte.«

»Klar weißt du das!« fuhr Tony ihn an. »Er hat jemanden beauftragt, die Firma in die Luft zu sprengen ...«

Der Buchhalter hob eine Hand, um den aufgebrachten jungen Mann zum Schweigen zu bringen, und sah Vince an. »Wärst du bereit, deine Schadenersatzforderung für eine Weile zurückzustellen, bis du mit DiMorra persönlich darüber sprechen kannst?«

Vince überlegte, wog die Reparaturkosten gegen den Profit ab, den ihm Franks Drogengeschäfte einbringen würden. Schließlich nickte er. »Wenn ich die beiden anderen Zusagen erhalte – ja.«

Cardiello wandte sich wieder an Riley. »Sind Sie gewillt, die ersten Bedingungen in DiMorras Namen zu erfüllen? Ich finde, Sie sollten es tun.«

Riley wußte, daß er kein besseres Resultat herausschlagen konnte. »Okay.«

Vince sah ihm ins Gesicht. »Frank gehört jetzt zu uns, und DiMorras Leute werden uns nicht mehr angreifen. Einverstanden?«

Riley nickte langsam. »Wenn ihr Mitch laufen laßt. Und Lazzatti. Nur darauf kommt's mir an.«

Vince und Tony wechselten einen Blick. Es war nicht nötig, die Sache unter vier Augen zu besprechen. Sie würden eine ganze Menge gewinnen und nur wenig verlieren. Wenn DiMorra starb, würde sein ganzes Imperium ohnehin zur freien Verfügung stehen. Und wenn er am Leben blieb, würden Negri und Tresca einen neuen Anschlag auf den Don vorbereiten – der sicher nicht mißlingen würde. So oder so – die Fargos würden siegen.

Tony sah Frank fragend an.

Frank zuckte mit den Schultern. »Wenn's euch recht ist ... Ich habe nichts dagegen.«

»Alles klar«, sagte Vince zu Cardiello.

Mitch und Lazzatti stiegen mit verbundenen Augen aus dem Auto. Seit sie aus Miami entführt worden waren, hatten sie nichts mehr von ihrer Umgebung gesehen und auch keine Ahnung, wo man sie gefangengehalten hatte. Ansonsten hatte man sie gut behandelt und auch regelmäßig mit Essen versorgt.

Sie warteten, bis das Motorengeräusch verklungen war. Dann nahmen sie die Binden ab, blinzelten einander an und warteten, bis sich ihre Augen an das grelle Licht der Straßenlampe gewöhnt hatten, die an der Ecke stand.

Sie waren in eine schmale menschenleere Gasse gebracht worden, und sie wußten nicht, ob sie sich in ihrer Heimatstadt befanden, bis sie zwei Häuserblocks weiter das Schild einer Hauptstraße lasen. Sie winkten ein Taxi heran.

Eine Stunde später hielt der Wagen vor DiMorras ummauertem Landsitz. Ein Lokalpolizist und ein Soldat des Dons bewachten das Tor. Sie erkannten Mitch und Lazzatti und ließen sie passieren.

Bud Riley stand auf den Verandastufen und erwartete sie. Freudestrahlend schüttelte er ihnen die Hände. »Gott sei Dank, daß ihr's hinter euch habt!«

Lazzatti seufzte tief auf. »Das kann man wohl sagen.«

»Wo ist der Don?« fragte Mitch.

Rileys Grinsen erlosch. »Immer noch im Krankenhaus in Miami.«

Mitch runzelte die Stirn. »Wie geht's ihm?«

»Nicht gut. Tut mir leid, daß ich dir das sagen muß, Mitch. Ich habe vorhin angerufen. Er wird jetzt rund um die Uhr von Schwestern beaufsichtigt. Das Mädchen, das gerade Dienst hat, sagte mir, sein Zustand hätte sich verschlechtert.«

Eine drückende Last schien sich auf Mitchs Herz zu legen, und seine Schultern sanken nach vorn.

Lazzatti sah die beiden grimmig an. »Ich brauche einen Drink. Dringend!« Er wollte ins Haus gehen, dann blieb er stehen, als er ein sonderbares Geräusch hörte. Er drehte sich um und sah, daß Mitch und Riley verwirrt in den Himmel starrten, und schaute ebenfalls nach oben.

Ein kleines Wasserflugzeug kreiste über dem Grundstück, unter tiefhängenden Wolken. Anmutig schwang es sich nach unten, durchpflügte die dunkle Fläche des Sees, versank tiefer in den Wellen, als das Tempo gedrosselt wurde. Ein Mann sprang aus dem Cockpit, nachdem die Maschine vor dem Landesteg gehalten hatte, und vertäute sie. Dann öffnete er die Luke des Passagierraums und ließ eine kurze Gangway herab.

Joe Lucci kam die Gangway herab, gefolgt von Angelo DiMorra.

Mitch, Riley und Lazzatti erreichten das Ende des Landestegs im gleichen Augenblick wie DiMorra und Joe Lucci. Weinend schloß Mitch seinen Bruder in die Arme. Riley blinzelte den Don fassungslos an. »Das hättest du mir nicht antun dürfen, Angelo. Ich dachte, du wärst ...« Er konnte den Satz nicht beenden.

»Ich bin okay«, erwiderte DiMorra. Es sah nicht so aus, als wäre das die reine Wahrheit, war immer noch blaß und stand ein wenig unsicher auf den Beinen. Aber seine Stimme klang so kräftig und autoritär wie eh und je. »Gehen wir ins Haus. Wir müssen Pläne machen – so schnell wie möglich.«

Mitch ließ seinen Bruder los und wischte sich über die Augen. »Was hast du vor?«

»Ich werde diese Bastarde vernichten – mit allen Mitteln, die mir zur Verfügung stehen.«

Pete Lazzatti lachte leise. »Die werden staunen. Sie glauben, daß du immer noch im Krankenhaus liegst.«

Angelo DiMorras Lächeln war kein angenehmer Anblick. »Sie werden erfahren, daß das nicht stimmt. Und das wird die letzte Erkenntnis sein, die sie auf dieser Welt gewinnen werden.«

15.

Vince Fargo saß gerade bei einem üppigen Mittagessen, das er in seinem Haus zusammen mit Frank Regalbuto und Irish Fagin einnahm, als Johnny Tresca anrief.

Vincents Frau Nella hatte gerade eine großzügig bemessene Portion Linguini mit weißen Muscheln auf die Teller gelegt, und Vince hatte soeben begonnen, die Nudeln in sich hineinzuschaufeln, hoch beglückt, weil er sich endlich wieder den Luxus leisten konnte, daheim zu essen. Nicht daß die Wachsamkeit der Fargos und ihrer *soldati* nachgelassen hätte. Frank blieb noch ein paar Tage in der Kelsey Street, nur für den Fall, daß ein paar Revolverschwinger nichts von der Vereinbarung zwischen DiMorra und den Fargos gehört hatten. Und Irish Fagin fungierte außerhalb des Fargo-Hauptquartiers als Vincents Leibwächter. Aber ein Großteil der Fargo-Aktivitäten hatte sich wieder normalisiert, Diego Sabatini war gerade mit Victor Caputo unterwegs, um die längst fälligen Einnahmen in den Autowerkstätten und in den Gebrauchtwagenläden zu kassieren.

Als das Telefon läutete, schob Vince seinen Stuhl zurück, stand auf und nahm den Hörer ab. Er lauschte ein paar Sekunden lang, dann sah er seine Frau an. Wortlos verließ Nella das Zimmer, damit er seine Geschäfte ungestört abwickeln konnte. Er wollte nicht, daß sie über diese Vorgänge Bescheid wußte.

Johnny Trescas Stimme klang aufgeregt und triumphierend, und das konnte Vince verstehen, als er hörte, was der junge Mann zu berichten hatte. »Ich war in Zuttis Klub und habe ein paar Bierchen getrunken. Da kam Sam Zutti herein. Das Lokal war leer, und wir konnten uns ungestört unterhalten. Er macht sich Sorgen, weil er nicht weiß, wo er jetzt steht. Es hat sich nämlich schon rumgesprochen, daß DiMorra so gut wie tot ist. Ich habe ihn ausgehorcht, bis ich mir ganz sicher war, was er sich denkt, und dann sagte ich ...«

»Komm zur Sache!« knurrte Vince, aber er ahnte bereits, was geschehen war, und war genauso aufgeregt wie Tresca. »Zutti will sich mitsamt seiner ganzen Organisation auf deine Seite schlagen, Vince. Er glaubt, daß du der neue Boß wirst, und er will sich schon jetzt eine günstige Position bei dir schaffen. Nun, wie gefällt dir das?«

»Hast du gut gemacht«, gab Vince zu. Sam Zutti besaß nicht nur einen profitablen Nachtklub, sondern eine der größten Lottobanken in der Stadt, die ein solides tägliches Einkommen aufzuweisen hatte.

»Natürlich will er mit mir keine Arrangements treffen«, fuhr Tresca fort, »sondern mit dem *capo* selber reden. Und das bist du.«

»Ist er da?«

»Ja, ich rufe von seinem Büro aus an. Er sitzt draußen in der Bar.«

»Hol ihn mal an den Apparat.«

»Okay.«

Vince wartete ungeduldig, grinste Frank und Irish Fagin an, ohne ihre Neugier zu befriedigen.

Zutti meldete sich. Er schien etwas nervös zu sein, was nur natürlich war. »Ich glaube, Johnny hat ein bißchen übertrieben, Vince. Ich kann keine definitiven Zusagen machen, bevor ich mit dir, Tony und Frank gesprochen habe. Ich meine – wenn ihr jetzt das Sagen habt, muß ich erst mal wissen, wie das alles laufen soll. Zum Beispiel, könnt ihr für meine Sicherheit sorgen – genauso wie DiMorra? Und wenn ich jetzt zu euch komme, dann will ich nicht soviel zahlen, wie mir DiMorra abgenommen hat. Das ist doch fair, oder?«

»Wir können darüber reden. Komm in mein Büro in der Kelsey Street.«

»O nein, da traue ich mich nicht hin. Womöglich lungern DiMorras Jungs immer noch dort rum. Wenn sie mich sehen, ist ihnen sofort klar, was ich vorhabe. Aber das darf niemand wissen, solange nichts geregelt ist – solange ich mich nicht drauf verlassen kann, daß ich beschützt werde. Willst du nicht in meinen Klub kommen? Jetzt sind gerade keine Gäste da und ...«

»Das geht nicht«, unterbrach ihn Vince. Er wollte nichts riskieren, aber er verstand, daß Zutti ähnliche Bedenken hatte. Deshalb schlug er einen neutralen Treffpunkt vor. »Kennst du Benny's Diner in der Marion Street, Sam?«

»Hab' schon mal davon gehört.«

Vince nannte die genaue Adresse. »Dort treffen wir uns, sagen wir – in einer Stunde, okay?«

Zutti zögerte. »Was ist mit deinem Bruder und Frank Regalbuto? Wenn wir uns einigen, dann will ich, daß ihr alle drei mit unserem Abkommen einverstanden seid.«

»Wir kommen zu dritt – in einer Stunde.« Vince legte auf und kehrte zu Frank und Irish Fagin an den Tisch zurück.

»Wißt ihr, wo Tony ist?«

Irish Fagin schüttelte den Kopf. »Ich hab' ihn seit gestern abend nicht gesehen.«

Frank grinste. »Er hat mir gesagt, er braucht wieder mal ein Mädchen, um sich zu entspannen. Ich glaube, er entspannt sich noch immer.«

Vince seufzte. »Ständig habe ich Ärger mit meinem kleinen Bruder ...« Aber er war ihm nicht böse. Tony war ein merkwürdiger Bursche. Wenn es brenzlig wurde, konnten sich die meisten Männer ein bißchen entspannen, wenn sie mit einer Frau schliefen. Tony nicht. Er mußte warten, bis die Luft raus war. Und wenn es endlich so weit war, und wenn er dann ein bißchen länger als andere Leute brauchte, um sich abzureagieren, so war das sein gutes Recht. Das ging schon in Ordnung. Sam Zutti würde wissen, daß Vince auch für Tony sprechen konnte.

In knappen Worten erzählte er, was bei seinem Telefonat herausgekommen war. Irish Fagin grinste vergnügt. »Zutti hat nur den Anfang gemacht. Du wirst es schon sehen, Vince – bald werden sie dir alle die Tür einrennen.«

Aber Frank schaute leicht besorgt drein. »Es könnte eine Falle sein.«

»Wenn DiMorra im Koma liegt? Unter einem Sauerstoffzelt?« Vince schüttelte den Kopf. »Mitch kommandiert jetzt die DiMorra-Familie, und er hat nicht den Mumm, um einen Ausschußbeschluß zu ignorieren und auf eigene Faust einen Krieg anzufangen. Doch das bedeutet natürlich nicht, daß wir keine Vorsichtsmaßnahmen ergreifen werden.« Er wandte sich an Irish Fagin. »Fahr sofort zu Benny's Diner rüber. Häng ein bißchen dort rum, und wenn irgendwas stinkt, ruf mich im Büro an. Wenn du dich nicht meldest, bin ich fünf Minuten vor der vereinbarten Zeit dort, okay?«

Irish Fagin nickte, spülte den letzten Bissen Linguini mit Rotwein hinunter und eilte aus dem Haus.

»Holen wir uns ein Auto«, sagte Vince zu Frank. »Und vielleicht noch einen von den Jungs.«

»Wir haben doch noch eine Stunde Zeit«, wandte Frank ein.

»Das schon – aber ich möchte fünfzehn Minuten früher da sein.«

Sie gingen zum Hauptquartier. Der blaue Buick, den sich Vince ausgesucht hatte, fuhr zwanzig Minuten später aus Ryan's Werkstatt. Frank saß am Steuer, Vince auf dem Beifahrersitz, Henry Shansky im Fond. Alle waren mit Revolvern bewaffnet, und auf Shanskys Knien lag außerdem noch eine Schrotflinte mit halbautomatischem Nachladeschloß, vollgeladen, unter einer Decke verborgen.

Irish Fagin saß an der Theke in Benny's Diner und schlürfte gemächlich ein Schokoladensoda mit Vanilleeis. Die Atmosphäre in der Kneipe hätte gar nicht friedlicher sein können. Die vier Nischen hinter ihm waren leer. Der einzige andere Gast war ein winzig kleiner Taxifahrer mit dicken Brillengläsern, der soeben hereingekommen war, um eine Tasse Kaffee und ein Stück Apfelkuchen zu konsumieren. Benny, ein großer dicker Mann, der praktisch keine Haare mehr auf dem Kopf hatte, stand hinter der Theke, angetan mit einer schmutzigen Schürze, und spülte das Lunch-Geschirr.

Als das Telefon läutete, nahm Benny den Hörer ab. »Bennys Diner – aber wir können kein Essen außer Haus liefern, bis ...« Er verstummte und lauschte, dann sah er Fagin und den Taxifahrer an. »Heißt einer von euch Fagin?«

Der Taxifahrer schüttelte den Kopf und schob einen weiteren Happen von seinem Apfelkuchen in den Mund. Fagin streckte eine pummelige Hand aus. Benny stellte den Apparat auf die Theke und reichte ihm den Hörer.

Irish Fagin zog das Telefon zu sich heran. »Ja ... Nein ... Alles klar ... Wirklich ...« Er legte auf und schob den Apparat über die Theke zurück.

Der Taxifahrer spülte den letzten Bissen mit dem letzten Schluck Kaffee hinunter, dann stand er auf. »Gibt's hier ein Klo?« fragte er Benny.

Benny zeigte auf eine Tür in der letzten Nische. »Aber sieh zu, daß du's genauso sauber zurückläßt, wie du's vorgefunden hast – klar?«

»Eine saubere Toilette in einer schmierigen Kneipe – das ist mal eine echte Entdeckung«, meinte der Taxifahrer. Er ging in die Toilette und schloß die Tür hinter sich.

Die Eingangstür des Lokals öffnete sich. Irish Fagin wandte sich gelassen um, dann schaute er nicht mehr so gelassen drein. Der Mann, der hereinkam, war Joe Lucci.

Irish Fagin sprang vom Barhocker, seine rechte Hand fuhr in sein Jackett, um den Revolver aus dem Halfter zu reißen, das unter seiner linken Achsel hing. Der Taxifahrer trat hinter ihm aus der Toilette und schoß ihm mit einem .45er Army-Colt Automatic ein Loch in den Rücken. Irish Fagin fiel nach vorn, über zwei Barhocker. Die beiden schaukelten heftig, als er zu Boden stürzte und auf dem Rücken landete, mit ausgestreckten Armen.

Joe Lucci zog eine langläufige .38er aus dem Gürtel, bückte sich, hielt die Mündung an Irishs Schläfe und drückte ab. Die Waffe krachte nicht so laut wie der .45er Colt, sorgte aber dafür, daß der Daumen und die beiden ersten Finger von Irish Fagins linker Hand nur noch einmal zuckten, und das war alles.

Benny legte beide Hände flach auf die Theke, stützte sich schwer darauf, damit er nicht umkippte, und gab einen wimmernden Laut von sich. Lucci richtete die .38er auf ihn. »Geh ins Klo.«

Benny eilte hinter der Theke hervor und floh in die Toilette. »Bleib eine Stunde drin«, befahl der Taxifahrer und schloß die Tür hinter ihm.

Ein paar Minuten später erreichte der blaue Buick die Ecke der Marion Street, einen halben Block von Bennys Diner entfernt. Es war eine Einbahnstraße. Vince schaute nach beiden Seiten. Alles schien okay zu sein. Trotzdem sagte er, um völlig sicherzugehen: »Fahr erstmal um zwei Blocks herum.«

Frank nickte und überquerte die Marion Street. An der nächsten Ecke bog er nach links. Henry Shansky hatte nun beide Hände unter der Decke, entsicherte mit dem linken Daumen die Schrotflinte, der Zeigefinger der Rechten krümmte sich um den Abzug.

Sie fuhren die Straßen rings um den Block ab, in dem Benny's Diner lag. Nichts entging Vince Fargos zusammengekniffenen Augen. Er erwartete nicht, irgend etwas Verdächtiges zu sehen – und er sah auch nichts. Als sie wieder am Ende der Marion Street angekommen waren, sagte er: »Alles klar.«

Frank bog in die Marion Street und fuhr zu Benny's Diner. Vince drehte sich zu Shansky um. »Du gehst als erster hinein. Wenn alles koscher ist, kommst du mit Irish raus und hältst Wache, während ich mit Frank drin bin.«

Shansky nickte und im selben Augenblick stieß Frank hervor: »Vince!«

Vince Fargo wandte sich blitzschnell um und sah einen Laster, der rückwärts aus einer breiten Gasse am anderen Ende des Blocks fuhr. Er stellte sich quer über die Straße, versperrte ihnen den Weg. »Wir müssen verschwinden, Frankie«, schrie Vince. Er hielt bereits einen Revolver in der Faust.

Der Buick hielt ruckartig, Frank schaltete den Rückwärtsgang ein. Plötzlich kurvte eine schwere Limousine mit kreischenden Reifen hinter ihnen um die Ecke und schnitt ihnen den Rückzug ab. Schüsse peitschten aus den offenen Seitenfenstern. Shansky duckte sich, als das Rückfenster des Buick zersplitterte und die Scherben in den Fond fielen. Vince spürte, wie eine Kugel seine Wange streifte, während Frank den Wagen erneut mit einem heftigen Ruck zum Stehen brachte und wieder den Vorwärtsgang einlegte. Die gedankenlose Hast von Franks Reaktionen irritierte ihn. Er hatte das Gefühl, als würde sich jeder Sekundenbruchteil zu einer Ewigkeit ausdehnen, um ihm inmitten des Kugelhagels genügend Zeit zu geben. Gegenüber von Benny's Diner lag ein Laden, vor dem ein paar Holzkarren voller Obst und Gemüse standen. Frank riß das Steuer herum, trat auf das Gaspedal, der Buick schoß über die Straße, auf den Laden zu.

Ein Mann trat hinter der Motorhaube des Lasters hervor, eine knatternde Ladung aus seiner Maschinenpistole zertrümmerte die restlichen Fenster des Buicks. Irgend etwas heißes brannte auf Franks Brust. Er biß die Zähne zusammen, sein Fuß hielt das Gaspedal durchgedrückt. Vage wurde ihm bewußt, daß Vince feuerte – daß der Maschinenpistolenschütze in die Knie ging, merkte er nicht.

Die Räder des Buick stießen gegen den Gehsteigrand, sprangen hinauf, der Wagen schlitterte über das Pflaster, warf zwei Gemüsekarren um, prallte gegen zwei weitere und schleuderte sie durch die offene Tür des Ladens, bevor er zum Stehen kam.

Aus drei Richtungen prasselten Kugeln auf den Buick – aus der Limousine, aus der Maschinenpistole, deren Besitzer jetzt knieend schoß, aus den Waffen Joe Luccis und des Mannes, der als Taxifahrer verkleidet war.

Henry Shansky schaffte es, zwei krachende Schrotflintenladungen auf die Limousine abzufeuern, womit er die Revolver in ihrem Innern vorübergehend zum Schweigen brachte. Dann riß ihm ein Maschinenpistolengeschoß mit Stahlgehäuse die Schädeldecke auf.

Vince, über dessen verletzte Wange das Blut strömte, stieß die Wagentür an seiner Seite auf, sprang hinaus und gab in rascher Folge drei Schüsse auf den Maschinenpistolenschützen ab. Die Kugeln warfen den Mann um, und sein Gesicht schlug auf einem Vorderrad des Lasters auf. Gezielt feuerten Joe Lucci und der Taxifahrer auf Vince. Ein Geschoß zerschmetterte seine rechte Schulter, schreiend vor Schmerzen stürzte er auf den Gehsteig und ließ seinen Revolver fallen. Dann brüllte er noch einmal – diesmal vor Wut, während er mit der Linken nach seinem Schießeisen tastete.

Frank war aus dem Buick gestiegen. Das Blut, das aus der Streifschußwunde auf seiner Brust quoll, hatte sein zerrissenes Hemd dunkel gefärbt. Er lehnte sich an den Wagen, hob seinen .38er, um auf die beiden Gestalten zu zielen, die vor Benny's Diner standen. Lucci sah ihn, warf sich in den Rinnstein, doch der Taxifahrer bewegte sich nicht schnell genug. Zwei von Franks Kugeln trafen ihn voll in die Brust, schleuderten ihn nach hinten, durch das große Fenster des Lokals. Er fiel hinein, begleitet von einem Glasscherbenregen.

Geschosse, die aus der Limousine abgefeuert wurden, schlugen nur wenige Zoll von Franks Gesicht und seinem Bauch entfernt in das Metall des Buick. Er zog sich in den Laden zurück, dessen Eigentümer durch die Hintertür in eine Gasse geflohen war, ging zwischen Holztrümmern und umgestürzten Karren in Deckung, duckte sich hinter einen Obststand und blickte auf die Straße hinaus.

Zwei Revolverschwinger sprangen aus der Limousine und näherten sich im Laufschritt. Vier hatten darin gesessen, aber Shanskys erste Schrotladung hatte den rechten Arm eines Mannes zerschmettert, die zweite hatte einem anderen die Kehle zerrissen.

Vince kniete auf dem Gehsteig, seinen Revolver in der Linken. Der rechte Arm baumelte herab, wie ein blutiger Fetzen. Er begann auf Frank zuzukriechen, verfolgt von den Kugeln Joe Luccis und der beiden Revolverschützen, von Kugeln, die sich in seine Rippen, seine Hüfte, sein rechtes Bein bohrten. Er fiel vornüber in ein Chaos aus Bananen, Pfirsichen und Orangen.

Frank schoß in Luccis Richtung. Lucci erwiderte das Feuer mit einer Kugel, die einen Ärmel seines Jacketts aufschlitzte. Frank wirbelte herum, rannte geduckt in den Hintergrund des Ladens und verschwand durch die Hintertür.

Vince lag halb auf dem Gehsteig, halb im Laden. Es fiel ihm schwer, sich zurechtzufinden, aber er fühlte keine Schmerzen mehr. Seine linke Hand umklammerte immer noch den Revolver. Mühsam wälzte er sich tiefer in das Geschäft hinein. Sein Lebensblut strömte aus den Wunden in seiner Wange, seiner Schulter, seinen Rippen, seiner Hüfte und dem rechten Bein. Sein fleischiges Gesicht war verkrampft und hart wie Stein, von glänzendem Schweiß bedeckt. Indem er den Ellbogen und das Bein einsetzte, die dem Kommando seines Gehirns immer noch gehorchten, kroch er zu einer Wand, richtete sich auf, so daß er auf dem Boden saß, an die Mauer gelehnt.

Er wartete, die linke Hand mit der Waffe erhoben. Es kostete ihn übermenschliche Kräfte, die Augen offenzuhalten. Seine verzerrten Lippen entblößten die zusammengebissenen Zähne, durch die sich sein röchelnder Atem löste.

Die Revolverschützen aus der Limousine stürmten herein, schwangen ihre Waffen herum, als sie versuchten, ihn möglichst schnell zu entdecken.

Vincents erster Schuß traf den einen in den Nacken, der zweite verfehlte den anderen, bewog ihn aber, auf den Gehsteig zurückzuspringen und aus dem Blickfeld des Schwerverletzten zu verschwinden.

Joe Lucci warf sich kopfüber in den Laden, landete mit der linken Schulter auf dem Boden und rollte sich blitzschnell unter einen Obststand.

Vince feuerte auf ihn, aber vor seinen Augen schien alles zu verschwimmen, und seine Hand zitterte. Der Schuß ging daneben – aber Luccis Kugel fand ihr Ziel. Sie zerbrach Vincents Kinnlade, stieß seinen Hinterkopf gegen die Wand. Luccis nächster Schuß bohrte ein kleines dunkles Loch in die Mitte von Vince Fargos linker Braue.

Joe Lucci erhob sich. Vince Fargo saß immer noch an der Wand, sein schwerer Oberkörper war nach vorn gesunken, sein Kopf hing zwischen den Knien.

Lucci ging zu ihm, hielt die Mündung seines Revolvers an Vincent Fargos Hinterkopf und feuerte die letzte Kugel in seinen Schädel.

Knapp fünf Minuten später steuerte ein junger Autodieb namens Sheldon Greenberg einen brandneuen, kanariengelben Plymouth in Ryans Werkstatt. Die Neuigkeiten hatten das Fargo-Hauptquartier in der Kelsey Street noch nicht erreicht, und das Auto war das einzige, was Smittys Gedanken beschäftigte, als er zu Greenberg hinüberschlenderte. »Sehr hübsch«, meinte er, nachdem Greenberg ausgestiegen war. »Jedenfalls von außen. Fahr ihn mal da rüber unter die Lampe, dann wollen wir uns den Motor anschauen.«

»Das mußt du machen!« platzte Greenberg heraus. »Ich muß ganz dringend ...«

Lachend blickte Smitty dem jungen Autodieb nach, der in den Hintergrund der Werkstatt lief, zur Toilette. Das Lachen wäre ihm vergangen, wenn er gesehen hätte, wie Greenberg an der Toilette vorbei, aus dem Hof und die Straße hinab rannte.

Smitty setzte sich ans Steuer und fuhr den gelben Plymouth unter die große Deckenlampe. Dann stieg er wieder aus, und öffnete die Motorhaube des gestohlenen Wagens.

Die Explosion der sieben Dynamitstangen, die an der Innenseite der Motorhaube hingen, war meilenweit zu hören, zerschmetterte die Fenster auf der gegenüberliegenden Straßenseite, zerstörte fast die gesamte kostbare Maschinerie in der Werkstatt. Von Smitty hatte man nichts gefunden außer einem Schuhabsatz und einem kleinen Teil seines rechten Schulterblatts, an dem ein Stück verbranntes Fleisch klebte.

Victor Caputo verließ eine Autoreparaturwerkstatt am Ostrand der Stadt. Er trug einen Koffer, halb gefüllt mit dem Geld, das sie bisher in Werkstätten und Läden kassiert hatten. Diego Sabatini folgte ihm, eine Hand auf dem Griff des Revolvers, der in seiner rechten Tasche steckte, sein Blick glitt die Straße hinab.

Er stieß einen Warnschrei aus, als er ein Auto heranrasen sah, aber Caputo reagierte nicht schnell genug. Er wandte sich um, starrte auf das Auto, das auf den Gehsteig schlitterte, direkt auf ihn zu. Diego war in die schützende Tür zurückgesprungen, Caputo versuchte, sich ebenfalls zu retten, doch da hatte die Kühlerhaube des Autos ihn bereits erfaßt und schleuderte ihn hoch in die Luft.

Der Koffer, der aus Caputos Hand gefallen war, schlug gegen einen Laternenpfahl, öffnete sich, und Geldscheine von verschiedenem Nennwert segneten auf das Pflaster herab. Caputos zerbrochener Körper prallte gegen eine Hausmauer und landete dann auf dem Gehsteig. Knirschend überrollten die rechten Räder des Autos seine Brust und seinen Hals, bevor es wieder auf die Straße gesteuert wurde, ohne das Tempo zu verlangsamen.

Sabatini trat aus der Tür und jagte dem flüchtenden Wagen zwei Kugeln nach. Beide trafen das Fahrzeug, aber keine Insassen. Und bevor er den dritten Schuß abgeben konnte, bog es mit quietschenden Reifen um eine Ecke.

Ralph Negri lag lang ausgestreckt und splitternackt auf dem großen Bett in seinem Apartment und schlief noch, als es an der Tür läutete. Gestern abend hatte er sich betrunken, zusammen mit einem Mädchen, dem er zwei Monate lang nachgelaufen war. Und als er ihren Widerstand schließlich gebrochen hatte, war er sternhagelvoll und leistungsunfähig gewesen. Er war erst um sechs nach Hause gekommen, in einem so elenden Zustand, daß er es kaum geschafft hatte, sich auszuziehen, bevor er die Besinnung verlor.

Trotzdem war er sofort wach und griff automatisch nach dem Revolver, der auf dem Nachttisch lag, noch bevor er die verklebten Augen öffnen konnte. Er erhob sich, blieb ein paar Sekunden lang neben dem Bett stehen, um das Schwindelgefühl zu bekämpfen, das ihn erfaßt hatte. Es läutete noch einmal.

Negri ging in sein Wohnzimmer. »Wer ist da?«

»Pete Lazzatti! Mach auf. Verdammt! Ich habe versucht, dich anzurufen. Beeil dich! Es gibt Ärger, und wir müssen uns schleunigst drum kümmern!«

Negri runzelte die Stirn. Es war nicht gut für seinen Ruf, wenn es sich herumsprach, daß er zu besoffen war, um das Telefon zu hören ... »Moment! Ich komme gleich!«

»Mach schnell! Wir müssen sofort los!«

Negri lief ins Schlafzimmer zurück, legte den Revolver auf die Kommode, bevor er seinen Morgenmantel aus dem Bad holte. Hastig schlüpfte er hinein, während er das Wohnzimmer durchquerte. Da er mitleiderregend dürr war, mochte er es nicht, wenn man ihn unbekleidet sah. Als er die Wohnungstür erreichte, drückte Lazzatti zum drittenmal auf die Klingel. »Ralph? Was ist denn los? Zum Teufel, mach endlich auf!«

»Ich komme ja schon! Reg dich wieder ab!« Negri schloß die Tür auf.

Sie prallte mit voller Wucht gegen sein Gesicht, gegen seine Brust, so daß er das Gleichgewicht verlor und ins Wohnzimmer zurücktaumelte. Er stolperte über seine eigenen Füße, stürzte auf den Teppich. Lazzatti stürmte herein, einen Revolver in der Hand, dessen Mündung auf ihn zielte.

Negri richtete sich auf einem Ellbogen auf und schnappte nach Luft. »Verdammt, was ...« Seine Stimme erstarb, als zwei Männer hinter Lazzatti auftauchten – Eintreiber, die für Bud Riley arbeiteten, große, kräftige Burschen, darauf spezialisiert, zahlungsunwilligen Schuldnern des Wucherers die Knochen zu brechen. Der letzte, der hereinkam, schloß die Wohnungstür und versperrte sie.

Ralph Negri rappelte sich auf, versuchte ins Schlafzimmer zu laufen, um seine Waffe zu holen. Aber Pete Lazzatti schlug ihm den Lauf seines Revolvers auf den Hinterkopf, nicht sehr fest, aber fest genug, um eine Schmerzexplosion in Negris Schädel auszulösen, die ihn auf den Teppich zurückwarf. Bevor er wieder aufspringen konnte, saßen die zwei Eintreiber auf ihm. Der eine hielt seine Arme fest, während ihm der andere den Mund mit Klebeband verschloß.

Verzweifelt bemühte er sich, sie abzuschütteln, aber seine geringen Körperkräfte waren dem Gewicht der beiden nicht gewachsen, das ihn am Boden festnagelte und ihm die Luft aus den Lungen preßte.

Als sie ihm die Hände mit Klebeband auf den Rücken gefesselt hatten, ließen sie ihn los und standen auf. Er versuchte, um Hilfe zu schreien, aber durch den Klebestreifen drang nur ein schwaches Wimmern, das man außerhalb des Apartments nicht hören konnte. Es verstummte sofort, als sich einer der beiden Eintreiber wieder auf seiner Brust niederließ und ihm die kräftigen Hände um den Hals legte, der andere bückte sich, packte Negris Fußknöchel, riß ihm die Beine weit auseinander. Lazzatti steckte sein Schießeisen ein, öffnete Negris Morgenmantel, richtete sich wieder auf und schaute verächtlich auf ihn herab. »Du mieses Stück Scheiße! Ein Würstchen wie du bildet sich allen Ernstes ein, es könnte Don Angelo mit einem Messer in den Rücken fallen und ungestraft davonkommen!« Negris Augen quollen flehend aus den Höhlen, Lazzatti begegnete diesem Blick, ohne eine Miene zu verziehen, zog ein Springmesser aus der Tasche und drückte auf den kleinen Hebel. Eine lange, scharfgeschliffene Klinge schnellte hervor. Lazzatti beugte sich wieder zu Negri hinab.

Kraftvolle Daumen drückten sich in Negris Kehle, erstickten den Schrei, der sich durch das Klebeband zu kämpfen suchte. Trotz des Gewichts, das sich auf ihn preßte, trotz der Hände, die seine Fußknöchel auseinanderhielten, bäumte sich Ralph Negris ganzer Körper auf, als ihm das Messer zwischen die Beine fuhr. Die Augen drehten sich nach oben, die Lider schlossen sich, sein Körper erschlaffte.

Der Eintreiber, der auf seiner Brust gesessen hatte, stand auf. »Er ist in Ohnmacht gefallen.« Der Mann kniete neben dem reglosen Negri nieder, riß ihm das Klebeband von den Lippen, zwang die Zähne weit auseinander. Lazzatti stopfte den Rest, der von Negris Männlichkeit übriggeblieben war, in den Schlund seines Opfers, dann schlitzte er ihm den Hals von einem Ohr bis zum anderen auf.

Er mußte zurückspringen, um der Blutfontäne auszuweichen. Als sie zu sprudeln aufhörte, beugte er sich wieder hinab und trieb die Klinge in den Magen des Toten. Mit einem Zipfel von Negris Morgenmantel wischte er den Messergriff ab, um die Fingerabdrücke zu entfernen, dann ging er ins Bad und wusch sich die Hände.

Als sie die Wohnung verließen, blieb die Tür offen. Angelo DiMorra wollte, daß Ralph Negri bald gefunden wurde – daß es jeder erfuhr. Einen ehrlichen Gegner ließ man schnell und in Würde sterben. Aber der Tod eines Verräters mußte sein Andenken beschämen.

Angelo DiMorra lief in der Bibliothek seines Landhauses hin und her wie ein Tiger in seinem Käfig, während sein Bruder am Telefon die letzten Neuigkeiten erfuhr.

Mitch drehte sich um und lächelte verkniffen. »Ralph Negri«, sagte er tonlos und brauchte keine weitere Erklärung hinzuzufügen. »Das war eine gute Ausbeute für einen einzigen Tag, Angie. Erst Vince Fargo, dann Negri, Caputo, Shansky, Smitty ...«

»Nicht gut genug«, fiel ihm Angelo DiMorra mit scharfer Stimme ins Wort. Er blieb stehen und starrte Mitch an. »Zum Teufel, wo steckt Vince Fargos kleiner Bruder?«

16.

Tony Fargo saß im Bett des besten Zimmers, das man im Starlite mieten konnte, lehnte am gepolsterten Kopfbrett und rauchte eine Zigarette. Eine achtzehnjährige Blondine mit erstaunlich großen Brüsten kauerte zu seinen Füßen und leckte ihm die Sohlen. Leidenschaftlos beobachtete er sie, während er den Rauch in seine Lungen sog. Sie hob den Kopf und sah, saß sie keine Resultate erzielte. Da kniete sie sich auf das Bett, zog ihm die Beine auseinander, bückte sich tief hinab und begann die Schultern zu bewegen. Ihre Brüste schwangen hin und her, streichelten sanft seine Schenkel und Lenden. Tony blies eine Rauchwolke in die Luft. »Du kannst dir die Mühe sparen. Ich glaube, ich habe genug.«

Sie musterte ihn mit professioneller Miene »Soll ich uns noch zwei Joints rollen?«

Er überlegte kurz, dann schüttelte er den Kopf. »Davon habe ich auch genug.«

»Willst du's mit einem anderen Mädchen versuchen? Wie wär's mit Sandra? Sie ist Spanierin und hat schwarzes Haar. Das wär doch mal eine Abwechslung.«

Tony schüttelte den Kopf. »Die hatte ich letzte Nacht.« Seit zwölf Stunden war er in diesem Zimmer, hatte sich mit drei von Marie Orlandos besten Huren amüsiert und zwischendurch tief und fest geschlafen. Genau das, was der Doktor verschrieben hatte ... Die Anspannung der letzten Tage war von ihm gewichen, und er hatte sich herrlich schlapp und unbeschwert gefühlt. Doch jetzt stieg ein vertrautes Gefühl in ihm auf, das Gefühl, daß er nicht mehr berührt und beschmutzt werden wollte. Er brauchte ein heißes Bad und danach eine kalte Dusche. Dann würde er allein bleiben, bis er sich wieder sauber fühlte. Und wenn es soweit war, konnte er nach Hause gehen, zu Vince und Nella und den Kindern.

Tony drückte die Zigarette aus und schwang die Beine über den Bettrand. »Bring mir was zu essen«, sagte er zu der Blondine. »Vier Spiegeleier, mit der Sonnenseite nach oben, und eine Superportion gebratenen Speck. Und Kaffee, stark und schwarz.«

»Okay, Tony.« Sie stand auf und ging ins Bad, um Wasser in die Wanne zu lassen.

Als sie das Zimmer verlassen wollte, öffnete sich die Tür. Frank Regalbuto kam herein. Entsetzt wich sie zurück, als sie sein verzerrtes Gesicht sah, das getrocknetes Blut auf dem zerrissenen Hemd. Er zeigte mit dem Daumen über die Schulter. »Verschwinde!«

Sie eilte an ihm vorbei, auf den Korridor hinaus. Frank schloß die Tür, und im gleichen Augenblick kam Tony aus dem Bad, ein Handtuch um die Hüften gewickelt. Wie angewurzelt blieb er stehen, als er Frank sah. »Was ist passiert.«

Frank antwortete nicht sofort. Es fiel ihm schwer, Tonys Blick standzuhalten. Als er eine halbvolle Whiskyflasche entdeckte, griff er danach, schraubte den Verschluß ab, nahm einen großen Schluck. Seufzend ließ er sich in einen Sessel fallen, die Flasche immer noch in den Händen, und erzählte Tony, was geschehen war.

Tony tastete nach dem Bett und setzte sich langsam. Ausdruckslos starrte er vor sich hin. Der Schock war so ungeheuerlich, daß er zunächst nicht alles erfassen konnte. Er versuchte sich vorzustellen, daß Vince nicht mehr am Leben war, aber es gelang ihm nicht.

Die Tür flog auf, der Buchhalter und seine Frau stürzten herein, leichenblaß vor Angst. Orlando schloß die Tür, lehnte sich kraftlos dagegen.

»Angelo DiMorra ist wieder da«, stieß Marie Orlando zitternd hervor. »Er war gar nicht krank ... Es war ein Trick ... Er hat uns reingelegt ...«

Der Buchhalter nickte mechanisch. »Er hat gerade angerufen und gefragt, ob ich dich gesehen habe, Tony. Die ganze Stadt macht Jagd auf euch.«

Tonys Gesicht war immer noch ausdruckslos, sein Blick ging ins Leere. »Was hast du ihm geantwortet?« wollte Frank wissen.

Verzweifelt wischte sich Orlando den Schweiß von der Stirn.

»Daß ich ihn informieren würde, wenn ich was von euch höre. Ich habe behauptet, ich hätte euch in letzter Zeit nicht gesehen. Aber ihr müßt von hier verschwinden. Wenn er rausfindet, daß ihr hier wart – und daß ich ihm das verschwiegen habe ...«

Marie starrte ihren Mann wütend an. »Er wird es so oder so rauskriegen, du dummer Bastard! Alle Mädchen wissen, daß die beiden Männer hier sind. Es gibt keine Möglichkeit, sie für immer zum Schweigen zu bringen. Früher oder später wird irgendeine den Mund aufmachen – und dann bringt uns DiMorra um.«

Kalte Todesangst zwang den Buchhalter, blitzschnell zu denken. »Ich kann ihm sagen, daß die beiden hier waren, als ich mit ihm telefonierte, und mich mit ihren Schießeisen bedroht haben. Sobald sie weg sind, rufe ich ihn an und erkläre ihm, warum ich ihn belügen mußte.«

Der Plan gefiel Marie. »Das könnte klappen. Ja, sicher – warum sollte er uns nicht glauben?« Sie wandte sich wieder zu Tony und Frank. »Jedenfalls müßt ihr verschwinden – sofort!«

Frank warf ihr einen kühlen Blick zu. »Ihr beide steckt mit drin – ob ihr wollt oder nicht.«

»Klar, Frank«, stimmte der Buchhalter hastig zu. »Aber es würde weder euch noch uns was nutzen, wenn DiMorra das erfährt. Wenn er es nicht rausfindet, kann ich euch immer noch helfen – zum Beispiel, indem ich den Ausschuß einschalte ...«

Frank überlegte kurz, dann stand er auf und stellte die Flasche auf den Tisch. »Okay. Aber zuerst muß meine Schußwunde auf der Brust verarztet werden. Außerdem brauche ich ein sauberes Hemd und ein Jackett.«

Orlando nickte nervös und öffnete die Tür. »Wir haben alles, was du brauchst – drüben in meinem Zimmer.«

Marie Orlando drehte sich zu Tony um. Er saß immer noch auf seinem Bett und starrte vor sich hin. »Tony!« stieß sie heiser hervor. »Hast du nicht gehört? Du mußt dich anziehen und gehen – auf der Stelle!«

Langsam wandte er den Kopf und sah zu ihr auf. »Geh!« sagte er, ohne die Lippen zu bewegen. Sein Blick jagte ihr einen Schauer über den Rücken.

»Komm, Marie!« drängte der Buchhalter. »Laß ihm ein paar Minuten Zeit, damit er sich zusammenreißen kann.«

Sie verließ das Zimmer, ohne Tony noch einmal anzuschauen. Orlando folgte ihr. Frank blieb an der Tür stehen, eine Hand auf der Klinke. »Tony ... Bist du okay?«

»Mach dir keine Sorgen«, erwiderte er mechanisch, als würde er irgendeinen Text vorlesen, den er nicht ganz begriff. »Ich bin okay.«

»Dann zieh dich an. Die Orlandos haben recht. DiMorra wird bald erfahren, daß wir hier sind.«

»Zuerst muß ich was essen«, sagte Tony mit der gleichen leblosen Stimme wie zuvor. »Vier Spiegeleier mit der Sonnenseite nach oben – knusprig gebratenen Speck ... Dazu starken schwarzen Kaffee ...«

»Ich hol's dir.« Frank ging hinaus und schloß die Tür.

Tony blieb noch eine ganze Weile wie betäubt auf dem Bett sitzen. Dann begann sein Gehirn langsam wieder zu funktionieren. Er stand auf, nahm den Telefonhörer ab, gab der Telefonistin die Nummer von Vincent Fargos Haus.

Eine Frau meldete sich, tränenerstickt. Aber es war nicht Nella.

»Wer spricht?« fragte Tony.

»Annie – Nellas Schwester. Ist das Tony?«

»Ja. Weiß Nella schon Bescheid – über Vince?«

»Ja. Deshalb bin ich ja hier.« Sie begann zu schluchzen.

»Hör zu weinen auf!« befahl er energisch, aber ohne Zorn. »Wenn du heulst, kannst du ihr nicht helfen. Wie geht es ihr?«

»Sie ist jetzt ruhiger. Ich habe ihr ein paar von den Pillen gegeben, die ich immer nehme, wenn ich nicht schlafen kann. Ein Sedativ.«

Tony überlegte, ob er sie bitten sollte, Nella an den Apparat zu holen – doch dann sagte er sich, daß er das jetzt noch nicht verkraften würde. »Wie haben es die Kinder aufgenommen?«

»Sie wissen es noch nicht. Sie haben zwar mitgekriegt, daß was passiert ist – aber nicht, daß ihr Vater ...«

Tony unterbrach sie hastig, um zu verhindern, daß sie wieder zu weinen anfing. »Sag Nella, daß ich okay bin – aber es wird vielleicht eine Weile dauern, bis ich mich mit ihr in Verbindung setzen kann. Sie soll sich keine, Sorgen machen, es wird ihr nichts zustoßen – den Kindern auch nicht. Sag ihr ...« Er machte eine Pause, suchte nach den richtigen Worten. »Sag ihr, daß ich sie liebhabe – sie und die Kinder – und daß ich nach Hause komme, sobald sich die Dinge beruhigt haben.«

»Gut, Tony. Glaubst du, daß sie hierbleiben können? Ist es nicht zu gefährlich?«

»Nein. DiMorra würde sich niemals an ihnen vergreifen.« Er legte auf. Die Vorstellung, daß Nella und die Kinder jetzt ohne Vince weiterleben mußten, brachte ihn auf wilde, verrückte Gedanken, die er nicht analysieren wollte. Er verbannte sie in sein Unterbewußtsein, dann ließ er sich mit Negris Apartment verbinden.

Eine unbekannte Männerstimme meldete sich »Hallo, wer spricht da?«

»Wer sind Sie?« konterte Tony.

»Ein Freund von Ralph.«

»So? Und wo ist Ralph?«

»Er nimmt gerade ein Bad. Wenn Sie mir sagen, wer Sie sind, werde ich ihn fragen, ob er rauskommen und mit Ihnen reden will.«

»Klar«, sagte Tony und legte auf. Er wußte, wie Bullenstimmen klangen. Negri war also auch tot.

Als er das Hauptquartier in der Kelsey Street anrief, ging Augie das Pferd an den Apparat. »Tony! Mann, ich bin froh, daß es dich noch gibt! Weißt du es schon? Ich meine – Vince ...«

»Ja. Sonst noch was?«

»Eine ganze Menge«, erwiderte Augie seufzend, erzählte von der Explosion in der Werkstatt, bei der Smitty ums Leben gekommen war, von dem Mord an Caputo. »Zum Teufel, was ist eigentlich los, Tony? Ich dachte, wenn DiMorra stirbt ...«

»Er stirbt nicht. Das war nur ein Trick. Er hat uns auf den Arm genommen, und jetzt ist er zurückgekommen, um einen Krieg anzufangen.«

»Einen Krieg? Das würde ich nicht als Krieg bezeichnen. Wenn wir Vince und vier von unseren besten Leuten innerhalb von zwei Stunden verlieren – dann ist das ein Massaker.«

»Deine Stimme klingt ja ganz verängstigt.«

»Klar, ich habe auch Angst. Wenn die so weitermachen, beißen wir morgen oder übermorgen alle ins Gras.«

»Nur wenn sie uns finden.« Tony machte eine Pause, dann fügte er leise hinzu: »Du kannst es mir sagen, wenn du aussteigen willst.«

»Du weiß doch, daß ich bei dir bleibe, Tony – immer«, entgegnete Augie das Pferd, ohne auch nur eine Sekunde zu zögern, aber ein bißchen gekränkt.

»Das ist schön – weil ich alle töten werde, die mich verlassen. Egal, wie lange es dauert – letzten Endes werde ich sie töten. Sieh zu, daß sich das rumspricht!«

»Aber Tony! In unserer Gang gibt's keine Verräter.«

Tony wußte, daß das stimmte. Aber er wußte auch, was er ihnen allen beweisen mußte, und zwar so schnell wie möglich: daß die Fargo-Organisation immer noch lebensfähig war. Sonst würde einer nach dem anderen zur Gegenseite überlaufen. »Augie, erinnerst du dich an das Versteck, in dem wir uns vor zwei Jahren verkrochen haben, als wir von den Staatsbullen gesucht wurden?«

»Natürlich. Draußen in ...«

»Sag's nicht!« fiel ihm Tony rasch ins Wort. »Vielleicht ist das Telefon angezapft. Du mußt die Jungs verständigen, die wir noch haben, aber du darfst sie nicht vom Hauptquartier aus anrufen. Geh in eine Zelle. Wir treffen uns alle da draußen. Sag den Jungs, sie sollen aufpassen, daß ihnen niemand folgt. Außerdem brauchen wir alle Schießeisen und die ganze Munition, die du zusammenkratzen kannst.«

»Und das Hauptquartier? Willst du's leerstehen lassen?«

»Ja.«

»Wie lange?«

»So lange es dauert.«

Die Dunkelheit brach herein, als die Telefone im Domizil Hal Johnsons klingelten, des Lottokönigs im schwarzen Ghetto. Er bewohnte den ganzen obersten Stock des besten Hotels in seinem Ghetto. Die Suite bestand aus zahlreichen Räumen, und in jedem war ein Telefon installiert. In dem Zimmer, das er sich als Büro eingerichtet hatte, gab es zwei Anschlüsse. Beide begannen gleichzeitig zu läuten. Johnson nahm den einen Hörer ab, sein Neffe, der als sein Chief Lieutenant fungierte, den anderen.

Die Mitteilung, die aus Johnsons Hörer drang, versetzte ihn in mörderische Wut.

Soeben waren zwei bewaffnete Weiße in seine größte Lottobank eingedrungen, hatten seinen tüchtigsten Buchhalter erschossen und mit zwanzigtausend Wettscheinen sowie vierzehntausend Dollar das Weite gesucht. Er warf den Hörer auf die Gabel und sah, daß sein Neffe immer noch den Hörer des anderen Apparats in der Hand hielt und ihn ängstlich anstarrte. »Hal – es ist Tony Fargo ...«

Hal Johnson blinzelte. Dann zwang er sich zur Ruhe, griff nach dem Hörer, überlegte blitzschnell. Nachdem er tief Atem geholt hatte, sagte er mit beherrschter, gelassener Stimme: »Hallo, Tony! Wie geht's, wie steht's?«

»Immer besser. Aber mit dir geht's anscheinend bergab. Zu schade um die vierzehntausend Dollar ...«

»Du Hurensohn!« explodierte Johnson. »Dafür wirst du mit dem Leben bezahlen!«

»Zuerst mußt du mich finden«, entgegnete Tony gleichmütig. »Und stell dir mal vor, wie viele von deinen Lottobanken ausgeräumt werden können, während du mich suchst. Es sei denn, du hörst auf, DiMorra mit Soldaten zu versorgen. Du müßtest neutral bleiben.«

Johnson hatte sich schon wieder beruhigt, fuhr aber mit gespielt zorniger Stimme fort: »Wovon redest du, zum Teufel? Wer sagt, daß ich nicht neutral bin?«

»Sam Zutti.«

Johnson fröstelte leicht. »Zutti?«

»Allerdings. Der Bursche, der meinen Bruder in diesen Hinterhalt gelockt hat. Wir haben uns vor zwei Stunden ein bißchen unterhalten.«

Johnson schwieg eine Weile. Dann murmelte er: »Ich will die vierzehntausend wiederhaben, Tony.«

»Nein. Wir können diese Summe als Anzahlung auf die Entschädigung betrachten, die du uns noch schuldig bist. Du weißt doch sicher noch, daß du die Fargo Construction Company demoliert hast. Die Restsumme will ich vergessen, wenn du dich von DiMorra trennst. Wenn nicht ... Dein Unternehmen ist profitabel, Hal, aber äußerst anfällig. Wenn du bei DiMorra bleibst, würde dich das teuer zu stehen kommen – teurer, als du's dir leisten kannst. Verlaß ihn, und wenn er tot ist, mußt du ihm keine Prozente mehr zahlen.«

»Ich weiß nicht, warum dir Zutti diesen Unsinn erzählt hat«, erwiderte Johnson vorsichtig. »Das ist alles nicht wahr. Ich habe nichts mit DiMorras Krieg zu tun. Gar nichts.«

»Sehr gut. Denn wenn du dich anders besinnst, könntest du viel mehr verlieren als dein Geld und deine Lottobanken. Geh mal runter und schau in den schwarzen Lieferwagen, der vor deinem Hotel parkt. Dann wirst du verstehen, was ich meine.« Tony Fargo legte auf.

Der Lieferwagen stand im Parkverbot. Ein Bulle hatte bereits einen Strafzettel unter einen Scheibenwischer gesteckt. Hal Johnson öffnete die Heckklappe. Auf der Ladefläche lag etwas – unter einem Wachstuch. Johnson stieg hinein und zog das Tuch weg.

Der Inhalt seines Magens stieg durch seine zusammengekrampfte Kehle nach oben, füllte seinen Mund, als er auf den nackten Körper starrte. Die Gliedmaßen und der Kopf waren mit einer Axt abgehackt, alle vier Glieder in drei Stücke zerteilt worden.

Als Johnson sich hastig umwandte, um aus dem Wagen zu springen, stieß sein Fuß gegen den Kopf, der auf die Straße fiel und davonrollte, bis er am Gehsteigrand liegen blieb, mit verzerrten Lippen, die sich zu einem stummen Schrei öffneten, und verdrehten, vorquellenden Augen.

Der Kopf war einmal ein Teil von Sam Zutti gewesen.

Joe Green saß in seinem Büro in der obersten Etage seiner Textilfabrik und zählte schwitzend das Geld, das er Dave Lewis über den Schreibtisch zuschob. Achthundert Dollar. Fünfhundert mußte er wöchentlich an Bud Riley zurückzahlen, und die Zinsen beliefen sich auf dreihundert.

Dave Lewis war der kleinste von Rileys Eintreibern. Die großen kamen nur, wenn man nicht pünktlich zahlte.

»Ich mußte mir was von meinem Schwiegersohn leihen«, sagte Green. »Die Geschäfte gehen so schlecht. Das weiß doch jeder.«

Lewis nickte, während er das Geld nachzählte. »Klar. Deshalb kannst du auch keinen Bankkredit aufnehmen.« Er stand auf und steckte das Geld ein. »Also, bis nächste Woche.«

»Ich weiß nicht, wie ich nächste Woche das Geld zusammenkratzen soll«, jammerte Green. »Sag Riley, er soll mir einen Monat Zeit geben. Dann fängt die neue Saison an, und der Umsatz wird wieder steigen.«

»Das würde deine Zinsen verdoppeln«, wandte Lewis ein.

»Ich weiß«, sagte Green unglücklich. »Aber was soll ich sonst machen?«

»Okay, ich werde Riley mal fragen.« Das waren recht gute Aussichten. Wenn Green nicht zahlen konnte, würde man ihn vor die Wahl stellen – entweder wurde er auseinandergenommen, oder er mußte den Großteil seines Betriebs einem stillen Teilhaber überschreiben: Riley. »Ich sag' dir morgen Bescheid.«

Lewis verließ Greens Büro und schloß die Tür. Stilles Dunkel erfüllte das Gebäude. Die Angestellten waren schon längst nach Hause gegangen. Die Liftkabine hielt immer noch im obersten Stockwerk, denn er hatte die Tür nicht zugemacht, nachdem er heraufgefahren war.

Er stieg in den Aufzug, wollte die Tür schließen, doch da sprang Jorge Garcia hinter ihm herein, preßte eine Hand auf Lewis' Mund, während die andere ein Messer zwischen seine Rippen stieß.

Garcias Hand erstickte den Schrei seines Opfers. Lewis' Knie gaben nach, langsam sank er zu Boden. Garcia riß das Messer aus der Wunde, stach es in Lewis' Magen, drehte die Klinge mit einer blitzschnellen Handbewegung nach oben. Blut floß auf den Boden der Liftkabine. Garcia kauerte sich neben Lewis, setzte die Messerspitze zwischen zwei Rippen an, direkt über dem Herzen. Dann bohrte er die Klinge ins Fleisch, bis zum Heft, stützte sich mit seinem ganzen Gewicht darauf.

Nach einer Weile zog er das Messer heraus und wischte es an Lewis' Ärmel ab, klappte es zusammen und steckte es ein. Auch die achthundert Dollar steckte er ein. Außerdem fand er in Lewis' Taschen noch vier Hunderter und zweihundert in der Brieftasche. Dieses Geld nahm er ebenfalls an sich. Er richtete sich auf, verließ den Aufzug, ging zu Greens Büro und öffnete die Tür.

Green saß immer noch hinter dem Schreibtisch. Er goß gerade Bourbon in ein Wasserglas.

»Rufen Sie Riley an«, sagte Garcia, »und erzählen Sie ihm, daß in Ihrem Lift ein Geschenk für ihn liegt – zur Erinnerung an Vince Fargo.« Er warf die Tür zu und rannte die Treppe hinab.

Langsam kam Johnny Tresca zu sich, aber er öffnete die Augen noch nicht. Das erste, was er spürte, war ein dumpfer Schmerz im Hinterkopf. Dann merkte er, daß er nackt war und auf einem kalten Boden lag, die ausgestreckten Arme und Beine an Pfähle gefesselt. Da kehrte die Erinnerung zurück – der Anruf von Mitch, der ihm geraten hatte, sein Apartment nicht zu verlassen, weil die Fargo-Gang ihren Rachefeldzug bereits begonnen hätte – und solange man sie nicht finden könnte, wäre es zu gefährlich, allein in der Stadt herumzulaufen ... Dann – in der Tiefgarage, unter dem Apartmenthaus ... Er hatte die Tür seines Wagens geöffnet, da war irgend etwas auf seinen Kopf herabgesaust – von hinten ... Eine Hand schlug ihn unsanft ins Gesicht. »Wach auf, Johnny!«

Er riß die Augen auf. Offenbar lag er auf einer Lichtung, irgendwo in den Wäldern. Zweige hingen über ihm, dazwischen konnte er den bewölkten Nachthimmel sehen. Tony Fargo hockte neben ihm, Frank Regalbuto auf der anderen Seite. Das Licht einer Laterne, die im Gras stand, fiel auf ihre Gesichter.

»He ...« Seine schwache Stimme klang wie eine rostige Türangel. »Was soll das?«

»Du hast uns reingelegt, Johnny«, erwiderte Tony Fargo.

»Du hast mich in eine tödliche Falle gelockt«, fügte Frank hinzu.

»Durch deine Schuld ist mein Bruder gestorben«, fuhr Tony fort. »Und Irish Fagin. Und Henry Shansky.«

»Das ist eine Lüge!« krächzte Johnny und zerrte vergeblich an den Fesseln, die seine Handgelenke und Fußknöchel umspannten. »Es ist nicht wahr! Ich kann nichts dafür – das schwöre ich euch!«

Frank schlug ihn noch einmal ins Gesicht. »Ich war dabei, als du Vince mit diesem Anruf eingeseift hast – und als ihn die Bastarde, die du auf ihn gehetzt hattest, auf der Straße abknallten, wie einen Hund.«

»Weißt du, was mit Betrügern passiert?« fragte Tony leise.

»Ich konnte nicht anders ... Sie haben mich dazu gezwungen ... Sie haben rausgefunden, daß ich auf eurer Seite war ... Sie hätten mich getötet, wenn ich nicht ...«

»Das werden wir jetzt tun.« Tony griff nach einer vollen Weinflasche.

»Wartet – so hört doch – ich kann euch immer noch helfen«, sprudelte Tresca hervor. »DiMorra vertraut mir. Ohne meine Hilfe kommt ihr niemals an ihn ran. Sein Landhaus ist von *soldati* und Bullen umstellt … Aber ich könnte ihm sagen, ich hätte euch gefunden und umgebracht. Dann wird er denken, daß er gefahrlos rauskommen kann …«

»Er würde dir niemals glauben«, unterbrach ihn Frank. »Niemand glaubt einem verräterischen, quiekenden Schwein.«

Sorgfältig zog Tony den Korken aus der Flasche und warf ihn weg. Dann neigte er die Flasche, ein paar Tropfen fielen auf Trescas nackte Brust.

Tresca brüllte vor Schmerzen. Die Flasche enthielt keinen Wein, sondern Schwefelsäure. Rauchsäulen stiegen aus den winzigen schwarzen Löchern in Johnny Trescas Haut. »Nicht!« kreischte er. »Bitte! Ich kann euch helfen …« Sein Gestammel wurde unverständlich, als Tony weitere Tropfen auf den bebenden, sich windenden Körper fallen ließ.

Die Flasche war noch zu drei Viertel voll, als Tresca das Bewußtsein verlor. Frank schraubte eine kleine Ammoniakflasche auf und hielt sie ihm unter die Nase, schlug mit dem anderen Handrükken auf seine Wange. Trescas Nasenflügel zuckten, er riß die Augen auf.

Tony träufelte ihm Schwefelsäure ins Gesicht, ein paar Tropfen trafen die Augen. Tesca riß den Mund weit auf, stieß ein gellendes Heulen aus. Frank griff nach einem Trichter, schob ihn zwischen Trescas Zähne. Verzweifelt warf der Gefangene den Kopf hin und her, während er versuchte, den Trichter mit der Zunge hinauszustoßen. Aber Frank packte ihn an den Ohren, hielt ihn fest.

Tony goß den Rest aus der Weinflasche in den Trichter.

So hatte jene Nacht begonnen. Bevor der Tag anbrach, gingen drei Bowling-Bahnen und zwei Restaurants, die Angelo DiMorra gehörten, in Flammen auf. Molotow-Cocktails hatten das Feuer entfacht. Vier seiner großen Speditionslaster wurden mit Dynamit in die Luft gejagt. Zwei seiner Buchmacher wurden von Schrotladungen zerfetzt, als sie in einer Bar saßen. Und ein Eintreiber wurde tot in seinem Bett gefunden, mit einer Klaviersaite erdrosselt.

16.

Um sieben Uhr morgens ging Angelo DiMorra in eines der Badezimmer im Erdgeschoß seines Landhauses und schluckte eine winzige Nitroglycerinpille. Dann setzte er sich auf die Toilette und wartete, bis das schmerzhafte Hämmern seines Herzens nachließ. Auch sein Magen machte ihm zu schaffen. Der Arzt hatte ihm erklärt, es sei sehr wichtig, daß er jeden Morgen ordentlich frühstückte. Aber er hatte nur ein bißchen Kaffee hinunterwürgen können.

Er stand auf, betrachtete sein Gesicht im Spiegel des Badezimmerschranks. Die dunklen Schatten unter seinen Augen, Zeugen einer schlaflosen Nacht, ängstigten ihn. Aber seine Miene verriet keine Furcht, als er das Badezimmer verließ.

Joe Lucci stand im Wohnzimmer und telefonierte. Als er DiMorra sah, legte er hastig eine Hand über die Sprechmuschel. »Schon wieder Ruby Dunne. Sie weint.«

»Ich bin nicht da«, sagte DiMorra und ging in die Bibliothek.

Er sah keine Ironie in der Tatsache, daß er nicht mehr an dem Mädchen interessiert war, das diesen Krieg ausgelöst hatte. Er wußte nur zu gut, daß sie nicht der eigentliche Grund gewesen war. Der wirkliche Grund war der Machthunger der jungen Männer, die ihn entthronen wollten. Auch ohne Ruby Dunne hätten sie früher oder später einen Anlaß gefunden, ihn anzugreifen. Er mußte das alles möglichst schnell hinter sich bringen.

Mitch, Riley, Lazzatti und der Buchhalter erwarteten ihn in der Bibliothek. Mitch legte gerade den Telefonhörer auf und sah seinen Bruder grimmig an. »Angie, man hat Johnny gefunden. In einer Mülltonne in der Summer Street. Sie haben ihn mit Schwefelsäure traktiert – am ganzen Körper – auch innen ...«

Angelo DiMorra setzte sich in den ledernen Drehstuhl hinter seinem Schreibtisch. Wenn ihm der grausige Tod seines Schwiegersohns naheging, so zeigte er es nicht. »Man braucht nur zwei Männer aufzuspüren, um diesen Terror zu beenden. Antonio Fargo und Francesco Regalbuto. Sie müssen sich irgendwo in der Stadt verstecken – oder in der Nähe. Findet sie! Tötet sie!«

»Ich habe gestern abend alle unsere Leute verständigt«, sagte Pete Lazzatti. »Heute wird jedes Mitglied unserer Familie nach den beiden fahnden. Wir grasen alle Straßen ab, befragen alle Stadtbewohner – wir werden sie finden.«

Angelo DiMorra sah seinen Bruder an. »Sind die Telefone angezapft?«

Mitch nickte. »Im Fargo-Haus, im Regalbuto-Haus. In allen Häusern, die zu den Familien gehören.«

»Sie können nicht immer wieder aus ihrem Versteck kommen, um zuzuschlagen«, meinte der Buchhalter. »Früher oder später wird man sie beobachten. Meine Leute haben sich ebenfalls auf die Suche gemacht.«

Angelo DiMorra wandte sich zu ihm. »Es wäre mir eine besondere Freude, wenn du sie finden würdest. Dann könnte ich dir wieder trauen.«

Das Blut stieg in Orlandos Wangen. »Ich habe dir doch gesagt, daß sie mich während unseres Telefongesprächs mit ihren Schießeisen bedrohten, Angelo ...«

»Das hast du mir gesagt«, stimmte DiMorra zu. »Und wenn du sie mir ans Messer lieferst, werde ich dir glauben.«

Der Buchhalter wollte protestieren, besann sich aber anders und sagte mit belegter Stimme: »Ich werde mein Bestes tun, darauf kannst du dich verlassen.«

DiMorra musterte ihn mit kalten, dunklen Augen, bis Riley zu sprechen begann. »Während wir nach ihnen suchen, könnten wir ihnen zumindest teilweise mit gleicher Münze heimzahlen, was sie uns angetan haben. Wenn wir ihre Werkstätten und Gebrauchtwagengeschäfte anzünden ...«

DiMorra hatte bereits über diese Möglichkeit nachgedacht und sie als ungeeignet verworfen. Aber weil er Riley gegenüber nicht unhöflich sein wollte, tat er so, als würde er überlegen, dann schüttelte er den Kopf. »Nein. Wir haben ohnehin schon zu wenig *soldati*. Ein Teil der Leute bewacht unsere Geschäftsgebäude, andere suchen nach unseren Feinden. Während sie eine Werkstatt unserer Gegner demolieren, könnten Fargo und Regalbuto zehn von meinen Betrieben und Immobilien hochgehen lassen. Wir müssen uns darauf konzentrieren, weiteren Schaden abzuwenden – bis die zwei aus dem Weg geräumt sind.«

Während er gesprochen hatte, war Lucci hereingekommen. Zögernd schlug er vor. »Es wäre vielleicht ratsam, eine Belohnung auszuschreiben, Don Angelo. Unsere eigenen Leute helfen Ihnen natürlich aus alter Freundschaft. Aber die Leute, die nicht zu uns gehören, könnten wir kaufen.«

DiMorra schenkte seinem Leibwächter ein schwaches Lächeln. »Kannst du meine Gedanken lesen?«

Lucci errötet beinahe. »Nun – ich bin schon so lange in Ihrer Nähe ...«

DiMorras Lächeln erstarb, als er die Gesichter der anderen der Reihe nach betrachtete. »Fünftausend Dollar für den Mann, der uns zu Fargo führt. Dieselbe Summe für Fank Regalbuto. Tausend für jeden ihrer *soldati*. Zehntausend für den, der einen der beiden Anführer tötet. Zweitausend für jeden toten Fargo- oder Regalbuto-Anhänger.«

Pete Lazzatti stieß einen leisen Pfiff aus. »Das ist eine ganze Menge.«

DiMorra nickte. »Aber damit kaufen wir die Kooperation zahlloser Leute.«

»Zweifellos«, stimmte der Buchhalter zu. »Deine Feinde sind so gut wie tot, Don Angelo.«

»Es sei denn, sie verlassen den Staat«, warf Mitch ein.

»Auch dann werde ich sie aufspüren.« Angelo DiMorra sah seinen Bruder an. »Du leitest die Fahndung von meiner Fracht-Gesellschaft aus. Sobald du im Büro der Majestic Freight angekommen bist, darfst du es nicht mehr verlassen, bis alles vorbei ist. Es wäre zu gefährlich. Und stell genügend Wachtposten rings um das Haus auf, auch in den umliegenden Gebäuden – für den Fall, daß sie einen Anschlag auf dich planen.«

»Ich wette, daß ein paar von den Fargo-Jungs bald ihre Fühler ausstrecken werden, um zu sondieren, ob sie sich auf unsere Seite schlagen könnten«, meinte Riley. »Was sollen wir dann machen?«

»Jeder, der zu uns stoßen wird, kann meiner immerwährenden Dankbarkeit und Protektion sicher sein«, antwortete DiMorra.

»Ich werde sie alle mit offenen Armen aufnehmen. Aber«, fügte er langsam hinzu, »nicht Fargo und Regalbuto. Für die beiden gibt es kein Zurück mehr.« Er lehnte sich in seinem Sessel zurück und sprach im Dialekt seiner sizilianischen Jugend die Worte, mit denen die Mafia-Dons ihre Feinde schon seit vielen Jahrzehnten in den Tod sandten. »Nehmt diese Steine von meinem Schuh.«

Zwei Tage lang geschah nichts. Absolut nichts.

Mitch DiMorra war in das Gebäude der Majestic Freight Handling Company übersiedelt und hatte es in eine Festung verwandelt. Männer kamen und gingen, die Telefone standen nicht still. Man folgte unzähligen Spuren, die alle ins Nichts führten.

Es schien unmöglich zu sein, daß Fargos-Gang unauffindbar blieb, obwohl so viele Leute nach ihr suchten. Auch die Polizei hatte sich in die Fahndung eingeschaltet, denn man hatte sie wissen lassen, daß die Fargo-Gang nicht mehr unter politischem Schutz stand und für den Terror verantwortlich war, der die Stadt heimgesucht hatte.

Zwei Tage lang ließ sich kein einziger von Fargos Anhängern blicken. Niemand hatte von ihnen gehört oder auch nur gerüchteweise vernommen, wo sie stecken könnten. Zwei Tage lang verübten sie keine Anschläge auf die DiMorra-Familie oder deren Geschäftsgebäude. Sie waren wie vom Erdboden verschwunden.

Am späten Abend des zweiten Tages stand Frank Regalbuto auf einer selten benutzten Landstraße, sechzehn Meilen außerhalb der Stadt, neben seinem Auto und wartete. Als ein anderes Fahrzeug aus der Richtung des Highways kam, blieb Frank stehen. Es war der erste Wagen, den er sah, seit er vor fünfunddreißig Minuten am Straßenrand Stellung bezogen hatte.

Das Auto hielt neben ihm, zwei Männer stiegen aus. Beide waren klein und untersetzt, in mittleren Jahren, hatten kantige, zerfurchte Gesichter. Der eine war Dominic Russo, ein Vetter von Franks Mutter, der andere Joe Saltis, Nella Fargos Onkel. Russo managte im Bordellviertel ein billiges Hurenhaus für die Bruno-Familie. Saltis hatte für die DiMorra-Familie als Eintreiber gearbeitet, hatte sich aber wegen seiner Arthritis fast ganz aus dem Berufsleben zurückgezogen.

Sie schüttelten Frank die Hand, dann setzten sich die drei Männer ins Gras und warteten. Fünf Minuten später trat Tony Fargo hinter ihnen aus einem dichten Gestrüpp. Er setzte sich zu ihnen und legte sein Gewehr neben sich. Sie unterhielten sich fast eine Stunde lang. Als sie dann aufstanden, umarmten sie sich freundschaftlich.

»Wir sind bereit, wenn ihr uns ruft«, sagte Russo.

Saltis nickte. »Ich glaube, daß noch andere zu euch kommen werden. Angelo DiMorra hat sich viel zu lange die größten Stücke vom Kuchen abgeschnitten.«

»Seht vor allem zu, daß die beiden Männer bereit sind, die wir brauchen«, bat Tony.

»Die Sache mit der Abwasseranlage ist kein Problem«, meinte Saltis. »Ich habe einen weitschweifigen Verwandten, der für das Kanalisationsamt arbeitet. Er gehört zwar zu keiner Organisation, aber er wird mir die benötigten Informationen geben, um mir einen Gefallen zu tun.«

»Es dürfte auch nicht allzu schwierig sein, einen Sprengstoffexperten zu finden«, sagte Russo. »In dieser Branche gibt es eine ganze Menge tüchtiger Leute.«

»Wir brauchen einen, auf den wir uns verlassen können«, betonte Frank.

Russo lächelte. »Mit einem Schießeisen im Rücken spurt jeder – außerdem dauert es ja nur zwei Stunden.«

Saltis und Russo kletterten wieder in ihr Auto und fuhren zum Highway. Frank und Tony warteten ein paar Minuten, dann stiegen sie in ihren Wagen und entfernten sich in die entgegengesetzte Richtung.

Es war dunkel, als sie auf einem Parkplatz neben einem Rasthaus hielten. Sie stiegen nicht aus. Nachdem sie einige Sekunden lang nervös gewartet hatten, ihre Revolver in den Händen, kam Polish George aus den Büschen am Rand des Parkplatzes hervor und stieg in den Fond. »Alles okay. Er ist vor zehn Minuten gekommen – allein.«

Tony legte sein Schießeisen auf die Knie und sah auf seine Armbanduhr. »Noch drei Minuten.«

Genau drei Minuten später verließ der Buchhalter das Rasthaus. Nervös blickte er sich um, bevor er zu dem Wagen herübereilte und zu Polish George in den Fond kletterte. Sein Gesicht verzerrte sich vor Furcht. »Ich hätte nicht kommen sollen. Wenn DiMorra herausfindet, daß ich mich mit euch getroffen habe ...«

Tony fiel ihm ins Wort. »Wir brauchen das Geld, das du uns versprochen hast.«

Frank nickte. »Ich habe mit Genua telefoniert. Der Freund meines Vaters hat den Stoff, aber ich muß noch den Rest dafür bezahlen. Von der Bank kann ich nichts abheben. Dort hat DiMorra sicher seine Leute postiert.«

Als der Buchhalter wieder an DiMorra denken mußte, begann er zu zittern. »Vielleicht solltet ihr lieber warten, bis alles vorbei ist ...«

»Das geht nicht!« stieß Tony hervor. »Wir brauchen mehr Männer, um DiMorras Streitkräften standzuhalten, und die müssen wir bezahlen. Wenn wir den Stoff aus Italien haben, können wir uns eine Riesenarmee leisten – und du wirst reich.«

Habgier und Angst kämpften in Orlando. »Ich weiß nicht recht ...«

»Du hast es versprochen«, erinnerte ihn Tony und lächelte sanft.

Der Buchhalter schaute ihm in die Augen, sah rasch wieder weg, und eine neue, noch intensivere Furcht krampfte ihm den Magen zusammen. »Okay«, stimmte er mit schwacher Stimme zu.

»Morgen früh«, sagte Frank.

Der Buchhalter fühlte sich plötzlich sehr müde. »Okay«, wiederholte er mechanisch.

Russo und Saltis waren hungrig, als sie an diesem Abend in die Stadt zurückkehrten. Sie besuchten ein Fischrestaurant und verspeisten genüßlich ein ausgezeichnetes Menü. Als sie zu ihrem Auto hinausgingen, begegnete ihnen ein junger Gangster.

Russo blieb auf dem Gehsteig stehen und drehte sich zu dem Lokal um, das der junge Mann inzwischen betreten hatte. »War das nicht Billy Rio?«

Saltis nickte. »Einer von DiMorras neuen Revolverschwingern. Mieser Anfänger.«

Sie stiegen in ihren Wagen und wechselten einen Blick. Dann fragte Russo eifrig. »Was denkst du?«

Saltis dachte nach. »Ich weiß nicht.« Er stieg aus, schlenderte zu dem Lokal zurück und spähte durch die Glastür. Als er wieder ins Auto kletterte, berichtete er. »Er sitzt am ersten Tisch. Es wäre ein Kinderspiel. Und da drin kennt uns niemand.«

Russo grinste. »Also – warum nicht?« Er griff nach hinten, und zog eine abgesägte Schrotflinte unter einer Decke hervor, die auf dem Rücksitz lag. Saltis öffnete das Handschuhfach und entnahm ihm einen .32er.

Billy Rio hatte gerade sein Essen bestellt und zündete sich eine Zigarette an, als Russo und Saltis hereinkamen. Sie brauchten nicht weit zu gehen. Zwei Schritte – und die Geschosse aus der Schrotflinte und dem Revolver bohrten sich in Rio. Sein Oberkörper fiel halb über den Tisch, der krachend umstürzte und ihn mit sich zu Boden riß. Eine Frau schrie, aber niemand machte Anstalten, hinüberzukommen und nach dem toten Gangster zu sehen, bis Russo und Saltis in ihr Auto gestiegen und davongefahren waren.

Die Zeugen konnten die Killer nur vage beschreiben, und so war es unmöglich, sie zu identifizieren. Alles, was die Hauptinteressenten den Beschreibungen entnehmen konnten, war die Tatsache, daß beide Männer zu alt waren, um zu den Überlebenden in Fargos-Gang zu zählen.

Und dies war der erste Hinweis darauf, daß sich auch andere Unzufriedene zu Tony Fargo gesellten.

Am nächsten Tag passierte nichts.

Erneut drang der Befehl, die Gesuchten endlich zu finden, aus Angelo DiMorras ländlicher Festung.

Die Fargo-Gang hatte sich anscheinend entschlossen, einen Nervenkrieg zu führen. Aber DiMorra änderte seine Taktik nicht, obwohl sie bis jetzt nicht funktioniert hatte. Dies war das erste Anzeichen dafür, daß er *wirklich* alt wurde.

Niemand sah Frank Regalbuto an jenem Abend, als er zur nächsten Stadt mit einem internationalen Flughafen fuhr und in eine Maschine nach Italien stieg.

Aber am nächsten Tag erblickte Sidney Franklyn, ein kleiner Dieb, Diego Sabatini und Feigen, den Juden.

Franklyn wurde zur Zeit vom Pech verfolgt. Er hatte bei Pferderennen verloren – und außerdem den Nerv, umständliche Vorbereitungen für einen erfolgreichen Einbruch zu treffen. Deshalb wohnte er in einem winzigen Zimmer über dem Restaurant seiner Schwester am Stadtrand. Er arbeitete als Tellerwäscher, um für Kost und Quartier zahlen zu können.

An jenem Nachmittag rieb er gerade Wundsalbe auf seine rissigen Hände, als er durch das kleine Fenster in der Schwingtür blickte, die das Lokal von der Küche trennte. Und da sah er Sabatini und Feigen an der Theke sitzen.

Franklyns Herz setzte sekundenlang aus, und er sprang rasch nach hinten, damit sie ihn nicht sahen. Und dann stand er vor dem dampfenden, mit heißem Wasser gefüllten Spülbecken, in das er die schmutzigen Teller geschichtet hatte, und seine Gedanken überschlugen sich. Damit könnte er eine ganze Menge Geld verdienen ... Sein erster Impuls war, zum Telefon zu laufen und DiMorras Hauptquartier in der Stadt anzurufen. Wenn man DiMorras Jungs auf zwei Fargo-Gangster hetzte, konnte man zweitausend Dollar verdienen. Und das war eine Riesensumme, angesichts der prekären Lage, in der sich Franklyn befand.

Aber sie war nur ein Almosen – verglichen mit dem Vermögen, das man einstreifen würde, wenn man das Versteck der Fargo-Gang fand.

Franklyn beschloß, das ganz große Geld zu machen, nahm seine Schürze ab und ging ins Wohnzimmer seiner Schwester, das hinter dem Lokal lag. Er trat ans Fenster, das an der Seitenfront des Hauses lag, und schaute durch den Vorhang auf den Parkplatz.

Er mußte sehr lange warten – fast zwanzig Minuten, bis Sabatini und Feigen auftauchten. Sie stiegen in ihr Auto und fuhren nach Osten. Franklyn rannte zu seinem Ford hinaus, den er gebraucht gekauft hatte und der nur noch aus einem einzigen Grund ihm gehörte – das Kreditinstitut hatte ihn noch nicht aufgespürt. Er steuerte den Wagen vom Parkplatz, raste mit Höchstgeschwindigkeit die Straße nach Osten entlang, bis er das Fargo-Auto vor sich sah. Da verlangsamte er das Tempo und folgte den beiden Gangstern in größerem Abstand – zuerst auf den Highway, dann auf eine Landstraße.

Sabatini und Feigen entfernten sich immer weiter von der Stadt und schließlich bogen sie in eine schmale Sandstraße. Da drosselte Franklyn das Tempo noch mehr, ließ ihnen einen großen Vorsprung.

Als er das Fargo-Auto nicht mehr sehen konnte, fuhr er ein wenig schneller um die zahlreichen Kurven, verringerte die Geschwindigkeit erneut, als er es wieder erblickte. Nach einer Weile verließ es die Sandstraße, folgte einem überwachsenen Weg, der in ein dichtbewaldetes Gebiet führte. Franklyn fuhr an dem Weg vorbei, ließ den Ford nach hundert Yards stehen, stieg aus und eilte in den Wald.

Was er da tat, jagte ihm größere Angst ein als alle Einbruchsdiebstähle, die er jemals verübt hatte. Aber er dachte immer wieder an eine fantastische Chance – fünftausend Dollar für Tony Fargo ...

Noch mal fünftausend für Frank Regalbuto. Tausend für jeden ihrer Gangster. Und wenn er DiMorras Leute zu der ganzen Gang führte, würde man ihm die schwindelerregende Summe von sechzehntausend Dollar überreichen ...

Er lief weiter, bis er den Weg sehen konnte, und folgte ihm, blieb aber im schützenden Schatten der Büsche und Bäume.

Plötzlich blieb er stehen, duckte sich und lauschte angespannt. Da hörte er es wieder – Schritte kamen auf ihn zu. Mit heftig klopfendem Herzen kroch Franklyn tiefer in das Dickicht hinein, legte sich flach auf den Bauch. Die Schritte näherten sich. Er preßte das Gesicht in die Erde, biß die Zähne zusammen, um das Geräusch seines keuchenden Atems zu dämpfen.

Die Schritte gingen an ihm vorbei, zermalmten trockene Blätter und Zweige, ohne ihren langsamen Phythmus zu unterbrechen. Franklyn wartete, bis er sie nicht mehr hören konnte, dann richtete er sich auf Hände und Knie auf. Vor Angst zitterte er am ganzen Körper. Am liebsten wäre er zu seinem Auto zurückgekehrt – doch dann dachte er wieder an die sechzehntausend Dollar ...

Er kroch weiter durch die Büsche und hielt an, als er eine kleine Lichtung an einem schmalen Bach vor sich sah. Ein einstöckiges Holzhaus stand am Ufer und erweckte den Anschein, als wäre es seit Jahren nicht mehr bewohnt worden. Niemand war zu sehen. Aber das Auto, dem er gefolgt war, parkte hinter dem Haus, neben zwei anderen.

Die Vordertür, die mit einem Gitterfenster versehen war, öffnete sich knarrend, und Franklyn duckte sich noch tiefer, während er beobachtete, wie ein mittelgroßer, kräftig gebauter Mann auf die Veranda trat. Er sah aus wie Tony Fargo. Nun streckte er sich und schaute sich um. Franklyn blinzelte, um das Gesicht deutlicher erkennen zu können, als der Mann in einen Schaukelstuhl sank und sich eine Zigarette anzündete.

Es gab keinen Zweifel – das war Tony Fargo.

Er kroch zwischen den Büschen zurück, bis er von der Lichtung aus nicht mehr gesehen werden konnte, dann richtete er sich auf und rannte zur Straße zurück. Sein Auto stand immer noch da, ringsum ließ sich keine Menschenseele blicken. Er setzte sich ans Steuer, wendete in einer engen U-Kurve und raste zur Stadt zurück.

18.

Sie kamen bei Nacht. Fünfzehn Männer in drei Autos. Joe Lucci steuerte das erste, Pete Lazzatti das letzte. Abgesehen von den Revolvern, die alle fünfzehn Mann bei sich trugen, war jeder mit einem Gewehr oder einer Maschinenpistole bewaffnet. Kurz nachdem die Autos in die schmale Sandstraße gebogen waren, hielten sie an, ziemlich weit von dem Waldweg entfernt, der zum Fargo-Versteck führte. Die fünfzehn Männer stiegen aus und gingen lautlos die Straße entlang.

Vorsichtig bewegten sie sich voran, wie Soldaten auf einer gefährlichen Patrouille, stets gefaßt auf einen Hinterhalt. Lucci führte die Hälfte der Truppe, die im Gänsemarsch durch die Nacht eilte, an der einen Straßenseite durch den Schatten der Bäume, Lazzatti die zweite Hälfte an der anderen. Jeder Mann hielt seinen Revolver in der Hand, den Finger am Abzug.

Als sie den Waldweg erreichten, blieben Lucci und Lazzatti stehen, um eine geflüsterte Lagebesprechung abzuhalten. Dann führte Lucci seine Männer in das Dickicht an der einen Seite des Weges, Lazzatti tauchte in die Büsche an der anderen, gefolgt von seinen Leuten.

Verborgen im Gestrüpp an der gegenüberliegenden Straßenseite, hatte Tony Fargo ihren Abmarsch beobachtet, mit schmalen, glitzernden Augen. Mit beiden Händen umfaßte er eine Schrotflinte mit halbautomatischem Nachladegeschoß. Er hatte lange warten müssen – aber es hatte sich gelohnt.

Es war richtig gewesen, Feigens Überzeugung ernst zu nehmen, daß ihn irgend jemand bis zu dem Versteck verfolgt hatte, als er mit Sabatini an jenem Nachmittag zurückgefahren war. Und jetzt wußte Tony auch, daß es richtig gewesen war, nicht sofort das Weite zu suchen.

Als der letzte DiMorra-Soldat in der Nacht verschwunden war, blickte Tony auf die Leuchtziffern seiner Armbanduhr. Er wartete fünf Minuten, dann erhob er sich. Hinter ihm richteten sich die Fargo-Gangster auf. Zwei waren mit Gewehren bewaffnet, die anderen vier hatten Schrotflinten – die besten Schießeisen für nächtliche Aktionen, bei denen man nicht so gut zielen konnte.

Russo und Saltis schleppten einen verängstigten kleinen Mann namens Shorty zu Tony, einen alten Safeknacker, der die Hälfte seines Lebens im Gefängnis verbracht hatte. Tony deutete mit einer Kopfbewegung auf die Straße. Russo setzte sich in Bewegung, schleppte einen schweren Koffer in die Richtung, aus der DiMorras Leute gekommen waren. Shorty stapfte gehorsam hinter ihm her, mit einem weiteren Koffer. Saltis bildete die Nachhut, seinen .32er in der Hand.

Tony wartete noch eine Minute, dann lief er über die Straße in den Wald, auf die rechte Seite des Weges. Seine Leute folgten ihm im Gänsemarsch – Feigen, Polish George, Jorge Garcia, Harold Early, Sabatini und Augie das Pferd.

Lucci und Lazzatti traten vorsichtig aus dem Wald auf die mondbeschienene Lichtung. Die schußbereiten Gewehre in der Hand, suchten sie mit zusammengekniffenen Augen die Umgebung des Holzhauses ab.

Niemand war zu sehen. Kein Licht brannte im Haus, kein Geräusch drang heraus, keine Autos parkten dahinter, so wie Franklyn es berichtet hatte. Nichts.

Trotzdem gingen sie kein Risiko ein. Lazzatti gab zwei Männern ein Zeichen. Im Schatten der Bäume schlichen sie um die Lichtung herum, in entgegengesetzter Richtung. Lucci und Lazzatti kehrten zu den anderen in das schützende Dunkel zurück und warteten.

Fünfzehn Minuten verstrichen. Dann traten die beiden Scouts aus den Schatten der Bäume auf die Lichtung und hoben ihre Gewehre, um anzuzeigen, daß sie niemanden gefunden hatten. Lucci und Lazzatti wechselten einen grimmigen Blick und dachten dasselbe. Aber sie riskierten noch immer nichts. Lucci sprintete auf die Lichtung, näherte sich der Veranda des Holzhauses, in geduckter Haltung, um keine Zielscheibe abzugeben. Die Hälfte der DiMorra-*soldati* liefen hinter ihm her, die andere begab sich zur Rückfront des Hauses. Niemand eröffnete das Feuer.

Lucci stieg mit einem seiner Männer auf die Veranda. Die anderen verteilten sich längs der Fassade und zielten mit ihren Schießeisen auf die dunklen Fenster. Lucci hob einen Fuß, rammte die Ferse gegen die Tür und trat sie auf. Er sprang hinein, warf sich zu Boden, rollte sich über einen Flur – bereit, auf jeden Mündungsblitz zu schießen. Die anderen folgten seinem Beispiel. Nichts geschah. Niemand ließ sich blicken.

Lucci erhob sich, als er hörte, wie die Hintertür aufgestoßen wurde. Durch das dunkle, leere Haus lief er Lazzatti und dessen Truppe entgegen. Lazzatti schüttelte ärgerlich den Kopf. Zu zweit stürmten sie die Treppe hinauf. Auch im Oberstock war niemand zu finden.

Angewidert ließ Lazzatti sein Schießeisen sinken. »Ich hab's ja gewußt! Wir hätten sofort herfahren sollen, nachdem Franklyn uns informiert hatte.«

Lucci zuckte unglücklich mit den Schultern. »Mitch meinte, daß wir bis zum Einbruch der Dunkelheit warten sollen.«

»Nun, dann hat Mitch sich eben getäuscht. Sie sind abgehauen.«

»Ja.« Sonst wußte Lucci nichts zu sagen. Er stieg die Stufen hinab und verließ das Haus. Da niemand da war, der sie angreifen könnte, gingen sie auf dem Weg durch den Wald.

Tony Fargo legte den Kolben der Schrotflinte an die Schulter, sein Zeigefinger krümmte sich um den Abzug. Er kniete im Dickicht, blickte am Flintenlauf entlang auf die schattenhaften Gestalten, die den Weg entlangstapften und bedauerte, daß es zu dunkel war, um die einzelnen DiMorra-*soldati* zu erkennen. Vor allem Joe Lucci hätte er sehr gern ausgemacht.

Tony wartete, bis die meisten an ihm vorbeigegangen waren, dann zielte er auf den Unterleib eines Mannes und drückte ab.

Der harte Rückstoß der Schrotflinte prallte gegen seine Schulter. Die konzentrierte Ladung riß das Opfer von den Füßen und warf es an einen Baumstamm. Das Signal löste eine Salve von Schrotflinten- und Gewehrschüssen aus, Mündungsblitze flammten in den Reihen der Fargo-Männer auf, die sich am rechten Wegrand verteilt hatten.

Zwei weitere DiMorra-*soldati* wurden niedergestreckt. Aber der Rest ging bereits hinter den Büschen auf der anderen Seite des Weges in Deckung und erwiderte das Feuer. Kugeln in Stahlgehäusen zerrissen die Blätter über Tonys Kopf, während er herumwirbelte und geduckt davonrannte, dicht gefolgt von seinen Leuten.

Die Männer auf der anderen Seite des Weges konnten die schnellen Schritte ihrer Gegner nicht hören. Ihre Waffen krachten zu laut, als sie die Büsche beschossen, aus denen die Angriffssalve gekommen war. Lazzatti blickte mit zusammengekniffenen Augen über den Weg, sah keine Mündungsblitze, rannte zwischen die DiMorra-

Männer und befahl ihnen mit zischender Stimme, das Feuer einzustellen. Bald merkte er, daß Lucci genauso reagiert hatte.

Die plötzliche Totenstille war verwirrend. Sie starrten auf den Pfad, wo drei Tote lagen. Kein Geräusch drang vom anderen Wegrand herüber. Lucci gab Lazzatti ein Zeichen, dieser nickte und führte die Hälfte der Überlebenden durch den Wald, Lucci brach mit den anderen in die entgegengesetzte Richtung auf.

Als sie sich ein gutes Stück vom Kampfschauplatz entfernt hatten, überquerten sie den Weg und trafen sich wieder an der Stelle, wo sie in die feindliche Falle geraten waren. Keiner war unterwegs auf einen Fargo-Mann gestoßen.

»Geben wir's auf!« knurrte Lazzatti.

»Und ausgerechnet ich muß Angelo Bericht erstatten!« stieß Lucci hervor und spuckte wütend auf den Boden. »Los, gehen wir zu den Autos!«

Diesmal waren sie vorsichtiger, verteilten sich zu beiden Seiten des Weges, stets gefaßt auf einen neuen Hinterhalt. Ohne Zwischenfall erreichten sie die Autos, schlichen vorsichtig drum herum, ohne irgend jemanden aufzuspüren.

»Ich hab's ja gewußt«, sagte Lazzatti erbost. »Sie sind längst über alle Berge.«

Er marschierte zum ersten Wagen und setzte sich ans Steuer, zu zornig, um noch irgend etwas zu sagen. Während Lucci zum letzten Fahrzeug ging, drehte Lazzatti bereits den Zündschlüssel herum. Die Explosion warf Lucci zu Boden, seine Ohren dröhnten. Halb betäubt, mit schwirrendem Kopf, richtete er sich auf, wandte sich um, starrte mit offenem Mund auf das erste Auto, daß sich in ein schwelendes Wrack verwandelt hatte. Eine Tür war herausgerissen worden. Pete Lazzatti hing auf der Öffnung, mit zerfetzten Kleidern, ein unkenntlicher Klumpen aus verbranntem Fleisch und zersplitterten Knochen.

Taumelnd kam Lucci auf die Beine. Die anderen erhoben sich, zitternd und benommen, von fliegenden Glas- und Metallscherben verwundet. Ein Mann, der in der Nähe der Explosion gewesen war, hatte ein Bein verloren. Stöhnend krümmte er sich auf der Straße zusammen. Lucci lief zu ihm und schoß ihn in den Kopf. »Verschwinden wir!«

Er brauchte den Überlebenden nicht zu sagen, daß sie sich von den beiden anderen Autos fernhalten sollten. Sie stapften die Straße entlang, um von der nächsten Telefonzelle aus in der Stadt anzurufen und für eine andere Transportmöglichkeit zu sorgen.

Der Mann, der mit Franks Vater befreundet gewesen war, chauffierte ihn in einem nagelneuen Mercedes durch Genua. Er hieß Manzini und strahlte die Heiterkeit eines dicken Menschen aus, der ein angenehmes Leben hinter sich hatte. Doch diese Fröhlichkeit erreichte nur selten seine Augen. »Das Auto der Amerikaner wartet schon im Lagerhaus«, erklärte er, als er mit dem skrupellosen Flair dahinraste, das man nur in Italien findet. »Mitsamt dem Heroin. Wir müssen es nur noch in den Reifen verstecken.«

»Bevor ich zahle, will ich es abwiegen und kosten«, sagte Frank.

»Natürlich. Wir haben genug Zeit. Das Auto wird erst morgen an Bord des Schiffes gebracht, kurz vor der Abfahrt.«

Der Mercedes erreichte das Hafengebiet. »Möchtest du zuerst essen?« schlug Manzini vor. »Ich kenne ein ausgezeichnetes Lokal, ganz in der Nähe.«

»Nein. Erst will ich das Geschäft abwickeln.«

Manzini lächelte ihn liebevoll an. »Natürlich, ganz der Papa. Erst das Geschäft, dann ein gutes Essen und eine Flasche Wein.«

Er kannte sich aus, steuerte den Mercedes geschickt durch den belebten Hafen und hielt neben einem Lagerhaus. Sie stiegen aus, Manzini führte Frank zu einer schmalen Seitentür. Er klopfte – zweimal, dann einmal, schließlich dreimal. Die Tür wurde geöffnet. Manzini trat ein und bedeutete Frank, ihm zu folgen.

Sie gingen in einen fensterlosen Raum, der von einer kleinen Laterne erhellt wurde, die auf einem Holztisch stand. Als die Tür plötzlich ins Schloß fiel, bevor sich Frank umdrehen konnte, wußte er sofort Bescheid.

Er griff nach der Waffe, die in der Jackettasche steckte, wollte herumwirbeln – dann erstarrte er, zwei Finger auf dem Revolvergriff.

Zwei kräftige Burschen, gekleidet wie Hafenarbeiter, standen an seiner Rechten, jeder hielt eine *lupera* in der Hand, eine plumpe kleine Schrotflinte, die Lieblingswaffe der Sizilianer. Der Mann, der die Tür zugeworfen hatte, lehnte sich dagegen und zielte mit einem Revolver auf Frank.

Er fühlte sich elend, als er sich zu Manzini wandte. »Du Bastard!«

»Nein – bitte ...« Manzini war echt unglücklich. »Ich kann nichts dafür. Es ist nicht meine Schuld. Ich liebe dich, fast so, als wärst du mein eigener Sohn. Aber es gibt gewisse Verpflichtungen in diesem Leben. Früher oder später kommt die Zeit, wo man ihnen nachkommen muß.«

»Und was ist mit der Verpflichtung, die du meinem Vater gegeben hast?«

»Er ist tot – und ich bin den Lebenden verpflichtet – Don Angelo DiMorra.« Manzini zuckte hilflos mit den Schultern. »Was soll ich tun? Du mußt doch verstehen, daß ich keine Wahl habe.«

Mit starrer Miene sah Frank zu, wie Manzini eine Weinflasche entkorkte, die auf dem Tisch gestanden hatte, und zwei Gläser füllte.

Frank schüttelte den Kopf, als Manzini ihm ein Glas reichen wollte. »Nein.« Seine Kinn- und Halsmuskeln waren so verkrampft, daß er das Wort kaum hervorbrachte. Er versuchte, nicht auf die beiden Männer zu schauen, die an seiner Seite standen.

»Bitte!« flehte Manzini. Tränen glänzten in seinen Augen. »Tu mir den Gefallen. Tritt nicht vor Gott, mit einem Fluch auf den Lippen, der mich verdammt ... Bitte ...«

Mechanisch griff Frank nach dem Glas. Manzini atmete erleichtert und dankbar auf und nippte an seinem Wein.

Frank führte sein Glas an die Lippen und trank es leer.

Die Schrotflinten explodierten wie kleine Kanonen.

19.

»Einer ist weg«, sagte Joe Lucci. »Und einer muß noch weg.«

»Frank Regalbuto geht nicht auf unser Konto«, meinte Mitch. »*Das* hat mein Bruder Angelo zuwege gebracht – niemand anderer. Und daß noch einer weg muß, ist auch kein Grund zur Freude. Wir sind unserem Ziel, Tony Fargo auszuschalten, um keinen Deut nähergekommen.«

»Wir werden ihn schon noch kriegen.«

»Sicher«, stimmte Mitch mürrisch zu. »Aber wie lange wird es noch dauern? Und was wird er uns noch alles antun, bevor es soweit ist?«

Darauf wußte Lucci, der immer noch unter Angelo DiMorras Wut über den mißglückten Angriff auf das Waldhaus zu leiden hatte, nichts zu sagen.

Mitch schwang sich in seinem Drehstuhl herum und starrte mit ausdruckslosen Augen durch das Fenster des Büros, über der Majestic Freight Handling Company. Es war ein schöner, sonniger Tag, und er konnte einen Großteil der Stadt überblicken. Der Gedanke, daß sich Tony Fargo irgendwo in dieser Stadt oder in ihrer Nähe versteckte, frustrierte ihn in wachsendem Maße. Ein Mann – dessen Tod alle Probleme aus der Welt schaffen würde ... Ein Gejagter, der ständig in Lebensgefahr schwebte – und trotzdem der Autorität und Macht der DiMorra-Familie Widerstand leistete ...

Auf die Idee, daß *ihm* von seiten Tony Fargos Gefahr drohte, kam Mitch gar nicht.

Niemand konnte an ihn herankommen. Er hatte das Gebäude in ein Fort verwandelt. Sogar auf dem Dach waren Wächter postiert.

Alle umliegenden Häuser wurden zweimal pro Tag durchgekämmt, so daß niemand von dort auf ihn schießen konnte.

Unglücklicherweise konnte Mitch DiMorra nicht durch den Beton der Straße vor der Majestic Freight hinabschauen.

Tony Fargo hockte in einem langen, tunnelartigen Rohr, das vier Fuß im Durchmesser maß und aus altem, zerbröckeltem, feuchtem Beton bestand. Er trug eine Bergarbeiterkappe, und die Lampe, die daran befestigt war, brannte. Saltis kauerte neben ihm. Er war mit der gleichen Kappe und seiner Pistole ausgerüstet, ebenso Shorty der Sprengstoffexperte.

Tonys Lampe beleuchtete die Karte in seiner Hand, die das ganze Netzwerk der städtischen Kanalisation zeigte. Sie hatten einen langen Weg durch dieses schleimige, schlüpfrige, stinkende Labyrinth zurückgelegt. Nun saßen sie in einem Verbindungsrohr zwischen zwei Abflußanlagen, die das Hauptabwassersystem tief unter ihnen speiste. Wenn Tony die Karte richtig interpretierte, so befanden sie sich nun direkt unter dem Keller von DiMorras Hauptquartier.

In den letzten beiden Wochen hatte es nicht geregnet, aber es war immer noch unangenehm feucht in dem Rohr. Und heiß und schwül. Shorty, der in einer unbequemen, gebeugten Haltung dastand, mußte sich immer wieder den Schweiß aus den Augen wischen, um sehen zu können, was er tat.

Er hatte ein Loch in den Beton über seinem Kopf gebohrt, in das er nun den Sprengstoff steckte. Es war ein diffiziler, gefährlicher Job. Er arbeitete nicht nur mit Dynamit, sondern auch mit Nitro – einem heimtückischen Zeug, das manchmal von selber losging. Dies war die letzte Ladung, die er in dem Beton deponierte. Zwei befanden sich bereits an Ort und Stelle und waren mit dieser durch Elektrodrähte verbunden.

Tony hob den Kopf, und das Licht seiner Lampe fiel auf die kleine, dürre Gestalt des Sprengstoffexperten. Gerade steckte er die letzte Dynamitladung in das Loch. Tony beobachtete, wie Shorty die Drahtenden zusammenfügte und mit Klebestreifen umwickelte. Mit einem zitternden Seufzer ließ sich der kleine Mann zwischen Saltis und Tony im Schlamm nieder. »Okay«, wisperte er erschöpft. »Das war's.«

Tony faltete die Karte zusammen und steckte sie in die Tasche. Er griff nach der Maschinenpistole, die er an die Seitenwand des Rohrs gelegt hatte, und begann davonzukriechen. Die Lampe auf seiner Kappe beleuchtete den Weg, warf einen gelben Schein in die Schwärze des schmalen Tunnels. Shorty folgte ihm, Saltis bildete mit seiner Pistole die Nachhut.

Nach achtzig Fuß machte das Rohr eine scharfe Biegung nach rechts, und als Tony um die Ecke gekrochen war, sah er einen winzigen hellen Punkt vor sich – Tageslicht.

Das Licht drang durch ein Kanalgitter am Straßenrand herein. Eine Kiste stand darunter. Tony schaltete sein Lampe aus, nahm die Mütze ab und stieg auf die Kiste. Wenn er sich kerzengerade aufrichtete, berührte sein Kopf den Straßenbeton, und er konnte durch das Gitter hinausschauen.

Er befand sich an der Straßenseite gegenüber der Rückfront von DiMorras Hauptquartier. Wenn der Mann, auf den er es vor allem abgesehen hatte, die Explosion überlebte, mußte er entweder auf diesem Weg fliehen oder durch die Vordertür. Und Diego Sabatini stand unter einem Kanalgitter gegenüber der Vorderfront des Hauses.

Tony sah auf seine Uhr. Noch zwei Minuten. Er umfaßte die Maschinenpistole mit beiden Händen und blickte auf die Straße.

Hinter dem Haus parkten mehrere DiMorra-Autos. In einem saßen zwei Männer, rauchten und hielten nach allen Seiten Ausschau.

Ein anderer DiMorra-Soldat schlenderte auf einem Gehsteig hin und her. Alle machten einen hellwachen, aufmerksamen Eindruck, aber sie konnten Tony unmöglich entdecken, nicht einmal, wenn sie direkt auf das Kanalgitter am anderen Straßenrand blickten.

Die Männer auf dem Dach konnte Tony nicht sehen, aber er wußte, daß sie da waren. Das störte ihn nicht. Er war vor ihnen ebenso sicher wie sie vor ihm.

Er schaute wieder auf die Uhr, dann auf Shorty, der neben einer kleinen Magnetzünderbox saß, in der die Drähte staken. »Achtung – fertig!« zischte Tony.

Shorty legte einen Finger auf den Schalter. Tony wartete, bis der Sekundenzeiger seiner Uhr noch eine Runde gedreht hatte. »Los!«

Shorty drückte auf den Schalter.

Diego Sabatini, der aus dem Kanalgitter gegenüber der Vorderfront der Majestic Freight spähte, konnte es nicht glauben. Instinktiv duckte er sich, als das ganze Gebäude mit vulkanischem Getöse erbebte, von der dreifachen unterirdischen Explosion erschüttert. Der Lärm traf sein Trommelfell mit solcher Wucht, daß er zwei Tage danach nichts hören konnte. Alle Fensterscheiben brachen nach außen, die Vordertür löste sich aus der Mauer. Ein Auto, das davor parkte, stürzte auf die Seite, Fragmente von zwei DiMorra-Männern, die vor dem Eingang Wache gehalten hatten, fielen zusammen mit Zement-, Mörtel und Holzsplittern auf die Straße. Rauch und Mörtelstaub quoll aus den klaffenden Löchern, die einmal Türen und Fenster gewesen waren.

Ein Mann taumelte durch den Rauch, der aus dem demolierten Eingang strömte, und sank zusammengekrümmt in den Rinnstein. Sabatini hob seine Maschinenpistole. Noch ein Mann stolperte heraus, erreichte die Straße und begann davonzulaufen. Sabatini wartete in nervöser Anspannung. Ein dritter Mann kam heraus, mit einem Gewehr bewaffnet, irrte ziellos umher, hustete Rauch und Staub aus seinen Lungen, sah sich nach irgend jemandem um, auf den er schießen konnte. Sabatini wartete immer noch.

Und dann tauchte noch ein Mann auf, rieb sich mit einer Hand die Augen, umklammerte mit der anderen einen Revolver. Er ließ die Hand sinken, sah sich benommen um, die Waffe schußbereit erhoben.

Joe Lucci.

Da konnte sich Sabatini nicht mehr zurückhalten. Er schob die Mündung der Maschinenpistole durch ein Gitterloch, preßte den Kolben fest an die Schulter und zielte sorgfältig. Sein Finger berührte den Abzug nur ganz leicht. Die Waffe stieß gegen seine Schulter und sandte einen Hagel von drei Kugeln mit Stahlgehäusen über die Straße.

Alle drei trafen Joe Lucci in die Brust, ins Herz, warfen ihn nach hinten, gegen die Ruine der Hausmauer. Sabatini feuerte noch eine Salve ab, die Kugeln nagelten Luccis schlaffe Gestalt an die Wand. Als Sabatini den Finger vom Abzug nahm, sank Lucci zu einem leblosen Haufen zusammen.

Der Bursche mit dem Gewehr rannte zurück, versuchte verzweifelt, den Maschinenpistolenschützen auszumachen. Sabatini schoß auf ihn, eine Kugel traf ihn in die Hüfte, wirbelte ihn umher wie eine zerbrochene Puppe.

Kugeln aus einer anderen Richtung schlugen in die Straße vor Sabatinis Kopf. Eine fuhr als Querschläger durch ein Gitterloch und verfehlte sein Ohr um Haaresbreite. Es war an der Zeit, den Rückzug anzutreten.

Er sprang von seiner Kiste. Jorge Garcia wartete unten. Er lag auf den Knien, trug eine Mütze mit Lampe und hielt eine Karte in der Hand. Gemeinsam ergriffen sie die Flucht, krochen, so schnell sie konnten, durch das Kanalisationssystem.

Tony Fargo wartete immer noch, die Maschinenpistole an die Schulter gepreßt. Inzwischen schwirrten zahllose Leute um die Ruine herum. Einige waren aus ihrem Innern gekommen, andere waren von ihren Beobachtungsposten herbeigeeilt. Doch der Mann, auf den er wartete, war nicht darunter, und Tony konnte die Stellung nicht mehr lange halten. Vielleicht war der Mann bei der Explosion umgekommen – oder durch die Vordertür hinausgerannt …

Er wollte gerade einen Schuß abgeben und dann fliehen, als Mitch DiMorra aus dem Rauch und Staub auftauchte, beide Hände vors Gesicht geschlagen, bis er wieder frei atmen konnte. Und als er die Hände sinken ließ, drückte Tony ab.

Er feuerte eine lange, lange Salve ab, schwang die Maschinenpistole in einem kleinen Bogen herum. Mitch DiMorras Beine wurden unter seinem Körper weggerissen – er stürzte vornüber in den Staub.

Wieder krachte die Maschinenpistole. Diesmal schoß die Salve aus einer reglosen Mündung. Eine Kugel nach der anderen bohrte sich in Mitch DiMorra, sein Körper wurde gegen den Gehsteigrand geworfen.

Ein Bruder – für einen anderen Bruder ...

Die DiMorra-*soldati* gingen in Deckung, hielten Ausschau nach dem Feind. Einer entdeckte ihn, warf sich flach auf den Bauch, feuerte auf das Kanalgitter. Ein anderer wirbelte herum, folgte seinem Beispiel.

Tony sprang von der Kiste. Shorty und Saltis hatten sich bereits auf den Rückweg gemacht. Tony ließ sich auf Hände und Knie nieder und kroch ihnen nach.

Die Polizei traf zur gleichen Zeit ein wie die Feuerwehr. Aber die Hoffnung, das DiMorra-Hauptquartier vor den verzehrenden Flammen retten zu können, war vergeblich. Und als sie in das Kanalsystem hinabstiegen, um nach den Attentätern zu suchen, waren diese längst an der Oberfläche aufgetaucht, zehn Häuserblocks weiter, und verschwunden.

»... Joe Lucci.« Die Stimme am anderen Ende der Leitung stockte. »Und Ihr Bruder Mitch. Es – es tut mir leid, daß ich Ihnen das sagen muß, Don Angelo. Er wurde von mindestens sechzehn Kugeln getroffen. Es war ein schrecklicher Anblick.«

Angelo DiMorra saß in seiner Bibliothek. Er legte den Hörer auf die Gabel, als wäre er ihm plötzlich zu schwer geworden. Dann legte er die Hände flach auf den Schreibtisch und sah, daß die Finger unkontrolliert zitterten. Er erhob sich, drehte die Hände langsam um, vergrub das Gesicht darin. Reglos stand er da, viele Minuten lang. Aber er weinte nicht. Er war nur sehr, sehr müde. Seit Tagen hatte er kaum Schlaf gefunden.

Aber jetzt würde er schlafen können. Das brauchte er jetzt am dringendsten. Ein langer Schlaf, damit er sich erholen konnte, bevor er wieder zu denken anfing.

Seine Beine waren bleischwer, als sie ihn aus dem Zimmer trugen. Er mußte sich am Geländer festhalten, während er die Treppe zu seinem Schlafzimmer hinaufstieg.

Nachdem er es erreicht hatte, blieb er stehen und sah zum Bad hinüber. Der Arzt hatte ihn vor starken Schlaftabletten gewarnt – aber diesmal mußte er welche nehmen, sonst würde er keine Ruhe finden. Und er mußte schlafen, denn vorher konnte er nicht denken. Er ging ins Bad, schluckte eine Tablette. Dann zog er sich aus, warf die Kleider auf den Boden des Badezimmers, ohne sein Spiegelbild zu betrachten. Die Erschöpfung zerrte an allen seinen Nervenenden.

Er schaffte es kaum, ins Schlafzimmer zurückzukehren und in den Pyjama zu schlüpfen. Und als er sich auf dem großen Bett ausstreckte, verlor er die Besinnung, noch bevor die Tablette ihre Wirkung tat.

Ein Schmerz weckte ihn, der die linke Hälfte seines Körpers vom Kopf bis zu den Beinen durchfuhr und heftig schüttelte – bis er plötzlich erschlaffte. Reglos lag er auf dem Bett, Eisfinger schienen sein Gehirn zu zerquetschen. Er wollte schreien – und konnte es nicht.

Drei Stunden später fanden sie ihn – lebend, aber vollkommen gelähmt. Unfähig, auch nur einen Laut hervorzubringen.

20.

Jimmy Bruno sah frisch und munter aus, als er aus dem Gefängnis kam – bereit, wieder an die Arbeit zu gehen. Sein grobgeschnittenes Gesicht war bleich, aber sein kleiner, vierschrötiger Körper wirkte kräftig wie eh und je, wenn er auch um die Mitte herum ein bißchen schwammig geworden war. Und seine dunklen Augen hatten immer noch denselben Ausdruck – leicht verschleiert, so daß sie seine Gedanken verbargen, während sie in die Seelen seiner Mitmenschen einzudringen schienen.

Er musterte die beiden Männer, die ihn vor dem Gefängnistor erwarteten.

Der eine war Orlando, der während Brunos Abwesenheit dessen Geschäfte geführt hatte, der andere Marty Rackheimer, ein Profi-Football-Läufer, der Bruno einmal als Leibwächter gedient hatte. Rackheimer und der Buchhalter hatten sich nie leiden können. Und so hatte sich Rackheimer für die Dauer von Brunos Gefängnisaufenthalt in die Berghütte seines Chefs zurückgezogen, um auf die Jagd zu gehen und zu angeln. Nun war er wieder da.

Heftig, aber stumm schüttelte er Brunos Hand. Er war kein Mann, der viele Worte machte. Dann ergriff der Buchhalter die Hand des Ex-Sträflings. »Schön, daß du wieder bei uns bist, Boß.«

»Noch bin ich nicht zurückgekehrt«, entgegnete Bruno trocken. »Gehen wir erst mal nach Hause.«

Als sie zum Wagen schlenderten, fragte der Buchhalter: »Macht's dir was aus, wenn wir zuerst zu mir fahren? Marie hat ein großes Festmahl vorbereitet.«

»Okay. Zur Abwechslung kann ich mal ein ordentliches Essen vertragen.«

Rackheimer setzte sich ans Steuer, der Buchhalter stieg mit Bruno in den Fond und erzählte ihm, während sie zur Stadt fuhren, was geschehen war. Das meiste wußte Bruno bereits – daß DiMorra aktionsunfähig war und daß ihn seine Leute verließen, einer nach dem anderen. Und Tony Fargo hatte keinen Widersacher mehr, mit dem er sich auseinandersetzen mußte, und war eifrig bestrebt, die

Scherben aufzulesen. Nun beanspruchte er alles – die DiMorra-Truppen und die DiMorra-Betriebe.

»Und du?« fragte Bruno leise. »Hast du für uns auch ein paar Scherben aufgelesen?«

Der Buchhalter hob hilflos die Schultern. »Ehrlich gesagt, Jimmy, ich finde, daß ich verdammt gute Arbeit geleistet habe, als es mir gelang, das festzuhalten, was wir bereits besaßen. Die Leute haben eine Heidenangst vor Tony Fargo. Sie wissen ja, mit welchen Methoden er gegen die DiMorra Organisation gekämpft hat, und sie ahnen, daß ihn nichts mehr aufhalten kann – jetzt, wo DiMorra ausgeschaltet ist.«

Er holte tief Atem. »Ich dachte, es wäre am besten, erst mal auf deine Entlassung zu warten. Jetzt, wo du draußen bist, können wir überlegen, wie wir ihn eliminieren wollen.«

Jimmy Bruno starrte auf die Landschaft, die an seinem Fenster vorbeiglitt. »Du fährst zu schnell!« knurrte er seinen Leibwächter an.

»Nein – aber du bist nicht mehr an die Autos gewöhnt.«

Bruno lachte freudlos. »Das stimmt. Fahr trotzdem langsamer.«

Rackheimer gehorchte.

Jimmy Bruno wandte sich wieder an den Buchhalter. »Nach allem, was ich gehört habe, ist es dafür zu spät. Tony ist zu mächtig, um eliminiert zu werden. Wir müssen mit ihm verhandeln, eine andere Wahl haben wir nicht.«

Der Buchhalter mußte sich zwingen, Brunos verschleierten und doch durchdringenden Augen standzuhalten. »Ich habe mein Bestes getan. Ich habe nur in deinem Interesse gehandelt. Natürlich mußte ich Tony schmeicheln und ihn glauben machen, daß ich auf seiner Seite stehe. Wenn ich mich gegen ihn gestellt hätte, Jimmy – dann hätte ich vermutlich alles verloren, was dir gehört. Das wäre nicht sehr klug gewesen, oder?«

Bruno fuhr fort, ihn ausdruckslos zu mustern. Schließlich sagte er: »Nein – wahrscheinlich nicht.« Er blickte wieder aus dem Fenster, auf die vorbeiziehende Landschaft. »Rack! Du fährst immer noch zu schnell!«

Rackheimer seufzte und drosselte das Tempo noch mehr.

Das Festmahl in Orlandos Domizil war so exquisit, wie es Bruno erwartet hatte. Marie saß in einem neuen Abendkleid, das einen

Großteil ihres üppigen Busens entblößte, am Kopfende der Tafel, während das Essen von den Angestellten eines Party-Service aufgetragen wurde. Bruno schlang Unmengen in sich hinein und bewies somit, daß sich sein gesunder Appetit während seiner langen Haft nicht verringert hatte.

Als sie nach dem Essen Kaffee tranken, und Marie vorschlug, dazu einen Digestif zu nehmen, sagte Bruno: »Zuerst muß ich ein privates Telefongespräch führen. Habt ihr einen Anschluß, der nicht mit der Vermittlung verbunden ist?«

Der Buchhalter nickte. »In meinem Büro.«

Bruno stand auf. »Es wird eine Weile dauern.« Er ging in das Büro, schloß die Tür hinter sich und rief Tony Fargo an.

Nach einer halben Stunde kehrte er ins Eßzimmer zurück. Der Tisch war inzwischen abgeräumt worden, und Marie war allein, mit einer kleinen Flasche und zwei Gläsern. Bruno setzte sich zu ihr. »Jetzt kann ich einen Drink gebrauchen.«

Marie füllte ein Glas. »Cognac. Deine Lieblingsmarke.«

Bruno nahm einen Schluck und seufzte genüßlich. »Nun, Marie, was tut sich denn bei dir?«

»Du meinst – die Mädchen? Ich habe ein paar echte Schönheiten für dich. Sei mein Gast! Aber wenn du das Geschäft meinst – das floriert. Willst du die Bücher sehen?«

Bruno lachte. »Später. Womit ich beide Angebote meine ... Wo ist denn Louis?«

»Draußen im Büro. Er kümmert sich um ein kleines Geschäft.«

Bruno sah sie über den Rand des Glases hinweg an. »Und wie hat sich dein Mann denn aufgeführt, während ich weg war? Ich hoffe, er war ein braver Junge.«

Sie öffnete den Mund, um ja zu sagen, dann klappte sie ihn wieder zu und dachte nach. Irgend etwas Seltsames lag in seinen Augen, während er sie ansah. Und plötzlich erkannte sie, daß ihre Zukunft von der Antwort abhing, die sie ihm jetzt geben würde.

Als der Buchhalter ins Eßzimmer zurückkam, saß Jimmy Bruno allein am Tisch und trank sein zweites Glas Cognac. »Louis«, sagte er, »ich glaube, es ist an der Zeit, daß ich Don Angelo meine Aufwartung mache – bevor es dunkel wird.«

Angelo DiMorra saß in einem Rollstuhl auf der Terrasse und beobachtete, wie die Sonne über seinem See unterging. Ein neuer

Leibwächter und ein Krankenpfleger, der zur Familie gehörte, leisteten ihm Gesellschaft. Bruno, der mit dem Buchhalter und Rackheimer die Terrassenstufen hinaufstieg, blieb wie gebannt stehen, als er sah, was aus seinem alten Freund geworden war.

DiMorra wurde gerade von dem Krankenpfleger gefüttert. Seine Arme hingen schlaff zu beiden Seiten des Rollstuhls herab. Sein Gesicht war verwüstet, der Körper, in einen langen Bademantel gehüllt, stark geschrumpft. Kein Muskel regte sich in ihm – bis auf die Augen. Er war nicht einmal imstande, den Kopf zu wenden. Der Krankenpfleger mußte den Rollstuhl herumdrehen, so daß der Kranke den Besuchern entgegenblicken konnte.

Bruno weinte, ohne sich zu schämen, ging zu DiMorra und küßte ihn. Keine Reaktion erfolgte keine kleine Bewegung, kein Laut. Bruno wischte sich die Tränen aus den Augen und gewann die Fassung wieder. »Angie – wie schön, dich wiederzusehen ... Ich habe dir ein Geschenk mitgebracht.« Er sah Rackheimer an und wies auf den Buchhalter. »Pack ihn!«

Rackheimer agierte so blitzschnell, daß Orlando sich von zwei starken Armen umklammert fand, bevor er begriff, was Bruno gesagt hatte. »Jimmy ... Was soll das?«

»Ich habe dir vertraut, Louis«, sagte Bruno tonlos. »Aber du hast dich mit den Fargos zusammengetan, um Don Angelo und mich auszuschalten.«

Das Entsetzen des Buchhalters war echt. »Wer hat dir denn das erzählt.«

»Deine Frau.«

»Sie lügt! *Sie* war es ... Das wollte ich dir ohnehin sagen, Jimmy!« Orlandos Stimme erhob sich zu einem schrillen Diskant. »Ich schwöre dir, Jimmy – es ist nicht wahr! Sei vernünftig! Erlaub mir, daß ich mich hinsetze – und dir erzähle, wie es wirklich war ...«

»Rack«, sagte Bruno, »ich kann diesen Lärm nicht mehr ertragen.«

Rackheimer preßte eine seiner großen Pranken auf den Mund des Buchhalters. Mit der anderen umspannte er die dünnen Handgelenke. Orlandos Gegenwehr war so erfolglos, als würde eine Maus versuchen, sich aus den Klauen eines Löwen zu befreien.

Bruno wandte sich an DiMorras Leibwächter. »Holen Sie Klebeband – und einen Plastikbeutel.«

»Einen Plastikbeutel?«

»Ja. Eine Einkaufstüte – oder einen Sack, in den man die Kleider reintut, wenn man sie vor Motten schützen will.«

DiMorras Leibwächter nickte und eilte ins Haus.

Bruno sah den Krankenpfleger an. »Machen Sie einen Spaziergang.«

Der Mann entfernte sich hastig, und Bruno setzte sich in einen Sessel, DiMorra gegenüber.

»Ich habe einen schrecklichen Fehler gemacht, Angie. Ich gebe es zu. Ich habe diesem Stück Scheiße vertraut. Er ist verantwortlich für den Zustand, in dem du dich jetzt befindest. Das war meine Schuld, Angie. Es tut mir leid. Aber ich will dich dafür entschädigen, zumindest ein bißchen.«

DiMorras Leibwächter kam mit einer großen Rolle Klebeband zurück. Rackheimer umfaßte Orlandos Hals mit einer Hand, so daß der Gefangene den Kopf nicht bewegen konnte. Seine Schreie wurden rasch von dicken Klebestreifen erstickt. Die beiden Leibwächter rissen ihm die Arme nach hinten, umwanden die Handgelenke mit Klebeband. Dann fesselten sie auch die Fußknöchel aneinander und warfen Orlando vor die Füße Brunos und DiMorras.

»Geben Sie mir den Plastikbeutel«, befahl Bruno, und DiMorras Leibwächter zog ihn aus der Tasche.

Bruno griff nach der durchsichtigen, mittelgroßen Einkaufstüte. »Jetzt bekommst du dein Geschenk, Angie«, versprach er und bückte sich.

Der Buchhalter versuchte ihm auszuweichen, aber Rackheimer preßte ihn mit einem Knie auf den Boden. Bruno zog ihm den Sack über den Kopf. Er paßte genau darüber. Kaum hatte das Plastikmaterial Orlandos Gesicht umschlossen, als es auch schon in seine Nasenlöcher gesogen wurde. Es glitt wieder heraus, wurde erneut hineingesogen.

»Kleb die Öffnung unten zu, Rack«, befahl Bruno.

Rackheimer legte die Hände um den unteren Rand des Beutels und um Orlandos Hals. Das Plastikmaterial wurde immer tiefer in die Nasenlöcher gesogen, von immer schwächeren Atemzügen zurückgestoßen. Ein Nebel bildete sich im Inneren des Beutels, die Augen des Buchhalters quollen hervor, während er sich vergeblich wand, um sich zu befreien. Aber die Kräfte verließen ihn zusehends.

Jimmy Bruno und Angelo DiMorra sahen zu, wie er erstickte.

Als es vorbei war, sagte Bruno: »Bring ihn in den Wald und verscharr ihn – möglichst tief unter der Erde.«

Rackheimer bückte sich, hob die schlaffe Gestalt auf und schwang sie über seine Schulter. Bruno wandte sich an DiMorras Leibwächter. »Helfen Sie ihm!«

Als die beiden gegangen waren, sah er wieder DiMorra an. Er lehnte sich in seinem Sessel zurück und begann in ruhigem Ton mit seinem Freund zu sprechen, der nicht antworten konnte. »Und jetzt wollen wir überlegen, was wir mit dem Fargo-Jungen machen werden ...«

DiMorras Augen beobachteten ihn aufmerksam.

»So, wie ich es sehe, hat der Krieg in dieser Stadt lange genug gedauert. Wir wissen beide, daß so was nicht gut für's Geschäft ist. Jetzt brauchen wir eine lange Friedenszeit, um die Schäden zu beseitigen und unser Einkommen wieder zu steigern. Und eins steht fest – Tony Fargo ist zu mächtig, um ohne Krieg ausgeschaltet zu werden. Und das würde ein sehr langer Krieg werden. Habe ich recht?«

DiMorras Augen starrten ihn an.

»Also schlage ich dir vor, den Kampf zu beenden. Er hat dir weh getan – du hast ihm weh getan – das genügt. Wir wollen die Vergangenheit Vergangenheit sein lassen. Davon werden wir alle profitieren.« Bruno beugte sich vor und legte eine Hand auf DiMorras knochiges Knie, sah ihm direkt in die wachsamen Augen. »Ich habe schon mit ihm telefoniert. Es ist am besten, wenn wir die Stadt in zwei Hälften teilen – er leitet die eine, ich die andere – und ich sorge natürlich dafür, daß du alles bekommst, was dir zusteht. Du weißt, daß du dich darauf verlassen kannst.«

DiMorras Blick wanderte zum See. Bruno lehnte sich wieder zurück. »Ich finde, das ist die einzige Möglichkeit, Angie. Weißt du noch, was du immer gesagt hast? Solange man verhandeln kann, soll man nicht töten. Man soll nur töten, wenn es keinen anderen Ausweg gibt.«

DiMorras Augen schauten immer noch auf den See und beobachteten, wie die Sonne darin versank.

»Angie«, fuhr Bruno fort, »wie die Dinge stehen, muß ich wohl unser beider Interessen wahren. Du brauchst nur darauf zu vertrauen, daß ich das Richtige tun werde – okay?« Er stand auf, legte eine

Hand auf die Schulter seines Freundes und blickte ebenfalls zum See hinab.

Und so sahen Jimmy Bruno und Angelo DiMorra gemeinsam zu, wie die Dunkelheit auf die schimmernde Wasserfläche herabsank.

Als Tony Fargo das älteste Kind zu Bett gebracht hatte und die Treppe herabgestiegen war, saß Nella auf dem Sofa und blickte auf den Fernsehschirm. Sie hatte bereits eine Flasche Wein und zwei Gläser auf den Couchtisch gestellt. Es war Weißwein.

Liebevoll zerzauste er ihr das Haar, als er sich neben sie setzte.

»Nicht!« protestierte sie kichernd. »Ich will den Film sehen. Er ist sehr spannend.«

Seufzend lehnte sich Tony zurück und schaute auf den Bildschirm.

Überrascht stellte er nach einer Weile fest, daß ihn der Film interessierte. Er streckte die Beine aus, fühlte sich angenehm entspannt, spürte, daß alles in Ordnung war – so, wie es sein sollte.

Das Telefon läutete. Er stand auf, nahm den Hörer ab und meldete sich. Es war Jimmy Bruno. Tony sah Nella an. Sie erhob sich und ging in die Küche.

»Ich war gerade bei ihm«, sagte Bruno. »Alles okay, Don Antonio ...«

DIE MAFIA-ERBIN

Für Bill Leonard

1

Eines Tages dachte Karen DiCilia über einige Beobachtungen nach und kam zum Schluß, daß ihr Mann Frank sie mit einer Grundstücksmaklerin aus Boca betrog.

Karen wußte auch, wo sie miteinander schliefen: in einer der Eigentumswohnungen, die Frank gehörten, einem Apartment im Oceana-Komplex.

Jeden Freitag nachmittag und manchmal auch montags warf Frank seine Golfschläger in den Kofferraum seines Seville – angeblich wollte er im Club La Gorce in Miami Beach spielen – und verließ Fort Lauderdale in nördlicher Richtung, anstatt nach Süden zu fahren.

Es gab wahrscheinlich noch andere, beiläufige Affären. Frank fuhr mindestens zweimal in der Woche nach Miami, um ›den Geschäftsmarkt zu beobachten‹ und im Club Palm Bay ein paar Runden Rommé zu spielen. Vielleicht hatte er eine Kellnerin in Hialeah oder Calder. Er ging regelmäßig zum Hunderennen und gelegentlich ins Jai-Alai-Stadion. Er traf sich mehrmals im Jahr mit ein paar alten Freunden zum Sportfischen vor der Küste oder ging in der Nähe von Islamorada in den Keys zum Hochseeangeln auf See. Frank konnte überall, von Key West bis nach West Palm, hinüber nach Bimini und wieder zurück, etwas am Laufen haben und so war es wahrscheinlich auch. Das einzige Verhältnis, das Karen ihm jedoch mit Sicherheit nachweisen konnte, war das mit der blondgefärbten, sechsunddreißigjährigen Grundstücksmaklerin aus Boca

Franks routinemäßiges Vorgehen war berechenbar, seine Reaktionen allerdings nicht. Wenn sie ihn auf sein Verhältnis ansprach oder Andeutungen wie »Kenne ich sie?« oder »Willst du mir nicht sagen, wer sie ist?« machte, erwiderte Frank: »Über wen sprechen wir überhaupt?«

Karen sagte dann immer: »Ich weiß, daß du eine Freundin hast. Warum gibst du es nicht zu?«

Und Frank sagte dann …

Vielleicht sagte er aber auch: »Es hat dir niemand erzählt, daß ich eine Freundin habe, und du hast mich mit keiner Frau gesehen, mit der ich etwas haben könnte. Worüber sprechen wir also?«

Karen könnte sagen: »Die Grundstücksmaklerin aus Boca!« und Indizien auf den Tisch legen, die ihn nicht überführten, aber doch zumindest in die Ecke trieben.

Vielleicht stritt er es dann geradeheraus ab. Oder er würde sagen: »Ja, ich fahre manchmal nach Boca. Nicht, daß dich das verdammt noch mal was anginge.«

Und dann? Dann konnte sie entweder eine Szene machen, schmollen oder verletzt tun.

Also sagte Karen kein Wort über die Grundstücksmaklerin. Statt dessen fuhr sie eines Freitags nachmittags in ihrem weißen Caddy Seville, der farblich auf den seinen abgestimmt war, nach Boca, zu dem großen rosaroten Komplex mit den Eigentumswohnungen, der wie ein venezianischer Palast aussah.

Sie fand Franks weißen Seville in der düsteren Tiefgarage unter dem Gebäudekomplex am Strand, setzte ihn mit Hilfe des Zweitschlüssels, den sie mitgenommen hatte, rückwärts aus der reservierten Parkbox, ließ ihn auf der Durchfahrt stehen, stieg wieder in ihren Wagen und fuhr mit ihrem weißen Seville dreimal in die Seite seines weißen Sevilles, wobei sie beide Türen und den vorderen Kotflügel von Franks Wagen eindrückte und die Kühlerlamellen und Scheinwerfer ihres Wagens beschädigte. Dann fuhr sie nach Lauderdale zurück. Als Frank nach Hause kam, betrachtete er erst ihren, dann seinen weißen Seville. Karen wartete, doch er sagte kein Wort über die Wagen. Am nächsten Tag ließ er sie abschleppen und kaufte zwei farblich aufeinander abgestimmte graue.

Als sie Wochen später im Wohnzimmer saßen, sagte sie: »Ich werde das Tennis allmählich leid.« Und zu dem Hund, der um ihre Füße herumschnüffelte: »Gretchen, laß das. Verschwinde.«

»Spiele Golf«, sagte Frank. Er schlug sich auf den Oberschenkel, und der grauweiße Schnauzer sprang auf seinen Schoß.

»Ich interessiere mich nicht für Golf.«

»Trete einem Frauenverein bei.«

»Ich war in Frauenvereinen.«

»Fang mit dem Fischen an. Ich besorge dir ein Boot.«

»Weißt du überhaupt, was ich so tue?« sagte Karen. »Ich lebe in den Tag hinein. Ich sitze in der Sonne. Ich versuche, mir Arbeit für

Marta auszudenken und für den Gärtner ...« Sie hielt einen Augenblick lang inne. »Als wir heirateten ... ich meine, bei unserem Hochzeitsempfang ... weißt du, was meine Mutter da zu mir sagte?«

»Was denn?«

»Sie sagte: ›Hoffentlich hast du begriffen, daß er Italiener ist.‹ Sonst wußte sie gar nichts von dir, nur deinen Namen.«

»Halb Italiener«, sagte Frank, »halb Sizilianer. Das ist ein Unterschied. Wie Gretchen hier.« Er streichelte den Hund, der auf seinem Schoß döste. »Sie ist zum Teil Schnauzer, aber da war noch eine andere Rasse beteiligt. Das ist etwas anderes.«

»Du verstehst es nicht, oder?« sagte Karen.

»Was denn? Sie kommt aus Grosse Pointe. Ich habe mal in Grosse Point gelebt. Na und? Wer im Glashaus sitzt ...«

»Sie war nicht hochnäsig. Wenigstens nicht, als sie das sagte.«

»Na gut, was hat sie damit gemeint, ich sei italienischer Herkunft? Was war sie denn? Hill ... vielleicht die Kurzform von Hilkowski. Bist du vielleicht polnischer Abstammung? Worüber sprechen wir überhaupt?«

»Sie hat damit gemeint«, sagte Karen, »wie du lebst, wie du dich gibst. Daß du fest in deiner Welt verankert bist. Daß du dein Männerleben lebst und ich mein Frauenleben leben muß. Und sie hatte recht, ohne auch nur eine Spur davon zu wissen, was du in Wirklichkeit getan hast oder immer noch tust. Ich weiß es nicht, denn du erzählst mir ja nichts mehr.«

»Ich bin im Ruhestand«, sagte Frank, »und du bist es leid, Tennis zu spielen und in der Sonne zu sitzen. Na gut, was hast du also vor?«

»Vielleicht tue ich es einfach und erzähle dir nichts«, sagte Karen.

»Was willst du tun?« fragte Frank.

»Dir nicht mehr sagen, was ich mache. Oder dir einfach etwas vorlügen. Ich erzähle dir, ich spiele Tennis, aber in Wirklichkeit mache ich was ganz anderes.«

»Bleib beim Tennis«, sagte Frank. Er hörte auf, Gretchen zu streicheln. »Und laß dir nicht alles aus der Nase ziehen. Du willst mir drohen, ja? Weil du dich langweilst? Willst du mir sagen, daß du jetzt herumbumsen wirst? Wenn es das ist, sag es. Kommt ein Typ zu mir und redet um den heißen Brei herum, sag ich, also hör mal, verzieh dich oder rede Klartext. Mit dir habe ich mehr Geduld, Karen. Du bist meine Frau, und ich respektiere dich. Du bist eine intelligente, gutaussehende Frau. Ich will dir was sagen, und ich weiß, du verstehst, was ich meine. Ich bin auch nicht dumm, obwohl ich als junger Bengel nicht auf die Universität von Michigan gegangen bin. Und ich will nicht dumm *dastehen,* wenn die Leute auf mich zeigen und sagen: ›Ja, das ist der Bursche, seine Frau bumst mit dem Tennislehrer, und der blöde Hund bezahlt noch die Stunden.‹ Das gibt's nicht. Nichts da – du langweilst dich und bist etwas gereizt. Okay, streng deinen Kopf an und laß dir etwas einfallen. Aber lüg mir nichts vor, ja? Und drohe mir nicht, du würdest es mir heimzahlen. Ich weiß wirklich, wie man es den Leuten heimzahlt. Ich könnte ein Buch darüber schreiben …«

»Meine Mutter hatte recht«, sagte Karen, »Du kannst tun, was du willst, aber ich nicht.«

»Deine Mutter … du bist noch ein großes Mädchen«, sagte Frank. »Du warst schon ein großes Mädchen, als wir geheiratet haben, was? Vierzig Jahre alt. Mit vierzig Jahren muß man doch wissen, was es heißt, mit einem Halbitaliener mit zahlreichen gestreuten Geschäftsbeteiligungen verheiratet zu sein, hm? Weißt du, wie es ist? Wie in der Bibel. Du hast dieses Haus, achthundert Riesen hat es gekostet, und die Touristen fahren mit den Booten der Intercoastal vorbei, betrachten es ehrfürchtig und sagen: ›Gott im Himmel, stell' dir doch mal vor, in so einem Haus zu leben.‹ Du hast eine Wohnung in Boca am Strand. Du hast Kleider, alles, was du dir kaufen willst. Diener, Autos, Clubs …«

»Nur zu«, sagte Karen. »Ich habe einen Hund …«

»Ein Grundstück auf den Keys. Freunde …«

»Deine Freunde.«

»Ich sage dir, es ist wie in der Bibel. Du hast alles, was du brauchst, um glücklich zu sein. Nur eins darfst du nicht, und das ist nicht einmal unvernünftig, das ist ein Naturgesetz.«

»Was denn?«

»Eine Frau ist ihrem Mann treu, ihm untertan. Es steht in der Bibel.«

»Und wenn ich dir nicht erzähle, was ich so tue, bin ich dir dann untreu?«

»Worüber streiten wir uns überhaupt? War ich nicht gut zu dir? Herrgott, sieh dich doch mal um, dieses Haus hier. Die Gemälde, die Einrichtung …«

»Die Antiquitäten deiner ersten Frau.«

»Ich kapiere das nicht. Fünf Jahre, und du sagst kein Wort ...«

»Fünfeinhalb«, sagte Karen.

»Okay, ich habe hier ein paar sehr seltene, kostbare Stücke. Mir gefällt dieses Zeug eben«, sagte Frank. »Aber wenn du etwas davon nicht magst, verkaufe es. Richte das ganze Haus neu ein, wenn du willst.«

»Halte mich nur beschäftigt.«

»Was ist nur *los* mit dir?«

Zu sagen, ihr sei langweilig, und sie sei reizbar – während er loszog, um seine Freundin in Boca zu besuchen, eine Grundstücksmaklerin. Fünfeinhalb Jahre das brave Eheweib gespielt, und nun kam er ihr mit der Bibel.

Karen machte einen Fehler, doch sie war zu wütend, um es zu merken.

Sie stellte Frank ein Ultimatum. »Schluß mit dem zweierlei Maß«, sagte sie. »Wenn du mich betrügen kannst, kann ich dich betrügen. Ich will es vielleicht nicht, aber ich werde es tun, Freundchen. Schon aus Prinzip, und um zu sehen, wie es dir gefällt.«

Frank wirkte müde. Er schüttelte den Kopf. »Karen, Karen, Karen ...« sagte er und streichelte wieder den Hund.

Später ahnte sie Böses; ihr Magen krampfte sich zusammen, wann immer sie darüber nachdachte und erkannte, daß sie ihm wirklich ins Gesicht gedroht hatte. Wenn sie da nicht wie ein dummes Mädchen gehandelt hatte, wann denn? Sie war erleichtert, daß er den Streit nie wieder zur Sprache brachte, und beruhigte sich mit Gedanken wie: Frank wußte, daß sie ihn niemals betrügen würde. Frank wußte, daß sie einfach zu dick aufgetragen hatte, um ihm klarzumachen, daß sie sich vernachlässigt fühlte.

Sie spielte die Szene in Gedanken noch einmal durch und änderte sie dabei ab, verlor nicht die Herrschaft über ihre Stimme, bewahrte Haltung. Gab sich mit versteckten Andeutungen zufrieden und verzichtete auf offene Drohungen. Deutete nur an, daß sie ihn betrügen würde, anstatt es ihm offen ins Gesicht zu sagen. Später erinnerte sie sich daran, daß der Streit am 10. Mai stattgefunden hatte. Ein Datum, das sie nicht vergessen würde.

Am 2. Dezember des gleichen Jahres wurde Frank mit einer Sauerstoffmaske auf dem Gesicht ins Holy Cross Hospital eingeliefert, während ein Rettungssanitäter seine Brust massierte. Er starb an diesem Nachmittag mit einundsechzig Jahren auf der Intensivstation.

Karen konnte es nicht glauben. Vierundvierzig Jahre alt und zum zweiten Mal verwitwet; zwei Franks hatte sie überlebt, der eine Fachingenieur in der Kfz-Konstruktion, der andere »mit zahlreichen gestreuten Geschäftsbeteiligungen«. Sie war voller Selbstvertrauen und nach der Beerdigung und dem kilometerlangen Trauerzug mit Polizeieskorte zum Friedhof Memorial Gardens nur erleichtert. Wieso erleichtert? Das mußte sie noch herausfinden. Aber sie fühlte sich – zuerst fürchtete sie sich, es einzugestehen – einfach toll. Frei. Mehr noch, geradezu aufgeregt. Nach fünf Jahren keine Überlegungen mehr, ob sie nicht einen schrecklichen Fehler gemacht hatte. Endlich vom Haken befreit und voller Erwartung auf ein neues Leben.

Doch in den nächsten paar Monaten mußte sie feststellen, daß der tote Frank DiCilia sie noch genauso gut im Griff hatte wie zu Lebzeiten.

Sie schaute gelegentlich zurück. Wie bin ich soweit gekommen? Sie versuchte, ein Muster, ein Motiv zu erkennen.

Rastlos?

Karen Hill. Ein nettes Mädchen. Höflich, gehorsam, gläubige Katholikin. Dominikanerschule, dann auf der Universität von Michigan studiert, Magisterabschluß. Akzeptierte die üblichen Vorstellungen von Glück, dazu eine lange Liste mit dem, was man durfte und was nicht.

Doch hatte sie es – im Rückblick – wirklich akzeptiert?

Ja, im Prinzip schon. Einen netten Burschen mit Zukunft kennenlernen, ihn heiraten, eine Familie gründen. Der nette Bursche war Frank Stohler, Michigan '52. Jede Menge Knutschen, aber vor der Hochzeit nicht mit ihm ins Bett gehen: Juni 1954, in der St. Paul's On-the-Lake-Kirche. Empfang im Grosse Pointe Yacht Club. Schließlich ins Bett mit dem großen, rücksichtsvollen Frank Stohler, der beim Bumsen nie ein Geräusch machte und keinen Ton sagte. Temperaturmethode, es gab noch keine Pille. Eine Tochter, Julie, geboren im September 1956.

Die Zeit mit dem ersten Frank war ein ständiges Einerlei. Ein Haus, dann ein größeres. Lochmoor beigetreten, dem Detroit Athletic Club. Einmal im Jahr von der Firma aus ein Wochenende in Greenbriar. Die Neuheitenmesse der Chrysler Corporation, die jährlichen Treffen der Fachingenieure im Automobilwesen. Rastlos. War das ihre Rolle? Tennis, Racketball, Squash, ein wenig Bridge, Streit mit Julie. Sorgen um sie. Ging jedes Wochenende ins Theater oder auf Partys. Die Weigerung, Julie auf eine Schauspielschule nach Los Angeles zu schicken. Sie ging trotzdem, spielte nun fast täglich in *As the World Turns* mit und war gut in ihrer Rolle als junges Biest. Als was auch sonst?

Der Tod. Ihr Vater und der erste Frank innerhalb von zehn Monaten; beide kurze Zeit herzkrank und dann verstorben. Etwas über zweihunderttausend Dollar aus der Lebensversicherung und an Aktien der Chrysler Corporation. Rastlos. Die Gelegenheit, etwas anderes zu tun, ein anderer Mensch zu sein. Das Haus in Grosse Pointe verkauft und nach Lauderdale gezogen. Warum? Warum nicht? Ein Job als Maklerin. Langweilig. Gekündigt. Und Frank DiCilia im Club Palm Bay kennengelernt.

Der echte und wirkliche Frank DiCilia aus den Detroiter Zeitungsartikeln über die Prozesse vor dem Großen Geschworenengericht, die Ermittlungen des Sonderdezernats ›Organisiertes Verbrechen‹, die Anklagen wegen Meineid, die Schutzgelderpressungen, Hoffas Verschwinden.

Die Witwe und der Witwer, beide zueinander passend, beide aneinander interessiert, wenn auch aus unterschiedlichen Gründen.

Das bist doch überhaupt nicht du, sagte sie sich. Oder doch? Fasziniert von dem Mann und von allem, was er wissen mußte, worüber er aber niemals sprach. Ihr gefielen seine Hände, selbst der Diamant am kleinen Finger. Ihr gefiel sein Haar, noch immer dunkel und dicht, auf der rechten Seite gescheitelt. Ihr gefiel der verträumte Blick seiner Augen und die Art, wie er sie betrachtete – Frank DiCilia betrachtete *sie* – und ihr gefiel es, den Blick ruhig zu erwidern, um zu zeigen, daß sie keine Angst hatte. Sie fühlte sich nicht mehr rastlos. Sie konnte den ersten Frank mit dem strähnigen Haar nicht mit dem zweiten, dunklen Frank vergleichen. Ingenieure sagten, sie seien Ingenieure, und zogen Reißzeichnungen auf Papierservietten, um zu zeigen, wie etwas funktioniert. Frank und seine Teilhaber sagten nie, was sie waren, und schrieben auch nichts nieder. Sie fragte Frank DiCilia geradeheraus: »Was tun Sie so?«

Er sagte: »Ich habe mich zurückgezogen.«

Sie: »Wovon?«

Er: »Industrielle Wäschereien.«

Sie: »Sind Sie in der Mafia?«

Er: »So was gibt es nur in Filmen.«

Sie besuchte ihn in seinem Haus im Vorort Harbor Beach von Lauderdale – ihrer jetzigen Adresse, 1 Isla Bahía – und sagte: »Wäschereien müssen ja ganz nett was hergeben.«

Er sagte: »Ich bin auch noch ein wenig im Immobilienhandel.«

Sie betrachtete die Einrichtung, die Auktionsstücke von Sotheby und den italienischen Marmor, und sagte: »Sie könnten Eintritt verlangen.«

Er sagte: »Wenn es Ihnen nicht gefällt, verkaufe ich es.« Diesen Vorschlag machte er jedoch erst wieder in jenem Mai, fünfeinhalb Jahre später.

Sie erinnerte sich an ein anderes Mädchen namens Hill, Virginia Hill, das sie während der Ermittlungen im Fall Kefauver im Fernsehen gesehen hatte, das Mädchen mit dem breitkrempigen Hut und der Sonnenbrille, die Freundin eines Gangsters. Karen hatte fasziniert zugeschaut und sich gefragt, wie so etwas sein würde.

Sie genoß es, dies herauszufinden: Mit Frank DiCilia befreundet zu sein und es auszukosten; die Clubs, La Gorce, Palm Bay, Joe Sonken's in Hollywood, und die Blicke auf sich zu spüren. Eine Rolle zu spielen und jemand zu sein.

Julie war mit einem Stuntman verheiratet. Sie drehte gerade und konnte nicht zur Hochzeit kommen, gratulierte ihr jedoch mit einem langen, liebevollen Brief und schloß ihn mit der Bemerkung ab: »Ich wußte, daß es in dir steckt, zum Teufel! Toll! *Meine* Mom!«

Karens Mutter, die nur neun Jahre älter war als Frank, kam zur Hochzeit, trank Champagner und sagte, völlig im Ernst: »Aber er ist Italiener, nicht wahr?«

Ihre Mutter fuhr wieder nach Hause, und drei Jahre später mußte Karen sie beerdigen.

Was passierte nur? Alle starben. Der erste Frank und ihr Vater, dann ihre Mutter und der zweite Frank. So vielen Menschen jahrelang nahegestanden und nun ganz allein, die einzige Überlebende. Sie verlor die Verbindung mit den alten Freunden in Detroit. Lebte ein anderes Leben. Hatte niemanden, mit dem sie sich vernünftig aussprechen konnte. War versessen darauf, Menschen kennenzulernen, wenigstens einen guten Freund zu haben. Vorzugsweise einen Mann.

Sie wurde sich immer mehr der älteren Menschen bewußt, die in Florida im Ruhestand lebten. Mehr Frauen als Männer waren auf den Promenaden an den Stränden nördlich und südlich von Lauderdale zu sehen. Frauen, die allein in viertürigen Limousinen fuhren. Frauen, die mit anderen Frauen zu Abend aßen. Karen war vierundvierzig. ›Ich sehe nicht aus wie diese Frauen‹, sagte sie sich.

Oder doch?

Nein, selbst nach all den Stunden in der Sonne, dem Tennis in der Sonne, den Mittagsschläfchen in der Sonne war sie vierundvierzig, wog genau fünfundfünfzig Kilo und sah zehn Jahre jünger aus, als sie war. Oder vielleicht wie acht- oder neununddreißig, irgendwas in dieser Richtung. Mit einer gewissen klassischen Schönheit: dunkles Haar, blaue Augen, schöne Nase; mit Falten, die keineswegs unattraktiv waren, sondern – so sagte Karen sich – von Charakter, Weisheit oder Erfahrung zeugten. Sie trug einfache, aber teure Kleider, ging seit dem letzten Jahr öfter ohne BH und sah, sonnengebräunt und schlank, selbst im verschlossensten Bikini hervorragend aus. Bei Gott, nein, sie war keine dieser Witwen mit ihren buntbedruckten Kleidern und gewaltigen Ärschen.

Na gut, aber wieso saß sie dann allein zu Hause herum? Warum ließen sich die wenigen interessanten, vorzeigbaren Männer, die sie seit Franks Tod kennengelernt hatte, nur ein- oder zweimal sehen und schienen dann zu verschwinden?

2

Im Mai – sie war seit fünf Monaten verwitwet, und die Meinungsverschiedenheit über das doppelte Maß, der Streit mit Frank, das Ultimatum hatte vor genau einem Jahr stattgefunden – saß Karen in Ed Grossis Büro im neununddreißigsten Stockwerk des Biscayne Tower. *DORADO MANAGEMENT CORPORATION* stand auf dem Schild auf der Doppelschwingtür des Privatbüros.

Karen konnte Ed Grossi fragen, womit sich die Dorado Management Corporation beschäftigt, und er antwortete: »Nun ja, Apartmentgebäude, Gebäudekomplexe mit Eigentumswohnungen«; soweit würde es wahrscheinlich auch zutreffen. Sie konnte ihn fragen, wer all die Menschen waren, die in der Lobby warteten, und Grossi sagte: »Nun ja, Lieferanten, Arbeitssuchende, du weißt schon.« Sein Ton war geduldig. Frag' du nur. Was willst du wissen?

Doch wenn sie nachbohrte, immer mehr Fragen stellte, wurden die Erklärungen immer komplizierter, und die Worte ergaben niemals ein klares Bild. Das wußte sie aus Erfahrung.

Sie saßen da, glänzende, schwarze Kaffeetassen auf seinem aufgeräumten Schreibtisch, und Karen hörte zu, wie Grossi sagte: »Nun, es sieht so aus, als wärest du etwa vier Millionen wert.«

»Wirklich?« sagte Karen. Keineswegs erstaunt. Sie hatte gedacht, es könne vielleicht wesentlich mehr sein.

»Wir mußten eine Steuervorauszahlung leisten, ein paar von Franks Geschäftsanteilen verkaufen ... wenn du nicht darauf bestehst, erspare ich mir die Einzelheiten.«

Vier Millionen.

Sie hatte noch immer ihre eigenen Zweihunderttausend in Aktien und Wertbriefen, dazu die fünfunddreißigtausend in bar, die sie – in Hundertdollarscheinen – in Franks Aktenschrank gefunden hatte.

»Bekomme ich die Summe auf einmal?«

Ed Grossi wirkte auf der anderen Seite des aufgeräumten Schreibtisches, hinter einer Glasscheibe die Skyline von Miami Beach hinter sich, allein und weit entfernt. Der freundliche Ed Grossi, der jetzt ganz oben saß. Er trug eine Brille mit schwerem schwarzem Gestell und hielt sie nun so, daß er durch den Zweistärkenfokus sehen konnte, während er auf ein einzelnes Blatt auf seinem Schreibtisch schaute.

»Wie Frank es eingerichtet hat, liegt das Geld in einem Treuhandfonds.«

»Oh«, sagte Karen und wartete auf die komplizierte Erklärung.

»In festverzinslichen Obligationen des Staates Miami, vier Millionen zu sechs Prozent, zweihundertvierzigtausend im Jahr. Wie klingt das?«

»Muß ich die Summe versteuern?«

»Nein, es sind Kommunalobligationen, die Einkünfte sind steuerfrei. Zweihundertvierzigtausend, oder, wie Frank es eingerichtet hat, zwanzigtausend im Monat, solange du lebst.«

Karen wartete. Sie war sich sicher, daß es einen Haken gab, gewisse Klauseln. »Was ist, falls ich die ganzen zweihundertvierzigtausend auf einmal haben will?«

»Und was willst du damit anfangen?«

»Keine Ahnung. Ich sage ja nur, falls. Lauten die Obligationen auf meinen Namen?«

»Nein, auf die Dorado Management. Du erinnerst dich, wie der Anwalt es erklärt hat? Frank bestimmte Dorado zum Nachlaßverwalter.«

»Ich dachte, er hätte dich bestimmt«, sagte Karen.

»Nein, die Firma. Um deine Frage zu beantworten, ja, du kannst die gesamten zweihundertvierzigtausend eines Jahres auf einmal bekommen, doch zu deinem eigenen Schutz ist dafür die Zustimmung der Dorado Management nötig.«

»Deine Zustimmung«, sagte sie beharrend.

»Karen, ich könnte über die Flagler Avenue gehen und überfahren werden. Die Firma ist dann noch immer der Verwalter von Franks Nachlaß. Kannst du mir folgen? Es wurde in deinem Interesse so eingerichtet.«

»Aber ich kann die Obligationen nicht flüssig machen und die vier Millionen nehmen, wenn ich wollte.«

»Warum solltest du das denn wollen?« Ruhig, mit einem fast müden Tonfall. »Wie willst du das Geld investieren? Vielleicht kommt irgendein Hitzkopf mit einem ganz tollen Plan daher, der schiefgeht – deshalb hat Frank es so eingerichtet. Dorado verwaltet das Kapital, füllt alle Unterlagen aus, und du mußt dir keine Sorgen darüber machen.«

»Was, wenn ich sterbe?«

»Die Zahlungen werden eingestellt. Deine Erben sind deine, nicht Franks. Aber wenn du zwischenzeitlich dieses Geld für dich arbeiten läßt, wirst du einen ganz beträchtlichen Nachlaß haben.«

»Was, wenn ich wieder heirate?«

Ed Grossi zögerte. Einen Augenblick lang hatte sie ihn unvorbereitet ertappt.

»Ich glaube, die Zahlungen werden eingestellt.«

»Du bist dir nicht sicher?«

»Ich erinnere mich nicht. Vielleicht muß das Dorado Management seine Zustimmung erteilen. So meinte ich es nicht, etwa, daß du unsere Erlaubnis haben mußt. Ich meine, wir werden dir die Zuweisungen weiterhin anweisen müssen, wenn es keine Klauseln dagegen gibt.«

»Warum sollte es solche Klauseln geben?«

»Ich sage nicht, daß es sie gibt. Ich erinnere mich nur nicht mehr an die Einzelheiten der Nachlaßbestimmungen. Warum?«

»Warum was?«

»Ich meine, spielst du mit dem Gedanken?«

»Nein. Im Augenblick nicht. Ich habe mich in letzter Zeit kaum mit Männern getroffen«, sagte Karen, nun mit ein wenig Schärfe in der Stimme. »Ich will nur wissen, welche Rechte ich habe, was ich tun darf und was nicht.«

»Es war Franks Geld, Karen.«

»Und ich habe meinen Anteil daran verdient.« Noch immer mit dieser Schärfe. »Eheliche Zugewinngemeinschaft, die ich meinerseits getreulich erfüllt habe – wenn du es unbedingt wie einen rechtsverbindlichen Vertrag klingen lassen willst.«

»He, Karen, komm' schon ...«

Sie sagte nichts, musterte ihn aber weiterhin.

»Er ist tot, Karen. Willst du, daß er zurückkommt und sich entschuldigt? Der Mann hat dir ein Haus hinterlassen, ein paar Wohnungen, eine viertel Million pro Jahr steuerfrei ... Was willst du?«

»Ich weiß nicht. Ich fühle mich ... beengt. Vielleicht sollte ich ein paar Monate verreisen.«

Ed Grossi zögerte erneut, suchte nach den richtigen Worten oder einem entspannten Tonfall. »Du mußt nicht davonlaufen, oder?« sagte er. »Suche dir irgendeine Aufgabe, vielleicht in einem Wohltätigkeitsverein. Gib dein Geld aus, genieße es.«

»Du klingst genau wie Frank.«

»Das ist sehr gut möglich«, sagte Grossi. »Frank und ich waren lange befreundet. Er sagt etwas, äußert einen Wunsch, und dann ist es auch mein Wunsch. Du verstehst, was ich meine?«

Karen beobachtete ihn, war sich nicht sicher, hoffte, er würde mehr sagen und etwas über sich verraten.

»Ich muß mit Frank nicht immer völlig übereinstimmen«, sagte Grossi. »Aber wenn er mich wissen ließ, daß er etwas auf diese Art erledigt haben wollte, okay, dann wurde es so gemacht. Was ich davon hielt ... nun, das hat nichts damit zu tun, es war sein Unternehmen.«

Karen wartete.

»Was willst du damit sagen?«

»Nichts. Ich wiederhole mich.« Er sagte dies völlig ernst und versuchte dann zu lächeln, während er einen Knopf auf seiner Gegensprechanlage drückte. »Was kann ich sonst noch für dich tun, Karen?«

Beinahe hätte er ihr etwas verraten, etwa, was er von der Regelung hielt. Aber er hatte es gemerkt und innegehalten.

Es hatte keine Unterbrechungen, keine Anrufe gegeben, bis Grossis Sekretärin nun hereinkam und fragte, ob sie noch einen Kaffee wollten. Karen lehnte dankend ab und hob ihre Handtasche auf. »Roland ist hier«, sagte die Sekretärin.

»Sagen Sie ihm, er soll warten«, entgegnete Grossi. Dann tat er etwas, was Karen überraschte. Er sagte: »Vivian, kennen Sie Mrs. DiCilia? Karen, das ist Vivian Arzola.«

Die Sekretärin gab Karen die Hand und lächelte. »Ich freue mich, Sie kennenzulernen, Mrs. DiCilia. Ich habe so viel von Ihnen gehört.«

›Was denn?‹ fragte sich Karen, noch immer überrascht; und dennoch wußte sie, daß das Mädchen es ehrlich meinte.

Eine sehr attraktive Kubanerin, etwa dreißig, gut gebaut, die Haare zu einem Knoten zurückgesteckt, eine Brille mit großen, runden Gläsern, ein beiger Hosenanzug. ›Wahrscheinlich ein Calvin Klein oder Dalby‹, dachte Karen. Vivian schien zu zögern. »Sie sind viel schöner als auf dem Bild«, sagte sie.

Schön? Karen runzelte die Stirn, um etwas Überraschung auszudrücken. »Nun, vielen Dank«, sagte sie. »Ich glaube, ich werde jetzt öfter kommen.«

Vivian ließ sie allein, und Grossi sagte: »Was brauchst du? In jeder Hinsicht.«

Karen lehnte sich zurück. »Warum willst du nicht, daß ich verreise? Brauche ich dazu deine Erlaubnis?«

»Nein, natürlich nicht. So habe ich es nicht gemeint. Ich schlage nur vor, daß du es ruhig angehen läßt. Wohin du auch fahren könntest, überall ist es jetzt zu warm. Bleibe hier, am Ozean. Aber bleibe mit mir in Verbindung. Laß mich wissen, was du tust, und ob ich dir irgendwie helfen kann.«

»Ich will dir sagen, was ich tue«, entgegnete Karen. »Nichts. Ich treffe mich zwei- oder dreimal mit einem Mann – wie Howard Shaw, kennst du ihn? Er ist Anlagenberater, Mitglied des Palm Bay, kürzlich geschieden ...«

Grossi schüttelte den Kopf. »Karen, du bist erst seit ... nun ja, ein paar Monate Witwe. Weshalb diese Eile?«

»Seit fast sechs Monaten«, sagte Karen, »einem halben Jahr. Ich bin ein paar Mal zum Abendessen eingeladen worden – Ed, ich springe nicht gleich mit jedem ins Bett. Ich war mit drei verschiedenen Männern aus, die mir gefallen, als Freunde, meine ich. Wir hatten Spaß, wir schienen miteinander auszukommen. Sie sagen, sie rufen mich morgen oder in ein paar Tagen wieder an, und dann nichts, kein einziges Wort.«

»Ich weiß nicht«, sagte Grossi. »Laß dir doch Zeit.«

»Wieviel Zeit?«

»Entspanne dich, mache dir deshalb keine Sorgen.«

Karen wartete, musterte ihn. »Ed, was geht da vor?«

»Was meinst du, was geht da vor? Das sind Geschäftsleute, sie haben zu tun. Vielleicht sind sie verreist.«

»Sie sind nicht verreist. Ich habe sie gesehen.«

»Na ja, dann haben es ihre Frauen eben herausgefunden. Ich weiß es nicht.«

»Sie sind nicht verheiratet.« Karen wartete erneut. »Liegt es daran, daß ich mit Frank DiCilia verheiratet war?«

»Bei einigen vielleicht«, sagte Grossi und zuckte die Achseln. »Wer weiß?«

»Ich habe auch schon daran gedacht«, sagte Karen. »Aber sie wußten es, jeder einzelne von ihnen. Ich meine, nicht, daß ich es ihnen gesagt und sie mich dann nicht mehr angerufen haben. Sie *wußten*, daß ich Mrs. Frank DiCilia war. Das ist mein Name. Es scheint sie nicht gestört zu haben.«

»Na ja, man weiß es nie«, sagte Grossi. »Vielleicht bist du an jemanden mit Minderwertigkeitskomplexen geraten. Er wird nervös, sieht immer wieder über die Schulter zurück. ›Gott im Himmel‹, denkt er, ›vielleicht ist mir die Sache über den Kopf gewachsen.‹ Verstehst du? Allein die Vorstellung, mit Mrs. Frank DiCilia auszugehen, macht ihm angst.«

Karen sagte nichts.

»Ich würde mir an deiner Stelle keine Sorgen darüber machen«, sagte Grossi. »Du hast doch alles. Wofür brauchst du denn so verklemmte Typen?«

Roland Crowe trat vom Schreibtisch der Empfangsdame rüber, um Karen die Tür aufzuhalten. »Vielen Dank«, sagte sie, und Roland entgegnete: »He, nicht der Rede wert.« Er stand breitbeinig in seinen engen Hosen und den 200-Dollar-Cowboystiefeln da und musterte ihren Hintern und die schlanken braunen Beine, als sie die Halle entlangging. Als er sich umdrehte und die Tür zufallen ließ, sahen alle Leute in der Lobby der Dorado Management ihn an. Roland sah niemanden an: ein paar kleine Scheißer, die darauf warteten, das Gras wachsen zu hören.

Er ging zum Schreibtisch zurück, um noch ein wenig mit dem kleinen Empfangsmädchen zu flirten, doch sie sagte ihm, er könne jetzt hinein. Roland blinzelte ihr zu. Für eine Kubanerin sah sie nicht schlecht aus. Diese DiCilia war auch nicht übel. Er erinnerte sich an ihr Gesicht.

In Grossis Büro sagte Roland Crowe: »War das nicht Franks Frau, die da gerade hinausging?«

Grossi schob ein Blatt Papier in seine mittlere Schreibtischschublade. Er nahm ein anderes Blatt heraus, auf dem ein mit Kugelschreiber geschriebener Name und eine Adresse standen, und schloß die Schublade ab.

»War das wer?«

»Franks alte Dame.«

»Ihr Name ist Mrs. DiCilia«, sagte Grossi.

Verdammt. Dieser kleine Mistkerl, der wie der große Boß klingen wollte, kaum den Mund bewegte, wenn er sprach, als hätte er einen Haufen Müll darin. Doch Roland war ganz umgänglich – nach sechs Monaten im Staatsgefängnis Lake Butler, wo er sich den Arsch aufgerissen hatte, um Unkraut zu jäten, und nur Schweinefraß vorgesetzt bekommen hatte, war er endlich zurück in Miami. Er war zu gut gelaunt, um fies zu werden, wenngleich er bei der Vorstellung grinsen mußte, den kleinen Mistkerl an seinem blauen Anzug zu fassen, durchs Fenster zu werfen und zu hören, wie er schrie, während er die neununddreißig Stockwerke hinab zum Biscayne Boulevard fiel.

»Ich hab' sie mal getroffen, ich weiß nicht, wann, vor einem Jahr oder so«, sagte Roland Crowe. »Ich holte irgendwas aus ihrem Haus. Frank stellte uns vor, doch sie erinnert sich nicht an mich.«

»Hier«, sagte Grossi und gab Roland das Blatt. Der runzelte die Stirn, als er den Namen las.

»Arnold ... Rapp? Was ist das denn für ein Name?«

Grossis Gesichtsausdruck blieb geduldig, ernst. »Das ist oben in Hallandale.«

»Mein Gott, er versteckt sich in Hallandale«, sagte Roland. »Weiß dieser Bursche, was er tut, oder ist er einer von diesen Collegejungs?«

»Arnold behauptet, die Küstenwache habe das Boot beschlagnahmt und die neun Tonnen Gras an den Zoll überstellt. Und, ja, es steht in der Zeitung, daß sie vor zwei Tagen ein Boot, kubanische Besatzung, nach Boca Chica geschleppt haben.«

»Aber war das Arnolds?« sagte Roland. »Wieviel schuldet er Ihnen?«

»Fünfhundertvierzig Riesen, zweieinhalb zu eins.«

»Hm«, sagte Roland, »wenn er Ihnen ein Märchen erzählt, muß er eine Tonne davon geraucht haben, um die Nerven dafür zu haben, was?«

»Fragen Sie ihn«, sagte Grossi. »Was die andere Sache betrifft, Mrs. DiCilia, wird Vivian Ihnen alles erklären.« Er drückte einen Knopf auf der Gegensprechanlage. »Vivian, Roland kommt zu Ihnen.«

Das war's schon; damit war ihr Gespräch beendet. Kein ›Wie war Lake Butler?‹ oder ›Vielen Dank, Roland!‹, weil er die Klappe gehalten hatte, vor dieses Arschloch von Richter gertreten war und wegen Mißachtung des Gerichts ein Jahr und einen Tag bekommen hatte, erlassen auf sechs Monate, die er da oben mit diesen Niggern und Kubanern verbringen mußte.

»Wie es mir in Butler ergangen ist?« sagte Roland zu Ed Grossi. »Oh, ganz gut, Ed. Ich hab' immer schön an mir selbst 'rumgespielt, einem Jungen den Arm gebrochen, der mir an den Arsch wollte, und kam als Jungfrau mit zweihundertfünf Pfund wieder raus. Da der Speiseplan nur aus Hafergrütze und Schweinefraß bestand, hab' ich ein paar Pfund verloren.«

»Vivian wartet auf Sie«, sagte Ed Grossi.

»Wissen Sie, daß er Sie einfach feuern wird, wenn Sie Ihre Arbeit getan haben?« sagte Vivian.

Roland Crowe bedachte sie über den Tisch mit der Glasplatte mit einem Grinsen. Sie saßen ein Stück vom Schreibtisch entfernt, um ungestört miteinander sprechen zu können. Roland gefiel der Tisch, das Glas, durch das er auf Vivians übereinandergeschlagene Beine schauen konnte, der dünne, beige Stoff über ihrem Schenkel. »Wissen Sie, wovon ich die ganze Zeit im Butler geträumt habe, was ich mir ständig vorgestellt habe?« sagte er. »Eine kubanische Pussy. Mann, das dichte schwarze Haar ...«

»Ich kenne eine kubanische *Cocha,* die Sie nie zu sehen bekommen werden«, sagte Vivian. »Setzen Sie sich, Roland. Seien Sie brav.«

Er legte die Hand auf seinen Reißverschluß, als wolle er ihn öffnen. »Kommen Sie, Sie zeigen mir Ihre Pussy, und ich zeige Ihnen was, was Sie da unten auf der Sou'west Eighta Street noch nie gesehen haben.«

»Sou-wa-*say*-da«, sagte Vivian. »Sie kriegen's nie hin. Sie sind vor zwanzig Jahren aus dem Sumpf gekrochen und haben noch immer keine Ahnung.«

»Ich weiß, wie ich Sie glücklich machen kann«, sagte Roland, dem die Sache Spaß machte. Er setzte sich und stützte seine kräftigen Unterarme auf das Glas. Die Aufschläge seines geblümten Hemds waren hochgekrempelt, damit man seine Zweitausenddollaruhr und das goldene Kettchen mit dem Anhänger sehen konnte. »Hören Sie, ich muß mir 'ne neue Wohnung suchen. Ich dachte, ich könnte bei Ihnen einziehen, bis ich was gefunden habe.«

»Das fehlt mir gerade noch, ein Strafgefangener«, sagte Vivian. Sie ließ sich von Roland nichts gefallen, war aber sehr vorsichtig und wachsam, als könne er jederzeit mit der Faust auf die Glasplatte schlagen, worauf sie dann schnell das Weite suchen würde. »Hören Sie mir jetzt zu«, sagte sie, »und lassen Sie den Unsinn!«

Er hätte gern über den Tisch gegriffen, Vivian die große runde Brille abgenommen und ihr Haar geöffnet, doch er sagte: »Klar. Schießen Sie los.« Roland fühlte sich wirklich gut und konnte sich noch eine Weile im Zaum halten.

»Mrs. Frank DiCilia, Eins Isla Bahia, Harbor Beach, Lauderdale.«

»Ich war schon in dem Haus.«

»Wir haben das Telefon angezapft. Von draußen führt eine Leitung in Martas Zimmer ...«

»Moment mal. Wer ist Marta?«

»Marta Diaz, das Dienstmädchen. Die Schwester von Jesus.« Vivian sprach den Namen Chay-sus aus.

»Der liebe Jesus arbeitet daran?« sagte Roland und sprach den Namen amerikanisch aus. »Ich wußte gar nicht, daß er eine Schwester hat. Ich wußte nicht mal, daß er überhaupt wen hat. Er sagt ja kaum ein Wort.«

»Hören Sie zu, ja?« sagte Vivian. »Der Recorder ist in Martas Zimmer. Jeden Abend nimmt sie die Kassette heraus und gibt sie Jesus.«

»Und dann?«

»Dann ... er hat sie hierher gebracht, aber von jetzt an wird er sie Ihnen geben, und Sie hören sie ab. Sie schreiben die Namen der Männer auf, mit denen sie spricht.

Wenn Sie der Meinung sind, daß sie mit einem was laufen hat, finden Sie alles über ihn heraus, suchen ihn auf und sagen ihm, daß Mrs. DiCilia gern in Ruhe gelassen würde. Haben Sie verstanden? Sie schlagen niemanden zusammen, bevor Sie Rücksprache mit uns gehalten haben.«

»Für wie lange?«

Vivian zuckte die Achseln. »Solange sie lebt. Keine Ahnung. Sie darf niemanden so gut kennenlernen, daß sie mit ihm ins Bett geht.«

Roland blinzelte, als würde er in die Sonne starren. »Grossi will sie für sich selbst?«

»Das ist nicht seine Idee, sondern die ihres Mannes.«

»Ihr Mann ist doch tot.«

»Ach ja? Aber die Leute machen noch immer, was er will«, sagte Vivian. »Er will, daß seine Frau unberührt bleibt, ihm selbst nach dem Tode treu, und wir sorgen dafür.«

»Sie sieht gut aus«, sagte Roland.

»Ja, sehr elegant.«

»Und sie kriegt keinen ab? Mein Gott, sie muß ja bald verrückt werden.«

»Nicht jeder ist sexbesessen«, sagte Vivian.

»Man muß nicht gerade vor Liebe brennen, um sich 'nen Schwanz zu besorgen.« Roland sah aus dem Fenster und stellte sich vor, wie die arme Frau des Nachts allein in ihrem Haus war. »Vielleicht gabelt sie einfach einen Jungen auf und läßt sich ordentlich stoßen.«

Vivian schüttelte den Kopf. »Marta sagt, es würde nie jemand über Nacht bleiben, und sie würde niemals einen Mann mit ins Schlafzimmer nehmen.«

Man muß es nicht unbedingt im Schlafzimmer treiben, dachte Roland. Er hatte es auf der Rückbank eines Autos getrieben, am Strand, im Gebüsch, auf einem Luftkissenboot mitten im Big-Cyprus-Sumpf, einmal sogar auf dem Bürgersteig der Seventy-Ninth Street ... auf Fußböden ... auf einem Tisch ... Er hatte es aber noch nie auf einem Glastisch gemacht.

Roland wollte der Sache auf den Grund gehen. »Das ist also Franks Idee, und nicht Eds?«

»Er hat Ed in seinem Testament damit beauftragt«, sagte Vivian. »Beobachten Sie sie und passen Sie auf, daß sie mit keinem schläft.«

»Mein Gott ...« Er wollte nicht einsehen, wieso man der armen Frau jeden Spaß verderben sollte. Aber diese Mistkerle machten alles mögliche, das keinen Sinn ergab. Ganz ernste kleine Scheißer mit ihren altmodischen Vorstellungen von Ehre, der *omerta* – laber nicht, Mann, halt die Schnauze – und diesem Getue von wegen Brüderlichkeit.

»Wäre es nicht einfacher«, sagte Roland, »wenn Ed ihr sagt, daß sie nicht herumbumsen soll? Frank hat es so gewollt, ob er nun tot ist oder nicht, also läuft's auch so.«

»Warum stellen Sie unentwegt Fragen?« sagte Vivian. »Ed gefällt die Vorstellung nicht, aber er tut es. Für seinen Freund.«

»Aber er will nicht, daß sie es erfährt.«

»Er will auch nichts damit zu tun haben«, sagte Vivian. »Er ist auch mit der Frau befreundet. Er will, daß sie glücklich ist, aber er muß das einfach tun. Also überläßt er Ihnen die Sache, weil er Frank sein Wort gegeben hat. Aber er will selbst nichts damit zu tun haben. Haben Sie jetzt kapiert? Gut.«

»Wer weiß von der Schiebung?«

»Wir drei. Verstehen Sie, er will nicht einmal selbst mit Ihnen darüber sprechen. Das muß ich tun.«

»Was ist mit Jesus? Er weiß Bescheid.«

»Nein, er glaubt, wir wollten die Frau beschützen.«

Roland gefiel diese Idee. Er dachte eine Weile darüber nach und fragte dann: »Was hat Frank ihr hinterlassen?«

»Das geht Sie nichts an.«

»Einen verdammt großen Haufen Geld, wette ich«, sagte Roland. »Und ich wette, das gehört auch zu dem Handel. Wenn sie aussteigt, sitzt sie auf dem Trockenen, was?«

»Holen Sie sich die Bänder und hören Sie sie ab«, sagte Vivian. »Mehr haben Sie nicht zu tun.« Sie erhob sich von dem Tisch und ging zu ihrem Schreibtisch. Er war nicht so ordentlich wie der von Ed Grossi; Papiere und Aktenmappen lagen darauf. Vivian nahm einen dicken, zugeklebten Umschlag ohne Aufschrift.

»Sie beschützen«, sagte Roland nickend. Ihm gefiel die Vorstellung. »All diese Mistkerle von ihr fernhalten, die ihr ans Höschen wollen. Na gut, ich glaube, das schaffe ich.«

Vivian kehrte mit dem Umschlag zurück und gab ihn ihm. »Roland«, sagte sie, als hätte sie seine Gedanken gelesen, was nicht sehr schwer war, »versuchen Sie ja nicht, selbst in ihre Höschen zu steigen, während Sie darauf achten, daß kein anderer hineinkommt. Wie gesagt, sie ist eine sehr gute Freundin von Ed.«

»Wir sind doch alle Freunde«, sagte Roland und riß den Umschlag auf. »Deshalb kommen wir auch so gut miteinander zurecht.« Er betrachtete das Geld, zählte es schnell durch und sah dann Vivian an. »Was denn, kein Bonus? Ich habe gerade sechs Monate im Butler abgesessen, das war nicht leicht, Lady, und ich bekomme wie immer mein Gehalt?«

»Treten Sie doch in die Gewerkschaft ein«, sagte Vivian. »Worüber beschweren Sie sich? Sie haben da achtzehntausend Dollar, die Gehaltsnachzahlung für Ihre sechs Monate.«

»Wie ich es sehe, ist es einiges mehr wert, im Butler Unkraut zu jäten«, sagte Roland. »Beträchtlich mehr.«

3

»Wenn ich hier herauskomme ...«, sagte sich Maguire, als er im Wayne-County-Gefängnis saß, im Stadtzentrum von Detroit; manchmal fing er sogar an: *Lieber Gott,* wenn ich hier herauskomme, dann werde ich mich ändern, dann besorge ich mir einen anständigen Job, dann halte ich mich von Leuten wie diesen Patterson-Brüdern fern und baue nie mehr Scheiße, so lange ich lebe. Jedenfalls nicht mehr so schlimme Scheiße.

Als er dort in seiner Zelle saß und mit fünfzehn bis fünfundzwanzig Jahren rechnen mußte, bei Gott, da hatte er Angst wie noch nie zuvor im Leben.

Im Büro des Staatsanwalts mußte man währenddessen nur ein paar Daten in den Computer eingeben und in kleinen Phosphorbuchstaben erschien auf dem Bildschirm des Computer-Terminals der Name ›Maguire‹:

CALVIN A. MAGUIRE, männlich, Weißer, ein Geburtsdatum, nach dem er sechsunddreißig war, Tätowierung auf dem linken Oberarm, *Cal,* in blauer und roter Schrift, Verhaftungen, die elf Jahre zurücklagen, eine in Florida, aber keine Verurteilungen.

Ein Mitarbeiter der Staatsanwaltschaft des Bezirks Wayne blickte stirnrunzelnd auf den Bildschirm. Keine Verurteilungen? Der Bursche hatte Autodiebstähle begangen, Einbrüche in Wohnhäuser und Büros, einen versuchten Mord, anscheinend mit einer verdeckt getragenen Waffe, eine vorsätzliche Körperverletzung ... und keine Verurteilung? Na ja, diesmal hatten sie ihn. Zwei Augenzeugen hatten ihn bei einer Gegenüberstellung erkannt, zwei eindeutige Identifizierungen. Calvin Maguire würde von der Bildfläche verschwinden.

Der Staatsanwaltschaft lag auch eine eindrucksvolle Computer-Lightshow über die Gebrüder Patterson vor: André Patterson und Grover »Cochise« Patterson, Farbige, beide mit zahlreichen Vorstrafen, die ersten im Alter von dreizehn und vierzehn Jahren, auch die beiden waren von den sich völlig sicheren Zeugen identifiziert worden. Auf Wiedersehen, Maguire und Gebrüder Patterson. Der Mitarbeiter des Staatsanwalts freute sich auf den Prozeß. Er konnte ihn einfach nicht verlieren.

André Patterson war damals mit dem Angebot zu Maguire gekommen. Es gab da einen Mann, der würde ihnen fünfzehnhundert Dollar pro Nase für einen Überfall auf den Deep Run Country Club nördlich von Detroit bezahlen. Sie sollten eine Menge Verwirrung stiften, aber hauptsächlich die Leute dort einschüchtern. Maguire kapierte es nicht. Jemand bezahlte sie dafür, einen Club zu überfallen?

Bezahlte sie und stellte ihnen saubere Waffen zur Verfügung. Aus einem unbestimmten Grund gefiel dem Mann der Club nicht oder er wollte es den Mitgliedern für irgendeine Sache heimzahlen. »In so einem Club zeichnen sie die Rechnungen nur ab«, sagte Maguire; »da ist kein Geld zu holen.« »Aber die reichen Leute, die da Mitglied sind, haben Geld«, sagte André Patterson; »sie legen es in ihr Schließfach und spielen dann Golf. Kapiert, wir können behalten, was wir da finden. Der Mann wollte keinen Anteil; das gehört nicht zum Deal.«

Maguire war sich nicht sicher. »Was ist mit deinen Kumpeln Ordell und Louis? Warum ich?« André erwiderte, die beiden seien für eine Weile untergetaucht. »Nein, du bist mein Mann, der einzige, den ich kenne, der es ganz cool durchzieht, ohne vorher 'ne Spur Koks zu schnüffeln.« Maguire antwortete, er käme ohne das Zeug aus; er habe einen Job, den er wenigstens bis zum Ende des Jahres behalten wollte und dann werde er sich verdrücken.

»Ja«, sagte André Patterson, »mix du mal schön die Cocktails für die Geschäftsleute, die hier im Hotel absteigen, hör zu, wie sie sich über ihre großen Deals unterhalten, während die Cocktail-Musik aus der Wand sickert, steh' in deiner schönen roten Jacke immer auf dem Sprung, Mann, das Haar schön gekämmt, ›Jawohl, mein Herr was darf's sein? Und für die junge Dame?‹«

Maguire dachte an die schneebedeckten Promenadenwege von Aspen, den hohen Pulverschnee auf den Abfahrten, die reichen Damen in ihren Skianzügen. Dann dachte er an das Pier House in Key West, wie er um sechs Uhr abends mit einem Drink, weißer Rum und Lemon, auf dem Deck saß. Die Stätten der Vergangenheit. Er dachte an fünfzehnhundert Mäuse und an das, was sie aus den Schließfächern kratzen konnten, vielleicht nochmal dreihundert für jeden. Er dachte an Inseln und Palmen ... aus der Kälte heraus, dem Schneematsch, wie wär's denn zur Abwechslung mal mit dem Mittelmeer, Spanien, Südfrankreich? Fünfzehnhundert fest. Maguire hielt sich gern an der frischen Luft auf. Er arbeitete auch gern unter freiem Himmel, wenn er schon arbeiten mußte. Was tat er dann in Detroit? Als würde ihn irgendein Schuldgefühl immer wieder nach Detroit zurücktreiben, um seine Mutter zu besuchen. Er hörte zu, wie sie über ihre Kreislaufschwierigkeiten klagte und die niedrigen Ausschüttungen der Detroit Edison Aktien, und sagte dann: »He, vielen Dank für alles«, nahm den Hundertdollarschein, den sie ihm immer zusteckte, und sah zu, daß er Land gewann.

»Es gibt kein Sicherheitspersonal«, sagte André Patterson. »Spaziert rein, nehmt die Brieftaschen und Uhren mit. Jagt die Leute in die Duschräume, wo sie sich ausziehen müssen. Tragt ihre Kleidung raus und werft sie in die Büsche, dann laufen sie alle nackt im Club durcheinander.«

»Vielleicht sollten wir Skimasken tragen oder so?«

»Trag einen Smoking, wenn du willst«, sagte André. »Mann, wir gehen in den *Club.«*

Das wäre ein Witz, ein Smoking. Alles ganz gemächlich angehen, ein paar Drinks, einen Joint, bevor sie reingingen ... hinter sich die Tür schließen ... man mußte an kaum was denken. Nur auf die Tür aufpassen, die vom Umkleideraum zum Restaurant führte ...«

»Ich hab' das schon seit Jahren nicht mehr gemacht«, sagte Maguire. »Ich meine, ich hab' das eigentlich *noch nie* gemacht, Herrgott, einen Country Club ausnehmen.«

»Wer hat das schon?« sagte André.

Sie planten den Überfall für den 16. August, einem Mittwoch, um sechzehn Uhr, als all die Ärzte und Verkaufsleiter im Club Golf spielten, um eine Runde knobelten oder im Umkleideraum die Zoten loswurden, die sie im Büro nicht über die Lippen bringen konnten.

Sie stellten den Lieferwagen, den Cochise aufgetrieben hatte, vor einer Seitentür ab, die direkt zum Umkleideraum für Herren führte – sie kamen ohne die Skimasken, es war zu warm. André Patterson trug eine Pudelmütze und sprach in einem Akzent, der nach britischem Nigger – Jamaika oder Karibik – klingen sollte. Cochise trug ein Stirnband mit einem rotweißen Tupfenmuster, das seine Afrofrisur wie schwarzen Brokkoli zusammenhielt. Maguire hatte seinen Job in der Cocktail-Bar des Hotels gekündigt, ein Foto für seinen Paßantrag machen lassen und sich dann drei Tage lang seinen schwarzen Bart stehen lassen. Im Umkleideraum holte er eine grüne Deep-Run-Golfmütze hervor und schob sie sich tief über die Sonnenbrille. Er und André hatten brandneue 9-Millimeter-Berettas dabei, und der verrückte Cochise ging mit einer abgesägten, doppelläufigen Marlin hinein, damit ihm die Clubmitglieder aufs Wort gehorchten.

Maguire war nervös, aber er dachte nicht im Traum daran, daß die Patterson-Brüder überreagieren, durchdrehen könnten. Gleich am Anfang mußten sie die Situation unter Kontrolle kriegen, und alles würde glatt verlaufen; wenn sie das nicht schafften, würde es brenzlig werden, viel Geschrei und Gestoße geben. Das Überraschungsmoment ...

Die Mitglieder des Golfclubs unterhielten sich laut; ihre Stimmen drangen aus den Duschen und den Schließfachreihen; Männer mittleren Alters in Unterwäsche und Handtüchern, in Leinenslippern, schlurften daher ... sie schauten auf und sahen zwei stumpfe Löcher einer Marlin auf sich gerichtet! Scharfe, leise Laute der Überraschung, denn sie sahen *zwei* finstere Schwarze mit Pistolen ...

Dann Stille.

War das eine Revolution oder ein Überfall? Die Hoffnung, sie würden nur Geld wollen. André Patterson sagte den Clubmitgliedern in seinem Jamaika-Slang, sie sollten ganz ruhig bleiben, *»Män«*, und in den Duschraum gehen. Er führte die sich wie im Schlaf bewegenden weißen Gestalten mit den weit aufgerissenen Augen hinein, Pistolen, die nacktes Fleisch berührten – »geh schon, *Män,* beweg deinen fetten Arsch« –, sie folgten wie brave Lämmer. Er brachte den Umkleideraumwart dazu, die Schließfächer zu öffnen. Cochise ging durch den Lagerraum der Bar in den Umkleideraum für die Damen – »yeah, alle rein da« – und die drei grinsten sogar. Klar, weil sie wußten, daß sie es jetzt geschafft hatten. Unglaublich, dachte Maguire und entspannte sich ein wenig, sah sich schon, wie er hinterher mit den Patterson-Brüdern darüber sprach, wie sie lachten, über den Anblick kicherten und einander erzählten, was die anderen vielleicht verpaßt hatten.

Maguire schüttelte die Schläger aus einer Golftasche, hing sie sich über die Schulter und warf alle Brieftaschen und Uhren hinein, silberne Papiergeldclips mit dem Clubwappen, ein paar Ringe für den kleinen Finger, elektrische Rasierapparate, Föns für Cochise – das gesamte Zeug, das in den Schließfächern lag. Unglaublich, die Ärzte und Verkaufsleiter hatten Bargeld von über zweieinhalbtausend dabei, also achthundertfünfzig pro Nase.

Als sie am nächsten Tag in Andrés Bude saßen, Mitnahmeportionen vom Chinesen aßen und in der Zeitung lasen – BEWAFFNETES TRIO ÜBERFÄLLT COUNTRY CLUB – rissen sie ihre Witze: All diese fettärschigen Ärzte in Reih und Glied, die ohne viel Aufhebens ausgeraubt wurden.

Es machte ihnen Spaß, darüber zu sprechen. Maguire borgte sich Andrés Wagen, holte seine Fotos und auf einem Postamt einen Paßantrag ab, kaufte noch ein paar Flaschen Scotch und rasierte sich; sie sprachen die Szene noch mal durch und warteten auf den Mann, der ihnen fünfzehnhundert pro Nase schicken würde.

Sie erzählten, wie Cochise die fünf Frauen aus dem Damenumkleideraum auf der anderen Seite durch den Lagerraum der Bar hereinführte. Vier von ihnen hatten zuviel Fett angesetzt, hielten sich die Handtücher vor die Titten. Eine war nicht schlecht, eine hübsche Blondine; sie war ruhig, ziemlich gelassen. Bei anderer Gelegenheit hätte Maguire sie vielleicht zu einem Drink eingeladen. Cochise riß ihr das Handtuch vom Leib, hörte, wie sie schrill schrie, als er ihr die abgesägte Marlin gegen den Hintern drückte.

Das war der Höhepunkt, als sie alle ihre Handtücher fallen lassen oder ihre XL-Höschen ausziehen mußten, sobald sie bei den Männern unter den Duschen waren. Die Männer standen da, versuchten, die Bäuche einzuziehen und betrachteten die splitternackten Damen, ihre großen Titten und Haardreiecke. »Herrgott, so sieht die-und-die also ohne Kleider aus.« Sie schauten hin und machten sich im Geist Notizen. Ein paar Frauen warfen verstohlene Blicke auf die eingeschrumpelten Schwänze der Kerle. Der Duschraum war voller Wampen und Ärsche, die aussahen, als wäre seit Jahren kein Licht mehr an sie gekommen.

»Jetzt geht mal schön brav duschen«, sagte André Patterson, »denn sonst werdet ihr bald tot sein.« Dann sagte er zu einem kleinen Burschen mit Muskelpaketen auf den Armen und Schultern, der unentwegt André anstarrte und nicht an den nackten Damen interessiert war: »Tu nicht, was du jetzt denkst, Mann, oder du wirst sofort sterben.«

Cochise brachte die beiden Kellnerinnen und den Barkeeper herein, ließ sie die Uniformen ablegen und zu den nackten Clubmitgliedern gehen. »He«, sagte André, »ich kann die reichen Leute nicht vom Personal unterscheiden.«

»Weißt du was«, sagte Maguire, »wie wär's, wenn wir Eintrittskarten verkaufen würden? Ich meine, 'ne Menge Leute würden dafür *bezahlen,* so was zu sehen, 'ne verdammte Porno-Orgie.«

Maguire suchte sich ein paar Schläger aus, und André nahm eine große Tasche voller Golfschläger mit, die insgesamt wohl an die achthundert Dollar gekostet haben mußten.

Irgendwann am Abend des darauffolgenden Tages fuhr Cochise los, um noch etwas Gras zu besorgen; vielleicht konnte er ein paar Beutestücke aus dem Club dagegen eintauschen.

Er kam mit achtzehn Mitgliedern des Detroit Police Department zurück, die durch die Tür stürzten und auf ihnen knieten, bevor sie überhaupt wußten, was Sache war.

Da war also der bewaffnete Raub, irgendwas zwischen 15 und 25 Jahren, vielleicht sogar lebenslänglich, und eine Anklage wegen unerlaubten Waffenbesitzes, die noch zusätzliche zwei Jahre einbringen würde. Mehr als genug, so daß Maguire im Gefängnis Wayne County anfing zu beten und Versprechungen zu machen. Er war von Mitte August bis Ende November im Knast, ohne die geringste Aussicht, Kaution stellen zu können, die auf fünfzigtausend Dollar oder zwei Bürgschaften festgesetzt war. Maguire sah André und Cochise einmal im Polizeirevier auf der anderen Straßenseite, 1300 Beaubien, während sie darauf warteten, zur Identifizierung zwischen ein paar Bullen Aufstellung nehmen zu müssen, und fragte: »Um Himmels willen, der Mann, der uns die Scheiße eingebrockt hat, der wird doch auch Kaution stellen, oder?« Nein, der Mann konnte noch nichts für sie tun. Der Mann stand unter Verdacht, er hatte bei irgendeiner Sache in Las Vegas ausgesagt, und jetzt konnte er es sich nicht erlauben, mit dieser Sache in Zusammenhang gebracht zu werden, indem er Kaution stellte. »Er wird uns helfen, warte ab«, sagte André.

»Was abwarten, Herrgott? Den Bus in den Knast nach Jackson?«

Maguire hielt nicht viel von dem vom Gericht für ihn bestellten Anwalt, weil der Anwalt nicht viel von ihm hielt. Maguire spürte es, der Junge würde die Routine durchziehen. Das Gericht bezahlte den Anwalt, und den scherte es einen Dreck, wer den Prozeß gewann.

»Was haben sie denn gegen mich in der Hand?« fragte Maguire. »Ein paar Indizienbeweise, mehr nicht.«

»Ihr Foto in André Pattersons Wagen«, sagte der Anwalt. »Die Golfschläger im Kofferraum.«

»Ich habe zufällig mein Foto im Wagen liegengelassen« – so 'ne Scheiße! –, »aber das war am nächsten Tag. Am nächsten Tag waren aber auch noch andere Leute in dem Wagen. Andrés Frau, sie fuhr zum Chinesen, um etwas zu essen zu holen. Wurde sie auch verhaftet?«

»Sie wurden bei einer Gegenüberstellung von einem der Geschädigten eindeutig identifiziert«, sagte der Anwalt. »Von vier weiteren Zeugen mit großer Wahrscheinlichkeit. Sie haben Sie dort gesehen. Aber ich vertrete Sie, nicht die Bimbos. Wenn Sie gegen die Bimbos aussagen würden, könnte ich vielleicht einen Handel für Sie abschließen.«

»Lecken Sie mich doch am Arsch«, sagte Maguire zu seinem vom Gericht bestellten Anwalt. Was für ein widerlicher Mistkerl.

Dann ereigneten sich Dinge, die Maguire nicht verstand.

Am Morgen des Prozesses erschien ein anderer Anwalt vor Gericht, um sie alle drei zu verteidigen, ein scharfer junger Bursche namens Marshall Fine, mit gut frisiertem Haar und einem maßgeschneiderten dreiteiligen Anzug.

Was hatte das zu bedeuten?

Seine Verteidigung bestand aus sehr guten, klassischen Schachzügen; er ließ den Anklageverteter wie einen Football-Trainer von der High School aussehen. War er von dem Mann geschickt? André nickte zufrieden: »Das beste vom Besten, Mann. Von der Firma, die die legalen Geschäfte des Mannes abwickelt.« Maguire war sich nicht sicher, ob ihm die Sache gefiel – sein Leben in die Hände eines jungen jüdischen Anwalts zu legen, der aussah, als sei er gerade achtzehn. Er hoffte bei Gott, daß der Bursche ein guter Anwalt war und nicht nur der Neffe von irgendwem.

Marshall Fine sagte an diesem Morgen nicht viel, akzeptierte die Meinung der Geschworenen, sehr ruhig, höflich; vielleicht wollte er es auch nur hinter sich haben. Am Nachmittag rief der Anklagevertreter sofort einen Zeugen auf den Zeugenstuhl. Der kleine, muskulöse Bursche erklärte, was passiert war, und sagte, ja, er sähe die drei im Gericht, den weißen Typ dort und die beiden Farbigen.

Marshall Fine stand auf, fragte ihn, wo er gestanden habe, vor oder hinter den anderen, was genau sich während des Vorfalls ereignet habe, und ob er sich bei all diesem Durcheinander seiner Identifizierung völlig sicher sei oder nicht.

Ja, bestätigte das Clubmitglied, er sei sich eindeutig sicher. Er habe die Täter nicht nur in dem Umkleideraum gesehen, er habe auch ein paar Tage später noch einmal das Bild des Weißen gesehen, als der Polizeibeamte es ihm gezeigt habe.

»Was für ein Bild?« fragte Marshall Fine. Maguire sah, wie der Anklagevertreter seinen Worten höchste Aufmerksamkeit schenkte und die Stirn runzelte.

Man habe ihm gesagt, man hätte das Bild in ihrem Wagen gefunden, sagte das Clubmitglied.

»Bilder von allen drei Angeklagten?« fragte der Anwalt. Nein, nur von dem Weißen, antwortete der Zeuge. Der Beamte habe es ihm gezeigt, als er aufs Polizeirevier, 1300 Beaubien, gekommen sei, um die Verdächtigen zu identifizieren.

»Während sich Mr. Maguire in Haft befand«, sagte Marshall Fine zu niemanden im besonderen. Dann wandte er sich an den Richter: »Euer Ehren, wenn ich darf, möchte ich Sie um ein Gespräch unter vier Augen bitten. Wir müssen anscheinend einen Punkt der Verfahrensweise besprechen.«

Zwanzig Minuten später war Maguire frei. Er konnte es nicht glauben.

Marshall erklärte es ihm in der Halle, wo all die Leute vor den Gerichtssälen warteten, und Maguire hatte Schwierigkeiten, sich zu konzentrieren: *Frei,* einfach so.

»Es läuft darauf hinaus, daß die Polizei einen Fehler gemacht hat. Sobald ein Verdächtiger im Gefängnis ist, darf sie niemandem sein Foto zeigen, wenn der Anwalt nicht dabei ist.«

»Das darf die Polizei nicht?«

»Schauen Sie, sonst erzählen die Bullen doch dem Opfer, oder einem Zeugen, daß sie den Typ haben, und zeigen ihm dann das Bild des Burschen. Wenn der Zeuge dann zur Gegenüberstellung kommt, sucht er ihn natürlich heraus, den gleichen Typ.«

Maguire nickte ...

»Der Anklagevertreter behauptete, dieses unzulässige Verfahren war für die Identifizierung irrelevant. Ich wies daraufhin, daß die

Zeugen beeinflußt worden sind. Und der Richter stimmte mir zu. So einfach war das.«

»Oh«, sagte Maguire.

»Viel Glück also. Sehen Sie zu, daß Sie hier weg kommen.« Der junge Marshall Fine wandte sich um, um wieder in den Gerichtssaal zu gehen, und blieb dann stehen. »Das hätte ich beinahe vergessen. Brauchen Sie einen Job? Was wollen Sie jetzt anfangen?«

Da war es. »Es kommt schon noch etwas Geld herein«, sagte Maguire.

»Darüber weiß ich nichts«, entgegnete der Anwalt. »Ich habe nur mit der Rehabilitation zu tun, kleine Gefallen; vielleicht können wir ja etwas für Sie tun. Hatten Sie einen Job?«

»Ich war Barkeeper, hab' aber gekündigt.«

»Ich könnte Ihnen etwas in der Art beschaffen. Wie wäre es mit Miami Beach?«

»Na ja …« Er sah die Schwarzen in der Halle, die Opfer, Zeugen, Verwandte der Angeklagten. »Ich hab' vor zehn Jahren mal in Florida gewohnt.« Mittelmeer, Florida, dachte er in diesem Augenblick, wo ist da der Unterschied? Sollte er persönlich zu den Bullen marschieren, um seine Paßbilder zurückzuholen? Nichts da. »Ja, Florida klingt hervorragend.«

»Soll ich Sie in einem Hotel unterbringen, als Barkeeper, oder was haben Sie vor?«

Er dachte an den Ozean, die Sonne, die frische Luft, an Sonnenbräune …

»Als ich damals in Florida war, habe ich mit Delphinen gearbeitet. Vielleicht ließe sich so was machen.« Es kam ihm komisch vor, mit einem Burschen, der jünger als er war, über einen Job zu sprechen.

»Delphine«, sagte Marshall.

»Tümmler. Sie wissen schon, die Leute sagen Tümmler dazu, aber eigentlich sind es Delphine. Säugetiere, keine Fische.«

»Ja, Delphine«, sagte Marshall. Er nickte, dachte über etwas nach. »Ich glaube, wir haben einen Klienten … ja, ich bin mir ziemlich sicher … er ist an einem dieser Parks beteiligt. Sie meinen doch so einen wie Sea World, mit einer Delphinshow, und einer reitet auf Shamu, dem Killerwal?«

»Ja«, sagte Maguire, »nur habe ich damals eher für eine Tierschule gearbeitet. Unten in den Keys, mit Gehegen direkt am Ozean. Sie haben zwar auch eine Show vorgeführt, aber nicht mit diesen Spielchen, der Tümmler spielt Baseball, Sie wissen schon, springt aus dem Wasser und zieht an einer Glocke, und die amerikanische Flagge wird gehißt.«

»Aber Sie haben Berufserfahrung.«

»Ich hab' fast ein Jahr da gearbeitet, unten auf Marathon. Die Bezahlung war beschissen, aber ich bin gern an der frischen Luft.« Er dachte wieder an die fünfzehnhundert. »Was ist mit diesem Geld, das mir jemand schuldet?«

»Tut mir leid, darüber weiß ich nichts.« Der junge clevere Anwalt schien ihm jedoch helfen zu wollen. »Sie müssen irgendeine Vereinbarung getroffen haben.«

»Na ja, ich glaub'schon. Aber dann sieht irgendein Spitzel, wie Cochise mit einer Golftasche voller Elektrorasierern in einen Laden spaziert, und das war's dann. Wissen Sie, bevor man uns bezahlt hat, wurden wir festgenommen.«

»Darüber weiß ich nichts, also stellen Sie mir auch keine Fragen, okay? Aber ich werde sehen, was ich mit den Tümmlern tun kann. Ist Tümmler nicht auch der Name für eine Taube?«

»Aber auch für einen Delphin«, sagte Maguire.

»Schöne saubere Tiere«, sagte Marshall. »Rufen Sie mich in ein paar Tagen an.« Er ging in den Gerichtssaal zurück.

»Was ist mit den Pattersons? Glauben Sie, daß Sie sie freibekommen?« rief Maguire ihm nach.

»Wenn ich gewinnen kann, verliere ich nicht«, sagte Marshall. Er hielt inne, die Hand auf der Türklinke. »Nur schade, daß sie nicht genauso blöd waren wie Sie und ein paar Paßfotos im Wagen liegengelassen haben. Ich höre dann von Ihnen.«

André und Grover Patterson bekamen zwanzig Jahre Haft.

Ein paar Tage, bevor sie verurteilt wurden, gab Maguire Andrés Frau eine Liste mit Einzelheiten mit, die sie ihm sagen, und mit zwei Fragen, die sie ihm stellen sollte, wenn sie am Besuchstag mit ihm sprach.

Als sie aus dem Wayne-County-Gefängnis kam, wartete Maguire auf sie, und sie gingen drei Blocks weiter auf die Monroe Street im Griechenviertel und tranken eine Tasse Kaffee.

»Ja, er versteht's«, sagte Andrés Frau. »Du bist draußen und er drinnen, das ist alles. Dieser blöde, dumme Kerl« – sie schüttelte den Kopf, klang erschöpft – »er ist immer drinnen. Muß seine Freunde im Jackson so sehr vermissen, daß er wieder zu ihnen will.«

»Hast du ihm gesagt, daß ein Job auf mich wartet, ich zuerst aber etwas erledigen will?«

»Ja, hab' ich ihm gesagt.«

»Ich werde ihm alles schreiben und dir sein Geld geben. Hast du ihm das gesagt?«

»Hab' ich ihm gesagt.«

»Gut.« Maguire nippte an seinem Kaffee. »Und hast du ihn nach dem Namen des Mannes gefragt? Er hat ihn mir mal gesagt, aber ich will ganz sicher gehen. Nicht, daß ich ihn mit einem anderen verwechsle.«

»Ja, der Name des Mannes ist Frank DiCilia«, sagte Andrés Frau.

»Richtig.« Maguire nickte. Genau, Frank DiCilia. Er wußte, es war ein Name wie Cecilia oder Cadelia gewesen. Vor einigen Jahren hatte der Name oft in den Zeitungen gestanden.

»Und wo wohnt er? Oder wie kann ich mit ihm in Verbindung treten?«

»Sein Haus ist in Florida ...«

»Sag bloß.« Maguire horchte auf. »Dahin will ich auch, nach Florida.« Vielleicht war es ein Zeichen, daß die Dinge jetzt ohne eine Menge Schweiß und Streß besser laufen würden. »Wo, in Miami Beach?«

»Fort irgendwas. Fort Laura ...«

»Fort Lauderdale.«

»Ja, Fort Lauderdale.«

Lieber Gott, das *war* ein Zeichen. Dort würde er einen Job bekommen. Der Mann wohnte genau da. Es war nicht einmal ein kleiner Abstecher nötig. Er konnte jetzt überlegen, wie er sich an einen Mann wie Frank DiCilia wenden sollte. Ihm den Zeitungsausschnitt zeigen, TRIO ÜBERFÄLLT COUNTRY CLUB, sich als einer der Angeklagten ausweisen ...

»Aber du kannst ihn nicht mehr sprechen«, sagte Andrés Frau.

»Was meinst du? Wieso nicht?«

»Der Mann ist vor 'ner Woche gestorben«, sagte Andrés Frau. »André sagte, er hätte davon gehört. Du nicht?«

4

Einige von Roland Crowes Kumpeln trieben sich noch irgendwo in den Sümpfen herum, vermieteten Luftkissenboote, verdingten sich als Führer bei Jägern oder Fischern, wilderten Alligatoren, brannten Fusel; einige saßen in Raford und Lake Butler. Ein Haufen Mistkerle.

Roland hatte das alles mitgemacht und fünf Jahre lang Zement gegossen, bevor er Pleite ging und das süße Geheimnis des Geschäftserfolgs erfahren hatte: »Laß dich nur mit Dienstleistungen ein. Nicht mit Sachen. Keine Diebstähle, keine schweren Brüche, keinen Boß, kein nennenswertes Handwerkszeug. Sieh genau hin, hör gut zu, nimm so wenig Shit wie möglich, wohne nahe am Strand und sei immer bereit, wenn Leute anrufen und sagen, ›Roland, da ist jemand, der uns Geld schuldet‹. Oder, ›Roland, wir glauben, jemand will seine Geschäftsbeziehungen mit uns abbrechen‹. Oder, ›wir glauben, jemand erzählt uns ein Märchen ... ‹ Wie der Bursche, der sich in Hallandale versteckte, Arnold Rapp. Haben ihm eine halbe Million Dollar vorfinanziert, und er behauptet, die Küstenwache habe die Ladung beschlagnahmt, neun Tonnen Kolumbianer.

Sag: ›Komm schon, Arnold, ehrlich?‹ Halte ihn an den Knöcheln aus dem Fenster.

Erledige das, fahre auf dem Rückweg dann in Lauderdale vorbei und schau mal bei der DiCilia rein. Verschaffe dir einen Eindruck von der Situation und mache dich mit der Dame bekannt.«

Zuerst jedoch gab Roland seine Lohnnachzahlung aus. Er kaufte sich vier neue Sommeranzüge, von denen der Verkäufer ihm erzählte, sie seien in Paris entworfen und eigens für sie von diesem Schneider in Taiwan, Republik China, angefertigt. Er kaufte drei Paar handgefertigte Stiefel mit hohen Absätzen, dreihundertfünfzig Dollar das Stück. Er kaufte einen weizenfarbenen Ox-Bow-Strohhut mit hohem Kopfstück und breiter, nach oben gebogener Krempe; mit dem Hut und den Schuhen war er über einsneunzig groß. Er kaufte ein cremefarbenes Cadillac Coupé d'Ville, Barzahlung. Und er bezahlte zwei Monatsmieten für ein Achthundertdollarapartment in Miami Shores im voraus.

Sieh gut aus, und du fühlst dich gut. Er holte Jesus Diaz ab und fuhr nach Hallandale hinauf.

»Ich wette darauf«, sagte Roland zu Jesus, »ich wette, daß Arnold ein Junge ist, der auf fünf Colleges ging, durch die halben Staaten gereist ist, ein paar Mal geschnappt und von seiner reichen Familie ausgelöst wurde und sich nun für einen verdammten Verbrecher hält. Oder bist du anderer Meinung?«

»Nein, Sie haben schon recht«, sagte Jesus Diaz. Er hatte es sich in dem Cadillac mit Klimaanlage bequem gemacht und wollte nicht mit Roland streiten.

»Die gehören doch alle in einen Sack, diese Rotzlümmel wie Arnold. Die denken, Scheiße, ich war auf dem College, und die dummen Schweine, die den Deal finanzieren, haben sowieso keine Ahnung. Ich sag ihnen einfach, die Ladung sei durch den Abfluß gespült, und behalte das Geld.«

»Kann schon sein«, sagte Jesus Diaz.

»Was denn, kann schon sein? Diese kleinen Scheißkerle spielen doch immer falsch.« Jesus Diaz erwiderte nichts darauf, und Roland sagte: »Glaubst du mir nicht?«

»Wenn Sie wollen, glaube ich Ihnen«, sagte Jesus Diaz. Er wußte, daß er besser die Klappe gehalten hätte, doch ihm gefiel Rolands hellblauer Zuhälter-Anzug nicht, und auch nicht der große Lone-Ranger-Hut, der an die Decke des Wagens stieß. »Warum sind sie dann im Geschäft?« sagte er. »Sie machen doch mehr Geld, wenn sie das Zeug verkaufen, oder?«

»Sie *verkaufen* es ja, du Dummkopf«, sagte Roland. »Doch sie sagen Grossi, man hätte sie geschnappt, und er sei seine Moneten los.«

»Und sie glauben, sie kommen damit durch?« sagte Jesus Diaz.

»Jesus«, sagte Roland und meinte nicht den kleinen Kubaner, sondern den anderen Jesus, »weißt du was? Du hättest niemals in den Ring treten sollen. Ich glaube, die haben dir dein Gehirn zu Brei geschlagen.«

Jesus Diaz pflichtete ihm zum Teil bei. Es reichte als Boxer nicht, wie Kid Gavilan auszusehen und einen langsamen Schlag von oben vorzutäuschen. Nach siebenunddreißig Profi-Kämpfen, bei denen er mehrmals furchtbare Prügel bezogen und beinahe ein Auge verloren hatte, konnte er immer noch klar sehen und klar denken und wußte, daß dieser Mann neben ihm ein prähistorisches Schreckensgeschöpf aus dem Sumpf war – Mann, aus irgendeiner schwarzen Lagune am Amazonas –, das Cowboystiefel und *Chulo*-Anzüge trug und vom Leben nur sah, *was es* sehen wollte. Vielleicht konnte er bei Roland ein paar Schläge landen und ihm ein paar Rippen brechen, doch bevor es vorbei war, würde Roland ihn umbringen. Rolands Fäuste waren zu groß, und seine Nase und sein Kiefer waren zu hoch oben für ihn.

Jesus Diaz warf einen Blick auf das grüne Autobahnschild, an dem sie gerade vorbeifuhren, und sagte: »Hallandale.« Sie waren beinahe da.

»Ach?« sagte Roland. »Hallandale. Du kannst sogar lesen, was?«

Jesus Diaz hätte dem Mann liebend gern den Hut vom Kopf genommen, einfach rübergegriffen, den Hut geschnappt und aus dem Fenster geworfen.

Dem sollten sie doch besser Hansaplast übers Maul kleben und ihn irgendwo einschließen.

Roland trat ins Zimmer 410 des hochgeschossigen Ocean-Monarch-Gebäudes, direkt am Strand, Jesus Diaz hinter ihm, und ging in das große Wohnzimmer mit der kostspieligen Einrichtung, wo die vier jungen Burschen mit ihren Bierdosen saßen. Ein schwerer Geruch nach Gras lag in der Luft, obwohl die Schiebetür zum Balkon geöffnet war.

Arnold Rapp, der zur Tür kam, ließ sie herein, musterte sie, drehte sich um und ging zur Couch zurück. Jesus Diaz schloß die Tür. Ihm gefiel die laute Funk-Rock-Musik. Ihm gefiel aber nicht, daß die vier jungen Burschen völlig gelassen wirkten und keine Angst zu haben schienen. Ja, sie waren zwar stoned, aber es war mehr als das. Sie lungerten herum, flegelten sich auf die Couch und die Sessel, ohne Schuhe, und alle hatten lange Haare. Sie sehen aus wie Schmarotzer, dachte Jesus Diaz, vielleicht hat Roland recht. Genau, Kinder reicher Eltern, die sich einen Scheißdreck um alles kümmern. Mann, so eine Wohnung, mit Blick auf den Ozean, unten im Hof ein Swimmingpool ... Die Burschen lagen herum, als wären sie gerade von der Spätschicht nach Hause gekommen, wollten nichts erklären und warteten einfach ab, als sei Roland hier, um sie um einen Job zu bitten. Diesen Eindruck hatte er jedenfalls.

»Eure Mutti zu Hause?« sagte Roland.

Sie grinsten ihn an. »Nein, keine Mutti«, sagte Arnold, »nur wir Kleinen.«

»Na ja«, sagte Roland, »wer sind denn deine kleinen Freunde, Arnie?«

»Na ja«, sagte Arnold, Rolands Südstaaten-Akzent nachmachend, und er bekam wirklich etwas von dem weichen Näseln hin, »das hier ist Barry. Und das sind Scott und Kenny.«

Die jungen Burschen – sie waren vielleicht Mitte Zwanzig – kicherten glucksend.

Der Junge namens Barry versuchte sich auch an dem Akzent und sagte: »Und wer Sie seien, Massa?«

Das ließ sie aufleben, »Und wer Sie seien, Massa?« Die Burschen lachten und sagten es immer wieder.

Roland ging zur Hifi-Anlage hinüber. Er schob die Nadel des Tonabnehmers über die Platte, und der Funk-Rock verstummte mit einem schmerzhaften, kratzenden Geräusch.

Arnold richtete sich auf. »Großer Gott, was machen Sie da?«

»Mir eure Aufmerksamkeit verschaffen«, sagte Roland.

Barry grinste noch immer. »Und wer Sie seien, Massa?« Und einer der anderen sagte: »Er ist der Wer-Sie-seien-Massa-Mann. Kommt einfach rein, der Wer-Sie-seien-Massa-Mann, und verschandelt dir deine Platten.«

»Nein, ich bin der Mann-Mann«, sagte Roland. »Mich schickt der Mann, um euch zu fragen, was mit seinen fünfhundertvierzigtausend Dollar ist. Das war doch die Summe, oder?«

»Die sind im städtischen Verbrennungsofen«, sagte Arnold.

»Das haben wir doch schon gesagt, Mann«, sagte Barry. »Fragen Sie ihn doch.«

Roland schob den Ox Bow hoch. Er trat auf den offenen Balkon mit Blick auf den Atlantik und lehnte sich einen Augenblick an das Geländer.

Jesus Diaz blieb stehen, wo er war, in der Mitte des Zimmers. Er beobachtete Roland, hörte, wie die jungen Burschen etwas sagten und kicherten. Etwas wie: »He, Partner«, und etwas darüber, er sei auf einem verdammten Pferd hierhergeritten, und ein anderer sagte: »Auf einem verdammten bockenden Wildpferd«, und alle lachten.

Roland kam wieder herein. »Wie wäre es denn«, sagte er zu Arnold, »wenn du mir mal erzählst, was du ihm berichtet hast?«

»Die Küstenwache fing das Boot in internationalen Gewässern ab und schleppte es nach Boca Chica«, sagte Arnold. »Das weiß er doch alles. Der Pot ging an den Zoll, und die haben ihn verbrannt.«

»Der Pot ging in den Kochpott«, sagte Barry.

»Die Besatzung, die drei Jungs, wurden dem Rauschgift-Dezernat überstellt«, sagte Arnold. »Dein Mann ist um die fünfhundertvierzig Riesen ärmer, und es gibt nichts, was ich daran ändern könnte.«

»Das ist ein verdammt hohes Geschäftsrisiko«, sagte Barry, »aber wenn man jedesmal zweihundert Prozent aus seiner Investition zieht, geht's wohl nicht anders.«

»Zweihundertfünfzig«, sagte Arnold.

»Genau, zweihundertfünfzig«, sagte Barry. »Wenn man nicht gerade ein Trottel ist, weiß man, was für ein hohes Risiko man eingeht.«

Roland ging zu Barry hinüber, der sich in seinen Sessel lümmelte. »Ach ja, Kleiner?« sagte er. »Du weißt alles über hohe Risiken, was? Steh doch mal auf, laß mich dich mal ansehen.«

»Gott im Himmel«, sagte Barry gelangweilt. »Warum verziehen Sie sich nicht einfach?«

Roland zerrte Barry an seinen Haaren hoch, zog ihn aus dem Sessel und entlockte seiner Kehle ein gequältes Geräusch, drehte ihn um, bekam Barrys Hosenbund zu fassen und stellte ihn auf die Zehenspitzen, wobei sich die Jeans in seine Arschspalte grub.

Jesus Diaz griff an seine Seite, unter seine Jacke – an die gleiche Stelle, wo Roland die Hosen des jungen Burschen gepackt hatte, zog eine Browning Automatik hervor, eine große .45er, und richtete sie auf die drei anderen Burschen, die hochgefahren waren, vielleicht, um Roland anzuspringen.

»Seht ihr die?« fragte Roland, der wußte, ohne auch nur hinzuschauen, daß Jesus die Waffe auf sie gerichtet hatte. »Jetzt erzähle mir was über hohe Risiken«, sagte er zu Barry und führte ihn zum offenen Balkon, während die drei anderen Burschen starr dahockten und sich nicht zu rühren wagten. »Oder soll *ich* dir was darüber erzählen?« fragte Roland und schleifte den Jungen zu der Schiebetür. »Ich werde es dir sogar zeigen, Jungchen, das höchste Risiko, das du jemals gesehen hast.«

Er zerrte Barry auf den Balkon, faßte ihn an den Haaren und Hosen, hob ihn hoch und ächzte schwer, als er den schreienden jungen Burschen über das Geländer des Balkons aus dem vierten Stock warf.

Jemand im Zimmer schrie: »Jesus ... nein!«

Dann war es still.

Jesus Diaz hielt die Pistole auf sie gerichtet, ohne einmal zum Balkon zu schauen.

Roland stand am Geländer, beugte sich hinüber, lehnte sich mit den Armen darauf.

Als er zurückkam, schob er den Hut zurecht und sagte: »Wißt ihr was? Der Kleine hat Glück gehabt. Er ist im Swimmingpool gelandet. Er bewegt sich, zwar nur langsam, aber er bewegt sich. Die Leute werden sagen: ›Mein Gott, was stellen diese Jungs da oben nur an? Die müssen ja ein tolles Besäufnis laufen haben, was?‹«

Roland hielt inne und betrachtete Arnold, Scott und Kenny, die stocksteif dasaßen. »Also, Wer-Sie-Seien-Massa«, sagte er, »wer will jetzt meine Frage beantworten, ohne den Klugscheißer zu spielen oder wie ein kleines Balg zu kichern? Ihr seht ja, was ich mit altklugen Jungs mache, oder? Der nächste landet vielleicht auf dem Zement.«

»Der Name des Bootes in der Zeitung lautete *Salsa*«, sagte Arnold leise. »Das gleiche, das ich gemietet habe. Ich weiß es genau, denn ich habe es zwei Wochen vorher in Key West gesehen.«

»Und das Schiff der Küstenwache, das die *Salsa* aufbrachte, war die *Diligence*«, sagte Roland. »Ist mir scheißegal, solange ihr uns die fünfhundertvierzigtausend zurückzahlt. Ihr könnt euch ruhig Zeit lassen, Arnie, wir haben ja für alles Verständnis. Solange ihr nicht vergeßt, daß die Zinsen vierundfünfzig Riesen die Woche betragen, die üblichen zehn Prozent.«

Arnold fing mit ernstem Gesicht an zu nicken. »Wir bezahlen Sie, keine Sorge.«

»Sehe ich aus, als würde ich mir Sorgen machen?« sagte Roland.

»Hab' ich dir nicht gesagt«, meinte er zu Jesus, als sie im Wagen vom Strand zurückfuhren, »daß diese Scheißer uns verschaukeln wollten?«

»Aber sie haben Sie nicht angelogen«, sagte Jesus Diaz. »Es war das gleiche Boot, das die Küstenwache aufgebracht hat.«

»Herrje, du verstehst auch nur Scheiße, was?« Roland fuhr schweigend zur Autobahn, der US 1, und hielt vor der Auffahrt an. »Raus mit dir, Partner.«

Jesus sah sich um. »Und wie soll ich zurückkommen?«

»Streck den Daumen raus oder nimm dir ein Taxi, ist mir scheißegal. Ich muß noch nach Lauderdale.«

Roland musterte sich im Rückspiegel und schob seinen neuen weizenfarbenen Ox-Bow-Strohhut zurecht.

5

»Er sagt, er sei ein Freund von Mr. Grossi«, sagte Marta. »Mr. Grow. Er sei Ihnen schon vorgestellt worden.«

»Grow?« sagte Karen. Sie fühlte Gretchens Zunge auf ihrer Schulter. Der Hund war mit Marta herausgekommen.

»Ja, Grow«, sagte Marta.

Auf dem Bauch liegend, warf Karen einen Blick auf die Uhr vor ihrem Gesicht. Schon Viertel vor fünf. Es verblüffte sie, daß die Zeit so schnell verstrich. War an der Zeit zu … wozu? Ins Haus zu gehen und sich anzuziehen. Sie erinnerte sich an keinen Mr. Grow. Karen drehte sich um, erhob sich von der Liege, zog das Oberteil des Bikinis an, griff nach dem Telefon auf dem Klapptisch und wählte eine Nummer, Ed Grossis Privatnummer.

»Ed? Karen.« Sie hielt inne, lauschte einen Augenblick. »Alles in Ordnung … nein, keine Probleme. Sag mal, kennst du jemand namens Grow? … Ja, das habe ich mir auch gedacht. Das muß er sein … Nein, ich weiß nicht, was er will. Ist er ein Freund von dir?« Dann hörte sie zu, wie Ed erklärte, daß Roland Crowe bei ihm angestellt war. Er sei wahrscheinlich vorbeigekommen, um zu fragen, ob sie etwas benötigte, vielleicht auch, um sich einmal umzuschauen … »Weshalb?« »Nur eine Sicherheitsüberprüfung, das ist alles«, sagte Ed. »Aber hör zu, wenn er dir auf die Nerven geht, dir die Zeit raubt, sag ihm einfach, er soll verschwinden. Sei geradeheraus.« Crowe war niemand, um dessen Gefühle Ed Grossi sich scherte. »Danke«, sagte Karen. Und Ed sagte: »Gern geschehen, keine Ursache.«

Der besonnene Ed Grossi, der versuchte, ganz gelassen zu klingen, schien ein wenig durcheinander zu sein. Wieso? Ihr Anruf? Vielleicht hatte sie ihn gestört? Oder, weil Roland hier war?

»Bitte ihn in den Garten«, sagte Karen zu Marta. Als diese ins Haus zurückkehrte, griff Karen nach einem weißen Baumwoll-Bademantel.

Roland ging an der Kaimauer entlang zu der Landspitze, wo ein Bootskanal unter der Küstenstraße herführte. Er blieb einen Augenblick lang stehen und blickte über den breiten Kanal zu den Häusern auf der anderen Seite hinüber, drehte sich dann um und schien das Haus der DiCilia zu betrachten: die Villa, Wert eine glatte Million, erinnerte an einen kalifornischen Landsitz braune Ziegel und ein Tonschindeldach, Hecken aus roten Feuerdornbüschen, die den Swimmingpool und den gefliesten Patio vor neugierigen Blicken abschirmten.

Karen beobachtete Roland, wie er den Weg über den Rasen entlangschritt. Gretchen lief bellend aus dem Haus und blieb plötzlich stehen. Roland bückte sich auf ein Knie, um die Hündin hochzuheben, streichelte sie neckend gegen den Strich und sagte etwas zu ihr, während der kleine graue Hund ihn ableckte und beschnüffelte.

Gretchen lief zum Haus zurück, und Roland blickte ihr nach. »Da haben Sie aber ein süßes kleines Hundchen«, sagte er, als er zum Patio kam. »Wie heißt sie?«

»Gretchen«, sagte Karen.

»Ja, ein braves kleines Mädchen.« Er warf noch einen Blick zum Haus und betrachtete dann Karen auf dem Segeltuchstuhl. »Ich dachte, von draußen hätte man schon einen tollen Anblick, aber der hier schlägt alles.« Er grinste ihr freundlich zu. »Ich habe schon viel von Ihnen gehört.«

Karen berührte ihr Knie, um den Bademantel über ihr Bein zu ziehen, ließ die Hand jedoch dort liegen.

Roland beobachtete die Geste und betrachtete die braune Hand mit den drei kleinen goldenen Ringen, die müßig auf dem braunen Knie lag. Er mußte bei ihr ganz klein anfangen und dann immer mehr. Keine Eile. Diese Frau wußte vielleicht noch nicht einmal, wie dringend sie einen Mann brauchte. Wie ein Verhungernder, der nicht mehr ans Essen denkt, weil der Magen einschrumpft.

Marta machte sich im Schatten einer gewölbten Tür zu schaffen, die geöffnete Tür, die ins Haus führte, hinter sich. Roland wußte nicht, ob Marta ein Auge auf ihn hielt. Vielleicht hatte die Lady ihr gesagt, sie solle in der Nähe bleiben.

Die Lady war wohl so ungefähr in seinem Alter, irgendwo um die Vierzig. Das Dienstmädchen war zwanzig Jahre jünger und hatte etwas mehr Fleisch auf den Rippen, sah aber nicht so gut aus. Beide waren ganz in Weiß: Eine knappe Dienstkleidung mit kurzem Rock, und Roland hätte gewettet, daß der Bademantel, den die Lady trug, nicht mehr als einen kleinen Bikini verbarg. Vielleicht hatte sie noch nicht mal ein Höschen darunter an. Zwei Frauen in Weiß ganz allein in diesem Haus, das selbst für Florida wie ein Schloß anmutete. Alles erinnerte Roland ein wenig an ein Märchen: die schöne Prinzessin mit dem Fluch auf ihr, den sie erst loswerden würde, wenn ihr Prinz kam und sie durchvögelte.

All das ging ihm unter dem leichten Cowboyhut durch den Kopf. Hallo, mein Prinz – Roland grinste.

»Was ist so komisch?« sagte Karen.

»Nichts. Ich dachte gerade an etwas.« Dann wurde er ernst. »Verstehen Sie, das Problem ist, daß dieses Haus ziemlich ungeschützt liegt, auf dieser Landzunge.«

»Ich sehe kein Problem«, sagte Karen.

»Ich meine, das Haus ist geradezu eine Verlockung. Ganz einfach, hier hereinzumarschieren und mit Ihrem Schmuckkästchen wieder hinaus.« Roland musterte sie weiterhin mit einem Grinsen um die Lippen.

»Wir haben einen Sicherheitsdienst, der die ganze Nacht aufpaßt«, sagte Karen.

»Ja, aber diese Mietbullen taugen nichts – sind meistens alte Knakker im Ruhestand.«

»Was ich nicht verstehe ... Sie sind überall hier herumgegangen ... wonach genau suchen Sie?«

»Nach einem Hinweis, daß jemand dieses Haus überfallen will«, sagte Roland. War sie zu dünn? Nein, ihre Hüften hatten die richtige Größe, waren schön rund geschwungen. »Wissen Sie, ich komme ursprünglich aus den Everglades drüben. Habe da eine Menge gejagt und gepirscht, so daß ich ein ziemlich gutes Auge dafür habe, Spuren zu lesen.«

Karen musterte ihn. »Hätten Sie gern einen kalten Drink?« fragte sie dann.

»Klar, das wäre nett.«

Sie blickte über die Schulter. »Marta? Bring uns zwei Wodka-Tonic, ja?« Dann wandte sie sich wieder an Roland. »Mr. Grossi hat Sie nicht gebeten, hierher zu kommen«, sagte sie.

Roland sank auf einen Regiestuhl aus Segeltuch, streckte die Beine aus und schlug sie übereinander – jetzt saß er ihr ziemlich nahe und konnte sie von der Seite aus betrachten.

»Ach nein?«

»Ist das Ihre Idee, oder hat Sie jemand geschickt?«

»Meine Idee, gewissermaßen.«

»Was meinen Sie, gewissermaßen?«

»Hierher zu kommen war meine Idee, aber wenn es diese Umstände nicht gäbe, wäre ich nicht hier, oder?«

»Welche Umstände?«

»Daß Sie Witwe sind, wie die Dinge laufen und so weiter.« Roland ärgerte sie mit seinem Grinsen, als wisse er mehr und wolle es nicht sagen. Sie kamen sowieso schnell zum Kern der Sache, und er genoß es. Diese Frau war alles andere als dumm.

»Von genau welchen Umständen sprechen wir?« sagte Karen.

»Das darf ich Ihnen nicht sagen.«

»Aber Sie werden es mir sagen, oder?« fragte Karen. »Sonst wären Sie nicht hier.«

Sie wurde sich eines seltsamen Gefühls bewußt, wollte ihn drängen, die Sache zu erklären, wußte aber, daß dies nicht nötig war. Sie konnte sich zurücklehnen, und er würde damit herausrücken. Sie konnte Gleichgültigkeit zeigen, und er würde es ihr trotzdem sagen.

Roland kniff mit einem leichten Grinsen die Augen zusammen. »Sie haben es sich gedacht, was? Ich inspiziere nicht nur das Gelände.«

»Na ja, sonst hätten Sie es nicht erwähnt«, sagte Karen. »Sie sind doch kein kleiner Junge mehr.«

»Nein, ich bin nicht klein«, sagte Roland.

»Manchmal sagen kleine Kinder: ›Ich habe ein Geheimnis, aber ätsch, ich werde es dir nicht verraten.‹ Sie haben gesagt, daß Sie es nicht verraten *sollen.*« Karen war so geduldig, als spräche sie mit einem Kind.

Roland schüttelte den Kopf. »Hm-hm, ich habe gesagt, daß ich es nicht verraten *darf.*«

Karen lächelte und ließ nicht locker. »Das ist wohl ein Unterschied, nicht wahr?«

»Aber ich werde es Ihnen trotzdem sagen«, fuhr Roland fort. »Ich halte es nicht für fair, daß Sie so leben, ohne es zu wissen.«

Marta kam zurück, Gretchen auf den Fersen.

Karen bemerkte wieder dieses seltsame Gefühl, genoß die Spannung, brannte darauf, etwas zu erfahren, wollte, daß das Gefühl andauerte, sie befürchtete, daß die Enthüllung etwas war, das sie schon wußte oder vermutete. Doch im Augenblick fand sie Gefallen an dieser interessanten, beinahe unglaublichen Situation: sich mit einem Gangster aus den Hinterwäldern zu unterhalten, der ihr gegenübersaß, den Cowboy-Hut tief auf die Stirn gezogen und die langen Beine bequem ausgestreckt, während das Dienstmädchen wie zur Cocktailstunde Wodka-Tonics servierte.

Du wirst damit fertig, dachte Karen. Und du wirst mit Roland fertig. Mit Mr. Crowe aus dem Varieté.

Sie war – in gewissem Ausmaß – schon mit jemandem fertig geworden, der im Prinzip viel gefährlicher gewesen war als dieser Bursche, der für Ed Grossi arbeitete, jetzt aber sein eigenes Spiel zu treiben schien. Roland wollte etwas von ihr, das war offensichtlich. Die Art, wie er die Rolle des netten Burschen spielte, war so aufdringlich wie sein blauer glänzender Anzug.

Marta ging wieder.

Roland beugte sich vor und spielte mit Gretchen, die zu seinen Füßen hockte. »Ja, du bist ein braves kleines Gretchie«, sagte er. »Du bist ein braves kleines Gretchie, nicht wahr, das bist du doch?«

»Was wollen Sie mir sagen?« fragte Karen.

»He, Gretchie, laß das, Gretchie, beiß mich nicht, du kleiner Teufel. Es ist nicht brav, fremde Leute zu beißen.«

Karen entschloß sich zu warten.

Roland blickte zu ihr auf, er streichelte noch immer den Hund. »Sie dürfen sich mit niemandem treffen, das will ich Ihnen sagen. Ich meine, mit keinem Mann, an dem Sie ein ernsthaftes oder sexuelles Interesse haben.«

»Wie bitte?« sagte Karen.

»Ich soll sie von Ihnen fernhalten. Jedem, der es ernst meinen könnte – Sie verstehen, nicht dem Milchmann oder so –, sage ich, daß er sich lieber verzieht.«

»Die Witwe beschützen«, sagte Karen. »Das hatte ich befürchtet. Ich werde mich wohl mal mit Mr. Grossi unterhalten müssen.«

»Na ja, da ist noch eine Kleinigkeit.«

»Das ist nicht Ed Grossis Idee, nicht wahr?«

»Nein, das ist die Idee Ihres Gatten.«

»Meines Gatten?«

»Er hinterließ den Befehl, daß sich kein Mann ernsthaft mit Ihnen einlassen oder auch nur mal 'ne Nacht mit Ihnen rummachen darf oder so, solange Sie leben. Mit anderen Worten, Ihr Mann hat Sie aufs Trockene gesetzt.«

Karen runzelte die Stirn. »Meinen Sie das ernst?«

»Das hat man mir jedenfalls gesagt«, erwiderte Roland. »Ich bin derjenige, der sie von Ihnen fernhalten soll.«

»Warten Sie mal«, sagte Karen. »Frank ...?« Sie hörte wieder, wie sie Frank drohte, wütend, ja, aber die Drohung war nicht wirklich ernst gemeint ... und erinnerte sich, wie Frank mit müder Stimme sagte: »Karen, Karen, Karen ...« Der Mann, der ein Buch darüber schreiben konnte, es anderen heimzuzahlen. Sie hatte geglaubt, sie würde ihn kennen, hatte aber, großer Gott, nicht einmal annähernd begriffen, wie wortwörtlich der Mann es meinte. Er hatte sie im Glauben gelassen, sie sei ihm gegenüber gleichberechtigt, Mann und Frau. Er hatte ihr erlaubt, offene Fragen zu stellen und ihm schließlich mit ihrer Unabhängigkeit zu drohen. Und er hatte sie still und leise weggeschlossen.

»Die Frau gehört ins Haus, und dort soll sie auch bleiben.«

»Was?« sagte Roland.

»Sie machen keine Witze, oder?« Es war, als würde sie allmählich einen Schock überwinden und die Dinge wieder deutlich sehen.

Roland wirkte überrascht. »Nein, ich mache keine Witze.«

»Sie haben das nicht einfach erfunden.«

»So läuft es doch seit geraumer Weile, oder?«

»Ja, aber ... was sagen Sie zu ihnen? Wie machen Sie es ihnen klar?«

»Sie meinen, den Männern? Wir machen ihnen begreiflich, daß Sie sie nicht mehr sehen wollen.«

»Und was sagen sie?«

»Nichts.«

»Ich meine, wollen sie nicht den Grund dafür wissen?«

»Ich glaube, sie kapieren es ziemlich schnell.«

»Drohen Sie ihnen?«

»Na ja, es gibt verschiedene Möglichkeiten. Man stellt den Burschen mit dem Rücken gegen die Wand, erklärt es ihm, und er kapiert, daß man es ernst meint.« Roland grinste. »Heute habe ich einem Jungen etwas klargemacht, der zuerst glaubte, ich würde es nicht ernst meinen.«

»Was haben Sie getan?«

»Ihn in einen Swimmingpool geworfen.«

»Aber Sie ... schlagen sie doch nicht zusammen oder so?«

»Wenn es sein muß«, sagte Roland. »So hat Ed es angeordnet. Schauen Sie, er respektiert nur den Wunsch Ihres Mannes. Er selbst will es ja gar nicht. Will gar nichts damit zu tun haben. Nein wirklich, es reicht ihm zu wissen, daß sich jemand darum kümmert.«

»Ich gehe morgen zu Ed«, sagte Karen.

»Sind Sie sicher, daß Sie das wollen?«

»Ich will jedenfalls keine Spielchen mehr treiben. Dessen bin ich mir sicher.«

»Na ja, wie ich es sehe, müßten Sie eigentlich mit Frank sprechen«, sagte Roland. »Er ist der einzige, der die Sache abblasen kann. Ed führt nur den Wunsch seines toten Freundes aus. Sie wissen ja, wie die Leute sind. Er kann nichts daran ändern, so ist eben der Ehrenkodex.« Roland fühlte sich nun viel gelassener, entspannter. Er genoß es geradezu, wie die Frau an seinen Lippen hing. »Aber wenn Sie zu Ed gehen und ihm sagen, was Sie wissen, dann wird er mich wahrscheinlich von dem Job abziehen und jemanden darauf ansetzen, der nicht so verständnisvoll ist. Können Sie mir folgen?«

»Ich bin mir nicht sicher. Warum sind Sie so ... verständnisvoll?«

»Wie Sie sehen, bin ich nicht einer von *ihnen*. Ich arbeite für sie, aber ich denke nicht so wie sie. Sie haben sich nun mal mit diesen Leuten eingelassen, ich weiß davon, aber ich habe keinen ihrer Eide geleistet oder so; das ist doch alles nur Scheiße. Also habe ich Verständnis für Ihre Lage und kann Ihnen vielleicht aus dem Schlamassel heraushelfen.«

»Wie?« sagte Karen. »Indem Sie ihnen nicht sagen, daß ich mit jemandem ausgehe?«

»Nein, ich muß schließlich meinen Job erledigen. Es gibt Leute, die auch mich beobachten«, sagte Roland. »Aber vielleicht könnte ich Ihre Lage etwas erleichtern. Sie besuchen, mich mit Ihnen unterhalten. Oder wir denken vielleicht darüber nach und lassen uns etwas einfallen.«

»Ich bin mir nicht sicher, ob ich Ihnen folgen kann«, sagte Karen, obwohl sie genau verstanden hatte; sie beobachtete seine Augen unter der Krempe des protzigen Cowboyhuts und wußte genau, was er meinte.

»Ich meine, Ihre Lage zu erleichtern«, sagte Roland. »Ich kann mir vorstellen, daß Sie vielleicht ein bißchen unruhig und verkrampft werden, wenn Sie hier allein im Haus sitzen. Ihr Mann tot, und ohne andere Männer, denen Sie nahestehen. Diese Feiglinge, mit denen Sie ausgingen, haben Sie anscheinend nicht angemacht.«

Sie musterte ihn, während er sich langsam vortastete. »Woher wissen Sie das?« fragte sie wachsam.

»Es ist meine Aufgabe, das zu wissen. Schauen Sie, Sie und ich, wir stehen uns viel näher, als Sie wissen. Wir haben eine Menge gemeinsam.«

»Ach ja?« fragte Karen.

»Sehen Sie, ich habe darüber nachgedacht«, sagte Roland. »Warum sollte ein verstorbener Ehemann die ..., sagen wir mal, Aktivitäten seiner Frau unterbinden, wenn er sich nicht ziemlich sicher war, daß sie schon zu seinen Lebzeiten herumgemacht hat.« Roland blinzelte Karen freundlich zu. »Sie will eben nur ein bißchen Spaß haben. Was soll daran falsch sein? So sind wir eben gemacht, wir müssen in Bewegung bleiben, oder wir vertrocknen langsam, können schließlich nicht mal mehr spucken.«

»Das ist eine Unverschämtheit«, sagte Karen. »Ich meine, daß Sie behaupten, ich hätte meinen Mann betrogen.«

»Keiner verlangt, daß Sie etwas zugeben, was Sie nicht zugeben wollen«, sagte Roland. »Das ist doch ein ganz intimes Gespräch. Ein vertrauliches, meine ich.«

»Frank hatte nicht den geringsten Grund«, setzte Karen an und hielt inne. Warum sollte sie es ihm erklären?

»Es geht mich ja sowieso nichts an«, sagte Roland. »Sie müssen mir nichts beichten, Lady, um in den Himmel zu kommen. Ich sehe die Sache als neuen Anfang. Da sitzen Sie und vertrocknen langsam. Hier sitze ich, voller Ideen, mit denen ich nichts anfangen kann, solange ich für diese Schweine arbeite. Scheiße. Sie kennen das Spiel, ich sage nichts, wenn du nichts sagst, eine Hand wäscht die andere, und wenn wir hier was am Kochen haben ... Denken Sie doch mal drüber nach, und Sie werden begreifen, daß Ihr toter Mann und sein Freund dafür sorgen, daß Sie die Beine immer schön geschlossen halten, und wenn ich Ihnen nicht helfe, können Sie gar nichts dagegen machen. Können Sie mir folgen? Ich biete Ihnen Ihre große Chance, Lady, und es ist die einzige, die Sie haben.«

»›Ist alles in Ordnung?‹, sagte ich zu ihr. Sie gab mir keine Antwort«, sagte Marta. »Sie ging zum Telefon und rief Mr. Grossi an.«

»Du konntest mithören?« fragte Jesus Diaz, ihr Bruder.

Es war mittlerweile dunkel. Sie standen vor dem Haus auf der Straße, neben Jesus' Wagen, und Jesus hielt die Tonbandkassette in der Hand, die sie ihm gegeben hatte.

»Ich konnte es hören, weil sie sehr deutlich sprach, nicht laut, aber nachdrücklich. ›Ich will ihn hier nicht noch einmal sehen‹, sagte sie. ›Halte dieses Tier von mir fern.‹ Und dann: ›Warum hast du es mir nicht selbst gesagt? Ich hätte es gern von einem anderen erfahren als ausgerechnet von einem wie ihm.‹ Dann hörte sie Mr. Grossi lange zu. ›Halte ihn von hier fern‹, sagte sie dann wieder. Aber sie hat ihm nichts verraten«, sagte Marta.

»Was hat sie ihm nicht verraten?«

»Dein Freund Roland hat gesagt, er wolle ihr in ihrer Lage helfen, etwas für sie tun, damit sie nicht mehr so verkrampft ist. Aber sie hat das Mr. Grossi gegenüber nicht erwähnt – warum nicht, weiß ich nicht –, nur, daß sie Roland nicht mehr wiedersehen will. Sie war sehr aufgebracht, aber hat es irgendwie ganz kalt gesagt, nicht geschrien oder gezetert. Das erinnerte mich daran, wie sie mal nach Hause kam, und ihr Wagen war vorn kaputt, und als der Mister zurückkam, war auch sein Auto an der Seite verbeult.«

»Und das ganze Gespräch mit Mr. Grossi ist auf dem Band?« fragte Jesus.

»Ja, natürlich. Jedes Telefongespräch von heute.«

»Ich gebe es Roland«, sagte Jesus. »Er soll es hören. Er soll wissen, daß sie es Mr. Grossi gesagt hat.«

»Gib es ihm nicht«, sagte Marta.

»Bist du verrückt?« sagte Jesus.

Roland erfuhr es am gleichen Abend, in Vivian Arzolas Büro. Vivian sagte ihm, er könne von Glück sprechen, daß Ed Grossi schon nach Hause gegangen sei. Roland schaute aus dem Fenster im neununddreißigsten Stock auf den nächtlichen Glanz von Miami Beach hinaus.

»Warum?« sagte Roland.

»Weil er diesmal so wütend war, daß er Sie vielleicht umgebracht hätte.«

»Lady«, sagte Roland, »ich bin der Laufbursche, der vor Gericht nicht gegen einen anderen ausgesagt hat und deshalb ins Butler gewandert ist. Wissen Sie das noch? Ich bin erst seit gestern wieder *zurück*. Er setzt mich auf einen Job an, und ich erledige ihn, wie ich es für richtig halte. Will er einen anderen Laufburschen? Das ist seine Sache. Aber erzählen Sie mir nicht, er würde mir was antun. Es gibt ein altes kubanisches Sprichwort: Wenn du dich mit dem Stier einläßt, kriegst du ein Horn in den Arsch.«

»Woher haben Sie diesen Anzug?« sagte Vivian.

Roland grinste. »Gefällt er Ihnen?«

»Das ist der scheußlichste Anzug, den ich je gesehen habe.«

»Das ist meine kleine Süße«, sagte Roland, trat vom Fenster fort und setzte ein Bein auf den Rand von Vivians Schreibtisch. »So kenne ich Sie doch. Was hat er sonst noch gesagt?«

»Das wird er Ihnen selbst sagen. Halten Sie sich von Mrs. DiCilia fern.«

»Aber er nimmt mir den Job nicht ab.«

»Tun Sie, was man Ihnen sagt. Sonst nichts.«

»Haben Sie gelauscht und gehört, wie er mit ihr gesprochen hat?«

»Ich habe das Gespräch aufgezeichnet«, sagte Vivian. »Wenn Sie wollen, kann ich es mir anhören. Wenn Sie versuchen, ihm was vorzulügen, wird er es Ihnen vorspielen.«

»Ich habe nichts zu verbergen. Ich habe ihr gesagt, ihr werter Verblichener habe die Sache so geregelt, mehr nicht. Ich fragte sie, ob ich etwas für sie tun könnte.«

»Ich kann mir gut vorstellen«, sagte Vivian, »wie Sie das gesagt haben. Hat sie um Hilfe geschrien?«

»Sie hat die ganze Sache sehr nett aufgenommen. Mich überrascht nur, daß sie dann doch Ed angerufen hat.«

»Na ja, halten Sie sich von ihr fern, das ist alles.«

»Klar, wenn er es so haben will. Aber ich will alle alten Bänder haben. Meinen Sie ja nicht, ich wäre wegen Ihnen gekommen; ich brauche nur die Bänder.«

»Wofür?« fragte Vivian.

»Wollen Sie, daß ich den Job mache, oder nicht?« Vivian betrachtete ihn vom Stuhl hinter ihrem Schreibtisch aus und versuchte zu erahnen, was in seinem Kopf vor sich ging.

»Jetzt, wo die Frau weiß, daß man sie beobachtet, wird sie vorsichtiger sein«, sagte Roland.

»Dank Ihnen.«

»Nein, so ist es besser, soll sie doch wissen, woran sie ist. Aber ich muß mir die alten Bänder anhören. Ich muß doch die Stimmen kennen, wenn einer von ihnen wieder anruft und den Namen nicht nennt. Sehen Sie das ein?«

»Das sehe ich ein«, sagte Vivian, »aber ich glaube, Sie sprechen zuerst mit Ed. Er wird in ein paar Tagen wieder zurück sein.«

»Er ist verreist?«

»Er wird bald zurückkommen.«

»Und solange sitzen wir hier herum und gehen uns auf die Nerven, was?« sagte Roland. »Ich könnte Ihnen die Bänder ja reinreichen, bevor er zurückkommt. Aber wenn was passiert und Ed sieht, daß der Job nicht ordentlich erledigt wurde, dann wird er sich fragen, wer daran schuld ist, und Sie können sich wieder einen Blauleinen anziehen und Apfelsinen pflücken.«

Roland ging mit einem Karton voller Kassetten hinaus. Verdammte Kubaner, er hatte noch nicht einen kennengelernt, von dem man nicht bekam, was man wollte, wenn man ihm drohte, er würde seinen Job verlieren.

6

Wieso machen Tümmler diesen ganzen Scheiß mit, wenn sie wirklich so klug sind? fragte sich Maguire.

Die Tümmler konnten Maguire die gleiche Frage stellen. Oder auch das Seelöwenweibchen Lolly.

In dem Zementverschlag hinter dem Becken, in dem die Show stattfand, sahen Maguire und Lolly einander an. Maguire hielt das Mikrofon in der Hand, um Brad Allen und die weltberühmte Tümmler- und Seelöwen-Show von Seascape anzukündigen. Lolly wartete darauf, hinauszugehen und das Eröffnungskunststück vorzuführen. Maguire fragte sich, ob Lolly jemals mit ihrem großen, aufblasbaren Ball spielte, wenn niemand in der Nähe war. Lolly fragte sich … was? Sie schaute ihn aus ihren traurigen Augen an.

Maguire mußte die Show ankündigen; er hörte seine Stimme draußen aus den Lautsprechern dröhnen, während er durch den Spalt in der Tür die Zuschauer auf der Haupttribüne betrachtete.

»Und hier … ist Brad!«

Nach der Show wies Brad Allen Maguire regelmäßig zurecht: »Herrgott, wie oft muß ich es dir noch sagen? Du sagst nicht: ›Hier ist Brad‹, verdammt noch mal. Hast du jemals die Johnny-Carson-Show gesehen, wie sie es da machen? Du sagst: »Und hieeeeer … ist Brad!«

»Ich weiß nicht warum, aber ich habe Schwierigkeiten damit«, entgegnete Maguire jedesmal.

Brad Allen war der Showdirektor, Star und Manager von:

SEASCAPE
TÜMMLER-SHOW
HAIE ✻ SEELÖWEN
S. E. Seventeenth Street Causeway
Bei Port Everglades
HIER ABBIEGEN!

Er sagte dann immer zu Maguire: »Bist du blöd oder was? Das ist doch nun wirklich nicht schwer, oder?«

»Nein, wohl nicht«, sagte Maguire dann.

»Man hat mir gesagt, du hättest Berufserfahrung …«

»Ja, schon, aber unten in Marathon hatten wir so eine Show nicht«, versuchte Maguire es ihm zu erklären. »Ich meine, es war keine, na ja, so tolle Show.«

»Hast du da unten denn die Delphine beim Namen gekannt?« Brad kam immer wieder darauf zurück. »Konntest du jeden beim Namen nennen?«

»Ja, ich kannte ihre Namen.«

»Und wieso kennst du sie denn hier nicht?«

»Ich kenne sie. Pepper, Dixie, Penny, Bonzai …«

»Robyn sagt, du hättest gestern versucht, Penny auf dem Schwanz gehen zu lassen. Penny geht nicht auf dem Schwanz, nur Pebbles kann es.«

»Ich habe die beiden verwechselt.«

»Und neulich hast du Bonnie für Yvonne gehalten. Bonnie hat die Narbe von dem Hai ...«

»Genau.«

»... und Yvonne ist mindestens zwei Zentner schwerer, drei Meter lang, und du kannst sie nicht auseinanderhalten. Sieh zu, daß du es kapierst, ja? Geh mit Robyn zum Becken und versuche, ihr die Namen zu nennen. Dann geh zum Show-Becken rüber und mache das gleiche. Ist das zuviel verlangt?«

Oder Brad Allen warf ihm vor:

»Bei der Delphin-Show hast du schon wieder den Mopsy-Dick-Teil ausgelassen.«

»Ich hab's vergessen.«

»Er legt sich auf dem Rand auf die Seite, bewegt keinen Muskel. Warte die Lacher ab. Und dann sagst du: ›Und deshalb‹ – Pause – ›nennen wir ihn *Mopsy* Dick.‹«

»Ich will versuchen, mich dran zu erinnern«, pflegte Maguire dann zu sagen.

Fünf Monate lang, von Januar bis Mai, machte Maguire die Arbeit.

Brad Allen hatte ihn schon erwartet, als er ankam, bleich, ein Wayne-County-Gefängnis-Insasse, mit dem gestreiften Regenmantel und dem Koffer, direkt vom Delta-Flug. Brad Allen warf einen Blick auf den Brief, den die Seascape-Management-Gesellschaft ihm geschickt hatte, und faßte das Blatt Papier an, als sei es schmutzig.

»Hier steht, daß Sie Berufserfahrung haben.«

»Ein Jahr in Marathon«, hatte Maguire gesagt und einfach fünf Monate hinzugefügt.

»Was haben Sie seitdem gemacht?«

»Na ja, hauptsächlich gereist und gearbeitet«, hatte Maguire gesagt. »In Colorado habe ich für die Skip Corporation von Aspen gearbeitet und für die Paragon Ballroom. Ich habe auf einem Flughafen gearbeitet, in einem Zoo, für einen Fernsehsender. Ich war der Wetteransager. Ich war an mehreren Orten Barkeeper. Mal sehen, ich habe mit Antiquitäten gehandelt. Ja, und ich habe in einem Country Club gearbeitet.«

»Na ja, das ist kein Country Club«, hatte Brad Allen gesagt. Mit ernstem Ton, willentlich barsch, weil er den Burschen einstellen mußte. »Wie alt sind Sie?«

»Dreißig«, hatte Maguire gesagt und sechs Jahre abgezogen – nachdem er auf den ersten Blick gesehen hatte, wie jung die anderen Hilfskräfte waren. Wie Kinderbetreuer in einem Ferienlager liefen sie herum, in Turnschuhen und weißen Shorts, in roten T-Shirts mit dem Abziehbild eines springenden Tümmlers und den weißen Buchstaben SEASCAPE drauf. (Brad Allen trug weiße Shorts und ein weißes T-Shirt mit dem Delphin und einer roten Aufschrift. Er trug auch eine weiße Jacke, rote Trainingshosen und manchmal ein Kostüm in Rot, Weiß und Blau.)

»Wie lange sind Sie schon dreißig?«

Wie alt war Brad Allen? Vielleicht zweiunddreißig, dreiunddreißig. Der Bursche musterte Maguire argwöhnisch und wollte ihn bei einer Lüge ertappen. Warum?

»Was spielt das für eine Rolle?« hatte Maguire gesagt. »Ich arbeite gern unter freiem Himmel, ich bin gern mit Menschen zusammen, ich habe nichts dagegen, schwer zu arbeiten und« – er trug noch etwas dicker auf – »ich bin immer bereit zu lernen, wenn ich etwas nicht weiß.«

Er brauchte ein paar Tage, um sich an die weißen Shorts und das rote T-Shirt zu gewöhnen – er überlegte, was André Patterson sagen würde, wenn er ihn so sehen würde. Vielleicht: Mann, das ist ja richtig niedlich. Nach zwei Monaten war Maguire so braungebrannt wie die anderen auch, und seine Turnschuhe schienen allmählich zu ihm zu passen. Er war der Meinung, er könnte als dreißig durchgehen. Warum nicht? Er fühlte sich jünger als dreißig. Er war in der frischen Luft. Die Arbeit war sauber und nicht zu schwer. Er aß viel Obst. Rauchte dann und wann mit Lesley etwas Gras. Trank nicht zuviel. Der Lohn war schrecklich niedrig, zweihundertsechzig die Woche, doch er kam zurecht. Er wohnte in einem Einzimmerapartment in einem Stuckhaus namens ›The Casa Loma‹, das ganz nach dem alten Florida aussah; fünfzig Eier die Woche, direkt gegenüber von Lesley, die bei ihrer Tante Leona im Apartment des Hausverwalters wohnte. Was noch? Klimaanlage, nur zwei Blocks zum Strand …

Die Leute, mit denen er zusammenarbeitete – R. D. Hooker, Chuck, Robyn und Lesley – erinnerten ihn an die High School.

Hooker war ein kräftiger, lockenköpfiger Junge aus Florida, dreiundzwanzig Jahre alt und so hingebungsvoll, daß es fast schon unheimlich war. Hooker sprang mit Taucherbrille und Schnorchel in das Sechsmeterbecken, Neptuns Reich, um mit den Delphinen zu spielen, selbst wenn er es nicht mußte, *zwischen* den Shows. Einmal sagte Hooker zu Chuck, dem Tiertrainer: »Ich weiß nicht, was heute mit Bonnie los ist. Zuerst läßt sie mich sie nicht anfassen, dann knufft sie mich. Dann fängt sie an, wie verrückt an meinem verdammten Schnorchel zu zerren, als wollte sie ihn mir aus dem Mund ziehen. Und sie wußte genau, was sie tat.«

Chuck lauschte jedem Wort. »Ach?« sagte er. »Und wieso benimmt sie sich so komisch?«

»Klingt ja ganz so, als würde sie ihre Periode kriegen«, sagte Maguire.

»Was hat das denn damit zu tun, daß sie sich ungezogen aufführt?«

Maguire hörte ihnen erstaunt zu, wie sie sich ganz ernsthaft darüber unterhielten. »R. D.«, sagte er, »sprichst du schon mal mit ihnen? Ich meine, verstehst du sie?«

»Manchmal«, sagte Hooker. »Manchmal verstehe ich Penny, wenn ich ihr eine Frage stelle.«

»Wirklich?« sagte Maguire. »Was fragst du sie denn so?«

»Ach, wenn ich sie füttere, sage ich: ›Na, das gefällt dir, was? Ist das nicht schön?‹«

»Und was sagt sie?«

»Es hört sich an wie ...« Hooker spitzte die Lippen, sog die Wangen ein und machte ein hohes, schrilles Geräusch, das wie das Schnattern von Donald Duck klang.

»Oh«, sagte Maguire.

Hooker kam auch an seinem freien Tag her und arbeitete mit den beiden jungen Delphinen im Trainingsbecken, hockte sich stundenlang auf die Sprungbretter, sprach leise mit ihnen und zeigte ihnen seine Hände. Hingebungsvoll.

Chuck war ebenfalls auf dem besten Weg, sich solch eine Hingabe anzueignen. Er schrieb persönlich zweihundert Postkarten an die Lebensmittelfirmen Star-Kist Tuna, Bumble Bee, Van Camp, Ralston Purina und H. J. Heinz und forderte sie auf, das Töten der Delphine einzustellen, oder er würde nie wieder ihre Erzeugnisse essen.

Robyn war auch hingebungsvoll, wenngleich es nicht den Anschein hatte. Sie war ein ernstes Mädchen, lächelte nicht viel und schien nicht hinzuhören, wenn man etwas zu ihr sagte. Außer, Brad Allen sagte es. Brad Allen konnte Robyn sagen, mit Dixie zum Grund des Show-Beckens hinabzutauchen, über die Viermeterstange zu springen und auf dem Schwanz über das Wasser zu gleiten, und Robyn würde es versuchen. Wenn Brad Allen ihr sagte, sie hätte ihre Arbeit gut gemacht, wurde Robyn verlegen und zupfte vielleicht ein wenig an ihren weißen Shorts. Schöne enge Shorts ...

Wenngleich nicht so eng und kurz wie die von Lesley. Lesleys Shorts zeigten etwas Hintern. Sie zog jedoch niemals daran, wie Robyn, wenn sie verlegen war. Aber Lesley war manchmal schlecht gelaunt. Sie setzte dann ein gekränktes Gesicht auf und sagte: »Nicht ich bin dran, die Haie zu füttern, sondern sie. Wenn du glaubst, ich würde jeden Tag da reingehen, tickt's bei dir nicht mehr richtig.« Lesley war hingebungsvoll, aber nicht, wenn es darum ging, die Haie zu füttern. Sie fand es nicht lustig, wenn sie bis zur Hüfte im Becken stand, um einen Hai mit einem Haufen Blaumakrelen zu füttern, und Maguire auf der Plattform oben zu den Zuschauern sagte: »Wollen wir Lesley nicht mal mit einem kräftigen Applaus zur Hand gehen« – Pause – »solange sie noch eine hat?«

Lesley hatte üppiges, welliges braunes Haar, das sie mehrmals die Stunde kämmte. Eines Abends, während Maguires vierten Monats, sagte Lesley zu ihm: »Ich glaube, ich habe mich in dich verliebt.« Sie sah hervorragend aus, wie sie dort in dem schwachen Licht lag, das Haar offen und die weißen Brüste entblößt, und Maguire hätte beinahe gesagt, daß er sie auch liebte. Aber er sagte es nicht.

Brad Allen war *sehr* hingebungsvoll. Brad Allen war auch ernst und langweilig. Er langweilte Maguire. Maguire fragte sich, warum Brad Allen es nicht leid war, Brad Allen zu sein. Einmal zog Maguire ein paarmal an einem Joint, bevor er die Show ankündigte, und sagte dann über die Lautsprecheranlage: »Hieeeeeeer ist Brad!« und hielt das ›hier‹, so lange er konnte. Und nach der Show sagte Brad Allen zu ihm: »Also, das war schon etwas besser.«

Die Anlage Seascape erinnerte Maguire an eine kleine tropische Weltausstellung: runde weiße Gebäude, gestreifte Zelte und blaugelbe Wimpel zwischen Sträuchern und Königspalmen.

Da war Neptuns Reich, in das man hineingehen und durch Fenster die Tümmler und andere Meerestiere unter Wasser vorbeigleiten sehen konnte. Oben wurde die Delphin-Show vorgeführt.

Da war die Hai-Lagune, ein Becken voller brauner Grönlandhaie und ein paar Riesenmeeresschildkröten.

Da war das Streichelbecken, wo man Mistys und Gippsys Haut berühren konnte, die sich wie hartgekochte Eier anfühlte, und wo man Pfrillen an sie verfüttern konnte, drei Stück für fünfundzwanzig Cent.

Und da war die Haupttribüne, vor der Brad Allen die Hauptattraktion abzog, nämlich die weltberühmte Seascape-Show mit Delphinen und Seelöwen: ›wo diese unglaublich klugen Säugetiere ihre Meeresakrobatik vorführen‹.

Hinten in der Alligator-Grube hatte ein Indianer, ein Seminole, früher mal mit einem vier Meter langen Alligator gerungen, doch der Seminole hatte gekündigt und war zu Disney World gegangen, und R. D. Hooker hatte es nur ein paarmal versucht; aber man konnte sich die Alligatoren und ein Krokodil ansehen, wenn man wollte.

Gelb und weiß gestreifte Zelte überdachten die Erfrischungsstände und den Souvenirladen. Von einem Karussell mit zweisitzigen Gondeln aus konnte man sich für fünfzig Cent pro Person das Gelände aus der Luft ansehen, die Becken und Pools mit blauem Wasser, die weißen Betonwege und Gebäude unter den importierten Palmen: eine saubere, gepflegte Welt direkt am S. E. 17th Street Causeway.

»Warum kündigst du nicht, wenn es dir nicht mehr gefällt?« sagte Lesley und wurde wieder ein wenig gereizt.

»Ich sagte nicht, daß es mir nicht gefällt, ich sagte, daß es nicht *echt ist*«, entgegnete Maguire. Maguire fuhr Lesleys gelben Honda; sie waren auf dem Heimweg zum Casa Loma. »Das ist wie eine Zufluchtsstätte. Da kann dir nichts passieren, da bist du sicher. Aber es hat nichts mit der Wirklichkeit zu tun. Man bekommt dort zwar Sicherheit, aber im Tausch dafür muß man *sich selbst* aufgeben. Man muß ein anderer Mensch werden.«

»Jesus«, sagte Lesley, »was ist *sicher* daran, ins Wasser zu steigen und diese verdammten Haie zu füttern? Ich hab' das diese Woche jeden Tag gemacht, weißt du das? Robyn war beschäftigt, wahrscheinlich hat sie Brad einen geblasen.«

»Komm schon, die Haie fressen die ganze Nacht über«, sagte Maguire. »Du wackelst für die Touristen doch nur mit einem toten Fisch. Ich meine aber nicht diese Art Sicherheit. Ich meine, daß wir hier in einer kleinen Welt leben, die nichts mit der wirklichen Welt zu tun hat. Man wird abgeschirmt ...«

»*Ich* werde abgeschirmt?«

»*Wir*, die wir da arbeiten. Was haben wir denn für Probleme? Misty frißt Popcorn und kriegt Verstopfung. Pebbles quengelt und will die Beatles nicht nachmachen. Und alle sagen: ›Großer Gott, was ist nur mit Pebbles los?‹ Wir verbringen *Monate*, vielleicht ein Jahr damit, einem Delphin beizubringen, durch einen Reifen zu springen oder fünf Meter in die Luft zu steigen und die Schulglocke zu läuten.«

»Ach?« sagte Lesley. Sie kapierte immer noch nichts.

»Sie tun etwas, das Delphine normalerweise nicht tun, oder?«

Lesley dachte einen Augenblick lang nach. »Ja ... aber sie springen. Draußen auf dem offenen Meer springen sie die ganze Zeit über.«

»Da draußen werfen sie Bälle in Körbe? Da draußen kegeln sie?«

»Damit wollen wir doch nur zeigen, wie intelligent sie sind«, sagte Lesley, »wie man sie dressieren kann.«

»Das ist es ja«, sagte Maguire und wünschte, der Honda hätte eine Klimaanlage, wünschte, die Alte vor ihm würde abbiegen, um Himmels willen, wenn sie doch nur abbiegen würde, *abbiegen*. »Das tun sie normalerweise nicht, die Delphine, auf dem Meer tun sie nicht so, als würden sie Baseball spielen oder aus dem Wasser springen, um einem ein Stück Fisch aus dem Mund zu nehmen, oder?«

»Weshalb arbeitest du denn hier«, fragte Lesley, »wenn es dir nicht gefällt?«

Gott im Himmel, dachte Maguire. »Hör doch nur mal zu, was ich dir erklären will«, sagte er. »Okay? Ich sage ja gar nicht, daß es mir nicht gefällt. Ich sage doch nur, daß wir die Leute was glauben machen wollen. Die Delphine wären nicht hier, würden diese Tricks nicht vorführen, wenn wir sie nicht dressieren würden. Aber nein, wir haben uns das einfallen lassen. Die Delphine und wir, wir spielen miteinander. Wir ziehen hier irgendwas ab, das überhaupt nichts mit der Wirklichkeit zu tun hat. Verstehst du, was ich meine?«

»Na und?«

O Gott. »Und wenn das keine echten Delphine sind, die all diesen Scheiß machen, was sind wir denn? Wir spielen das Tonband mit den Lachern darauf ab, werfen ihnen Kabeljaustücke vor – was sind wir?«

»Ich war Kellnerin, in einer Klatsche auf dem Las Olas«, sagte Lesley. »Das war echt ... echte Scheiße. Willst du wissen, was ich lieber tue?«

»Ich würde mir heute abend gern deinen Wagen leihen«, sagte Maguire. »Wie sieht's aus?«

Er schenkte sich einen weißen Rum mit einem Spritzer Zitronensaftkonzentrat ein, ließ die Jalousien halb geschlossen und saß eine Weile da. Das Zimmer wirkte in der Halbdunkelheit alt und abgenutzt. Fünfzig Eier die Woche, der Schwarzweißfernseher inbegriffen, das war immer noch billig. Er konnte die Hifi-Anlage nebenan hören, Lesley tanzte zu den Bee-Gees durch die Wohnung, ohne auf ihre Tante Rücksicht zu nehmen, die ein wenig taub war. Eine nette Frau, Maguire setzte sich manchmal zu ihr und unterhielt sich mit ihr, hörte ihr zu, wie sie Geschichten aus ihrem Leben in Cincinnati, Ohio, erzählte, bis er ihr dann sagte, daß er ins Bett ging, weil er morgens früh aufstehen mußte. Lesley setzte sich nie zu ihr und hörte ihr keinen Augenblick zu. Lesley rollte mit den Augen, wenn sie merkte, daß sie wieder zu erzählen anfing, und sah zu, daß sie sich verdrücken konnte. Lesley nahm keine Rücksicht auf andere Leute; aber sie hatte einen schönen, festen, kräftigen kleinen Körper.

Maguire duschte und trank noch einen Rum mit Zitrone, während er seine guten Sachen anzog. Hellbeige Hosen, dunkelblaues Sporthemd und ein hellblau verblichenes, knappes Synthetik-Sportsakko, das er für fünfundvierzig Eier bei Burdine's gekauft hatte. Er mochte dieses Sportsakko, denn aus irgendeinem Grund erinnerte es ihn an das alte Florida und ließ ihn sich wie einen Einheimischen vorkommen. (Eine seiner Maximen: Wo immer du bist, passe dich an, sieh aus, als würdest du dazugehören. In Colorado hatte er eine Schaffelljacke und Schnürstiefel getragen.) Er holte den Ausschnitt aus der *Detroit Free Press* aus der obersten Schublade, wo er ihn unter den Socken versteckt hatte, und steckte ihn in die Innentasche des Sakkos. Dann klopfte er nebenan und fragte Lesleys Tante, ob er mal telefonieren dürfe; er würde sich die Gebühren durchgeben lassen und sie bezahlen.

»Kannst du die Musik etwas leiser stellen?« fragte er Lesley.

»Wen rufst du an«, erwiderte sie, »deine Flamme?«

»Ich habe keine Flamme.«

»Ich dachte, du wolltest ausgehen.«

»Stell mal die Musik leiser, ja?«

Maguire nannte der Vermittlung die Nummer in Detroit und wartete. Er war nervös. Er wünschte sich, Lesley würde ihn nicht beobachten.

»Wolltest du nicht duschen?«

»Sag nur, wenn ich gehen soll.«

»Wenn ich zurück bin, lade ich dich zum Abendessen ein.«

»Hallo?« sagte André Pattersons Frau durch das Telefon.

»Okay?« sagte Maguire zu Lesley. »Na los, geh duschen.« Und dann, ins Telefon:

»Hallo, hier ist Cal Maguire. Wie geht's dir?« Er mußte sich anhören, wie Andrés Frau ihm erzählte, daß es ihr beschissen ging, wenn er es wirklich wissen wollte, daß sie Schwierigkeiten hatte, ihre Schecks von der Wohlfahrt zu bekommen und daß man ihr für eine Weile das Telefon abgestellt hatte. Ja, sagte Maguire, er habe versucht, sie zu erreichen, und die Auskunft angerufen. »Hör mal«, sagte er, »erinnerst du dich nicht an den Deal mit dem Club? Der Country Club, André und ich und Grover. Ich habe dich nach dem Namen des Mannes gefragt. Weißt du noch? ... Nein, ich habe den Namen. Ich habe mich nur gefragt, weißt du, André hat gesagt, der Mann wollte es den Clubmitgliedern wegen irgendwas heimzahlen. Im Club muß dem Mann etwas passiert sein. Ich habe mich gefragt, ob André je mit dir darüber gesprochen hat ... Ob er erwähnt hat, was da passiert ist. Ob vielleicht die Frau des Mannes damit zu tun hatte, weißt du, vielleicht hat man sie dort beleidigt oder so, und deshalb war der Mann so wütend.« Herrgott, wütend – bereit, ihnen viereinhalb Riesen zu bezahlen, wenn sie den Club überfielen. »Hm, ja, richtig … Aber er hat nie etwas über die Frau des Mannes gesagt, was? … Nein, das interessiert mich nur. He, hör zu, sag André, daß ich ihm schreiben werde, ja? Schön, ich melde mich dann wieder bei dir.«

»Sehr geheimnisvoll«, sagte Lesley, in ein Strandtuch gehüllt. »Wer ist André?«

»Ein Freund von mir.«

»Und weshalb war da jemand so wütend?«

»Ich weiß, daß das Telefon deiner Tante gehört und ich deinen Wagen benutzen darf und so weiter, aber wie wäre es, wenn du deine Nase aus meinen persönlichen Angelegenheiten raushalten würdest?«

»Na ja«, sagte Lesley, »wie wäre es, wenn du deinen Arsch aus meinem Wagen raushältst, wenn du unbedingt so hochnäsig sein willst?«

»Du bist ein Herzchen«, sagte Maguire. »Du hast die geistige Reife einer Fünfjährigen.«

»Denk mal darüber nach«, sagte Lesley. »Jeden Tag zu Fuß zur Arbeit gehen …« Sie drehte sich um, ließ das Handtuch aufklappen und ihn einen Blick erhaschen, als sie ins Badezimmer ging.

Hast du ja toll hingekriegt, dachte Maguire, als er die Straße zur A1A entlanging. Das ist die Frage, wegen der man einen hohen Berg raufklettert, um sie dem alten Mann zu stellen, der in seinem Lendentuch auf dem Gipfel sitzt.

Im Licht der Ewigkeit betrachtet – ist es besser, seinen Gewinn einzustreichen und zu verduften oder alles auf eine Karte zu setzen und vielleicht zu verlieren?

Und der alte Mann würde ihn aus seinen ruhigen, gelassenen Augen betrachten und sagen …

Er würde sagen …

Maguire stand an einer Ecke der Küstenstraße und versuchte noch immer, sich eine Antwort einfallen zu lassen, als das Mädchen, das aus Mitchell im Staate Indiana hier zu Besuch war, anhielt, ihn mitnahm, »Keine Ursache, gern geschehn!« sagte und einen Umweg fuhr, um ihn am Harbor Beach Parkway abzusetzen.

7

Ein Freund von Maguire, ein Taxator, der ziemlich viel unter der Hand kaufte und verkaufte, hatte einmal zu ihm gesagt: »Du gehst mit einem Farbfernseher raus, siehst den Spiegel da an der Wand hängen, Nußbaum vergoldet, und denkst: Könnte das ein George II sein? Frühes achtzehntes Jahrhundert, Mann, mindestens drei Riesen wert.« Maguire ging zur Stadtbücherei, sah die Kunstbücher durch, machte sich Notizen und klaute eine Ausgabe von *Kovel's Kompletter Antiquitäten-Preisliste* aus dem Regal mit den Nachschlagewerken. Bei seiner Arbeit – in der kurzen Zeit, als er den einen oder anderen Bruch gemacht hatte, meistens ein Taschengeld für seine Reisen – hatte er es früher manchmal mit ein paar Antiquitäten und wertvollen Kunstgegenständen zu tun gehabt.

Aber das war nichts im Vergleich zu der Einrichtung von Mrs. DiCilias Wohnzimmer. Er betrachtete gerade einen Queen-Anne-Schreibtisch – vier Schubladen, kurze, dicke Säulenfüße, mindestens vier Riesen wert –, als das Dienstmädchen wieder hereinkam, gefolgt von einem Hund, und ihn bat, sich zu setzen, die Missus käme gleich. Eine scharf aussehende Kubanerin mit ulkigem Akzent. Maguire bedankte sich und sagte dann, als das Mädchen wieder gehen wollte: »Und wie geht's so?«

Marta blieb stehen. »Bitte?« sagte sie.

»Wie läuft's so? Gefällt es Ihnen hier?« Immer freundlich zum Personal. »Ich glaube, hier haben Sie es gut angetroffen.«

Marta, noch immer überrascht: »Ja, danke.«

»Aber ich würde nicht gern das ganze Zeug hier abstauben müssen«, sagte Maguire.

Das Mädchen ging, aber der kleine grauweiße Hund blieb und sah Maguire mißtrauisch an, bereit, jederzeit zu bellen oder zu fliehen.

»Brav«, sagte Maguire zu dem Hund und sah sich im Wohnzimmer um.

Ein Vogelbauer, nicht schlecht. Siebenhundertfünfzig wert.

Zwei aufgepolsterte Chippendale-Stühle in Nußbaum. Jetzt lohnt es sich: Siebeneinhalb, vielleicht acht Riesen.

Hummel-Figurinen, jeweils fünfzig Eier wert. Zwei, die vielleicht hundertfünfundzwanzig bringen würden.

Teller – sehr eindrucksvoll. Stevenson, Enoch Woods Perlmuttrand-Muster. Teller im Wert von sechs-, siebentausend Dollar auf einem Regal.

Und, ja, Peachblow-Vasen, die echten. Helles Rosenrot und Gelb. Mein Gott, mit dem Wasserspeier-Fuß.

Ein Bild von Papst Pius XII. Das letzte Abendmahl. Und ein paar echte Bilder, alte Wälder und neblig-grüne Berge, ein signierter Durand, ein Alvan Fisher, neunzehntes Jahrhundert, Hudson-River-Schule. Ein paar andere, die er nicht identifizieren konnte – er setzte sich nun, während er die Bilder studierte …

Und sprang schnell auf, um den Stuhl zu betrachten – mein Gott, wie sich die Form der Lehnen anfühlte. Louisseize, ein Bergere in Nußbaum. Mit ziemlicher Wahrscheinlichkeit echt.

Er nahm vorsichtig wieder Platz und dachte über die Frau nach, die hier wohnte und diese Sammlung besaß. Vorher hatte er sich eine pralle, sechzigjährige Italienerin vorgestellt, die in der Küche Pasta rollte und Tomatensoße kochte, eine Frau mit einem Akzent. Er würde es geradeheraus sagen: »Ihr Mann schuldet uns Geld.« Sie würde bezahlen, oder auch nicht, und er konnte es vergessen.

Doch wenn sie sich mit Antiquitäten auskannte – vielleicht konnte er ein wenig bluffen, irgendeine Beziehung herstellen, ein gewisses Vertrauen …

Der Hund kam zu ihm und beschnüffelte ihn.

»Das ist Fisch«, sagte Maguire. Er bückte sich nicht, um den Hund zu streicheln, und sagte auch sonst nichts.

Soviel sah Karen von der Schwelle aus. Und die Farbe seiner Hosen und des Hemds unter der Jacke, die sie einen Augenblick lang zögern ließ.

»Mr. Maguire?«

Er blickte auf und sah eine schlanke, gut aussehende Frau in beigen Hosen und einer dunkelblauen Bluse mit weißen Knöpfen, die die Hand ausstreckte.

Maguire erhob sich, lächelte ihr freundlich zu und nickte ein wenig mit dem Kopf. Sie wechselten einen höflichen Händedruck, und er sagte, wieder mit ernstem Gesicht: »Wissen Sie was?«

Karen hätte erwartet, daß er sagte: »Ich habe viel von Ihnen gehört, Mrs. Dicilia.« So etwas in dieser Art.

Aber das sagte er nicht. Er sagte: »Wir tragen genau dasselbe. Beige und blau.«

»Und Sie meinen, das hat etwas zu bedeuten?« sagte Karen. Sie ging es genauso an wie er.

»Bei Ihnen weiß ich es nicht«, sagte Maguire, »aber ich habe mich extra fein gemacht. Diese Sachen hier sind von Burdine's, oben am Federal Highway.«

»Von Burdine's habe ich gehört«, sagte Karen, »aber ich bin mir nicht sicher, ob ich auch von Ihnen gehört habe. Sie waren ein Freund meines Mannes?«

»Na ja, wir standen uns nicht gerade nahe. Ich habe einmal für ihn gearbeitet.«

»Und Sie wollen wissen, ob es mir gutgeht?« sagte Karen. »Ob ich etwas brauche? Was sonst? Arbeiten Sie mit Roland zusammen oder allein?«

»Ich kenne niemanden namens Roland«, sagte Maguire.

»Also arbeiten Sie selbständig. Na gut«, sagte Karen, »gehen wir auf den Patio. Da können Sie mir dann die Daumenschrauben anlegen.«

»Die was?«

»Kommen Sie. Ich kann es kaum erwarten, Ihre Geschichte zu hören.« Sie ging an ihm vorbei zu der Glastür.

Es hatte sich ganz gut angelassen. Aber jetzt war sie nicht nur kühl, sie war eiskalt, viel zu anmaßend. Maguire zögerte. »Sie haben ein paar sehr schöne Stücke hier«, sagte er. »Der Bergere, ist das ein echter Louisseize?«

Nun blieb Karen an der Tür stehen, blickte zurück und schien ihn einen Augenblick lang zu mustern.

»Der was?«

Maguire grinste. Machte sie Witze? Sie wartete, sah ihn an, und er war sich nicht sicher.

»Der Stuhl. Wenn er echt ist, gehört er in ein Museum.«

»Er ist in einem Museum«, sagte Karen. Sie drehte sich um und trat durch die Tür.

Sie macht mir was vor, dachte Maguire. Sie wollte nicht zu liebenswürdig klingen oder ihm irgendwas zugestehen. Er folgte ihr auf den Patio, wo eine Fackel brannte und die Swimmingpool-Beleuchtung vom klaren Wasser reflektiert wurde. Maguire sah sich um und dachte: So ist das also. Sie sitzt des Nachts hier draußen und beobachtete die Scheinwerfer der Motorboote auf dem Kanal.

Sie hatte nach dem Mädchen geklingelt, es mit irgendeinem geheimnisvollen Zeichen gerufen, denn plötzlich war es da. Maguire sagte überrascht, er hätte gern einen Rum, fragte sich, warum Mrs. DiCilia plötzlich so gastfreundlich war, und hörte, wie sie um einen Martini mit Eis bat. Er merkte auf: nicht ›on the rocks‹, sondern ›mit Eis‹. Ja, wunderbar: Sie saß hier draußen auf dem Patio ihrer spanisch-maurischen Villa für eine Million, die voller Antiquitäten und Kunstobjekte war, und ... tat was?

Er wollte ihr sagen, es täte ihm leid, daß er so spät kam, oder so früh – das eine oder das andere – und er hoffte, er würde ihr keine Unannehmlichkeiten bereiten. Aber er kam lieber gleich zur Sache.

»Übrigens«, sagte er, »wie ist es, reich zu sein?«

Karen sagte nichts.

»Schon gut«, sagte Maguire. »Es spielt keine Rolle.«

»Ich habe darüber nachgedacht«, sagte Karen. »Wenn Sie es wirklich wissen wollen: Es ist langweilig. Das muß es wohl nicht sein, ist es aber.«

»Ich kann Ihnen nicht ganz folgen.«

»Sie haben mich gefragt, und ich habe Ihnen gesagt, es ist langweilig«, sagte Karen. »Die nächste Frage. Kommen wir zur Sache, ja?«

Der Hund schnüffelte wieder um seine Füße herum. Maguire schlug die Beine übereinander.

Mrs. DiCilia war sprungbereit, ein wenig gereizt; sie erwartete, daß er irgendeinen Schwindel abziehen würde, ihr hier draußen die Daumenschrauben anlegen würde: Wahrscheinlich hielt sie ihn für einen, der gekommen war, um ihr irgendwas anzudrehen, einer zu sein, der ihr das Fell über die Ohren ziehen wollte. Die Lady saß da und wartete darauf, ausgenommen zu werden.

Der verdammte Hund kratzte an seinem Knie und scharrte den Stoff ab. Maguire griff mit einer Hand hinab und schob den Hund beiseite.

Karen beobachtete ihn.

Er lehnte sich zurück, holte den Zeitungsausschnitt aus der Tasche, faltete ihn vorsichtig auf und gab ihn ihr.

»Was ist das?« sagte Karen. Im weichen Glanz des Fackelscheins konnte sie nur die Überschrift lesen: BEWAFFNETES TRIO ÜBERFÄLLT COUNTRY CLUB.

»Das waren ich und zwei Kumpels«, sagte Maguire. »Ihr Mann hat uns fünfzehnhundert pro Nase angeboten, wenn wir da reingehen, den Club überfallen und ihm schlechte Publicity einbringen. Ich weiß es nicht. Wir erledigten den Job, wurden aber nicht bezahlt.«

»Der Deep Run Country Club in Bloomfield Hills«, sagte Karen.

»Genau der.«

»Wann war das, im letzten August?«

»Genau. Am sechzehnten.«

»Wir waren im August in Detroit ... nein, es war im Juli«, sagte Karen. »Frank hat dort ein paarmal als Gast Golf gespielt. Ihm gefiel der Club, und er bewarb sich um die Mitgliedschaft.«

»Und sie haben ihn abgewiesen«, sagte Maguire. Karen nickte. »Ich dachte, vielleicht hätte man Sie da beleidigt. Irgend etwas Persönliches, verstehen Sie?«

»Meinen Sie, es wäre keine Beleidigung, Frank DiCilia abzuweisen?«

»Ja, ich glaube schon. Aber wieso, wenn Sie damals hier gewohnt haben ...?«

»Warum er in Detroit nicht Mitglied eines Country Clubs werden kann? So ist das nun mal, wenn man reich ist«, sagte Karen. »Was wollen Sie also, fünfzehnhundert Dollar?«

»Jeweils, für uns drei. Die beiden anderen Burschen wurden verurteilt. Sie sitzen in Jackson, aber ich sorge dafür, daß sie ihr Geld kriegen.«

»Sie sind davongekommen?« Sie schien interessiert.

»Das ist eine lange Geschichte, und wenn Sie sich sowieso schon langweilen ...« sagte Maguire.

»Das ist alles, was Sie wollen?« sagte Karen.

»Das ist alles, was uns zusteht.«

»Sie hätten ... zehntausend sagen können.«

»Und Sie hätten von dem Deal wissen können«, sagte Maguire, »je nachdem, was Sie und Ihr Verehrtester so alles besprochen haben. Es waren glatte fünfzehnhundert pro Nase, keine Sozialleistungen oder Rentenansprüche.« Was nun, ja oder nein? Er wartete darauf, daß sie einen Entschluß faßte. Sie wirkte nicht mehr so gereizt. Sie sagte, »trinken wir noch ein Glas«, und das überraschte ihn. Das Mädchen kam und ging wieder, und als es mit den Drinks zurückkam, fragte Karen ihn gerade, ob er in Florida wohnte oder nur zu Besuch hier sei.

Er sagte ihr, daß er bei Seascape arbeitete. »Sie wissen, die Delphin-Show? Praktisch nur um die Ecke.«

»Ich bin mal daran vorbeigefahren«, sagte Karen. »Sie arbeiten wirklich da?« Sie klang interessiert und ein wenig überrascht. »Sie dressieren die Delphine dazu, durch Reifen zu springen und so weiter?«

»Wir dressieren sie zu allem, bloß nicht dazu, sich im Sprung zu paaren«, sagte Maguire.

»Das tun sie nicht für Sie?«

»Ich glaube, sie gehen in ein Motel. Fünf Monate, und ich habe noch nie einen von ihnen ... na ja, erregt gesehen.«

Nun musterte sie ihn und sagte einen Augenblick lang nichts.

»Erstaunlich.«

»Na ja, mir würde es auch nicht gefallen«, sagte Maguire. »Wenn andere Leute zusehen.«

»Nein, ich meine, daß Sie dort arbeiten«, sagte Karen. »Und Sie scheinen sich mit Antiquitäten auszukennen ... Was tun Sie sonst noch so?«

»Country Clubs überfallen«, sagte Maguire, »und versuchen, das versprochene Geld einzutreiben. Ich genieße den Drink und unsere Plauderei, aber, nur für meinen Seelenfrieden, werden Sie die Verbindlichkeiten Ihres Mannes begleichen oder was?«

»Seine Verbindlichkeiten *begleichen* ...« sagte Karen und schien nun etwas amüsiert zu sein. »So drücken Sie das aus, seine Verbindlichkeiten begleichen?«

»Sie können es bezeichnen, wie Sie wollen«, sagte Maguire, »solange wir beide über die gleiche Sache sprechen.«

»Tun Sie so etwas öfter?«

»Was?«

»Country Clubs ausrauben.«

»Das war das erste Mal.«

»Aber Sie haben andere Raubüberfälle begangen.«

Er sagte nichts.

»Tragen Sie eine Waffe?«

»Warum?«

»Reine Neugier, mehr nicht.«

»Bumsen Sie herum?« sagte Maguire.

»Was?«

»Gabeln Sie Kerle auf, schleppen Sie sie ins Bett? Oder stellen Sie ihnen nur eine Menge Fragen über ihr Privatleben?«

»Ich glaube, Sie sind zu mir gekommen«, sagte Karen. »Sie sind derjenige, der etwas will.«

»Und wenn ich nicht höflich bin und Ihre Fragen beantworte, kann ich zusehen, wo ich bleibe, was?«

Karen sagte nichts. Sie stand auf, ging vom Patio zum Haus und durch die Glastür hinein.

Maguire wartete. Er dachte wieder an den alten Mann, der in seinem Lendenschurz auf dem Berggipfel saß: Ist es besser, im Licht der Ewigkeit betrachtet, mal ordentlich zu Kreuze zu kriechen, in der Hoffnung, bezahlt zu werden, oder ...

Karen kam auf den Patio zurück; in der einen Hand hielt sie einen Gegenstand, der in weißes Seidenpapier gehüllt war, und in der, die sie ihm entgegenstreckte, ein Päckchen Geldscheine. Er konnte es nicht glauben. Neue Hundertdollarscheine. Sie klebten zusammen, und der Stapel war nur zweieinhalb Zentimeter dick, so neu waren sie.

»Viertausendfünfhundert Dollar«, sagte Karen.

Das erste, das Maguire in den Sinn kam, war: Da ist noch mehr. Hier im Haus.

»Darf ich Ihnen noch eine Frage stellen?«

»Schießen Sie los«, sagte Maguire und steckte das Geld in die Innentasche seines Sakkos. Er konnte es an seinen Rippen fühlen.

Sie zog ihren Stuhl näher zu dem seinen und setzte sich, bevor sie ihm den Gegenstand im Seidenpapier reichte.

»Was ist das?«

Sie beobachtete ihn, sagte aber nichts.

Er nahm den Gegenstand, fühlte das Gewicht und wußte, was es war. Maguire schlug genug von dem Papier auf, um die Pistole zu sehen, schlug es wieder zu und gab sie ihr zurück.

»Wissen Sie, was das ist, was für ein Modell?« sagte sie.

»Das ist eine Neun-Millimeter Beretta Parabellum, mit achtschüssigem Magazin. Wieviel haben Sie dafür bezahlt?«

»Ich habe sie nicht gekauft. Sie gehörte meinem Mann.«

»Auf der Straße würden Sie etwa vierhundert dafür bekommen.«

»Ich will sie nicht verkaufen«, sagte Karen. »Ich will lernen, wie ich damit umgehen muß.«

»Weshalb?«

»Um mich zu schützen.«

»Das ist keine gute Idee«, sagte Maguire. »Leute, die keine Waffe besitzen, werden nicht so oft erschossen wie Leute, die eine haben.«

»Werden Sie mir zeigen, wie sie funktioniert?«

»Und wenn nicht? Verlangen Sie dann Ihr Geld zurück?«

»Das Geld gehört Ihnen. Sie haben es sich schon verdient.« Sie wartete.

»Über dem Abzug ist ein kleiner Kreuzriegel. Sie drücken ihn zurück, schieben den Lauf vor und zurück und können schießen«, sagte Maguire. »Das hab' ich schon gemacht. Das Geld nehmen und laufen.«

»Sie sind sehr direkt«, sagte Karen und schien ihn wieder zu mustern. »Sie gestehen einige Dinge ein und hören dann einfach auf zu reden.«

»Nicht, daß ich etwas zu verbergen hätte«, sagte Maguire. »Es ist das Gefühl, heruntergeputzt und ausgefragt zu werden.«

»Das tut mir leid«, sagte sie. »Wirklich.« Dann schwiegen sie, doch sie sah ihn weiterhin an.

»Schon in Ordnung«, sagte Maguire. »Na ja, ich meine ... wie Sie sagten, ich marschiere hier rein und erzähle Ihnen was, und warum sollten Sie mir glauben?«

»Aber ich glaube Ihnen«, sagte Karen. Sie schien jetzt zu lächeln. »Erklären Sie mir noch etwas?«

»Wahrscheinlich«, sagte Maguire.

»Was ist der Unterschied zwischen einem Tümmler und einem Delphin?«

Maguire fand einen Zettel auf seinem Kissen, auf dem in schräg nach vorn geneigtem Kugelschreibergekritzel stand: »Klopf, wenn du nicht blöd bist!!!«

Er griff über das Bett zur Wand – zu einem verblichenen Garten zu Versailles auf einer grüngelben Tapete – und klopfte dreimal darauf.

Lesley kam in einem kurzen, durchsichtigen Nachthemd und mit Lockenwicklern im Haar herein, den Kopf etwas gesenkt, um Maguire mit dem Ausdruck eines beleidigten kleinen Mädchens anzusehen, den sie lange eingeübt hatte.

»Ich dachte, du wolltest mich zum Abendessen einladen.«

»Ich muß durcheinandergebracht haben, wer auf wen sauer ist«, sagte Maguire. »Ich hatte drüben am Strand was zu erledigen.«

»Ich *war* sauer«, sagte Lesley, »bin's aber nicht mehr.«

»Wie kommt's?«

»Du mußtest ja nicht so mit mir reden.«

»Bist du ausgegangen?«

»Nein« – verdrossen – »hab' mit Tante Leona den ganzen Abend ferngesehen.

Armes kleines Ding – er sollte sie wohl trösten, ihr sagen, daß es ihm leid tat. Er war nicht verärgert oder aufgebracht. Eigentlich empfand er für Lesley kaum etwas, so oder so Er dachte daran, wie Karen DiCilia im Fackelschein ausgesehen hatte, ein Teil ihres Gesichts im Schatten, das Licht auf ihrem dunklen Haar funkelnd. Dunkel, aber nicht italienisch-dunkel; sie war überhaupt nicht so, wie er sich die Frau von Frank DiCilia vorgestellt hatte.

»Kommst du ins Bett, oder willst du noch lesen?« sagte Lesley.

Es war seltsam, in diesem Augenblick tat sie ihm ein wenig leid, wie sie dort in dem durchsichtigen Nachthemd und mit den Lockenwicklern stand. »Es ist spät«, sagte er. »Werd' wohl zu Bett gehen.«

»Soll ich hierbleiben?«

»Darauf kannst du wetten«, sagte Maguire und zog sich aus, während sie das Licht ausmachte und die Bettdecke zurückschlug.

»Ahh«, sagte Lesley. »Mein Gott, ist das nicht schön?«

»Klar doch.«

»Scheiße, ich hab' die Wickler vergessen.«

Lesley setzte sich auf, nahm sie heraus und legte sich wieder hin.

»Auuu, das tut weh. Aber es geht schon. Jetzt ist's okay. Auuu, das ist gut.« Nach einer Weile sagte sie: »Cal?«

»Was?«

»Wenn meine Tante wüßte, daß wir das machen? Die würde vom Glauben abfallen. Weißt du das?«

»Ich nehm's an«, sagte Maguire.

»Wir sehen fern, und sie erzählt ununterbrochen von Cincinnati, wie sie mit diesem Typ namens Herman oder Henry oder so zum Picknick fuhr und wie er sie anfaßte und küßte. Mein Gott, da ist sie bald ausgeflippt, und sie war in *meinem* Alter. Im Wagen des Burschen. Stell dir mal vor, ich würde zu ihr sagen: ›Tante Leona, hast du je mit ihm gebumst?‹ Sie würde wirklich vom Glauben abfallen!«

»Darauf geh' ich jede Wette ein«, sagte Maguire.

»Nein, sie war dreiundzwanzig. Das war kurz, bevor sie geheiratet hat. Aber nicht Herman. Mein Onkel hieß Thomas. So haben sie ihn immer genannt, Thomas. Ich kann mir nicht vorstellen, wie sie es treiben. Kannst du dir vorstellen, wie Tante Leona es treibt?«

»Nein«, sagte Maguire.

»Sie schnarcht da drüben vor sich hin, die ganze Schönheitscreme auf dem Gesicht. Du müßtest sie mal sehen können.«

Er sagte gar nichts.

»Na ja, ich schaffe meinen Arsch lieber mal wieder ins Heiabettchen. Seh' dich dann morgen früh.«

»Nacht«, sagte Maguire.

»Spiel nicht so viel an dir rum«, sagte Lesley.

»Mach' ich nicht.«

Die Tür schloß sich.

Er konnte Karen DiCilia im Schatten und Fackelschein sehen, das glatte, dunkle Haar, die gelassenen Gesichtszüge. Karen DiCilia, Karen sowieso, ursprünglich Karen Hill. Er hatte ein paar Dinge über sie herausgefunden. Wenn sie Fragen stellen konnte, konnte er das auch. Karen hatte ihn nach seinem Namen gefragt. »Calvin, nicht wahr? Calvin paßt nicht zu Maguire.« Statt Cal hätte er Al heißen müssen, Aloysius Maguire, ein guter irischer Name. Na ja, Karen paßte auch nicht allzu gut zu DiCilia, oder? Und sie sagte, nein, Karen hätte man nie mit DiCilia zusammenfügen sollen.

»Manchmal langweilen wir uns, sind bereit, etwas Neues und Anderes auszuprobieren. Eine Veränderung um der Veränderung willen.«

»Richtig«, sagte Maguire.

»Andererseits sind wir manchmal zu impulsiv, fassen zu schnell einen Entschluß.«

»Wie wahr.«

»Sehr wahr.« (Sie redete, aber was *sagte* sie?)

»Und dann stecken wir in der Klemme, in einer Lage, die uns nur wenige, wenn überhaupt Möglichkeiten offenläßt, und dann stekken wir fest und wissen nicht, was wir tun sollen.«

»Hm«, machte Maguire.

»Wenn Sie mir erzählen wollen, in welcher Klemme Sie stecken, was für ein Problem Sie haben«, hätte Maguire beinahe gesagt, »dann erzählen Sie es mir doch, anstatt um den heißen Brei zu reden.«

Beinahe, aber er sagte es nicht. Denn angenommen, sie würde es ihm sagen? Und von ihm erwarten, daß er ihr irgendwie aus dieser Klemme half; Mann, mit den Leuten, mit denen ihr Mann zu tun gehabt hatte und die wahrscheinlich noch im Geschäft waren ... Was dann, verdammte Scheiße, sollte er da sitzen und sie angrinsen oder sich in irgendwas verwickeln lassen, das ihn nichts anging?

Sie war eine sehr gut aussehende Frau. Jene Art Frau, der man normalerweise mit Vergnügen half, damit sie einem dankbar war. Diese hier, da war er sich sicher, konnte sehr freundlich und freigiebig sein.

Doch im Augenblick steckte sie in irgendeiner Klemme, die ihr keine Möglichkeiten offenließ, und hatte ein eifriges Interesse an Handfeuerwaffen ... während Maguire eine lebhafte Erinnerung an die Einsachtzig-mal-zweivierzig-Zellen im Wayne-County-Gefängnis hatte und daran, wie es war, wenn einen zwanzig Jahre oder lebenslänglich erwarteten.

Also hatte er gesagt, als er wieder an der Reihe war, »Karen, es war sehr nett, sich mit Ihnen zu unterhalten«, hatte ihr nochmals gedankt und war von dort verschwunden.

Als er nun im Bett lag, dachte er: Vielleicht braucht sie aber auch nur jemanden, mit dem sie mal sprechen kann. Jemanden, von dem sie annimmt, daß er Verständnis für ihre Lage hat. Jemanden, der ihr die örtlichen Schleimscheißer vom Hals hielt. Es mußte ja nicht unbedingt eine große Sache sein. Was für ein Risiko ging er denn ein, wenn er sich mit ihr unterhielt, ein wenig mehr herausfand?

Sie war schließlich eine gutaussehende Frau.

Er fragte sich, wie alt sie war.

Er fragte sich auch, wieviele andere neue Hundertdollarscheine sie in ihrem Haus hatte.

8

Arnold kam mit einer gelben Segeltuchtasche, die an der Seite eine Lasche mit Reißverschluß für einen Tennisschläger hatte, aus dem Schlafzimmer. Roland war auf dem Balkon, blickte über das Geländer hinaus und hielt wegen der Meeresbrise seinen Cowboyhut fest. Arnold starrte auf Rolands Rücken, auf den hellblauen Stoff, der sich über die Schultern spannte.

Roland drehte sich um. Als er sah, wie Arnold ihn beobachtete, sagte er: »Wie geht es Barry?«

Arnold ging zu dem Beistelltisch und ließ die Tasche fallen. »Vierundfünfzigtausend«, sagte Arnold.

Roland kam vom Balkon wieder herein. »Ich hab' dich gefragt, wie es Barry geht.«

»Er liegt in Gips. Er wird sechs Monate lang in Gips liegen. Und die Nieren und die Milz sind auch dahin.«

»Sag ihm, wenn er noch mal in den Pool springt, soll er's an der tiefen Stelle tun«, sagte Roland. Er ging an Arnold vorbei zur Segeltuchtasche und hob sie hoch. »Man sollte doch nicht glauben, daß Papier so schwer ist, was?«

»Wollen Sie es sich nicht ansehen?«

»Ich weiß, wie es aussieht«, sagte Roland. »Du machst dich ganz gut, Arnie. Nur weiter so.«

»Sie wissen, daß ich Sie bezahlen werde, ja?«

»Klar weiß ich das.«

»Na ja, wie wäre es denn ... hören Sie, da es hier ja eigentlich nicht um einen Kredit geht, können wir da nicht eine andere Vereinbarung treffen?«

»Was für eine, Arnie?«

»Wie soll ich jemals die eigentliche Summe zurückzahlen, wenn ich immer nur Zinsen zahle?«

»Da hab' ich nicht die geringste Ahnung«, sagte Roland.

»Verstehen Sie, was ich meine? Ich habe mir das Geld nicht geborgt. Ich zahle dem Mann nur seine Investition zurück.«

»Ja? Wo ist da der Unterschied?«

»Es *ist* ein Unterschied. Wer sich von euch Geld leiht, weiß, wie hoch die Zinsen sind. Aber das war ein Geschäft.«

»Das sind alles Geschäfte«, sagte Roland, »aber Zinsen sind Zinsen, und das Darlehen ist etwas anderes. Hat man dir das nicht auf der Schule beigebracht, Arnie?«

»Ich habe versucht, es Ed zu erklären ...«

»Das weiß ich. Und er meinte, du solltest mit mir sprechen«, sagte Roland. »Es ist immer das gleiche. Ein Mann, ein Bursche, dem eins der größten Hotels auf dem Strip gehört, borgt sich Geld und bezahlt die Zinsen. Jede Woche. Wenn er Schwierigkeiten hat, kommt er damit zu mir. Ein Mann mit einem Restaurant direkt hier in Hallandale, Scheiße, ein halbes Dutzend Heimwerkermärkte drüben an der Bundesstraße, Peep-Shows, ein Haufen Motels ... Sie alle bezahlen die Zinsen, Arnie. Sie wissen, daß das Geschäft so läuft.«

»Ja, Kreditgeschäfte, das verstehe ich ja.« Arnold ging auf und ab, biß sich auf die Lippen. »Aber das ist etwas *anderes.*«

»Und darf ich fragen, wieso?«

»Ich habe mir das Geld nicht *geborgt,* Ed hat es investiert.«

»Aber du hast es verloren. Also mußt du es zurückzahlen.«

»Ich habe es nicht verloren ...«

Roland hob die offene Hand und sah Arnold an. »Langsam sollten wir uns mal auf was einigen.«

»Okay, ich habe es verloren.«

»Na also«, sagte Roland, »was macht das denn für einen Unterschied, wenn du es zurückzahlen mußt? Zurückzahlen ist zurückzahlen, ob es nun Geld ist, das du verloren hast, oder Geld, das du geborgt hast. Schau, du hast es verloren – wir geben es dir, wir fragen dich nicht, was du damit vorhast, wie bei einer Bank. Wenn du willst, kannst du es im Klo runterspülen. Solange du es zurückzahlst.«

»Okay«, sagte Arnold. »Ich schulde euch fünfhundertvierzig Riesen. Ihr wißt, daß ich es euch mit der Zeit zurückzahlen kann. Aber das kann ich nicht, wenn ich die verdammten Zinsen bezahlen muß. Hör mal, vierundfünfzig*tausend* die Woche, Mann, wo zum Teufel stehe ich dann in zehn Wochen? Ich habe euch bis dahin fünfhundertvierzig Riesen zurückbezahlt, richtig? Und immer noch keinen verdammten Cent vom Kredit. Das schaffe ich doch nie. Wissen Sie, was ich tun muß? Ich meine, um das Geld aufzutreiben, das ich euch zahle.«

»Keine Ahnung«, sagte Roland. »Bittest du deine Mutti darum?«

»Ich muß jetzt mit hartem Shit dealen, Mann, und das ist ein völlig anderes Geschäft. Sehen Sie sich doch mal diesen braunen Mexikaner an, keiner will das Zeug haben, ich bekomme 'ne Lieferung und muß dann bei den Dealern betteln, sie *anflehen,* den Shit zu nehmen. *Das* mache ich jetzt, Mann, und zwar ganz allein.«

»Wo sind denn deine kleinen Freunde geblieben?« sagte Roland.

»Keine Ahnung. Zur Hölle mit ihnen. Ich sagte zu Ed, okay, dann finanzieren Sie mir doch noch mal Kolumbianer. Dreimal, drei Ladungen, Sie kriegen meinen Schnitt und auch Ihren, und ich hab' das Geld zurückbezahlt.«

»Und er sagte?«

»Scheiße, Sie wissen, was er sagte.«

Roland knüpfte sein Sakko auf, wechselte die Segeltuchtasche von der rechten in die linke Hand und ging zur Tür.

»Ist ganz schön hart hier draußen im freien Unternehmertum, was, Arnie?« fragte er.

Doch dank jener, die andere ununterbrochen für sich schinden lassen, mußte auch Roland die nächsten drei Tage über hart arbeiten und insgesamt vierundzwanzig Stunden und vierzehn Minuten mit einem Karton voller Tonbandkassetten verbringen; insgesamt einhundertdreiundvierzig verschiedene Kassetten hörte er sich an.

Neunundneunzig Prozent davon brachten nichts. Jemand rief täglich bei der Wettervorhersage an. Die Lady rief einmal die Woche bei ihrem Friseur an, diesem Schwulen, der sie ausschimpfte und immer ungeduldig war. (Warum ließ sie sich so eine Behandlung gefallen?) Sie telefonierte ein paarmal mit Leuten aus Detroit; nichts. Sie sprach mit ihrer Tochter Julie in Los Angeles; hörte ihrem Miststück von Tochter zu, wie es ihr mit der Arbeit erging und wie ihr Mann rumbumste; die Tochter redetete ununterbrochen und fragte nicht einmal, wie es ihrer Mutter ging. (›Leg auf‹, dachte Roland bei sich. ›Warum legst du nicht auf?‹) Es gab Anrufe für Marta, kurze Gespräche auf spanisch. Dann rief ein paarmal eine Frau vom *Miami Herald* an, die ein Interview mit ihr und ein paar Fotos von Mrs. DiCilia in ihrem Haus machen wollte, und Mrs. DiCilia wimmelte sie ab, jetzt nicht, später vielleicht.

Mitte Februar fingen dann die Mistkerle an, sie anzurufen. Mistkerle, die sie baten, mit ihnen auszugehen. Mistkerle, die noch einmal anriefen und sagten, wie gut es ihnen gefallen hätte. »He, war das ein Fest, was? Ausgezeichnet.« Sie lachten wie Mädchen. Einer der Typen sprach mit ihr über seine Erfolge auf dem Golfplatz. Ein anderer langweilte sie (und Roland) mit seinem Geschwätz über die Börsenkurse zu Tode. Ein weiterer redete nur über sein Schnellboot, ein Donzi, und über Hochseerennen zwischen Miami – Bimini, Miami – Key West, wie hoch die Wellen waren, und ließ unentwegt durchblicken, was für ein Held er doch da draußen hinter dem Ruder war. (»Du Scheißkerl«, sagte Roland zu der Stimme auf dem Band, »ich häng dich doch mit einem Luftkissenboot ab. Siehst dann nur noch meine Gischt.«) Wie sie sich anhörten, konnte es kein großes Problem gewesen sein, sie zu verscheuchen. Die Lady wußte gar nicht, was für ein Glück sie hatte, daß sie diesen Idioten nicht mehr zuhören mußte.

Dann die Frau vom *Miami Herald*, die wieder ein Interview mit ihr machen wollte; die DiCilia stimmte zu. Es kam auch ein Anruf von einem Magazin aus Palm Beach, dem *Gold Coaster* oder so, und Mrs. DiCilia willigte ein, sich auch mit ihnen zu unterhalten.

Dann, im Mai, weitere Gespräche mit Ed Grossi. (Roland richtete sich auf und hörte genau zu.) Ed lud sie in sein Büro ein.

Das war der Zeitpunkt, wo Roland mit der Tonbandüberwachung angefangen und die Bänder direkt von Marta oder Jesus Diaz bekommen hatte. Noch immer nichts von Interesse, nicht die Information, auf die er wartete.

Dann der betreffende Anruf, den, mit dem sie ihn bei Ed anschwärzte. »Ich will diesen Mann nie wieder hier sehen.« Nicht laut, aber mit beträchtlicher Schärfe in der Stimme. »Halte dieses Tier von hier fern.« (Tier? Also wirklich!) Dann: »Warum hast du es mir nicht selbst gesagt? Warum mußte ich es von ihm erfahren? Halte ihn von diesem Haus fern. Hast du verstanden?« (»He«, sagte Roland, »immer mit der Ruhe, Karen.«)

Er hörte das Band bis zum Ende ab. Dann spielte er es zurück und hörte es nochmals ab. Nein, nichts über sein Angebot. Kein Wort. Sie ließ Dampf ab, erzählte aber nicht die ganze Geschichte. Hielt sich eine Möglichkeit offen. Roland grinste.

Die nächsten paar Bänder, nichts von Interesse. Aber eins, das er für bedeutungslos hielt, erwies sich am Ende doch als wichtig.

Die Frau sprach mit der Vermittlung, bat um die Nummer von Goodman und Stern in Detroit, sagte der Vermittlung, es sei eine

Anwaltspraxis. (Hm-hm.) Dann sprach sie mit einem Burschen namens Nate. Nate sagte, wie leid es ihm täte, daß er damals nicht zu Franks Beerdigung kommen konnte, und ob er irgend etwas für sie tun könne. Karen fragte ihn, ob er sich an die Namen Maguire und Deep Run erinnerte. Eine lange Pause. Ja, sagte der Bursche, Nate, er glaubte, sie hätten den Fall übernommen. Warum? Karen sagte, es sei nicht wichtig, doch sie hätte gern ein paar Informationen über Maguire, wenn sie welche in den Akten hätten. Sie habe ihn kennengelernt, sagte sie, und gehört, daß Maguire um ein Empfehlungsschreiben für einen Job gebeten habe. Dieser Nate sagte, nach einer weiteren Pause, na ja, er werde jemanden namens Marshall einen Bericht zusammenstellen lassen und ihn ihr zuschicken. Aber er riet ihr zu höchster Diskretion, und sie möge sich doch mit jemandem bei Dorado besprechen. Und wie es sonst im Land des Sonnenscheins sei?

»Warm am Tag, kalt am Abend«, murmelte Roland zu sich selbst. Stutzer-Anwälte, man wußte nie, was sie genau meinten.

Noch ein Band. Noch ein Gespräch mit Ed Grossi. Ed war wieder von seiner Reise zurück. Das mußte gestern gewesen sein. Roland lauschte dem Gespräch aufmerksam, horchte auf, als Karen eine Frage über einen Treuhandfonds stellte, wissen wollte, bei welcher Bank er angelegt sei. Ed sagte es ihr.

Karen: »Ich weiß, du hast gesagt, in Obligationen, aber ich habe vergessen, welche es waren.«

Ed: »Miami General Revenue.«

Karen: »Bekomme ich nicht die Unterlagen, irgend etwas Schriftliches? Wie kann ich beweisen, daß sie mir gehören?«

Ed: »Nun, wie ich dir sagte, sind die Obligationen auf den Namen des Nachlaßverwalters ausgestellt, Dorado. Die Erträge, die Zinsen ... was sagte ich noch, zweihundertfünfzig?«

(»Na also«, sagte Roland.)

Karen: »Zweihundertvierzigtausend.«

Ed: »Ja, sie fallen an den Fonds, und die Bank legt sie an oder überweist sie auf dein Konto, zwanzigtausend im Monat.«

(Roland: »Das ist ja toll. Mann, das ist *toll*.«)

Karen: »Aber ich habe keine Dokumente, die mich als Nutznießerin ausweisen, oder was immer auch ich bin.«

Ed: »Du bekommst das Geld, nicht wahr?«

Karen: »Ja, aber ich hätte gern eine schriftliche Bestätigung.«

Ed: »Vivian soll dir eine Kopie schicken. Wir haben das schriftlich, mache dir also keine Sorgen. Wie geht es dir sonst? Clara meinte, sie würde dich gern mal besuchen.«

Karen: »Das wäre schön. (Lange Pause). Ed … wir müssen noch diese andere Angelegenheit besprechen. Wann kann ich dich im Büro besuchen?«

(Roland, der Zahlen auf einen Zettel schrieb, blickte auf.)

Ed: »Was für eine andere Angelegenheit?«

Karen: »Ed, um Gottes willen. Vielleicht gibt es so was in Indien oder Saudi-Arabien, aber nicht in Fort Lauderdale in Florida. Du kannst das nicht einfach ignorieren.«

Ed: »Karen …«

Karen: »Du mußt damit *aufhören,* genau. Wenn nicht, gehe ich vor Gericht. Ich werde *irgend etwas* unternehmen – wenn es sein muß, auch von hier fortziehen.«

Ed: »Karen …«

Karen: »Wenn du glaubst, ich würde das mitmachen, kannst du nicht ganz bei Trost sein.«

Ed: »Einverstanden, wir unterhalten uns darüber. Wie wäre es mit morgen, in meinem Büro? Komm vorbei, und wir werden essen gehen.«

(Roland: »Das ist heute.«)

Karen: »Ich treffe dich im Palm Bay.«

(Roland: »Scheiße.«)

Er sah wieder auf seine Zahlen, strich sie durch und fing von vorn an, multiplizierte, dividierte, versuchte es auf andere Art und Weise, und kam endlich, *endlich,* zu dem Ergebnis, von welcher Summe zwanzigtausend im Monat sechs Prozent waren. Mein Gott, die Frau hatte vier Millionen Dollar!

9

Lunch in Palm Bay. Ed Grossi aß ein Roggenbrot-Sandwich und einen Kleckser Hüttenkäse. Karen hörte ihm zu, nippte an ihrer Bloody Mary, nahm einen Bissen von ihrem Krabbensalat, während sie immer wieder den Kopf schüttelte. Unglaublich. Sie mußte ihm drohen, beinahe auf ihn einschlagen, damit er darüber sprach.

»Du willst eine Unterlassungsklage einreichen? Was soll ich unterlassen? Karen, das ist eine sehr persönliche Angelegenheit. Willst du, daß etwas darüber in den Zeitungen steht?«

»Wenn es sein muß. Ed, das ist mein Leben, über das wir hier sprechen.«

Fast wie zu sich selbst: »Die Leute würden es nicht verstehen.«

»Natürlich würden sie es nicht verstehen. Das hört sich ja an wie das reinste Mittelalter.« Karen beugte sich näher zu ihm, betrachtete den unauffälligen kleinen Mann über den Tisch hinweg. »Er hat es dir im Krankenhaus gesagt? War er noch klar? Wie willst du wissen, daß er überhaupt noch bei Verstand war?«

»Es war schon vorher«, sagte Grossi, »in meinem Büro. Vor einem Zeugen.«

»Wer, Roland?«

»Nein, nicht Roland. ›Du machst Witze‹, sagte ich zu Frank. Er sagte, ›nein, es ist mir ernst‹. Ich kenne seine Stimme, seinen Tonfall. ›Niemand darf in die Nähe‹. ›Warum‹, fragte ich. Er sagte, das ginge mich nichts an. Dann kam Vivian herein, um ein Diktat aufzunehmen. Sie war Zeugin, als ich sagte, ›ja, ich sorge dafür‹.«

»Vivian, deine Sekretärin?«

»Sie ist eher meine Assistentin.«

»Und Roland?«

»Jemand, der es ausführt, der die Arbeit macht.«

»Du vertraust Roland?«

»Er tut, was man ihm sagt, und hält die Klappe.«

Du kennst ihn nicht, dachte Karen, enthielt sich aber dieser Bemerkung. »Wer sonst weiß noch davon?«

»Na ja, Jimmy Capotorto. Ich habe ihm etwas davon erzählt, aber nicht alles.«

Karen runzelte die Stirn. »Wer?«

»Capotorto. Frank kannte ihn. Er ist seit Jahren bei Dorado, einer der Teilhaber.«

»Wer noch?« fragte Karen.

»Das sind alle.« Grossi hielt inne. »Aber da sind noch einige Klauseln, die ich neulich nicht erwähnt habe, weil ich dir nicht alles auf einmal sagen wollte.«

»Was für Klauseln?« fragte Karen.

»Nun ja, wenn du von hier fortziehst, werden die Zahlungen eingestellt. Du mußt in Franks Haus wohnen.«

»In Franks Haus«, sagte Karen. »Und wenn ich wieder heirate ... ich habe dich das neulich gefragt, und du sagtest, du wärest dir nicht sicher.«

»Aus irgendeinem Grund ist das keine Klausel. Frank ist wohl davon ausgegangen, daß wir niemanden in deine Nähe lassen.«

»Aber der Nachlaß verbietet nicht ausdrücklich, daß ich die gesamte Summe nehme.«

»Nicht schriftlich, nein, aber zwischen den Zeilen, könnte man sagen.«

»Überschreibe mir die Obligationen und vergiß die ganze Sache«, sagte Karen.

Grossi sagte nichts, betrachtete Karen, dann seinen Hüttenkäse, berührte ihn zögernd mit dem Löffel.

»Weißt du, warum er es gemacht hat?« sagte Karen. »Weil er eine Affäre hatte und ich dahinterkam. Mit einer Maklerin.« Eine Spur von Erstaunen in ihrer Stimme. »Ich habe ihm gesagt – ich habe es nicht ernst gemeint, ich war wütend –, ich habe ihm gesagt, wenn er mich betrügt, würde ich ihn auch betrügen.«

»Nun ja, das hat er für bare Münze genommen, und hier sind wir nun.«

Grossi schien zu zögern, über irgend etwas nachzudenken, während sie an seinem gewohnten Tisch in der Ecke des Restaurants saßen. »Karen, ich will dir sagen, du hast recht, das klingt fast so, als wären wir wieder in der alten Heimat.«

»Aber das sind wir nicht«, sagte Karen nachdrücklich; sie wußte, wie weit zu gehen sie bereit war. »Ed, bist du dir eigentlich der Leute hier bewußt, wie sie uns anstarren?«

»Ich habe mich daran gewöhnt.«

»Wenn ich aufs Klo gehe, sieht man mir nach, höre ich meinen Namen, Mrs. Frank DiCilia, ja, das ist sie, die Leute sprechen über mich und versuchen nicht einmal, es zu verbergen.«

»Klar, du bist wie ein Filmstar.«

»Also gut, was, wenn ich jetzt aufstünde und eine Rede hielte«, sagte Karen. »Ich schlage mit dem Löffel an mein Glas – ›Dürfte ich Sie um Ihre Aufmerksamkeit bitten. Ich möchte Ihnen etwas erzählen, das Sie nicht glauben werden, aber bei Gott, jedes Wort ist die reine Wahrheit.«

»Karen, komm schon.«

»Wie bitte? Verdammt noch mal, ich werde euer Spiel nicht mitspielen. Ich bin nicht in der verdammten Mafia, oder was auch immer ihr nicht dazu sagt. Was erwartest du also von mir?«

»Beruhige dich doch, ja? Ich verstehe, wie du dich fühlst.«

»Den Teufel verstehst du.«

»Doch, ich verstehe dich.« Grossi nickte geduldig. »Hör mir einen Augenblick lang zu. Als ich sein Testament beglaubigte, dachte ich, Gott im Himmel, so was hat noch nie jemand verlangt. Ich weiß jedenfalls nichts von einem ähnlichen Fall. Vielleicht mal vor langer Zeit, keine Ahnung.«

»Aber das spielt keine Rolle, weil du sowieso tust, was immer er verlangt«, beharrte Karen, wollte nicht vom Thema lassen. »Er sagt dir, du sollst jemanden töten – wo ist da der Unterschied?«

»Karen« – die müde Stimme – »was soll das? Hältst du das für eine große Sache? Vielleicht ist es das manchmal, aber es gibt für alles einen Grund. Der Mann hatte Verstand, ich mußte ihn nicht fragen, warum er etwas anordnete.«

Sie beugte sich über den Tisch. »Ich habe es dir doch gesagt. Er litt unter dem Zwang, es den Leuten heimzahlen zu müssen.«

»Hör mir zu und laß mich ausreden«, sagte Grossi. »Selbst wenn ich nichts damit zu tun haben will, muß ich mein Gewissen damit beruhigen, daß ich etwas getan, Anweisungen gegeben, alles in die Wege geleitet habe. Verstehst du? Dann sage ich mir, okay, mehr kannst du nicht tun. Du kannst nicht den Rest deines Lebens auf sie aufpassen. Ich sage mir, meinte er überhaupt für so lange? Für immer? Nein, sage ich mir, natürlich nicht. Ich bekomme einen Herzanfall, Krebs, und bin weg vom Fenster. Wer wird sich dann darum kümmern? Jimmy Capotorto? Nun ja, wenn ich es ihm sage, aber was kümmert ihn das? Er hat selbst genug Probleme. Wie kann es also ewig so weitergehen? Ich sage mir, Frank wollte ihr eine Lektion erteilen. In Ordnung, da ist die Lektion. Hat sie sie gelernt? Ich weiß es nicht. Wie ein Lehrer – hat der Schüler es kapiert? Was kann der Lehrer tun? Also sage ich mir, es hängt von ihr ab, sie weiß, was gespielt wird. Sie kennt seinen Wunsch, sich selbst nach seinem Tod von anderen Männern fernzuhalten. Will sie diesem Wunsch nachkommen? Das sage ich zu mir, nicht zu dir, nicht zu sonst jemand, nur zu mir. Vielleicht sollte man es jetzt ihr überlassen. Etwas zwischen ihr und ihrem Mann.«

Es herrschte Schweigen.

»Du hast mehr zu tun, als nur auf mich aufzupassen«, sagte Karen. Grossi nickte.

»Überschreibe mir die Obligationen und vergiß die Sache.«

»Ich muß noch etwas darüber nachdenken.«

»Aber du wirst Roland von mir fernhalten.«

»Mach dir um Roland keine Sorgen.«

Sie saß stumm da, war sich der Geräusche, der Stimmen um sie herum bewußt. Sie wartete, um sich zu vergewissern. Ed Grossi berührte erneut den Hüttenkäse mit dem Löffel, legte ihn dann beiseite und griff nach seiner Serviette.

»Dann werde ich nicht vor Gericht gehen müssen«, sagte Karen.

»Nein, du wirst nicht vor Gericht gehen müssen, wenn du mir noch etwas Zeit gibst, damit ich sicher sein kann, daß alles seine Ordnung hat.«

»Ich danke dir«, sagte Karen.

Maguires Körper bildete ein Y; er hatte die Arme gehoben und hielt ein Stück Fisch in jeder Hand. Er stand auf der Fußsprosse eines Aluminiumpfostens, der sich in seinen Leib grub; der Pfosten erhob sich, leicht nach vorn gekippt, von einer Plattform, so daß Maguire die Fische etwa fünf Meter über die Oberfläche des Beckens hielt, in dem die Delphin-Show abgehalten wurde.

»Also«, sagte er zu den Müttern, Vätern und Kindern, die sich auf die Zementbrüstung lehnten, »diese Dressur mit den zwei Fischen auf einmal könnte ein wenig schwierig werden, wenn man die Höhe« – er blickte auf – »und die heutigen Windverhältnisse bedenkt. Die Delphine könnten in der Luft zusammenstoßen, mit einem Gesamtgewicht von« – ernst, fast grimmig – »neunhundert Pfund. Und wenn sie zusammenstoßen, wissen Sie ja, wer unter ihnen ist. Ihr Ergebenster, der hier oben steht und versucht, ganz gelassen zu wirken. Okay … da kommen sie. Bonnie zu meiner Rechten, Pebbles zu meiner Linken …«

Oder war es umgekehrt?

Die beiden Delphine erhoben sich, naßgrau im Sonnenschein

leuchtend, nahmen ihm die Fische aus den Händen, drehten ab und schossen ins Wasser zurück.

»Und sie haben's geschafft! Wie war das, fünf Meter in der Luft. War das nicht toll? Ein Applaus für Bonnie *und* ... Pebbles.«

Applaus, während Maguire von dem Pfosten auf die Plattform hinabstieg. Er holte drei Stückchen Dorsch aus seinem Fischkübel, warf zwei von ihnen Bonnie und Pebbles zu und wartete auf Mopsy Dick.

Komm schon ...

Mopsys Kopf erhob sich unter der Plattform aus dem Wasser. Ein nasses, verächtliches Geräusch kam aus Mopsys Nasenloch.

»Was? Dir hat der Doppelsprung nicht gefallen, Mopsy?«

Mehr Rasseln und Klicken und Winseln aus dem Nasenloch. Die Kinder sahen zu, schauten über die Brüstung, hatten ihren Spaß.

»Du sagst, du kannst höher springen?«

Weiteres Rasseln und Klicken.

»Na ja, das wollen wir mal sehen.« Maguire warf Mopsy den Fisch, den er in der Hand hielt, mit einer schnellen, seitlichen Bewegung zu, trat zu dem Kübel und wählte ein langes Schwanzstück aus. »Wenn du dich für so gut hältst, kannst du ja *fünfeinhalb* Meter hoch springen und mir den Fisch aus dem Mund nehmen. Einverstanden, Mopsy? Wollt ihr sehen, ob er es schafft?«

Natürlich. Die Kinder riefen »Jaaaaaa!«, als Maguire, das Stück toten Fisch zwischen den Zähnen, den Pfosten einrasten ließ, einen Fuß hob und dachte: Gott im Himmel ...

Nach der Delphin-Show verließ Karen das runde weiße Gebäude, Neptuns Reich. Sie wartete auf dem Fußweg und sah sich um, während die Muttis und Vatis mit ihren Kameras und Kindern zu der Hai-Lagune weiterzogen.

Da war er. Auf dem Rasen, mit einem Mädchen, das sich die Haare kämmte. Beide trugen weiße Shorts und rote T-Shirts. Er mußte einen anderen Eingang benutzt haben. Karen beobachtete, wie sie durch ein Tor in dem Zaun gingen, der das Becken mit den Haien umschloß. Ein Mikrofonkabel hinter sich herziehend, trat Maguire auf das Gebilde, das wie eine Tauchplattform aussah. Das Mädchen blieb unten; ein süßes kleines Ding mit einer Menge Farrah-Fawcett-Haar. Karen fragte sich, wie alt das Mädchen war. Nicht viel älter als zwanzig. Ihr fiel auf, daß Maguire ziemlich braun und gut gebaut war; er wirkte jetzt ganz anders als der Mann, der ihr in der Dunkelheit gegenübergesessen hatte. Sie trat zu der Menge, die sich am Rand des Zementbeckens drängte. In der Mitte des Beckens befand sich eine Insel mit einer Palme und mehreren schläfrigen Pelikanen. Haie bewegten sich wie braune Schatten durch das dunkle Wasser.

In den weißen Shorts sah er jünger aus. Gute Beine. Seine Stimme war anders; das mochte am Lautsprecher liegen. Sie klang verzerrt und blechern.

»Grönlandhaie gelten zwar nicht als Menschenfresser, doch wie alle Haie sind sie überaus unberechenbar. Sie fressen vielleicht drei Monate lang nichts und fallen dann irgendwann in einen Freßrausch. Lesley bewegt diesen Frauenfisch am Ende der Angelschnur nun hin und her, um einen sterbenden Fisch nachzuahmen, die ein Hai bis auf *neun – hundert Meter* aufspüren kann. Da kommt ein Hai von links ... sehen Sie ihn sich an.«

Karen beobachtete Maguire, ließ den Blick dann über die Menge schweifen und fixierte einige der Männer. Wen würde man sich für einen Raubüberfall aussuchen? Maguire wäre jedenfalls so ziemlich der letzte.

»Und nun werden wir als Köder ... Lesley benutzen. Ja, Lesley steigt in die Lagune hinab, um einen Hai mit bloßer Hand zu füttern ... sie benutzt keinen Handschuh und auch keine Creme, die ein Hai vielleicht abstoßend findet ... wenn sie nicht aufpaßt, wird sie einen Hai *mit* einer bloßen Hand füttern.«

Das Mädchen sah auf und bedachte Maguire mit einem ausdruckslosen Blick. Karen sah es. Aus irgendeinem Grund dachte sie an Ed Grossi, an Ed, wie er mit einem Löffel seinen Hüttenkäse gegessen hatte – vor einer Stunde im Palm Bay.

Dann war sie über den S. E. 17th Street Causeway gefahren und hatte das Schild gesehen, SEASCAPE. Warum nicht? Sie fühlte sich unternehmungslustig. Sie fühlte sich wieder ganz wie die alte, beinahe gelassen, zum ersten Mal seit einer Woche. Und war wahrscheinlich die einzige Frau hier in einem Kleid. Beiges Leinen, goldene Kette und Armband. Sie hätte zuerst nach Hause fahren und sich umziehen sollen – sie erinnerte sich, wie er sagte: »Praktisch um die Ecke«, und sie erwiderte, sie sei noch nie dort gewesen.

»Wir können von Glück sprechen, daß wir die Haie in den Fütterungstrakt locken können«, sagte er gerade zum Publikum. »Wie ich bereits erwähnt habe, kommen sie bis zu drei Monaten ohne Nahrung aus. Da ist einer … nein, er hat es sich anders überlegt. Na ja … wollen wir Lesley nicht mit einem kräftigen Applaus zur Hand gehen, während sie in die Hai-Lagune hinabsteigt« – Pause –, »solange sie noch eine hat?«

»Sie haben ganz anders geklungen«, sagte Karen.

»Ich weiß«, sagte Maguire. »Wenn ich meine Stimme über die Lautsprecher höre, meine ich, da spricht ein ganz anderer. Wollen Sie eine Coke oder so was?«

»Müssen Sie nicht arbeiten?«

»Gleich kommt die Hauptvorstellung. Gehen Sie da rüber – sehen Sie die gelbe und weiße Markise? Ich komme in ein paar Minuten dann zu Ihnen.« Er schien sich zu freuen, sie zu sehen, wirkte aber unschlüssig, beinahe schüchtern.

Karen nahm zwei Coke mit und setzte sich abseits von dem Betonweg und dem Erfrischungsstand hinter der Haupttribüne an einen Kunststofftisch. »Guten Tag, meine Damen und Herren, Jungs und Mädchen«, hörte sie über die Lautsprecheranlage. »Willkommen bei Brad Allens weltberühmter Seascape-Show mit Delphinen und Seelöwen.« Pause. »Und hiiiieeeeeeer ist Brad!«

»Waren Sie das?« sagte Karen, als Maguire ihr gegenüber Platz nahm.

»Ich befürchte es.«

»Machen Sie die Ansage immer gleich?«

»Na ja … nein, nicht immer.«

»Neulich konnte ich mir nicht vorstellen, daß Sie hier arbeiten.«

»Nein …«

»Ich wollte damit nichts andeuten.«

»Nein, ich verstehe schon. Ich gehöre eigentlich nicht hierher, aber bislang ist es noch keinem aufgefallen.«

»Vielleicht kenne ich Sie besser als die meisten anderen Menschen«, sagte Karen. »Gefällt Ihnen dieser Job?«

»Er ist ganz okay. Jedenfalls besser als Barkeeper.«

»Warum kündigen Sie nicht?«

»Ich habe daran gedacht.«

»Haben Sie …« Karen hielt inne. »Na ja, es geht mich nichts an. Ich habe mich gefragt, ob Sie Ihren Freunden ihren Anteil geschickt haben.«

»Ja, ihren Frauen. Mit der Post. Sie können das Geld gebrauchen.«

Über die Lautsprecher im Hintergrund stellte Brad Allen dem Publikum Pepper, Dixie und Bonzai vor.

»Ich kenne noch immer nicht den Unterschied zwischen einem Tümmler und einem Delphin«, sagte Karen. »Den haben Sie mir nie erklärt, nicht wahr?«

»Nein, wir haben wohl über andere Dinge gesprochen.«

Er wandte den Blick von ihr ab und sah sie dann zögernd wieder an.

Er benahm sich so, seitdem sie ihn angesprochen hatte. Ganz natürlich, aber ein wenig schüchtern. Ihr gefiel es, und sie lächelte, als er sagte: »Sie hätten sich nicht extra für unsere Show umziehen müssen.«

»Ich habe mit einem Freund zu Mittag gegessen Als ich dann über den Causeway zurückfuhr, sah ich das Schild und dachte, arbeitet er nun wirklich hier oder nicht?«

»Ehrlich? Ich würde Sie nicht anlügen.«

»Mir gefällt, wie Sie das Publikum ansprechen. Ändern Sie den Text jemals ab?«

»Nur, wenn ich ein paar Zeilen vergesse. Oder einen Showteil auslasse.«

Brad Allen erzählte seinem Publikum, daß der Seelöwe Lolly nun einen Ball balancieren *und* auf seinen Vorderflossen gehen würde. »Heeeee, seht euch das an!«

»Ich glaube nicht, daß Sie es lange hier aushalten werden«, sagte Karen. »Ich meine, Sie sehen diesen Job hier nicht als Lebensstellung an.«

»Nein …«, er lächelte, schüttelte den Kopf. »Da haben Sie recht.«

»Was werden Sie dann tun?«

»Weiß ich noch nicht. Nach Key West ziehen, sehen, ob sich da was verändert hat.«

»Nicht zurück nach Detroit?«

»Das bezweifle ich.«

»Wir haben noch nicht über Detroit gesprochen«, sagte Karen. »Oder?«

»Was gibt es da zu besprechen? Waren Sie je in Belle Isle? Greenfield Village?«

»Sind Sie da etwa zur Schule gegangen?« Nein – das hätte sie nicht sagen sollen. Die nächste Frage würde lauten, wann er seinen Abschluß gemacht hatte, und schon würden sie darüber sprechen, wie alt sie waren. Er war jünger als sie. Zumindest ein paar Jahre jünger.

»Ich ging auf die De LaSalle«, sagte Maguire. »Am Flughafen.«

Sie hatte das College gemeint; er bezog sich auf die High School.

»Ich weiß, wo die ist«, sagte Karen. »Ich habe im Osten Detroits gewohnt.«

»Auf welche sind Sie gegangen?«

»Auf die Dominikanerschule.«

»Sind Sie katholisch?« Er schien überrascht.

»Gewissermaßen. Keine so gute Katholikin, wie ich es sein sollte.«

»Ja, ich bin auch ausgetreten. Das ist komisch, was?«

»Was denn?«

»Ich meine, daß ich Sie nie für eine Katholikin gehalten hätte. Selbst bei Ihrem Namen.«

»Oder bei Ihrem«, sagte Karen. »Bei Ihnen verdirbt Calvin die ganze Sache.«

Er sah sie jetzt unverwandt an.

»Wie alt sind Sie?«

»Achtunddreißig«, sagte Karen, ohne zu zögern. »Und wie alt sind Sie?«

»Sechsunddreißig.«

»Sie sehen nicht danach aus.«

»Sie aber auch nicht«, sagte Maguire.

Sie hätte ihm auch sagen können, sie sei sechsunddreißig.

»Als ich den Job hier antrat, habe ich gesagt, ich sei dreißig«, sagte er. »Die sahen hier alle so jung aus. Ich hätte beinahe ... jetzt hätte ich beinahe gesagt, ich sei zweiunddreißig. Warum wollte ich Sie nur anschwindeln?«

»Nun ja, niemand wird gern älter.«

»Aber sechsunddreißig, achtunddreißig, das ist nicht alt. Ich glaube, das ist das beste Alter, das es gibt.«

»Kann schon sein«, sagte Karen und dachte: Achtunddreißig, in welchem Jahr wurde ich geboren? »Ich gebe so oder so nicht viel darauf. Man ist so alt, wie man sich fühlt.«

»Genau«, sagte Maguire. »Normalerweise fühle ich mich wie achtzehn.«

»Ich wie fünfundzwanzig«, sagte Karen. »Ich hätte nichts dagegen, noch mal fünfundzwanzig zu sein. Und es diesmal richtig zu machen.«

»Was würden Sie anders machen?«

»Eine Menge. Ich würde viel reisen, bevor ich mich irgendwo niederlasse.«

»Warum reisen Sie jetzt nicht?«

»Mache ich vielleicht noch.«

»Ich bin viel herumgekommen«, sagte Maguire, »aber hauptsächlich zwischen hier und Colorado. Ich war in Mexiko. Und dann ... ja, dann habe ich einen Paß beantragt.« Er hielt inne. »Aber mir ist etwas dazwischengekommen.«

»Wohin wollten Sie?«

»Nach Spanien. Südfrankreich, irgendwas in dieser Kante. Mir einen Wagen besorgen und herumfahren, nach Madrid oder Rom. Das klingt ziemlich gut.«

»Ich wollte schon immer mal nach Madrid«, sagte Karen. »Nach Malaga ...«

»Waren Sie nie in Europa?«

»Wir fuhren nach Greenbriar. Oder auf Fachkongresse der Automobilingenieure.«

»Mit Frank DiCilia?«

»Mit dem anderen Frank, dem ersten. Den zweiten bekam ich nicht aus Florida hinaus.«

»Bis auf gelegentliche Abstecher nach Detroit«, sagte Maguire. »Wenn ich mich richtig erinnere.«

»Mit der Eastern Airlines, Flug neun-fünf-zwo, Miami nach Detroit. Mit dem Neun-fünf-drei wieder zurück.«

»Na ja, warum sitzen Sie in diesem großen Haus herum, wenn Sie gern reisen möchten und überall hinfahren können, wohin Sie wollen?«

»Genau«, sagte Karen. »Das ist dumm, nicht wahr?«

»Würden Sie heute mit mir zu Abend essen?« sagte Maguire. »Wo Sie nur wollen. Ich bin gerade zu etwas Geld gekommen.«

Roland schlug dreimal mit dem gußeisernen Klopfer gegen die Vordertür. Als Marta erschien, stieß er die Tür ganz auf und ging an ihr vorbei.

»Die Missus ist nicht da.«

Roland ging durch das erste Wohnzimmer zu der Glastür und schaute auf den Patio hinaus.

»Wo ist sie?«

»Die Missus ist nicht da.«

Roland kehrte zur Eingangshalle zurück und blieb stehen, um einen Blick in das zweite Wohnzimmer zu werfen; angesichts dessen Größe – die weißen Stuckwände und die von Balken durchzogene hohe Decke – kniff er die Augen zusammen, als wolle er den Raum kleiner und irgendwo ein Versteck ausfindig machen.

»Wo ist sie?«

Als er zur Treppe ging, sagte Marta: »Lassen Sie mich bitte nachsehen, ob sie oben ist.«

»Du bleibst hier, Schätzchen«, sagte Roland. »Wenn du irgendwen anrufst, werde ich es erfahren, klar?« Er bückte sich, als Gretchen über den gebohnerten Boden zu ihm lief. »He, Gretchie, wie geht's dir, eh? Wie geht's dir, Mädchen? Bekommst du genug zu fressen?«

Neunundsiebzig weniger achtunddreißig, dachte Karen ... einundvierzig.

Sie lag im Bademantel auf dem französischen Bett, auf dem Bettuch, die Beine übereinandergeschlagen, um sich vor ihrem Bad noch etwas auszuruhen.

Sie wäre dann ein Kriegskind und kein Depressionskind. Einundvierzig und siebzehn ... achtundfünfzig. 1958 den High School-Abschluß gemacht. 62 den Uni-Abschluß. Es haute nicht hin. Außer, sie wäre ... hm, genau, elf Jahre mit Frank – sie meinte den ersten Frank – verheiratet gewesen. Dann wäre Julie – die verheiratet war und in Los Angeles wohnte – etwa fünfzehn.

Also erwähne Julie nicht. Doch was, wenn er sagt ...

Sie hatte ihm schon von ihr erzählt.

Gestern abend, ja, da hatte sie von den beiden Franks und einer Tochter gesprochen –, meine Tochter, die Schauspielerin! Verdammt. Sie hatte Julie schon erwähnt.

Na gut. Sie hätte schon in Ann Arbor heiraten können, als sie noch auf der Uni war. Im ersten Semester vielleicht. Wenn Julie 1960 geboren worden wäre, wäre sie jetzt neunzehn.

Erwähne sie lieber nicht. Wechsle das Thema, wenn er Julie anspricht.

Jemand kam die Treppe herauf. Marta.

Vermeide es, über das Alter zu sprechen, oder sage ihm die Wahrheit. Was für eine Rolle spielte das schon? Sie war sich nicht einmal sicher, warum sie mit ihm ausging. Sie mochte ihn; er war anders, gelassen, etwas einfach, aber sehr aufmerksam. Sie mochte ihn – es war seltsam – sogar sehr. Direkt von Anfang an. Aber was konnte man mit jemandem wie Maguire anfangen? Wie sollte man ihn vorstellen? Wenn sie in den Palm Bay Club gingen ...

»He, sieh an, sie wartet auf mich!«

Roland war im Zimmer. Sie sah seinen Hut, die Farbe seines Anzugs. Sie sah, wie er kam, die Arme gehoben, auf sie *hinabspringend!* Karen schrie. Sie rollte sich herum, griff nach der Bettkante, und als Roland neben ihr landete, knirschte das Bettgestell, wurde von dem Kopfbrett aus Eiche abgerissen, brach zusammen; das Sprungfedergestell und die Matratze sackten in dem Bettgestell ein und zu Boden.

Roland grinste ihr zu, ganz nah neben ihr, den Hut tief über den Augen.

»Wie geht es Ihnen?«

Karen schrie. »Marta!«

Sie versuchte, sich von der Bettkante zu rollen, doch er erwischte sie und hielt sie mit einem Arm über ihrem Bauch auf dem Bett fest.

»Nehmen Sie mir doch den Hut ab.«

»*Raus* mit Ihnen!« Und sie rief erneut: »Marta!«

»Ich habe ihr gesagt, wir brauchen nichts.«

Roland ergriff den Hut an der Krempe und ließ ihn durchs Schlafzimmer segeln. Sein Arm senkte sich wieder, um sie festzuhalten, als sie versuchte, sich zur Seite zu drehen, sich zu befreien, und nun senkte er das Gesicht, rieb es an ihrem Hals, schob den Kragen des Bademantels zur Seite. »Ich werde dir nicht weh tun. Tut das weh?« Seine Stimme war weich, gedämpft. »Fühlt sich doch ziemlich gut an, oder?« Sein Gesicht rutschte tiefer, als er sie herumzog, so daß sie auf dem Rücken lag, und grub sich in den Bademantel.

Karen blieb unbeweglich liegen, starrte zur Decke hoch, fühlte seinen Mund auf ihrem Körper, sein Gesicht, das sich von einer Seite zur anderen bewegte, ihren Bademantel öffnete. Sie konnte Gretchen im Schlafzimmer hören; an ihrem Halsband klingelte die Steuermarke und das Schild mit der Anschrift.

»Wir haben nichts darunter, was? Hmmmmm, du riechst aber gut.« Dann blickte er auf, schob ihr Gesicht mit der Hand zu seinem herum. »Rieche mal, wie ich rieche. Heißt Manpower. Das kleine Mädchen in dem Laden sagte: ›Für einen Mann, der weiß, was er will.‹ Gefällt es dir?«

Karen wandte das Gesicht ab; der strenge Geruch ließ sie beinahe erbrechen. Rühre dich nicht, dachte sie. Wehre dich nicht. Atme. Sein Gesicht bewegte sich tiefer, und sie starrte wieder zur Decke hoch, fühlte seinen Mund, fühlte, wie ihr Herz unter seinem Mund schlug.

»Fühlt sich das nicht guuut an? Ja, ist doch toll, daß dich mal wieder einer in den Armen hält, was? Ist schon lang, lang her.« Sein Mund bewegte sich über sie, die Stimme zärtlich und weich.

Sechs Monate, dachte sie. Sieben Monate. Du kannst nichts tun, dachte sie. Schließe die Augen. Es könnte – sein Mund bewegte sich – es könnte jeder sein. Es könnte ein anderer sein. Doch ihre Augen blieben geöffnet.

Jeder andere, um Gottes willen. Aber nicht er!

Karen rollte sich gegen ihn, prallte so hart gegen ihn, wie sie nur konnte, und rollte sich sofort wieder zur anderen Seite, warf eine Hand und einen Fuß über die Bettkante, bevor er sie wieder festhielt, und sie fühlte seine Masse, sein Gewicht, an ihrem Körper.

»Wohin willst du, Süße?«

»Ich stehe auf.«

»Weshalb? Mußt du Pipi machen?«

»Ich werde Ed Grossi anrufen.«

»He, Scheiße, du willst Ed doch nicht damit belästigen. Das ist eine Sache zwischen dir und mir. Spürst du es nicht?« Er zog sie an sich. »Das ist es, was zwischen uns steht. Fragst du dich, ob ich etwas in der Hosentasche habe? Soll ich dir sagen, was es ist?«

Karen antwortete nicht.

»Das ist mein kleiner Totschläger.«

»Sie wissen, daß ich Ed davon erzählen werde«, sagte Karen. Sie konnte jetzt Gretchen sehen, die weißen Barthaare, die traurigen

Augen, die zu ihr hochschauten, kaum einen Meter entfernt. »Sie müssen nicht mehr bei Verstand sein.«

»Vor Liebe«, sagte Roland. »Hör mal, komm schon, ich würde dir um nichts auf der Welt weh tun.«

»Ich habe mich heute mit Ed getroffen.«

»Ihr habt schön zu Mittag gegessen, nicht wahr?«

Karen zögerte. Woher konnte er das wissen? Sie hätte ihn beinahe gefragt; doch es hatte nichts mit dem zu tun, was Roland jetzt vorhatte.

»Sie sprechen besser so schnell wie möglich mit Ed«, sagte sie. »Sie werden eine Menge Ärger bekommen.«

»Ich habe nichts gegen Ärger. Scheiße, ich mag sogar ein wenig Ärger. Hält einen geistig beweglich.«

Sie wollte ihm den Ellbogen in die Rippen stoßen, so hart sie nur konnte, doch sie sprach weiter und ließ ihre Stimme ganz ruhig klingen, als sie sagte: »Sprechen Sie mit ihm. Er hat zugestimmt, daß ich nicht mehr überwacht werde. Die ganze Vereinbarung – es ist damit vorbei.«

Roland lehnte sich schwer gegen sie und schwieg einen Augenblick lang. »Kein Scherz, Ed hat die Sache abgeblasen?«

»Würden Sie bitte mit ihm sprechen?«

»Haben Sie sich an seiner Schulter ausgeweint oder ihn in die Eier getreten? So oder so, ich kann mir schon vorstellen, daß es geklappt hat.«

»Rufen Sie ihn an. Das Telefon steht direkt hinter Ihnen.«

Er schwieg wieder einen Augenblick.

»Aber was ist mit Frank? Was würde Frank dazu sagen?«

»Lassen Sie mich gefälligst aufstehen!«

Roland nahm sich Zeit. Als er von ihr herunterrollte, sprang Karen aus dem Bett, zog den Bademantel zusammen und ging zur Tür.

»Moment mal, Süße. Laufen Sie nicht davon. Ich will Ihnen was sagen.«

»Und ich will, daß Sie gehen. Auf der Stelle.«

Roland stand langsam auf. »Ich habe Ihr Bett kaputtgemacht, was?«

»Machen Sie sich keine Sorgen um das Bett. Gehen Sie nur.«

»Ich könnte es vielleicht reparieren.«

»Bitte, Sie sollen gehen ...«

Roland hob seinen Hut auf. Er ging zu der Spiegelwand hinüber, hinter der sich Karens Schrank befand. »Schauen Sie, was Ed sagt, hat überhaupt nichts zu bedeuten. Ed wird allmählich alt, und sein kleines Schweinehirn ist von dem vielen Rotwein schon eingeschrumpft.«

»Bitte. Sprechen Sie doch selbst mit ihm, ja?«

»Es hängt nicht von Ed ab, sondern davon, was Frank DiCilia will. Frank hat nicht gesagt: okay, schon gut. Das hat nur Ed gesagt. Und Ed hält die Sache für ausgemachten Blödsinn, nicht wahr? Das heißt also, daß ich übernehmen muß.«

Er betrachtete sich in dem Spiegel, der vom Fußboden bis zur Decke reichte, und schob seinen Ox-Bow-Strohhut zurecht, ein wenig tiefer ins Gesicht. »Und dafür sorgen, daß niemand in Ihre Nähe kommt.« Er sah nun Karen im Spiegel an, Karen, die am Fuß des Bettes stand. »Können Sie mir folgen? Es hat sich nichts geändert. Wenn Sie sich mit jemandem treffen, wird man dem Burschen wohl ein paar Knochen brechen, und er wird noch nicht mal wissen, weshalb.«

»Sie wissen, daß ich Ed anrufen werde«, sagte Karen.

Roland zuckte die Achseln. »Und er wird mir mit seinem kleinen Schweinsfinger drohen. Aber Sie wissen, daß ich in der Nähe sein werde, nicht wahr? Und solange ich da bin, bin ich Ihre große Chance.«

Roland blinzelte ihr im Spiegel zu.

10

Maguire suchte die Telefonnummer heraus und mußte dann zum Fernsehgerät gehen, um die Lautstärke herunterzudrehen. »Darf ich? Nur für eine Minute.« Tante Leona saß da und beobachtete, wie Barbara Walters mit Anwar Sadat sprach, sie sagte nichts.

Es war zehn vor sieben.

»Hallo. Es sieht so aus, als würde ich mich ein wenig verspäten. Dieses Mädchen, das nebenan wohnt, sagte, ich könne ihr Auto haben; aber sie ist weggefahren.«

»Das ist schon in Ordnung«, sagte Karen. »Hören Sie, warum verschieben wir es dann nicht auf ein anderes Mal?«

»Der Wagen ist kein Problem«, sagte Maguire. »Ich wollte Sie abholen, aber wenn das nicht möglich ist – dann können wir uns doch irgendwo treffen, oder?«

Eine Pause.

»Ich glaube schon.«

»Was ist los?«

»Nichts. Ich überlegte nur, wohin wir gehen könnten.«

»Sie klingen so anders«, sagte Maguire.

»Wo wollen wir uns treffen?«

Was war los? Sie klang erschöpft.

»Wie wäre es mit dem Yankee Clipper, wenn ich Sie nicht bis ... halb acht noch mal anrufe? Paßt Ihnen das?«

»Prima.«

»Sie klingen ja nicht gerade begeistert.«

»Nein, wirklich, das ist prima. Wir treffen uns dann dort.«

»Gegen acht, wenn ich nicht mehr anrufe ...«

Sie hatte aufgelegt.

Jesus Diaz trug ein sauberes gelbes Sporthemd und seine weiße Popelinejacke, als er zur Isla Bahia fuhr. Um zwanzig nach sieben klingelte er am Nebeneingang. Marta ließ ihren Bruder wortlos ein, ließ ihn mehrere Minuten in der Küche warten, kam zurück und gab ihm die Tonbandkassette des heutigen Tages

»Was ist los?« fragte Jesus.

»Dein Freund Roland, was sonst?«

»Er ist nicht mein Freund.«

»Dieser Zuhälter, er kam heute her und wollte sie vergewaltigen.«

»Woher weißt du das?«

»Ich hab's gehört, daher weiß ich es. Er brach das Bett durch. Zweihundert Jahre alt, und er brach es durch, als er auf sie draufsprang.«

»Vielleicht wollte sie es so«, sagte Jesus.

»Verschwinde«, sagte Marta. »Raus hier.«

Roland saß auf dem Balkon seines Apartments in Miami Shores, achthundert Dollar den Monat, mit Blick auf die Straße auf den Strand, und trank ein Bier; er hatte die Stiefel ausgezogen und die Füße in den blauen Seidensocken auf das Geländer gelegt. Er ließ

Jesus Diaz herein, nahm Ralph Stanley and the Clinch Mountain Boys' vom Plattenspieler und stöpselte das Kassettendeck ein.

»Mal sehen, was wir hier haben.«

Er hörte, wie eine Frauenstimme sagte: »Dorado Management ... nein, es tut mir leid, Mr. Grossi ist schon nach Hause gefahren.«

Jesus sah, wie Roland ihm zublinzelte; warum, wußte er nicht.

Eine andere Frauenstimme sagte: »Hallo?«

»Clara, ist Ed da? Hier ist Karen.«

Nein, Ed war geschäftlich unterwegs. Roland dachte, sie würden sich noch eine Weile unterhalten, doch Karen bat sie nur, Ed auszurichten, er möge sie zurückrufen, und das war's schon.

Dann die nächste Stimme, die eines Mannes: »Hallo. Es sieht so aus, als würde ich mich ein wenig verspäten.«

Roland hörte genau zu und spielte das Gespräch noch einmal ab. »Hurensohn«, sagte er. Er sah auf die Uhr und dann zu Jesus Diaz. »Yankee Clipper. Sieh nach, wer das ist.«

»Das ist doch nur das erste Mal. Vielleicht hat es nichts zu bedeuten«, sagte Jesus.

»Woher weißt du, daß es das erste Mal ist?«

»Ich kenne seinen Namen nicht. Er hat ihn am Telefon nicht genannt.«

»Dann folge ihm. Sieh nach, wo er wohnt, und schlage im Grundbuch nach.«

»Vielleicht hat er nur eine Wohnung gemietet.«

»Gott im Himmel«, sagte Roland, »dann finde heraus, wo er arbeitet. Folge dem Mistkerl, bis du seinen Namen kennst. Ruf mich morgen an, und ich sage dir, was zu tun ist.«

Jesus Diaz wollte ihn etwas über Mrs. DiCilia fragen, wußte aber nicht, wie er es anfangen sollte. Also fuhr er einfach zum Yankee Clipper.

Sie saßen nebeneinander an einem Tisch an der Seite, von dem aus sie einen Blick auf die Bar und die Bullaugen hatten, hinter denen sich das erhellte Wasser des hoteleigenen Swimmingpools befand.

»Mir ist gerade klargeworden, weshalb Sie hierherkommen wollten«, sagte Karen.

»Ich war noch nie hier.«

»Die Fenster, wie bei dem Delphin-Becken.«

»Sie wechseln schon wieder das Thema.«

»Nein ... mir ist es gerade aufgefallen.«

»Ich bin nicht dumm ...« Maguire hielt inne, überlegte. »Ich meine, ich bin nicht so dumm. Heute nachmittag waren Sie ganz entspannt, haben erzählt, zeigten Interesse. Ich rief Sie an ... und seitdem sind Sie wie ein anderer Mensch. Eher wie in Ihrem Haus gestern abend. Nein, anders. Sie sind stiller. Aber genauso verkrampft wie gestern. Sie beschäftigt etwas.«

»Na gut, mich beschäftigt also etwas«, sagte Karen. Da sie neben ihm saß, konnte sie zur Bar hinübersehen, zu den Bullaugen, den Leuten im Restaurant, ohne seinem Blick begegnen zu müssen. Oder sie konnte auf die Speisekarte hinabschauen, die aufgeschlagen auf ihrem Schoß lag. »Das kommt vor, nicht wahr? Ein kleines Problem taucht auf, etwas, das man klären muß.«

»Ich glaube nicht, daß es ein kleines Problem ist«, sagte Maguire.

»Da sitzt ein Mann an der Bar, der mit der weißen Jacke. Ich glaube, ich kenne ihn«, sagte Karen, »aber mir fällt nicht ein, woher.«

Maguire hob ungeduldig die Hand, um der Kellnerin zu winken; er versuchte, gelassen zu wirken, warf einen Blick zu dem Burschen, der schräg an der Bar saß – *der?* – und sah dann auf, als die Kellnerin kam. »Bitte bringen Sie uns noch zwei. Das gleiche.«

»Das waren zwei Beefeater on the rocks?«

Die Kellnerin warf einen Blick auf ihre Gläser, ließ Karens stehen.

»Ein Beefeater und ein Martini mit weißem Rum.«

Die Kellnerin ging, und er sagte zu Karen: »Hören Sie, der Bursche an der Bar ist mir egal ...«

»Ich weiß, wer er ist«, sagte Karen. »Martas Bruder.«

»Na schön«, sagte Maguire. »Martas Bruder ist mir egal. Ich will noch nichts bestellen, ich will nur wissen, was los ist. Selbst, wenn es mich nichts angeht. Gestern abend haben Sie angedeutet, Sie wollten mir etwas erzählen. Sie haben mir eine *Pistole* gezeigt, Sie wollten wissen, wie sie funktioniert. Ich will Ihnen etwas gestehen. Ich habe Sie gestern abend absichtlich nicht gefragt; schließlich weiß ich ja nicht, worauf ich mich einlasse. Ich will Ihnen was anderes sagen. Ich bin neunmal verhaftet und kein einziges Mal verurteilt worden. Ich meine, nicht einmal auf Bewährung. Alle möglichen Anklagen, aber kein einziger Schuldspruch. Beim letzten Mal habe ich mir geschworen – ich habe sogar gebetet, was ich seit, na, zwanzig Jahren nicht mehr getan habe –, wenn ich hier rauskomme, werde ich nie wieder … in Schwierigkeiten kommen. Ich habe mir vorgenommen, ein anständiges Leben zu führen und nicht einmal mehr mit den Leuten zu *sprechen,* die ich früher gekannt habe. Also, gestern abend … Sie verstehen, wenn ich das sage, bei den Verbindungen Ihres Mannes und so weiter, da ist also Frank DiCilias Frau, die wissen will, wie eine Pistole funktioniert. Sie muß all den Schutz haben, den sie braucht, die Freunde ihres Mannes sind noch da – was will sie also mit einer Pistole? Verstehen Sie, das habe ich gestern abend gedacht. Aber jetzt frage ich Sie, wo das Problem liegt. Ich weiß nicht warum, vielleicht hat dieser Nachmittag etwas bewirkt. Sie kamen, um mich zu sehen, Sie waren sehr freundlich und offen. Das ist etwas anderes. Ich empfinde etwas für Sie. Ich fühle mich Ihnen verbunden, und ich will ihnen helfen, wenn ich kann.«

»Sie waren heute nachmittag ganz anders«, sagte Karen. »Sie wirkten fast schüchtern.«

»Ich weiß nicht, vielleicht war ich ein wenig gehemmt in meiner Arbeitskleidung, wie Sie mich dort sahen. Aber jetzt trage ich Kleidung, in der ich mich wohl fühle. Verstehen Sie, in diesen Sachen bin ich *ich selbst.* Beige und blau, es spielt keine Rolle, ob sie billig waren, oder was die anderen Leute davon halten, ich fühle mich wohl darin, ich fühle mich, wie ich war, bevor ich Mist baute und meine Zeit vertrödelte. Können Sie das begreifen? Ich weiß nicht …«

»Ich hätte meine auch anziehen sollen.« Karen sah ihn nun an und lächelte. »Sie waren komisch heute nachmittag, mit Ihrer Jahrmarktstimme.«

»Und jetzt bin ich sauer«, sagte Maguire. »Ich will wissen, was los ist.«

Durch den Martini fühlte sie sich gelöst und behütet. Ihn noch immer ansehend, sagte sie, ein wenig überrascht: »Sie haben blaue Augen.«

»Sehen Sie?« sagte Maguire. »Wir kommen beide aus dem Osten Detroits, sind beide katholisch und haben blaue Augen. Was brauchen Sie sonst noch?«

»Da ist ein Mann«, sagte Karen und hielt inne. »Ich glaube, er wird Geld von mir verlangen. Eine Menge Geld. Und wenn ich es ihm nicht gebe, wird er mich wohl umbringen.« Sie sah ihn noch immer an. »Sagen *Sie* mir, was ich sonst noch brauche.«

»Mich«, sagte Maguire.

Jesus Diaz bestellte noch einen Tom Collins, seinen fünften, und der Barkeeper bedachte ihn wieder mit dem völlig nichtssagenden Blick und sagte weder ›Bitte sehr‹ noch ›Danke schön‹ oder irgend so etwas, er sagte kein Wort. Der Barkeeper sah aus wie ein Bursche namens Tommy Laglesia, gegen den er vor zehn Jahren im Convention Center geboxt und in der fünften Runde durch technisches K.o. verloren hatte. Wenn der Barkeeper ihn ansprechen wollte, sollte er genau auf seinen Ton achten. Jesus hätte den Mann am liebsten am Haar gefaßt, sein Gesicht hart gegen die Bar geschlagen und gesagt: »Aber gern gescheh'n.«

Scheiße. Er war es leid, sich das leere grüne Wasser hinter den Bullaugen anzusehen, wartete darauf, daß ein Schwimmer erschien, ein Mädchen. Er war es leid, sich umzusehen und so zu tun, als würde er nirgendwo hinschauen. Er verabscheute es, so viel zu trinken. Doch was sollte er sonst tun, wenn er an einer Bar saß? Weshalb war er sonst wohl hier? Während sie dort drüben saßen und tranken. Halb zehn, und sie hatten noch nicht zu Abend gegessen; ich bin gleich betrunken, dachte Jesus Diaz. Wir alle sind gleich betrunken.

Die beiden tranken und unterhielten sich lebhaft, sahen sich an, sprachen sehr ernsthaft miteinander, wobei die Frau die meiste Zeit über redete; der Mann in Beige und Blau rauchte viel, sagte dann und wann etwas, berührte die Hand der Frau, ließ seine Hand auf der ihren liegen. Wie Verliebte. Mann, er ging ja schnell vor, wenn er wirklich was im Sinn hatte. Jesus Diaz hatte ihn noch nie zuvor gesehen. Vielleicht war er ein Liebhaber aus alten Zeiten, ein Liebhaber aus den Tagen, als sie mit DiCilia verheiratet war; ja, er war um einiges jünger als der alte Knacker. Ein junger Liebhaber, aber alter Freund. Das mußte es sein.

Viertel nach zehn, und sie hatten noch immer nicht gegessen. Und auch noch nicht die neuen Drinks angerührt. Nun war nur noch ein kleiner Rest vom sechsten Tom Collins übrig, und der verdammte Barkeeper, der wie Tommy Laglesia aussah, tat, als würde er nicht herüberschauen. Komm schon und sag was, dachte Jesus; er war müde und drauf und dran, an der Bar einzuschlafen.

Fast halb elf. Sie gingen. Sie mußten schon bei der Kellnerin bezahlt haben, ohne daß er es gesehen hatte. Sie standen auf, gingen!

Der verdammte Barkeeper stand am anderen Ende der Bar. Natürlich unterhielt er sich mit einem Gast, der nicht zu reden aufhören wollte. Jesus Diaz stellte sich auf die Fußverstrebung des Barhockers.

»He!«

Der Barkeeper kam zu ihm, und diesmal sagte er: »Noch einen?«

»Scheiße, nein«, sagte Jesus Diaz. »Ich will raus aus dieser verdammten Kneipe.«

»Wir müssen etwas essen«, sagte Karen. »Drei Martinis – wissen Sie, was die bei mir anrichten?«

»Vier«, sagte Maguire. »Und Sie fühlen sich jetzt besser.«

Sie standen auf dem Patio und überlegten, ob sie sich hierhin setzen oder ins Haus gehen sollten. Vom Kanal wehte eine Brise herüber, die an den nahen Ozean erinnerte.

»Keine Sorgen«, sagte Karen. »Nein, man macht sich noch Sorgen, aber sie kommen einem nicht mehr so wirklich vor. Vielleicht ist das die Antwort. Im Bett bleiben und die ganze Sache vergessen. Wann immer er hierher kommt, kann Marta ihm sagen, die Missus sei ohnmächtig geworden. Also – wollen Sie noch einen Drink?«

»Im Augenblick nicht.«

»Dann etwas zu essen? Warum haben wir nichts gegessen?«

»Ich hatte wohl keinen Hunger. Ich habe immer noch keinen.«

Maguire sah zum Haus hinüber, zu dem dunklen Bogengang und der Glastür. Im Wohnzimmer brannte eine Lampe. Er konnte die Rücklehne des Louisseize-Bergeres sehen. Die Fenster des zweiten Wohnzimmers daneben waren dunkel, wie auch, von einem abgesehen, die in der ersten Etage. Er fühlte sie neben sich. Sie trug jetzt einen dunklen, hochgeschlossenen Pullover über dem Kleid, das nun wie ein langer Rock wirkte; es hatte einen beträchtlichen Ausschnitt, und als sie an dem Tisch gesessen hatten, hatte er den sanft geschwungenen Ansatz ihrer Brust sehen können. Er nahm ihren Arm, und sie gingen über den Rasen zu der Ufermauer.«

»Das ist eine Möglichkeit«, sagte er. »Betrinken Sie sich. Aber die andere Möglichkeit, zur Polizei zu gehen ... Ich bin nicht voreingenommen, ich sehe bloß nicht, was das bringen würde. Wenn er nicht schrecklich dumm ist.«

»Er benimmt sich dumm«, sagte Karen, »aber ich habe Angst. Er ist so selbstsicher.«

»Ich bezweifle, daß die Bullen ihn unter Beobachtung stellen. Sie werden Ihnen sagen, sie würden einen Gerichtsbeschluß erwirken, der ihm verbietet, sich Ihnen zu nähern, und das würde genügen. Wie die Warnung: Halten Sie sich von ihr fern. Aber solch ein Gerichtsbeschluß hat gar nichts zu bedeuten; wie sollen sie ihn durchsetzen? Er kommt hierher. Sie rufen die Bullen an. Sie kommen, und er ist fort. Sie greifen ihn sich, und er sagt: ›Was, ich? Ich habe die Dame nicht bedroht.‹ Sie drohen ihm mit dem Zeigefinger: ›Kommen Sie der Dame nicht zu nahe.‹ Mehr können sie nicht tun. Außerdem hat er noch keine Forderung gestellt.«

»Nein.«

»Also ist es keine Erpressung. Woher wissen Sie, daß er Geld will?«

»Was sollte er sonst wollen?«

»Keine Ahnung«, sagte Maguire. »Aber ich glaube, er ist mehr an Ihnen als an dem Geld interessiert. Oder an Ihnen *und* dem Geld.«

»Sie machen Witze.«

»Warum denn nicht? Was macht er so? Er hat für Ihren Mann gearbeitet?«

»Er arbeitet für Ed Grossi, doch ich bezweifle, daß das noch lange so bleiben wird.«

»Warum?«

»Warum? Nach dem, was er getan hat?«

»Er ist auf Ihr Bett gesprungen«, sagte Maguire. »Sie können zwar behaupten, daß in seinen Augen ›Vergewaltigung‹ geschrieben stand, doch angesichts dessen, was er für Ed Grossi tut – wir wissen es nicht, aber es könnte ein wichtiger Job sein, ein Schlüsseljob – ist er eben nur auf Ihr Bett gesprungen. ›Du mußt dir keine Sorgen machen‹, sagt Ed Grossi. ›Ich werde mit ihm sprechen.‹ Und zu Roland sagt er: ›Hör auf damit, der Lady auf das Bett zu springen, du Arschloch.‹ Und das ist alles.«

»Ed ist ein Freund von mir«, sagte Karen.

»Wie schön«, sagte Maguire, »aber in seinem Geschäft ist man ein Freund, wenn er gerade Zeit hat und es nicht viel Ärger macht; außer, man ist in der gleichen Branche wie er und hat den Eid abgelegt, oder was immer sie machen – und selbst dann würde ich nicht darauf wetten.«

Karen dachte darüber nach, schritt langsam in der Dunkelheit auf und ab, verschränkte nun die Arme vor der Brust, lauschte in sich hinein.

»Und wenn ich Ed sage, ich bestünde darauf, dabeizusein, wenn er mit Roland spricht?«

»Na schön«, sagte Maguire, »dann ziehen sie eben eine Show ab. *Untersteh dich,* und *wehe!* Ed macht ihn ganz klein, und Roland ballt die Fäuste zusammen. Selbst, wenn Ed es ernst meint, wenn er will, daß sich der Bursche von Ihnen fernhält – wie wichtig ist er für Ed? Und wie gut hat er ihn im Griff? Das ist die Frage.«

Sie blieben neben der Uferbefestigung stehen und blickten auf die Lichter der Häuser hinter dem Kanal.

»Ist Ihnen kalt?«

»Nehmen Sie mich in den Arm«, sagte Karen. »Bitte.«

Er legte die Arme um sie, und sie drückte sich gegen ihn. Sie kam sich ganz klein vor. Er dachte, sie wäre in etwa so gebaut wie Lesley und würde sich auch wie Lesley anfühlen, aber sie war kleiner, zierlicher; sie fühlte sich an seinem Körper gut an. Er wollte sie sehr fest umarmen, ohne ihr weh zu tun. Er wurde sich einer anderen Sache bewußt, nämlich, daß dies eine Frau und Lesley ein Mädchen war. Gab es da einen Unterschied? Er schob mit der Hand ihr Gesicht hoch und küßte sie. Sie legte den Kopf gegen seine Wange, blickte dann auf, sah ihm einen Moment in die Augen, lächelte beinahe, und sie küßten sich erneut; ihre Münder fanden zusammen und bewegten sich, nahmen vom Mund des anderen Besitz, und jetzt verglich er sie nicht mehr mit Lesley. Lesley war verschwunden, nur diese Frau war noch da, eine Frau, in der das Verlangen brannte; er konnte es spüren, hielt sich jedoch noch eine Weile zurück, hatte Geduld. Es gab einen Unterschied.

»Warum zeigst du mir nicht das Bett?« sagte er.

»Einverstanden«, sagte sie.

»Weißt du, woran ich gedacht habe? Daß das Mädchen uns sehen wird. Warum nur? Es ist mein Haus, ich kann tun, was ich will.«

»Du hast Angst, daß sie ins Kubanerviertel gehen wird, auf die Southwest Eighth Street, und es allen erzählen.«

Sie lagen nebeneinander; ihre Beine berührten sich, die Bettdekke war nun hochgezogen.

»Aber nur einen Augenblick lang«, sagte Karen.

»Was?«

»Habe ich mir wegen des Mädchens Sorgen gemacht. Als wir an der Treppe waren, konnte ich es nicht mehr erwarten.«

»Ich konnte es auch nicht erwarten, dich zu sehen«, sagte Maguire. Seine Hand bewegte sich über ihren Schenkel zu ihrem Schamdreieck und blieb dort sanft liegen. »Dein Gesicht zu sehen, dich hier zu sehen« – seine Hand bewegte sich, streichelte sie – »und beides von dir sehen zu können. Ich habe mir vorher vorgestellt, wie es wohl ausschauen würde.«

»Wirklich? So was machst du?«

»Nein, nicht immer. Die meisten Mädchen, die sehe ich mir an, und es interessiert mich nicht, wie es aussieht. Aus irgendeinem Grund weiß *ich* es, und, na ja, es ist einfach da. Es ist okay, aber es ist nicht so wichtig. Aber dann und wann sehe ich ein Mädchen, eine Frau, und ich weiß nicht, wie es aussieht, weil es nämlich eine ganz besondere Frau ist, und es gehört ihr, es ist ein Teil von ihr, und … ich kann es nicht erklären. Aber bei dieser ganz besonderen Frau weiß ich, daß ich ihr sehr nahestehen kann.«

»Und gehöre ich dazu?«

»Es gibt nicht viele davon. Nur selten begegne ich so einem Mädchen, so einer Frau …«

»Du hast Schwierigkeiten, mich in eine Altersgruppe einzuordnen«, sagte Karen. »Das ist schon in Ordnung, Mädchen, Frau. Zu welcher Gruppe soll ich denn gehören?«

»Nein, schau, ich mag das Wort *Mädchen*. Määädchen, das ist ein gutes Wort. Bei Frau denke ich an eine Putzfrau.«

»Und du magst Mädchen.«

»Ja, aber ich bin nicht voreingenommen, wenn du das meinst.«

»Was ist mit dem Hai-Mädchen? Gehen wir ihr mit einem kräftigen Applaus zur Hand, solange sie noch eine hat.«

»Oh. Lesley.« Das war die eine Sache an Mädchen, an Frauen, die er nie verstehen würde. Wie sie seine Gedanken lesen konnten. »Lesley ist« – was war sie? – »irgendwie verdorben. Sie schmollt und macht einen Aufstand, wenn sie ihren Willen nicht kriegt. Sie ist arrogant, hat immer dramatische Auftritte, und es dauert 'ne Weile, bis man wieder vernünftig mit ihr reden kann.«

»Gehst du mit ihr aus?«

»Na ja, ich bin mal mit ihr ausgegangen. Sie ist die, die direkt nebenan wohnt. Eigentlich ist es das Haus ihrer Tante, das ›Casa Loma‹. Sie hat mir das Apartment besorgt. Es war wirklich ein Schnäppchen.«

»Ach«, sagte Karen.

»Das ist alles. Ich fahre mit ihr zur Arbeit.«

»Sie ist ein nettes Mädchen.«

»Ich glaube schon. Wenn man diesen Typ mag.«

»Stellst du dir ihr Schamhaar vor?«

Gott im Himmel ...

»Nein. Nein, sie ist nicht der Typ, den ich mir vorstelle. Sie ist eher so ein Mädchen von heute. Nicht viel Persönlichkeit, aber 'ne Menge Haar und ein süßer Hintern. Wenn einen das anmacht, schön.«

»Macht dich das an?«

»Lesley? Ich fahre mit ihr zur Arbeit und wieder nach Hause. Wir unterhalten uns ab und zu mal.«

»Aber macht sie dich nun an?«

»Du hast sie dir doch nur rausgegriffen, weil du mich zufällig mit ihr gesehen hast.«

»Gibt es viele andere?«

»Nein, ich meine damit, genauso könnte ich mir Roland rausgreifen, weil wir über ihn gesprochen haben, und dich fragen, ob er dich angemacht hat, als er zu dir ins Bett gesprungen ist.«

»Er ist *aufs* Bett gesprungen.«

»Ja, aber macht er dich an?«

»Wir hören uns an, als wären wir verheiratet«, sagte Karen.

»So ist das also, was? Ich habe mich immer gefragt, ob ich was verpaßt habe.«

Sie drehte ihren Kopf auf dem Kissen und sah ihn an. »Ich glaube, man hat dir eine unpassende Rolle zugeteilt. Du müßtest ein ganz anderer sein.«

»Ach, wer denn?«

»Das weiß ich noch nicht. Aber ... du hättest im Gefängnis geendet. Du bist intelligent genug, um das zu wissen.«

»Deshalb habe ich ja auch damit aufgehört.«

»Nein, ich glaube, du hast damit aufgehört, weil du schließlich erkannt hast, daß du niemals hättest damit anfangen dürfen. Irgendein verrückter Gedanke hat dich beeinflußt.«

»Geld«, sagte Maguire.

»Du gibst vor, zynisch zu sein, bist es aber nicht. Es war nicht nur Geld. Vielleicht das Risiko, oder der Reiz.«

»Vielleicht«, sagte Maguire. »Ich weiß noch, wie ich mal zu André sagte, ich könne ohne diesen Reiz nicht mehr auskommen. ›Ja, vielleicht hast du recht‹, sagte er.« Seine Stimme war nachdenklich, und er versuchte, sich zu erinnern und fragte sich, wie er in dieses Leben hineingerutscht war – immer ein weiterer Bruch, nur, um sich Geld fürs Reisen zu beschaffen – und wie diese Jahre so schnell verstrichen waren. »Das war nicht ich, von dem ich dir erzählt habe«, sagte er. »Das muß ein anderer gewesen sein.«

Als sie ihn ansah, wie er dort neben ihr im Bett lag, hätte sie sich antworten können: jemand, den ich seit langem kenne. »Du spürst es, nicht wahr?« sagte sie zu ihm. »Du hast gesagt, du stündest mir nahe.« Und sie legte ihre Hand auf die seine.

»Als wäre dieser andere Abend Jahre her«, sagte Maguire. »Selbst das Abendessen, das, das wir nicht gehabt haben, scheint jetzt lange her zu sein.«

»Genau das werde ich Marta sagen«, meinte Karen und lächelte. »Wir sind alte Freunde. Warum mache ich mir wegen Marta Sorgen? Selbst bei Frank hatte ich nie Angst, ihr gegenüberzutreten.«

»Das kann ich mir vorstellen«, sagte Maguire.

»Aber ich habe mir immer Sorgen gemacht – nein, nicht Sorgen, Gedanken, was das Mädchen wohl von mir halten würde.«

»Weil du sie als Mensch ansiehst und nicht nur als Dienstmädchen«, sagte Maguire. »Du hast auch die falsche Rolle ... die Dame des Hauses. So sehe ich dich überhaupt nicht. Eine *Dame*, ja, das stimmt wohl schon. Aber ich kann mir nicht vorstellen, wie du hier herumsitzt und dem Besuch Tee einschenkst.«

»Wie siehst du mich denn?«

»Na ja, etwa in einem Pulli und Jeans, unter freiem Himmel.« Er hielt inne. »Soll ich dir mal ganz ehrlich was sagen?«

»Ja, aber sicher.«

»Ich sehe *uns*«, sagte Maguire. »Ich sehe uns, wie wir durch Spanien fahren. Ich sehe uns am Tisch eines Straßencafés, unter einer roten Markise. Ich sehe uns, wie wir jemanden beobachten, einen Touristen vielleicht, uns heimlich anstoßen und lachen.«

Sie drehte sich zu ihm um, als er sprach, rückte näher und legte ihm die Hand auf die Brust.

»Ich sehe uns, wie wir uns Straßenkarten und ein paar Flaschen Rotwein aussuchen, die wir mitnehmen.«

»Was für einen Wagen fahren wir?«

»Einen Alfa Romeo. Ein Cabrio, das Verdeck heruntergeklappt.«

»Wohin fahren wir?«

»Von Madrid zur Costa del Sol. Und wenn es uns da nicht gefällt, fahren wir an eine andere Costa.«

»Ich glaube, das wird uns gefallen«, sagte Karen.

Doch wer bezahlt es? dachte sie kurz.

Dann ließ sie den Gedanken fallen. Sie fühlte sich geborgen. Zum ersten Mal seit geraumer Zeit konnte sie die Augen schließen, ohne sich vorzustellen, wie ihr etwas zustieß. Sie konnte sich vorstellen, wie sie tat, was sie wollte. Sie versuchte, sich das Straßencafé und den Alfa Romeo vorzustellen. Doch sie sah, wie sie aus einem Laden auf der Worth Avenue in Palm Beach trat und die Sonnenbrille aufsetzte, und jemand sagte: Das ist Karen DiCilia.

11

»Dann sind sie zu ihrem Haus gefahren«, sagte Jesus Diaz zu Roland. »Dann, na ja, Sie wissen schon, nach einer Weile ist er nach Hause gefahren.«

Roland machte in seiner Unterwäsche, mit rotem Gesicht und verkniffenem Mund, auf dem Boden seiner Wohnung Liegestütze. Er zählte sie – »Fünfundneunzig ... sechsundneunzig ...« – und mußte sich anstrengen, um Jesus zu fragen: »Wo wohnt er?«

Wie damals auf der Toilette, dachte Jesus Diaz. Damals, als Roland auf dem Klo saß, grunzte und furzte, und er auf der Schwelle des Badezimmers stehen mußte, während Roland mit ihm sprach.

»Er wohnt oben in Fort Lauderdale, Northeast Twentyninth Street.«

»Hundert«, sagte Roland, erhob sich, stand schwer atmend da, die Hände auf den Hüften. Jesus Diaz versuchte zu lesen, was in roter Schrift vorn auf Rolands weiße Shorts gedruckt war, ohne auf seinen Schritt zu starren.

»Du sagst also, sie hat sich mit ihm in dem Restaurant getroffen. Dann sind sie beide zu ihr nach Hause gefahren?«

»Nein, er fuhr mit ihr in ihrem Wagen, dem Mercedes.«

»Wie ist er dann nach Hause gekommen?«

Rolands Shorts waren mit den Worten *Willst du mal fünf Kilo stemmen?* bedruckt. »Er fuhr mit ihrem Wagen nach Hause«, sagte Jesus Diaz.

»Sie hat ihn ihren Wagen benutzen lassen?«

»Ich glaube schon. Er fuhr damit auch zur Arbeit, zu diesem Park, Seascape.«

Roland kniff die Augen zusammen. »Seascape? Was zum Teufel ist Seascape?«

»Dieser Delphin-Park. Sie führen da Delphin-Shows vor.«

»Gott im Himmel«, sagte Roland. »Ja, Seascape. Ich glaube, der Park gehört Dorado, oder hat der Firma mal gehört. Was macht er da?«

»Die Dressuren, Sie wissen schon, mit den Delphinen. Sie springen hoch, schnappen sich ein Stück Fisch aus seinem Mund. So was macht er.«

»Hm, fahre zurück und besuche ihn mal«, sagte Roland. »Und nimm jemand mit, der ihm die Arme festhält.«

»Heute, meinen Sie?«

»Ich meine sofort, Partner. Na los, halt dich ran.«

»Mann, ich würde zuerst gern mal schlafen.«

»Wieso brauchst du denn Schlaf? Bist du nicht ins Bett gekommen?«

»Ich bin einfach müde«, sagte Jesus Diaz und ging los, um seinen Job zu erledigen, ob er nun müde war oder nicht.

Wenn er es versaute, würde Roland ihm den Arsch aufreißen und ihm sagen, er sollte damit aufhören, diesen kubanischen *Cochas* nachzujagen. Er sollte lieber in Form bleiben, wie er.

Klar, aber wenn er sagen würde, er sei die ganze Nacht aufgeblieben und nur ein paarmal eingenickt – als er in den Mangrovenbüschen hinter der Straße hockte, damit man ihn vom Wagen der Wachgesellschaft aus nicht sehen konnte –, dann würde Roland sagen: Die *ganze* Nacht? Du willst sagen, der Mistkerl hat die *Nacht* dort verbracht? Und dann würde Roland rüberfahren und vielleicht wieder was mit der Frau anstellen.

Mann, war er erledigt.

Nach Hause fahren, die Browning unter die Jacke schieben, für alle Fälle. Dann Lionel Oliva am Wohnwagenpark Tall Pines aufgabeln, ihn aus dem Bett holen. He, Lionel, willste jemand für hundert Eier zusammenschlagen? Wie groß? Nicht groß. Scheiße, ja, er würde in den Wagen springen. Es würde keine Probleme geben. Der Delphin-Mann sah nicht sehr stark aus. Und er würde nach seiner Nacht in dem zweihundert Jahre alten Bett auch völlig erledigt sein.

»Wenn es vorher noch nicht kaputt war«, hatte Marta zu ihm gesagt, als sie ihm ganz früh am Morgen am Nebeneingang eine Tasse Kaffee reichte, »dann ist es jetzt kaputt.« Sie sagte dies nicht als Feststellung, sondern, weil sie sich für die Frau freute.

Auch Jesus Diaz freute sich für sie. Zu schade, daß er sich ihren alten Freund mal vorknöpfen mußte.

»Wir haben achtzehn Monate gebraucht, um ihm diesen Trick beizubringen«, sagte Maguire zum Publikum am Delphin-Bassin. »Er legt sich auf die Seite, hebt eine Flosse, und … das war's. Jetzt verstehen Sie, warum wir ihn … *Mopsy* Dick nennen. Einen Applaus für Mopsy. Das muß sehr anstrengend gewesen sein.«

Ihm war der kubanisch aussehende Bursche in der Menge an der Betonbrüstung schon aufgefallen. Gelbes Hemd, weiße Jacke. Der gleiche, den Karen ihm gestern abend an der Bar gezeigt hatte. Martas Bruder.

Maguire stand auf dem Aluminiumpfosten, ließ Bonnie und Pebbles gleichzeitig aus dem Wasser springen, damit sie ihm die Fischstücke aus der Hand holten, und fragte sich, ob Martas Bruder hier war, um ihm eine Nachricht zu überbringen.

Und der andere kubanisch aussehende Bursche neben ihm, warum war der mitgekommen, was? Um aufzupassen?

Maguire fragte das Publikum, die kleinen Kinder, ob sie sehen wollten, wie die Delphine ihm ein Stück Fisch aus dem Mund holte. »Jaaaaa!«, riefen sie.

Nein, er hatte zu viele Burschen wie den anderen Kubanischen gesehen. Sie waren Rausschmeißer in Go-Go-Kneipen. Sie hingen in Sportstadien herum. Martas Bruder sah aus, als sei er mal Boxer gewesen: am Hals und um die Augen herum Spuren von Narbengewebe. Der andere Kubaner war größer: Er könnte einen Sparringpartner für einen guten Mittelgewichtsboxer abgeben.

»Und das war unsere erste Delphin-Show für diesen Nachmittag«, sagte Maguire und bat das Publikum, doch freundlicherweise zur Hai-Lagune zu gehen. Dort würde Hooker heute die Ansage machen. Maguires nächste Aufgabe bestand darin, in etwa zwanzig Minuten Brad Allen anzusagen, und dann war er für heute fertig. Er hob den Kübel mit den Fischstücken auf und blickte zu den beiden Burschen hinüber, als er von der Plattform auf die Zementbrüstung trat.

Sie warteten auf ihn. Die einzigen, die noch hier waren.

Maguire ging zur Treppe. Er hörte, wie einer von ihnen sagte: »Einen Augenblick.«

Und dachte: Leck mich.

Er setzte den Kübel ab, ohne langsamer zu gehen, bewegte sich zielstrebig, aber ohne zu laufen oder sich umzudrehen, die Treppe hinab auf die düstere zweite Ebene, wo die Unterwasserfenster des Beckens ein trübes Grün zeigten.

Erst dann laufen. Und wenn sie ihm nachliefen, stand eindeutig fest, daß sie ihm eine Nachricht überbringen wollten, die er nicht hören wollte. Er fing an zu laufen, als er sie auf der Treppe hörte; seine bloßen Füße scharrten über den Beton, ihre schnellen Schritte folgten ihm nun und schlugen ein hartes Echo. Er lief an dem Bekken entlang und sah graue Körper im Wasser, Bonnie und Pebbles, die das Glas streiften, ihm folgten, während er um die gesamte kreisrunde zweite Ebene zur Treppe zurücklief und wieder hinauflief.

Der Kübel mit den Fischteilen stand noch an Ort und Stelle. Maguire nahm ihn und trat von dem offenen Durchgang zurück, hörte nun, wie ihre Schritte zu ihm hinaufkamen, streckte den Arm mit dem Kübel aus, ließ den ersten, Martas Bruder, vorbei und schlug dem anderen Kubaner den Kübel ins Gesicht, riß ihn damit herum, nahm den Kübel in beide Hände, Fischstücke fielen heraus, rammte ihn dem Burschen über den Kopf und zerrte ihn zum hüfthohen Geländer, drückte ihn gegen den Beton, griff seine Beine und warf ihn in das Becken.

Martas Bruder stand da und sah zu.

Maguire trat zu dem Gittertor im Geländer, das sich zu einer kleinen Plattform auf der anderen Seite öffnete, direkt neben dem Wasser, von wo aus Hooker mit Taucherbrille und Schnorchel ins Bekken stieg. Maguire wartete ab und sah von dem Tor zu Martas Bruder hinüber, der fünf, sechs Meter von ihm entfernt war.

»Was wollen Sie?«

»Das ist eine Warnung«, sagte Jesus Diaz. Er wußte nicht, was er sonst sagen sollte. »Halten Sie sich von der Frau fern.«

»Was?« sagte Maguire. Er war sich nicht sicher, ob er ihn richtig verstanden hatte. Er schaute am Tor vorbei und sah, wie sich der andere Kubaner auf die Plattform zog. Naßgraue Tümmlerköpfe kamen aus dem Wasser, um zuzusehen. Maguire wartete, bis der Kubaner nach dem Tor griff, sein Gesicht erschien und sich langsam über den Beckenrand hob, schlug dann in das Gesicht und schickte den Mann ins Becken zurück. Die Delphinköpfe verschwanden wieder.

»Ich spreche von Missus DiCilia«, sagte Jesus. »Halten Sie sich von ihr fern, oder man wird Sie in diesem Becken finden.«

Maguire runzelte die Stirn. Die Hand tat ihm schrecklich weh. »Arbeitest du für Roland, oder was?« sagte er.

»Sei nicht blöd«, sagte Jesus. »Halt dich von ihr fern.«

Oder was? dachte Maguire. Er machte zwei Schritte auf Jesus zu, sah, wie die Hand des Mannes hinter seinen Rücken fuhr und mit einer Pistole wieder erschien, einer schweren Automatik, einem Colt oder einer Browning. Der andere Typ stieg gerade wieder aus dem Wasser.

»Ich hab' noch zu tun«, sagte Maguire.

»Überanstreng' dich nicht«, sagte Jesus.

Maguire hielt sich die schmerzende Hand und ging kopfschüttelnd die Treppe hinab.

12

»Zuerst feuerst du am besten dein Mädchen«, sagte Maguire, »und alle anderen hier. Was ist mit dem Bruder?«

»Nein, er arbeitet nicht für mich.«

Karen trug eine große runde Sonnenbrille und einen braun-weiß gestreiften, aufklaffenden Bademantel. Maguire konnte ihr Gesicht nicht sehen, den Ausdruck, als sie ihn ansah und dann über den Rasen schaute; aber er konnte ihre braunen Beine, den festen kleinen Bauch und den gelbbraunen Stoffstreifen sehen, der zum Teil ihre Brüste bedeckte. Maguire trug Jeans und ein Hemd über seinem roten T-Shirt von Seascape. Er war direkt von der Arbeit hierher gekommen und versuchte nun, auf dem Patio, Gretchen zu verscheuchen, damit er sich auf Karen konzentrieren konnte.

»Ich kann es nicht glauben«, sagte sie. »Marta ist genauso lang hier wie ich. Ich glaube, sie war siebzehn, als wir sie eingestellt haben.«

»Dann stelle ihr ein gutes Zeugnis aus«, sagte Maguire. Er stieß Gretchen zurück, und sie kam wieder zu ihm, dachte, er würde spielen.

»Ich kann sie nicht einfach feuern.«

»Kannst du sie eine Weile loswerden? Sag ihr, sie soll einkaufen gehen.«

»Sie war erst gestern einkaufen ...«

»Sag ihr, du willst ein paar Miracoli haben, irgendwas. Wir müssen sie von hier fortschaffen.«

»Für wie lange?«

»Mindestens eine Stunde.«

Karen stand auf und ging ins Haus.

Maguire beobachtete sie. Sie wirkte nicht besorgt oder nervös. Sie ging ganz ruhig, und ihre Hände zitterten nicht. André Patterson hätte versucht, sie für irgendein Ding anzuheuern.

Maguire hatte ihr von Jesus Diaz und dem anderen Burschen erzählt, ihr zwar nicht alles gesagt, aber besonders die Warnung betont. Das war doch deutlich genug, oder? Jesus arbeitet für Roland. Wenn sie etwas über Karen wußten, dann hatten sie es von Marta. Und wenn sie etwas wußten, das Marta nicht wissen konnte, dann wurde das Haus beobachtet, oder sie hatten das Telefon angezapft. Wahrscheinlich war das Telefon angezapft. »Wirklich?« hatte Karen gesagt, ziemlich interessiert. War sie schon wieder eine andere? Jedesmal, wenn er sie sah, schien sie eine andere zu sein.

Auf dem Gartentisch lag eine Zeitung, ein Teil des *Miami Herald*, die Gesellschaftszeitung. Maguire griff danach. Aber es war nicht die Gesellschaftsseite von heute. Es war die vom letzten Sonntag, und er erkannte die Frau auf dem Foto nicht sofort. Karen DiCilia und ein Mann, ihr verstorbener Gatte –, ja, Maguire erinnerte sich von Zeitungsfotos her, die er vor Jahren mal gesehen hatte, noch schwach an ihn – Frank DiCilia. Beide in Abendgarderobe, beide mit Sonnenbrille, kamen sie aus einem Hotel; ein Portier stand hinter ihnen.

Die Überschrift lautete: WAS FÜR EIN GEHEIMNIS HAT KAREN DiCILIA? Darunter stand, in kleineren Buchstaben: DIE WITWE DES GANGSTERS WILL NICHT REDEN.

Und das in der Zeitung von Miami, die gesamte obere Hälfte der Seite einnehmend. Er verstand nicht, wie er das übersehen haben konnte.

Die Überschrift darunter lautete: NACH ZWANZIG JAHREN KAMPF GEGEN DAS ÜBERGEWICHT ENDLICH DER SIEG; der Artikel enthielt Fotos von einer Frau vor und nach ihrem Kampf. Vielleicht hatte Tante Leona die Seite herausgerissen. Wenn er den *Herold* am Sonntag abend bekam, waren immer irgendwelche Seiten herausgerissen.

»Witwe des Gangsters ...« Gott im Himmel, das würde ihr gefallen! Das Foto mit Frank war vier Jahre alt. Sie sah genauso aus wie jetzt.

»Warum sollte eine attraktive, vierzig Jahre alte Witwe, die keine finanziellen Zwänge kennt, immer sehr chic gekleidet ist, gern ausgeht ...«

Vierzig Jahre alt?

Und das war vier Jahre her.

»... ihre Unabhängigkeit aufgeben, um einen ehemaligen (?) Gangsterboß aus Detroit zu heiraten, der sich in Fort Lauderdales exklusivem Vorort Harbor Beach niedergelassen hat?«

Maguires Augen bewegten sich die Spalten entlang. Hintergrundmaterial. Ehemals Karen Hill. Mit einem Ingenieur verheiratet. Tochter Schauspielerin.

»Seit Frank DiCilias Tod ist Karen praktisch zur Einsiedlerin geworden, besucht kaum noch die exklusiven Clubs oder die Wohltätigkeitsveranstaltungen, die sie früher niemals versäumt hat. Fortsetzung Seite 2D, Spalte i.«

Maguire blätterte um.

»Eine faszinierende Frau.«

Und ein neueres Foto von Karen in einem hellen Bikini, die Hände auf den Hüften, mit weißem Sonnenhut und Sonnenbrille, ein grobkörniges Foto, das verstärkt oder aus einiger Entfernung aufgenommen worden war.

Maguire schaute über den Rasen hin zur Begrenzungsmauer, wo sie auf dem Foto vielleicht gestanden hatte.

Die Hände auf den Hüften wirkten eher trotzig als herausfordernd. Die breite Hutkrempe direkt über ihren Augen, die Sonnenbrille mit den runden Gläsern. Ein schönes Foto. Der schlanke Körper leicht vornübergebeugt, aber nicht lässig; ja, mit einer Spur von Trotz.

Eine Zeile erregte seine Aufmerksamkeit: »Die geheimnisvolle Lady von der Isla Bahia«, und er dachte: Gut, daß sie nicht auf der Northeast Twenty-ninth Street wohnt.

Es erweckte nicht den Anschein, als habe die Reporterin viel über sie herausbekommen. Der Artikel schien mehr aus Fragen denn aus Fakten zu bestehen. Maguire las ihn noch immer, als Karen wieder herauskam.

»Oh«, sagte sie, hatte einen Augenblick lang ihre Beherrschtheit verloren.

»Ich wußte gar nicht, daß ich so eine Berühmtheit kenne«, sagte Maguire. Er legte die Zeitung beiseite und sah zu ihr auf.

»Das wußtest du nicht?« sagte Karen. Sie nahm die Zeitung, faltete sie zu einem kleinen Viereck, verbarg etwas, das schon Tausende Leute gesehen hatten.

»Das Foto von dir in dem Bikini ist schön.« Der gleiche, den er jetzt sah; der Bademantel klaffte auf, eine sehr schmale Taille, ein kleiner, fester Bauch, der sich bis zu dem braunen Höschen schwang, das eng auf ihren Lenden saß. Maguire bewegte sich auf dem Segeltuchstuhl, verlagerte sein Gewicht.

»Es wurde hier aufgenommen, nicht wahr?«

»Von einem Boot aus. Ich wußte nicht, daß es ein Zeitungsfotograf war.«

»Sie kreisen dich allmählich ein.«

Sie sah ihn an, sagte aber nicht. Ihr Gesichtsausdruck war fast der gleiche wie auf dem Foto.

»Die Frau, die das geschrieben hat«, sagte Maguire, »warum hast du ihr nicht gesagt, was los ist?«

»Wie konnte ich das?«

»Warum denn nicht? Bringe es an die Öffentlichkeit.«

»Meinst du nicht, ich würde ein wenig dumm dastehen? Die blöde Witwe, die es mit irgendeinem sizilianischen Eid zu tun hat?«

»Naja, du bist nicht blöd, und es ist so, nicht wahr? Ich hab' mir überlegt, stelle Roland bloß, und er wird verschwinden.«

»Und damit stelle ich auch Karen DiCilia bloß«, sagte Karen. »Oder würdest du gern etwas über dich in der Zeitung lesen, wenn du in so etwas verwickelt bist?«

»Ich weiß nicht«, sagte Maguire. »Wenn die Sache damit aus der Welt geschaffen ist.«

»Wenn Ed Grossi nicht mit Roland fertig wird«, sagte Karen, »muß ich eben mit ihm fertig werden.« Sie faltete den Zeitungsteil wieder zusammen und schob ihn in die Tasche ihres Bademantels. »Ich habe Marta den Abend freigegeben.«

»Gut«, sagte Maguire.

»Sie wollte nicht gehen.« Karen beobachtete ihn nun durch ihre Sonnenbrille. »Ich habe ihr gesagt, wir wollten allein sein. Es spielt jetzt keine Rolle mehr, was sie denkt, oder?«

»Es hat nie eine Rolle gespielt«, sagte Maguire.

Er fand die Telefonleitung, die von der Straße durch die Mangrovenbüsche ins Haus führte, und deutete auf ein Stück Metall, das an der Leitung klemmte, ein Hochleistungssender. Eine zweite Leitung führte von der Außenbuchse am Haus zu einem Eckfenster und zwischen dem Ziegel und dem Fensterfutter in Martas Zimmer.

Im Zimmer selbst führte die Leitung zu einem Tonbandgerät unter Martas Bett, das durch elektrische Spannung eingeschaltet wurde. Maguire erklärte er – es gehörte zu dem Wissen, das er auf dem Weg zum Nichts aufgeschnappt hatte, und manchmal kamen ihm einzelne Brocken sehr gelegen.

»Das Telefon läutet, die Stromspannung in der Leitung schaltet das Gerät automatisch ein, und das Telefongespräch wird auf Band festgehalten. Marta gibt das Band ihrem Bruder oder Roland, und sie wissen, mit wem du sprichst, wohin du gehst – ich glaube, sie erfahren alles, was sie wissen müssen.«

Karen sagte nichts. Sie starrte den Recorder an, ihre Worte darin, der Klang ihrer Stimme in dem Aufzeichnungsgerät mit seinem Fenster und den beiden runden Löchern. Was war gerade auf Band?

»Willst du Roland eine Nachricht hinterlassen?« Maguire schaltete das Gerät ein und wieder aus.

Sie sagte noch immer nichts.

»Du mußt Marta loswerden«, sagte Maguire.

»Oder sie behalten. Sollen sie doch zuhören«, sagte Karen. »Was ist besser, wenn Roland herausfindet, daß wir davon wissen, oder nicht?«

»Daran habe ich auch schon gedacht«, sagte Maguire. »Das gefällt mir nicht.«

Karen blickt von dem Tonbandgerät auf. »Es könnte zu unserem Vorteil sein.«

»Wir haben miteinander gesprochen«, sagte Maguire. »Ich habe angerufen – daher wußten sie, daß wir uns gestern abend getroffen haben.«

»Aber was würden sie wirklich herausbekommen? Wir könnten einen Kode benutzen.«

Sie meinte es ernst, nahm jetzt die Sonnenbrille ab; ihre Augen erwachten langsam zum Leben.

»Die Frage ist, was Roland zuvor gehört hat«, sagte Maguire. »Etwas, das er auf diese Art erfahren hat, hat ihn vielleicht dazu bewogen, na ja, selbständig zu arbeiten.«

»Was meinst du, hat ihn dazu bewogen?«

»Geld vielleicht«, sagte Maguire. Er zögerte, nahm die Gelegenheit dann wahr. »Vielleicht hat er gehört, wie du jemandem gesagt hast, daß du Geld im Haus aufbewahrst.« Sie sah nun ihn an, und er schaute wieder auf das Tonbandgerät hinab, berührte die verschiedenen Knöpfe. »Nur ein Gedanke. Oder er hat gehört, wie du mit deinem Börsenmakler, deiner Bank gesprochen hast, irgend so was. So hat er vielleicht herausgefunden, wieviel Geld du hast.«

»Vielleicht ist er nicht der einzige, der sich dafür interessiert«, sagte Karen.

»Nein, dein Mädchen, ihr Bruder ...«

»Was glaubst du denn, wieviel Geld ich habe?« sagte Karen.

»Keine Ahnung, drei Millionen, dreißig Millionen«, sagte Maguire. »Wenn man in diese Regionen kommt, sehe ich keinen großen Unterschied mehr. Aber wie will er an das Geld herankommen, wenn du es nicht im Haus hast? Du wirst ihm doch keinen Scheck ausschreiben.«

»Er hat noch nichts gefordert.«

»Nein, aber er hat irgendwas vor. Das wissen wir ziemlich sicher.«

»Du hast auch noch nichts verlangt«, sagte Karen.

»Wer bin ich, dein Dienstbote? Hast du mich angeheuert?«

»Das ist keine Antwort«, sagte Karen.

»Warum fahre ich nicht nach Hause und ziehe mich um«, sagte Maguire. »Wir gehen aus, essen zu Abend, halten Händchen, sehen einander an. Du kannst mir sagen, was du willst, und ich sage dir, was ich will. Wie hört sich das an?«

»Ich sage dir sofort, was ich will«, sagte Karen.

Maguire nahm sich auf dem Nachhauseweg eine Pizza mit (würden sie jemals ausgehen und zu Abend essen?), zog sein Hemd aus, stellte ein kaltes Bier auf den Tisch und machte sich über die Pizza her; er war halb verhungert.

Es klopfte dreimal scheppernd an der Jalousie der Eingangstür. Lesley kam herein; sie trug noch ihre weißen Shorts, keine Schuhe und ein gestreiftes Top. »Ich bin auch gerade nach Hause gekommen«, sagte sie. »Ich war den ganzen Abend aus. He, kann ich ein Stück haben?«

»Bedien' dich.«

»Was ist denn drauf?«

»Pepperoni, Zwiebeln, Käse, alles mögliche.«

»He, Anschovis.«

Sie sahen wie Würmer aus. Lesley war feinfühlig, schlau. Er fragte sich, wann sie ihn auf den Wagen ansprechen würde, den silbergrauen Mercedes 450 SEL, der vor der Tür stand. Sie biß herzhaft zu, hielt die flache Hand unter die Pizzaecke und beugte sich über den Tisch, um ihm mal kurz ihre Brüste zu zeigen, die frei in dem Top hingen.

»Hast du noch die Zeitung vom Sonntag?«

»Woher soll ich das denn wissen?«

»Tante Leona verwahrt die Zeitungen doch, oder? Gibt sie sie an die Altpapiersammlung für die Wohlfahrt?«

»Sie verkauft sie. Sie ist so verdammt geldgierig. Wohin willst du?«

»Ich bin gleich zurück.«

Maguire ging zur Wohnung der Hausverwalterin, an Leona vorbei, die in ihrem Sessel schlief, während der Fernseher lief, und weiter zum Abstellraum neben der Küche. Dort stapelten sich die Zeitungen mehrerer Wochen an der Wand. Er sah den ersten Stapel durch, und da war sie, der *Herald* vom letzten Sonntag; er fand sie sofort. Er zog den Teil mit den Gesellschaftsseiten heraus, warf einen Blick auf Karen und Frank DiCilia, nahm dann auch den Sportteil und steckte den Gesellschaftsteil hinter die Sportseiten.

Lesley hatte sich nun gesetzt, den Stuhl vom Tisch weggedreht, einen Fuß auf dem Sitz, und er konnte ihren gebräunten Schenkel sehen. Eine Menge gebräunten Schenkel.

»Warum interessiert dich die Zeitung so?«

»Ich habe eine Story über die Tigers verpaßt.«

»Baseball ist langweilig. Da passiert doch gar nichts.«

Maguire aß weiter. Es war ihm egal, was Lesley dachte. Er fragte sich jedoch, wann sie zu dem Wagen kommen würde.

»Brad ist wirklich sauer auf dich, weißt du das?« sagte sie.

»Warum?«

»Du solltest nach der Show noch dabeisein und mit Bubbles arbeiten.«

Es klang ganz so, als würde sie über die Schule sprechen.

»Das habe ich vergessen«, sagte Maguire. Er war gegangen, ohne sich abzumelden; er wollte nicht noch einmal den beiden Kubanern begegnen.

»Brad hat dich gesehen, wie du in dem Wagen fortgefahren bist. ›Großer Gott‹, sagte er, ›wo hat er den denn her? Gestohlen?‹«.

So fing sie es also an, hinten herum. Maguire arbeitete sich zu einer weiteren Pizzaecke durch und erwiderte nichts darauf.

»›Gestern hatte er ihn noch nicht‹, sagte Brad. ›Er muß ihn gestern abend bekommen haben.‹«

Maguire trank einen Schluck von dem kalten Bier; es tat nach den salzigen Anschovis wirklich gut.

»›Jemand muß ihn ihm geliehen haben.‹ Aber dann sagte er: ›Aber wen kennt der schon, dem ein verdammter Mercedes gehört?‹«

»Ich wette, das hat du gesagt und nicht Brad«, sagte Maguire.

»Kann schon sein. Vielleicht aber auch sonst jemand.«

»Er gehört einem Freund von mir«, sagte Maguire. »Ich kann ihn fahren, solange er verreist ist.«

»He, dann fahren wir doch irgendwohin.«

»Ich darf niemanden mitnehmen. Er hat Angst, daß er schmutzig wird.«

»Du verdammter Mistkerl, das sagst du doch nur so.«

»Es ist die Wahrheit.«

»Wie heißt er?«

»Ein Typ namens André Patterson.«

»Der, mit dem du telefoniert hast?«

Über den er am Telefon mit Andrés Frau gesprochen hatte, aber das spielte keine Rolle. »Genau. Er ist verreist.«

Gott im Himmel, zwanzig Jahre bis lebenslänglich. Er mußte André unbedingt schreiben, ihm sagen, wie es so lief. Er wollte noch mal die Story in der Zeitung lesen und sich das Bild von Karen an der Mauerbrüstung ansehen.

»Aber wie soll er dann davon erfahren?« sagte Lesley. »Ich meine, du nimmst doch nur mich mit, und keine anderen Leute.«

»Vielleicht«, sagte Maguire. »Willst du noch ein Stück?«

»Nein, ich bin ...« Sie warf ihm einen durchtriebenen Blick zu. »Weißt du, was ich bin?«

»Was?«

»Geil. Ist das nicht komisch? Ich weiß nicht, warum.« Sie sah zum Bett hinüber. »Wollen wir uns nicht hinlegen und sehen, was passiert.«

»Deine Füße sind schmutzig«, sagte Maguire.

»Meine *Füße*?«

»Eigentlich bin ich schrecklich müde. Verstehst du?«

»Gott im Himmel«, sagte Lesley und stand auf. »Hast du auch noch Kopfschmerzen?«

»Nein, aber ich fühle mich nicht besonders. Das liegt vielleicht an der Pizza. Warum kommst du nicht ein anderes Mal vorbei«, fragte er.

»Warum leckst du mich nicht am Arsch?« antwortete Lesley, zeigte ihm einen Vogel und schlug so heftig die Tür zu, daß die Jalousie erzitterte.

Es gab Zeiten, ja, da hatte er nichts gegen schmutzige Füße gehabt. Ober besser, es hatte Zeiten gegeben. Doch wenn er die eine mit der anderen verglich, die Frau mit dem Mädchen, konnte er sich nicht vorstellen, sich noch jemals mit ihr abzugeben. Wenn er schon Lesleys Stimme hörte ... »Brad ist wirklich sauer auf dich.« So ernst. Eine Krise, weil er vergessen hatte, nach der letzten Vorstellung mit den jungen Delphinen zu arbeiten. »Brad sagte, ›Wo hat er den denn her? Gestohlen?‹« Brad und Lesley, der ganze Park, wie ein Ferienlager für Kinder. Dann hörte er Karens Stimme:

»Was glaubst du denn, wieviel Geld ich habe?«

Karens Stimme:

»Ich sage dir sofort, was ich will.«

Sie machte ihm nichts vor, versuchte nicht, sich schwülstig zu geben, sondern war geradeheraus. Sie sah ihn ohne die Sonnenbrille an. »Ich sage dir sofort, was ich will.«

Sie wollte es auch. Beim ersten Mal hatte sie gesagt: »Ich konnte es kaum erwarten.« Diesmal war es wie beim ersten Mal, nur viel mehr, viel besser, sie waren viel ungezwungener miteinander, tollten in diesem großen, kaputten Bett herum und fingen dann an, wurden immer schneller, fühlten den Drang. Sie waren so unterschiedlich wie Tag und Nacht, das Mädchen und die Frau. Mit dem Mädchen war es schon okay, eigentlich sehr gut, aber vorhersagbar: die ganze Zeit über die gleiche Person, die immer die gleichen leisen, aufgesetzten Geräusche machte – »Oh, oh, oh, hör' jetzt nicht auf, mein Gott, hör' nie auf«, – sie mußte das irgendwo gelesen haben und zu dem Schluß gekommen sein, daß das einem Mann gefiel. Die Frau, die vierundvierzig Jahre alte Frau, täuschte nichts vor. Sie beobachtete ihn mit einem weichen, leicht lächelnden Ausdruck, der völlig natürlich war. Sie streichelte ihn, überall, was das Mädchen niemals tat – als erwartete das Mädchen, daß er das bei ihr machen mußte, sie aber nicht bei ihm, daß sie nehmen konnte, aber nicht geben mußte, außer, wenn sie ihm einen ganz besonderen Gefallen tun wollte; das Mädchen war sehr offen und sagte durchaus schon mal: ›Willst du vögeln?‹, wenn sie sich danach fühlte; aber das ließ nicht darauf schließen, wie sie im Bett war – das Mädchen war sich ihrer beider nicht so bewußt wie die vierundvierzigjährige Frau. Die Frau auf dem Foto. Die Dame in dem Haus für eine Million Dollar. Die Dame. Das war vielleicht der Schlüssel. Die Dame, mit einem ausgeglichenen und ruhigen Ton, die allmählich ihre Rolle ablegte, während sie sich aufeinander und nebeneinander im Bett bewegten, die ihm nichts vormachte, sondern ganz natürlich war, als er in die besondere Stelle der schlanken, gutaussehenden Dame eindrang, als er dort eindrang und die Stelle für eine Weile beherrschte, genau dort unten, an Ort und Stelle, und die Lady versuchte, ihn dort zu halten, ihn dort festzuhalten. Ja, dort. Das war etwas ganz anderes. Er war ihr so nahe, wie man einem Menschen nur nahe sein konnte, ohne sich völlig in diesen Menschen zu verwandeln, sich aufzugeben. Mann. Und sich darauf noch für – ja, für wie viele Jahre noch? – freuen zu können. Sich zu fragen, ob dies zur Debatte stand, möglich war. Vielleicht nicht. Doch zumindest fühlte er sich ihr nahe genug, um sagen zu können: »In der Zeitung haben sie dein Alter falsch angegeben.« Lächelnd.

»Sie haben eine Menge falsch gemacht«, sagte Karen, »einschließlich des Artikels selbst.«

»All die Fragen. Es war wie ein Quiz.« Er küßte ihre Schulter, ihren Hals, stellte fest, daß er feucht war. »Mir ist es egal, wie alt du bist und wie alt wir sind. Was für eine Rolle spielt das?«

»Gar keine«, sagte Karen.

Ihr Tonfall war in Ordnung, doch was hatten die Worte zu bedeuten? Spielte es keine Rolle, weil sie etwas füreinander empfanden? Oder, weil sowieso nichts daraus werden würde?«

»Ich bin fast vierzig«, sagte Maguire. »Das ist einfach eine Zahl. Vierzig, mehr nicht.«

»Warum sprichst du denn darüber?« sagte Karen.

Sie gingen hinunter und setzten sich ins Wohnzimmer. Karen holte einige Flaschen aus dem eingebauten Marmor-Barfach und mixte Drinks. Maguire suchte den Raum nach verborgenen Mikrofonen ab, die man vielleicht hinter Figuren oder Gemälden oder in dem weißen Sofa oder den Sesseln versteckt hatte. Sie sprachen über Roland, was sie vielleicht verlangen würde, ob sie ihn vielleicht dazu kriegen würde, am Telefon darüber zu sprechen; wenn sie dann vor Gericht gingen, könnten sie ihn mit seinen eigenen Waffen schlagen. Was allerdings nicht sehr wahrscheinlich war. Irgendwann, sagte Karen, sollte er sich mal die Antiquitäten und Kunstgegenstände ansehen und ihr sagen, was sie wert seien. Maguire wollte es sofort tun, doch sie gingen statt dessen hinaus, über den Rasen bis zur Mauer. Sie blieben eine Weile dort stehen, sahen zu den abgetönten Lichtpunkten der Häuser hinter dem Kanal hinüber, betrachteten die kalten Reflektionen im Wasser. Er dachte erneut an das Foto, das hier aufgenommen worden war, Karen, wie sie hier stand, die Hände auf den Hüften, die Beine etwas gespreizt, mit Sonnenhut und Sonnenbrille – die schlanke gutaussehende Frau, die neben ihm stand, nun in einem Rock, mit bloßen Füßen.

Er mochte Röcke. Er mochte die Vorstellung, einen Rock hochzuschieben, die irgendwie aus seiner Kindheit stammte; das war etwas, was man mit Mädchen machte. Sie drückte sich an ihn, als er sie küßte. Sie ließ sich auf das Gras hinabziehen, wo er ihr die Hand unter den Rock schob und ihn dann bis zu den Hüften hochzog. Gretchen kam und sprang um sie herum, schnüffelte an ihren Beinen. Maguire sagte dem Hund, er solle sich zum Teufel scheren.

Sie saßen auf dem Patio, tranken noch ein Glas; wollten sie jetzt essen gehen oder nicht? Es war seltsam, überraschte ihn, wie sie plötzlich den Hund ansprach, ihn fragte, weshalb er zu Gretchen nicht nett gewesen sei.

»Was meinst du, ich sei nicht nett zu ihr gewesen?« sagte er. »Wie kann man zu einem Hund etwas sagen, das nicht nett ist?«

»Du ignorierst sie«, sagte sie. »Bis heute abend hast du erst einmal etwas zu ihr gesagt, damals, als du zum ersten Mal hier warst; da hast du ihr gesagt, sie solle brav sein.«

»Na ja, das war doch nett«, sagte Maguire. »Was soll ich sonst zu einem Hund sagen? Ich spreche den ganzen Tag mit Delphinen, und du hast recht, normalerweise spreche ich gar nicht mit Tieren. Ich habe ihnen nicht viel zu sagen.«

»Weißt du, wer nett zu Gretchen ist?« sagte sie.

»Ich spreche mit dem Hund, wenn sich die Gelegenheit ergibt«, sagte er. »Das mache ich gern, wenn du es willst.«

»Roland«, sagte Karen. »Er kann die Hände nicht von ihr lassen.«

»Na ja«, sagte Maguire, »wenn ich du wäre, würde ich ein Auge auf ihn halten.«

Das sagte er, und sie waren wieder Freunde. Seltsam war nur, daß es wegen des Hundes zu einer kleinen Spannung zwischen ihnen gekommen war. Oder hatte er sich das nur eingebildet?

Nein, der Hund war kein Problem. Wichtig war, daß sie immer wieder auf Roland zurückkamen.

»Ich werde mich wohl mal mit ihm unterhalten müssen, was?« sagte er zu ihr. Und einen Augenblick später sagte er: »Ich habe noch gar nicht gesehen, daß du mal mit dem Hund gesprochen hast.«

13

Der Grund, weshalb Roland sechs Monate im Gefängnis Lake Butler einsaß:

Die Staatsanwaltschaft des Bezirks Dade hatte Jimmy Capotorto dreimal des Mordes zweiten Grades und einmal des Mordes ersten Grades angeklagt: die Opfer waren drei Angestellte des Supermarktes Coral Gables und ein Kronzeuge, der auf dem Parkplatz des Veteranen-Krankenhauses an Schußverletzungen verstorben war. Die Staatsanwaltschaft *wußte* zufälligerweise, daß sich der Supermarkt von Jimmy Cap Geld zu Wucherzinsen geliehen hatte. Sie hatten die schriftliche Aussage des ermordeten Kronzeugen, des ehemaligen Supermarktbesitzers, die erklärte, daß Jimmy Cap die Leitung der Firma übernommen und beschlossen hatte, das Unternehmen zu liquidieren.

Die Staatsanwaltschaft hatte ihren Kronzeugen auf dem Parkplatz des Veteranen-Krankenhauses auf der Eighteenth Street Road verloren. Doch es meldete sich ein Zeuge, der Jimmy Cap beschreiben und das Kennzeichen des zweifarbigen, roten und weißen Sedan d'Ville nennen konnte, der, kurz nachdem mehrere Schüsse gefallen waren, den Parkplatz verlassen hatte; und dies in unmittelbarer Nähe des Ordnungsamtes des Bezirks. Jimmy Caps Anwälte wiesen darauf hin, daß der erste Kronzeuge ein Drogensüchtiger war, der den Parkplatz des Veteranen-Krankenhauses aufgesucht hatte, um gestohlenes Morphium zu erwerben. Der zweite Kronzeuge war jedoch ein einbeiniger ehemaliger Marineinfanterist, der im Krankenhaus einen alten Kumpel besucht hatte. »Jawohl, Sir, das ist er«, sagte er auf dem Zeugenstand und zeigte auf Jimmy Capotorto.

Jimmy Caps Rechtsanwälte riefen Roland Crowe auf den Zeugenstand, und Roland sagte, Jimmy Cap habe den Abend mit ihm verbracht; sie hätten im Sperrbezirk auf dem Tamiami Trail eine kubanische Lady besucht. Die kubanische Dame wartete draußen, um ebenfalls als Zeuge aufgerufen zu werden, falls es nötig sein sollte.

Der Anklagevertreter zweifelte Rolands Glaubwürdigkeit an und wies auf die Tatsache hin, daß Roland wegen Mordes zweiten Grades acht Jahre in Raford eingesessen hatte – der Verteidiger erhob Einspruch, der gewährt wurde, aber die Geschworenen hatten es gehört – und fragte Roland dann, ob er auf dem Gang mit ihrem Zeugen, dem ehemaligen Marineinfanteristen, gesprochen habe. »Nein, Sir«, sagte Roland. Der Staatsanwalt fragte ihn, ob er, Roland, nicht zu dem Zeugen gesagt habe: »Du hast nur noch ein Bein. Wie würde es dir gefallen, keins mehr zu haben, wenn du redest?« Roland sagte, wenn der Marineinfanterist das behauptet habe, dann sei er ein verdammter Lügner. Der Richter warnte Roland, er solle auf seine Ausdrucksweise achten. Der Anklagevertreter beschäftigte sich weiterhin mit Roland und versuchte, ihn auseinanderzunehmen. Doch Roland blieb ganz cool. »Was Sie da sagen, Sir«, sagte er zu dem Staatsanwalt, »ist Ihre Meinung. Doch mit Meinungen ist es wie mit Arschlöchern. Jeder hat eins.«

Roland wurde wegen Mißachtung des Gerichts zu einem Jahr und einem Tag verurteilt; in der Berufung wurde die Strafe auf ein halbes Jahr reduziert. Doch er hatte diesen einbeinigen Marineinfanteristen lange genug angestarrt, daß der schließlich sagte, vielleicht habe er sich bei seiner Aussage geirrt.

Jimmy Cap erzählte seinen Freunden von der Verhandlung, beschrieb Roland auf dem Zeugenstand, beschrieb sogar Roland selbst, wie er dort gesessen habe, wie der Staatsanwalt sie mit seinem Sie-haben-das-und-das-auf-dem-Kerbholz-Scheißdreck ganz wirr im Kopf gemacht und von der eigentlichen Anklage sogar *abgelenkt* habe. Jimmy Cap hatte sogar einmal zu Roland gesagt: »He, ich schulde dir sechs Monate.«

Als Roland Jimmy Cap in seinem Büro in den Geschäftsräumen der Dorado-Management aufsuchte, sagte Jimmy Cap: »Kumpel« – und das meinte er auch so – »was kann ich für dich tun?«

»Ich wollte eigentlich Ed sprechen«, sagte Roland, »aber ich glaube, er ist verreist.«

»Dann sprich mit Vivian.«

»Vivian ist auch nicht da.«

»Ist es wichtig?«

»Wenn ich ihn nicht auftreiben kann, wird er mir den Arsch aufreißen.«

»Wenn sie beide nicht da sind«, sagte Jimmy Cap, »haben sie sich für ein paar Tage bei Vivian verkrochen. Ed sagte Clara, daß er nach Pittsburgh oder irgendeiner anderen verdammten Stadt fährt, aber sie sind oben in Keystone.«

»Ach?« Roland grinste, schob seinen Ox Bow zurück und setzte sich. »Da fällt mir was ein. Die Firma verwaltet doch ein paar Eigentumswohnungen oben in Boca, nicht wahr?«

»Oceana«, sagte Jimmy Cap.

»Und wenn ich mich nicht irre, hatte Frank DiCilia da oben eine Wohnung, die er gelegentlich mal benutzte.«

»Das stimmt.«

»Ich kann mir nicht vorstellen, daß die heute noch jemand benutzt. Die Lady auf keinen Fall; das weiß ich, weil ich sie ja beobachte. Das weißt du ja, oder?«

»Mein Gott«, sagte Jimmy Cap, »das ist 'ne komische Sache. Ed hat mir davon erzählt, und ich sagte, ›Gott im Himmel, leben wir in den verdammten Bergen Siziliens oder in Miami, Florida?‹ Die Schnecke sieht nicht schlecht aus, weißt du das?«

»Ansehen, aber nicht anfassen«, sagte Roland. »Ich hab' 'ne knakkigere und jüngere oben in Boca, die gar nicht genug kriegen kann. Die Sache ist nur, daß sie da oben Kellnerin in irgend so 'nem Bums ist. Und sie ist verheiratet, verstehst du? Sie kann sich kaum freimachen, nur mal ein paar Stunden am Abend vielleicht; aber ich weiß nicht, wo ich mir ihr hin soll. Du verstehst, was ich meine? Eine schöne Wohnung, mit der ich bei ihr ein bißchen Eindruck schinden kann.«

»Und du denkst an Franks Wohnung«, sagte Jimmy Cap.

»Wär' doch 'ne Schande, wenn die leersteht«, sagte Roland. »Ich weiß noch, ich war da mal pissen, die hat diese tolle, große Badewanne, in die man ein paar Stufen hinabsteigen muß.«

»Mach die kleine Kellnerin ordentlich naß«, sagte Jimmy Cap. »Klar, du kannst den Schlüssel haben, wenn du willst.«

»Ist ja hervorragend«, sagte Roland. Er wartete einen Augenblick. »Ach ja, hast du Vivians Privatnummer oben in Keystone?«

»Ist es wichtig?«

»Es geht um Leben oder Tod«, sagte Roland. Er grinste, doch er meinte es ernst.

»Ich muß nur mal kurz telefonieren, mehr nicht«, sagte Maguire. »Ich komme gleich.«

»Du kommst sofort in mein Büro, oder du kannst dir einen neuen Job suchen«, sagte Brad Allen.

Der Schuldirektor. Der Boß vom Ferienlager. Sag ihm, wohin er sich den Job stecken kann.

Maguire sah ihm nach, wie er davonging. Nicht mehr lang, dachte er. Er folgte Brad in das Büro unter der Haupttribüne, drei mal vier Meter, mit einem hölzernen Schreibtisch, einem Stuhl, vier gekalkten Wänden, die mit Fotos von Brad Allen und Delphinen bepflastert waren – Brad & Pepper, Brad & Dixie, Brad & Bonnie, Brad, wie er Dutzende verschiedener Delphine mit einprägsamen Namen, die für Maguire alle gleich aussahen, fütterte, tätschelte, küßte, vorstellte, ermahnte oder lobte.

Brad, der schon saß, blickte zu Maguire hoch, der in der Rührt-Euch-Stellung vor ihm stand, und sagte: »Also gut, das ist der neue Programmablauf. Bist du soweit?«

»Ich bin soweit«, sagte Maguire.

»Wenn wir mit der ersten Delphin-Show anfangen, sind die meisten Leute gerade erst gekommen. Richtig?«

»Richtig.«

»Du sagst also: ›Haben Sie schon die neue Attraktion unserer Show gesehen – Willy, den Pinguin?‹«

Großer Gott, dachte Maguire.

»Dann drehst du dich um, als würdest du den Pinguin suchen. Du siehst ihn natürlich nicht und wendest dich wieder ans Publikum. ›Das ist das Problem mit Willy – bei diesen Temperaturen schmilzt er einfach weg‹, sagst du und wartest die Lacher ab. ›Aber wissen Sie, wie wir Willy bekommen haben?‹ sagst du dann. ›Ein Polizist hat ihn uns gebracht. Ja, ein Polizist, und zwar der, der auf der Northeast Twenty-ninth Street den Verkehr regelt. Und wissen Sie, wie der Polizist an den Pinguin gekommen ist?‹ Du wartest wieder einen Augenblick ab, und dann sagst du: ›Das war so. Der Polizist stand also auf der Kreuzung und regelte den Verkehr, als plötzlich ein Mann vorbeikam, mit Willy, unserem Pinguin, an der Leine. Dem Polizisten fielen beinahe die Augen aus dem Kopf; das kann doch nicht wahr sein, dachte er, und winkte den Mann zu sich. Was machen Sie denn hier mit einem Pinguin?‹ fragte er ihn. ›Keine Ahnung‹, sagte der Mann, ›der Pinguin ist mir einfach zugelaufen, und jetzt weiß ich nicht, was ich mit ihm machen soll.‹ – ›Na, gehen Sie doch mit ihm zum Zoo‹, sagte der Polizist. ›Eine gute Idee‹, sagte der Mann, und jetzt muß sich dein Gesicht aufhellen, als wäre dir gerade die Erleuchtung gekommen. Und dann sagst du: ›Am nächsten Tag kam der Mann mit dem Pinguin wieder vorbei. Der Polizist winkte ihn natürlich sofort zu sich. ›Ich habe Ihnen doch gesagt, Sie sollen mit dem Pinguin zum Zoo gehen‹, sagte er. Und der Mann sagte: ›Da waren wir gestern auch; und heute gehen wir ins Kino.‹ Und dann wartest du wieder die Lacher ab und sagst dann: ›Na ja, und so kamen wir zu Willy.‹« Brad Allen grinste. »He? Was hältst du davon?«

»Kann ich mal telefonieren?« sagte Maguire.

»Wie geht s dir, Karen?«

»Wer spricht dort?«

»Du weißt, wer hier ist.«

»Mal überlegen. Bist du es, Howard?«

»Hör' schon auf ...«

»Du kannst auch keinen Scherz vertragen, was?«

»Na ja, ich hatte mal Sinn für Humor, aber der ist mir abhanden gekommen, als mir ein paar Scherzkekse mal Zucker in den Benzintank meines Wagens geschüttet haben.«

»Wo bist du?«

»In der Arbeit. Hör zu, wollen wir uns heute abend treffen?«

Stille. Karen fragte sich, was sie sagen sollte.

»Im Yankee Clipper. Nein, ich versuche, dich so gegen acht abzuholen, und dann fahren wir zusammen hin. Einverstanden?«

Zögernd: »Einverstanden.« Eine Pause. »Bist du sicher?«

»Ja, da ist jemand, den ich sprechen will. Also, ich hole dich dann ab.«

»Ich verstehe«, sagte Karen.

Jesus Diaz hatte Lionel Oliva zum Abbey Hospital gefahren, wo man ihm mit dreizehn Stichen eine Platzwunde am Kopf und mit vier eine an der Unterlippe nähte. Tags darauf saßen sie am frühen Abend im Centro Vasco; Jesus aß etwas, und Lionel Oliva trank Bier, und spülte den geschwollenen Riß in seinem Mund damit, als Roland hereinkam. »Was ist los mit ihm?« sagte Roland.

»Er hat sich den Kopf gestoßen«, sagte Jesus.

»Holt nach dem Essen das Band ab und bringt es mir vorbei«, sagte Roland.

Jesus sah zu Roland auf und sagte: »Ich fahre nach Kuba.«

»Was soll das heißen, du fährst nach Kuba? Scheiße, niemand fährt nach Kuba. Das ist gegen das Gesetz.«

Jesus war Kuba in diesem Augenblick eingefallen. Wenn er nicht nach Kuba fahren würde, dann irgendwo anders hin. »Man kann jetzt nach Kuba fahren«, sagte er. »Ich muß meine Mutter besuchen. Sie liegt im Sterben.«

»Mann, Scheiße«, sagte Roland. »Ich hab' was anderes zu tun, ich muß rauf nach Hallandale ...« Roland runzelte die Stirn. Ihm gefiel das nicht. »Wann kommst du zurück?«

»Keine Ahnung«, sagte Jesus. »Das hängt davon ab, wie lange sie es noch macht.«

»Na ja, hör' zu, du holst das Band ab und bringst es mir vorbei, bevor du nach Kuba fährst. Und vergiß es nicht, klar?« Roland drehte sich um und verließ das ruhige, fast leere Restaurant wieder.

»Wo hat er nur diesen Anzug aufgetrieben?« sagte Lionel Oliva, ohne die Lippen zu bewegen. »Der tut einem ja in den Augen weh.«

Jesus Diaz beobachtete Roland noch immer, den Hut, die hohen runden Schultern, das Licht hinter ihm, als er durch den Eingang trat.

»Ich würde ihm gern eine knallen«, sagte Jesus. »Ehrlich, weißt du? Wenn ich nur an ihn herankäme.«

»Wann fährst du nach Kuba?« fragte Lionel Oliva.

»Zum Teufel mit Kuba«, sagte Jesus. »Mann, ich würde ihm gern mal eine knallen. Und ich hätte gern noch einen Tom Collins.«

Roland gefiel die Aussicht, die man von Arnold Rapps Balkon hatte, viel besser als die, die man von seiner Wohnung aus hatte. Man konnte direkt auf den Swimmingpool und einige Palmen hinabsehen oder den Kopf eine Winzigkeit drehen, und da war dann der Atlantik. Die Dinge lagen doch völlig falsch: Hier war Arnold, der einem Nervenzusammenbruch nahe war, aber die gute Aussicht hatte. Roland jedoch, der die Welt im Augenblick fest im Griff hatte, mußte sich mit einem beschissenen Blick auf den Ozean begnügen, den man nur hinter einer Straße und ein paar Häusern ausmachen konnte.

»Du kommst nicht genug an die frische Luft«, sagte er zu Arnold. »Sieh dich doch mal an.«

»*Mich* mal ansehen?« sagte Arnold. »Wie soll ich denn an die frische Luft kommen, ich hänge den ganzen Tag an dem verdammten

Telefon. Wissen Sie, was ich gerade mache? Ich leihe mir Geld, um Himmels willen, hundert Riesen, von einem Typ, den ich in New York kenne – wenn er jetzt hier wäre, würde ich ihn küssen, ich würde ihm einen blasen, er rückt mit dem Geld rüber. Das mache ich gerade, mich immer tiefer in die Scheiße reiten, damit ich mir genug Zeit kaufen kann, ein paar Deals durchzuziehen. Und ich soll an die frische Luft gehen?«

»Hast du das Geld für diese Woche?« fragte Roland.

»Was reden Sie denn da von Geld? Ich schulde es Ihnen erst am Freitag.«

»Ein paar Tage, was macht das schon?«

»Machen Sie Witze? Fast acht Riesen am Tag, Mann; Sie können sich gar nicht vorstellen, was das ausmacht.«

»Ed befürchtet, du willst nicht mehr bezahlen.«

»Das befürchtet er, was?«

»Er glaubt, du würdest dich eines schönen Tages an Bord eines Flugzeugs setzen«, sagte Roland. »Er meint, wir sollten die Sache regeln. Also sagte er, geh mal zu Arnie, sieh zu, daß die Sache klarkommt.«

»Daß was klarkommt? Großer Gott, jetzt warten Sie mal ...«

Roland griff unter seine Anzugjacke und holte einen .45er Smith & Wesson-Revolver mit einem Sechseinhalb-Zoll-Lauf hervor, eine jener Waffen, die er gern bei solchen Aufträgen benutzte.

»Jetzt kommen Sie schon ... Mein Gott, stecken Sie das Ding weg.«

Auf Arnold gerichtet, der auf der Couch war, verdeckte der große Smith Arnolds Gesicht und den halben Oberkörper. Roland griff zu dem Stuhl neben ihm hinab und hob ein Satinkissen hoch. Er hielt es vor die Mündung und zeigte Arnold auf diese Art, wie er ihn umbringen würde, während er auf ihn zuging; der arme kleine Kerl drückte sich gegen die Couch, konnte nicht davonlaufen, sah aus, als würde er gleich heulen.

»Ich werde Sie bezahlen. Mann, ich *bezahle* Sie doch, habe ich Sie nicht bezahlt? Ich hab' schon etwas Geld aufgetrieben, das können Sie haben.«

»Schließ die Augen, Arnie.« Roland nahm das Kissen herunter, damit Arnie in die Mündung des .45ers sehen konnte, die sich wie ein Tunnel vor seinem Gesicht öffnete.

»Schließ deine kleinen Augen, sag schön auf Wiedersehen.«

Diese wilden, hektischen Augen, der Revolver direkt vor seinem Gesicht.

»Bist du soweit?« sagte Roland. »Mach sie ganz fest zu.«

Arnold griff nach dem Lauf, schob und zog daran, rollte sich über das Satinsofa. Roland schrie irgend etwas, sein Finger verklemmte sich im Abzugsbügel; als er wieder freikam, hielt er ihn fest, der Finger tat schrecklich weh, und dann richtete Arnold die Waffe auf ihn, richtete sie direkt auf seine Brust, und Arnold schloß die Augen, die blöde Sau, während er den Smith mit beiden Händen hielt und den Abzug durchzog.

Klick.

Er zog ihn noch einmal durch.

Klick.

Und wieder und wieder.

Klick, klick.

Roland grinste.

Arnold beugte sich vor und fing an zu weinen.

Roland nahm ihm den Revolver ab, hielt ihn mit dem Daumen und zwei Fingern am mit Nußbaum beschlagenen Griff und schob ihn wieder in die Innentasche seiner Anzugjacke. Er schlug Arnold leicht auf die Schulter.

»Ist heute nicht dein Tag, was, Arnie? Komm raus auf den Balkon.«

Arnold wich vor ihm zurück, den Mund häßlich verzogen, als er weinte, ohne dabei ein Geräusch von sich zu geben.

»Du Blödmann, ich werf' dich schon nicht runter. Wir setzen uns an die frische Luft, während ich dir sage, wie du wiedergeboren werden kannst.«

»Ich verstehe nicht, wieso ich ihn hier nicht irgendwo treffen kann«, sagte Arnold. Er seufzte, doch sein Atem ging allmählich wieder normal.

Der arme kleine Kerl, er hatte Rotz und Wasser geheult. Roland reichte ihm ein großes, weißrot geflecktes Taschentuch.

»Du hast die Drogenfahndung am Arsch, du Blödmann. Ed will das Risiko nicht eingehen, hier mit dir gesehen zu werden.«

»Aber ich sehe nicht ein, warum es ausgerechnet Detroit sein muß.«

»Arnie, mir ist es scheißegal, was du einsiehst und was nicht. Ed hat gesagt, er will dich dort treffen.«

»Wann?«

»Morgen, vielleicht übermorgen. Du quartierst dich im Flughafen-Hotel ein und wartest auf den Anruf. Ed wird sich mit dir in Verbindung setzen.«

»Ja, aber wann?«

»Wann er dazu Lust hat, du Blödmann.« Scheiße, vielleicht sollte er die ganze Sache vergessen und den Mistkerl vom Balkon werfen.

»Und dann?«

»Dann fährst du irgendwohin und erklärst ihm deinen Vorschlag.«

»Was für einen Vorschlag?«

»Gott im Himmel, du wolltest Ed doch überreden, dir noch ein paar Lieferungen zu finanzieren, und er könnte den gesamten Gewinn einstreichen. Hast du mir das nicht erzählt?«

»Ja, klar. Ich war mir nicht sicher.«

»Hör zu, du Granate, wenn du uns verscheißern willst, kannst du was erleben. Du hast ihm doch einen Vorschlag zu machen?«

»Machen Sie sich darüber keine Sorgen.«

Roland freute sich, daß allmählich wieder Selbstvertrauen in Arnolds Stimme zurückkehrte. Der kleine blöde Kerl. Er holte einen zusammengefalteten Umschlag der Fluggesellschaft Delta aus der Jackentasche und gab ihn Arnold.

»Das ist dein Flugschein. Morgen Mittag. Du fährst mit deinem Jaguar zum Flughafen, ja? Nummernschild ARN-268?«

»Ich nehme mir lieber ein Taxi.«

»Nimm den Jaguar«, sagte Roland, »für den Fall, daß dir jemand folgen und sich überzeugen will, daß du wirklich zum Flughafen fährst und nicht in den großen Sümpfen untertauchen willst.«

»An der Sache ist was komisch«, sagte Arnold.

»Okay, du Arschloch«, sagte Roland, »vergessen wir es eben. Ich komme dann in zwei Tagen und hole die Zinsen ab. Und ich komme nächst Woche, und übernächste ...«

»Es ist nur ein klein bißchen komisch«, sagte Arnold. »Ich meine, so komisch nun auch wieder nicht. Ganz und gar nicht so komisch wie der Scheiß, den Sie mit dem Revolver durchgezogen haben. Sie haben einen ziemlich seltsamen Sinn für Humor, wenn ich das sagen darf.«

»Das darfst du ruhig sagen«, entgegnete Roland. »Wir beide haben uns doch nur ein Späßchen erlaubt, nicht wahr?«

Martas Bruder, Jesus, kam kurz nach sieben, während Mrs. DiCilia oben war, um die Kassette abzuholen. Er sagte, dies sei das letzte Mal. Endgültig.

Marta fragte ihn, ob er getrunken habe. Er sagte, ja, mit Lionel Oliva. »Warum machen wir das?« fragte er. »Warum sollen wir der Frau das Leben schwermachen? Was hat sie uns getan? Warum sollten wir sie hereinlegen?« Marta hörte zu. »Schluß damit«, sagte Jesus. »Du bist betrunken«, antwortete Marta. »Und was ändert das? Schluß damit. Ich arbeite nicht mehr für Roland. Wie kann man für Roland arbeiten und noch Selbstachtung haben?«

»Ich gebe dir doch nur die Kassetten«, sagte Marta, »sonst nichts.«

»*Schluß damit*!« sagte Jesus. »Du denkst doch genauso wie ich.« (Was der Wahrheit entsprach.) »Also Schluß damit. Ich gehe fort. Aber wenn ich fortgehe ...«, sagte Marta. »Ich gehe fort, um nichts mehr mit Roland zu tun haben zu müssen. Du mußt nicht fortgehen. Sprich mit der Frau. Hilf ihr.«

»Wohin gehst du?« fragte sie ihren Bruder.

»Nach Kuba«, antwortete er.

»Warum bringst du ihm dann noch diese Kassette?« sagte Marta.

»Wenn ich sie ihm bringe und ihn noch mal sehe«, sagte Jesus, »habe ich vielleicht den Mut, ihn zu erschießen. Vielleicht auch nicht. Aber ich glaube, ich gehe nach Kuba.«

Um fünf vor acht kam dann der Mann namens Maguire mit Mrs. DiCilias Wagen.

Marta nahm an, Mrs. DiCilia würde mit ihm ausgehen, doch die beiden sprachen im Garten ein paar Minuten miteinander, und dann fuhr der Mann wieder fort. Mrs. DiCilia kehrte ins Haus zurück und ging in das Zimmer hinauf, das Mr. DiCilias Büro gewesen war, direkt neben dem großen Schlafzimmer. Mrs. DiCilia war heute mehrere Stunden lang in der Stadtbibliothek gewesen – das hatte sie Marta zumindest gesagt – und hatte nach ihrer Rückkehr den größten Teil des Tages in diesem Zimmer verbracht.

Marta blieb fast eine Stunde in ihrem Zimmer und redete sich ein, es sei nichts Schlechtes, Mrs. DiCilias Anrufe aufzunehmen; es sei zu ihrem eigenen Schutz – das hatte man ihr nämlich gesagt –, um schlechte Männer von ihr fernzuhalten. Doch wenn die Männer, die sie beschützen sollten, schlechter waren als die, die sie fernhielten – wenn sie *das* wußte ... Ja, dann konnte sie Mrs. DiCilia sagen, sie habe es gerade erst herausgefunden oder gemerkt, daß das Telefon abgehört wird. Kein Geständnis, sondern eine Entdeckung. Das war der große Unterschied. Denn dann würde Mrs. DiCilia ihr vertrauen und hatte keinen Grund, sie zu feuern. Marta wollte Mrs. DiCilia helfen. Doch in erster Linie wollte sie ihren Job behalten.

Sie ging hinauf zu dem Büro, wo Mrs. DiCilia am Schreibtisch saß, in der einen Hand das Telefon und in der anderen eine Schere.

Etwas an dem Zimmer hatte sich verändert. Die weißen Wände waren kahl. Die eingerahmten Fotos von Mr. DiCilia und anderen Männern – Mr. DiCilia schüttelte ihnen die Hand oder stand lächelnd neben ihnen – waren verschwunden. Die Missus hatte sie abgenommen.

Marta wartete.

Mrs. DiCilia sprach mit jemand namens Clara, sagte, in Ordnung, sie würde ihn also übermorgen anrufen.

Auf dem Schreibtisch lagen Zeitungen und Artikel, die sie aus Zeitungen ausgeschnitten hatte, Bilder aus der Zeitung und aus Zeitschriften, anscheinend Bilder von Mrs. DiCilia.

Mrs. DiCilia fragte, ob Clara die Telefonnummer von Vivian Arzola habe.

Marta sah auf die Bilder auf dem Schreibtisch und dachte: Es wird abgehört. Das Telefon. Roland wird kommen, um das Band zu holen, und – was sollte sie ihm sagen?

Kleine Schwarzweißschnappschüsse lagen auf dem Schreibtisch und Bilder von einer anderen Frau, nicht von Mrs. DiCilia, die wie Fotokopien aussahen und zerknickt und verblichen waren.

Mrs. DiCilia sagte, sie würde versuchen, Vivian im Büro anzurufen, und dankte der Frau namens Clara.

Mrs. DiCilia legte den Hörer auf und sah Marta an.

»Ja?«

»Ich möchte Ihnen bitte etwas sagen«, sagte Marta.

»Wo bekommt man so einen Cowboy-Hut?«

Roland drehte den Kopf und sah Maguire auf dem Barhocker neben ihm an. »Mitten in der Innenstadt von Miami«, sagte er. »Da gibt es einen Laden für Westernkleidung.«

»Und Westernausstattung«, sagte Maguire. »Wenn ich mich nicht irre, ist das wohl ein Ox Bow.« Wie er in Bill Bullocks Geschäft in Aspen im Schaufenster gehangen hatte.

»Richtig«, sagte Roland, berührte die geschwungene Krempe mit dem Finger und musterte Maguire erneut, einen Mann, der etwas von Hüten verstand.

»Aber den Anzug haben Sie nicht da gekauft«, sagte Maguire.

»Nein, der Anzug wurde in der Republik China für mich angefertigt«, sagte Roland.

Maguire schüttelte den Kopf. »Ehrlich?«

»Ja, drüben in Taiwan. Das kostet 'ne Kleinigkeit, aber wenn man es bezahlen kann ...«

»Ich weiß, was Sie meinen.«

»... dann hat man wirklich einen hervorragenden Anzug.« Rolands Kinn ruhte auf seiner Schulter, als er Maguire betrachtete. »Ich wette, ich weiß, woher Sie kommen. Aus dem Westen.«

»Woher wissen Sie das?« sagte Maguire und legte eine Spur von seinem heimischen Akzent in seine Stimme.

»Ich höre es heraus. Was meinen Sie, woher ich komme?«

»Na ja, ich würde sagen, auch aus dem Westen«, sagte Maguire. »Keine Ahnung. Mal überlegen ... Vegas?«

Roland richtete sich auf und sah die Bar mit ihren Flaschen und den Bullaugen mit dem beleuchteten Wasser dahinter entlang. »Barkeeper, würden Sie uns bitte noch ein Glas bringen.« Dann, zu Maguire: »Was trinken sie?«

»Rum«, sagte Maguire.

»Eine Karibik-Pisse«, sagte Roland zu dem Barkeeper, »und einen Wild Turkey. Las Vegas, was? Scheiße, nein, ich komme direkt hier aus Florida.«

»Dann«, sagte Maguire, »sind Sie Viehzüchter? Diese Zebus mit dem Buckel?«

»Nee, ich war in der Baubranche, Landerschließung. Davor habe ich drüben in Big Cypress Touristen auf die Jagd und zum Fischen geführt. Diese Blödmänner, die von nichts 'ne Ahnung haben, die das eine Ende vom Boot nicht vom anderen unterscheiden können.«

»Drüben bei Miccosukee, wette ich«, sagte Maguire.

»Nahe dran, aber weiter im Westen, am Turner River.«

»Da bin ich mal durchgefahren«, sagte Maguire, »und ich habe an diesem Schuppen an der Tamiami gehalten, um eine Tasse Kaffee zu trinken.«

»Ach.«

»Dieses kleine Restaurant, ganz allein da draußen. Die Besitzerin war vielleicht fünfunddreißig und sah ganz gut aus. Sie bringt mir den Kaffee, ich sitze an der Theke, und sie zieht dann einen Stuhl vom Tisch weg und setzt sich.«

»Ach.«

»›Ich liebe Tiere‹«, sagt sie. »›Es zerreißt mir das Herz, wenn eins überfahren wird. Am meisten mag ich Kuhstare‹, sagt sie. ›Die haben die schönsten Augen.‹ Sie hat einen ganz verträumten Ausdruck auf dem Gesicht, wie sie mir da gegenübersitzt. ›Ihre kleinen Köpfe gehen immer hin und her, genau so‹, sagt sie und zeigt mir, wie sie hin und her gehen. ›Immerzu picken sie; sie picken 'ne Menge Bremsen raus.‹«

»Das stimmt«, sagte Roland, »das machen sie.«

»Sie sitzt da, und ich sage zu ihr: ›Sind Sie ganz allein.‹ – ›Ja, ich bin allein‹, sagt sie. Ich sage: ›Wohnen Sie auch hier?‹ Sie sagt: ›Ja, ich wohne hier.‹ Ich sage: ›Wollen Sie mit mir ins Schlafzimmer gehen?‹ Und sie sagt: ›Ist mir egal.‹«

Roland schlug mit seiner großen Hand auf die Kante der Bar. »Ja, ich weiß, wo das war.«

»Wir gehen ins Schlafzimmer«, sagte Maguire, »und sie sagt die ganze Zeit über, während wir bumsen, kein Wort. Wir ziehen uns an, gehen wieder raus, sie gießt mir noch 'ne Tasse Kaffee ein und setzt sich wieder auf den gleichen Stuhl mitten im Café.«

»Ja.«

»Hat jetzt seit zwanzig Minuten kein Wort mehr gesagt.«

»Ich weiß.«

»›Wir haben mal einen kleinen Papagei gefunden, der von einem Auto überfahren wurde‹, sagt sie. ›Wir haben ihn aufgepäppelt und im Badezimmer gehalten, damit er es warm hatte. Aber er ist im Waschbecken ertrunken.‹«

Roland schüttelte den Kopf. »Jesus«, sagte er, »ich kenne sie, und hundert andere, die genauso sind.« Er öffnete die Augen, setzte einen nichtssagenden Gesichtsausdruck auf, drehte den Kopf, um sich gemächlich umzuschauen, und sagte mit hoher Stimme: »Ja, ich war mal unten in Monroe Station, mal überlegen, vor fünf Jahren war das, um da unten ein paar Welse zu jagen. Ein verdammtes Kaff ist das, drei Kilometer von der Straße entfernt. Mann, ich mußte da verschwinden, bevor ich Moos ansetzte.«

»Das ist nicht gerade die Goldküste«, sagte Maguire. »Da unten kann man doch nichts verdienen, oder?«

»Wenn man gut drauf ist, macht man da unten im Sumpf dreifünf das Jahr. Das verdient man hier in der Woche, und am Wochenende kann man sich noch ausschlafen.«

»Ich kann mir schon vorstellen, daß Sie wissen, was Sie tun«, sagte Maguire.

»Da können Sie Gift drauf nehmen«, sagte Roland. »Im Augenblick brüte ich gerade ein Geschäft aus, wenn das klappt, kann ich mich für den Rest meines Lebens zur Ruhe setzen.«

»Worum geht es denn, um Land?«

»Land, das könnte man sagen«, sagte Roland. »Land, ein Haus, ein Treuhandfonds.« Roland sah über seine Schulter und musterte die Gäste an den Tischen.

Maguire betrachtete das zerfurchte, wettergegerbte Gesicht des Mannes aus der Nähe und stellte sich dabei vor, wie er in dieses Gesicht trat und die Haut aufplatzte. Als würde er einen Alligator treten. Aber man mußte es anders machen, man mußte einen Freund draußen im Wagen warten haben. Man mußte den großmäuligen Roland beschimpfen, bis er sagte, komm, geh'n wir mal raus. Dann mußte er auf den Parkplatz vorgehen und abzischen, und wenn Roland dann rauskam, mußte der Freund den Wagen anlassen und ihn einfach überfahren.

»Erwarten Sie jemand?« sagte er.

»Ja, ich wollte mich mit ein paar Leuten treffen«, sagte Roland. »Irgend so'n Scheißkerl macht mir Schwierigkeiten. Aber wenn sie nicht bald aufkreuzen, bin ich verschwunden.«

Es wurde allmählich brenzlig. »Ich werde dann auch gehen«, sagte Maguire. »Außer, ich kann Ihnen noch einen ausgeben.« Er wollte allmählich hier raus.

»Na ja, noch einen«, sagte Roland und drehte sich wieder zu der Bar um. Als er die Bullaugen sah, das erleuchtete Wasser, grinste er. »Wissen Sie, was irre wäre? Man müßte eines dieser Fenster einschlagen. Stellen Sie sich mal vor, wie das ganze Wasser aus dem

Swimmingpool hier reinfließt« – er grinste, hatte Spaß an der Vorstellung – »und die Leute springen auf, versuchen rauszukommen, und das Wasser strömt über ihr Abendessen.«

»Ja, das wäre irre«, sagte Maguire. »Allen Gästen wird das Abendessen naß.«

15

Als das Telefon klingelte, sah Vivian Ed Grossi an. Ed hatte ihre Privatnummer. Jimmy Cap hatte ihre Nummer. Ihre Mutter in Homestead hatte sie. Eds Anwalt ...

Ed hörte, wie sie mit zögernder Stimme antwortete und einen Augenblick mit dem Anrufer sprach, wer es auch sein mochte. »Was?« sagte sie dann. »Wovon sprechen Sie? Ich habe sie Ihnen nicht gegeben ... ich nicht.«

Ein energisches Mädchen. Sehr sanft und freundlich zu ihm, doch energisch, wenn sie andere Leute von ihm fernhalten wollte. Seit zwölf Jahren arbeitete sie für ihn; am Anfang war sie nur jemand, mit der man ins Bett gehen konnte, eine gutaussehende, junge kubanische Schnecke; aber zu intelligent, um ganz unten zu bleiben. Im Prinzip intelligenter als er selbst oder jeder andere in der Organisation; aber ein ziemlich schwaches Selbstvertrauen, weil sie als Landarbeiterin eingewandert war und sich manchmal von Leuten mit lauter Stimme einschüchtern ließ. Das mußte sie noch lernen: Lautstärke war nicht gleichbedeutend mit Stärke oder Macht. Obwohl sie selbst manchmal ziemlich laut werden konnte und es zu funktionieren schien.

Er kam ganz gern hierher, um ein paar Tage mit Vivian allein zu sein. Um einmal in Ruhe nachzudenken. Um mit Blumen bedruckte Hemden und Bermudashorts tragen zu können. Um Investmentgeschäfte mir ihr zu besprechen. Um ihr Dinge aus seiner Vergangenheit zu erzählen, die er sonst niemand erzählt hatte, ganz bestimmt nicht seiner Frau, Clara. Um mit Vivian ins Bett zu gehen. Gebratene Bananen zu essen. Dope mit ihr zu rauchen, was er nirgendwo sonst tat, nur hier. Erst seit zwölf Jahren. Und doch schien es schon eine Ewigkeit her zu sein, daß er Vivian kannte; wenn er zurückblickte, schien er einen ganz anderen Menschen namens Ed Grossi zu sehen.

Sie brachte ihm das Telefon zu seinem Lieblingssessel; er hatte seine dünnen, nackten Beine auf ein dazu passendes Sitzkissen ausgestreckt.

»Es ist Roland.«

Er sah ihr mißmutiges Gesicht, hörte dann Rolands sonnige Stimme: »Ed, he, ich hoffe, ich halte Sie nicht von irgendwas ab, Partner, aber ich habe hier ein kleines Problem.«

Er kam mit einem Problem, ließ es aber so klingen, als sei es gar nichts. Dann wurde er ernster, und in seiner Stimme schwang fast Schmerz mit; gottverdammt, er wisse nicht, wie er die Sache angehen sollte, und wollte, daß Ed ihm helfen sollte, wenn er nicht zu beschäftigt war und sich eine Weile loseisen konnte.

Vivian blieb stehen, setzte sich nicht, versuchte, Eds Gesichtsausdruck zu deuten, der ihr nichts verriet, und etwas aus seinen kurzen Worten und Fragen zu erfahren. Es ging um Karen DiCilia. Als er schließlich sagte: »In Ordnung, ich werde da sein«, nahm sie das Telefon entgegen und legte auf.

»Wo sein?« sagte Vivian.

»In Boca. DiCilias Apartment.«

»Er hat mir gesagt, ich hätte ihm diese Nummer gegeben«, sagte Vivian. »Das habe ich aber nicht. Ich weiß, daß ich sie ihm nicht gegeben habe. Was hat er da zu suchen?«

»Er sagt, Karen sei betrunken gewesen, habe laut mit einer Reporterin gesprochen, versucht, eine Szene zu machen. Also hat er sie in das Apartment gebracht.«

»Was? Warte mal.« Vivian stellte das Telefon auf den Boden und setzte sich auf die Kante des Sitzkissens. »Wo war das, in Boca?«

»In einem Restaurant, sagte er. Roland ist ihr gefolgt – es sah so aus, als würde sie sich mit jemand treffen, und dann stellt er fest, daß diese Frau eine Reporterin oder Journalistin oder so was ist.«

»Ach?«

»Aber er meint, Karen sei schon betrunken gewesen, bevor sie in dem Restaurant eintraf.«

»Trinkt sie viel?«

»Keine Ahnung, vielleicht.«

»Ruf sie zu Hause an«, sagte Vivian.

»Was meinst du, ruf sie an? Sie ist in dem Apartment.«

»Woher weißt du das so genau?«

»Ich habe ihre Stimme gehört. ›Einen Moment, sie hat grade was gesagt‹, sagte Roland. Dann sagte er, sie müsse sich übergeben und sei ins Badezimmer gegangen.«

»Was für ein Restaurant war das?« fragte Vivian.

»Das hat er nicht gesagt.«

»Du wirst langsam alt.«

Grossi sah sie an, ohne etwas zu sagen.

»Es tut mir leid«, sagte Vivian. »Rufen wir ihn zurück und finden das mit dem Restaurant heraus.«

»Warum?«

»Ruf dort an und frage nach, ob ihr Wagen dort steht. Er sagt, er habe sie in die Wohnung gefahren. Warum dorthin? Warum nicht nach Hause?«

»Er sagt, dort würde die Reporterin sie wahrscheinlich erwarten. Er sagt, Karen würde ihr alles erzählen, wenn ich nicht zuerst mit ihr spreche. Gott noch mal, Vivian, was ist das nur für eine Scheiße.«

»Rufen wir ihn zurück«, sagte Vivian.

»Es ist eine Geheimnummer. Ich kenne sie nicht.« Ed Grossi erhob sich aus dem Sessel und ging ins Schlafzimmer.

»Ich kann ins Büro fahren und sie holen«, rief Vivian ihm nach. »Vierzig Minuten.«

Nach einem Augenblick erschien Grossi ohne die Bermudashorts, in gestreiften Unterhosen, in der Schlafzimmertür. »Du kannst mich fahren.«

»Ruf bei ihr zu Hause an«, sagte Vivian. »Vergewissere dich, daß sie nach Boca gefahren ist.«

Grossi hatte Geduld mit Vivian, weil er sie verstand. »Ich habe am Telefon ihre Stimme gehört. Sie ist in der Wohnung, und wir fahren zu der Wohnung. Okay?«

»Ich habe ihm diese Nummer nicht gegeben«, sagte Vivian. »Ich weiß genau, daß ich ihm die Nummer nicht gegeben habe.«

Wenn Ed oder Vivian zurückrufen sollten, würde Roland ›Einen Augenblick!‹ sagen und die Hand über die Sprechmuschel halten. Dann würde er sagen: ›Scheiße, jetzt ist sie eingeschlafen.‹

Oder er würde wieder den Kassettenrecorder einschalten und ihnen einer der Sätze vorspielen, die er von der gestrigen Kassette überspielt hatte; das Gespräch mit der Reporterin, die angerufen hatte, war wie geschaffen dazu.

Roland schaltete den Recorder ein, um es noch mal zu hören.

»Warum stellen Sie mir ständig Fragen, wenn Sie doch wissen, was ich sagen werde? Lassen Sie sich etwas anderes einfallen.«

Roland würde zuerst sagen: ›Mrs. DiCilia, würden Sie bitte mir Mr. Grossi sprechen?‹

Dann würde er den Recorder einschalten und den Telefonhörer daran halten.

»Warum stellen Sie mir ständig Fragen, wenn Sie doch wissen, was ich sagen werde?«

Vielleicht würde er an dieser Stelle unterbrechen. Dann würde er zu ihnen sagen, ›sie will mit niemandem sprechen. Sie kommen besser selbst, vielleicht werden sie mit ihr fertig‹.

Roland gefiel der Oceana-Gebäudekomplex. Alles moderner, größer als Arnolds Wohnung, eine hervorragende Aussicht und diese tiefe, in den Boden eingelassene Badewanne. Vielleicht lief ihm ja wirklich eine nette Cocktail-Kellnerin über den Weg. Er konnte sie hierher mitnehmen, wenn er nicht mit Karen beschäftigt war. Oder auch, wenn Karen hier war. In die Badewanne paßte man bequem zu dritt.

Roland ging zum Schrank neben der Eingangstür, in dem er die Anzugjacke aufgehängt hatte. Er nahm den großen .45er Smith aus der Innentasche und legte ihn auf die Hutablage des Schranks, schob ihn an die Rückwand. Er ließ die Anzugjacke dort hängen, behielt jedoch den Ox-Bow-Strohhut auf, schob ihn zurecht, daß er wie eine Soldatenmütze ein wenig schräg saß. Man hatte ihn schon des öfteren gefragt: »Nehmen Sie den Hut niemals ab?« Er sagte dann immer: »Mal überlegen. Ja, ich nehme ihn ab, wenn ich mir die Haare wasche.« Dann wartete er einen Augenblick und tat so, als würde er nachdenken, bis man ihn fragte: »Na ja, und sonst nehmen Sie ihn nie ab?« Und dann sagte er: »O ja, jeden Sonntag, wenn ich in die Kirche gehe.«

Im letzten März war es elf Jahre her, daß Roland ernsthafte Schwierigkeiten wegen seines Hutes bekommen hatte. Damals hatte er für einen Subunternehmer im Straßenbau gearbeitet, irgendwo am Fakahatchee-Strand an der Westküste, und war in dieses Restaurant in Naples gegangen, um einen Happen zu essen. Damals hatte er einen weißen Stetson getragen, der aussah wie die, die die Rodeoreiter immer trugen, an den Seiten hochgebogen, aber vorn ziemlich flach. Ein paar Jungs aus dem College, die dort ein Bier tranken, sahen zu ihm hinüber, wie er mit dem Hut auf dem Kopf aß. Er wußte, daß sie dumme Bemerkungen machten, kicherten und lachten, ein paar blöde Kerle, die Sweat-Shirts mit den Aufdrucken von Universitäten und Nummern darauf trugen. Als sie gingen, blieb Nummer 79 an Rolands Tisch stehen, stand dort mit seinen muskulösen Schultern und Armen, die Hände auf den Hüften, und sagte: »Hast du immer deinen Hut auf, wenn du ißt?« Die anderen hinter ihm kicherten sich noch einen. »Laß mich in Ruhe, Junge, oder du endest im Salat«, sagte Roland zu 79, ohne von seinem Essen aufzublicken. Nummer 79 griff nach Rolands Hut, bekam eine Gabel in den Unterarm und stieß ein Heulen aus, als Roland ihn in die Salatbar warf, wobei der Junge durch die Glasscheibe flog. Er mußte im Krankenhaus mit zahlreichen Stichen genäht werden, fast so viel, wie für sein völlig zerrissenes Sweat-Shirt nötig waren. Roland bekannte sich der schweren Körperverletzung schuldig, bekam ein Jahr auf Bewährung und bezahlte die Krankenhauskosten, 387 Dollar, aus eigener Tasche, als er erfuhr, daß seine Haftpflichtversicherung nicht dafür aufkommen würde.

Ein Jahr später war er in dem gleichen Gerichtssaal im Bezirk Lee, und diesmal hatten sie ihn am Wickel: Man sagte ihm, er solle den Hut abnehmen, und klagte ihn des Mordes zweiten Grades an; präsentierte Zeugen, die aussagten, Roland habe einen Bauunternehmer namens Goldman bedroht, von dem Roland angeblich noch Geld bekam, die gesehen hatten, wie Roland mit Goldman gestritten und eine Schlägerei provoziert hatte; wie man sie auseinandergebracht hatte; wie Roland dann mit Goldman in dessen Lieferwagen nach Fakahatchee gefahren war, einen Tag, bevor man ihn erschossen in einem Entwässerungsgraben gefunden hatte. Diesmal gab es keine Bewährung. Roland bekam 10 bis 25 Jahre und saß sieben lange Jahre davon ab. Genug Zeit, um zu lernen, wie man seinen Grips benutzt und sich wichtige Verbindungen verschafft. Dann kam er raus und betrat den Sumpf nie wieder, abgesehen von dem einen Mal, als ein Hotelbesitzer mit seinen Zinsen in Rückstand geriet und Roland zu einer Anlegestelle für Luftkissenboote in den Everglades fuhr, die niemals fertiggestellt worden war, den Mann erschoß und in eine Materialgrube warf, in der sich ein paar Alligatoren eingenistet hatten. Wenn Roland jetzt solch einen Auftrag bekam, borgte er sich Lionel Olivas kleines schnelles Motorboot, fuhr den Fluß hinauf, warf sein Opfer über Bord und schoß auf es, bis es verschwand.

Mit Ed Grossi war das jedoch etwas anderes.

Wenn Vivian auf einer Sache beharrte, immer wieder von vorn anfing, dachte Ed Grossi bei sich: Ja, ja, rede nur. Sie war intelligent, aber sie war schließlich doch nur eine Frau. Sie hatte darauf beharrt, ihn nach Bota Raton zu fahren; also duldete er, daß sie ihn fuhr, gestand ihr soviel zu, sprach jedoch die ganze Zeit über, während sie die Interstate 95 entlangfuhren, kaum ein Wort.

»Warum bist du sauer?« fragte Vivian.

»Ich bin nicht sauer«, sagte er.

»Ich weiß, wann du sauer bist«, sagte sie, »ob du es nun zugibst oder nicht.«

»Wenn du weißt, daß ich sauer bin«, sagte er, »dann solltest du auch wissen, worauf ich nicht sauer bin.« Und er dachte: Gott im Himmel, zwei erwachsene Menschen.

Grossi war sauer – nein, eher wütend –, weil Vivian gesagt hatte, er werde langsam alt.

»Vergessen wir's«, sagte er nun. Was bedeutete, daß sie nicht mehr darüber sprechen würden, ob er nun sauer war oder nicht.

Wenn man einer Frau den kleinen Finger reichte, würde sie versuchen, die ganze Hand zu nehmen. Man mußte sie in Schach halten. Als sie zum Oceana-Komplex abbogen und zum Parkplatz hinter dem Gebäude fuhren, sagte Grossi: »Setz mich am Fahrstuhl ab und warte auf mich.«

»Ich will mit dir gehen«, sagte Vivian.

»Ich sagte, setz mich am Fahrstuhl ab und warte.«

Das saß. Zack. Manchmal mußte man sie so behandeln.

»Vielleicht will sie, daß sich eine Frau um sie kümmert.«

Grossi stieg aus dem Cadillac und schlug die Tür zu. Er mußte auf den verdammten Fahrstuhl warten und spürte, wie Vivian ihn beobachtete. Dann war er in der Kabine, die Tür schloß sich, und er hatte sich wieder in der Gewalt. Er würde sich mal mit Vivian unterhalten, ihr ein paar ganz einfache Regeln klarmachen müssen. Zum Beispiel, die Klappe zu halten, wenn ein gewisser Punkt überschritten war; Schluß mit der Diskussion. Clara bereitete ihm keine Schwierigkeiten, doch er mußte sich ihr Geschwätz über den Garten anhören. Karen sprach über ihre Freiheit. Karen – er würde auf all ihre Forderungen eingehen und die Sache damit beilegen; dann mußte er sich keine Sorgen mehr machen. Lächerlich, hier vorbeifahren und sich mit Frauen abgeben zu müssen.

Grossi klopfte, und Roland öffnete fast augenblicklich die Tür. Er hielt ein Zierkissen in der Hand.

»Ich habe geschlafen«, sagte Roland.

Grossi trat ins Wohnzimmer. »Wo ist sie?«

»Sie ist im Badezimmer. Klingt so, als wäre ihr ziemlich schlecht.«

»Hat sie überhaupt geschlafen?«

»Ein wenig. Sie will nicht mehr mit mir sprechen.«

Grossi schritt durch den Gang zum Badezimmer. Die Tür war verschlossen. Er klopfte und sagte: »Karen?« Es kam keine Antwort, kein Geräusch aus dem Bad. Roland trat jetzt auf den Gang, noch immer das kleine Kissen in der Hand. »Sind Sie sicher, daß sie da drin ist?«

»Vielleicht ist sie wieder weg«, sagte Roland. »Sehen Sie lieber mal nach.«

Grossi drückte die Klinke; er erwartete, daß abgeschlossen war. Er öffnete die Tür vorsichtig; er wollte Karen nicht erschrecken oder sie überraschen, wenn sie auf der Toilette saß.

»Karen?«

Er sah sich in dem Badezimmerspiegel. Er blickte zur leeren Badewanne. Er sah wieder in den Spiegel und sah sich selbst und Roland hinter ihm. Er sah, wie Roland ihn im Spiegel musterte, zwar nicht grinsend, aber mit einem wachsamen, wissenden Ausdruck.

Im Geiste hörte Grossi in diesem Augenblick, wie Vivian sagte: ›Du wirst alt‹, er hörte seine Stimme, ›o mein Gott!‹, er hörte den dumpfen Schuß, der ihn hart traf, ihn durchschlug, und sah im Spiegel, wie Blut aus seiner Hemdbrust kam und auf den Spiegel spritzte, wie aus einer Düse sprühte es darauf, und er sah im gleichen

Augenblick, wie das Glas plötzlich zersplitterte, mit seinem Bild darauf, wie sein Bild verschwand.

Roland hob Grossi auf, überrascht, wie leicht er war, und ließ ihn in die tiefe Badewanne fallen.

Er hatte nicht daran gedacht, daß der Spiegel zersplittern könnte. Er würde das Glas und das Blut aufwischen und den Spiegel ersetzen, morgen vielleicht.

Im Augenblick mußte er erst einmal Eds Wagen fortfahren. Ihn auf irgendeinem Parkplatz abstellen, der ein paar Kilometer entfernt war, abschließen und zu Fuß hierher zurückkehren.

Und warten, bis es richtig dunkel war. Dann kam der schwierige Teil: Ed aus dem Fenster in den Sand unten werfen. Das war besser, als ihn in einer Truhe in den Fahrstuhl zu zerren.

Ihn zum Internationalen Flughafen von Miami fahren und in den Kofferraum von Arnolds Jaguar legen, Florida ARN-268, der auf dem Parkplatz der Fluggesellschaft Delta stand.

Und er durfte nicht vergessen, auch den Smith in den Kofferraum zu legen, den Griff und den Abzug abgewischt, so daß keine Fingerabdrücke mehr darauf waren; aber Arnies Teilabdrücke waren ja noch auf dem Lauf.

Dann Grossis Wagen nach Hollandale fahren, ihn vor Arnies Apartment abstellen.

Eine Menge Arbeit.

Am Morgen die Polizei von Miami anrufen. Die Stimme verstellen, daß sie wie die eines Schwulis klang, wie die von Arnies Exfreunden: Hallo, mein Hübscher. Sie wissen nicht, wer hier spricht, aber ich kann euch Jungs sagen, wo ihr eine Leiche findet. (Wahrscheinlich würde man ihn dann in ein Gespräch verwickeln wollen.) Hör nun zu, du Arschloch, oder ich lege auf und sage euch nicht, wer's getan hat und wo ihr ihn finden könnt.

Das mußte er noch ein wenig üben.

Was sonst noch?

Roland fiel etwas ein, und er sagte ganz laut: »Ach du verdammte Scheiße.«

Etwas, das er nicht einkalkuliert hatte; er wußte nicht, warum er nicht daran gedacht hatte, aber immerhin, großer Gott, die Möglichkeit bestand.

Was, wenn Vivian mit Ed hierher gefahren war?

Dieser Hurensohn, dachte Vivian. Sie setzte den Cadillac rückwärts bis zur Parkplatzauffahrt, bereit, jederzeit zu wenden und den Parkplatz zu verlassen.

Sie wartete dort und zwang sich zur Ruhe. Was konnte sie schon ändern? Genauso gut könnte sie mit dem Fuß aufstampfen oder Porzellan zerschlagen. Nichts würde es ändern. Da kannst ihn nicht beeinflussen, dachte sie. Er ist dreiundsechzig, und er ist, wie er ist. Sie legte den Leerlauf ein, und ohne, daß sie aufs Gas getreten hatte, rollte der Wagen die Auffahrt zur Fahrstuhltür hinab.

Er würde mir Mrs. DiCilia herauskommen, und sie würden sich um die Frau kümmern, sie nach Hause oder in ein Hotel bringen. Und er wird nicht mal merken, daß du wütend auf ihn bist, dachte Vivian. Dieser Hurensohn. Du fährst ihn die ganze Strecke von North Miami hierher, und er sagt kaum ein Wort. Aber jetzt, wo sie allen Grund hatte, sauer zu sein, würde der Hurensohn es nicht mal merken.

Vivian setzte den Wagen wieder rückwärts zur Auffahrt.

Fahr irgendwohin. Soll er doch warten, bis du zurückkommst, ›Oh, hast du lange gewartet? Ich mußte tanken, du tankst den Wagen ja nie voll.‹

Der Anzeiger stand auf halbvoll.Aber das würde er nicht merken. Oder sie würde eine Tasse Kaffee trinken, anstatt wie ein Chauffeur hier zu warten. Frag ihn doch, wann du die Mütze und die Uniform bekommst!

Sie sah die Auffahrt hinab, die vielleicht achtzehn oder zwanzig Meter lang war, und sah, wie der Cowboyhut aus dem Fahrstuhl kam.

O Gott, dachte sie.

Sie zögerte. Ed hatte Roland vielleicht runtergeschickt, um sie zu holen.

Roland sah sich um, schaute nun zu ihr. Er musterte den Wagen, war sich nicht sicher, ob es der richtige war. Dann winkte er – »Kommen Sie her!« – und trat mehrere Schritte auf die Auffahrt.

Vivian gab Gas, doch sie hatte den Rückwärtsgang eingelegt und trat auf die Bremse, um den Wagen anzuhalten. Roland kam jetzt auf sie zu. Sie mußte auf den Schaltknüppel schauen, um den ersten Gang einzulegen. Roland lief nun, winkte nicht mehr – »Kommen Sie her, was machen Sie denn?« –, sondern schlug wild mit den

Armen. Sie trat auf das Gaspedal, der Wagen machte augenblicklich einen Satz vorwärts, und sie mußte das Steuer heftig herumreißen, um nicht von der Auffahrt abzukommen. Der Wagen scharrte an der Hauswand entlang, und sie hörte, wie die Reifen kreischten und Roland etwas schrie.

Wenn sie sich geirrt hatte, konnte sie sich später bei Ed entschuldigen.

Aber sie wußte, daß sie sich nicht geirrt hatte. Sie wußte nicht, wieso, aber sie wußte es einfach – sie war sich sicher, Roland nicht die Telefonnummer gegeben zu haben. In diesem Augenblick hatte sie nicht die geringste Ahnung, wo sie sich verstecken konnte.

16

Karen las davon und sah die Berichte im Fernsehen.

Der Mord an Ed Grossi wurde als Bandenmord in der Drogenszene dargestellt. Man hatte seine Leiche auf dem Internationalen Flughafen von Miami gefunden, im Kofferraum des Wagens eines Mannes, den man für einen Drogenhändler hielt. Der vermeintliche Drogenhändler, Arnold Rapp, war geflohen; doch kurz darauf wurde er in Detroit von schnell handelnden FBI-Agenten festgenommen und der Polizei von Miami überstellt. Man hatte Arnold Rapp des Mordes ersten Grades angeklagt – die Kaution war auf einhunderttausend Dollar festgesetzt worden – und er erwartete seine Verhandlung vor dem Geschworenengericht des Bezirks Dade.

Karen lief instinktiv davon.

Sie flog nach Los Angeles zu ihrer Tochter Julie. Sie erzählte von Ed Grossi, von der Absprache, von Roland. Julie schien ihr zuzuhören. Doch mitten in einem Gespräch sprang Julie plötzlich auf, um ins Studio zu fahren, wo sie gerade einen italienischen Film synchronisierte, oder ihrem Mann Brian, der sich bei einem Stunt, einer Verfolgungsjagd mit Autos, den Kiefer gebrochen hatte, Milkshakes ins Cedars-Sinai-Hospital zu bringen.

Nachts saß Karen im Wohnzimmer des Hauses am Mulholland Drive und sah auf die Lichter von Los Angeles hinab.

»Ich weiß nicht«, sagte Julie, »ich sehe da kein Problem.«

»Dann muß ich irgendwas ausgelassen haben«, sagte Karen. »Wenn Ed Grossi tot ist, kann er die Vereinbarungen nicht mehr ändern, die Sache mit dem Treuhandfonds. Es geht immer so weiter, wird den Rest meines Lebens so bleiben.«

»Na, dann soll ein anderer sie doch ändern.«

»Ich habe Angst«, sagte Karen. »Ich habe das Gefühl, daß die Sache jetzt in Rolands Händen liegt.«

»Ja? Na, dann bring Roland dazu, die Vereinbarungen zu ändern. Mein Gott, das klingt ja ganz nach Hollywood, wenn man sich mit diesen verdammten Produzenten rumschlagen und herausfinden muß, wer denn nun das Sagen hat.«

»Er wird die Vereinbarungen nicht ändern wollen«, sagte Karen. »Er weiß, daß ich dann sofort wegziehen würde.«

»Na ja, wenn es dir da gefällt ...« sagte Julie. »Das ist doch eine ganz gute Adresse, oder?«

»Was meinst du? Daß es ... chic ist, da zu wohnen?«

»Hier ist es doch genauso«, sagte Julie. »Wir sind in Los Angeles, nicht wahr? Aber man sagt nicht einfach, daß man in L. A. wohnt. Gott im Himmel, L. A.? Man sagt, man wohnt in den Hills. Oder man flechtet mal kurz die Postleitzahl ein, 90046.«

»Ich dachte, das sei Hollywood«, sagte Karen.

»Mein Gott, nein. Es gibt eigentlich gar kein Hollywood. Oder vielleicht 90069, da unten, wo all die Agenten ihre Büros haben, dazu sagt man Hollywood, aber es ist eigentlich der Bezirk Los Angeles. Schau, wenn man in Bel Air oder Beverly Hills wohnt, 90212, muß man nicht mal seine Postleitzahl nennen. Aber L. A. – Brian wollte nach North Hollywood ziehen. Ich sagte zu ihm, ›Brian, 91604 ist *okay*, aber es ist alles andere als 90046. Es ist, als ob man im Valley lebt, Brian. Sie fragen einen, wo man wohnt, und man sagt, Studio City, Sherman Oaks, irgend so ein verdammter Vorort, sonst halten sie dich noch für einen Maskenbildner oder einen Regieassistenten.‹«

Noch ein Versuch. »Ja, mir gefällt mein Haus«, sagte Karen. »Aber wenn mich jemand zwingt, dort zu wohnen?«

»Hast du ihn denn mal gefragt?«

Hatte sie das? »Ich habe dir ein bißchen über Roland erzählt«, sagte Karen. »Ich habe dir aber bei weitem nicht alles berichtet. Ich habe Angst, daß er mir was antun wird.«

»Na ja, du kannst doch zumindest mal mit ihm sprechen«, sagte Julie. »Der Regisseur dieses gewaltigen Spaghetti-Monumentalschinkens spricht nicht nur kaum ein Wort Englisch, er hat auch nicht die geringste Ahnung vom Geschäft. Er hat die Übersetzung für die Synchronfassung von einem Italiener anfertigen lassen, und ich muß Sätze sagen wie: ›Ich haßte ihn. Ich freue mich, daß man ihn umgebracht hat.‹ Ehrlich, solche Dialoge. Ich meine, wo ist denn das Problem, wenn du mit ihm reden kannst?«

Fünf Tage lang versuchte Karen, Vivian Arzola im Büro der Dorado Management zu erreichen. Tag für Tag sagte die Telefonistin, Vivian sei nicht da, und weigerte sich – sehr höflich – ihr Vivians Privatnummer zu geben. Am fünften Tag sah Karen einen kurzen Fernsehbericht über Ed Grossis Beerdigung in den Nachrichten. Sie sah Roland in einem blauen Anzug – er war einer der Sargträger – und hätte ihn ohne seinen Hut jedoch beinah nicht erkannt. Von Vivian war im Filmbericht über die Trauerfeier in der St. Mary's Cathedral nichts zu sehen.

Später am Abend des fünften Tages rief Maguire an. Er sagte, er sei jeden Tag bei ihr vorbeigefahren, und schließlich habe Marta ihm die Nummer in Los Angeles gegeben.

»In den Hills«, sagte Karen. »Neun-null-null-vier-sechs.«

»Was?«

»Tu' mir einen Gefallen, ja? Sag Marta, sie soll die Zeitungen aufbewahren. Aber rufe sie nicht an.«

»Hältst du mich denn für blöd? Hör mal, wieso hast du mich nicht angerufen?«

»Ich hatte deine Nummer nicht. Aber da fällt mir was ein«, sagte Karen. »Weißt du, wie man Telefonnummern herausfinden kann?«

»Man sieht im Telefonbuch nach.«

»Geheimnummern. Ich brauche Vivian Arzolas Nummer. Oder vielleicht kannst du herausfinden, wo sie wohnt.« Karen buchstabierte ihm den Namen. »Sie arbeitete für die Dorado Management, ist aber die ganze Woche nicht im Büro gewesen. Es ist sehr wichtig. Okay?«

»Vivian Arzola«, sagte Maguire.

»Hast du Roland gesehen«, fragte sie dann.

»Nur im Fernsehen.«

»Ja, das habe ich auch gesehen.«

»Wann kommst du nach Hause?«

»Morgen«, sagte Karen. Sie schwieg einen Augenblick lang. »Vermißt du mich?«

Sie saß allein in der ersten Klasse, niemand auf dem Sitz neben ihr; sie trug die meiste Zeit über eine Sonnenbrille; trank drei Martinis und einen kalifornischen Rotwein zu ihrem Rinderfilet; war höflich zu den Flugbegleiterinnen, wenngleich sie einem Gespräch auswich; las ein Buch, *The Kefauver Story*, von Jack Anderson und Fred Blumenthal, das sie in Franks Büro gefunden hatte, und einen fotokopierten Artikel aus dem *American Mercury* vom Juni 1951 mit dem Titel ›Die Geheimnisse von Virginia Hills Erfolg‹, den sie sich in der Stadtbibliothek von Fort Lauderdale beschafft hatte. Sie dachte an Cal Maguire. Sag' ihm nichts, was offensichtlich auf der Hand liegt: zum Beispiel, nicht bei ihr anzurufen, oder wie er seine Arbeit machen soll. Sei freundlicher. Sie dachte an Roland Crowe und an Julies Dialogzeile in dem italienischen Film, veränderte die Zeiten und wandte ihn auf Roland an, so daß herauskam: »Ich hasse ihn. Ich würde mich freuen, wenn man ihn umbringt.«

Die Frage, die sich Maguire nun immer häufiger stellte: Wie kam er aus dieser Sache raus?

Wenn er sich anstrengte, konnte er den Klang von Karens Stimme am Telefon hören. Fast unpersönlich. Nichts davon, daß sie sich über seinen Anruf freute. Dann fragte sie, ob er sie vermisse. Sie sagte nicht, daß sie *ihn* vermißte. »Darauf kannst du wetten«, hatte er gesagt. Er hätte sagen sollen: ›Na ja, ich glaube schon, aber ich bin mir nicht sicher.‹

Am Freitag, dem Tag, an dem sie nach Hause kam – sein freier Tag –, fuhr er wieder zum DiCilia-Haus, stellte den Mercedes drüben vor den Garagen neben Martas Wagen ab und klingelte am Kücheneingang.

Marta schien überrascht. »Sie ist noch nicht zu Hause.«

»Ich bin gekommen, weil ich mit Ihnen sprechen wollte«, sagte Maguire. »Haben Sie vielleicht einen Kaffee?«

In der Küche, die wie die eines Restaurants aussah – über der Anrichte hingen Pfannen an einem Gestell –, mußte er Marta bitten, sich zu setzen. Er merkte, daß es ihr unangenehm war, mit ihm allein im Haus zu sein. »Sie wissen, daß ich ihr Freund bin«, sagte er. »Sie wissen, daß ich ihr helfen will.«

»Ja«, sagte Marta.

»Und Sie wollen Ihr auch helfen.«

»Ja, aber sie hat gesagt, ich solle niemand die Nummer geben, unter der man sie erreichen kann.«

»Nein, das ist schon in Ordnung. Ich habe mit ihr gesprochen, und sie ist froh, daß Sie mir die Nummer gegeben haben. Sie hat nur vergessen, Ihnen zu sagen, daß Sie sie mir geben dürfen.« Nur vergessen – Gott im Himmel. »Sie hat ziemlich viel im Kopf« – er suchte nach einer Möglichkeit, zur Sache zu kommen –, »aber Sie wissen ja, daß sie Ihnen sehr dankbar ist, weil Sie ihr das mit dem Tonband und so weiter gesagt haben.«

»Das mußte ich ihr sagen«, entgegnete Marta. »Es hat mich sehr bedrückt.«

»War Roland hier, seitdem sie fort ist?«

»Vor zwei Tagen war er hier. Er hat mich gefragt, wo sie ist. Ich sagte, ich wüßte es nicht.«

»Ja? Was hat er dann gesagt?«

»Er ging durch das ganze Haus, als würde es ihm gehören, und sah sich überall um.«

»Er hat nichts mitgenommen?«

»Nein, ich glaube nicht.«

»Aber Sie wissen es nicht genau?« sagte Maguire.

»Ja, er könnte etwas mitgenommen haben. Aber ich weiß es nicht.«

»Sie haben ihm gesagt, Sie wüßten nicht, wo Mrs. DiCilia ist. Was hat er dazu gesagt?«

»Er hat gedroht, mir was anzutun.« Marta zögerte. »Also habe ich ihm gesagt, in Kalifornien.«

»Das war okay«, sagte Maguire. »Wenn er die Telefonate abgehört hat, hat er sich denken können, daß sie zu ihrer Tochter geflogen ist. Das ist okay.« Er nippte an seinem Kaffee und lehnte sich zurück, zeigte Marta, daß er ganz gelassen war, sich keine Sorgen machte. »Ich würde gern mal mit Ihrem Bruder sprechen, wenn ich kann.«

»Mit meinem Bruder?«

»Wie ich es verstanden habe ... Karen hat mir alles erzählt, was Sie ihr gesagt haben. Daß er aufgehört hat, nicht mehr für diese Leute arbeitet, all das. Aber ich frage mich, ob er mir nicht noch mehr über Roland berichten kann, über die Leute, für die er arbeitet. Wie Vivian Arzola. Sie kennen Vivian?«

Marta schüttelte den Kopf. »Nein, nur dem Namen nach.«

»Vielleicht kann mir Ihr Bruder auch etwas über Roland verraten, das uns helfen könnte. Man weiß ja nie.«

»Ich könnte mal mit ihm reden«, sagte Marta.

»Können Sie ihn anrufen? Ihn fragen, ob er sich irgendwo mit mir trifft?«

»Ich glaube, er ist nach Kuba gefahren. Oder will fahren, ich weiß es nicht.«

»Dann haben wir vielleicht nicht mehr viel Zeit. Wollen Sie ihn jetzt anrufen? Nein, das können Sie ja nicht, ihn von hier aus anrufen.« Maguire wartete, bis Marta mit der Idee herauskam.

»Ich könnte irgendwohin gehen und ihn anrufen. Vom Laden am Causeway aus.«

»He, würden Sie das tun?«

»Aber gleich kommt der Mann, der das Bett repariert. Er sollte eigentlich schon gestern kommen.«

»Ach was.« Maguire wartete, tat nachdenklich. Als er genug nachgedacht hatte, sagte er: »Dann bleibe ich eben hier und warte auf den Mann.« Er hielt inne, grinste. »Ich weiß, wo das Bett ist.«

Karen war an jenem Abend vom Patio ins Haus gegangen, war nur ein paar Minuten fort gewesen, und dann mit einer in Seidenpapier eingewickelten Pistole und 45 neuen Hundertdollarscheinen zurückgekommen.

Er ging davon aus, daß sie die Pistole wieder an Ort und Stelle zurückgelegt hatte; irgendwo im Schlafzimmer ... (Er hatte daran gedacht, als er mit ihr in dem zusammengebrochenen Bett lag. In einem Nachttisch? In der Kommode? Oder in der Schrankwand mit der Spiegelfront?)

Und angenommen, es waren hier noch mehr neue Hundertdollarscheine versteckt ... (Als er im Bett lag, hatte er auch an das Geld gedacht und sich zum ersten Mal gefragt, was er aus der Sache wohl rausholen konnte.)

Maguire stand im Schlafzimmer; er war allein im Haus, Marta war gegangen, um ihren Bruder anzurufen.

Er hatte sich nicht vorgenommen, das Geld zu stehlen; denn zu diesem Zeitpunkt konnte er noch sagen: Welches Geld? Du weißt nicht einmal, daß es hier Geld gibt. Er hatte noch keine Entscheidung getroffen, überhaupt etwas zu stehlen. Er – so sagte er sich – nutzte lediglich eine Gelegenheit aus. Er vergewisserte sich, wo er stand. Checkte die Lage. Damit er, wenn er sich schließlich etwas Geld für die Reisekosten greifen und abhauen mußte, um zu überleben, etwas Tragbares hatte und nicht den Louis-seize-Bergere oder die Peachblow-Vasen, die er erst in Zeitungspapier hüllen und in eine Kiste packen mußte.

Wo würde sie so viel Geld aufbewahren?

In einem Safe.

Aber es gab keinen Safe im Schlafzimmer und auch nicht in der Schrankwand.

In der obersten Kommodenschublade fand er eine nicht verschlossene Schmuckschatulle mit einigen schönen Stücken, die wohl echt waren; aber mit Schmuck kannte er sich nicht aus.

Neben der Schmuckschatulle war die Beretta, noch immer in Seidenpapier gehüllt, geladen, eine Patrone in der Kammer. Er wikkelte die Waffe wieder ein, legte sie in die Schublade zurück und sagte sich, okay, er wußte also, wo sie war, wenn er sie mal brauchte, wenn er jemals nach oben laufen und sich die Waffe holen mußte.

Doch er dachte hauptsächlich an 45 Hundertdollarscheine, 1975 gedruckt, mit aufeinanderfolgenden Seriennummern. Er ging davon aus, daß die Scheine sauber waren: Das Postamt hatte 30 davon ohne Probleme akzeptiert, als er die Postüberweisungen einzahlte. Neu, doch fast fünf Jahre alt. Sie stammten von ... Frank DiCilia. Und er dachte an die Geschichten, daß die großen Nummern immer eine Menge Bargeld versteckt, aber griffbereit hatten, für den Fall, daß sie sich mal absetzen mußten. Vor längerer Zeit war da ein Bursche in Detroit gewesen, FBI-Agenten waren mit einem Durchsuchungsbefehl gekommen, sie hatten was ganz anderes gesucht, und im Keller, in der Werkbank des Burschen, hatten sie ein paar hundert Riesen gefunden. He, hatte André Patterson damals gesagt, stellt euch mal vor, wir machen einen Bruch und finden so was? Wir suchen uns das Haus eines dieser alten Itaker aus, die jetzt im Ruhestand leben. André hatte noch nicht mal Cochise dazu überreden können.

Aber dieser Mann hier war tot, und wenn er zufällig sein Reisegeld fand, war das was ganz anderes.

Nur – es konnte überall im Haus sein. Wenn es überhaupt im Haus war.

Maguire versuchte, die Tür zum Nebenzimmer zu öffnen. Abgeschlossen. Er trat auf den Gang und versuchte es mit der Korridortür zu dem Zimmer. Abgeschlossen. Nanu, dachte er, was ist denn das? Schmuck in einem nicht abgeschlossenen Schlafzimmer; aber das geheimnisvolle Nebenzimmer war zugesperrt. Er erinnerte sich an etwas, ging zurück ins Schlafzimmer, zu der Kommode, stocherte wieder in der obersten Schublade herum und fand ein halbes Dutzend Schlüssel, die meisten davon in Etuis; einer davon paßte zu einer Tür.

Er versuchte es damit, fühlte, wie der Schlüssel hineinglitt und sich drehte, und trat in Frank DiCilias ehemaliges Büro. Er sah den Schreibtisch, die Schreibmaschine, den Aktenschrank ...

Er sah die Fotos an der Wand.

Fotos von Karen. Vergrößerte Fotografien oder Fotokopien, Vergrößerungen von Schnappschüssen, Vergrößerungen von Zeitungsfotos in hartem Schwarzweiß, die ganze Wand damit bepflastert.

Er war sich nicht sicher, ob es alle Fotos von Karen waren, doch sah er, ja, es handelte sich nur um Fotos von Karen, als sie viel jünger war und noch nicht so gutaussehend wie heute, aber mit dem gleichen ernsten, geheimnisvollen Blick. Karen mit Hut, Karen mit Sonnenbrille, Karen in Sommerkleidern, Bikinis, mit breitkrempigen Hüten und Sonnenbrillen. Wie eine viel jüngere Karen, die Feinmachen vor der Kamera spielte. Da war ein Foto einer schwereren Frau, bei der es sich, wie er nach einem Augenblick merkte, gar nicht um Karen handelte. Es war jemand anders. Eine Frau mit einem schwarzen, breitkrempigen Hut, einer Sonnenbrille, einem schwarzen Kleid und einer Pelzstola. Mit Sonnenbrille, obwohl das Foto im Haus aufgenommen worden war, da war er sich ganz sicher. Es gab mehrere andere Fotos von der Frau, die er zuvor nicht bemerkt hatte; sie hingen zwischen denen von Karen, grobkörnige Vergrößerungen wie das von Karen mit dem Sonnenhut und im Bikini, das an der Uferbegrenzung aufgenommen worden war. Karens Foto und die der anderen Frau hingen wild durcheinander an der Wand, so daß man glauben konnte, es handelte sich um Fotos von ein und derselben Person. Von Karen.

Was ging hier vor?

Maguire wandte sich zum Aktenschrank. Der Schlüssel lag darauf. Dann musterte er noch einmal die Wand mit den Fotos.

Warum hat sie das getan, dachte er, ein Dutzend Fotos von sich und von einer Frau aufgehängt, die eigentlich gar nicht wie Karen aussah, ihr auf gewisse Weise aber doch ähnlich war, der Gesichtsausdruck, die Sonnenbrillen – versuchte diese Frau bewußt, Karen zu imitieren? Hatte sie frühere Fotos gehabt und versucht, genauso auszusehen?

Eine Marotte?

Warum sollte jemand so etwas tun?

Er öffnete den Aktenschrank – er war nicht verschlossen – und wühlte Aktenstapel und Papiere durch. Er fand eine große, prallvolle Jiffy-Tasche, öffnete die Klammern, sah hinein, und sagte laut: »Mann o Mann.« Er ging mit dem Umschlag zum Schreibtisch, der mit Zeitungsseiten, -artikeln und Negativen übersät war – Karen als Negativbild –, schenkte ihnen jedoch keine Aufmerksamkeit. Sechs Stapel neuer Hundertdollarscheine glitten aus dem Umschlag. Die ersten fünf Stapel mit jeweils fünftausend Dollar, der sechste mit fünfhundert. 25 500 Dollar, Scheine aus dem Jahr 1975, wie die, die Karen ihm gegeben hatte – direkt aus dem sechsten Stapel.

Ihm kam ein Gedanke. Das Zimmer war wegen der Fotos und nicht wegen des Geldes verschlossen. Er war sich dessen sicher.

Er dachte an etwas anderes: Es war an der Zeit, einen Entschluß zu fassen. Da lagen sie, 25 Riesen; soviel Geld hatte er noch nie auf einmal gesehen. Nimm es und lauf!

Oder lasse es liegen.

Oder lege es in den Kofferraum des Mercedes, was kein Diebstahl wäre, weil es ja ihr Auto war. Das war doch nur vernünftig: Das Geld vor Roland in Sicherheit bringen. Aber es auch griffbereit zu haben.

Scheiße, wenn er es klauen wollte, dann aber richtig.

Er hörte ein Geräusch, irgendwo unten; eine Tür schlug zu.

Marta kam aus der Küche und sah Maguire in der Halle am Fuß der Treppe.

»Ich habe ihn aufgetrieben. Mein Bruder ist einverstanden. Er wird Sie im Centro Vasco an der Southwest Eight Street treffen. Wissen Sie, wo das ist? Ecke Twenty-second Avenue, in Miami.«

»Ich werde es finden.«

»Aber er weiß nicht, wie er Ihnen helfen kann.«

»Mir fällt nicht ein, wo ich Sie schon mal gesehen habe.«

»Bei der Delphin-Show.«

»Nein, vorher. Vor zehn Jahren«, sagte Maguire.

Er dachte darüber nach, sah an Jesus Diaz vorbei zu den Tischen mit den anderen Gästen, die im Centro Vasco zu Mittag aßen, fast alle davon Kubaner.

»Jetzt weiß ich es. Das Convention Center, drüben in Miami Beach.«

»Klar, da war ich ziemlich oft. Ich habe in dem Fitneßstudio an der Fifth Street trainiert.«

»Sie haben gegen einen Burschen namens Tommy Laglesia gekämpft. Er hat irgendeine Schweinerei durchgezogen, welche, weiß ich nicht mehr; alle haben es gesehen, nur der Schiedsrichter nicht.«

»Er hat mich mit dem Kopf gestoßen, der Hurensohn hat mich immer wieder ins Gesicht gestoßen, und der verdammte Schiri hat keinen Ton gesagt.« Jesus richtete sich auf und legte die Arme auf den Tisch. »Sie haben den Kampf gesehen?«

»Ja, komisch, was? Ich bin früher oft zum Boxen gegangen, in letzter Zeit aber nicht mehr.«

»Na ja, wen soll man sich denn heute noch ansehen?« sagte Jesus. »Aber Sie haben es gesehen, was?« Er trank einen Schluck von seinem Bier, lehnte sich wieder zurück. »Wissen Sie, wegen neulich ... ich wollte Ihnen nichts tun.«

»Ja, das weiß ich«, sagte Maguire. »Aber dieser andere Bursche – ich mußte versuchen, ihn auszuschalten, wissen Sie, um mir einen Vorteil zu verschaffen.«

»Mann, Sie haben ihn ganz schön getroffen. Er mußte genäht werden.«

»Ich wünschte, das wäre diesem – wie heißt er noch? – Roland passiert.«

»Ja, das wünschte ich auch.«

»Sie haben genug von ihm, was?«

»Mann, aber endgültig.«

»Wann haben sie ihn zuletzt gesehen?«

»Letzte Woche. Dann noch mal im Fernsehen, aber das war's auch schon. Ich arbeite nicht mehr für ihn.«

»Wer arbeitet sonst für ihn?«

»Keiner. Er ist allein.«

»Ich frage mich«, sagte Maguire, »was jetzt wohl passieren wird, wo Grossi tot ist.«

»Was meinen Sie, was passieren wird? Mit wem?«

»Mit Mrs. DiCilia. Ob Roland sie noch belästigen wird?«

»Keine Ahnung. Er arbeitet nicht mehr für Mr. Grossi. Weshalb sollte er sie belästigen?«

»Na ja, er sieht eine reiche Lady, die ganz allein ist ...«

»Sie hat noch die Freunde ihres Mannes. Mr. Grossi war nicht der einzige.«

»Ja, Vivian Arzola vielleicht. Wissen sie, wo sie ist?«

»Nein, keine Ahnung. Sie hat eine Wohnung, nicht in Miami, irgendwo in Keystone, hab' ich mal gehört, aber wo, weiß ich nicht.«

»Haben Sie Ihre Telefonnummer?«

»Nein, die habe ich nicht.«

»Mrs. DiCilia würde gern mal mit ihr sprechen.« Maguire hielt inne. »Hat sie Familie in Miami?«

»Nein. Warten Sie, lassen Sie mich überlegen«, sagte Jesus. »Ja, ich habe Vivian mal einen Gefallen getan und ihrer Mutter etwas gebracht. Sie wohnt in Homestead. Vivian ... Sie wissen schon, Vivian unterstützt sie.«

»Was für einen Wagen fährt sie?«

»Vivian? Einen weißen, mit einer Blume oder so was an der Antenne. Ein ausländisches Modell.«

»Wollen Sie mir helfen, sie für Mrs. DiCilia zu suchen?«

»Ich fahre wahrscheinlich nach Kuba.«

»Wenn Sie nicht fahren, meine ich. Sie wird Sie auch anständig bezahlen.«

»Vielleicht kann ich ihr helfen«, sagte Jesus.

»Klar, Kuba läuft ja nicht weg. Wissen Sie, wo Roland wohnt?«

»Miami Shores. Eine Wohnung an der Ninety-first Street, in einem Gebäude namens Bayview.«

»Wohnt er da allein?«

»Mann, glauben Sie, jemand würde bei dem wohnen wollen?«

»Würden sie mit mir zu ihm fahren?«

»Ich glaube nicht. Nicht mal besoffen.«

»Und wenn Sie eine Pistole hätten?«

Jesus hatte nach seinem Bierglas gegriffen. Als er Maguire ansah, schien er das vergessen zu haben.

»Haben Sie so was schon mal gemacht?«

»Wenn es sein mußte.«

»Ach? Erzählen Sie mir auch nichts?« Jesus sah Maguire weiterhin an. »Mrs. DiCilia, sie will es, nicht wahr?«

»Sie will es, aber sie weiß nicht, was sie will, wenn Sie verstehen, was ich meine.«

»So in etwa. Aber sie wird Sie bezahlen, wenn Sie ihr helfen. Anständig bezahlen. Wie wäre es mit fünftausend, auf die Hand? Es hängt von Ihnen ab.«

»Auf die Hand, was? Lassen Sie mich darüber nachdenken«, sagte Jesus Diaz.

17

Nach Ed Grossis Beerdigung hatten sich seine Verwandten und engen Freunde in Grossis Haus am Hurrican Drive in Key Biscayne zusammengefunden, um Clara ihr Mitgefühl auszudrücken und sich am kalten Büfett gütlich zu halten. Die Freunde und Verwandten, die noch nie dort gewesen waren, und auch viele von denen, die schon mal bei ihm gewesen waren, nahmen sich die Zeit, um ein Stück die Straße hinaufzugehen, zur Bay Lane Nummer 500, um zu sehen, wo Ed Grossis Nachbar, Richard Nixon, gewohnt hatte. Sie kamen zurück und sagten, Eds Haus ist größer.

Roland hatte für historische Stätten nichts übrig. Er nahm sich einen Teller Fettucini mit Muschelsoße, ein großes Glas Rotwein und ein paar Brötchen und setzte sich zu Jimmy Capotorto in das Florida-Zimmer, das voll von überhängenden Pflanzen war, wie ein Gewächshaus.

»Das ist doch eine Schande, was?« sagte Roland. »Na ja, man weiß nie, wie's einem morgen geht.«

Jimmy Caps Teller war leer. Er rauchte eine Zigarre und sah auf die Bucht hinaus, die sich fast zehn Kilometer südlich nach South

Miami erstreckte. Er fragte Roland, ob die Bullen schon mit ihm gesprochen hatten.

Roland wollte das Thema schnell wechseln. »Machst du Witze?« sagte er. »Mann, ich war der erste auf ihrer Liste. Dieser Scheiß mit Coral Gables, diesem Supermarkt – Mann, sie hatten mich in der Mangel, bevor sie überhaupt an dich gedacht haben.« Er wollte Jimmy Cap daran erinnern, nur für den Fall.

»Sie meinten zu mir«, sagte Jimmy Cap, »da wurde was getürkt, und das wissen sie auch. Woher soll ich das denn wissen, sagte ich. Dieser Arnold Rapp, sagten sie, der erschießt Grossi, legt ihn in seinen eigenen verdammten Wagen und läßt ihn dann am Flughafen stehen? Na kommen Sie schon! Und ich sagte, ich wüßte nur, was ich im *Herald* gelesen hätte.«

»Die haben mir den gleichen Scheiß erzählt«, sagte Roland. »Ich hab's ihnen nicht gesagt, aber ich sag's dir; aber du weißt es wahrscheinlich sowieso schon von Ed. Dieser Arnie war ein Schwuler. Ich meine, man mußte ihn nur mal schief ansehen, und er hat sich schon in die Hosen gepinkelt. Ich fuhr mal zu ihm, um das Geld einzutreiben, und mußte ihn ein wenig durchschütteln. Er brach in Tränen aus. Ich sagte Gott im Himmel, du Mistkerl, hör auf zu flennen und bezahl, mehr hast du nicht zu tun. Schau, er war nicht nur schwul, sondern auch ein nervöser kleiner Köter. Es überrascht mich gar nicht, daß er durchgedreht ist und Ed in seinem Wagen liegen gelassen hat. Er dachte nur noch daran, schnell abzuhaun.«

»Wer hat ihn verpfiffen?«

»Ich weiß es nicht genau, aber ich glaube, es war so ein Scheißer namens Barry, der für Arnie gearbeitet hat. Er hat was abbekommen und war vielleicht sauer, dachte, Arnie hätte derjenige sein müssen, der den Kopf hinhalten muß. Na ja, man kann sich nur schwer reinversetzen, was diese Schwulis denken.«

»Mache keine Geschäfte mit College-Boys«, sagte Jimmy Cap.

»He, das habe ich auch Ed gesagt, genau die gleichen Worte. Kleine Jungs, wenn es Schwierigkeiten gibt, zerbrechen sie sofort.«

»Na ja, ich mache mir keine Sorgen darüber«, sagte Jimmy Cap. »Was hast du sonst noch?«

Na also, dachte Roland. »Nichts Wichtiges. Na ja, diese DiCilia-Sache, wenn du die mitzählen willst.«

»Gott im Himmel, ich will nicht mal was davon hören«, sagte Jimmy Cap. »Das regelst du. Laß sie in Ruhe, vergiß die Sache. Mir ist es scheißegal, was sie macht.«

»Ich kümmere mich drum«, sagte Roland. Er drehte Fettucini auf die Gabel und wartete ab, ob Jimmy Cap sonst noch was zu sagen hatte. Nein, es sah nicht danach aus. »Vivian hat sich in letzter Zeit komisch benommen«, sagte Roland dann. »Ist dir das auch aufgefallen?«

»Ich habe sie nicht bei der Beerdigung gesehen«, sagte Jimmy Cap.

»Du hast sie hier nicht gesehen?«

»Ich weiß nicht. Ich glaube nicht.«

»Sie ist in Trauer oder versteckt sich«, sagte Roland. »Seit ein paar Tagen hat sie keiner mehr gesehen. Hat sie dich nicht angerufen?«

»Weshalb sollte sie mich denn anrufen?«

»Ich meinte ja nur. Ich weiß nicht, was mit ihr los ist. Sie benimmt sich seltsam.«

»Verdammte Kubaner«, sagte Jimmy Cap, »wer kennt sich mit denen schon aus? Die sind doch alle verrückt.«

»Ich hab' mir überlegt«, sagte Roland, »daß sie die DiCilia-Sache vielleicht auffliegen läßt. Ich meine, wenn sie erfährt, daß ich mich darum kümmere.«

»Wirf sie raus«, sagte Jimmy Cap. »Ich hab' sowieso nie verstanden, was Ed an dieser Schnecke findet.«

»Na ja, mal sehen«, sagte Roland. »Wenn es sein muß, schaffe ich sie mir vom Hals.«

Marta konnte Rolands Gesicht durch die Milchglasscheibe der Tür nicht erkennen, aber sie sah seinen Hut. Sie wollte die Tür nicht öffnen. Doch wenn sie nicht öffnete, würde er auf die Hofseite gehen und ein Fenster einschlagen, um ins Haus zu kommen. Sie wollte ihm nicht sagen, daß Mrs. DiCilia heute nach Hause gekommen war und auf ihrem Zimmer den Koffer auspackte. Doch das würde er selbst herausfinden, wenn er wollte. Man konnte ihn nicht aufhalten. Es war zu früh, um das Tonband abzuholen. Um ihre Fassung ringend, öffnete Marta die Tür.

Roland grinste sie an.

»Weißt du«, sagte er, »als ich hier draußen stand, dachte ich an eine andere Kubanerin, die ich gern mal besuchen würde. Sie wohnt draußen an der Tamiami, im Nuttenviertel. Ich sagte immer zu ihr: ›Schätzchen, ich brauch' nur dein Straßenschild zu sehen, dann steht er mir schon.‹ Wie geht's denn so, Marty?«

»Mrs. DiCilia ist sehr beschäftigt.«

»Oh, sie ist zu Hause? Na ja, wir wollen sie doch nicht stören«, sagte Roland und kam herein »Ich kann mir genausogut mit dir etwas die Zeit vertreiben.«

»Ich habe in der Küche zu tun.«

»Warum gehen wir statt dessen nicht in dein Zimmer?«

Sie waren jetzt beide in der Halle. Marta war zurückgewichen, hatte sich umgedreht und wußte nicht, wohin sie gehen sollte. Roland stand hinter ihr, faßte sie von hinten und zerrte sie weiter. Dann blieb Roland stehen und schaute die Treppe hoch.

»Bitte«, sagte Marta, und Roland sagte: »Hmmm, es wird dir gefallen.« Schwere Arbeiterhände bewegten sich über ihre Uniform, über ihre Brüste. »Haben wir einen BH da drunter?« sagte Roland. »He, nein, wir haben keinen BH an, was? Wir haben's gern, wenn unsere kleinen Tittchen frei stehen.« Die Hände rieben wie alte Baumwurzeln über den weißen Stoff, arbeiteten sich zu ihrem Bauch und den Schenkeln hinab. »Mal sehen, ob wir ein Höschen anhaben.« Er grinste, als er sah, wie der Schnauzer Gretchen über den Fußboden zu ihm schlitterte. »He, Gretchie, ja sag mal, wie geht's dir, Mädchen? Wie geht's meinem Mädchen, he? Willst du mitmachen, Gretchie? Nein, das willst du nicht. Das ist nichts für kleine Hundchen, das ist was für ... Scheiße, wo willst du hin? Schnapp sie, Gretchen!«

Roland bückte sich, um den Schnauzer zu streicheln, brachte ihn dazu, vor Freude zu knurren, und setzte dann Marta nach, in der Hoffnung, sie würde in das große Wohnzimmer laufen, wo er sie auf das weiße Sofa werfen konnte. Doch statt dessen lief sie in das kleine Wohnzimmer mit den Antiquitäten und hatte beinahe die Glastür erreicht, als er sie von hinten am Saum ihres weißen Rockes zu fassen bekam, ihn hochzerrte und hörte, wie der Stoff riß. Marta stieß ihn zurück, und Roland prallte schwer gegen eine Wand mit Regalen, warf einen Arm hoch und zerstörte Toby-Krüge und englisches Porzellan im Wert von mehreren tausend Dollar. Er griff nach einer Ralph-Stevenson-Suppenterrine (›Blick auf das Taubstummenasyl‹), und drei weitere Riesen waren dahin ... Marta stürzte halbnackt durch die Tür auf den Patio.

Karen hörte das Geräusch, splitterndes Glas. Sie dachte an ein Fenster, an die Glastür zum Patio. Sie dachte an Roland. Dann hörte sie, wie erneut Glas zersplitterte. Oder Porzellan. Im kleinen Wohnzimmer. Sie hörte Stimmen, deren Klang nun schwach von draußen kam, und den Schrei und wußte, daß es Marta war. Karen wandte sich von der Wand mit den Fotos ab und sah sie draußen, unter dem Fenster. Marta lief, im weißen Höschen und mit sonst nichts bekleidet, über den Patio und am Swimmingpool vorbei. Roland folgte ihr, winkte mit etwas Weißem und rief etwas, doch sie konnte die Worte nicht verstehen. Karen öffnete das Fenster. »Ich kriege dich, ja, ich kriege dich, meine Süße, und dann werde ich dich fressen.« Roland blieb stehen, als Marta draußen auf dem Rasen stehen blieb und ihn vorsichtig umkreiste, die Hände ausgestreckt; sie ging jetzt rückwärts zum Haus zurück, kam Roland dabei näher und schrie erneut auf, als er plötzlich vorstürzte und auf sie zusprang.

Karen wandte sich vom Fenster ab, als wolle sie davonlaufen, fliehen. Sie ging vom Büro ins Schlafzimmer, griff zum Telefon auf dem Nachttisch, wählte und sagte: »Vermittlung, hier spricht Karen Hill. Es tut mir leid, Karen DiCilia. Isla Bahia Nummer eins. Würden Sie bitte die Polizei anrufen und bitten, sofort zu kommen? Es ist ein Notfall … ja, in Fort Lauderdale …«

Als Roland das Heulen der Polizeisirene hörte, trat er vom Swimmingpool zurück und ließ sich auf einen Gartenstuhl fallen. Marta blieb im Pool, stand leicht gebückt in dem etwas einen Meter zwanzig hohen Wasser da. Beide sahen zu, wie Karen mit den beiden Polizisten in dunkelbraunen Uniformen und mit Sichtschutzhelmen aus dem Haus kam, zwei junge Burschen, die gut in Form zu sein schienen, mit ernsten drohenden Gesichtern. Einer von ihnen nahm seine Sonnenbrille ab und hakte sie an der Hemdtasche fest. Keiner sagte etwas. Karen hob ein Handtuch von einem Liegestuhl auf, ging damit zu den breiten Stufen am flachen Ende des Pool und breitete es für Marta aus. Roland und die Polizisten warteten.

»Komm schon, es ist alles in Ordnung«, sagte Karen.

Roland und die Polizisten sahen zu, wie Marta aus dem Pool und vor das Handtuch trat, sich darin einwickelte.

»Sag es ihnen«, sagte Karen.

Die beiden Polizisten traten auf den Patio, sahen die beiden Frauen an, warfen Roland einen Blick zu.

»Tag, die Herren«, sagte Roland.

Sie gaben ihm keine Antwort. »Ist das der Mann?« fragte der eine zu Karen.

Karen nickte.

»Würden Sie mir bitte Ihren Ausweis zeigen?« sagte der Polizist zu Roland.

Roland schüttelte den Kopf. »Sie haben keinen Grund, meinen Ausweis zu verlangen.«

Beide Polizisten wandten sich mit ihren grimmigen Gesichtern Roland zu und bauten sich vor ihm auf. Der, der mit ihm gesprochen hatte, sagte: »Stehen Sie auf und drehen Sie sich um.«

»He, hören Sie mit dem Scheiß auf«, sagte Roland. »Liegt Ihnen eine Beschwerde vor? Sagen Sie mir, worum es geht.«

»Stehen Sie auf«, sagte der Polizist. »Sofort.«

Der andere legte die Hand auf seine Pistole oder seine Handschellen, Roland war sich nicht sicher. Er sah zu Marta hinüber, schüttelte den Kopf und hob die Hand. »Kommen Sie schon. Sie haben nichts gesehen, bevor Sie auf den Hof kamen und unverschämt wurden. Von wem liegt denn eine Beschwerde vor?«

»Sag es ihnen«, sagte Karen zu Marta.

Marta sah von den Polizisten zu Roland.

»Sag es ihnen«, wiederholte Karen.

»Irgendwer muß da wohl einen falschen Eindruck bekommen haben, schätze ich«, sagte Roland. »Es ist schon gut. Marty, sag es ihnen. Zum Teufel, wir haben doch nur ein bißchen herumgemacht, oder?«

»Ist dieser Mann ein Freund von Ihnen?« sagte einer der Polizisten zu Marta.

»Man könnte sagen, wir sind ein bißchen mehr als nur Freunde.« Roland sah zu Karen hinüber und blinzelte ihr zu. »Wir alle hier. Wir sind alte Kumpel. Ich und Marty und Karen. Ich und Martys Bruder, wir stehen uns sehr nahe. Wir sind ständig zusammen. Ich sorge dafür, daß er keinen Ärger kriegt.«

»Er bedroht sie«, sagte Karen.

»He, Marty, bedrohe ich dich?« Er musterte sie unter der tiefen Hutkrempe hinweg. »Na los, sag's ihnen schon.«

»Nein, er bedroht mich nicht«, sagte Marta.

»Wollen Sie eine Anzeige gegen diesen Mann machen?« sagte der Polizist.

»Nein«, sagte Marta.

»Hat er Sie in irgendeiner Hinsicht belästigt?«

»Nein.«

Der Polizist sah Karen an. Roland sah sie auch an. »Kann ich eine Anzeige machen?« fragte sie.

»Wie alt sind Sie?« sagte der Polizist zu Marta.

»Zweiundzwanzig.«

»Wenn dieser Mann hier Sie belästigt hat, wie die Lady behauptet, dann müssen Sie die Anzeige machen«, sagte der Polizist zu Marta. »Haben Sie Angst vor diesem Mann? Hat er Sie bedroht?«

»Nein«, sagte Marta.

»Oder bedroht er jemanden aus Ihrer Familie?«

Marta schüttelte den Kopf. »Nein.«

»Und Sie haben nur so ... herumgemacht?«

»Ja.«

Der Polizist musterte sie noch eine Weile, dann wandte er sich an Karen. »Wenn Sie eine Anzeige machen wollen ... Oder vielleicht sollten Sie uns mal sagen, was hier vorgeht.«

»Wollen Sie das wirklich wissen?« fragte Karen.

Das gefiel Roland. Er grinste, schob seinen Hut zurecht, spielte damit herum. »Na also«, sagte er zu Karen. »Sie wollen hören, wie du schmutzige Wäsche wäschst.« Rolands Blick bewegte sich zu den Polizisten. »Wissen Sie, wer diese Dame da ist, Mrs. DiCilia? Sie war mit Frank DiCilia verheiratet, einem guten Freund von Ed Grossi, der neulich verstorben ist.«

(Klar, sie wußten es. Wenn das ein anderer Hof gewesen wäre, hätten sie Roland schon einen Kinnhaken versetzt und abgeführt.)

»Hören Sie, wir haben unsere Meinungsverschiedenheiten, streiten uns wie alle anderen Menschen auch«, fuhr Roland fort, als gehöre er hierher, als sei er Teil der Familie. »aber wenn wir Ihnen alles *erklären* wollten, dann würden Sie bis spät in die Nacht und noch an Ihrem freien Tag an Ihrem Bericht schreiben ... nicht wahr?«

Roland wußte, daß er den Nagel auf den Kopf getroffen hatte. Die Polizisten standen da und sagten nichts. Was hatten sie denn gesehen? Ein Bursche jagt das Dienstmädchen in den Swimmingpool, und der Dame des Hauses paßte das nicht. Die Dame hatte nicht geschrien und auch keinen Wutanfall bekommen. Die Dame war wütend, ja, doch sie schien die Lage unter Kontrolle zu haben. (»Wollen Sie das wirklich wissen?«) Sie war ziemlich gelassen. Das hatte die Polizisten aus der Fassung gebracht, und Roland rieb sich deshalb die Hände. Die Dame erkannte genau, in welcher Lage sie sich befand. Die Polizei rufen, und was dann? Jeden Tag die Polizei rufen?

Roland beobachtete von der Türschwelle aus, wie der weiße Polizeiwagen von Lauderdale mit seinem roten Licht über die Brücke zum Harbor Beach Parkway fuhr. Er hatte die Sache durchgezogen, seinen Standpunkt klargemacht.

»Ich wußte, daß Sie uns da oben beobachten«, sagte Roland über die Schulter. »Hat es Ihnen gefallen?«

Sie antwortete nicht.

Die Bullen hatten sich seinen Cadillac angesehen und riefen im Augenblick wahrscheinlich die Zentrale, um sein Kennzeichen durchzugeben. Die Burschen würden sich in die Hosen scheißen, wenn sie den Bericht bekamen; aber sie würden nicht mehr ohne ausdrücklichen Befehl und Verstärkung zurückkommen.

»Wollen wir reden?« sagte Karen, die hinter ihm in der Halle stand.

Roland drehte sich um und schloß die Tür. Er musterte Karen, versuchte, sich Klarheit zu verschaffen.

»Sie sind jetzt ganz anders als vorher. Wissen Sie das? Sie sind viel ruhiger. Ich will damit nicht sagen, daß Sie vorher nervös waren, aber jetzt sind Sie ganz anders. Beschäftigt Sie etwas, das Sie mir nicht verraten?«

»Sie schwätzen viel«, sagte Karen, »aber Sie kommen nie zur Sache.« Sie drehte sich um und ging ins Wohnzimmer.

Roland folgte ihr und blickte zu der Decke mit den Balken hinauf; jedesmal, wenn er den Raum betrat, beeindruckte ihn dessen Höhe.

»Ich glaube, ich schulde Ihnen ein paar Eier. Ich habe ein paar Teller zerbrochen.«

»Sagen Sie mir, was Sie wollen«, sagte Karen. Sie blieb neben dem Kamin stehen. Sie hätte sich gern bewegt, wollte aber nicht vor ihm auf und ab gehen.

Roland ließ sich in einen Sessel fallen. Die Hutkrempe berührte den Bezug der Rückenlehne, und er beugte sich etwas vor.

»Was bieten Sie mir?«

»Wie wäre es mit fünfundzwanzigtausend?«

»Bar? In neuen Hundertdollarscheinen?«

Karen starrte ihn an.

Roland starrte zurück. »Was haben Sie mit all den Bildern da oben vor?« sagte er. Er schob den Ox Bow tiefer in die Stirn, damit er den Kopf gegen die Rückenlehne legen konnte.

»Haben Sie das Geld genommen?«

»Nein, es ist noch da. Das ist wohl für Zigaretten und Vogelfutter, was?«

»Ich höre«, sagte Karen. »Raus damit. Was wollen Sie?«

»Ich will mich nicht brüsten oder so«, sagte Roland, »aber das haben mich Damen schon öfter gefragt. ›Was willst du?‹ sagen sie, ›du kannst alles haben.‹«

»Das habe ich nicht gesagt.«

»Noch nicht. Die Tatsache, daß Sie gewissermaßen vier Millionen Mäuse haben – die Erträge davon –, macht Sie nicht anders als die anderen Damen, die mich gefragt haben, was ich will. Und es war mir nicht möglich, so nett zu denen zu sein, wie ich zu Ihnen sein kann. Schauen Sie, Ed Grossi ist gestorben, bevor er etwas ändern konnte, und raten sie mal, wem sie die Sache übergeben haben.«

»Ich glaube Ihnen nicht«, sagte Karen.

»Rufen Sie Jimmy Cap an. Jimmy ist jetzt der oberste Boß.«

Karen machte einen Schritt vom Kamin fort. Sie ertappte sich, wie sie sich bewegte, nur um sich zu bewegen, blieb ruhig stehen und legte die Hand auf den Balken, der als Kaminumrandung diente. Warum fiel Roland alles so leicht? Wie er mit dem Polizisten umgesprungen war, sich geweigert hatte, aufzustehen oder sich ihnen auszuweisen. Ed Grossis Tod, genau im richtigen Augenblick. Sie wollte nachbohren, Fragen stellen, ihn aushorchen ...

Und stellte fest, daß das nicht nötig war. »Sie wissen nicht genau, ob Ed etwas geändert hätte, Sie vom Haken gelassen hätte, auch wenn Sie das neulich behauptet haben«, sagte Roland. »Nein, ich glaube, er wollte alles so belassen, wie es ist. Sie können also von Glück sprechen, daß sich die Dinge so entwickelt haben, nicht wahr? Jetzt haben Sie jemand, mit dem Sie von Angesicht zu Angesicht sprechen können.«

»Wie es sich zufällig ergeben hat«, sagte Karen.

»Ja. Das soll nicht heißen, daß wir wegen Eds Tod jetzt die Korken knallen lassen, aber es vereinfacht die Sache für die Betroffenen etwas.«

»Daß er zufällig starb«, sagte Karen und beharrte auf dem Thema.

»He, sie haben den Burschen«, sagte Roland. »Versuchen Sie nicht, mich da hineinzuziehen. Nein, ich sage nur, man arbeitet schwer, und manchmal hat man Glück. Und da sind wir nun, wir beide.«

»Sie hatten etwas mit seinem Tod zu tun«, sagte Karen.

»Ich kenne den Jungen, der es getan hat, mehr nicht. Fragen Sie die Bullen. Ich habe schon mit ihnen gesprochen.«

Und Vivian, die auch damit zu tun hat, wollte Karen sagen. Wo ist Vivian? Doch sie beherrschte sich, war sich bewußt, daß sie am Kamin stand, allein mit dem Mann, der im Haus den Hut aufbehält, den Gangster aus den Hinterwäldern, den Glückspilz aus Miami Beach, den altmodischen Burschen, der die Stiefel auf den Tisch legt, mein Gott ... Sie zwang sich zur Ruhe, während es in ihr brodelte, und sie dachte, wie beim ersten Mal, als er hierher gekommen war: Du wirst mit im fertig. Spiele das Spiel mit, wie er es will. Du kannst mit ihm fertig werden.

»Sie haben es noch immer nicht gesagt, oder?« sagte Karen. »Was Sie wollen.«

»Doch, ich habe gesagt, Damen haben mir Angebote gemacht, wollten nett zu mir sein.«

»Wieviel ist nett?«

»Nein, es muß etwas sein, das Sie geben *wollen*. Sie verstehen nicht, nicht wahr?«

»Ich habe Schwierigkeiten damit«, sagte Karen.

»Hören Sie, Sie haben vier Millionen, die Erträge davon. Sie haben alles, was Sie wollen oder brauchen. Aber wenn Sie von hier fortziehen, ist es aus damit, hören die Zahlungen auf.«

»Dessen bin ich mir bewußt.«

»Ich rufe uns nur in Erinnerung, wie es aussieht. Ich kann mir nicht vorstellen, daß Sie wegziehen und vier Millionen aufgeben.«

»Ich auch nicht«, sagte Karen.

»Aber auch mit Ihrem ungezwungenen Liebesleben ist es aus, was?«

»Diesen Anschein hat es.«

»Wenn wir beide, Sie und ich, nicht was in die Gänge kriegen.«

»Sie meinen, ich muß nur mit Ihnen ins Bett steigen?«

Roland grinste. »Sie müssen nur davon sprechen, und ich werde geil. Aber ich will Sie nicht zwingen. Wie ich Ihnen schon gesagt habe, als ich zum ersten Mal hier war: Ich bin Ihr Mann, weil ich der einzige bin, den Sie kriegen.«

»Ich gehe also mit Ihnen ins Bett«, sagte Karen. »Und dann?«

»Sie *bitten* mich, mit Ihnen ins Bett zu gehen.«

»Na gut, ich bitte Sie. Und was passiert danach?«

»Dann leben wir glücklich und zufrieden.«

»Sie ziehen hier ein?«

»Morgen, wenn Sie wollen.«

»Dann ist es nicht nur Geld. Selbst eine Menge Geld.«

»Geld?« sagte Roland. »Scheiße, ich will das Geld und alles, was damit zusammenhängt: Sie, die ganze Erbschaft.«

»Aber Sie werden keine Gewalt anwenden, mich nicht einschüchtern.«

»Nur Ihre Schlappschwänze von Freunden davonjagen, damit Sie geil auf mich werden.«

»Wenn es nur eine Sache zwischen Ihnen und mir ist«, sagte Karen und hielt inne. »Dann haben Sie keine Chance.«

Da blitzte wieder Rolands Grinsen auf, verriet, daß er seinen Spaß hatte und die Situation genoß. »Wir haben vielleicht falsch angefangen und so weiter«, sagte er. »Aber Sie werden noch herausfinden, daß ich eigentlich ganz nett bin.«

Maguire sah den Cadillac Coupé de Ville auf der Auffahrt, als er auf die Isla Bahia bog. Er fuhr am Haus vorbei, sah die Sackgasse am Kanal und blieb stehen.

Er konnte sich nirgendwo verstecken. Er wußte, daß es sich bei dem Wagen auf der Auffahrt um den von Roland handelte; den gleichen, in den er Roland hatte einsteigen sehen, als sie aus dem Yankee Clipper gekommen waren. Maguire zog den Mercedes ein Stück vor, damit Roland ihn nicht sah.

Wenn er ihn nicht schon entdeckt hatte. Vielleicht sah er in diesem Augenblick aus dem Fenster.

Na ja, er konnte schnell drehen und von hier verschwinden. Oder er konnte ins Haus gehen ... Haben wir uns nicht schon mal gesehen? Er wußte nicht, wie er es anstellen sollte. Er wußte nicht, wie Roland reagieren würde. Aber er war im Haus; was, wenn Karen in diesem Augenblick Hilfe brauchte? Scheiße. André Patterson hatte gesagt, er hätte gute Nerven; aber gute Nerven hieß, ins Haus zu gehen, zu wissen, war er tun würde, sich vorstellen zu können, wie Rolands Reaktion aussehen würde. Das war etwas völlig anderes. Dieser verdammte Roland – er wußte nichts über ihn, bis auf die Tatsache, daß er wie ein Zweimeterbaum gebaut war, riesige Hände, eine gewaltige Reichweite und eine Haut hatte, die man nicht einbeulen konnte, wenn man nicht gerade mit einem Brecheisen auf ihn einschlug. Von hinten.

Er konnte fühlen, wie sie ihn beobachteten. Roland und Karen. Scheiße. Er setzte den Wagen zurück, das ganze Stück bis zur Auffahrt, und fuhr hinauf.

Marta hatte sich das Haar gekämmt, aber es war noch naß, als habe sie es sich gerade gewaschen. »Jemand zu Hause?« fragte Maguire.

»Er ist hier«, sagte Marta.

»Ich weiß. Wo sind sie?«

»Ich glaube, Sie kommen besser nicht herein.«

»Ist schon in Ordnung«, sagte Maguire. »Ich werde ihm nichts tun.«

Beide beobachteten, wie Maguire auf der Schwelle erschien und darauf wartete, ins Wohnzimmer gebeten zu werden. Karen stand am Kamin, und Roland saß in einem Lehnstuhl; er hatte den Hut auf.

Gretchen kam zu Maguire, schnüffelte an seinem Bein und lief zu Roland zurück, der sich bückte, Gretchen die Hand vors Maul hielt und sagte: »Du riechst den toten Fisch an ihm, was, Gretchen? Riechst du ihn? Schlimm, wie der stinkt, was?«

Karen sah zu, ohne sich zu bewegen, obwohl sie nicht angespannt wirkte. Ihre Blicke folgten Gretchen zu Roland, kehrten dann mit dem Ausdruck leiser Überraschung zu Maguire zurück. Was, wenn das mit dem Hund ein Test war, dachte Maguire, und er hatte es verpatzt? Vielleicht waren Hunde ja dafür da. Vielleicht wäre das der richtige Augenblick, um sich zu bücken, mit Gretchen zu spielen und sich mit ihr zu unterhalten. Er fragte sich, was Karen davon halten, was sie sagen würde …

Doch es war Roland, der ihn in das Zimmer bat. »He, kommen Sie rein, setzen Sie sich. Sie Mordskerl, Sie wußten neulich in der Bar, wer ich war, was?« Roland grinste. »Haben Sie ihr die Geschichte von der Frau mit dem Papagei erzählt?«

»Die hat er mir noch nicht erzählt«, sagte Karen ein wenig überrascht.

Roland winkte mit der Hand. »Kommen Sie her und setzen Sie sich, Partner.«

Maguire ging um die Couch herum, die vor dem Kamin stand, und setzte sich auf das von Roland weiter entfernte Ende. Er sah Karen an: Ihr Blick ruhte auf ihm, verriet ihm jedoch nichts. Vorsicht, nur eine Spur Neugier. Dann ergriff Roland das Wort, und er sah zu ihm hinüber.

»Diese Frau hatte einen kranken Papagei, den sie im Badezimmer hielt«, sagte Roland. »Mein Gott, wochenlang hat sie ihn gepflegt, und der Papagei wurde wieder gesund, und wissen Sie, was er dann gemacht hat? Er wollte Wasser aus dem Klo trinken und ist ertrunken.«

»Das ist die Geschichte?« sagte Karen.

»Er hat sie nicht richtig erzählt«, sagte Maguire. »Sie haben gesagt, er wollte Wasser aus der Toilette trinken.«

»Was wollte er denn sonst«, sagte Roland, »pinkeln?«

»Nein, es kommt darauf an, wie die Frau es erzählt hat«, sagte Maguire. »Das war ein bewegendes Erlebnis, und sie wartet darauf, daß jemand kommt und sie es erzählen kann. Aber als sie es dann erzählt, erzählt sie es genau zur falschen Zeit. Sie wissen, was ich meine?«

»Gott im Himmel, ich kenne die Frauen besser als Sie.«

»Das bezweifle ich nicht. Ich spreche aber von dieser einen Frau. Ganz allein, hat niemand, mit dem sie sich unterhalten kann.«

»Sie wartet auf einen, der sie mal ordentlich durchbumst«, sagte Roland. »Ich weiß genau, wovon Sie sprechen. Aber was hat der Papagei dann in der Toilette gemacht?«

Karen sah von Roland zu Maguire.

»Wahrscheinlich wollte er trinken«, sagte Maguire, »aber darauf kommt es nicht an.«

»Wenn der verdammte Papagei trinken wollte, dann sagen sie das auch«, sagte Roland. »Sonst versteht doch keiner, was der Papagei in der Toilette wollte.«

»Sie erzählen es, wie Sie es wollen, ich erzähle es, wie ich es will«, sagte Maguire.

Karen blickte von Maguire zu Roland.

»Scheiße, ja, ich erzähle es, wie ich es will«, sagte Roland. »Sie lassen den besten Teil aus. Oder man könnte sagen ... ja, man könnte sagen, der Papagei *wollte* pinkeln und ist dabei ertrunken. Das wäre ein noch besserer Witz.«

»Sie verstehen nicht, worum es geht«, sagte Maguire.

»Ich verstehe nicht, worum es geht – Sie Scheißkerl, ich habe mein halbes Leben mit diesen Leuten verbracht.«

»Das glaube ich Ihnen«, sagte Maguire.

»Was soll das heißen, diese Bemerkung?«

»Wenn Sie sagen, Sie hätten da draußen gelebt, glaube ich Ihnen das. Mehr nicht«, sagte Maguire und musterte den stämmigen Hurensohn, der dort saß, als sei es sein Haus, wie er die Füße auf den Tisch gelegt hatte und mit dem Hund spielte. Ganz ruhig, dachte Maguire. Nimm's leicht. Doch Karen sah zu, und er mußte etwas sagen.

»Nehmen Sie Ihren Hut im Haus nie ab?« fragte er.

»Paßt Ihnen das etwa nicht?«

»Ich habe Ihnen eine einfache Frage gestellt, mehr nicht.«

»Wollen Sie, daß ich ihn abnehme?«

»Nein, er steht Ihnen gut. Verrät, was Sie sind.«

Hinter Karen hingen schwarze Metallzangen und ein Schürhaken am Kamin.

»Und was verrät er über mich?« fragte Roland.

»Mal sehen. Sie tragen einen Westernhut und Cowboystiefel«, sagte Maguire. »Und diesen Anzug ...« Er war sich bewußt, daß Karen zuhörte. »Man müßte annehmen, daß Sie bei einem Zirkus sind.«

»Da vermuten Sie richtig«, sagte Roland, erhob sich langsam aus dem Sessel und ignorierte Gretchen, die um seine Beine herumsprang. »Und wissen Sie, was ich im Zirkus bin?«

Karen könnte jetzt etwas sagen. Das wäre jetzt genau der richtige Augenblick für sie, die Sache zu unterbinden. Doch Karen beobachtete sie, ohne ein Wort zu sagen.

Maguire überlegte.

Drei Schritte zu dem schwarzen, eisernen Schüreisen – wenn er es rechtzeitig vom Haken bekam.

»Mal überlegen«, sagte er. »Sind Sie ein Clown?«

»Nein, ich bin kein Clown« sagte Roland. Er stand nun drei Meter von Maguire entfernt. »Ich bin der wilde Mann aus dem großen Sumpf, und wollen Sie wissen, was ich da mache?« Er trat auf Maguire zu. »Ich nehme kleine Klugscheißer, reiße ihnen den Arsch bis zur Luftröhre auf und werfe sie in die Ecke.«

»Warum setzen Sie sich nicht?« sagte Karen. Aber viel zu spät.

Maguire erhob sich vom Sofa, trat zum Kamin. Roland erreichte ihn mühelos, stieß ihn mit der Hüfte ab, nahm Maguire in den Schwitzkasten und hielt ihn fest. Roland zog die Hände zusammen, um den Druck zu verstärken, und Maguire verspürte einen Brechreiz, bekam keine Luft mehr.

»Lassen Sie ihn los«, sagte Karen mit leiser, ruhiger Stimme. Maguire hörte es und dachte: Mein Gott, *sag* es ihm! Zwinge ihn! Er konnte sich nicht bewegen; er versuchte, auf Roland einzuschlagen, um ihn herumzugreifen, die Hüften des Mannes zu fassen zu bekommen; doch Roland drückte, und Maguire fühlte, wie er allmählich ohnmächtig wurde.

»Das ist also der Delphin-Mann«, sagte Roland. »He, Partner, was machst du da, spielst du den ganzen Tag mit den Delphinen? Hast du Spaß dran, ihnen zuzusehen? Da kommt der kleine Scheißer und schlägt mit dem Kopf hin und her.« Roland hielt Maguire mit einem Arm um seinen Hals fest und rieb mit den Knöcheln der anderen Hand über Maguires Kopf. »He, du Scheißer, wie fühlt sich das an? Das ist 'ne Knöchelmassage. Und wenn ich dich noch mal hier sehe, gibt's 'ne Knöchelabreibung. Wie fühlt sich da an, he? Brennt ziemlich, oder?«

»Das reicht«, sagte Karen. »Hören Sie auf.«

Roland nahm Maguires rechten Arm, als er ihn losließ, und bog ihm den Arm hinter Maguires Rücken hoch, zerrte ihn hoch, riß sein Gesicht hoch, das gerötet war und brannte, und Maguire versuchte, nicht zu schreien, doch mein Gott, gleich würde ihm der Arm aus den Schultergelenken springen.

»Da lang«, sagte Roland. »Na los, in den Flur.«

Karen sah zu, stand noch immer am Kamin, und ihr fiel etwas ein, das sie vor langer, langer Zeit gesehen hatte: Karen Hill beobachtete auf dem Schulhof zwei Jungs aus der siebenten Klasse. Der Schwitzkasten; das holländische Reiben, wie sie es nannten; den Arm hinter dem Rücken hochgebogen …

»Na los, verpiß dich.« Roland war jetzt in der Halle und gab Maguire einen Schubs, als er ihn losließ.

Maguire ging zur Eingangstür weiter. Er sah Marta auf der Schwelle zum zweiten Wohnzimmer; sie betrachtete ihn voller Mitleid. Oder nicht mal das. Vielleicht dachte sie nur: Das war also Maguires großer Auftritt gewesen …

»Laß ja den Wagen stehen!« rief Roland ihm nach.

Maguire öffnete gerade die Tür, als er noch »Moment mal!« rief.

Maguire wartete, sah hinaus in das schwache Licht des frühen Abends, drehte sich nicht um. Roland kam zu ihm.

»Ich wollte dich noch was fragen«, sagte Roland, und seine Stimme klang wieder ganz freundlich. »Wenn du da drüben die ganze Zeit bei den Delphinen bist – hast du schon mal gesehen, wie sie's machen?«

»Was machen?«

»Du weißt schon, *es* machen.«

»Jeden Abend«, sagte Maguire.

»Scheiße, ehrlich, jeden Abend? He, meinst du, ich könnte mal vorbeikommen und zusehen?«

»Ich weiß, daß er gleich nach Hause kommt«, sagte Jesus Diaz zu der Frau auf der Schwelle, hinter der laut der Fernseher dröhnte. »Ich weiß, wo er ist. Er hat mich gebeten, auf ihn zu warten.«

»Ich habe nichts dagegen, daß Sie warten«, sagte Tante Leona. »Setzen Sie sich, wohin Sie wollen.« Sie deutete auf ein paar alte Gartenstühle.

»Ich meine, ich soll in seiner Wohnung warten.« Im Falle, daß Roland Maguire aus irgendeinem Grund folgen würde, wollte Jesus nicht gerade, daß Roland sah, wie er hier vor dem Casa Loma saß. Bevor das passierte, würde er nach Kuba fahren.

»Na ja, ich weiß nicht«, sagte Tante Leona.

»Hören Sie, wir sind alte Freunde. Ich werde schon nichts stehlen.«

Mann, dieser ganze Aufwand, nur um in seine Wohnung zu kommen. Wenn es dunkel gewesen wäre, hätte er sich selbst Zutritt verschafft. Es wurde dunkel, und er saß noch immer vor Maguires Schwarzweißfernseher und trank ein Glas von Maguires Rum. Ein gutaussehendes Mädchen in einem roten T-Shirt kam herein. Jesus stand auf und sagte, er warte auf seinen Freund. »Na dann viel Glück«, sagte das Mädchen und ging wieder. Als Maguire schließlich kam, wirkte er zwar überrascht, aber mehr betrunken als überrascht.

»Ich habe die beiden Wagen vor dem DiCilia-Haus gesehen«, sagte Jesus Diaz. »Aber Sie sind doch in Ordnung, oder? Wollen Sie wissen, wen ich davor gesehen habe?«

Maguire goß sich einen Rum über Eis ein. »Keine Ahnung, woher soll ich das wissen?«

»Ich habe Vivian Arzola gesehen. Ich hab' mich den ganzen Tag über in Keystone umgesehen. Ohne Erfolg. Ich fuhr zu der Wohnung ihrer Mutter in Homestead. Da ist sie.«

»Ist ja toll,« sagte Maguire. »Erzählen Sie das der Lady. Strecken sie die Hand aus, und sie wird Ihnen ein Trinkgeld geben.«

»Zuerst war Vivian fürchterlich erschrocken, als sie mich sah. ›Immer mit der Ruhe‹, sagte ich, ›ich werde Ihnen nichts tun. Ich will Ihnen nur sagen, daß Mrs. DiCilia mit Ihnen sprechen möchte‹. Sie sieht mich an, als würde sie mir nicht vertrauen. Irgendwas ist komisch mit ihr. Verstehen Sie? Ich gehe, aber ich warte um die Ecke in meinem Wagen. Kurz darauf kommt sie mit einem Koffer heraus. Ich folge ihrem kleinen ausländischen Wagen zurück nach Miami zu einem Haus auf der Monegro. Sie wissen, wo das ist? In Coconut Grove, ein kleines rosa Haus. Sie geht rein, kurz darauf gehe ich auch zu dem Haus, klingle. Nichts rührt sich. Scheiße, ich weiß, daß sie da drin ist. Was ist nur los mit ihr? Hören Sie mir überhaupt zu?«

Jesus Diaz musterte Maguire, wie er sich auf dem Bett ausstreckte, das Glas in der Hand. »Ich drücke noch mal auf die Klingel. Nichts. Also öffne ich die Tür mit diesen Schlüsseln, die ich habe, verstehen sie? Ich sehe mich im Haus um. Sie versteckt sich im Schlafzimmer, Mann, im Schrank. ›Bitte, bringen Sie mich nicht um‹, sagt sie. ›Weshalb sollte ich Sie denn umbringen?‹ sage ich. ›Ich werde nicht reden, ich verspreche es Ihnen‹, sagt sie. ›Worüber werden Sie nicht reden?‹ sage ich. Hören Sie mir zu? Wir unterhalten uns also noch was, sprechen miteinander, und ich bin sehr nett zu ihr, wir sprechen über unsere Mütter, ich sage ihr, daß ich ausgestiegen bin, daß ich nach Kuba fahre. ›Ich will mit Ihnen fahren‹, sagt sie. ›Warum?‹ sage ich. Wissen Sie, vor wem sie solche Angst hat? Natürlich, vor Roland. Wissen Sie, weshalb sie solche Angst hat? He, hören Sie mir zu? Weil sie weiß, daß Roland Ed Grossi umgebracht hat.«

»Ich höre ja«, sagte Maguire.

18

»Dieses kleine Loch dort oben auf dem Kopf von Misty und Gippy heißt Nasenloch«, sagte Lesley ins Mikrofon. »Es hat die gleiche Funktion wie Ihre Nase. Wenn Wasser in dieses Loch kommt, können sie Lungenentzündung oder Pleuritis bekommen oder sogar ertrinken. Also spritzen Sie sie bitte nicht naß. Abgesehen davon – wenn Sie sie doch naßspritzen, werden sie zurückspritzen.« Pause. »Und noch kein Mensch hat beim Naßspritzen gegen einen Delphin gewonnen.«

Lesley sah zwar gut aus, dachte Karen, als sie von dem Delphinbecken zurücktrat, aber sie war ein wenig ungehobelt. Und wahrscheinlich auch nicht sehr intelligent.

Sie schaute noch einmal beim Becken vor der Haupttribüne vorbei, ging zum Erfrischungsstand weiter, und da war er dann. Er saß an einem Gartentisch und trank Kaffee.

»Warum arbeitest du heute nicht?«

Maguire sah auf. »Ich will, daß sie mich feuern.«

»Ich glaube, ich habe dich das schon einmal gefragt. Warum kündigst du nicht?«

»Ich werde bald kündigen.«

»Es tut mir leid wegen gestern«, sagte Karen.

»Ja, das konnte ich sehen, wie du dagestanden und zugesehen hast.«

»Was hast du denn von mir erwartet? Sollte ich auf ihn losgehen?« Karen setzte sich an den Tisch. Maguire rührte seinen Kaffee mit einem Plastiklöffel um und blickte nicht auf. Karen beobachtete ihn. »Ich habe gerade etwas herausgefunden, das du mir nicht sagen wolltest. ›Das sind Flaschennasen-Delphine beziehungsweise Große

Tümmler aus dem Atlantik. Der Tümmler ist viel kleiner, nervöser und reizbar, praktisch nicht zu dressieren‹«, sagte Karen und ahmte Lesleys Ohio-Akzent nach. »›Aber wir nennen sie Tümmler, damit Sie sie nicht mit dem Delphin-*Fisch* beziehungsweise der Goldmakrele verwechseln, die Sie auf den Speisekarten einiger der besten Restaurants von Florida finden. Machen Sie sich also keine Sorgen‹ – Sie alle – ›wenn Sie den bestellen, essen Sie keinen Flipper.‹ Ich glaube, ich könnte mich hier um einen Job bemühen.«

»Sprich mit Brad. Sag ihm, du brauchst Geld.«

»Sind wir heute ein wenig mürrisch? Du hast dich doch alles in allem sehr gut geschlagen. Zumindest bist du ihm mutig gegenübergetreten.«

»Ach ja?«

Karen griff nach seinem Kaffee und nippte davon. »Zu viel Zukker.« Sie setzte den Becher wieder ab. »Ich habe dir den Wagen mitgebracht – wenn du mich zurückfahren kannst.«

»Was kann ich sonst noch für dich tun?«

Karen beobachtete ihn, wartete darauf, daß er sie ansah. »Warum läßt du deine Wut an mir aus? Ich konnte nichts tun.«

»Ich habe das Gefühl, daß es dir ziemlich egal war«, sagte Maguire, »so oder so.«

»Hätte es was genützt, wenn ich geschrien oder ihn gegen das Schienbein getreten hätte?«

»Vielleicht.«

»Die Polizei war schon mal da und hat nichts unternommen.«

»Weshalb? Hast du sie angerufen?« Maguire blickte interessiert auf.

»Roland wollte mir etwas klarmachen. Daß er mich in meinem Haus belästigen kann und die Polizei nichts dagegen tun wird. Er hat so getan, als wolle er Marta vergewaltigen, und ich wurde nervös und habe die Bullen angerufen.«

»Du wurdest nervös?« fragte Maguire.

»Ich hatte Angst, er würde ihr etwas antun. Ich wußte nicht, daß er nur so tat.«

»Und als du es gemerkt hast«, sagte Maguire, »da warst du wieder ganz die coole Karen?«

»Was willst du damit sagen?« Sie runzelte leicht die Stirn, doch sie drückte nicht allzuviel Betroffenheit aus.

»Dieser Bursche belästigt dich«, sagte Maguire, »doch du scheinst dir keine großen Sorgen mehr zu machen. Warum? Was ist los mit dir? Ich weiß nicht, ob du aufgegeben hast oder es dir auf einmal egal ist.«

»Rate mal, was er will«, sagte Karen. »Er hat es mir endlich gesagt. Alles, einschließlich mich.«

»Siehst du? Das habe ich ja gesagt. Hältst du das für komisch oder was?«

»Er sagte, er würde mich noch so weit bringen, daß ich ihm alles *geben* wolle, weil er meine einzige Chance sei.«

»Und das glaubst du?«

»Nun ja … er ist selbstbewußter als jeder andere Mann, den ich jemals kennengelernt habe.«

»Er ist bescheuert, und er wird dich fertigmachen. Er sucht nach einer Möglichkeit, an das Geld heranzukommen, läßt dich fallen und nimmt, was er kriegen kann. Und wenn du dir das wehrlos gefallen läßt, bist du selbst schuld.«

»Er mag mich.«

»Vielleicht, aber das hat nichts damit zu tun.«

»Aber verstehst du denn nicht, sein Selbstvertrauen, das ist seine Schwäche«, sagte Karen und beugte sich über den Tisch zu ihm. »Worauf beruht es denn? Auf nicht viel. Hinter Mr. Roland Crowe steckt beträchtlich weniger, als er glaubt. Als ich euch gestern beobachtet habe – weißt du, wie das war? Wie zwei kleine Jungs, die ein Mädchen beeindrucken wollen. Dieser Streit um den Papagei – ich konnte es nicht glauben.«

»Du hast es nicht kapiert.«

»Nein, ich dachte, du wolltest ihn aufziehen, aber er hat es ernst genommen. Ich habe mir Roland angesehen. *Der* soll mir Schwierigkeiten machen? Mir fiel etwas ein, das Ed Grossi mir mal gesagt hat …, daß man sich über Leute Sorgen macht, die sich dann als Leichtgewicht erweisen.«

»Ed Grossi hat dir das gesagt, was?« sagte Maguire. »Willst du noch einen Rat?«

»Welchen?«

»Vergiß Ed Grossis Ratschläge. Sprich mit Vivian Arzola.«

»Wie kann man in so ’nem Dreckloch leben?« sagte Roland zu Lionel Olivia. »Das Ding ist ja nicht größer als ein Pferdeverschlag.«

»Wir kommen zurecht.«

»Schaff sie hier raus.«

Lionel drehte sich zu der Frau um, die auf dem winzigen Herd etwas für ihn kochte. Sie drängte sich an ihm vorbei, ohne Roland anzusehen, und verließ den Wohnwagen. Roland bückte sich, um ihr durch das Fenster nachzusehen – ein breiter kubanischer Arsch, der von einer Seite zur anderen schwappte, als sie von dem Wohnwagenplatz Tall Pines auf die S. W. Eighth Street ging.

»Wollen Sie das Boot?« sagte Lionel Olivia. »Jemand rausschaffen?«

»Noch nicht.« Roland streckte sich und setzte ein ernstes Gesicht auf, als er Lionel ansah. »Du trinkst zuviel, weißt du das?«

»Klar, manchmal trinke ich gern einen.«

»Und dir gefällt es, in diesem Gestank zu leben?«

»Ich rieche nichts.«

»Mein Gott, sieh dich doch mal um. Wenn du für mich arbeitest, mußt du dir was Besseres suchen.«

»Ich arbeite jetzt für Sie?«

»Ich will sehen, ob du Vivian Arzola finden kannst. Sie und du, ihr habt doch mal zusammen Apfelsinen gepflückt, oder?«

»Mann, das ist schon lange her.«

»Na ja, besuche doch mal ein paar alte Freunde. Finde heraus, ob jemand sie in letzter Zeit gesehen hat.«

»Wie kommt es, daß ich jetzt für Sie arbeite?« sagte Lionel Olivia. »Haben Sie Jesus nicht mehr?«

»Er ging nach Kuba, du Scheißer. Du warst dabei, als er es mir gesagt hat.«

»Nein, er ist gar nicht nach Kuba gegangen. Ich habe gesehen, wie er sich gestern mit einem Typ im Centro Vasco unterhalten hat.«

»Wenn du ihn noch mal siehst, sagst du ihm, er soll mich anrufen«, sagte Roland. »Sag ihm, daß ich ihm seine kleinen krummen Beine verbiegen und um den Kopf wickeln werde, wenn ich nichts von ihm höre und ihm mal zufällig über den Weg laufe.«

Roland sah zu, daß er aus dem stinkenden Wohnwagen herauskam. Er würde sich noch ein wenig nach Vivian umsehen; und mal eben bei Karen vorbeischauen, damit sie ihn ja nicht vergaß. Zuerst jedoch würde er nach Hause fahren und sich eine Pistole holen, die er am Körper tragen oder in den Wagen legen würde. Es tat sich jetzt zu viel, als daß man nicht auf das vorbereitet sein mußte, was man am wenigsten erwartete.

»Ich muß darüber nachdenken«, sagte Vivian Arzola zu Jesus, als er am Morgen zurückkam.

»Worüber nachdenken? Sie will Ihnen helfen.«

»Wie denn? Wenn ich jemand davon erzähle, bringe ich mich nur selbst in Gefahr.«

»Vertrauen Sie ihr«, sagte Jesus.

»Also gut, aber nur Mrs. DiCilia. Wenn sie die Polizei mitbringt, weiß ich gar nichts mehr.«

»Sie und noch einen, einen Freund, der ihr hilft. Das ist seine Idee, und ich kann nichts daran ändern.«

»Aber Sie können mich auch nicht zwingen, ihm etwas zu sagen. Einverstanden, die beiden. Und Sie«, sagte Vivian. »Wenn noch mehr kommen, muß ich mir Stühle borgen. Sehen Sie, was sie mit dieser Wohnung gemacht haben? Haben sich vor dem Monatsersten einfach davongeschlichen und den ganzen Dreck zurückgelassen. Sehen Sie sich das doch mal an, diesen ganzen Unrat. Seit fünf Jahren gehört mir diese Wohnung, und ich habe noch keinen Cent daran verdient.«

»Um wieviel Uhr?« sagte Jesus.

»Später, wenn es dunkel ist. Keine Ahnung, um neun? Sie setzen sie ab – mit was für einem Wagen kommen Sie?«

»Das weiß ich noch nicht.«

»Vergessen Sie die ganze Sache«, sagte Vivian.

»Warten Sie, lassen Sie mich nachdenken. Ein grauer Mercedes-Benz.«

»Sie setzen Sie ab. Ich will nicht, daß der Wagen vor dem Haus steht.«

»Und was noch?«

»Sagen Sie ihnen, daß ich nicht zur Polizei gehen werde. Wenn sie das wollen, verschwenden sie ihre Zeit. Keine Polizei. Wenn ich einen Polizisten sehe, weiß ich nichts mehr davon, worüber wir gesprochen haben.«

»Wenn Sie es so wollen. Noch was?«

»Eine Pistole«, sagte Vivian.

»Was für eine?«

»Was für eine, eine, mit der man schießen kann. Mir ist es egal, was für eine es ist. Eine große.«

»Immer mit der Ruhe«, sagte Jesus. »Sie müssen sich über nichts Sorgen machen.«

Jesus, der den Mercedes fuhr, ließ sie um eine Minute vor neun vor dem rosa Stuckhaus an der Monegro Avenue heraus und sagte ihnen, er würde etwas durch die Gegen fahren und um genau halb zehn zurückkommen.

Maguire fragte sich, ob das alles nötig war: zum Beispiel, ihre Uhren aufeinander abstimmen, die grimmigen Gesichter, Karens Sonnenbrille – warum? Damit man sie nicht erkennen konnte? –, sagte aber nichts. Kein einziges Wort, nicht einmal eine harmlose, spöttische Bemerkung zu Vivian, als sie ihnen die Tür aufmachte. In der ganzen Wohnung war das Licht ausgeschaltet; sie führte sie in die Küche und schloß die Eingangstür, bevor sie die Küchenlampe wieder einschaltete. Maguire war froh, daß er nichts gesagt hatte. Obwohl er Vivian zum ersten Mal sah – ganz und gar nicht die elegante Frau, die Karen im Wagen beschrieben hatte –, erkannte er, wieviel Angst sie hatte. Vivian sah aus, als hätte sie seit mehreren Tagen getrunken; sie hatte sich vielleicht das Haar gekämmt, aber das Make-up vergessen. Er hatte noch nie einen so angespannten Menschen gesehen wie in diesen ersten Minuten, da sie in der Küche waren. Maguire schenkte Kaffee ein. Er zündete Vivian drei Zigaretten an, während sie ihnen erzählte, wie sie Ed Grossi nach Boca Raton gefahren, Roland gesehen habe und ihm gerade noch entkommen sei.

»Warum gehen Sie nicht zur Polizei?« fragte Karen sie.

»Weil er mich umbringen wird«, sagte Vivian. »Was denken Sie denn?«

»Aber er wird im Gefängnis sein.«

»Man wird ihn auf Kaution freilassen, und er ist nicht mehr im Gefängnis.«

»Nun ja ... die Polizei wird Sie schützen.«

»Entschuldigung«, sagte Vivian, »aber ich habe zwölf Jahr für Ed Grossi gearbeitet. Wenn sie wollen, daß jemand stirbt, stirbt der Betreffende auch. Das ist Rolands Job, das macht er laufend.«

»Menschen töten?« sagte Karen.

Maguire beobachtete sie. Die Vorstellung schien sie eher zu faszinieren als zu verwirren oder schockieren.

»Ja, natürlich«, sagte Vivian. »Wenn er im Gefängnis ist, bezahlt er einen anderen, um mich zu töten. Wenn er es unbedingt selbst tun will, wartet er, bis er herauskommt. Wissen sie das nicht? Wenn er verurteilt wird, geht es mir zehn Jahre gut. Und dann?«

»Sie haben einen anderen wegen des Mordes angeklagt, den er begangen hat«, sagte Karen.

»Arnold Rapp, ich weiß«, sagte Vivian. »Das ist traurig, aber für Arnold Rapp werde ich nicht mein Leben aus Spiel setzen.«

»Es ist gleich halb zehn«, sagte Maguire.

Karen, die neben Vivian saß, sah vom Küchentisch zu ihm auf. »Geh runter zu ihm. Kommt um zehn zurück.«

Warum? Worüber würden sie sprechen? Er konnte Karens Augen hinter den Brillengläsern nicht sehen. Sie saß in der schmutzigen Küche eines Hauses an der Monegro im Kubanerviertel und heckte etwas aus. Als ob sie das ständig täte.

Maguire ging auf die Straße. Als der Mercedes hielt, stieg er ein.

»Wo ist sie?«

»Wir sollen in einer halben Stunde zurückkommen.«

Jesus fuhr los. »Ich bin zur Eighth Street gefahren. Ich hab' dort einen Burschen getroffen, und der meinte, Roland würde nach mir suchen. Scheiße, Mann, ich muß nach Kuba oder sonstwo untertauchen.«

Maguire sagte nichts, betrachtete die Leute, die vor ihren Häusern saßen oder auf dem Bürgersteig gingen und dem silbergrauen Mercedes-Benz nachsahen.

»Was halten Sie von Vivian?« sagte Jesus.

»Ich glaube, sie hat Angst.«

»Nein, ich meine, ob sie uns bezahlen würde, wenn wir den Mund halten? Warum nicht, eh?«

Sie holten Karen um zehn Uhr ab. Maguire glitt hinter das Steuerrad, und Jesus fuhr auf dem Rücksitz bis zur S. W. Eighth mit, wo sie ihn absetzten. Maguire fuhr zur Interstate 95 hinüber und dann in Richtung Norden nach Lauderdale. Karen hatte ihre Brille abgenommen. Sie hielt sie schweigend in der Hand.

»Nun?« sagte Maguire.

Karen sagte nichts.

»Was hast du sonst noch herausgefunden?«

»Eigentlich nichts.«

»Sie will noch immer nicht zur Polizei.«

»An dem Tag, da Roland stirbt, geht sie zur Polizei. Wenn der andere dann noch im Gefängnis ist. Er bringt Leute um«, sagte Karen.

»Du meinst Roland.«

»Ja. Er bringt Leute um.«

»Soll ich heute abend bei dir bleiben?« sagte Maguire.

Karen ließ sich mit der Antwort lange Zeit. »Heute abend nicht, ja?« sagte sie dann. »Ich würde gern mal in Ruhe nachdenken.«

»Wenn es nur das ist«, sagte Maguire leichthin, doch tief innen spürte er einen kleinen Stich. Irgendwas ging hier vor.

Sie fuhren schweigend weiter, verließen die Autobahn und fuhren in östlicher Richtung weiter, durch den leichten Abendverkehr, über den 17th Street Causeway und an Seascape vorbei, Maguires anderer Welt, die nun in Dunkelheit lag. Maguire stellte sich vor, wie die Delphine allein herumschwammen, sich im Mondschein in ihren Becken und Bassins an der Oberfläche treiben ließen.

»Als ich vor zehn Jahren unten in Marathon war und mit Delphinen gearbeitet habe«, sagte er zu Karen, »da wurde ich wegen mutwilliger Sachbeschädigung verhaftet. Das habe ich dir gar nicht erzählt, oder?«

Karen sagte nichts. »Hörst du mir zu?«

»Du wurdest wegen mutwilliger Sachbeschädigung verhaftet.«

»Die Zäune«, sagte Maguire. »Sie hatten da unten keine Becken, sondern Maschendrahtzäune vom Strand aus ins Wasser gelassen. Wie Verschläge, in denen sie die Delphine hielten. Mehrere aneinanderhängende Verschläge. Eines Abends schwamm ich mit einer Drahtschere raus und habe die Zäune aufgeschnitten.«

»Du hast die Delphine befreit?« sagte Karen.

»Ja. Sie schwammen aufs Meer raus.«

»Das ist bemerkenswert.« Sie sah ihn nun an.

Maguire schüttelte den Kopf. »Bemerkenswert ist«, sagte er, »daß sie in die Verschläge zurückschwammen, als sie Hunger bekamen. Und freiwillig dageblieben sind … Sie wollten nicht befreit werden. Sie wollten nur spielen.«

19

Jesus Diaz brachte seinen Anzug und ein paar Hosen in die chemische Reinigung; er bereitete sich auf seine Reise vor, wohin auch immer sie führen würde. Er ging gerade an dem Schuppen an der

Ecke Eighth Street und Forty-second Avenue vorbei, in dem man sich Horoskope und spiritistischen Rat holen konnte, als der Wagen um die Ecke bog, abrupt stehenblieb und die Stimme sagte: »He?«

Jesus hätte beinahe die Kleiderstücke fallen gelassen und wäre davongelaufen. Doch es war nur Lionel Olivia, der ihm bedeutete, zum Wagen zu kommen.

»Ich dachte, du wärest nach Kuba gefahren.«

»Bin fast schon unterwegs.«

»Ich habe deinen Job. Mann, das ist ja 'ne Menge Arbeit.«

»Behalte ihn ruhig«, sagte Jesus.

»Was will er von Vivian Arzola?« fragte Lionel.

Jesus trat näher zum Wagen, legte die Kleidungsstücke auf die staubige Motorhaube und steckte den Kopf durch die Fensteröffnung.

»Er sucht nach ihr?«

»Er kam gestern zum Wohnwagen, hat mich runtergemacht und mir dann den Auftrag gegeben, sie zu suchen. Was zahlt dir der Zuhälter für so einen Job?«

»Kommt drauf an. Wie er gerade Lust hat«, sagte Jesus. »Hast du Glück gehabt?«

»Kann man wohl sagen«, meinte Lionel. »Du weißt doch, daß ihr ein paar Häuser gehören, die sie vermietet. Ich sprach mit diesem Burschen, der sie gut kennt, unten in Grove. Ja, sagte er, Vivians Haus an der Monegro stand 'nen Monat leer. Aber dann sah er Licht darin, und er glaubt, er hat sie neulich mal reingehen sehen. Also fuhr ich hin, sah durchs Fenster, und da ist sie, im Flur, geht zur Küche oder wohin. Ich klopfe an die Tür, sie rührt sich nicht.«

»Sie will wahrscheinlich keinen sehen«, sagte Jesus.

»Wohnt in so 'ner Bruchbude, wo ihr doch die ganzen Häuser gehören«, sagte Lionel. »Verdammt, ich werde mich nicht mit ihr anlegen.«

»Würde ich auch nicht«, sagte Jesus.

»Soll Roland doch sehen, ob er mit ihr sprechen kann.«

»Hast du es ihm schon gesagt?«

»Ja, ich hab' ihn grad eben angerufen.«

Viertel nach zehn, noch fünfzehn Minuten bis zur Show. Brad Allen instruierte seine ›Truppe‹, Lesley, Robyn, Hooker, Chuck und Maguire, die auf den unteren Bänken der Haupttribüne saßen, während Brad, ganz in Weiß, zwischen ihnen und dem Becken stand. Die Delphine im Becken tauchten dann und wann an die Oberfläche und beobachteten sie von ihren Pferchen an der Seite aus. Brad drehte sich um und zeigte über das Becken auf der Plattform, die als Bühne diente.

»Wir werden also folgendes machen, wir zünden Papier in einem flachen Metallbehälter an. Maguire, du bist noch hinter der Bühne. Warte dort, bis wir die Delphine vorgestellt haben. Dann betätigst du die Feuerglocke.«

Seascape öffnete um zehn. Es sahen sich schon Besucher auf dem Gelände um; sie kamen bis an das Seil vor dem Zugang zur Haupttribüne und fragten sich, weshalb da all diese Kinder in den roten T-Shirts saßen. Nein, das waren doch gar keine Kinder, oder?

»Brad, das ist eine tolle Idee«, sagte Robyn, »aber zündest du auch das Papier an und rufst dann ›Feuer!‹?«

»Nein, du hast recht«, sagte Brad. »*Du* zündest das Papier an. Du hast gut mitgedacht, Rob. Und ich lenke das Publikum ab; ich drehe dir dabei den Rücken zu.«

Maguire sah, wie sich Jesus Diaz der Kette vor dem Eingang näherte. Jesus sah das Schild an, das daranhing – VOR DER VORSTELLUNG *KEIN* ZUTRITT –, und sah dann zu der Gruppe hinüber, die auf der Haupttribüne saß. Maguire hob einen Arm. Er stand auf.

»Setz dich«, sagte Brad.

»Ich muß mal eben mit diesem Burschen da sprechen.«

Die anderen sahen zu Maguire hoch und dann zu dem Kubaner hinüber, der an der Kette wartete.

»Setz dich, bis wir das geklärt haben«, sagte Brad. »Ich drehe mich um, sehe das Papier in dem Behälter und rufe ›Feuer!‹ Das Stichwort für die Feuerglocke. Nein, warte, bis ich sage: ›Das ist eine Aufgabe für unseren Delphin Smokey.‹ Genau. Hooker? Du hast Dixie den Hut aufgesetzt, nicht wahr?«

»Richtig«, sagte Hooker.

»Maguire, setz dich.«

»Ich muß den Typ nur mal eben kurz sprechen.«

»Wenn wir fertig sind«, sagte Brad. »Okay, Hooker, du gibst Dixie das Zeichen.«

»Alles klar.«

»Sie schwimmt rüber, schlägt ein paarmal mit den Flossen ...«

Maguire sah zu Jesus hinüber und versuchte zu deuten, was in dessen Kopf vor sich ging.

»... und löscht das Feuer.«

»Er weiß, wo sie ist!« rief Jesus ihm zu.

Maguire setzte sich in Bewegung.

»Wohin willst du? ... Maguire!«

Brad und die ›Truppe‹ beobachteten ihn, wie er über die Treppe sprang – er streifte das Schild mit dem Fuß, und es schepperte laut auf – und mit dem Kubaner davonlief.

»Habt ihr eine Ahnung, wohin er will?« fragte Brad.

»Das weiß er wahrscheinlich selbst nicht«, sagte Lesley. »Der spinnt doch.«

Virginia Hill war eigentlich Virginia Hauser, oder Virginia Hill Hauser; aber niemand nannte sie mehr bei diesem Namen. Sie war Virginia Hill, die dem Kefauver Crime Committee im Jahre 1951 gesagt hatte, diese Männer würden ihr Geld geben, weil sie ihre Freunde seien. Punkt. Sie wußte nicht genau, wieviel Geld sie besaß. Ja, sie kannte Bugsy Siegel, er war einer dieser Freunde. Nein, sie wußte nicht, womit er seinen Lebensunterhalt verdiente.

Karen trug ein weißes Kopftuch (im Nacken über dem Haar zusammengeknotet), eine Sonnenbrille und einen beige-blau gestreiften Kaftan, der bis auf die Fliesen des Patios fiel.

»Ich war viel länger Karen Hill, als ich Karen Stohler oder Karen DiCilia war«, sagte sie zu der Journalistin vom *Goldcoaster*, einem netten gutaussehenden, aber starrsinnigen Mädchen namens Tina Noor. »Mehr will ich damit nicht sagen. Ich halte mich selbst für Karen Hill.«

Und sie dachte nur an die andere Hill, erwähnte sie nicht. »Und für wen halten Sie sich?«

»Für Tina Noor.«

»Sie sind verheiratet?«

»Ja.«

»Aber Sie halten sich nicht für die, die Sie früher mal waren?«

»Doch, aber genau darauf kommt es ja an. Ich bin eigentlich nicht mehr diese Person.«

»Nun ja, wir sind eben verschieden«, sagte Karen. »Sie wollen Zeitschriften verkaufen, und ich will meine Identität behalten. Karen Hill. Finden Sie nicht, daß das besser klingt?«

»Das ist ein schöner Name«, sagte Tina Noor, »aber niemand weiß, wer Karen Hill ist.«

»Ich weiß es.«

»Ich meine, niemand, der Karen DiCilia kennt. Als Ed Grossi ermordet wurde, standen Sie wieder in den Zeitungen. Die Leute interessieren sich dafür, was Sie davon halten ... wie es ist, mit solchen Menschen zu tun zu haben und ein normales Leben zu führen.«

»Ein normales Leben«, sagte Karen.

Sie trat zu dem Gartentisch, griff in eine Strohtasche und holte ein Päckchen Zigaretten hervor. Tinas Blick blieb einen Augenblick an der Tasche haften, die, nun geöffnet, auf der Seite lag. Dann sah sie zu, wie Karen die Zigarette anzündete und sich auf einen Stuhl setzte. Tinas Blick kehrte zu der Strohtasche zurück.

»Ist das da eine Pistole?« sagte sie. »In der Tasche?«

Karen nickte.

»Darf ich fragen, warum Sie eine Pistole haben?«

»Warum haben alle anderen Leute eine Pistole?« sagte Karen.

»Na ja, um sich zu schützen; aber ich meine, befürchten Sie aus irgendeinem Grund, daß Ihr Leben in Gefahr sein könnte?«

»Ich bin Karen Hill, ich wurde in Detroit, Grosse Pointe, geboren. Ich bin vierundvierzig. Ich war fünfeinhalb Jahre mit Frank DiCilia verheiratet. Ich habe ihn nie nach seinem Beruf gefragt. Ich habe ihn nie gefragt, weshalb er eine Pistole hatte. Diese Pistole, um genau zu sein.« Karen hielt inne. »Aber jetzt weiß ich es.«

»Würden Sie es mir sagen?«

Karen zog an der Zigarette, und der Rauch trieb im Nachmittagslicht davon. Karen schien die Hitze nichts auszumachen, doch sie schwitzte unter dem Kaftan, und wenn die Journalistin fort war, würde sie in den Pool gehen ... wieder hinaussteigen, duschen, es war dann an der Zeit für einen Cocktail. Und darauf warten, daß jemand kam.

»Bis zu Ed Grossies Tod habe ich sechzehn Jahre lang keine einzige Zigarette geraucht«, sagte sie.

Tina wartete. »Und jetzt haben Sie das Bedürfnis?«

»Man hat etwas zu tun.«

»Sind Sie ... bei guter Gesundheit?«

»Warum fragen Sie?«

»Ich weiß nicht, nur eine Frage. Sie wirken etwas abgespannt.«

»Oder gelangweilt«, sagte Karen. »In einer Hinsicht gelangweilt. In anderer Hinsicht ... nun ja, das ist eine andere Sache.«

»Was für eine?«

»Warum fragen Sie mich nicht nach meinen Hobbys?«

»Was sind Ihre Hobbys?«

»Ich habe keine.«

»Was tun Sie denn so den ganzen Tag?«

»Nichts.«

»Sie haben Freunde ...«

»Ist das eine Frage?«

»Ja, haben Sie Freunde?«

Karen zog an der Zigarette, betrachtete sie und ließ sie auf die Fliesen fallen.

»Eigentlich nicht.«

»Nun ja, warum gehen Sie denn nicht öfter aus, unternehmen etwas? Sie könnten sich doch die Welt ansehen.«

»Es gibt Gründe dafür.«

»Was für Gründe?«

»Ich habe Ihnen doch gesagt, Sie würden von mir nicht viel für eine Story erfahren. Ich weiß nicht, warum Sie so beharrlich sind.«

»Weil hier etwas vor sich geht«, sagte Tina, »und weil ich glaube, Sie würden es mir sagen, wenn Sie nur etwas mehr Vertrauen zu mir hätten.«

»Das hat nichts mit Vertrauen zu tun.«

»Sie können mir vertrauen. Ich verspreche Ihnen, ich werde nichts schreiben, was Sie nicht enthüllen wollen.«

»*Enthüllen*«, sagte Karen. »Das ist genau das Wort, das ich nicht sehen will. Karen DiCilias Geheimnisse enthüllt.«

»Ich weiß nicht, warum ich dieses Wort benutzt habe«, sagte Tina, beugte sich auf ihrem Stuhl vor, hatte Mitgefühl mit ihrem Gegenüber und vergaß für einen Augenblick ihre beiläufige Reporterpose. »Man findet die Schlagzeile ziemlich oft in den Zeitungen, aber ich benutze sie eigentlich kaum. Mich interessiert Ihre Meinung, was Sie von gewissen Dingen halten, und nicht, welchen Eindruck Sie auf mich machen. Wenn Sie wissen, was ich meine.«

»Was meinen Sie denn? Wie sehen Sie mich?«

»Nun ja, ich bin mir nicht sicher. Ich meine, ich habe mir noch keine Meinung gebildet. Im Augenblick denke ich wieder an diese Schlagzeile. Karen DiCilias Geheimnisse *nicht* enthüllt. Eine sehr gutaussehende Frau, die zurückgezogen lebt, eine Pistole hat ...«

»Erwähnen Sie das nicht.«

»Sie versteckt sich nicht gerade, wirkt aber wachsam, auf der Hut, scheint etwas zu wissen, worüber sie nicht sprechen will. Sie müssen doch einsehen, daß man sich Gedanken darüber macht.«

Karen sagte nichts. Sie saß da, die Beine übereinandergeschlagen, eine Hand am Bügel ihrer Sonnenbrille.

»Also gut, wenn ich einen Bericht über Karen Hill und nicht über Karen DiCilia schreibe«, sagte Tina, »hätten Sie dann ein paar ältere Fotos von sich?«

»Vielleicht«, sagte Karen. »Ich müßte nachsehen.«

Eine Frau namens Epifanie Cruz, zweiundvierzig, hatte ihrer Tochter und ihrem Schwiegersohn einen Holzstuhl geschenkt, der über zweihundert Jahre alt war und ursprünglich aus dem kubanischen Ort Andalucia stammte. Der Stuhl und die kleine Alicia, ihre Tochter, waren am Abend des 27. April 1961, nach der Niederlage in der Schweinebucht, von Kuba nach Miami gefahren.

Es war ein einfacher, niedriger Stuhl, eher ein dreibeiniger Schemel mit Rückenlehne. Epifanie hatte ihn Alicia und ihrem Schwiegersohn mit gewissen Befürchtungen geschenkt, denn der Mann ihrer Tochter war ihr ziemlich suspekt; er zog sich wie ein Disco-Tänzer an und hing immer im Centro Espänol herum, obwohl er nie einen Job hatte. Epifanie war im Abbey-Krankenhaus, weil sie Probleme mit ihrem Dickdarm hatte, als sie erfuhr, daß Alicia und ihr Schwiegersohn, dieser Zuhälter, schnell ausgezogen waren, abgehauen waren, bevor sie vor Gericht geschleift werden konnten, und einen Großteil ihre Besitztümer in dem gemieteten Haus an der Monegro Avenue zurückgelassen hatten.

Beinahe ein Monat war verstrichen; aber vielleicht war der Stuhl noch im Haus. Epifanie hatte erfahren, daß noch kein Nachmieter eingezogen war.Vielleicht hatte sie ja Glück.

Sie ging eines Nachts dorthin. Wenn sie den Stuhl fand, wollte sie nicht, daß man sah, wie sie ihn fortschaffte, wenngleich sie den

Stuhl für ihren persönlichen Besitz hielt. Sie nahm ihr großes Küchenmesser mit, um die Tür aufzubrechen, stellte aber fest, daß das überflüssig gewesen war. Die Tür war nicht abgeschlossen.

Da die Straßenlampen ins Fenster leuchteten, konnte Epifanie ziemlich gut sehen. Der Stuhl war nicht im Wohnzimmer. Er war auch nicht in der Küche. Sie öffnete die Schlafzimmertür und blieb auf der Schwelle stehen. Es war zu dunkel, um etwas zu sehen. Sie hob die Hand mit dem Küchenmesser und griff nach dem Lichtschalter. Eine Detonation erklang, und Epifanie wurde auf den Flur zurückgeworfen, fast bis in die Küche.

Roland kam aus dem Schlafzimmer, das zwölfkalibrige Gewehr unter dem Arm, ging in die Küche, um das Licht einzuschalten, und sah auf die Frau hinab.

»Scheiße«, sagte er. »Du bist nicht Vivian.«

20

»Sag ihm einfach, daß ich flachliege«, sagte Maguire zu Lesley. »Wahrscheinlich habe ich mir etwas gefangen.«

»Das wundert mich nicht«, sagte Lesley. »Macht ihr drei es gleichzeitig, oder wechselst du dich mit dem Burschen ab? He, ist das André?«

»Ja, das ist André«, sagte Maguire, »und seine Frau. Wir haben uns seit 'ner ganzen Weile nicht gesehen. Deshalb will ich mir den Tag freinehmen und mit ihnen einen draufmachen.«

»Er hat dir doch erst vor einer Woche seinen Wagen geliehen, oder?«

»He, Lesley«, sagte Maguire, »du wirst zu spät zur Arbeit kommen. Sag es ihm einfach, ja?«

»Brad ist sowieso sauer auf dich, weil du gestern nicht zurückgekommen bist. Er will wissen, wo du warst.«

Maguire war es jetzt endgültig leid. »Sag ihm, was dir gerade einfällt«, entgegnete er. »Ist mir scheißegal.«

»Ca-al!«

Sie hatte ihn noch nie Cal genannt. Oder doch? Na ja, was spielte das schon für eine Rolle? Er ging in seine Wohnung und ließ Lesley neben ihrem gelben Honda stehen. (Den Mercedes hatte er zwei Blocks weiter abgestellt.)

»Seht mal, das Haus an der Monegro«, sagte Jesus, der gerade vor dem Fernseher kauerte und das Bild einstellte. Eine mit einem Laken bedeckte Leiche wurde auf einer Krankenbahre die Vordertreppe hinuntergetragen, während die Stimme des Nachrichtensprechers etwas von geheimnisvollen Schüssen sagte, vom Mord an einer Frau namens Epifanie Cruz. Der Nachrichtensprecher sagte, die Polizei suche nun nach der Tochter und dem Schwiegersohn der Frau, den letzten Mietern des Hauses.

Vivian Arzola, die eine Kaffeekanne in der Hand hielt, sah vom Herd aus zu. »Wißt ihr, wie das ist?« sagte sie. Weder Maguire noch Jesus sahen sie an; sie beobachteten, wie die Leiche der Frau nun in den Krankenwagen geschoben wurde. »Wie in einem Film. Die Leute laufen aus dem Haus, bringen sich gerade noch in Sicherheit, und das Haus explodiert.«

Jetzt lief ein Werbespot. Als Maguire es bemerkte, schaltete er das Fernsehgerät aus. Sonst würden sie sich noch Dinah Shore und Merv Griffin ansehen. »Wir machen es heute abend«, sagte er. »Wir überlegen uns, wie, und bereiten alles vor.«

»Wenn wir uns sicher sind, ob wir es machen«, sagte Jesus.

Sie hatten Vivian gestern aus dem Haus an der Monegro geschafft. Sie würden nicht hier herumsitzen oder sie von einem Versteck ins nächste bringen. Vivian hatte gesagt, sie wolle weit, weit fort. Es sei die Sache nicht wert, immer über die Schulter zurückblicken zu müssen. Sie würde woanders neu anfangen.

»Die Frage ist, *wie* wir es machen, nicht *ob*«, sagte Maguire. »Es muß im DiCilia Haus passieren.«

»Warum?« fragte Jesus.

»Weil die Polizei dort schon war« – Maguire sprach leise, er wollte, daß Jesus zuhörte und sich entspannte –, »als Roland versuchte, deine Schwester zu vergewaltigen. Okay, er kommt zurück, um es noch einmal zu versuchen. Aber dann sind wir da. Du verteidigst deine Schwester, erschießt ihn.«

»*Ich*? Ich dachte, du würdest ihn erschießen.«

»Das ist doch ganz egal«, sagte Maguire. »Du kannst doch schießen, oder?«

»Klar kann ich schießen. Aber ich habe noch nie auf einen Menschen geschossen.«

»Denken wir mal darüber nach. Erstens ... wie bekommen wir ihn dort hin?« sagte Maguire. »Er kommt, weil er glaubt, Vivian sei in dem Haus.«

»Wenn Sie glauben, ich würde dort auf ihn warten, müssen Sie verrückt sein«, sagte Vivian.

»Sie müssen ja gar nicht im Haus sein. Ich sage ja nur, er glaubt, Sie wären dort, weil wir es ihn glauben lassen. Sagen wir mal, ich rufe Sie später von dort aus an. Ich sage: ›Okay, Vivian, wir haben alles vorbereitet. Wir holen Sie ab, Sie bleiben die Nacht über hier im Haus, und wir bringen Sie dann gleich morgen früh zur Polizei.‹ Sie sagen etwas, er hört Ihre Stimme und weiß, daß Sie es sind.«

»Ich verstehe nicht«, sagte Vivian und nickte dann. »Ja, das angezapfte Telefon. Ich kann nicht mal mehr klar denken.«

»Was, wenn er nicht kommt?« sagte Jesus. »Wenn er überall nach Vivian sucht und das Band nicht abhört?«

»Keine Ahnung«, sagte Maguire. Er fragte sich, ob er Karen davon erzählen mußte. Das wollte er nicht. Aber wenn sie ein paar Tage warten mußten, bis Roland das Band abholte – dann würde er ihr vielleicht doch davon erzählen müssen. Aber er wollte sie nicht in die Sache hineinziehen. Er wollte es hinter sich bringen und ihr dann alles sagen. ›Na also, du bist den Burschen los‹. Es sollte nicht aussehn, als wäre es gerade leicht gewesen, aber auch nicht besonders schwer. Na also. ›Hast du noch andere Probleme?‹

»Wie heißt der Bursche, der für ihn arbeitet?« sagte er zu Jesus.

»Lionel Olivia.«

»Okay, du sagst Lionel, du wüßtest, wo Vivian ist. Du sagst ihm, du hättest herausgefunden, Vivian würde heute abend dort sein. Deine Schwester hätte es dir gesagt.«

»Und was, wenn er fragt, warum ich ihm das sage?« fragte Jesus. »Er weiß, daß ich nicht mehr für Roland arbeiten will.«

»Sag ihm ... wie wäre es, wenn du ihm sagst, daß du Roland eine Falle stellen willst?«

»Und was hat Lionel davon? Scheiße, wird er sagen, wer wird ihn bezahlen, wenn er es Roland bestellt, und Roland geht drauf?«

»Sag ihm, du würdest ihn bezahlen«, sagte Maguire. »Was ist ihm die Sache wert?«

»Er wird Angst haben. Wenn du vorbeischießt, weiß Roland, daß man ihm eine Falle gestellt hat. Und dann besucht er Lionel.«

»Wie wäre es mit einem Riesen?«

»Bist du bescheuert? Für einen Riesen würde er es selbst machen.«

»Und müßte noch mal am Kopf genäht werden«, sagte Maguire. »Ich habe Lionel gesehen. *Dieser* Lionel? Nein, wir machen es. Aber er stellt ihm die Falle. Er muß Roland nur sagen, er wüßte, daß Vivian diese Nacht dort sein wird. Mehr weiß er nicht. Er hat es von dir, und du hast sehr geheimnisvoll getan und ihm gesagt, er soll es keinem erzählen. Glaubst du, daß er das schafft?«

»Ja, das schafft er.«

»Und daß er sich dumm stellen kann?«

»Kein Problem«, sagte Jesus.

»Dann holt sich Roland das Band, erkennt Vivians Stimme und weiß, daß es stimmt. Selbst, wenn er sich das Band nicht holt, wird er sich selbst überzeugen wollen, nachdem Lionel es ihm gesagt hat. Aber es wäre besser, wen er es sich holt, weil er dann Vivians Stimme hört, erfährt, daß sie zur Polizei gehen wird – so wäre es viel besser. Wir wollen nicht, daß Lionel ihm das alles sagt und die Sache verpatzt.«

»Na gut, aber welche Waffe benutzen wir?« sagte Jesus. »Ich will nicht meine nehmen, die müßten wir danach loswerden.«

»Nein, die müssen wir nicht loswerden«, sagte Maguire. »Ich habe es dir doch erklärt. Wir rufen die Bullen, und dann müssen wir ihnen auch eine Waffe zeigen können, klar?«

»Du willst die Bullen rufen?«

Jesus, dachte Maguire. »Hör zu«, sagte er. »Der Bursche will deine Schwester vergewaltigen. Du erschießt ihn. *Irgendeiner* erschießt ihn. Wir werfen seine Leiche nicht in den Kanal, sondern rufen die Bullen und geben ihnen die Pistole. So machen wir es. Also gut, dann liest Vivian in der Zeitung davon. Roland Crowe bei versuchter Vergewaltigung erschossen. Vivian geht zur Polizei, sagt ihnen, sie wisse, daß Roland Ed Grossi umgebracht hat. Die Polizei läßt den anderen laufen.«

»Aber glaubt mir«, sagte Vivian, »wenn er nicht tot ist, sage ich kein einziges Wort, nicht mal, wie ich heiße.«

»Er wird tot sein«, sagte Maguire. Er sah Jesus an. »Du willst also nicht deine Pistole benutzen. Na gut, sag deiner Schwester, daß oben in Karens Schlafzimmer eine Pistole ist, in der obersten Kommodenschublade. Sag ihr, sie soll sie herausnehmen und in ihr Zimmer schmuggeln. Wir schleichen uns nach Anbruch der Dunkelheit ins Haus, und sie gibt sie uns. Es war Frank DiCilias Pistole. Wenn sie jemand wegen unerlaubten Waffenbesitzes ranholen wollen, können sie ja Frank ausgraben. Doch bring deine trotzdem mit, nur für alle Fälle.«

»Und dann?« sagte Jesus. »Er kommt also – und wann machen wir es?«

»Was das betrifft, müssen wir abwarten, wie es sich entwickelt«, sagte Maguire.

Karen sah, wie er aus dem Haus kam. Sie stand am flachen Ende des Swimmingpools und trocknete sich leicht mit einem Strandtuch ab. Er setzte nun seine Sonnenbrille auf und musterte sie genüßlich.

»Bist du wirklich so dumm«, sagte Karen, »oder willst du es ihm zeigen?«

»Wieso dumm?«

»Das Telefon zu benutzen. Du weiß, daß er es hören wird. Hast du deine Stimme verstellt, oder was?«

»Er muß mich nicht nur hören, er muß mich erst mal kriegen.«

»Wen hast du angerufen?«

»Den Burschen, für den ich arbeite. Um herauszufinden, ob ich noch einen Job habe.«

»Spielt das eine Rolle?«

»Na ja, ich würde lieber kündigen als gefeuert werden. Er hatte gerade zu tun, also weiß ich es noch nicht.«

»Ich kann mir nicht vorstellen, daß du dir Sorgen um deinen Job machst«, sagte Karen.

»Ich mache mir keine Sorgen, ich will wissen, was er denkt.«

»Ich habe heute morgen die Nachrichten gesehen«, sagte Karen. »Das Haus … Komisch, die Frau war nicht Vivian.«

»Nein, wir haben sie da rausgeholt. Ich habe ganz vergessen, es dir zu sagen.«

»Irgend etwas geht vor«, sagte Karen. »Ich glaube, du hast mir eine ganze Menge nicht gesagt.«

Maguire sah zu, wie sie zum Tisch ging, um etwas aus einer Strohtasche zu holen. Der schlanke braune Körper. Mühelose Bewegungen. Der leise Tonfall. Er würde wetten, daß sie schnell und mühelos Auto fuhr; er sah sie beide, wie sie in dem weißen Alfa Romeo nach Südspanien fuhren.

»Ich habe genau das gleiche gedacht«, sagte er. »Daß du etwas weißt, was du mir nicht sagst.«

»Was ist Karen DiCilias Geheimnis?« sagte Karen. »Lies die neuesten Spekulationen nächsten Monat im *Goldcoaster*. Obwohl das ein Artikel über Karen Hill sein wird.«

»Wer ist das?« fragte Maguire.

»Wer weiß«, sagte Karen.

»Gehst du heute abend aus?«

»Wohin zum Beispiel?«

Er wollte zu ihr sagen: Es wird nicht mehr lange dauern. Halte durch. Aber er sagte: »Ich sehe dich dann später, ja?«

»Schön. Jederzeit.«

Er ließ Karen in ihrer Welt zurück; sie setzte die Sonnenbrille auf und zündete sich eine Zigarette an. Maguire ging über die S. E. Seventeenth zum Strand, wo er den Mercedes abgestellt hatte. Er fragte sich, ob sie etwas wußte, was sie ihm nicht verraten wollte. Er fragte sich, was die Fotos von ihr in dem abgeschlossenen Zimmer zu bedeuten hatten. Wenn das vorbei war, würde er sie danach fragen.

Hatte sie sich eine Zigarette angezündet, als er ging?

Er fragte sich, wann sie zu rauchen angefangen hatte. Vielleicht hatte er ihr in letzter Zeit zu wenig Aufmerksamkeit geschenkt, irgend etwas übersehen.

Karen trank ein Glas Tafelwasser aus dem Kühlschrank. Marta putzte in der Küche Gemüse für das Abendessen. Karen ging durch den hinteren Flur, blieb stehen, schaute sich um, trat in Martas Zimmer und schloß leise die Tür. Der Kassettenrecorder war noch unter dem Bett, zusammen mit einer Kiste mit Bändern. Karen holte beides hervor und kniete nieder. Sie schaltete von ›Aufnahme‹ auf ›Rückspulen‹ um, drückte dann den Wiedergabeknopf und hörte nach einem Augenblick Maguires Stimme.

»Vivian? Hallo, ich habe alles vorbereitet. Wir holen Sie um halb zwölf ab und bringen Sie direkt hierher. Morgen früh fahren wir dann gleich nach Miami.«

»Ich habe solche Angst, daß er mich findet«, sagte Vivians Stimme. »Ich kann nicht mehr essen, ich kann nicht mehr schlafen. Mein Gott, ich kann nicht mal mehr *denken*.«

»Morgen früh ist alles vorbei«, sagte Maguires Stimme. »Die Polizei wird ihn festnehmen, Sie identifizieren ihn, und das war's dann.«

»Ich bin froh, wenn es vorbei ist«, erklang Vivians Stimme.

»Halb zwölf, Vivian«, sagte Maguire. »Wir sehen uns dann.«

Karen ließ das Band zurücklaufen und spielte es noch einmal ab, und noch einmal.

Sie war überrascht, verwirrt.

Dann verärgert.

Karen holte das Band heraus. Sie legte es auf den Boden, holte ein leeres Band aus dem Kasten, ließ es einrasten und schob das Tonbandgerät und den Kasten unter Martas Bett zurück.

21

Karen badete und zog sich an. Sie trank im Wohnzimmer einen Martini und sah sich die Nachrichten an. Um Viertel vor sieben ging sie in die Küche, unter dem Arm eine Handtasche und in der Hand den Schlüssel für Franks Seville, der in der Garage stand.

Marta sah sie überrascht an. »Ich wollte Sie gerade fragen, ob ich Abendessen machen soll.«

»Es tut mir leid, ich dachte, ich hätte es dir gesagt«, entgegnete Karen. Sie warf einen Blick auf den grünen Salat, den sie zum Trocknen auf die Anrichte gelegt hatte. »Du hast doch noch nicht angefangen, oder?«

»Nein ...« Sie schien noch etwas sagen zu wollen.

»Was ist?«

»Ich will nicht allein sein«, sagte Marta, »wenn Roland kommt.«

»Ich dachte, dein Bruder holt die Tonbänder ab.«

»Erinnern Sie sich nicht, ich habe Ihnen doch gesagt, daß er das nicht mehr macht.«

»Nun ja, das ist deine Sache«, sagte Karen. »Aber wenn du nicht aufmachen willst, wenn er kommt, mach einfach nicht auf.«

»Das wird ihn nicht aufhalten.«

»Vielleicht nicht. Kommt es dir nicht komisch vor, daß ich dir jetzt sagen soll, was du tun mußt?« fragte Karen. »Ich habe versucht, dir zu helfen. Du hattest die Gelegenheit, ihn verhaften zu lassen, und hast es nicht getan.«

»Natürlich. Aus dem gleichen Grund will ich nicht mit ihm allein sein. Ich habe Angst, ich weiß nicht, was ich tun soll.«

»Und ich weiß nicht, was ich dir sagen soll«, entgegnete Karen. »Du hast Angst, ihn hereinzulassen, und du hast Angst, ihn auszusperren.«

»Ich wünschte, es könnte wieder so sein, wie es früher war«, sagte Marta.

»Wäre das nicht schön?« sagte Karen. »Also, willst du ihm nun das Band geben?«

»Ich glaube schon.«

Karen klingelte mit den Schlüsseln und suchte den für den Seville heraus. »Ich muß gehen«, sagte sie, blieb aber am Küchentisch stehen und sah Marta an. »An deiner Stelle würde ich das Tonband draußen vor die Tür legen und für eine Weile verreisen. Vielleicht für ein paar Tage. Verstehst du? Anstatt hier zwischen den Fronten zu sitzen. Eigentlich geht dich die ganze Sache doch nichts an, oder?«

»Wegfahren?«

»Warum nicht? Was hält dich denn hier?«

Gerade noch rechtzeitig.

Roland fuhr mit seinem Coupé de Ville auf die Auffahrt, als Marta gerade zurücksetzte, sah ihre Bremslichter aufblitzen und hing, bevor sie wußte, wie ihr geschah, hinter ihrer hinteren Stoßstange.

»He, fahr doch nicht meinetwegen«, sagte Roland aus dem Wagen heraus. »Wohin wollen wir denn?« Er sah zur geöffneten Garagentür und zum Haus, zu den Fenstern im Obergeschoß, als wolle er jemanden erwischen, der ihn beobachtete.

Roland hob den Umschlag mit seinem Namen darauf – ROLAND, in großen, blauen Buchstaben – von der Treppe auf und trat zur Seite, damit Marta die Tür aufschließen konnte.

»Es ist niemand zu Hause«, sagte sie.

»Sieht ganz so aus«, sagte Roland. »Ich will heute nicht mit dir herumspielen, Schätzchen, ich will nur euer Telefon benutzen.« Er ging zu dem in der Küche, wählte, wartete, sagte: »Hurensohn!« und legte auf. »Wo ist Karen?«

»Sie ist ausgegangen. Zum Essen.«

»Mit wem?«

»Mit keinem. Allein.«

»Wenn sie ihn nicht trifft, was? Gehen wir in dein Schlafzimmer und hören uns das an«, sagte Roland und hielt den Umschlag hoch. »Viele Gespräche heute?«

»Nur ein paar«, sagte Marta.

Kurz darauf sagte Roland, nachdem sie in Martas Zimmer das Band abgespielt und nichts gehört hatten: »Ich würde sagen, das sind weniger als nur ein paar. Oder das ist das falsche Band.«

»Ich habe es aus dem Gerät genommen«, sagte Marta.

»Und ich weiß ja, daß du mich nicht anlügen würdest«, sagte Roland, erhob sich von dem Stuhl und trat neben Marta. Der Recorder lag auf dem Bett, direkt hinter ihr. »Oder?«

»Ich habe keinen Grund, Sie anzulügen«, sagte sie.

»Du hast einen schönen Körper, weißt du das?«

Marta stand stocksteif da, den Kopf von seiner Brust abgewandt.

»Aber ich habe jetzt keine Zeit, dich glücklich zu machen. Dein Pech«, sagte Roland und ging in die Küche. Er griff wieder zum Wandtelefon und wählte erneut.

Diesmal sagte er: »Du Mistkerl, wo hat du gesteckt?«

»Ich war mal 'ne Minute auf'm Klo«, sagte Lionel.

»Wieder Bier getrunken, was? Wie viele?«

»Wenn ich hier rumsitze, muß ich was zu tun haben«, erklang Lionels Stimme. Durch das Telefon dröhnten lateinamerikanische Klänge.

»Bleib mal dran.« Roland sah zu Marta hinüber. »Geh ins Wohnzimmer.« Er wartete, bis sie im Flur war, und sagte dann zu Lionel: »Steig in dein Boot und schaffe es zum Bahia Mar.«

»Mann, es ist gleich dunkel«, sagte Lionel.

»Das will ich auch hoffen«, sagte Roland. »Ich treffe dich da in etwa einer Stunde an den Benzinpumpen.« Er wollte schon auflegen, sagte jedoch noch: »He, hat Jesus vielleicht gesagt, seine Schwester habe ihm etwas erzählt oder so?«

»Nein, er hat nichts über seine Schwester gesagt«, antwortete Lionels Stimme. »Er hat was über Vivian gesagt.«

Roland nahm den Telefonhörer vom Ohr, weil die karibischen Klänge aus der Jukebox hinter Lionel so laut waren. Verdammter

Mist – das Geräusch eines anspringenden Motors, der auf Touren gebracht wurde, war draußen zu hören, dann ein Knall und das schreckliche Geräusch von Metall, das an Metall scharrte.

»Scheiße«, sagte Roland. »Sei pünktlich.« Er warf den Hörer auf die Gabel und lief aus der Küche zur Nebentür.

Marta hatte ihren Wagen auf den Rasen gesetzt; sie fuhr auf die Auffahrt zurück und raste davon. Der vordere linke Kotflügel von Rolands Coupé de Ville war völlig hinüber.

»Der Herr an der Bar würde Sie gern zu einem Drink einladen, wenn er darf«, sagte der Kellner vom Club Palm Bay zu Karen.

Karen blickte von der Nische, in der sie saß, zu einem Mann mit grau meliertem Haar und einer Strickjacke hinüber. Halb von der Bar abgewandt, hob er sein Glas, um ihr zuzuprosten.

»Weiß er, wer ich bin?« fragte Karen.

»O ja. ›Fragen Sie Mrs. DiCilia‹, sagte er.«

»Sagen Sie ihm, daß er sich geirrt hat«, entgegnete Karen.

Der Kellner lächelte. »Sie möchten kein Glas mit ihm trinken?«

»Ich sagte, sagen Sie ihm, daß er sich geirrt hat.«

»Sehr wohl«, sagte der Kellner.

Als der Mann mit dem grau melierten Haar herüberkam, sagte Karen: »Ich kenne Sie nicht. Ich habe nicht vor, Sie kennenzulernen. Würden Sie mich bitte in Ruhe lassen?«

»Wenn Sie allein sind, kann ein Drink und eine kleine Plauderei doch nichts schaden ...«

»Verziehen Sie sich«, sagte Karen. Sie starrte zu ihm hoch, bis er eine Entschuldigung murmelte und zur Bar zurückkehrte.

Na also. Nichts dabei.

Der Anschein war wichtig. Eiskalt, unbeugsam; die Stimme gelassen, etwas gelangweilt. Vielleicht mußte sie noch ein wenig an der Stimme üben, noch etwas leiser sprechen. Vielleicht würde noch einer kommen Die Retter ... Die Maguires.

Maguire würde sich bis zum Hals in die Scheiße reiten. Roland würde ihn fertigmachen, und man würde nie wieder von ihm hören. Der geborene Verlierer. Sie konnte versuchen, es zu verhindern, indem sie ihn warnte; doch wenn er darauf beharrte, den Retter zu spielen, konnte sie auch nichts daran ändern. Am Abend, als es geschah, war Karen Hill DiCilia im Club Palm Bay. Oder sie war zu Hause, doch es war nicht ganz ersichtlich, was geschehen war, welche Rolle Karen Hill dabei hatte. Karen Hill war hilfsbereit. Ja, sie kannte den Verstorbenen, eine oberflächliche Bekanntschaft. Doch Karen Hill wußte offensichtlich mehr, als sie sagte.

Der Kellner kam zu ihr herüber.

»Wenn ich Sie noch einmal stören dürfte«, sagte er. »Der Herr dort drüben am Fenstertisch ...«

Karen sah zu ihm hinüber. »Weiß er, wer ich bin?«

Marta fuhr zu Jesus' Wohnung auf der Alhambra in Coral Gables, und der Hausverwalter ließ sie hinein, nachdem sie ihm bewiesen hatte, daß sie Jesus' Schwester war und nicht irgendein Mädchen, das ihn ausrauben wollte. Mein Gott, all die Dinge, über die sie sich den Kopf zerbrechen und Sorgen machten mußte – sie schritt in Jesus' Wohnzimmer auf und ab, ging in die Küche, trat zum Fenster, sah auf die Straße und die vorbeifahrenden Wagen hinaus; einige hatten die Scheinwerfer schon eingeschaltet, die Zeit verstrich so schnell, sie raste geradezu vorbei und ließ sie nicht zum Nachdenken kommen.

Sie kramte die Telefonnummer aus ihrer Handtasche, das Caso Loma, und wählte, wartete dann, während das Telefon mindestens zwanzigmal klingelte. Als dann die Frau abhob, fragte Marta sie, ob sie bitte ihren Bruder sprechen könne, den Mann, der bei Mr. Maguire zu Besuch war. Marta konnte Stimmen hören, die sich laut unterhielten, und dann lachte und applaudierte Publikum, vergnügte sich, während Marta wartete.

Als Jesus ans Telefon kam, sagte sie sich. »Ich bin abgehauen. Und ich gehe nicht mehr zurück.«

»Wo bist du?«

»In deiner Wohnung, aber ich haue auch hier wieder ab.«

»Ist Roland gekommen?«

»Ob er gekommen ist – er wollte wieder was von mir, und ich bin davongelaufen. Ich gehe nicht mehr zurück.«

»Beruhige dich«, sagte Jesus. »Ich kann dich kaum verstehen, der Fernseher ist hier so laut.«

»Ich gehe nicht mehr zurück«, sagte Marta.

»Du mußt im Haus sein«, sagte Jesus. »Du weißt doch, daß du dort sein mußt.«

»Was habe ich denn davon«, sagte Marta, »oder du? Das geht uns doch gar nichts an. Was bekommen wir dafür?«

»Hör mal, bleib dort«, sagte Jesus. »Ich komme, so schnell ich kann, und wir sprechen darüber. Einverstanden?«

»Ich muß sie holen«, sagte Jesus zu Maguire.

»Hat er das Band abgeholt?«

»Ja, aber er hat sie bedroht, und da ist sie davongelaufen und zu mir gefahren. Aber ich kriege das schon hin.«

»Bestimmt?«

»Wenn ich Vivians Wagen nehme« – er sah zu Vivian hinüber, die mit der Zeitung auf dem Bett lag und sie beobachtete –, »kann ich Marta holen und mit ihr sprechen. Dann bringe ich sie ins Haus und treffe dich da. Ich brauche eine Stunde, vielleicht etwas länger.«

»Hat sie die Pistole in ihr Zimmer gelegt?«

»Ich habe sie nicht gefragt, aber ich weiß, daß sie es getan hat.«

Maguire gefiel das nicht. »Rufe Marta zurück«, sagte er. »Sie soll hierher kommen.«

»Das wird sie nicht. Ich muß zuerst mit ihr sprechen. Dann kommt schon alles in Ordnung.«

»Du kannst nicht mit Vivians Wagen zum Haus fahren.«

»Nein, wir lassen ihn vor meiner Wohnung stehen und nehmen Martas. Roland kommt, sieht Martas Wagen und denkt, oh, sie ist zurück. Das ist doch gut.«

»Sind Sie damit einverstanden?« sagte Maguire zu Vivian.

»Was habe ich denn schon zu sagen?« fragte Vivian. »Nichts. Ich will nur hören, daß er tot ist.«

»Einverstanden«, sagte Maguire zu Jesus. »Aber du mußt spätestens um halb zehn, Viertel vor zehn wieder zurück sein.«

»Das schaffe ich leicht«, sagte Jesus. »Keine Bange.«

22

Maguires Plan begann zu scheitern.

Vor einer Stunde war er ihm noch narrensicher vorgekommen. Bei Karen vorbeizuschauen, bis gegen zehn bei ihr bleiben. Dann sagen, er sei müde oder fühle sich nicht gut, und gehen. Am Strand parken und zu Fuß zurückgehen. Marta läßt ihn durch den Hintereingang herein. Er und Jesus warten in Martas Zimmer auf Roland. Roland kommt herein. Er sagt, hallo, wie geht's denn so? Marta schreit (mußte nicht sein), und er erschießt ihn.

Aber Marta war in Coral Gables, und Jesus mußte mit ihr sprechen und sie zurückholen.

Und Karen war nicht zu Hause. Das Haus war dunkel, die Garage für die drei Wagen leer.

Er konnte sich sagen: Nein, es wird klappen. Keine Angst. Halte die Augen auf. Wenn du siehst, daß es nicht klappt oder zu riskant ist, verschwindest du einfach. Du *mußt nicht* hierbleiben.

Doch trotzdem er sich dies immer wieder versicherte, wurde er das schlechte Gefühl nicht los, den Zweifel, der allmählich an ihm nagte.

Maguire fuhr den Mercedes in die Garage, schloß die Tür von außen und ging um das Haus herum, über den leeren Patio zur Glastür.

Er konnte in der Dunkelheit nur verschwommene Schemen ausmachen: die Hecken, den Pool, den Gartentisch; der Hof lag nebelhaft unter dem weichen, bleichen Mondschein. Auf dem Kanal bewegten sich vereinzelte Lichterpunkte, und hinter dem Hof war es völlig dunkel. Das Geräusch von Grillen. Und nun Gretchens Bellen, im Haus. Er mußte nicht unbedingt leise sein. Maguire zog den Ärmel seiner Jacke über die Hand hinab, hielt sie mit der Faust fest, schlug neben der Tür gegen das Glas, und er war ihm Wohnzimmer. Gretchen lief bellend zu ihm.

Er ging durch das Wohnzimmer; seine Hand ertastete die Rückenlehne des Stuhls aus der Epoche Louis XVI; er sagte Gretchen, brav zu sein, und fragte sich: Warum hatte Karen das Licht nicht brennen lassen, wenn sie doch wußte, daß sie erst nach Anbruch der Dunkelheit nach Hause kommen würde?

Weil Marta noch zu Hause sein mußte.

Warum hatte Marta ihnen dann nicht gesagt, daß Karen ausgegangen war? Und wenn sie es gesagt hatte, warum hatte Jesus es dann nicht erwähnt?

Weil sie keine Erfahrung mit solchen Dingen haben, deshalb, dachte Maguire. Und du schaffst deinen Arsch besser hier heraus.

Doch er ging durch die Halle über den Flur zu Martas Zimmer, ließ die Jalousien herab und schaltete eine Lampe ein. Also gut, Jesus hatte gesagt, er *wüßte*, daß Marta die Pistole aus dem Schlafzimmer geholt hatte. Aber wo hatte sie sie versteckt?

»Schau, ich will nicht mit dir streiten«, sagte Roland zu Lionel. »Besauf dich, schlaf am Strand, wo, ist mir scheißegal, und hol das Boot morgen früh ab. Und jetzt gibt mir die Tasche und stoß mich ab, verdammt.« Mann, einige Leute waren aber auch zu blöd.

Das Sechsmeterboot ratterte von der Anlegestelle los, schien dem schmalen Strahl seines Scheinwerfers zu folgen, vorbei an den fächerförmigen Schnäbeln der Motor- und Segelboote, die an ihren Anlegeplätzen vertaut waren, hinaus auf den Kanal. Roland ließ das Boot im niedrigen Drehzahlbereich fahren und hielt nach Steuerbord, während er die Karte der Küstenkanäle aufschlug, dieses kleinen Bereichs der Wasserstraßen. Er suchte sich nicht zum ersten Mal den Weg durch die natürlichen oder von Menschenhand geschaffenen Kanäle und Wasserstraßen. Hinaus aus dem Hafen und auf den Fluß – er hörte das Schiffshorn eines Motorbootes vor der Zugbrücke unten – und zur zweiten Landzunge und dem Haus darauf. Die Fahrt würde etwa fünf Minuten dauern. An der Ufermauer gab es überall Metallhaken; er würde das Boot an einem davon vertäuen. Und inzwischen – er schob die Hüfte gegen das Steuerrad und öffnete den Reißverschluß der Segeltuchtasche – konnte er das Gewehr zusammensetzen.

Maguire brauchte fast zehn Minuten, um jede Schublade zu durchsuchen, den Wandschrank und das Bett; dann wußte er, daß die Pistole, von der Jesus *wußte*, daß sie in Martas Zimmer war, nicht in Martas Zimmer war.

André Patterson würde ihn ansehen und den Kopf schütteln. Mann, mit wem hat du dich da nur zusammengetan? Und er würde zu André sagen: Na hör mal, was hatten die denn schon zu tun? Praktisch doch nichts. Und André würde sagen: Genau das haben sie auch getan. Nichts. Wo sind sie?

Sie werden noch kommen.

Doch er mußte ins Schlafzimmer hinauf und die Pistole holen. Bevor Karen zurückkam. Wohin auch immer sie gefahren war.

Maguire schaltete die Lampe aus, ertastete sich den Weg durch den Flur und ging die Treppe hinauf. Gretchen hatte sich verzogen.

Als Roland sah, daß es im Haus völlig dunkel war, stutzte er einen Augenblick lang. Wieso das? Als er über den Hof zum Haus ging, wurde es ihm klar. Sie waren zu Vivian gefahren, deshalb. Beide.

Doch als er an der Patiotür den gummiüberzogenen Gewehrknauf durch das Glas stoßen wollte und sah, daß es schon eingeschlagen war, sagte er sich: Nein, sie sind nicht zu Vivian gefahren.

Jemand war zu Hause, und er wußte auch, wer. Noch jemand außer dem keuchenden Gretchen, das versuchte, an seinen Beinen hochzuspringen. Roland setzte sich in den Louis-seize-Stuhl, um die Cowboystiefel auszuziehen, und flüsterte: »Du willst an meinen Füßen riechen, was? Na, komm schon her, du kleines Ding. Ich tue es nicht gern, Gretchie, bestimmt nicht, aber ich muß es tun.« Er legte die Hand über Gretchens Schnauze, drückte sie fest auf Nase und Maul und hielt den kleinen, sich windenden Körper fest, bis er zitterte und schlaff wurde.

Roland ging durch den Korridor zum anderen Wohnzimmer, sah hinein, ging an der Treppe vorbei und blieb stehen. War da oben ein Geräusch zu hören? Als würde man eine Schublade schließen? Roland ging weiter zu Martas Zimmer – keine Kubaner unter dem Bett versteckt –, drehte sich um und ging in die Küche. Ein weiches, gelbes Licht verriet, wo das Telefon an der Wand hing. Roland hatte eine Idee. Er hatte sich einmal Frank DiCilias Privatnummer eingeprägt. Wenn sie ihm jetzt wieder einfiel ...

Maguire schloß die oberste Schublade. Er öffnete, durchsuchte und schloß alle anderen Schubladen in der Kommode. Er sah in die Schubladen der beiden Nachttische. Er sah unter dem Kissen und unter der Matratze nach. Scheiße. Schaff deinen Arsch hier raus, Junge, würde André Patterson jetzt sagen.

Nein, ganz ruhig. Wo konnte sie sie versteckt haben?

Er ging zur Kommode zurück und holte den Schlüssel zum Nebenzimmer aus der Schublade. Das war eine Möglichkeit ... Vielleicht hatte sie die Pistole wieder zu Franks Sachen gelegt, zu seinen Papieren, seinem Geld. Maguire schloß die Tür auf und ging hinein. Im Fenster zeigten sich keine Lichter; die Vorhänge waren geschlossen. Er schaltete die Schreibtischlampe ein. Er richtete sich auf, und sein Blick fiel auf die Fotografien an der Wand, die Schnappschüsse von Karen.

Das Telefon klingelte.

Maguire machte einen Satz, und wenn André Patterson zusehen würde, hätte er »Siehst du?« gesagt.

Das Telefon klingelte.

Maguire ging zu dem Apparat auf dem Schreibtisch hinüber und warf einen Blick auf die Nummer in der Mitte der Wählscheibe. Nicht Karens Nummer, ein Privatanschluß.

Das Telefon klingelte.

Er wartete darauf, daß es aufhörte. Und dann dachte er: Was, wenn es Karen ist? Wenn sie irgendwie erfahren hatte, daß er im Haus war ...

Das Telefon klingelte.

Wenn sie nicht wollte, daß er ihren Apparat benutzte, weil er angezapft war ... Nein, beide Leitungen waren angezapft. Das war es also nicht.

Das Telefon klingelte.

Aber es konnte trotzdem Karen sein. Oder Marta. Es konnte jeder sein. Es konnte Jesus sein, der von Marta wußte, daß er nach der Pistole suchen würde. Nein ... nicht auf dieser Leitung.

Das Telefon klingelte.

Es wollte nicht aufhören.

Das Telefon klingelte.

Und klingelte.

Scheiße, dachte Maguire und hob ab.

»Na, wie geht's?« erklang Rolands Stimme. »Willst du runterkommen, oder soll ich raufkommen?«

»Also ging dieser Papagei pissen und ist in der Toilette ertrunken. Wie geht's dir so?« sagte Roland und trat aus dem dunklen Schlafzimmer in das Licht der Lampe, das Gewehr unter dem Arm.

»Er wollte nicht pinkeln«, sagte Maguire, der auf dem Drehstuhl hinter dem Schreibtisch saß und versuchte, einen ganz gelassenen Eindruck zu machen. Was konnte er sonst schon tun?

»Mir gefällt das mit der Toilette besser. Wo ist Vivian?«

»Ich kenne keine Vivian. Vivian wer?«

»Scheiße«, sagte Roland, »wir wollen doch keine Fragestunde abziehen, oder?«

»Ich habe Ihnen nichts zu sagen«, sagte Maguire.

»Dann kann ich dich ja direkt umlegen, was?« Roland richtete das Gewehr auf ihn.

»Außer, Sie wollen mir ein paar Fragen stellen und sehen, was dabei herauskommt«, sagte Maguire.

»Ich habe eine Frage«, sagte Roland, »nur eine. Wo ist Vivian?«

»So kann ich Ihnen das nicht sagen. Dann hätte ich sie auf dem Gewissen.«

»Wie könntest du es mir sagen?«

»Ich suche noch nach einer Möglichkeit.«

»Dann stirb suchend, du blöder Scheißkerl. Es hängt von dir ab.«

»Wollen Sie wegen zwei Morden verurteilt werden, ist es das?«

»Wegen *zwei* Morden«, sagte Roland. »Wenn ich mir für jeden Mord Kerben in den Gewehrkolben schneiden würde, könntest du das Ding nicht mehr anfassen, weil du dir Splitter in die Hand reißen würdest, du blöder Hund. Mir ist es egal, wie viele es sind. Du bist nur noch einer.«

»Aber es geht doch um Geld, oder?«

»Was verdienst du so, zwei Mäuse die Stunde? Willst du mir vielleicht 'nen Hunderter anbieten?«

»Den hab' ich nicht mal, nein. Aber ich weiß, wo ich Geld auftreiben könnte.« Maguire blickte zu den Fotos an der Wand hoch.

Roland sah zu den Fotos, dann wieder zu Maguire und schließlich erneut zu der Wand mit den Fotos.

»Weißt du, was das zu bedeuten hat? Die hängt Schnappschüsse von sich selbst auf!« Roland trat näher heran. »Das ist ja noch eine andere, was? Als ich die Fotos zum ersten Mal sah, dachte ich, sie wären alle von ihr.«

»Ich glaube, sie kommt hier hoch und tut so, als ob«, sagte Maguire. »Verschafft sich ein wenig Ablenkung.«

»Tut so als ob? Als ob was?«

»Die geheimnisvolle Lady, glaube ich. Wie die andere da.«

»Wer ist das?«

»Ich habe ihren Namen vergessen.« Da hörte Maguire den Wagen.

Roland hörte ihn auch. Er kam mit dem Gewehr herum. »Hat sie Vivian geholt?«

»Oder die Bullen. Wollen Sie es herausfinden?«

»Rühr dich nicht«, sagte Roland. Er trat ins Schlafzimmer.

Maguire hörte, wie unten eine Tür geöffnet und wieder geschlossen wurde. Er konnte Roland nicht mehr sehen. Aber er hörte jetzt seine Stimme vom Flur im Obergeschoß. »Kommen Sie rauf, hier läuft 'ne Party.«

Er konnte aus dem Fenster raus – wenn er es aufbekam und er nicht mit Schlagläden herummachen mußte. Er schuldete Karen nichts. Es war genau umgekehrt, bei der Zeit, die er investiert hatte: Sie schuldete ihm mehr, als sie jemals wissen würde.

Aber er blieb auf dem Drehstuhl sitzen. Wahrscheinlich könnte er sowieso nicht durch das Fenster abhauen. Roland war sehr flink für einen so großen Mann. Was konnte er also tun? Nichts. Zum Teufel mit André Patterson, der zusah und den Kopf schüttelte.

Karen kam herein, sah ihn hinter dem Schreibtisch. Großer Gott, Karen schüttelte auch den Kopf. Roland kam hinter ihr herein. »Hoffentlich können wir jetzt klären, was hier vor sich geht«, sagte er.

Karen nahm eine Zigarette aus einer Packung in ihrer Strohtasche und legte die Tasche auf den Schreibtisch.

»Haben Sie Feuer?«

»Ich hab' mal geklaut, aber nie geraucht«, sagte Roland. »Rauchen ist schädlich.«

Karen nahm ein Feuerzeug aus der Tasche und ließ es mehrmals klicken. »Ich fuhr nach Miami, um zu Abend zu essen. Allein.« Sie legte das Feuerzeug auf den Schreibtisch und hob ihre Hüfte, um sich auf die Kante setzen zu können, während sie die Tasche auf den Schoß legte und hineingriff.

»Hast du Streichhölzer?« sagte Roland zu Maguire.

»Ich rauche nicht.«

»Das ist klug«, sagte Roland. Er sah Karen an. »Ich glaube Ihnen. Dieser Mistkerl hier stiftet den ganzen Unfrieden. Schauen Sie, er wollte Vivian hierher bringen – so reime ich es mir zusammen – und versuchen, Geld von Ihnen lockerzumachen, damit sie verschwinden kann.« Er hielt inne. »Und wissen Sie, warum?« Karen sah von der Handtasche auf ihrem Schoß auf und überlegte. »Ja, ich weiß es.«

»Dann haben die es Ihnen gesagt.«

»Eigentlich nicht. Ich habe es selbst herausgefunden.«

Maguire sah sie weiterhin an, als Roland sagte. »Glauben Sie nicht alles, was Sie so hören. Muß ja nicht sein, oder? Also ist er hierher gefahren, um mit Ihnen zu sprechen, Sie zu fragen, ob er Vivian hier unterbringen kann, und Sie sind nicht zu Hause. Was macht er also? Er bricht ein.«

»Warum?« sagte Karen.

»Um auf Sie zu warten.«

Karen schüttelte den Kopf. »Um auf *Sie* zu warten«, sagte sie. »Darum.«

»Um auf *mich* zu warten? Warum sollte er denn auf mich warten?«

Gott im Himmel, dachte Maguire.

»Um Sie zu töten«, sagte Karen.

»Scheiße, er hat doch noch nicht mal 'ne Pistole.«

»Aber ich«, sagte Karen. Ihre Hand kam mit der Beretta aus der Strohtasche hervor, und sie schoß direkt auf Rolands hellblaue Anzugjacke und schoß und schoß und schoß noch einmal, bis Roland gegen den Aktenschrank taumelte und auf sein Gewehr fiel, dann einen Liegestütz zu versuchen schien, schwer zu Boden sackte und sich nicht mehr bewegte.

Karen erhob sich, den Blick auf Roland gerichtet. Nach einem Augenblick legte sie die Pistole auf den Schreibtisch. »Wie bist du hier hereingekommen?« sagte sie zu Maguire, der sie anstarrte.

»Eingebrochen. Die Glastür im Wohnzimmer.«

»Nein, das war er«, sagte Karen. »Du warst nicht hier.«

»Hör zu, ich sage, was passiert ist, oder alles, was du willst. Ich habe keine Angst, in die Sache verwickelt zu werden.«

»Du warst nicht hier«, sagte Karen erneut. »Also gehst du besser, ja? Ich muß die Polizei anrufen.«

»Warte mal«, sagte Maguire und stand auf. »Das war doch meine Idee, oder? Die ganze Sache ...«

»Die Idee war nicht besonders gut«, sagte Karen. »Wie wolltest du denn aus der Sache wieder herauskommen?«

Maguire war jetzt verwirrt, runzelte die Stirn. Machte sie Witze? Das konnte doch nicht sein. »Wie wir es die ganze Zeit über besprochen haben: Ihn dir vom Hals zu schaffen, fortzugehen, zusammen zu verreisen.«

Karen griff nach dem Feuerzeug, ließ es einmal aufklicken und zündete die Zigarette an. Sie sah ihn an und sagte: »Habe ich dir irgend etwas versprochen?«

»Alles, was wir besprochen haben ...«

»Was haben wir denn besprochen?«

»Hör mal zu, ich habe Jesus fünf Riesen gezahlt ...«

»Von meinem Geld. Glaubst du, ich hätte nicht nachgesehen? Mit euch beiden im Haus?«

»Gott im Himmel«, sagte Maguire. Er konnte es nicht glauben. »*Uns* beide ... ich habe Lionel einen Riesen aus meiner eigenen Tasche bezahlt.«

»Und ich habe dir das Leben gerettet«, sagte Karen. »Aber ich werde dafür aufkommen, was du ausgelegt hast.« Sie trat über Roland hinweg zum Aktenschrank und öffnete ihn.

Maguire beobachtete sie. »Du willst überhaupt nicht aus dieser Sache raus, was?« sagte er. »Das macht dich irgendwie an ... eine Rolle zu spielen. Wie die Delphine ... sie hängen da in ihrem Pferch, man befreit sie, und was machen sie? Sie kommen zu dieser unechten Welt zurück, um ihre Spiele zu treiben. Du bist genau wie diese verdammten Delphine, weißt du das?«

»Hier sind deine tausend Dollar«, sagte Karen.

»Dein Bild ist wieder in der Zeitung, die geheimnisvolle Frau ... hast du überhaupt noch Platz, um es aufzuhängen?«

»Hat mich gefreut, dich kennenzulernen«, sagte Karen. »Und jetzt verzieh dich. Okay?«

QUELLENVERZEICHNIS

Richard Condon DIE EHRE DER PRIZZIS/Prizzi's Honor.
 Aus dem Englischen von Walter Brumm. Der Band ist bereits in der Allgemeinen Reihe unter der Nr. 01/6673 in der 2. Auflage erschienen.

Marvin H. Albert DER DON IST TOT/The Don Is Dead.
 Aus dem Englischen von Eva Malsch. Der Band ist bereits in der Allgemeinen Reihe unter der Nr. 01/6336 in der 3. Auflage erschienen.

Elmore Leonard DIE MAFIA-ERBIN/Gold Coast.
 Aus dem Englischen von Uwe Anton. Der Band ist bereits in der Allgemeinen Reihe unter der Nr. 01/7744 in der 3. Auflage erschienen.